舊令参照 罰則全書
〔第一分冊〕

西岡逾明題辭
土師經典校閲
笹本榮藏編纂

明治廿二年出版

舊令参照罰則全書〔第一分冊〕

日本立法資料全集 別巻 1175

信山社

注記

一　西岡逾明題辭＝士師經典校閲＝笹本榮藏編纂『舊令參照　罰則全書』（長尾景弼、一八八九〔明治二二〕年）は、その紙幅が多いため、「イノ部」から「コノ部」までを第一分冊とし、「エノ部」以降を第二分冊として、復刻することとした。

一　本書では、各部の始まりにあたって改頁等の処理がされていないため、「コノ部」の末尾及び「エノ部」の冒頭に当たる五一四頁については、第一分冊と第二分冊の両方に収録することとした。

一　凡例、目次等については、第二分冊においても、第一分冊所載のものを、また、正誤については、第二分冊の巻末をご參照いただきたい。

（信山社編集部）

大審院刑事第一局長從四位西岡逾明題辭
大審院評定官從五位土師經典校閲
大審院詰裁判所書記笹本榮藏編纂

舊令參照 罰則全書

博聞社藏版

人

為

者

而

死

明治戊子歳暮
従四位西周逾明

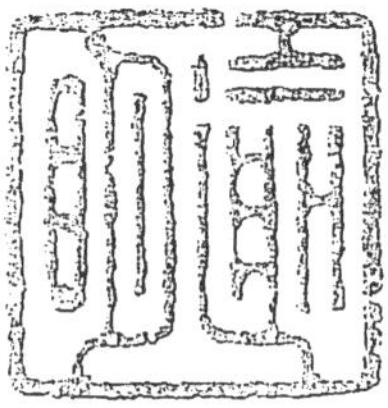

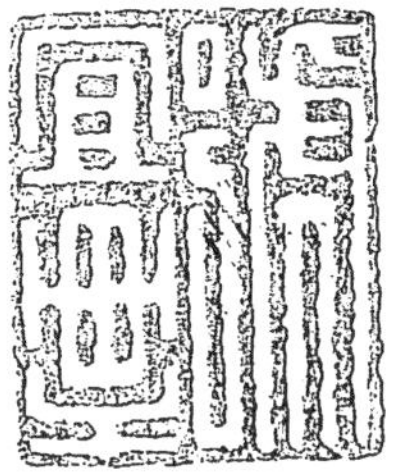

凡例

一本書ハ明治元年ヨリ仝廿一年八月ニ至ル其間發布ノ法律規則中罰則アル〔則チ刑法第五條ニ他ノ法律規則中罰例アルト云〕現行法令ヲ輯録シテ本則トシ又現行法施行ニ關係ノ法令及ヒ取扱手續施行細則等並ニ改正前ノ舊法令其他伺指令及ヒ大審院判決例ヲ參照トス

一本書索引ノ便ヲ圖リ「イロハ」分トシ其類別ハ頭字ノ音讀ニ依リ音訓二樣ノ稱呼アル者ハ訓讀ノ部ニモ件名ノミヲ複載シテ捜索ニ便ニス

一現行施行中ノ法令ニシテ一部分ノ加除改廢アル者ハ直ニ本條ニ就キ之ヲ訂正シ而シテ其條下ニ〔　〕ヲ施シ舊令及ヒ其理由ヲ附記スヘシ且又全部ノ改正ニ屬スルモノハ其施行ノ期ニ至ルト否ヲ問ハス新法ヲ本則トシ舊法ヲ參照ノ部ニ載ス

一大審院判決例ノ要ハ法律ノ解釋ヲ得ルニ在リ故ニ多クハ判決例ノミヲ掲クト雖モ或ハ意義悉サヽル者ハ宣告書ノ全文ヲ掲ク

一本書鼇頭ニ何々參看ト記載シタルハ本條ニ關係アル他ノ新舊法令又ハ伺指令或ハ判決例ヲ參看スヘキ符號ニシテ(本)トアルハ假令ハ酒造稅則又煙草稅則等ノ本則ヲ指シ[參]トアルハ舊令伺指令判決例等ノ參照ヲ指ス而シテ本則參照トモ各番號ヲ異ニシ彼此錯雜ナキヲ期ス

一舊法令ヲ遺サス揭載スルトキハ頗ル浩澣ニ涉リ且其必要ナキニ因リテ特ニ新舊法對照ヲ要スルモノニシテ舊法ノ未タ公訴期滿免除ニ屬セサル分ノミヲ揭ク

一法令又ハ伺指令等ハ概子全文ヲ揭載スト雖モ書式雛形圖面等ハ之ヲ略シテ載錄セス

一「イロハ」四十七音中「井オヱ」ハ都テ「イヲエ」ニ併記シ又濁音半濁音ハ清音ニ從フ

識者識

警令參照罰則全書目錄

◎總則

◎ニノ部

◎トノ部

◎チノ部

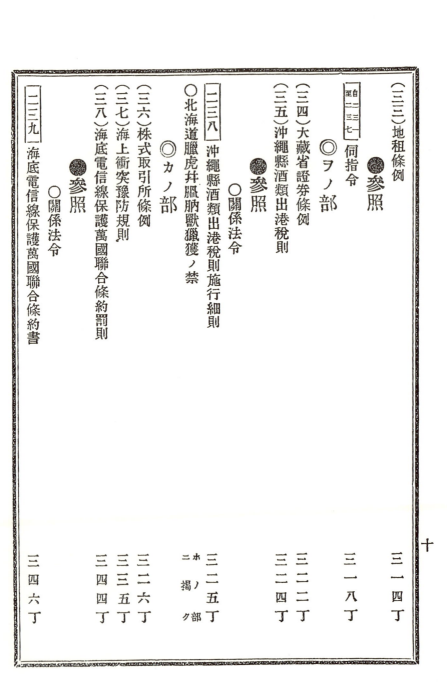

◎ヨノ部

◎タノ部

◎ソノ部

◎エノ部

●參照

○關係法令

○舊令

●參照

○關係法令

【五六三】式ニ依リ宣布セサル公文及上書建白請願書ヲ記載スル圖書ハ明治十六年第二十一號布告以前ノモノト雖モ之ヲ出版スルニハ新聞紙條例第三十一條ニ依ルヘシ　九二六丁

【五六四】出版、版權、脚本樂譜、寫眞版權條例ニ關スル願書手續　同

【五六五】舊出版條例ニ依リ版權ヲ得タルモノヽ取扱方　九二八丁

【五六六】伺指令　同

○舊令

【五六七】舊出版條例　九二九丁

【五六八】判決例　九三三丁

(九〇)寫眞版權條例　同

●參照

○舊令

【五六九】舊寫眞條例　九三五丁

(九一)醬油稅則　九三六丁

●參照

◎ヒノ部

舊令參照罰則全書目錄 終

舊令參照 罰則全書 附伺指令判決例

笹本榮藏編纂

◎總則

刑法第五條　此刑法ニ正條ナクシテ他ノ法律規則ニ刑名アル者ハ各其法律規則ニ從フ若シ他ノ法律規則ニ於テ別ニ總則ヲ掲ケサル者ハ此刑法ノ總則ニ從フ

○

(一)太政官第七十二號布告 明治十四年十二月

明治十五年一月一日ヨリ刑法施行候ニ付法律規則中罰例ニ係ルモノハ左ノ例ニ照シテ處斷スヘシ

第一條　凡懲役ハ十一日以上ヲ重禁錮ニ處シ十日以下ヲ拘留ニ處ス

第二條　凡禁獄及ヒ禁錮ハ十一日以上ヲ輕禁錮ニ處シ十日以下ヲ拘留ニ處ス

第三條　凡罰金及ヒ科料ハ二圓以上ヲ罰金ニ處シ二圓未滿ヲ五錢以上一圓九十五錢以下ノ科料ニ處ス

第四條　法ニ照シ律ニ照シ若クハ違令違式ニ照シ處斷ストアリ及ヒ咎可申付トアルハ總テ二圓以上百圓以下ノ罰金ニ處ス

第五條　法律規則ヲ犯シタル者ニハ刑法ノ再犯加重及ヒ數罪俱發ノ例ヲ用ヒス

第六條　法律規則中罰令アリト雖モ刑法ニ正條アルモノハ刑法ニ依テ處斷ス

第七條　前數條ノ罪ヲ犯シ拘留科料ニ處スル者ト雖モ輕罪裁判所ニ於テ之ヲ裁判ス

(末)六ノ第一第十條參看

(末)六ノ第十條參看

(末)六ノ第十條[illegible]ノ一參看

但始審裁判所所在ノ地ヲ除クノ外ハ治安裁判所ニ於テ之ヲ裁判スルヲ得

○

(二)太政官第百一號達 明治十四年十二月

本年十一月第九十四號ヲ以テ諸省事務章程通則相達候ニ付テハ法律規則ハ布告ヲ以テ發行シ從前諸省限リ布達セル條規ノ類ハ自今總テ太政官ヨリ布達ヲ以テ發行候條此旨相達候事

但太政官及ヒ諸省ヨリ一時公布スルニ止ルモノハ告示ヲ以テ發行シ諸省卿ヨリ府縣長官ヘ達ノ儀ハ從前ノ通

○

(三)太政官第貳拾三號達 明治十六年五月

今般官報發行候ニ付從前官省院廳ノ達并ニ告示ノ儀ハ官報ニ登載スルヲ以テ公式トシ別ニ達書又ハ告示書ヲ發付スルニ及ハス候但內達ノ類ハ從前ノ通可相心得此旨相達候事

○

(四)太政官第十七號布告 明治十六年五月

布告布達ノ施行期限左ノ通制定ス

第一條　布告布達ハ各府縣廳到達日數ノ後七日ヲ以テ施行ノ期限トナス但到達日數ハ布達ヲ以テ之ヲ定ム

天災時變ニ因リ到達日數內ニ到達セサルトキハ其到達ノ翌日ヨリ起算ス

函館縣沖繩縣札幌縣根室縣ハ到達日數ヲ定メス現ニ縣廳ニ到達シタル翌日ヨリ起算ス

㊟六ノ第十三條參看

凡島地ハ所轄郡役所ニ到達ノ翌日ヨリ起算ス

第二條　布告布達ノ特ニ急施ヲ要シ即日ヨリ施行セシムル者及特ニ施行ノ日ヲ掲ケタル者ハ總テ前條ノ例ニ在ラス

㊟參照

○伺指令

㊟四參看

一　滋賀縣伺　明治十六年十一月九日

本縣限リ制定スル布達施行期限ハ是迄別ニ相定メス總テ太政官布告施行期限ニ準シ來候處本年太政官第十七號公布ヲ以テ布告布達施行期限制定セラレ候ニ付テハ爾來本縣限リ定ムル處ノ布達ニシテ假ハ地方限リノ違警罪目ニシテ特ニ施行期日ヲ記シナキ分之ニ違背スルモノハ尚ホ從前ノ慣例ニ依リ右第十七號公布第一條ニ準シ發令ノ日ヨリ七日ヲ過キタルトキハ相當處罰致シ可然哉

司法省指令　明治十六年十一月廿八日

伺之通

㊟六ノ第十條參看

（五）太政官第十四號布達　明治十六年五月

今般第十七號ヲ以テ布告布達施行期限ヲ改定シタルニ付到達日數左ノ通之ヲ定ム

到達日數

京都府	四日	大阪府	四日
神奈川縣	即日	兵庫縣	四日
長崎縣	十一日	新潟縣	五日

埼玉縣　即日
千葉縣　即日
栃木縣　二日
愛知縣　三日
山梨縣　二日
岐阜縣　四日
宮城縣　五日
岩手縣　七日
山形縣　五日
福井縣　八日
富山縣　六日
島根縣　八日
廣島縣　七日
和歌山縣　六日
愛媛縣　九日
福岡縣　九日
佐賀縣　十一日
宮崎縣　十一日

群馬縣　即日
茨城縣　二日
三重縣　四日
靜岡縣　二日
滋賀縣　四日
長野縣　四日
福島縣　四日
青森縣　十日
秋田縣　八日
石川縣　七日
鳥取縣　七日
岡山縣　六日
山口縣　八日
德島縣　六日
高知縣　八日
大分縣　十一日
熊本縣　十一日
鹿兒島縣　十二日

但富山佐賀宮崎ノ三縣ハ開廳ノ日マテ舊官廳ノ到達日數ニ依ル

○

(六)勅令第一號 明治十九年二月

朕法律命令ノ格式ヲ制定スルノ必要ヲ認メ茲ニ公文式ヲ裁可シ之ヲ公布セシム

公文式

第一 法律命令

第一條 法律勅令ハ上諭ヲ以テ之ヲ公布ス

法律ノ元老院ノ議ヲ經ルヲ要スルモノハ舊ニ依ル

第二條 法律勅令ハ内閣ニ於テ起草シ又ハ各省大臣按ヲ備ヘテ内閣ニ提出シ總テ内閣總理大臣ヨリ上奏裁可ヲ請フ

第三條 法律勅令ハ親署ノ後御璽ヲ鈐シ内閣總理大臣之ニ副署シ年月日ヲ記入ス其各省主任ノ事務ニ屬スルモノハ内閣總理大臣及主任大臣之ニ副署ス

第四條 内閣總理大臣及各省大臣ハ法律勅令ノ範圍内ニ於テ其職權若クハ特別ノ委任ニ依リ法律勅令ヲ施行シ又ハ安寧秩序ヲ保持スル爲メニ閣令又ハ省令ヲ發スルコトヲ得

第五條 閣令ハ内閣總理大臣之ヲ發シ省令ハ各省大臣之ヲ發ス

第六條 閣令ハ年月日ヲ記入シ内閣總理大臣之ニ署名ス

第七條 省令ハ年月日ヲ記入シ主任大臣之ニ署名ス

第八條 各官廳一般ニ關スル規則ハ内閣總理大臣之ヲ定メ各廳處務細則ハ其主任大臣之ヲ

㊟二參看

ホ三、四勅一参看

ホ四ノ第二條參看

定ム

第九條　內閣總理大臣及各省大臣ノ所轄官吏及其監督ニ屬スル官吏ニ達スル訓令モ亦第六條第七條ノ例ニ依ル

第二　布告

第十條　凡ソ法律命令ハ官報ヲ以テ布告シ官報各府縣廳到達日數ノ後七日ヲ以テ施行ノ期限トナス但官報到達日數ハ明治十六年五月二十六日第十四號布達ニ依ル

第十一條　天災時變ニ依リ官報到達日數內ニ到達セサルトキハ其到達ノ翌日ヨリ起算ス

第十二條　北海道及沖繩縣ハ官報到達日數ヲ定メス現ニ道廳又ハ縣廳ニ到達シタル翌日ヨリ起算ス

島地ハ所轄郡役所ニ官報ノ到達シタル翌日ヨリ起算ス

第十三條　法律命令ノ發布ノ當日ヨリ施行セシムルコトヲ要シ又ハ特ニ施行ノ日ヲ掲ケタルモノハ第十條第十一條第十二條ノ例ニ依ラス

第三　印璽

第十四條　國璽御璽ハ內大臣之ヲ尙藏ス

國璽御璽ハ親署ノ後內大臣之ヲ鈐ス

第十五條　法律勅令ハ親署ノ後御璽ヲ鈐ス

第十六條　國書條約批准外國派遣官吏委任狀在留各國領事證認狀及三等以上勳章ノ勳記ハ親署ノ後國璽ヲ鈐ス四等以下勳章ノ勳記ハ國璽ヲ鈐ス

㋭七ノ六、八、一二、一三條參看

㋭七ノ四、五、六、七、九、一二、一四條、四三ノ二九條參看

㋭七ノ四、八、一〇條參看

㋭七ノ二、五、八、九、一〇、一一、一二、一三條、四三ノ三三條參看

㋭七ノ六但書、一二、二四條參看

第十七條　勅任官ノ任命ハ其辭令書ニ御璽ヲ鈐シ奏任官ノ任命ハ其奉薦書ニ御璽ヲ鈐ス

◎イノ部

（七）遺失物取扱規則　明治九年四月第五十六號布告

遺失物取扱規則左ノ通相定候條此旨布告候事

遺失物取扱規則

第一條　凡ソ遺失物ト稱スルハ自ラ其遺失スルヿヲ覺ラス及ヒ其所在ノ明カナラサルモノヲ云フ故ニ若シ其物ヲ得ルニ臨テ物主其場ニ就テ其主タルヿヲ證明スルニ於テハ直チニ之ヲ返還シ遺失物ヲ以テ論スルヿヲ得ス

第二條　凡ソ遺失ノ物ヲ得レハ五日内ニ其主ニ還シ其主分明ナラサレハ之ヲ官ニ送ルヘシ官之ヲ榜示シ一年內其主ナキトキハ之ヲ得者ニ給ス

第三條　凡ソ遺失者ハ其遺失スル物品ノ摸樣員數並ニ遺失ノ日時場所等ヲ可成丈詳細ニ記載シ速カニ官ニ屆出ヘシ但シ得者ヨリ其返還ヲ得ルトキモ亦更ニ其旨ヲ屆出ヘシ

第四條　凡ソ遺失ノ物ヲ得レハ之ヲ其主ニ還スト雖ヒ其費用ヲ償ハシムルヿヲ得且ツ得者ニ報勞ノ爲メ其物價百分ノ五ヨリ少カラス貳拾ヨリ多カラサル金圓ヲ給スヘシ若シ物主得者ト其價額ヲ爭フトキハ官之ヲ評價人ニ托シテ其價ヲ定ム

第五條　凡ソ遺失物ヲ得ルニ物品盜贓ニ係ルモノハ直チニ官ニ送ルヘシ官之ヲ其主ニ還シ止タ其費用ノミヲ償ハシム

(ホ)七ノ一、二、四、七、一二、一四條參看

(ホ)七ノ五條參看

(ホ)七ノ二、九條參看

(ホ)一ノ四條七ノ一、九、一〇、條參看

(ホ)七ノ二、九、一四條參看

(ホ)七ノ二、四、六、九、一四條四三ノ三三條參看

(ホ)七ノ二、九條參看

(ホ)七ノ二、五、六條參看

(ホ)七ノ一、四、五、六條參看

第六條　官私ノ地內ニ於テ埋藏ノ物品ヲ掘得ルモノハ之ヲ官ニ送ルヘシ其主分明ナラサルモノハ地主ノ所有ニ歸スヘシ若シ借地人其借地ヨリ掘得タル𪜈ハ之ヲ地主ト中分セシム
（明治十四年第二號布告ヲ以テ但書共改正）
但シ盜贓ニ係ルモノハ此限ニ在ラス

第七條　凡ソ遺失ノ物ヲ得ルニ若シ其物耐久シ難クシテ其主分明ナラサル𪜈ハ迅速ニ之ヲ官ニ送ルヘシ官之ヲ公賣シ其代價ヲ領置シ榜示シテ處分スルヿ第二條ノ如シ

第八條　凡ソ家畜ノ類他所ニ逸走スルモノハ之ヲ遺失物ト稱スルヲ得スト雖モ其主ヨリ之ヲ官ニ報シ及ヒ得者ニ其費用ト報勞金ヲ給與スルヿ第三條第四條ニ同シ若シ他人ノ財產ヲ毀損スル𪜈ハ律ニ照ラシテ處分ス

第九條　凡ソ逸走スル畜類ヲ得タル者其主分明ナラサレハ之ヲ官ニ送ルヘシ若シ八日內其主ナケレハ官之ヲ公賣シテ得者ニ其費用ヲ償ヒ仍ホ代金ノ剩餘アルモノハ之ヲ官ニ領置シ榜示シテ處分スルヿ第二條ノ如シ

第十條　凡ソ遺失物及ヒ逸走畜類ノ官ニ係ルモノハ官ヨリ得者ニ其費用ト報勞金ヲ給スルヿ私物ニ異ナルヿナシ

第十一條　凡ソ警察官吏タル者ハ所部ノ內外ヲ問ハス遺失物ヲ得レハ速カニ之ヲ官ニ送リ全ク其主ニ還附シ其主ナケレハ之ヲ官ニ沒ス

第十二條　凡ソ一切應禁ノ物ヲ得レハ遺失及ヒ埋藏ヲ論セス並ニ官ニ沒ス

第十三條　凡ソ公私債證書地劵諸鑑札等ノ類ハ遺失物ヲ以テ論スルヲ得スト雖𪜈物主ハ得

㋭一ノ四條、七ノ二、五、六、九、一一、一三條、四三ノ三三條刑法第三八五條參看

者ニ其費用ヲ償フヘシ

第十四條　凡ソ遺失物及ヒ逸走畜類ヲ得若クハ埋藏物ヲ掘得テ官私ニ全ク送還セス或ハ物主ノ其主タルヿヲ證明スルニ冒認シテ返還セサル者ハ並ニ律ニ照シテ處分ス

◎ハノ部

【明】五、六、二四、二六、二七、二八、三〇、四一七、四一八參看

【醫】二、三、五、六、一〇、一一、一三、一四、一五、一八、二三、二六、㋭八ノ三、四、五、七、一一乃至一九、二一乃至二五條參看

㋭八ノ一〇條參看

(八)賣藥規則　明治十年一月第七號布告

賣藥規則別冊ノ通相定候條此旨布告候事

(別冊)

賣藥規則

第一章

第一條　此規則ニ稱スル處ノ賣藥トハ丸藥膏藥煉藥水藥浴劑散藥煎藥等ヲ調製シ効能書ヲ附シ販賣スルモノヲ云フ(十年第八十九號布告ヲ以テ改正)

第二條　此賣藥營業者ハ藥味分量用法服量効能ヲ詳記シタル書ニ族籍氏名ヲ記シ其管轄廳ニ願出免許鑑札ヲ受クヘシ(十一年第二十七號布告ヲ以テ廳ノ下ニ「ヲ經由シテ內務省」ノ八字ヲ削除ス)

但免許ヲ受ケタル者二ケ所以上ニ於テ之ヲ調製スル時ハ其箇所每ニ免許鑑札ヲ受クヘシ(十五年第五十二號布告ヲ以テ本項ヲ追加ス)

第三條　管轄廳ニ於テハ願書ヲ撿査シ其製藥配伍ノ藥品劇毒徵毒ニ拘ハラス取扱上失誤ヲ生シ易キモノ及ヒ毒藥劇藥取締ニ關係スルモノハ之ヲ許サヽルヘシ(十一年第二十七號布告ヲ以テ「內務省」ヲ「管

㋭八ノ二三條[illegible]二九、三三參看

㋭八ノ七、一一乃至一五、二一、二四、三五條[illegible]七、九、一二、一六、二〇參看

[illegible]二參看

[illegible]二、一六、二五、㋭八ノ一一乃至一五、二〇、二四、二五條參看

[illegible]一九參看

㋭八ノ二條參看

㋭八ノ二、五、七條參看

第四條　第八條ニ記シタル期限中藥味分量用法服量能書ヲ改正セント欲スルモノ其由ヲ屆（「管轄廳」ニ改メ毒藥ノ下「劇藥」ノ二字ヲ加フ）出舊鑑札ヲ返納シテ更ニ新鑑札ヲ願受クヘシ

第五條　賣藥ヲ請賣セント欲シ其營業者ノ許諾ヲ得タルモノハ族籍氏名ヲ記シタル願書ニ營業者所持ノ免許鑑札寫及ヒ營業者ト取結タル約定書トヲ添ヘ其管轄廳ヘ願出免許鑑札ヲ受クヘシ（十年第八十九號布告ヲ以テ改正シタルヲ又十一年第二十七號布告ヲ以テ受ノ下「ケ」ヲ「ク」ニ改メ「管轄廳ハ之ヲ内務省ヘ屆出」ノ文字ヲ削除ス）

第六條　賣藥營業者及ヒ請賣者共必ス免許ノ看板ヲ揭クヘシ

第七條　賣藥營業者及ヒ請賣者ニ於テ自ラ行商シ又ハ賣子ヲ派出シテ行商ヲ爲サシメント欲スルトキハ其由ヲ管轄廳ヘ屆出行商鑑札ヲ願受ケ行商スル時ハ必ス之ヲ所持スヘシ

第八條　營業鑑札請賣鑑札行商鑑札ハ其鑑札記載ノ月ヨリ滿五年ヲ以テ免許ノ期限トス此期限ヲ過キ尚免許ヲ得ント欲スルモノハ舊鑑札ヲ返納シ更ニ新鑑札ヲ願受クヘシ（十九年勅令第七十二號ヲ以テ營業免許期限ヲ廢ス）

第九條　第八條ニ記シタル期限中第四條ノ改正發賣ヲ願出之ヲ免許スル時ハ新鑑札記載ノ月ヲ以テ一期ノ初月トナスヘシ

第十條　免許期限内ト雖モ其製藥第三條ニ揭クル處ノ有害品ナルヲ更ニ發見スル時或ハ營業者製藥ヲ粗惡ニスル等ノヿアル時ハ直ニ鑑札ヲ取上ケ發賣ヲ禁止スルヿアルヘシ（十一年第二十七號布告ヲ以テ有「毒」品ヲ有「害」品ト改ム）

第十一條　營業者廢業スルカ又ハ禁止セラルヽ時ハ其請賣者及ヒ賣子共其販賣ヲ許サス

㋭八ノ二、五、七條但一七參看
第十二條　諸鑑札ヲ遺失シ又ハ水火盜難ニ因テ毀失シタル時ハ其仔細ヲ詳記シテ管轄廳ヘ屆出再ヒ之ヲ願受クヘシ

㋭八ノ二、五、七條但一七參看
第十三條　免許鑑札ヲ他人ニ讓渡サント欲スル者ハ雙方連印ノ願書ヲ管轄廳ニ差出シ名前書換ヲ請フヘシ

㋭八ノ二、五、七條但一七參看
第十四條　賣藥營業者及ヒ請賣者免許期限中其相續人ニ於テ之ヲ相續スル時ハ其由ヲ記シ管轄廳ヘ鑑札名前書換ヲ請フヘシ（十年第八十九號布告ヲ以テ改正）

㋭八ノ二、五、七條參看
第十五條　賣藥營業者廢業シ若シクハ禁止セラレタル𪜈ハ營業者ハ勿論其請賣者ニ於テモ總テ諸鑑札ヲ返納スヘシ

第二章

㋭八ノ二條但四、三三參看
第十六條　賣藥營業者ハ左ノ通稅金幷鑑札料ヲ上納スヘシ（十四年第二十六號布告ヲ以テ本條ノ「及ヒ請賣者」ノ五字ト右鑑札料云々ノ次「賣藥請賣鑑札料及ヒ賣藥行商鑑札料」ノ二項ヲ削除ス）

賣藥營業稅　藥劑一方ニ付一ヶ年　金貳圓

右鑑札料　藥劑一方ニ付一枚　金貳拾錢

但第二條但書ニ依リ免許鑑札ヲ受クル者ハ其箇所每ニ本文ノ稅金幷鑑札料ヲ納ムヘシ

㋭八ノ二條參看
第十七條　水火盜難ニ因リ鑑札ヲ毀失シ更ニ新鑑札ヲ願受クル時ハ其鑑札料ノ半高ヲ納ムヘシ（十五年第五十二號布告ヲ以テ本項ヲ追加ス）

㋭八ノ二條參看
第十八條　稅金ハ每年兩度ニ區分シ前半年分ハ一月三十一日限リ後半年分ハ七月三十一日

(刑)八ノ二條參看

(刑)一ノ三、五條
八ノ一、七、一六
條(附)一六、二一、
二二、二九、三三、
三五、三八、參看

(刑)一ノ三、五條、
八ノ一、五、一六
條(附)七、九、一二、
一六、二一、二二、
二九、三一、三三、
三七、三九、三六
七、參看

(刑)一ノ三、五條
八ノ一、二、四、一
六條(附)二九、三
二參看

(刑)一ノ三、五條
八ノ一、二、一六
條(附)四、五、六、八、
九、一〇、一八、二
〇、二一、二三、二
四、二五、二六、二
七、二八、二九、三

限リ鑑札料ハ其都度幷ニ管轄廳ニ上納スヘシ（十一年第四號布告ヲ以テ改正）

第十九條　税金ハ六月以前免許ノ者ハ全年分七月以後ハ半年分廢業ノ者ハ七月以後ハ全年分六月以前ハ半年分ヲ納ムヘシ

但第十條ノ有害品ナルヲ更ニ發見セシ時ニ限リ月割ヲ以テ税金ヲ納メシムヘシ（十一年第二十七號布告ヲ以テ有「毒」品ヲ有「害」品ト改ム）

第三章

第二十條　無鑑札又ハ鑑札ヲ借受ケ自ラ行商シ又ハ行商セシムル者及ヒ之ヲ貸ス者又ハ期限過タル鑑札ヲ以テ自ラ行商シ又ハ行商セシムル者ハ其鑑札ヲ取上ケ藥劑一方ニ付五圓ノ罰金ヲ科スヘシ

第二十一條　無鑑札又ハ鑑札ヲ借受ケ又ハ期限過タル鑑札ヲ以テ請賣スル者及ヒ無鑑札ノ者ヲシテ請賣セシメ又ハ鑑札ヲ貸ス者ハ其鑑札ヲ取上ケ製藥ヲ沒入シ藥劑一方ニ付拾圓ノ罰金ヲ科スヘシ

第二十二條　免許ヲ受ケスシテ私ニ藥味分量用法服量能書等ヲ改更シ又ハ許可ヲ經スシテ無稽ノ妄說ヲ記載シ世人ヲ衒惑スル者ハ其鑑札ヲ取上ケ製藥ヲ沒入シ藥劑一方ニ付拾圓以上貳拾五圓以下ノ罰金ヲ科スヘシ

第二十三條　無鑑札ニテ營業スル者「又ハ營業者ニシテ私ニ請賣者ニ藥劑ヲ調製セシムル者又ハ請賣者自ラ之ヲ調製スル者」ハ其製藥及ヒ賣得金ヲ沒入シ藥劑一方ニ付貳拾五圓以上五拾圓以下ノ罰金ヲ科スヘシ（十四年第二十六號布告ヲ以テ「　」ノ文字ヲ追加ス）

〇、三四、三六、三七、四〇、參看
㊍一ノ三、五條八ノ一、二、五、七、一六條〔刑〕二九參看
㊍一ノ三、五條八ノ二、三、五、七、一〇、二一、六條〔刑〕二九參看

第二十四條　諸鑑札ヲ僞造シ又ハ他人ノ賣藥ヲ贋造シテ發賣スル者ハ其製藥及ヒ其賣得金ヲ沒入シ藥劑一方ニ付五拾圓以上百圓以下ノ罰金ヲ科スヘシ

第二十五條　私ニ有毒藥ヲ配伍スル者ハ其鑑札ヲ取上ケ製藥及ヒ其賣得金ヲ沒入シ藥劑一方ニ付百圓以上五百圓以下ノ罰金ヲ科スヘシ

第二十六條　以上ノ犯則者ヲ見屆ケ訴出ル者アル時ハ事實取糺ノ上相違ナキニ於テハ其賞トシテ其罰金ノ半高ヲ與フヘシ

參照

〇關係法令

二　内務省乙第三十二號　明治十年三月

本年一月太政官第七號賣藥規則公布相成候ニ付テハ左ノ手續書及書式雛形ニ照準取扱可申此旨相達候事

一　一昨明治八年七月以降當省ニ於テ下附候賣藥鑑札ハ追テ相達候迄免許發賣共當分書替願出サスルニ不及規則公布後相渡候鑑札同樣相心得ヘシ

一　前條ノ鑑札所持ノモノ營業免許年季ハ其鑑札ニ記載ノ月ヨリ起算スヘシ尤稅金ノ儀ハ本年分ヨリ徵收スヘキニ付昨九年マテノ分ハ納メシムルニ及ハス

但鑑札料ハ總テ上納爲致定期納付ノ節勘定帳ニ其區分ヲナスヘシ

一　營業鑑札請賣鑑札ハ所持人ノ居家ニ限リ營業ノ權アルモノニ付別戶支店等ニ於テ

ハ別ニ其居住人ニ於テ鑑札ヲ所持スルニ非サレハ營業スルヲ得ヘカラス（十年内務大藏兩省乙第六十五號ヲ以テ本項ヲ追加ス）

一前條營業鑑札所持ノ賣藥ヲ請賣又ハ行商業ヲ致シ居候分來ル四月三十日マテニ悉皆爲願出鑑札交付取計フヘシ

一明治八年七月以降本年一月規則發行前ノ鑑札所持ノ者本年六月マテニ廢業届出候分ハ特別ノ詮議ヲ以テ本年ニ限リ前半期ノ税金ハ免除スヘシ（十年内務大藏兩省乙第六十五號ヲ以テ改正）

一賣藥營業者並ニ請賣者免許看板ハ左式ノ通リ製セシムヘシ

（看板式ハ畧ス）

一税金並ニ諸鑑札料納付ノ節ハ上納證ヲ添ユルノミニシテ勘定帳ハ一ケ年取束ネ毎年八月三十一日限リ該地差立大藏省租税局へ進達スヘシ（十年内務大藏兩省乙第六十五號ヲ以テ改正但書追加）

但シ會計年度ノ都合モ有之本年一月ヨリ六月マテノ分ハ別牒ニ製シ八月三十一日限リ該地差立同局へ進達スヘシ

一行商鑑札ハ各官廳ニ於テ雛形ノ通之ヲ製シ願人ニ下付スヘシ尤行商スル藥劑ハ其方名ヲ一々鑑札ニ記載スヘシ

但一人ニシテ數人ノ藥劑ヲ行商スル時ハ方數ニ拘ハラス營業者異ナル毎ニ鑑札ヲ別製シテ之ヲ渡スヘシ

一行商鑑札ヲ下付シタル分ハ其都度明細簿ニ登記シ置キ每半年分宛別ニ一本ヲ調製シ一月七月ノ兩度內務省ニ開申スヘシ

一行商鑑札製作費ハ豫備金ヲ以テ繰替置キ每半年分勘定帳ヲ製シ一月七月ノ兩度大藏省出納局ニ受取方申出ヘシ（十四年內務省乙二十五號達ヲ以テ本項削除）

一賣藥營業稅並諸鑑札料上納勘定帳雛形

明治何年七月ヨリ同何年六月マテ賣藥營業稅幷諸鑑札料仕上勘定帳（十年內務大藏兩省乙第六十五號達ヲ以テ改正）

賣藥營業願書式

明治八年當省乙第九十八號達雛形ニ照準スヘシ

（書式雛形ハ畧ス）

○

三 內務省乙第七十號 明治十一年十一月

本年九月太政官第二十七號ヲ以テ賣藥規則改正公布相成候ニ付テハ左ノ手續幷雛形ニ照準シ取扱可申此旨相達候事

賣藥取扱手續

一鑑札料紙ハ別紙雛形ノ通相製シ當省ヨリ相渡スヘシ

一右料紙ハ凡積ヲ以テ每年半期分宛一月七月兩度ニ受取方當省ヘ申立ヘシ

一管廳ニ於テ鑑札ニ記スヘキ方名姓名番號等雛形ノ通記入押印之上下渡スヘシ

一家畜牛馬等ニ用ユル賣藥鑑札ハ赤輪廓ノ分ヲ用ユヘシ
一免許期限内ニ於テ鑑札書換ヲ要スル分ハ其事由幷ニ書換タル年月日ヲ鑑札裏面ニ記入下付スヘシ
一賣藥廢業鑑札是迄當省ヘ返納致來候處自今其儀ニ及ハス管廳ニ於テ消却スヘシ
一賣藥請賣行商共已後明細簿差出スニ及ハス左ノ書式ニ準シ二月八月兩度ニ當省ヘ差出スヘシ(十四年内務省乙第四十三號達ヲ以テ本項ヲ削除ス)
(鑑札雛形ハ畧ス)

○

四 内務省乙第二十五號 明治十四年四月

本年四月太政官第三十二號公達相成候ニ付テハ明治十年三月當省乙第三十二號達賣藥取扱手續中請賣鑑札料及ヒ行商鑑札料ノ廉幷行商鑑札製作費云々ノ一項削除候條更ニ左ノ條項ニ照準シ取扱可申此旨相達候事
一賣藥請賣及ヒ行商ニ地方税ヲ賦課スルトキハ本年府縣會於テ其税額ヲ議定シ十四年度ヨリ徴收スヘシ
一請賣鑑札料紙ハ自今大藏省ヨリ配賦不致候條各管轄廳ニ於テ從前雛形ノ通製造スヘシ
但大藏省ヨリ下付セシ鑑札所持ノ者ハ別段引替ニ不及且ツ本年分豫算ヲ以テ受取候料紙未用ノ分ハ同省ヘ返納スヘシ

一請賣者ニテ其賣藥ヲ調製候儀ハ無之筈ニハ候得共或ハ營業者ノ藥方分量ヲ傳ハリ調製候向モ有之候ハヽ改正規則第二十三條ノ罰則ニ相當ルモノニ付速ニ調製相止メ更ニ賣藥營業爲願出候樣取計フヘシ

○伺指令

五 靜岡縣伺 明治十六年七月十四日

酒類防腐藥又ハ變酒濁下藥ト唱ヘ數味ノ藥品ヲ調和シ製造許可願出候者有之右ハ明治九年御省乙第五十四號達ニ照準シ御省ヘ進達可致儀ニ候哉

内務省指令 明治十六年八月十一日

書面伺之趣其縣限リ適宜取計フ儀ト可心得事

○

六 島根縣伺 明治十六年九月八日

鑛泉ヲ採酌運搬シテ病者ヲ浴セシムルハ賣藥規則外トシ可取扱旨明治十一年御省番外御達賣藥撿査心得書ニ有之候ニ付テハ内服ノ爲販賣スルモノモ同樣取扱可然被存候得共之ニ効能ヲ附シ販賣スルニ至リテハ稍異ナル所有之候樣被相考候處是亦同樣取扱差支無之候哉或ハ賣藥規則ニ準シ可取扱儀ニ候哉何分ノ御指揮相成度候也

内務省指令 明治十六年十月一日

書面伺之趣ハ賣藥規則外トシ取扱候儀ト可心得事

○

七 島根縣伺 明治十六年五月十二日

賣藥營業者カ免許期限ヲ過キタルトキ請賣者ハ期限内ト雖モ營業者カセギ續免許ノ報ヲ得サル内ハ該藥品ハ販

賣不相成哉且ツ之ヲ販賣スルモ罰令ニ正條ナキ以上ハ其筋ヘ告發スルニ及ハスヤ

内務省指令　明治十六年八月三日

賣藥請賣者處分ノ儀ハ前段伺之通後段ノ取締ハ前段ニ據リ了知スヘシ

○

八　新潟縣伺　明治十六年五月十四日

賣藥請賣行商ノ者期限過キタル鑑札ヲ以テ營業ヲ爲シタル者ハ賣藥規則第二十條第二十一條ニ於テ其罰例ヲ明記有之候ヘ氏營業者ニシテ同上ノ場合ニ於テハ準據スヘキ明文無之彼此ノ輕重不權衡ヲ免レサル樣被考候條第二十三條無鑑札營業スル者トナシ可及告發儀ト相心得可然哉此段相伺候也

内務省指令　明治十六年八月三日

伺之通

○

九　山口縣伺　明治十六年六月十八日

爰ニ支那人ノ製藥ニ係ル俗ニ唐人齊藥ト稱スル賣藥ヲ請賣致度願出候モノ有之右等モ都テ賣藥規則ニ據リ差許可然哉相伺候也

内務省指令　明治十六年八月八日

書面伺之趣外國ノ賣藥ヲ請賣スルモノハ營業者ト看做シ更ニ撿查ノ上營業鑑札下付スヘキ儀ト可心得事

○

一〇　山梨縣伺　明治十六年六月四日

丸藥散藥等ノ藥劑ニ效能書ヲ附セス單ニ方名及用法代價ノミヲ附記シテ販賣スル者有之右ハ效能書ヲ附セサル以上ハ賣藥規則外ノモノト見做サヽルヲ得サル儀ニ可有之哉

內務省指令　明治十六年八月十四日

書面伺之趣治病ノ目的ヲ以テ販賣スルモノハ總テ賣藥規則ニ準據セシムヘキ儀ト可心得事

○

一一　岡山縣伺　明治十六年六月廿七日

賣藥規則ニ準シ方名製法用法効能等ヲ詳記シ而シテ無代價施與致度旨出願候者ヘハ鑑札附與徵税方等一般賣藥同樣取扱可然哉將タ右等ノ儀ハ不聞届儀ニ候哉

內務省指令　明治十六年八月十八日

後段伺之通

○

一二　福島縣伺　明治十五年五月十八日

藥湯營業免許ヲ得タルモノヨリ其調劑品ヲ買請温度及水量等總テ該營業者ノ方法ニ倣ヒ藥湯營業スルモノヽ如キハ賣藥請賣同樣ノ手續ヲ以テ鑑札下付可然哉此段相伺候也

內務省指令　明治十六年九月十四日

伺之通

○

一三　京都府伺　明治十六年八月廿七日

第一條　賣藥營業者ニシテ免許鑑札面ノ方名ヲ上包シ又効能書等ニ記入セサルモノ有之縱令ハ方名山田藥ヲ許可ナルニ其包紙ヘハ特ニ振藥トノミ記載スル類右ハ方名變換ニ係リ鑑札面ト齟齬シ調査上不都合ニ付今後ハ素ヨリ既往ノ分ト雖モ右等發顯候ハヽ直ニ鑑札面ト同一ノ方名ニ訂正爲致可然儀ニ候哉

第二條　甲乙營業人有之調劑ノ藥品分量主治ハ異ナルト雖モ同方名ニテ販賣ノ包紙ニハ同ク單ニ方名ノミ記載

シ別ニ其營業者ノ姓名ヲ記入無之ヨリ買得者ニ於テ甲乙識別シ難ク他日其配劑中ニ不正ノ所業發顯スルト雖モ其証跡ヲ擧クルニ因ミ取締上差支不尠候間効能書ノ表面ヘハ是又同上必ス營業者ノ姓名ヲ詳記シ甲乙共一目瞭然タラシムル樣爲致可然哉

内務省指令　明治十六年九月十四日

書面伺之通

○

一四　岐阜縣伺　明治十六年十月十日

賣藥能書中六種傳染病ノ項アルモ従來許可致來候處右ハ人民ニ於テ自然傳染ニ罹ルモ賣藥ヲ服シ醫療ヲ受ケスシテ該病隆蔽ノ獘ヲ釀成候モ難計取締上ニモ關係候義ニ付自今能書中六種傳染病ノ項削除販賣爲致度此段相伺候也

内務省指令　明治十六年十月十八日

伺之通

○

一五　岡山縣伺　明治十七年二月廿五日

爰ニ賣藥營業及ヒ請賣者支店ヲ開設シ販賣セント欲スル者ハ十年御省乙第六十五號御達ニ別戸支店等ニ於テハ其居住人ニ於テ鑑札ヲ所持スルニ非サレハ云々ト有之然ル上ハ鑑札記載方ニ於テハ本主營業人ノ名前ヘ尚別戸支店ヲ擔當スル者ノ姓名ヲモ記載可下渡儀ニ可有之哉果シテ然ラハ税金ハ本店而已ニテ可然哉

内務省指令　明治十七年四月九日

伺ノ趣鑑札面ニハ何誰支店代理人何誰ト記シ營業税及鑑札料共箇所毎ニ徴收スル儀ト可心得事

○

一六 埼玉縣伺 明治十七年四月九日

賣藥營業者ニシテ甲地ニ住居シ乙地ニ一定ノ店見世ヲ設ケ日々出張製劑ヲ販賣スルモノ有之右ノ如キハ行商鑑札ヲ付與シ可然哉又ハ請賣鑑札ヲ付與可致哉

內務省指令 明治十七年五月九日

前段伺ノ通

○

一七 栃木縣伺 明治十七年四月十八日

賣藥規則第十三條ニ據リ免許鑑札ヲ他人ヘ讓渡サントスル者及第十四條ニ依リ免許期限中其相續人ニ於テ之ヲ相續スル時又水火盜難其他紛失等ニ付免許鑑札書換出願中鑑札所持不致ト雖モ期限中故營業不苦儀ト相心得可然哉

內務省指令 明治十七年五月十六日

伺之通

○

一八 山梨縣伺 明治十九年十一月十一日

蠶病ヲ醫スルノ目的ヲ以テ其効能書ヲ附シタル藥劑ノ發賣ヲ願出ル者アリ右ハ賣藥規則第三條ニ依リ調査ノ上配伍藥品ニ就キ支障ナキ以上ハ之ヲ許可セサルヲ得サル儀ニシテ從前已ニ許可シタルモノアレ𪜈其藥方用方等多クハ無稽ニ出ルヲ以テ自然蠶体ノ生機ヲ障害スルノ恐レアルノミナラス養蠶者ヲシテ該藥劑ニ依信シ却テ飼養上必用ノ注意ヲ缺カシムルモノ往々有之趣相聞ヘ蠶業奬勵ノ妨害實ニ不尠依テ是等ノ藥劑ハ從前已ニ許可シタルモノト雖モ其營業請賣共一切之ヲ禁止スルモ不苦哉且爾後出願スルモノニシテ右等ノ虞アルモノハ假令賣藥規則第三條ニ抵觸スル所ナキモノト雖モ許可ヲ與ヘスシテ苦シカラサル哉

内務農商務兩省指令　明治十九年三月十八日

伺之通

〇

一九　福井縣伺　明治十九年十二月十四日

勅令第七十二號ヲ以テ賣藥規則中營業免許期限廢止相成候ニ付テハ該勅令ノ日付ヨリ到着期限及ヒ施行期限ヲ算スレハ本縣ノ該施行期日ハ本月十日ニ當レリ然ル處去ル十一月中ニテ營業免許滿期ノモノ之アリ右ハ勅令施行期日前既ニ滿期ナルヲ以テ尚ホ免許ヲ得ント欲スルモノハ舊鑑札ヲ返納致サセ更ニ新規營業ヲ出願セシメ營業税及ヒ鑑札料トモ徵收致シ然ルヘキヤ

大藏省指令　明治十九年十二月廿四日

伺之趣十一月滿期ノ者ト雖モ未タ新鑑札下付ノ手續ヲ了セサルモノハ此際更ニ下付ニ及ハス

〇判決例

二〇　明治二十年乙第三百八十七號

東京府平民　圓城半右衛門

賣藥規則上ニ所謂賣藥營業トハ同則第一條ニ規定スルカ如ク自ラ藥劑ヲ調製シ販賣スルモノヲ指稱シタルニ在ルヿ同第二條ニ照シ明白ナルヲ以テ他人ノ調製ニ係ルモノヲ販賣營業スルヿハ同第五條ニ規定スルカ如ク賣藥請賣者ト稱スヘクシテ賣藥營業者ト稱スヘキモノニ非サルヤ同則中賣藥營業者請賣者トノ區別アツテ燦然タレハ同第二十三條ニ無鑑札ニテ營業スル者云々トアルカ如キモ鑑札ヲ受ケス自ラ調製販賣スルモノヲ云フニ在ルヿ勿論ナリトス今ヤ原裁判言渡書ニ就キ其認メタル事實ニ依レハ本案被告半右衛門ニ於テ色川德右衛門ニ販賣シタル寶珍膏ハ被告自ラ調製シタルニ非ス支那人ノ調製ニ係ルモノヲ支那人ヨリ買取リ販賣營業シタルニ在ルヤ明ナリ然ラハ則チ此所爲前辨明ノ如ク賣藥規則上ニ所謂賣藥營業ト稱スヘキモノニ非スシテ同則第五條ニ背キ請賣業ヲ營ミ

タリト云フニ過キサルヿ判然タルニ原裁判玆ニ出テス同則第二條ニ違背シタルモノトシ同第二十三條ニ照シ處斷シタルハ擬律ノ錯誤ニ係ル不法ノ裁判ナリトス又輕罪ハ滿三年ヲ經テ公訴期滿免除ニ屬スヘキモノナルヿ治罪法第十一條ニ(公訴期滿免除ノ期限左ノ如シ二輕罪ハ三年)トアツテ明白タリ本案被告人半右衛門ニ於テ支那人ヨリ買取リタル寶珍齊ヲ色川德右衛門ニ賣渡シタルハ明治十六年四月廿九日ニシテ一件書類ニ徵スルニ其公訴ヲ提起シタルハ明治十九年五月十三日ナルヿ瞭然タレハ既ニ滿三年ヲ經公訴ノ期滿免除ヲ得タルヿ勿論ナルヲ以テ治罪法第三百五十八條ニ基キ免訴スヘキ當然ナルニ前揭ノ如ク處斷シタルハ原撿察官附帶上告論旨幷ニ代言人カ擴張論旨ノ如ク是亦擬律錯誤ノ裁判ナルヲ以テ倶ニ破毀ノ原由アルモノトス又上告第二點ニ於テ本件藥劑ヲシテ賣藥ナリトセハ印紙ヲ貼用スヘキニ原判官ハ該賣藥印紙税規則違犯如何ヲ論スヘキモノニ非スト言渡シタルハ理由ノ齟齬ナリト云フト雖モ抑賣藥印紙税規則ニ於テ印紙貼用スヘキヲ命シタルハ獨リ正當ノ手續ヲ經許可ヲ得タル營業者ニ限リタルモノニシテ鑑札ヲ得ス賣藥ヲ販賣スル者等ニ命シタルノ正條ニ非サルヤ同則第一條ニ照シ明瞭タレハ原裁判官於テ其賣藥印紙税規則違犯ノ如何ヲ問フヘキモノニ非スト言渡シタルハ決テ違法ナリト云フヲ得ス既ニ以上ノ二點ヲ以テ原裁判破毀スヘキモノト認メタル上ハ上告趣旨ニ對シ一々辨明ヲ附スルノ必要ナキヲ以テ他ノ上告點ニ對シテハ辨明ヲ要セス

以上ノ理由ナルヲ以テ治罪法第四百三十一條ニ法リ原裁判言渡ヲ破毀シ本院ニ於テ直ニ裁判スルヿ左ノ如シ

圓城半右衛門

原裁判官カ認定シタル事實ニ依リ之ヲ法律ニ照スニ賣藥規則第五條ニ違背シタルヲ以テ同第二十一條ニ依リ藥劑一方ニ付拾圓ノ罰金ニ處スヘキ所被告カ犯罪ハ明治十六年四月廿九日ニシテ本案ノ公訴ヲ提起シタルハ明治十九年五月十三日ナルヲ以テ既ニ三年ヲ經タルニ付キ治罪法第十一條ニ依リ公訴期滿免訴ヲ得タルニ付同第三百五十八條ニ基キ同第二百二十四條ニ照シ免訴スヘキモノトス

因テ被告半右衛門ニ對シ免訴ヲ言渡スモノ也

明治二十年一月二十九日

○

二一　明治二十年乙第五十五號

兵庫縣平民　原田治助

被告ノ上告論旨ハ熊能膏ヲ店頭ニ釣ルシタルモ未タ賣却セサルニ因リ決心豫備ニ止マリ決行ノ一ヲ欠クヲ以テ犯罪ヲ搆造セス又該膏二個ノ不足ハ賣却シタルニアラスシテ紛失シタルモノナリト云ニ在リ然レ𪜈賣藥規則ノ營業ト稱スルハ必ス販賣シテ而〆后チニ其罪ヲ論ス可キモノニアラスシテ其意思ノ既ニ行爲ニ顯ハル、上ハ縱令賣買ヲ遂ケサルモ宜シク之レカ制裁ヲ爲スヘキモノトス今原判文ヲ鑑査スルニ原裁判官ニ於テ被告カ請賣營業ノ目的ヲ以テ熊能膏ヲ買入レ店頭ニ釣下ケ置キシハ即チ請賣營業ヲ爲シタルモノト判定シ而〆之ニ賣藥規則第二十一條ヲ適施シタルニアレハ毫モ違法ノ處分ニハアラサルナリ又該膏二個ハ紛失シタルモノナルヤ又ハ販賣シタルモノナルヤ否ハ元ヨリ原裁判官カ判定外ノ事項ニ渉リ其他告發書請賣願書差押物品ハ犯則ノ證據トナラス釣下ケタルハ店頭ニアラスシテ一壁ヲ隔テ、釣ルシ置キタリトノ論訴ハ承審判官カ治罪法ノ規定ニ據リ特有スル職權ヲ以テ爲シタル事實ノ認定及ヒ採證ノ當否ヲ非難シ之ヲ左右セントスルニ外ナラスシテ適法ノ原由ナキヲ以テ上告ノ理由トハナラサルモノトス因テ被告ノ上告旨趣ハ總テ相立タス

右ノ理由ナルニ因リ本案上告ハ治罪法第四百二十七條ニ則リ之ヲ棄却スル者也

明治二十年一月三十一日

○

二二　明治二十年乙第百七十五號

滋賀縣平民　槇野キヨ

抑モ何等ノ營業ト雖モ其贏利ノ爲メニ出テサルハ非サルナリ今原裁判言渡書ヲ查閲スルニ被告「キヨ」ハ云々源藏膏藥十五枚ヲ代價十五錢ニテ買受ケ其後該膏藥ヲ其儘又ハ半分ト爲シ代價壹個ニ付壹錢ノ割ニテ佐藤房吉母「イト」外數名ニ販賣シ云々トアリ此事實ニ因テ看レハ被告ハ該膏藥一枚一錢ノ割ニテ買受之ヲ同價ニテ他人ヘ賣渡シタルモノニ在テ毫モ利益ヲ得タルニ非サレハ被告「キヨ」ハ之カ營業ヲ爲シタルニ非スシテ豫メ買置タル膏藥ヲ

原價ニテ他人ヘ讓渡シタルニ過キサルモノヽ如シ若シ「キヨ」カ請賣營業ノ目的ヲ以テ販賣シタルモノトセハ其事實ヲ明示セサル可ラス然ルニ原判文冐頭ニハ賣藥請賣免許ヲ受ケス云々ト掲ケ其後段即チ前陳ノ如ク請賣營業ニ非サルモノヽ如ク前後齟齬且不備ノ裁判ナルヲ以テ之カ擬律ノ當否ヲ鑑査スルニ由ナキ失當ノ裁判ナルニ依リ破毀スヘキモノトス既ニ此點ヲ以テ破毀スヘキ原由アリト認メタル上ハ上告論旨ニ對シ別ニ辨明ヲ與ヘス

以上ノ理由ナルヲ以テ治罪法第四百二十八條ニ法リ原裁判言渡ノ全部ヲ破毀シ更ニ適法ノ審判ヲ受ケシメン爲メ京都輕罪裁判所ニ移スモノ也

明治二十年二月二十四日

○

【一二三】明治二十年乙第百八十二號

大坂府平民　都志トミ

外一名

賣藥規則第二條但書ニ免許ヲ受ケタル者二ケ所以上ニ於テ之ヲ調製スル時ハ其箇所每ニ免許鑑札ヲ受クヘシ同則第十六條ニ賣藥營業者ハ左ノ通稅金並ニ鑑札料ヲ上納スヘシ但第二條但書ニ依リ免許鑑札ヲ受クル者ハ其箇所每ニ本文ノ稅金並鑑札料ヲ納ムヘシトアリ右第二條但書ニ二ケ所以上ニ於テ調製スルトハ即チ仝則第一條ニ所謂藥ヲ調製シ販賣スル場所ヲ指示シタルモノトス本案原判文認ムル處ニ據レハ被告兩名ハ其營業ニ係ル賣藥ノ藥劑ヲ各自宅ニ於テ調合シ玉田藤三郎ニ交付留ニ丸藥ニ採マシメタルニ止マリ製藥シテ販賣セシメタル等營業ノ所爲アルニアラサレハ之ヲ以テ二ケ所ニ於テ營業ヲ爲シタル者ト云フヲ得ス因テ原檢察官カ仝規則第二條但書ヲ適用スヘキモノナリトノ論旨ハ不當ナルヲ以テ相立ス然レ𪜈原裁判官ハ被告兩名カ所爲ハ罪ト爲ラサル事實ヲ認メタル以上ハ宜敷無罪ノ言渡ヲ爲スヘキ當然ナルニ免訴ノ言渡ヲ爲シタルハ本院檢事附帶上告ノ如ク擬律錯誤ノ裁判ナルヲ以テ破毀スヘキモノト裁定ス

右ノ理由ナルヲ以テ治罪法第四百廿九條ニ則リ原裁判言渡ヲ破毀シ本院ニ於テ直チニ言渡ヲ爲ス左ノ如シ

都志トミ　外一名

原裁判官カ認メタル事實ニ因レハ被告兩名カ所爲ハ素ヨリ罪トナラサルヲ以テ治罪法第三百五十八條ニ照シ無罪ヲ言渡ス者也

明治二十年三月五日

○

二四　明治二十年乙第二百六號

福井縣平民　駒屋篤三

賣藥規則第一條ニ此規則ニ稱スル處ノ賣藥トハ丸藥膏藥煉藥水藥浴劑散藥煎藥等ヲ調製シ效能書ヲ附シ販賣スルモノヲ云フトアリテ其效能書ヲ付シタル者ハ勿論假令效能書ヲ付セサルモ其效能用法等ヲ口授シ又ハ何病ニ效能アリト人ヲシテ信用セシムルノ手段ヲ以テ調製藥ヲ販賣スルモノハ都テ本條ニ依ラサル可カラス故ニ本案ヲ斷スルニハ右等ノ點ヲ判明スルハ必要欠ク可カラサル主點ナリトス今原判文ヲ閱スルニ被告ハ自家ニ於テ龍腦木香辰砂各一分肉桂二分ニ蜂蜜ヲ加ヘ之ヲ煉リ延齡丹ト唱フル服藥ヲ調製シ云々販賣シタル事實ハ即チ無鑑札ニテ賣藥延齡丹ヲ製造之ヲ販賣セシモノトノミ記載シ被告ハ果テ效能書ヲ付シタルヤ又ハ效能書ヲ付セサルモ效能用法等ヲ口授シタル等人ニ信用セシメ販賣シタリヤ或ハ藥舖ノ營業上購求者ノ差圖ニ依リ藥種ヲ調合賣渡シタルニ過キサルヤ若シ藥種營業上購求者ノ差圖ニ依リ藥種ヲ調合賣渡シタルニ過キサレハ素ヨリ賣藥規則ノ制裁ヲ受クヘキモノニ非ストス然レ𪜈原判文ニ右等必要欠クヘカラサル主點ヲ明記セサレハ事實ノ如何ヲ知ルニ由ナク從テ擬律ノ當否ヲ鑑査スル能ハサル不法ノ裁判ニシテ破毀ノ原由アリトス因テ治罪法第四百二十八條ニ則リ原裁判ノ全部ヲ破毀シ金澤輕罪裁判所ニ移シ更ニ審判セシムル者也

明治二十年三月廿四日

○

一二五　明治二十年乙第三百十七號

山梨縣士族　川上眞人

賣藥營業者及ヒ請賣者於テ自カラ行商シ又ハ賣子ヲ出シテ行商ヲ爲サントスルニハ賣藥規則第七條ニ依リ各自ニ行商鑑札ヲ携帶セサレハ行商スルヿ能ハサルハ勿論ナレモ賣藥ヲ製造スルニハ賣藥營業者其本人ニ非サレハ製造スルヿ能ハサルモノニ非サレハ賣藥營業免許ノ看板ヲ掲ケタル一家ノ內ニ於テ營業者ノ指揮監督ヲ受ケ製造スル如キハ該規則ノ禁止セサル所ナリ然レハ營業者ノ爲メニ該製造業ニ從事シタルヲ以テ直チニ無鑑札營業ヲ爲シタルモノトハ爲シ難シ故ニ賣藥規則第二十三條ニ所謂無鑑札ニテ營業スル者云々トアルハ免許人ナクシテ擅ニ製造營業ヲ爲ス者ヲ指シタルモノナルヿ炳然タリ今原判文ヲ閲スルニ被告眞人ハ明治十四年十月十日千金円一方ノ賣藥營業鑑札ヲ受ケ明治十八年七月該營業鑑札ヲ長女ヘ書換ノ手續ヲ爲シ已ニ其筋ヨリ下付濟ニ爲リタルニモ拘ハラス尚引續該賣藥ヲ製造シ且行商ヲ爲シタルハ即チ無鑑札賣藥營業ヲ爲シタルモノトストノミニテ被告ハ長女ト居ヲ異ニシ別ニ該業ヲ營業スル者ナル乎將タ長女ニ代テ製造補助ヲ爲セシモノナルヤ是等ノ事實ハ本件ニ於ケル賣藥規則第二十三條ノ罪ヲ組成スルト否ニ關スル緊要ノ點ナルニ其理由ヲ明示セスシテ容易ク無鑑札賣藥營業ヲ爲シタルモノト斷了シ前記ノ法條ニ依リ刑ノ言渡ヲ爲シタルニ付擬律ノ適否ヲ鑑別スルニ由ナク即チ治罪法第三百四條ノ規定ニ背キタル失當ノ裁判ナルヲ以テ破毀ス可キモノト裁定ス

右ノ理由ナルニ依リ上告論旨ニ對シテハ別ニ辨明ヲ要セス治罪法第四百廿八條ニ從ヒ原裁判言渡ノ全部ヲ破毀シ更ニ適法ノ審判ヲ受ケシムル爲メ横濱輕罪裁判所八王子支廳ニ移スモノ也

明治二十年三月三十一日

○

一二六　明治二十年乙第三百九十三號

兵庫縣平民　小林與六

被告カ上告ノ趣意書中「セメンシイナ」ノ如キハ配伍調劑ヲ要セサル單純ノ藥品ナレハ如何ナル方法ヲ以テ之ヲ販

賣スルモ賣藥規則第二十三條ヲ適用セラル可キモノニアラストアリ因テ原判文ヲ閲スルニ「セメンシイナ」ヲ小袋ニ入レ「大人小兒虫下シ」ト効能ヲ付シ云々トアリ然ラハ則仮令單純ノ藥品ナリトスルモ之レカ分量ヲ定メ其効能書ヲ付シ以テ賣藥トナシタルモノナリトノ事實ヲ認定シアル以上ハ前第二十三條ノ制裁ヲ受ク可キ勿論ナリトス其他ノ論旨ハ採証ノ當否事實判定ノ如何ヲ非難スルニアレハ共ニ上告ノ原由ナキモノトス又原撿察官附帶上告ノ趣旨ハ原判文中奇應丸販賣ノ點ハ證憑不充分トシテ刑法第二條ヲ適用無罪ヲ言渡シタルハ擬律ノ錯誤ナリ又没收ス可キ金額アリ云々ト云フニアレ𪜈原判文中無印紙奇應丸ヲ販賣シタルヿノ記載ナク又原判文中没收ス可キ金額アルヲ見サレハ附帶上告ハ果シテ何等ノ金額ヲ指シタルモノナルヤ分明ナラサレハ附帶上告論旨ノ如キハ要スルニ原裁判認定以外ノ事項ヲ擧テ喋々論訴スルニ過サレハ上告正當ノ原由トナスニ足ラサルモノナリト判定ス因テ治罪法第四百廿七條ノ規定ニ則トリ被告カ上告及ヒ原撿察官附帶上告共之ヲ棄却スル者ナリ

明治二十年四月三十日

○

二七 明治二十年乙第五百五十號

愛知縣平民 鈴木安吉

賣藥規則ヲ案スルニ其第一條ニ此規則ニ稱スル處ノ賣藥トハ丸藥膏藥煉藥水藥浴劑散藥煎藥等ヲ調製シ効能書ヲ附シ販賣スルモノヲ云フトアリテ本條ノ精神タル効能書ヲ附シ販賣スル者ハ勿論仮令効能書ヲ附セサルモ効能用法等ヲ口授シ調藥販賣スル者ハ本則ノ制裁ヲ免ル可ラスト雖モ買主ノ注文ニ應シ其指名ノ藥品ヲ調合販賣スル如キハ藥舗ノ爲シ得ヘキ事ニシテ本則ノ制裁ヲ受クヘキ限リニ非ラストス故ニ本案ヲ斷スルニハ其調製販賣シタル製藥ハ効能書ヲ付シタリヤ又ハ効能用法等ヲ口授販賣シタリヤ否ヲ判明スルハ必要欠クヘカラサル主點ナリ今原判文ヲ閲スルニ被告安吉ハ云々無鑑札ニテ調胃散ト稱スル藥劑ヲ調製シ無印紙ノ儘發賣云々トノミ記載シ効能書ノ如何ニ付テハ毫モ其事實ノ明示ナキヲ以テ被告カ所爲ハ賣藥規則ノ制裁ニ屬スヘキ者ナルヤ否ヲ識別スル能ハス即チ事實ノ理由不備ニシテ從テ擬律ノ當否ヲ鑑査スルニ由ナキ不法ノ裁判ニシテ治罪法第四百十條第九項ニ該

ル上告ノ原由アリトス

明治二十年六月十六日

○

一二八　明治二十年乙第六百六十七號

大坂府平民　森　宗　次　郎

賣藥規則第一條ニ此規則ニ稱スル處ノ賣藥トハ丸藥膏藥煉藥水藥浴劑散藥煎藥等ヲ調製シ云々トアレハ本案ノ粉藥ハ仮令ヒ三種ノ藥劑ヲ配合シアルニモセヨ未タ丸藥ト爲サヽレハ直ニ贋造三黄丸ノ名ヲ付スヘカラサルニ因リ控訴判文前段ニ於テハ賣藥三黄丸ヲ贋造調製シタル事實ノ理由ヲ明示シ後段ハ該三黄丸ヲ調製スルニ至ラサリシモノト認メ而ソ其外部ノ裝置如何ニ關セス其調製ニ係リタル分ハ之ヲ没收シ未タ製藥トナラス即チ豫備ノ分ハ還付セシモノニシテ別ニ前段ノ理由ニ齟齬不備ノ點ナク且越權ノ處分ト認ムヘキ廉ナキハ勿論刑法第四十三條ハ他ニ特法ノアラサル場合ニ適施スヘキ普通ノ没收法ニテ賣藥規則ノ如キ没收ノ特例ヲ掲ケアル場合ニ適用スヘキモノニアラス何トナレハ該規則中ニ別ニ總則ヲ掲ケサルニ因リ他ノ場合ニ在テハ刑法ノ總則ニ從フヘキハ勿論ナルモ已ニ没收ニ付特例ヲ設ケアル上ハ普通法ノ例外法ト解釋スヘキハ當然ノ理由ナレハナリ故ニ藥研外一品ハ賣藥規則中ニ正條ナキモノトシテ之ヲ還付セルモ亦タ不當ノ處分ト爲スヲ得サルモノトス

明治二十年七月二十五日

○

一二九　明治二十年乙第七百五十五號

愛媛縣平民　堀　田　猶　衛

賣藥規則ノ所謂効能書ハ賣藥營業上賣藥其物ノ効用ヲ表スル必用ノ條件ナレハ該効用能書ヲ擅ニ增減變更スルヲ得サルハ規則ノ明定スル所タレハ假令ヒ僅カニ「ヒエ」眼若クハ「五疳ノ虫」ノ數字ヲ加書セシニ過キスト雖モ該則規定ノ手續ヲ盡サヽルヘカラス然ルニ被告ハ曩キニ許可ヲ得タル賣藥眞珠及虫下シノ二方劑能書ニ私擅ニ「ヒエ」

眼「五疳ノ虫」ノ數字ヲ加筆シタルモノナレハ賣藥規則第四條ノ制裁ヲ免レサルモノトス而シテ諸規則諸稅則等ノ如キ特別法律ノ支配ヲ受クルモノハ該則中ノ事件ニ付其責ニ任スヘキハ必ラス本人ニ限ルモノニアラス即チ後見人總理代人ノ如キ法律上本人ト同視セラルヘキモノハ其營業上ノ名義如何ニ關セス後見若クハ總理代人於テ責任ヲ擔當スヘキモノナレハ本案賣藥營業名義ハ假令ヒ河端善六ナルモ未丁年者ニシテ被告ハ即チ其後見人ニ付原裁判所カ被告ニ對シ刑ノ言渡ヲ爲シタルモノ法律ニ違背セルモノト云フヲ得ス且先キニ善六ニ對シ言渡シタル裁判ハ全ク本案ニ關係セサル事件ナルハ訴訟書類ニ徵シ明瞭ナルヲ以テ前後矛盾若クハ一事再理ノ元則等ニ觸ルヽモノナラサルハ固ヨリ論ヲ俟タサルモノトス右說明ノ理由ニシテ原裁判ハ他ニ違法ノ廉ナケレハ上告論旨ハ到底適法ノ原由ナキヲ以テ之ヲ採用セス因テ治罪法第四百廿七條ニ則リ棄却スルモノナリ

明治二十年九月二十六日

○

三〇 明治二十年乙第七百九十二號

神奈川縣平民 蟲七五郎

上告ニ依リ本案事件ヲ按スルニ被告カ所管縣廳ノ許可ヲ得テ製造スル英明膏ハ元來殺蟲治痒ヲ目的トシ則チ賣藥部外ノ雜藥トシテ許可セラレタルモノナレハ若シ猥リニ他ノ疾病等ニ効アル旨ノ能書ヲ付シ又ハ能書ニ代フル方法ヲ以テ販賣セハ賣藥規則ノ違犯タルハ渾テ免カレサルモノナリ然ルニ被告於テ賣藥規則第二條ノ効能書トハ何藥ハ何病ニ効能アリト保證スルノ謂ヒニシテ本案附言ニ掲ケシ無味淡薄ナル文詞ノ如キヲ包含セサルノミナラス假リニ効能書ヲ付シタリトスルモ雜藥規則ノ制裁ヲ受クルニ止マリ賣藥規則ニ依リ處斷サルヽ理由ナシト論訴スト雖氏試ニ該附言ニ記スル所ヲ觀察スレハ此膏ハ石炭酸及カンプラ密蠟阿列布油杓櫞油等ノ配合ニシテ殺蟲治痒ヲ目的トシ調製シタル所購求諸氏ヨリ續々左ノ報ヲ得タリ道理上ヨリ云ハヽ石炭酸ノ配合ナレハ効驗云々トナシ皮膚病陰具外廿一項ノ病名ヲ掲ケアリテ故ラニ曖昧ノ文詞ヲ裝ヒ其許可ヲ得タル殺蟲治痒以外ノ他病ニ効驗アルコヲ暗ニ廣告シ以テ販賣高ヲ盛ンニシ即チ賣藥規則ノ支配外ニ在テ竊カニ無鑑札ニテ賣藥營業ヲ爲シタルモノナ

ルヤ疑フヘカラス故ニ原裁判所カ諸般ノ證憑ニ心證ヲ資リ其判文ニ掲ケタル事實理由ヲ付シ賣藥規則第二條第二十三條ヲ適用處斷シタルハ其當ヲ得タルモノニテ毫モ擬律ヲ錯誤セルモノニアラストス右ノ理由ニ依リ治罪法第四百廿七條ニ則リ本案上告ハ之ヲ棄却スルモノ也

明治廿年十月廿四日

○

三二 明治廿年乙第九百廿八號

滋賀縣平民　佐々木左一郎

同　縣平民　友田九八

賣藥規則第二十一條ニ無鑑札又ハ鑑札ヲ借受ケ又ハ期限過キタル鑑札ヲ以テ請賣スルモノ及無鑑札ノ者ヲシテ請賣セシメ又ハ鑑札ヲ貸ス者云々製藥ヲ沒入シ藥劑一方ニ付十圓ノ罰金ヲ科スヘシトアリテ其請賣セシムル者トハ賣藥營業人ニ限ルトノ明文ナケレハ假令ヒ請賣者カ自己受賣ノ賣藥ニ係ルモ無鑑札者ニ該受賣ノ賣藥ヲ窃カニ受賣セシムルニ於テハ前第二十一條ニ依リ處罰スルモ法律ヲ誤ルモノト云フヲ得ス今本案事件ニ付原判官ハ正當職權ヲ以テ其判文ニ明示セル證憑ニ心證ヲ資リ即チ被告左一郎ハ園田彌次平ヨリ受賣ヲ爲ス無三齊廿個ヲ友田九八ヘ相渡シ同人ヲシテ無鑑札ニテ請賣ヲ爲サシメ被告九八ハ左一郎ヨリ該賣藥ヲ受取リ無鑑札ニテ請賣ヲ爲シ云々ト其理由ヲ判示シアリテ其賣藥ヲ無鑑札者ニ受賣セシメタル場合ニ在テハ該賣藥ヲ授受シタル場所ノ如何ハ必要ノ事實ニアラサルモ已ニ前顯ノ如ク判示シアレハ被告左一郎カ自宅ニ於テ授受シタルモノト認メシヤ疑フヘカラス然リ而ソ假令ヒ買得セシ賣藥ナリト雖モ無鑑札者ニ受賣ヲ爲サシメタル時ハ該賣藥ハ即チ無鑑札ニテ受賣シクルモノヽ現有セル儘沒收スヘキハ當然ナレハ被告九八ニ對シ沒收ヲ言渡シアレハ被告左一郎カ此點ニ付テノ論旨ハ固ヨリ其理由ナキハ勿論收稅官吏ニ差出シタル調書ノ不正ニ成立シタリトハ上告ニ付テノ供述ニ止マリ毫モ不正ノ證跡ヲ見ス要スルニ原裁判ハ他ニ違法ノ廉ナキヲ以テ被告等上告訴旨ハ共ニ適法ノ原由アラサルモノトス因テ治罪法第四百廿七條ニ則リ之ヲ棄却スルモノナリ

明治廿年十二月廿六日

○

一二二一　明治二十年乙第七百九十八號

富山縣平民　朝日九右衞門

原判文ヲ審査スルニ（前略）他ノ二方劑ハ現ニ免許鑑札ヲ受ケ居ル頓血湯又ハ蘇生丸ニシテ其包紙ノ裏面等ニ該藥名アル上ハ其表面ニ山田頓血湯又ハ氣附毒解トアルモ之レ效能等ヲ表示シタルニ過キスシテ藥名等ヲ改更セシニ非ラストアリ此文旨タルヤ被告カ曾テ免許ヲ得タル頓血湯蘇生丸ノ包紙表面ニ山田又ハ氣附毒解等ノ數字ヲ表記シタルハ即チ效能ヲ表示シタルニ止マルトノ意ナルカ如クナルモ右等ノ文字ハ免許ノ當時ヨリ已ニ業ニ效能書ニ記載アリシヲ表面ニ表示シタリト云フニアル乎將タ免許後私擅挿入シタリト云フニアル乎分明ナラス是等ノ事實ヲ判明スルハ本案欲ク可カラサルノ要點ナリトス何トナレハ該文字ハ免許ノ當時已ニ效能書ニ掲ケアリシモノナリセハ之ヲ何レニ移書スルモ罪トシ罰ス可キモノニ非ラス又免許後更ニ許可ヲ得スシテ挿入セシモノナリセハ其藥品ニ變更アラサルモ特ニ氣附毒解等ノ數字ヲ記入セシ事實アル上ハ即チ賣藥規則第二十二條ニ所謂能書等ヲ改更シタルモノニ該當シ其責ヲ免カル、ヲ得可カラサレハナリ因テ原裁判ハ事實ノ理由ニ不備アル不法ノ裁判ナルヲ以テ治罪法第四百二十八條ノ規定ニ則トリ其全部ヲ破毀シ金澤輕罪裁判所ニ移シ更ニ審判セシムル者ナリ

明治二十年十月廿九日

○

一二二二　明治廿年乙第八百四十號

富山縣平民　兒島周作

原判文ヲ閲スルニ被告ハ無鑑札ニテ賣藥營業者安達敬直ノ賣子太田甚作所持ノ行商鑑札四枚幷ニ肝納丸六百貼退虫丸五十貼寶丹丸五十貼及錦花香ノ四方ヲ讓リ受行商シタル者ニシテ賣藥ヲ請賣シタル者ニ非ストス故ニ此所爲ニ適用スル法律ハ賣藥規則第二十條無鑑札又ハ鑑札ヲ借受ケ自ラ行商シ云々トアルヲ以テセサルヘカラス然ルヲ

原裁判所ハ前記ノ所爲ヲ認メナカラ無鑑札ニテ請賣シタル者ヲ罰スヘキ第二十一條ヲ適用シタルハ擬律錯誤ノ裁判ニシテ破毀ノ原由アリトス依テ治罪法第四百二十九條ニ則リ原裁判ヲ破毀シ本院ニ於テ直ニ裁判スル丁左ノ如シ

兒島周作

前辨明ノ理由ナルヲ以テ原裁判所於テ認メタル事實ニ因リ之ヲ法律ニ照スニ賣藥規則第二十條無鑑札又ハ鑑札ヲ借受ケ自ラ行商シ云々其鑑札ヲ取上ケ藥劑一方ニ付五圓ノ罰金ヲ科スヘシトアルニ依リ藥劑四方ナルヲ以テ合罰金二十圓ニ處シ其携帶スル行商鑑札四枚ヲ沒收スル者也

明治二十年十一月十九日

○

三二四　明治十九年第四百四十二號

佐賀縣平民　廣川儀兵衛

抑藥舗營業者ニシテ醫師ノ處方書ニ據リ藥劑ヲ調合販賣シ得ヘキハ論ヲ竢タスト雖モ其處方書ナク私ニ調製シ用方分量或ハ能書等ヲ付シ免許ヲ得スシテ販賣スルハ賣藥規則ニ於テ禁スル所ナリ今被告カ所爲ノ事實如何ヲ尋ヌルニ無免許ノ滚痰丸ヲ調製シ内量目貳拾目代價八錢ニテ道達カ長男菊池道吾ヘ販賣シ又ハ自用者ニ分與シ殘餘ニ用法分量及ヒ代價等ヲ記載シ店頭ニ陳列シタリト判定シタル丁原判文ニ粲然タリ然ラハ賣藥規則第二十三條ノ違犯者ナル丁明瞭ナルヲ以テ同條ニ依リ罰金ヲ言渡シタル素ヨリ當然ナリトス

明治十九年七月三十一日

○

三二五　明治十九年第六十五號

德島縣平民　大久保貞八

治罪法第三百四條ノ律意タル承審判官ニ於テ有罪ノ言渡ヲナスニハ其犯罪ヲ搆造スルニ必要ナル事實ノ理由ト心

証ノ資料タラシメタル一切ノ証憑ト其事實ニ適用スル所ノ法律トヲ明示スヘシト云フニ在ツテ犯罪構造上ニ必要ナキ事實ノ理由又ハ採資シタル証憑中ニハ如何ナル陳述等記載アツテ又法律文中ニハ如何ナル事ヲ掲ケアルヤノ理由マテ明示スヘシト云フノ精神ニハ非サルナリ今原判文ヲ閲スルニ（被告人貞八ハ云々自家製造ノ目藥六百八十貝ヲ自ラ無鑑札ニテ山本「マキ」云々等ニ行商シタル事實ハ云々）トアツテ此事實ニテ無鑑札行商ノ犯罪ヲ構造スル理由充分見ルニ足ルノミナラス採資シタル証憑ノ目ト其事實ニ適施スヘキ法律ノ正條トヲ明示シアル以上ハ其他ノ理由ヲ明示セサルトテ違法ナリト云フヲ得サルモノトス又賣藥規則上ニ所謂行商者トハ其賣却セントスル所ノ製藥ヲ携帶シ需用者ノ誰タルヲ問ハス其門ニ就キ販賣スル者ヲ指稱シタルニ在テ製造營業者カ請賣者ノ注文ニ應シ藥品ヲ携帶シ販賣スルカ如キハ行商ト云フヘキモノニ非ス故ニ上告論旨ノ如ク山本「マキ」外二名ハ果テ被告人カ製造スル賣藥ノ請賣者ナリトセハ被告人ノ所爲行商ト云フヲ得スト雖モ原裁判官カ採資シタル証憑ニ徵スルニ果テ被告人云カ如ク請賣者トハ見ルヘキ事跡ナキノミナラス原裁判官ニ於テモ請賣者ナリ又請賣ノ爲メ注文ヲ受ケ販賣シタルモノナリトハ認メスシテ行商シタリト認メタル上ハ前掲ノ如ク處斷シタル適法ナリト云ハサルヲ得ス殊ニ被告人カ呈供スル証據物ノ如キハ未タ原裁判官ノ認メサルモノナルヲ以テ之ヲ採用スルニ由ナシ因テ上告論旨總テ相立タサルモノトス

明治十九年十月廿八日

○

〔三六〕明治十九年第五號

東京府平民　中井粂五郎

右粂五郎カ被告事件ニ付明治十八年十二月十七日東京輕罪裁判所ニ於テ審理ノ末免許鑑札ヲ受ケス擅ニ葛根湯ヲ調製シ之ニ印紙ヲ貼付シテ販賣ノ用ニ供シ置キタルノ事實アリト認メ賣藥規則第二條同第二十三條ニ依リ製藥七貼ヲ没收シ罰金貳拾五圓ニ處スト言渡シタルニ之ヲ不當ナリトシ被告粂五郎上告ヲ爲シタリ其要領賣藥規則第二十三條ニ製藥及賣得金ヲ没收シ云々トアルニ依テ見レハ調製ノ藥ヲ既ニ販賣シタル者ノミヲ罰スルノ精神タルヿ

判然ニシテ被告人カ所爲ノ如キ未タ販賣ヲ爲サヽルノミナラス啻ニ葛根湯ヲ調製シ印紙ヲ貼付シ置キタル迄ニ止リ果テ販賣ノ用ニ供スルモノナルヤ否ナ被告カ内部ノ心裡中ニアリテ未タ外形ニ現ハレサルカ如キ所爲ヲ罰スルノ律意ニ非サルナリ故ニ被告人ノ所爲刑法第二條ニ依リ論決セラルヘキモノナルニ原裁判茲ニ出テス皮相ノ見ヲ以テ直ニ販賣ノ用ニ供シタルモノト速斷シ前掲ノ如ク處斷セラレタルハ治罪法第四百十條第十項ニ相當スル破毀ノ原由アルモノナリ假シ罪アルモノトシ斷スルニハ宜ク刑法第五條ニ基キ賣藥規則ヲ適用シタリトノ旨ヲ明記スヘキニ之ヲ掲ケサルハ罰スヘキ法律ノ正條ヲ示サヽル不備ノ裁判ナリト云フニ在リ

對手人檢事補馬渡多藏ハ上告ノ旨趣其理由ナシト答辨セリ

大審院ニ於テ治罪法第四百二十五條ノ定式ヲ履行シ判決スルコト左ノ如シ

賣藥規則第二十三條ニ(無鑑札ニテ營業スル者)トハ免許鑑札ヲ得ス販賣スルノ目的ヲ以テ藥劑ヲ調製シタルノミノ所爲ト之ヲ調製販賣シタル所爲トヲ問ハス包含スルモノニ在ルヤ同條中ニ(請賣者ニ藥劑ヲ調製セシムル者又ハ請賣者自ラ之ヲ調製スル者)トアツテ粲然タレハ從テ其賣得金ヲ沒入シ云々ト云フカ如キモ調製販賣シ得タル金員ノアル場合ノミニ收入スルトノ律意ニシテ此文字アルノミヲ以テ販賣セサル所爲ハ本條ノ制裁スル所ニ非ラスト云フヲ得ス故ニ原裁判官カ法律上特任セラレタル正當ノ職權上被告人カ免許鑑札ヲ受ケス葛根湯ヲ調製シ販賣ノ用ニ供シ置キタルノ事實アルヲ認メテ以テ右第二十三條ニ依リ處斷シタルハ相當ノ擬律ニシテ錯誤アルヲ見サルナリ又刑法ニ正條ナク此賣藥規則ニ刑名アルトカ又ハ本案ヲ處斷スルニ付キ刑法上ノ總則ヲ要スルノ場合アル時ハ刑法第五條ヲ適用スルノ必要アリト雖モ別ニ其必要ナキ時ハ適用スルニ及ハサル勿論ナルヲ以テ本案ニ對シ右第五條ヲ示サヽルトテ理由ノ不備ナリト云フヲ得ス因テ上告論旨ハ總テ相立タサルモノトス

明治十九年十月廿八日

○

三七 明治十九年乙第四百號

福岡縣平民　津原伊右衞門

右伊右衛門カ被告事件ニ付明治十九年六月三日福岡輕罪裁判所於テ審理ノ末被告人自製ノ奇應丸及ヒ千金丹ヲ無印紙ニテ販賣シ又ハ自己ノ營業ニ係ル大補丹(丹ハ圓ノ誤ト認ム)ヲ受賣者珠城義一ニ調製セシメタルモノト判定シ賣藥印紙稅規則第五條ニ照シ罰金貳拾圓ニ處シ且賣藥規則第二十三條ニ照シ罰金貳拾五圓ニ處スト言渡シタル裁判ニ對シ被告人カ上告ヲ爲スノ要旨ハ被告人カ自製ノ人參大補圓ハ元來粉ニシテ販賣スルモ購求者ノ望ミニ依テハ或ハ練藥トシテ販賣スルヿノアルヨリ受賣人珠城義一ノ依賴ニ任セ藥品ヲ調合シタル粉藥ヲ箱入ニテ送致シ義一ニ於テ之ヲ調製販賣スルモノナレハ被告カ其調劑ノ方法等ヲ義一ニ傳授調製セシメタルニアラスシテ即チ被告カ調製スヘキヲ義一ニ委任シタル迄ナレハ家族雇人ヲシテ調製セシムルモ同一ニテ賣藥規則第二十三條ノ制裁ヲ受クヘキモノニアラス又奇應丸千金丹ノ二方モ自製ニシテ義一請賣スルニ付時々ニ印紙貼用ノ上送付居タル處運送中途ニ於テ上包紙ノ毀損スルアルヨリ同人ノ類談ニ任セ上包紙ト藥劑ト格別ニシテ送致シ印紙ハ義一ニ於テ貼付ノ上販賣スルヿナレハ同シク家族雇人ヲシテ印紙ヲ張ラシムルト同一ニシテ毫モ印紙稅則ニ違犯シタルモノニアラサルヲ以テ治罪法第三百五十八條ニ依リ無罪ノ言渡ヲ受クヘキモノナルニ原裁判官ハ前記ノ如ク罰金ノ刑ヲ言渡サレタルハ服從シ能ハサルニ付上告シテ破毀ヲ求ムト云フニアリ原裁判所檢事補結城朝敘ハ上告ノ理由ナク棄却セラル可キモノト思料スル旨答辨セリ

大審院於テ治罪法第四百二十五條ノ定式ヲ履行シ審理判決スル左ノ如シ

抑賣藥製造營業ト請賣業トハ自ラ格別ナル者タルヿハ賣藥規則ニ判然其區別シアル所ニシテ請賣者ハ製造營業ノ家族雇人ト同一視スルヲ得サルハ論ヲ竢タサルナリ而テ製造營業者ニシテ其賣藥ヲ請賣者又ハ行商者等ヘ販賣スルハ其賣藥調製ノ上其代價ニ相當スル印紙ヲ貼用シ消印ノ上送遞セサルヲ得サルハ賣藥印紙稅規則ニ依リテ明ラカナリ然レハ上告者自陳スルカ如キ調合ノ藥品粉ヲ請賣者ニ送付シテ調製セシメ又ハ二方ノ賣藥ニ印紙ヲ貼用セス請賣者ニ送付販賣セシメシ所爲ハ即チ賣藥規則第二十三條及ヒ賣藥印紙稅規則第五條ノ制裁ヲ免カレ得ヘキモノニアラサレハ原裁判ハ最モ至當ニシテ毫モ不當ノ點アルヿナシ故ニ上告ノ旨趣ハ相立サルモノトス因テ治罪法第四百二十七條ニ則リ該上告ハ棄却スルモノ也

明治十九年十二月六日

一二八 ○ 明治十八年第二千四百四十一號

富山縣平民 布村 久

賣藥規則第二十條ニ所謂無鑑札トハ官ノ免許鑑札ヲ受ケサル者ハ勿論既ニ得タル鑑札ヲ行商ノ際携帶セサル者モ亦包含スルモノトス何トナレハ行商ノ際其鑑札ヲ必ス所持スヘキ事ハ仝則第七條ノ規定スル處ナルニ之レニ違背シ鑑札ヲ携帶セサル時ハ他ニ對シ行商免許人タルヲ證明スルヲ得サレハナリ然レハ被告カ行商鑑札ヲ携帶セスシテ行商シタル所爲ハ即チ右第二十條ニ照シ處罰スヘキハ當然ナルニ原裁判茲ニ出テス規則上罰スル正條ナキモノトシ無罪ヲ言渡シタルハ撿察官上告論旨ノ如ク擬律錯誤ノ裁判ナルヲ以テ破毀ノ原由アルモノトス以上ノ理由ナルニ因リ治罪法第四百廿九條ニ則リ原裁判言渡ヲ破毀シ本院ニ於テ直ニ裁判ヲ爲ス左ノ如シ

布村 久

原裁判官カ認メタル事實ニ依リ之ヲ法律ニ照スニ賣藥規則第七條ニ違背シ行商鑑札ヲ所持セス行商ヲ爲シタル者ニ付仝第二十條ニ照シ藥劑一方ニ付五圓ノ罰金即チ萬病感應丸外八方ナルニヨリ四十五圓ノ罰金ニ處スル者也

明治十九年十一月十八日

一二九 ○ 明治十九年乙第百七號

熊本縣平民 田邉祐作

賣藥規則第五條ニ（賣藥ヲ請賣セント欲シ其營業者ノ許諾ヲ得タル者ハ族籍氏名ヲ記シタル願書ニ營業者所持ノ免許鑑札寫及ヒ營業者ト取結タル約定書トヲ添ヘ其管轄廳ヘ願出免許鑑札ヲ受クヘシ）トアルニ依ルニ賣藥請賣ヲ爲サントスル者ハ其營業者ノ許諾ヲ得タル後管轄廳ニ願出テ必ス免許鑑札ヲ受ケタル上ニ非サルヨリハ之ヲ請賣スルヿナラサルモノニ付キ出願シ許可シタルノ指令アルノミニテハ未タ請賣者タルノ資格ヲ得タルモノト云フヲ得サルニ付キ其鑑札ノ下付ナキ前ニ在テ請賣シタル以上ハ賣藥規則第二十一條ノ制裁ハ免カルヽヿヲ得サルモ

ノトス又鑑札ヲ受クヘキヿハ知ラサリシト云フト雖モ法律規則ヲ知ラサルヲ以テ犯スノ意ナシト爲スヿヲ得サルヤ刑法第七十七條ノ規定スル所ナルハ勿論右第五條末文ニ免許鑑札ヲ受クヘシトアルヲ以テ旁其論旨採信スルニ足ラサルモノトス又同第二十一條ニハ(無鑑札云々ヲ以テ請賣スル者云々)トアツテ販賣シタル云々トナケレハ苟モ販賣スルノ目的ヲ以テ之ヲ所持シ居タル以上ハ該條ノ支配ヲ受クヘキ勿論ナルニ付キ原裁判官於テ既ニ販賣シタルト未タ販賣セサルトヲ同一視シテ處斷シタル不法ト云フヲ得ス因テ上告ノ論旨タル一モ相立タサルモノトス

明治十九年十二月十六日

○

四〇 明治十九年乙第五百五十七號

愛知縣平民　小西久翁

被告カ其身醫ヲ業トスルヿハ原判文ニ認メテ明確ナリ果テ然ラハ他ノ請求ニ因リ一ノ診斷ヲモナサスシテ直ニ投藥スル如キハ素ヨリ醫術上ノ疎漏ヲ免レスト雖モ其投藥ニ代價ヲ記シ効能用法ヲ口授スルト否ラサルトニ論ナク未タ以テ賣藥規則ノ制裁ヲ受クヘキ者ニアラス故ニ果テ被告カ賣藥營業ヲナシタリトノ事實ヲ認定スルニハ其患者ノ請求ニ因リ醫術上ノ配劑ヲナシタルニ非サルノ理由ヲ明示セサル可カラス然ルニ原判文ハ單ニ醫師ノ資格ヲ以テ投藥セシニモアラストノミ記載スルモ之レ究竟被告カ賣藥者タルノ事實ノ記載ニ過キスシテ其事實ハ何等ノ理由ニ依リ認メタリヤヲ識別スル能ハス隨テ擬律ノ當否ヲ鑑査スルニ由ナキ不法ノ裁判ナリトス因テ被告カ上告論旨ノ如ク治罪法第四百十條第九項ニ所謂事實ノ理由ヲ付セサル裁判ニシテ上告ノ原由アリトス右ノ理由ナルニ因リ治罪法第四百二十八條ニ則リ原裁判ヲ破毀シ靜岡輕罪裁判所ニ移シ更ニ審判セシムル者ナリ

明治十九年十二月十八日

（九）賣藥印紙稅規則　明治十五年十月第五十一號布告

賣藥印紙稅規則左ノ通相定來明治十六年一月一日ヨリ施行ス

(示)九ノ三、五、七條(酉)四一、四二、四三參看

賣藥印紙稅規則

第一條　賣藥ニハ必ス定價ヲ附記シ其定價ニ従ヒ營業者ニ於テ左ノ割合相當ノ印紙ヲ貼用スヘシ

印紙稅ノ割合

一定價壹錢迄	印稅一厘
一仝　貳錢迄	仝　貳厘
一仝　三錢迄	仝　三厘
一仝　五錢迄	仝　五厘
一仝　拾錢迄	仝　壹錢

以上總テ五錢毎ニ五厘ヲ增加ス

第二條　印紙種目ハ左ノ如シ

壹厘	淡黑色
貳厘	青色
三厘	黃色
五厘	茶褐色
壹錢	赭色
貳錢	綠色
三錢	濃青色

㋭九ノ五、七條〔刑〕四一參看

㋭九ノ八條〔刑〕三〇六參看

㋭一ノ五條九ノ一三條、一〇、〔刑〕三七、四一、四二、四三、四四、四六、四八、四二〇、四二一參看

㋭一ノ五條、一〇、〔刑〕四一、四四、四五、四六、四七、四八、四二〇、四二一參看

㋭一ノ五條、九ノ三條〔刑〕四一、四二〇、四二一參看

㋭一ノ五條九ノ四條〔刑〕四二〇、四二一參看

四錢　　橙黃色
五錢　　紫　色
拾錢　　深紅色

第三條　印紙ハ藥品ノ容器又ハ包紙等ニ貼用シ營業者ニ於テ之ヲ消印スヘシ
　但印紙面ノ中心ヨリ他所ヘ掛ケ消印スヘシ

第四條　賣藥印紙ハ官ノ許可シタル賣捌所ニ限リ賣捌クモノトス

第五條　營業者ニシテ無印紙ノ藥品ヲ發賣シタル者ハ貳圓以上貳百圓以下ノ罰金ニ處シ印紙不足ノ藥品ヲ發賣シタル者ハ貳圓以上百圓以下ノ罰金ニ處ス

第六條　請賣者行商者ニシテ無印紙ノ藥品ヲ所持シ若クハ之ヲ販賣シタル者ハ貳圓以上百圓以下ノ罰金ニ處シ印紙不足ノ藥品ヲ所持シ若クハ之ヲ販賣シタル者ハ貳圓以上五拾圓以下ノ罰金ニ處ス

第七條　貼用印紙ニ消印セサル者ハ貳圓以上拾圓以下ノ罰金ニ處ス

第八條　印紙賣捌所ノ外ニ於テ印紙ヲ賣捌ク者ハ貳圓以上貳拾圓以下ノ罰金ニ處シ仍ホ其品ヲ沒收ス其情ヲ知リテ之ヲ買受ケタル者ハ貳圓以上拾圓以下ノ罰金ニ處シ仍ホ其品ヲ沒收ス

（印紙貼用雛形略之）

○

（一〇）賣藥自用者無印紙賣藥買受所持者等處分　明治十九年十月大藏省令第三十一號

(ホ)九ノ五、六條
[illegible]四四參看

賣藥自用者ニ於テ無印紙ノ賣藥ヲ買受ケ讓受ケ預置キ又ハ所持スルヲ得ス犯ス者ハ金壹圓九十五錢以下ノ科料ニ處ス

●參照

○關係法令

四一 太政官第二十四號布達 明治十五年十一月

本年十月第五拾壹號布告賣藥印紙稅規則施行ニ付テハ賣藥營業者ニ於テ必ス印紙ヲ貼用スヘキ筈ノ處該稅則施行以前既ニ請賣者又ハ行商者ニ渡シタル賣藥ハ此際ニ限リ請賣者又ハ行商者ニ於テ印紙ヲ貼用スルコトヲ得ヘシ

○

四二 大藏省令第二十三號 明治十九年七月

賣藥印紙交換規則左ノ通相定ム

賣藥印紙交換規則

第一條 賣藥營業人所持ノ賣藥中性効ヲ失シタルモノヲ廢棄センカ爲メ既貼ノ印紙不用ニ屬スル場合ニ於テ一人分既貼印紙額一トロ拾圓以上ハ其願出テニ由リ左ノ割合ヲ以テ新印紙ト交換スヘシ

一 既貼印紙拾圓以上壹圓ニ付 交換新印紙八拾錢

一 貳拾圓以上壹圓ニ付 同 八拾五錢

第二條　賣藥ノ裝置又ハ印紙ノ貼用方完全ナラサルモノ及ヒ印紙ノ汚染毀傷シタルモノハ交換スルヲ得ス

第三條　賣藥印紙ノ交換ヲ願出ツル者ハ賣藥ノ箇數及印紙各種枚數ノ仕譯ヲ爲シタル書面ヲ添ヘ其賣藥ヲ所在府縣廳ニ差出シ撿査ヲ受ヘシ

第四條　府縣廳ハ其賣藥ヲ撿査シ旣貼ノ印紙ニ消印シ又ハ之ヲ切斷スルヲ以テ受取濟ノ證ト爲シ其賣藥ヲ下戻シ同時ニ新印紙ヲ下付スヘシ

○判決例

四三　明治二十年乙第九十八號

大坂府平民　井上平助

賣藥印紙稅規則第五條ニ所謂發賣トハ請賣者ヘ向テ運搬スル乎又ハ行商者ニ携帶セシムル等旣ニ發付シタル者ヲ云フニ在リテ其意思ノ如何ヲ問ハス未タ發付セサルモノヲモ罰スヘキノ法條ニアラス本件原裁判官ノ判定シタル事實ニ於ケル無二膏眞治膏卽効紙ヲ已ニ上包ミヲ爲シ裝飾調整シ買取者ニ供スル計リニナシ右藥品ヲ無印紙ニテ店先簞笥抽斗中他ノ印紙ヲ貼用シアル藥品ト共ニ入置キタルモノナリ」トアリテ其所爲タル無印紙ニテ藥品ヲ所持シタリト云フニ過キス賣藥營業者ニ於テ無印紙ノ藥品ヲ所持シタルモノヲ罰スルノ法條ナシ因テ本件ノ事實ハ法律上罰スヘキ正條ナキモノナルニ之ヲ賣藥印紙稅規則第五條ニ依リ處斷シタルハ擬律ノ錯誤ニシテ上告ノ旨趣ハ治罪法第四百十條第十項ニ當ル原由アリトス

右ノ理由ナルヲ以テ治罪法第四百二十九條ニ依リ原裁判ノ擬律ヲ破毀シ直チニ裁判ヲ爲ス左ノ如シ

井上平助

前辨明ノ如クナルヲ以テ原裁判官ノ判定シタル被告ノ所爲ハ法律上之ヲ罰スヘキ正條ナキニ依リ治罪法第三百五

十八條ニ照シ無罪

明治二十年二月十四日

○

四四　明治二十年乙第七百九十四號

長崎縣平民　山本誠一郎

明治十九年大藏省令第三十一號ノ精神ハ其明文ノ如ク賣藥自用者ニ於テ無印紙ノ賣藥ヲ買受ケ讓受ケ預置又ハ所持スルヲ禁シタルニアリテ現ニ印紙ハ貼用シアルモ其印紙ハ再貼用ニ係ルニ非サルヤ否等マテモ自用者ニ於テ調査シテ買入等ヲ爲ス可シト命令シタルニ非サルヤ明カナリ今ヤ原判文ヲ閲スルニ被告カ印紙再貼用ノ藥品ヲ其情實ヲ知ラスシテ預リ置キタルノ事實ハ認メアルモ這ハ明治十九年大藏省令第三十一號ノ制裁ヲ受ク可キ者ニ非サレハ其所爲罪トナラスト判定シ無罪ヲ言渡シタルハ相當ノ裁判ナリトス何トナレハ大藏省令ノ解釋ハ前說明ノ如クナルノミナラス本令ノ如キハ別ニ總則ヲ掲ケサレハ刑法第七十七條第二項ヲ適用ス可キモノナレハナリ故ニ原撿察官カ本案ニ對シ同令ヲ適用處斷セサリシハ不法云々ノ論告ハ要スルニ法律ノ誤解ニ外ナラストス又原判文ニ被告事件罪トナラスト認メナカラ刑法第二條ニ依ラスシテ治罪法第三百五十八條ヲ適用シ無罪ヲ言渡シタルハ不法ナリト云フニアレ𪜈刑法第二條ハ法律ニ正條ナキノ所爲ハ之ヲ罰セストノ原則ヲ示シタルニ止マルモノナレハ裁判官ニ於テ已ニ其所爲罪トナラスト認メタル場合ニ於テハ治罪法第三百五十八條ヲ適用スルヲ以テ足レリトス因テ本案上告ハ渾テ其原由ナキモノト判定シ治罪法第四百二十七條ニ則リ之ヲ弃却スル者ナリ

明治二十年十月二十九日

○

四五　明治十九年乙第六百六十一號

鹿兒島縣平民　鍋倉正治

右正治カ被告事件ニ付明治十九年七月廿四日鹿兒島輕罪裁判所ニ於テ審理ノ末被告ハ賣藥營業兼行商人ニシテ已

レカ調製ニ係ル千金丹壹貼ヘ貼用シタル印紙ニ消印ヲナサス又半面ノ印紙ヲ貼用シタル按摩膏三延及無印紙ノ千金丹二千五百粒ヲ瓶入ノ儘所持シテ行商シ居タルヲ撿査員ニ發覺セラレタルノ事實アリト認メ貼用印紙ニ消印セサル所爲ハ賣藥印紙税規則第一條同第七條ニ依リ又無効又ハ無印紙ノ藥品ヲ所持シテ行商シタル所爲ハ各同第六條ニ該當スルヲ以テ明治十四年第七十二號公布第五條ニ依リ罰金二圓宛合計六圓ノ罰金ヲ併科スト言渡シタルニ之ヲ不當ナリトシ被告正治ハ上告ヲ爲シタリ其要領第一千金丹壹貼ニ相當ノ印紙ヲ貼用シタルモ遺忘シテ二個ノ印紙中一個ニノミ消印セサルニ全ク消印セサル所爲ニ適用スル賣藥印紙税規則第一條ヲ援引セラレタルハ擬律ノ錯誤ナリ第二按摩膏三延ハ正シク印紙ヲ貼用シタルモ個ハ二枚ヲ合セ代價壹錢ニ賣却スヘキモノナルヲ以テ二枚ヲ接シテ相當印紙ヲ貼用シ且消印モ爲シアリタルヤ撿査員ニ認メラレタル時ニ尚其印紙ノ存在シアツテ明ナリ然ルニ原裁判官ハ何故ニ之ヲ無効ノ印紙ナリト認メタルヤ其理由ヲ說明セサルハ理由ノ不備ナリ第三無印紙千金丹二千五百粒ヲ瓶入ノ儘行商途中所持シ居タル事實ニ對シ賣藥印紙税規則第六條ヲ適用處斷シタルハ不法ノ裁判ナリ何トナレハ請賣者行商者ハ自ラ賣藥ヲ調製スルノ權利ナキ者ナルカ故ニ是等ノ者ニシテ無印紙ノ藥品ヲ所持シ居ルニ於テハ該第六條ヲ以テ罰セサルヲ得スト雖モ自ラ製造シ營業スル者ハ行商中ニモ請賣者ニ渡賣ヲナシ得ヘク之ヲナスニハ自ラ藥品ヲ見セシメサルヲ得サルノ場合アルヨリ該第六條中ニハ營業者トナキ所以ナルノミナラス假令營業者カ自ラ行商スルモ營業者タルノ資格ヲ失フヘキモノニモ非サレハナリ然ルニ被告人ハ自ラ調製スル資格アル營業者ナルヿヲ認メナカラ見本ノ爲メ所持セシ千金丹二千五百粒ヲ無印紙ナリトテ該第六條ニ照シ處斷シタルハ擬律ノ錯誤ナリト云フニ在リ

對手人撿事補原俊三ハ上告趣旨ノ不當ナルヲ逐一辨駁シテ其原由ナキヲ以テ棄却アランヿヲ望ムト答辨セリ

大審院ニ於テ治罪法第四百二十五條ノ定式ヲ履行シ之ヲ審按スルニ

上告ノ理由トスル所ノ第一點ハ掲ケテ前文ノ如シト雖モ要スルニ裁判官於テ法律上特任セラレタル正當ノ職權ヲ實行シ貼用印紙ニ消印セスト認メタルヲ其消印セサルハ遺忘ニ出テタルモノナリト云ヒ即チ原裁判官カ認定外ノ事實ヲ主張シテ之ヲ左右セントスルニ止レハ上告ノ原由トナスニ足ラサルモノトス又第二點ニ於テ無効印紙ナリトノ理由ヲ明示セスト云フト雖モ原判文ヲ閲スレハ半面ノ印紙ヲ貼用シタル按摩膏云々トアツテ其貼用シタル半

面ノ印紙ハ即チ無効ナリト認メタルニ在ルヤ其前後ノ文詞ヲ相照應シテ其理由粲然タルヲ以テ之ヲ不備ナリトハ云フヲ得ス又賣藥營業人ナル者ハ免許ヲ得タル場所內ニ在テハ其資格ヲ有スル勿論ナリト雖モ其場所外ニ出テヽハ其賣藥營業人ノ資格ヲ有スルモノニ非サルヤ賣藥規則第二條但書ニ依リ明ナルニ付キ被告人カ製藥ノ免許ヲ得タル自宅外ニ在ツテハ即チ營業者ノ資格ヲ有セサルモノナルヲ以テ其自宅外ニ在リ行商中ハ單純ナル行商者ノ資格ノミヲ有スルモノト云ハサルヲ得ス夫レ既ニ行商中ハ賣藥營業者ノ資格ヲ有セサルモノナル以上ハ被告人ノ資格行商者タルヲ以テ其行商者ニ付テハ無印紙ノ藥品ヲ所持スルヿヲ得サルモノナレハ賣藥印紙稅規則第六條ノ違犯者ト認メタル決テ違法ニ非サルヲ以テ上告第三點モ亦相立タス然リト雖モ行商者ニシテ無効ノ印紙ヲ貼用シタル藥品ヲ所持シ居タルハ印紙ヲ貼用セサルモノ即チ無印紙ノ藥品ヲ所持シ居タルト毫モ異ナルヿナキヲ以テ其無効ノ印紙ヲ貼用シタル藥品ヲ所持スルモ無印紙ノ藥品ヲ所持スルモ等ク同則第六條ノ違犯者ニシテ即チ意思ノ繼續タルニ過キサレハ之ヲ無効又ハ無印紙藥品所持ノ二罪ヲ組成シタルモノト云フヲ得サルモノトス然ルニ原裁判官ハ以上ノ事實ヲ認メナカラ無効ノ印紙ヲ貼用シタル藥品ヲ所持シ居タル所爲ト無印紙ノ藥品ヲ所持シ居タル所爲トヲ二罪トナシ處斷シタルハ擬律ニ錯誤アル不法ノ裁判ナルヲ以テ破毀ノ原由アルモノトス

以上ノ理由ナルヲ以テ治罪法第四百三十一條ニ法リ無効印紙ヲ貼用シタル藥品ヲ所持シ居タルヲ別罪トナシ罰金二圓ト言渡シタル部分ヲ破毀シ之ヲ取消スモノ也

明治十九年十二月十八日

○

四六一　明治十九年乙第九百六十五號

高知縣平民　坂本政藏
外一名

右政藏外一名カ被告事件ニ付明治十九年十月四日高知輕罪裁判所於テ被告政藏ハ印紙不足ノ賣藥ヲ販賣シ焉吾ハ其不足印紙ノ賣藥ヲ販賣ノ爲メ所持シタル者ト判定シ政藏ハ賣藥印紙稅規則第五條ニ依リ罰金五圓ニ處シ焉吾ハ

同則第六條ニ依リ罰金四圓ニ處スト言渡タル裁判ニ對シ被告兩名ハ上告シタリ其要領政藏於テハ製藥一服ノ代價九錢ニ九厘ノ印紙ヲ貼用ナシタルハ十分ノ一ニ該ルヲ以テ大體上不都合ナク其細則ニ至テ壹厘不足スルモ惡意ニアラス全ク誤謬ニ出シモノナレハ假令犯則トスルモ情ノ最モ輕キモノナルニ罰金五圓ニ處セラレタルハ不服ナリト又馬吾於テハ最初政藏ヨリ買受ノ節定價ニ引合セ印紙ノ不足ナキヲ以テ請賣シタルモノナレハ法律細則上一厘ノ不足アルコハ全ク知ラサルモノナルニ政藏ト均シク賣藥印紙税規則ニ依リ罰金四圓ニ處セラレタルハ不服ナリト云フニ在リ

原裁判所撿事武田直行ハ該上告ノ理由ナキ旨ヲ論シ棄却ヲ望ムト答辨セリ

大審院於テ治罪法第四百二十五條ノ定式ヲ履行シ判决ヲ爲スコ左ノ如シ

賣藥印紙税規則第一條ニ定ル如ク印紙税ノ割合タル定價五錢迄印税五厘同拾錢迄壹錢トアルヲ以テ本件賣藥ノ如キ定價九錢ナレハ即チ印紙壹錢ヲ貼用スヘキモノニシテ之レニ九厘ノ印紙ヲ貼用シタルハ壹厘ノ不足ナルコ論ヲ竢タサルニ付之ヲ大體ノ不足ナシト云ヲ得ス且同則第五條又ハ第六條ニ掲クル刑ノ範圍内ニ於テ適當ナリト認ムル金額ヲ以テ處斷スルハ承審官ノ權内ニ在テ他ヨリ容喙シ得可カラサルハ勿論刑法第七十七條末項ニ法律規則ヲ知ラサルヲ以テ犯スノ意ナシト爲スコヲ得ストアレハ既ニ賣藥印紙税規則第一條ニ明定アル税額ヲ知ラストス爲スヲ得サルナリ故ニ被告等カ上告論旨ハ到底其理由ナク歸スル處徒ニ苦情ヲ分疏スルニ過キサルモノト認ムルヲ以テ治罪法第四百廿七條ニ則リ該上告ハ棄却スル者也

明治十九年十二月十八日

○

四七 明治十九年乙第二百二十七號

愛知縣平民　松本加右衛門

上告ノ理由トスル所賣藥印紙税規則第六條ニ所謂無印紙ノ藥品トハ其現ニ營業ニ關スルモノナルト否トニ拘ハラサルニ付本件ノ如キ賣藥請賣者ニシテ一旦廢業ニ係ル藥品ト雖モ無印紙ノ儘所持スルニ於テハ該規則第六條ニ依

リ處罰スヘキニ原裁判ノ玆ニ出テサリシハ擬律ノ錯誤ナリト云フニ在ルモ賣藥印紙税規則第六條ニ(請賣者行商者ニシテ無印紙ノ藥品ヲ所持シ云々)トアルニ據レハ所謂藥品トハ單ニ營業ニ關スル者ヲ指的シタルニ止マリ爾餘ノ藥品ヲ包含セサルモノナルヤ明カナリ何トナレハ凡ソ請賣者行商者ハ賣藥一方毎ニ其免許ヲ受クヘキモノナルヲ以テ他ノ藥品ニ付テハ縱シヤ無印紙ノ儘所持スルモ之ヲ請賣者行商者ニシテ所持シタルモノト爲スヲ得ヘカラサレハナリ然レハ今被告カ既ニ請賣ヲ廢業シタル眞妙圓ヲ無印紙ノ儘所持シタル行爲ハ本條ノ制裁ヲ受クヘキモノニアラス而シテ同規則中他ニ適施スヘキ正條アルヲ見ス故ニ原裁判所カ本案ノ如ク刑法第二條ニ照シ無罪ヲ言渡シタルハ相當ニシテ不法ノ裁判ニアラストス因テ上告ノ趣旨相立タス

右ノ理由ナルヲ以テ治罪法第四百廿七條ニ依リ本案上告ヲ棄却スル者也

明治十九年十二月九日

○

四八 明治十九年乙第五二五號

兵庫縣平民 藤本孫八

右孫八カ被告事件ニ付明治十九年六月廿三日神戸輕罪裁判所姫路支廳ニ於テ審理ノ末第一被告カ賣藥營業中其行商人藤本竹次郎ハ明治十七年五月中請賣無鑑札人島源七ヘ生長糖二十三個代金十六錢ニテ賣却シタル所爲ハ果テ島源七カ無鑑札人ニシテ請賣ヲナスヘキモノタリシ情ヲ知テ賣却シタルモノト認ムルノ證憑充分ナラス第二右行商人藤本竹次郎ハ島源七カ請賣スヘキモノタル情ヲ知ラサルモ其生長糖二十三個ハ壹個ニ付壹錢ノ定價ナルヲ以テ壹厘宛ノ印紙ヲ貼用スヘキ處總テ無印紙ノ儘賣却シタルノ事實アリト認メ行商人藤本竹次郎ノ所爲ハ假令被告人ニ於テ之ヲ知ラサリシコアルモ元來其行商ヲ命シタルハ被告人ニ在レハ總テ行商人營業上ノ所爲ニ對シテハ之ヲ命シタル被告人ノ責ニ任スヘキモノナルヲ以テ第一ノ所爲ハ治罪法第三百三十五條第一項ニ依リ無罪第二ハ賣藥印紙税規則第一條同第六條ニ依リ罰金四圓ニ處ス但差押タル生長糖十九個ハ被告人ニ還付スト言渡シタルニ之ヲ不當ナリトシ撿事補大塩武ハ上告ヲ爲シタリ其要領被告孫八カ犯罪タル行商人竹次郎カ島源七ニ賣渡シタル時

ヲ俟テ成立スルモノニ非スシテ被告孫八カ行商人竹次郎ニ交付シタル時ニ無印紙發賣ノ犯罪組成スヘキモノトス然ルニ原判官ハ公訴セサル事件則チ竹次郎カ島源七ニ賣渡シタルヲ以テ被告孫八カ犯罪トナシ反テ撿察官カ請求シタル被告孫八カ竹次郎ニ交付シタル發賣ノ所爲則チ公訴シタル點ニ對シ判決ヲナサス竹次郎ノ所爲タルヲ認テ孫八ヲ罰シタルハ治罪法第四百十條第七第十第十一ニ該當スト云フニ在リ

對手人被告孫八ハ之レニ答辨セス

大審院ニ於テ治罪法第四百二十五條ノ定式ヲ履行シタルニ立曾撿事安藤源五郎ハ被告藤本孫八カ行商人藤本竹次郎ニ交付セシ生長糖二十三個ハ其交付ノ際無印紙ナリシヤ否ナ最モ缺クヘカラサル必要ノ事實ナルニ原判文上毫モ其事實ノ如何ヲ明示セサルハ所謂理由ヲ附セサル不法ノ裁判ナルヲ以テ附帶上告ヲ爲シテ破毀ヲ求ムト陳述セリ因テ之ヲ審按スルニ

賣藥印紙税規則第五條ニ(營業者ニシテ無印紙ノ藥品ヲ發賣シタル者云々)同第六條ニ(請賣者行商者ニシテ無印紙ノ藥品ヲ販賣シタル者云々)トアルニ依レハ營業者カ無印紙ノ藥品ヲ發賣シタルト行商人等カ販賣シタルト其罪ヲ異ニスレハ若シ營業者ニシテ無印紙ノ藥品ヲ行商人ニ販賣セシメタル以上ハ右第五條ノ制裁ヲ受クヘキモノニシテ行商人ハ右第六條ノ制裁ハ免ルヿヲ得サルモノトス本案被告孫八カ行商人藤本竹次郎ヲシテ無印紙ノ藥品ヲ販賣セシメタルヿ明ナルモ其行商人ニ交付シタルハ何年何月何日ニ在テ又其交付シタル當時ハ果テ無印紙ノ儘交付シタルニ在ルカ否ナ之ヲ知ルニ由ナク若シ無印紙ノ藥品ヲ交付シタルモノトセハ被告人ノ所爲右第五條ノ制裁ニ止マルモノヽ如シト雖モ本案犯罪構成上必要ナル事實ノ理由ニ至テハ未タ其明示ナキヲ以テ擬律ノ當否ヲ鑑査シ能ハサル理由不備ノ裁判ナリトス既ニ此點ヲ以テ原裁判ハ破毀スヘキモノト認メタル上ハ上告論旨ニ對シ別ニ辨明ヲ與ヘス

明治十九年十二月十一日

(一一)爆發物取締罰則　明治十七年十二月第三十二號布告

爆發物取締罰則別冊ノ通制定ス

（別冊）

爆發物取締罰則

(ホ)一一ノ二、三、四、五、六、八、一一條參看

第一條　治安ヲ妨ケ又ハ人ノ身體財產ヲ害セントスルノ目的ヲ以テ爆發物ヲ使用シタル者及ヒ人ヲシテ之ヲ使用セシメタル者ハ死刑ニ處ス

(ホ)一一ノ八、九、一〇條參看

第二條　前條ノ目的ヲ以テ爆發物ヲ使用セントスルノ際發覺シタル者ハ無期徒刑又ハ有期徒刑ニ處ス

(ホ)一一ノ八、九、一〇條參看

第三條　第一條ノ目的ヲ以テ爆發物若クハ其使用ニ供ス可キ器具ヲ製造輸入所持シ又ハ注文ヲ爲シタル者ハ重懲役ニ處ス

(ホ)一一ノ八、九、一〇條參看

第四條　第一條ノ罪ヲ犯サントシテ脅迫敎唆煽動ニ止ル者及ヒ共謀ニ止マル者ハ重懲役ニ處ス

(ホ)一一ノ八、九、一〇條參看

第五條　第一條ニ記載シタル犯罪者ノ爲メ情ヲ知テ爆發物若クハ其使用ニ供スヘキ器具ヲ製造輸入販賣讓與寄藏シ及ヒ其約束ヲ爲シタル者ハ重懲役ニ處ス

第六條　爆發物ヲ製造輸入所持シ又ハ注文ヲ爲シタル者第一條ニ記載シタル犯罪ノ目的ニアラサルコトヲ證明スルコト能ハサル時ハ二年以上五年以下ノ重禁錮ニ處シ二十圓以上二百圓以下ノ罰金ヲ附加ス

(ホ)一一ノ一、二、三、五、六條參看

第七條　爆發物ヲ發見シタル者ハ直ニ警察官吏ニ告知ス可シ違フ者ハ五圓以上五十圓以下ノ罰金ニ處ス

(ホ)一一ノ一、二、三、四、五條參看

第八條　本則ニ記載シタル重罪犯アルコトヲ認知シタル時ハ直ニ警察官吏若クハ危害ヲ被

㊟一一ノ一、二、三、四、五條參看

㊟一一ノ一、二、三、四、五條參看

㊟一二ノ二、三、一六、二一、二三條七〇ノ一條刑五六七ノ二、二七、二八條參看

㊟一二ノ一、三、七、一二條刑五六七ノ二但書、

ラントスル人ニ告知スヘシ違フ者ハ六月以上五年以下ノ重禁錮ニ處ス

第九條　本則ニ記載シタル重罪ノ犯人ヲ藏匿シ若クハ隱避セシメ又ハ其罪證ヲ湮滅シタル者ハ正犯ノ刑ニ一等又ハ二等ヲ減ス

第十條　本則ニ記載シタル重罪ヲ犯シタル者ニハ刑法第八十條及ヒ第八十一條ノ例ヲ用ヒス但十六歲未滿ニシテ是非ノ辨別ナキ者ハ刑法ニ從フ

第十一條　第一條ニ記載シタル犯罪ノ豫備陰謀ヲ爲シタル者ト雖モ未タ其事ヲ行ハサル前ニ於テ官ニ自首シ因テ危害ヲ爲スニ至ラサル時ハ本刑ヲ免シ六月以上三年以下ノ監視ニ付ス第五條ニ記載シタル犯罪者モ亦同シ

第十二條　本則ニ記載シタル犯罪刑法ニ照シ仍ホ重キ者ハ重キニ從テ所斷ス

〇

(一二)版權條例　明治二十年十二月勅令第七十七號

朕版權條例ヲ裁可シ玆ニ之ヲ公布セシム

版權條例

第一條　凡ソ文書圖畫ヲ出版シテ其利益ヲ專有スルノ權ヲ版權ト云ヒ版權所有者ノ承諾ヲ經スシテ其文書圖畫ヲ翻刻スルヲ僞版ト云フ

第二條　出版條例ニ依リ文書圖畫ヲ出版スル者ハ總テ此條例ニ依リ其版權ノ保護ヲ受ルコトヲ得

三、五、二七、二八條參看
(出)一二ノ一、二、四、五、六、七、八、一九、二三、二四、二九條[illegible]五五六四、五六五、五六七ノ一六、二〇條參看
(写)一二ノ三、五、六、七、八、二九、二三、二四條參看
(写)一二ノ二、三、一〇、一三條參看
(写)一二ノ三、四、九條[illegible]五六七ノ一六條參看
(出)一二ノ二、三、四、一五、一六、二〇、二二條[illegible]五六七ノ一二、一三、二四條參看

第三條　版權ノ保護ヲ受ント欲スル者ハ發行前製本六部ノ定價ヲ添ヘ版權登錄ヲ內務省ニ願出ヘシ

第四條　官廳ニ於テ文書圖畫ヲ出版シ版權ノ登錄ヲ得ント欲スルトキハ其由ヲ內務省ニ通知スヘシ

第五條　版權登錄ノ文書圖畫ニハ其保護年限間ハ版權所有ノ四字ヲ記載スヘシ其記載セサル者ハ登錄ノ効ヲ失フモノトス

第六條　內務省ニ於テハ版權登錄簿ヲ備ヘ置キ登錄ノ願出アル每ニ之ヲ登錄シ登錄證書ヲ下付スヘシ

登錄ヲ經タル文書圖畫ハ內務省ニ於テ時々之ヲ官報ニ掲示スヘシ

第七條　版權ハ著作者ニ屬シ著作者死亡後ニ在テハ其相續者ニ屬スルモノトス

講義若クハ演說ヲ筆記シテ一部ノ書ト爲シタルモノヽ版權ハ講義者若クハ演說者ニ屬シ若シ筆記者ニ於テ講義者若クハ演說者ノ許諾ヲ經テ出版スルトキハ筆記者ニ屬シ筆記者死亡後ニ在テハ其相續者ニ屬スルモノトス

翻譯書ノ版權ハ翻譯者ニ屬シ翻譯者死亡後ニ在テハ其相續者ニ屬スルモノトス

官廳學校會社協會等ニ於テ著作ノ名義ヲ以テ出版スル文書圖畫ノ版權ハ其官廳學校等ニ屬スルモノトス

數人ノ著作若クハ數人ノ講義演說ヲ編纂シタル文書圖畫ノ版權ハ編纂者ニ屬シ編纂者死亡後ニ在テハ其相續者ニ屬スルモノトス但編纂者ト原著作者講義者演說者又ハ其相續者

(ホ)一二ノ三、四條(獨)五六七ノ二二、三三、二四、二九、三〇條參看

(ホ)一二ノ六條(歐)五六四、五六、五、五六七ノ二四、二六、三〇條參看

(ホ)一二ノ五、一一、二三、二四條(獨)五六七ノ六條參看

(ホ)一二ノ一〇條(獨)五六四、五六七ノ八條參看

(ホ)一二ノ三、一六條(獨)五六七ノ一一、二五、二九條參看

(ホ)一二ノ五、一〇、二四條參看

トノ關係ハ相互ノ約束ニ依ル

第八條　版權ハ制限ヲ附シ若クハ附セスシテ賣渡シ讓渡スコトヲ得

第九條　版權登錄證書ヲ毀損又ハ紛失シタルトキハ事由ヲ記シ其再度下付ヲ内務省ニ願出ルコトヲ得但手數料トシテ金五十錢ヲ納ムヘシ

第十條　版權保護ノ年限ハ著作者ノ終身ニ五年ヲ加ヘタルモノトス若シ版權登錄ノ月ヨリ死亡ノ月マテヲ計算シ之ニ五年ヲ加ヘ仍ホ三十五年ニ足ラサル時ハ版權登錄ノ月ヨリ三十五年トス

數人ノ合著ニ係ルモノヽ版權年限ハ最終ニ死亡シタル者ニ據リテ計算ス

官廳又ハ學校會社協會等ニ於テ著作ノ名義ヲ以テ出版スル文書圖畫幷著作者死亡ノ後ニ出版スル文書圖畫ノ版權年限ハ版權登錄ノ月ヨリ計算シ三十五年トス

第十一條　冊號ヲ逐ヒ順次ニ出版スル文書圖畫ノ版權年限ハ各號每ニ其出版ノ月ヨリ起算ス但其都度第三條ノ手續ヲナスヘシ

雜誌ノ類ニ在テハ内務大臣ノ許可ヲ得テ第三條ノ手續ヲ省畧スルコトヲ得

第十二條　版權ノ保護ハ其文書圖畫ヲ改正增減シ又ハ註解附錄繪圖等ヲ加ヘ又ハ製本ノ式ヲ改メ又ハ冊數ヲ分合スルカ爲メ變更スルコトナカルヘシ

第十三條　特ニ世ニ有益ナル文書圖畫ニシテ版權年限間ノ利益其著作出版ノ勞力ト費用トヲ償ハサルノ事情アルモノニハ版權所有者ノ願出ニ依リ内務大臣ニ於テ仍ホ十年間版權保護ノ期限ヲ延ハスコトアルヘシ

〔西〕五六七ノ七條㋭一二ノ一〇、一三、二五、一六、二二條參看

〔西〕五六七ノ九條㋭一二ノ七、一四、二六、一九條參看

㋭一二ノ一、七、一二、一四、一五、一七、一八、二三、二六條參看〔西〕五六七ノ罰七條㋭一二ノ一六、二五條參看

㋭一二ノ一六、二六條參看〔西〕五六七ノ九、一〇、一四、罰一一

第十四條　文書圖畫ノ版權年限中所有者死亡シ他人ニ於テ其版權相續者ナキコトヲ確信シ之ヲ出版セント欲スルトキハ其由ヲ官報及東京ノ四社以上ノ重ナル新聞紙並其所有者居住地ノ新聞紙ニ七日以上廣告シ最終ノ廣告日ヨリ六箇月內ニ版權相續者ノ出テサルトキハ內務大臣ノ許可ヲ受テ之ヲ出版シ版權ヲ繼續スルコトヲ得

著作者又ハ相續者ヲ知ルヘカラサル著作ニシテ未タ出版セサルモノ亦前項ノ手續ニヨリ出版シ版權ノ保護ヲ受クルコトヲ得

第十五條　新聞紙又ハ雜誌ニ於テ二號以上ニ涉リ記載シタル論說記事又ハ小說ハ其編輯者ノ承諾ヲ得ルニアラサレハ刊行ノ月ヨリ二年內ニ之ヲ編纂シテ一部ノ書ト爲シ出版スルコトヲ得ス

其二年ヲ經ルト雖モ已ニ一部ノ書ト爲シ版權登錄ヲ經タルモノハ原文ニ就テ更ニ編纂スルコトヲ得ス

第十六條　版權所有ノ文書圖畫ヲ僞版シタル者ハ其版權所有者ニ對シ損害賠償ノ責ニ任スヘシ其寫本ヲ發賣シテ版權ヲ犯ス者亦同シ

第十七條　僞版ノ訴アリタルトキ裁判官ハ出訴者ノ情願アルニ於テハ假ニ其發賣頒布ヲ差止ムルコトヲ得但審理ノ末僞版ニアラスト判決セラレタルトキハ出訴者ニ於テ其差止ヨリ生スル損害賠償ノ責ニ任スヘシ

第十八條　僞版ニ關スル損害賠償ノ責ハ僞版者ノ相續者ニ及フモノトス

第十九條　版權所有者ノ承諾ヲ經スシテ版權所有ノ文書圖畫ヲ翻譯シ增減シ註解附錄繪圖

條㋭一二ノ三、四、二一條參看

[illegible]五六七ノ一五、一七、一八、罰一二條㋭一二ノ七、二七條參看

[illegible]五六七ノ罰二條㋭一二ノ一、二七條參看

[illegible]五六七ノ九、一四、罰二條㋭一二ノ七、一四、二七條參看

[illegible]五六七ノ罰二條㋭一二ノ一、三、四、二六、二七條參看

[illegible]五六七ノ罰二㋭一二ノ三、四、二七條參看

㋭一二ノ一七條參看

㋭一二ノ一六、一八條參看

㋭一二ノ一九、二〇、二一、二二、

等ヲ加ヘ若クハ其未タ完結セサル部分ヲ續成シテ出版スル者及本條例第十五條ニ違フ者ハ偽版ヲ以テ論ス

他人ノ講義又ハ演説ヲ筆記シ其許諾ヲ經スシテ出版スル者亦前項ニ同シ

第二十條　翻譯書ノ版權ハ其翻譯者ニ屬スト雖モ其原書ニ就キ別ニ翻譯スル者ニ向ヒ偽版ノ訴ヲ爲スコトヲ得ス但其既ニ出版スル所ノ翻譯ヲ剽竊シタルコトヲ證明スルモノハ此限ニアラス

第二十一條　世人ヲ欺瞞スル爲メ故ラニ版權所有ノ文書圖畫ノ題號ヲ冒シ或ハ摸擬シ又ハ氏名社號屋號等ノ類似シタル者ヲ湊合シテ他人ノ版權ヲ妨害スル者ハ偽版ヲ以テ論ス

第二十二條　著作者又ハ其相續者ノ承諾ヲ經スシテ未タ出版セサル文書圖畫ヲ出版シ又ハ非賣ノ文書圖畫ヲ翻刻スル者亦偽版ヲ以テ論ス

第二十三條　文書圖畫ヲ寫眞ト爲シ因テ其版權ヲ犯ス者ハ偽版ヲ以テ論ス

第二十四條　内國ニテ版權所有ノ文書圖畫ヲ外國ニ於テ偽版シタルモノヲ輸入販賣スル者ハ偽版ヲ以テ論ス

第二十五條　偽版ノ訴アリテ其偽版タルヤ否ヲ決シ難キトキハ其訴ヲ受ケタル裁判所ニ於テ三名以上ノ鑑定者ヲ選ヒ之ヲ鑑定セシムルコトアルヘシ

第二十六條　偽版ニ關スル損害賠償ノ責ハ其原書ノ版權年限終ルノ後三年ヲ以テ期滿得免ノ期トナス

第二十七條　偽版者及情ヲ知ルノ印刷者販賣者ハ一月以上一年以下ノ重禁錮若クハ二十圓

二三、二四、三〇、三一條出版四九、五六七ノ罰二、三條參看

出版五六七ノ罰二條著一二ノ三〇、三一條參看

出版五六七ノ罰一條參看

出版五六七ノ二、六條參看

以上三百圓以下ノ罰金ニ處ス但被害者ノ告訴ヲ待テ其罪ヲ論ス

僞版ニ係ル刻版及印本ハ其何人ノ手ニ在ルヲ問ハス之ヲ沒收シ其既ニ販賣シタルモノハ其賣得金ヲ沒收シテ併セテ被害者ニ下付ス

第二十八條　版權ヲ所有セサル文書圖書ト雖モ之ヲ改竄シテ著作者ノ意ヲ害シ又ハ其表題ヲ改メ又ハ著作者ノ氏名ヲ隱匿シ又ハ他人ノ著作ト詐稱シテ翻刻スルヲ得ス違フ者ハ二圓以上百圓以下ノ罰金ニ處ス但著作者又ハ發行者ノ告訴ヲ待テ其罪ヲ論ス

第二十九條　第三條ノ手續ヲナサスシテ版權所有ノ字ヲ記載シタル文書圖書ヲ出版スル者ハ十圓以上百圓以下ノ罰金ニ處ス

第三十條　此條例ヲ犯シタル者ニハ刑法ノ自首減輕再犯加重數罪俱發ノ例ヲ用ヰス

第三十一條　此條例ニ關スル公訴ノ期滿免除ハ二年トシ其犯罪ト認メヲレタル文書圖書ヲ最後ニ發賣頒布シタル時ヨリ起算ス其發賣頒布セサルモノハ其最後ニ印刷シタル時ヨリ起算ス

第三十二條　現行ノ出版條例ニ據リ免許ヲ得タル版權ノ年限ハ現行條例ニ據リ計算スルモノトス

●參照

○判決例

四九　明治二十一年乙第二〇四號

群馬縣平民　町田傳七郎

神宮司廳ニ於テハ曆書ヲ頒布スルノ特許アリト雖モ成規ニ據リ版權免許ヲ得タルモノニアラサルナリ由是觀之ハ被告カ賣捌キタル家得便用ハ略本曆類似ノモノト雖モ神宮司廳カ版權所有者ニアラサルヨリハ其版權ヲ侵シタリト云フヲ得サレハ無論版權條例ノ制裁スル所ニアラサルモノトス然ルニ原裁判所カ被告カ所爲ヲ以テ版權條例第二十七條ニ依リ處斷シタルハ要スルニ上告第一點ノ如ク擬律ニ錯誤アル裁判ニシテ破毀ノ原由アルモノトス已ニ此點ニ於テ破毀ヲ認メタル上ハ他ノ上告點ニ對シテハ別ニ判明ヲ要セサルモノトス

右ノ理由ナルヲ以テ治罪法第四百二十九條ニ法リ原裁判ヲ破毀シ本院ニ於テ直ニ裁判スルコ左ノ如シ

町田傳七郎

原裁判所カ認メタル事實ニ依リ被告カ所爲ハ法律上罪トシ罰スヘキモノニ非ラサルヲ以テ治罪法第三百五十八條ニ則リ無罪ヲ言渡スモノ也

明治二十一年四月廿六日

◎二ノ部

(一三)日本坑法　明治六年七月第二百五十九號布告

今般鑛山其他諸坑業ノ規則別冊ノ通改定候ニ付テハ凡坑物ニ關係ノ事件ハ工部省ニ於テ總管セシメ候條自今金屬其他諸坑物營業ノ儀都テ同省ヘ可申立候此旨布告候事

(別冊)

日本坑法

第一章　坑物

(示)一三ノ二、三、四参看

第一　正理ヲ以テ論スル𪜈ハ凡無機物タル者生活ノ機ナキ諸物品都テ坑業ノ部分ニ屬ス此無機物品質二類ニ分ル即第一類ハ有鑛質第二類ハ無鑛質タリ凡諸金屬ノ天然本質ヲ以テ出ル者或ハ他ノ物質ト合化シテ出ル者ハ右第一類ニ屬ス燃質物山鹽燐酸石炭美石及玉璞ノ類ハ右第二類ニ屬ス本條擧ル所ノ有鑛質無鑛質トモ總テ是ヲ坑物ト稱ス坑山鑛業坑區坑産等皆之ニ倣ヘ

(示)一三ノ一、三参看

第二　前ニ掲記セシ物類凡日本國中ニ於テ發見スル者ハ都テ日本政府ノ所有ニシテ獨リ政府ノミ之ヲ採用スル分義ナリ

(示)一三ノ一、二、圖五〇参看

第三　築石土砂粘土其他建築耕作所用ノ諸物品ハ都テ地主タル者ノ所有トスヘシ

(示)一三、ノ一、五、九、附示圖七〇参看

第四　日本ノ民籍タル者ニ非サレハ試堀ヲ作シ坑區ヲ借リ坑物ヲ採製スル事業ノ本主或ハ組合人ト成ルヿヲ得ス坑産ノ割合及損益ニ關係スル所ノモノハ都テ組合トス若シコレヲ犯ス者ハ其業ニ屬スル所有物ヲ官ニ沒入シテ其業ヲ禁止スヘシ

第二章　試堀

(示)一三ノ四、六、七、八、一六、一七、一八、二〇、二一、二六、三三二、圖五一、五三、五五、五八、六〇、六二、六四、六六参看

第五　試堀ヲ作サント欲スル者ハ鑛山寮ニ願出許可ヲ得テ之ヲ行フヘシ

試堀ヲ行フ爲ニ必要ノ地面他人ニ屬セハ其償金ヲ對談處分スヘシ

地主ニシテ自ラ試堀ヲ企ル者ハ衆ニ超テ許可ヲ得ヘキ分義アリトス然レ𪜈自ラ試堀ノ資本無クシテ他人ノ擧ヲ拒ミ或ハ不當ノ償金ヲ貪ラハ鑛山寮或ハ地方官ニテ正價ヲ裁決シテ其地ヲ買上クヘシ

(示)一三ノ五、圖七〇参看

第六　試堀ニテ坑物發見スル𪜈ハ直ニ見本ヲ添テ鑛山寮ニ屆出ヘシ且試堀中ハ一月七月兩度毎ニ前六ケ月間ノ行業日數及工數幷産鑛量ヲ開報スヘシ

㋭一三ノ五參看

㋭一三ノ五參看

㋭一三ノ四、一〇、一二、一四、一五、一六、一七、一八、一九、二〇、二一、二五、二六、二七、三二、四〇、五一、五五、五七、五八、六〇、六一、六四、六五、六六、六七參看

㋭一三ノ九參看

㋭一三ノ九、二四、二五參看

凡產鑛ハ借區劵ヲ（第十款ニ出ツ）得ル後ニ非サレハ恣ニ賣却スルヲ得ス若シ之ニ背カハ其全價ヲ沒收スヘシ

第七　試堀ハ都テ一年間ヲ以テ期限トス若シ延期ヲ願出ルニ實ニ未タ開坑ヲ決スルヲ得サル事理判然タラハ之ヲ許可スルヿ有ヘシ

第八　試堀人廢業スルトキハ第二十七款廢坑則ノ如クスヘシ此時ニ產鑛ハ鑛山寮ノ許可ヲ得テ賣却シ第三十一款ノ坑物稅ヲ納ムヘシ

試堀人損失ニ因テ廢業スル事實判然タルニ於テハ坑物稅ヲ免スルヿ有ヘシ

第三章　借區開坑

第九　開坑スル者ハ先ツ坑區ヲ得ヘシ坑區ノ廣狹ハ其適實ナル起業ノ目途ニ應シテ之ヲ得セシム可シ

但石炭坑ノ借區ハ壹萬坪以上ニ限ルヘシ（十五年第三十八號布告ヲ以テ但書追加ス）

有鑛質坑ヲ開ク者ハ必ス製鑛ノ業ヲ兼子可シ凡借區開坑ハ鑛山寮ニ願出ヘシ此願書ニ其得ント欲スル坑區ノ測量圖ヲ添テ出ス可シ

試堀ヲ經テ借區願出ル者ハ其坑區中別ニ地主有リト雖モ之ヲ拒ムヲ得ス尤其處分ハ借區劵ヲ得ルノ後二十二款ノ如クナルヘシ

第十　願出ノ借區ハ鑛山寮官員之ヲ驗測シ標石ヲ植テ境界ヲ識別スヘシ

巡回官員歸報之後許可スヘキハ工部全權ノ證印ヲ以テ借區劵ヲ附與スヘシ

第十一　凡借區ハ通常十五年間ヲ以テ定期トス之ヲ終ルニ至テ繼年期ハ新ニ願出スヘシ

㋭一三ノ九、一三、一四、一五、一七、二一、二八、三一、三二參看

㋭一三ノ一二參看

㋭一三ノ九、一二參看

㋭一三ノ九、一二參看

第四章　通洞

第十二　通洞ハ坑道ハ縦横ニ小坑ヲ穿ツヲ通常トス別ニ探鑛疏水運輸等ノ為メ地底ヲ横截シ一道ノ大坑ヲ穿ツアリ之ヲ通洞ト云フ我カ借區中ニ非スト雖𪜈之ヲ企ルヿヲ得ヘシ此時ハ願書ニ目論見明細圖ヲ添テ鑛山寮ヘ出スヘシ若シ其通洞他人ノ借區ニ亘渉スヘキハ豫メ其借區人ニモ報知ス可シ

通洞ハ高九尺幅六尺ヨリ減スヘカラス是ヨリ小ナルハ通洞トセス

第十三　願出ノ通洞ハ鑛山寮官員實地勘踏歸報ノ後許可スヘキハ工部全權ノ證印ヲ以テ免狀ヲ附與スヘシ免狀ヲ得ルノ後若シ目論見圖ニ違ヒ方向ヲ轉シ或ハ距離ヲ延縮セント欲セハ更ニ鑛山寮ヘ願出許可ヲ得テ之ヲ行フ可シ

第十四　借區人何レモ自ラ通洞ヲ開クヘキ資本有ニ非サレハ我區中タリト雖𪜈他人ノ擧ヲ拒ムヘカラス

通洞保全ノ為メニ其周圍ノ土石ヲ外ヨリ厚サ一間半以內ニ堀入ルヘカラス然レ𪜈其跡ニ自己ノ入費ヲ以テ支柱ヲ構造シ崩潰ノ患無ラシムル者ハ此限ニ非ス是ハ坑物ヲ得ンカ為ニ一旦土石ヲ堀出ス時ノ如キ是ナリ

第十五　通洞ニ因テ諸借區人便利ヲ得ルヿアラハ通洞發起人ニ其謝金ヲ出スヘシ若シ之ニ就テ對談穩當ナラスハ鑛山寮ヨリ處斷スヘシ

通洞ヲ開ク者ハ借區人未定ノ所ニ於テハ通洞ノ周圍內ヨリ出ルタケノ鑛石ヲ取ルヿヲ得ヘシ他人ノ借區中ニ於テハ此鑛石ノ一半ヲ借區人ニ歸スヘシ

第五章　坑業

㋭一ノ三條、一三ノ五、九參看

㋭一三ノ五、九、一二、■五八參看

㋭一三ノ五、九、二二■七〇參看

㋭一ノ三條、一三ノ九■五六參看

㋭一三ノ五、九、二五■五五、六〇、六八參看

第十六　都テ坑業ニ付テハ坑物ヲ坑中支柱ノ爲ニ存ス可キ所ノ外ハ成ル丈坑利ヲ遺スヿナク取出スヘシ此法ヲ犯シ其他都テ坑ノ利用ヲ害スルモノハ其輕重ニ隨テ罰金ヲ徴ス可シ

第十七　試堀開坑或ハ通洞等ヲ企ルニハ舍屋鐵道河流及道路ノ如キ其害ヲ受ク可キ場所ハ度ヲ計テ之ヲ避ケ殊ニ城堡ハ七十間以內ノ地ヲ避クヘシ

凡場所ノ主タル者應諾スルニ非スシテ此ヲ犯ス者有レハ城堡ハ其律ニ任シ餘ハ其損害ヲ償復スル二倍ノ費額ヲ取テ本費ハ其主ニ附與スヘシ（八年第百八十三號布告ヲ以テ一倍ヲ二倍ト改正ス）

第十八　凡初發許可ヲ得シ坑物ノ外ニ別種ノ坑物ヲ見出ス者ハ速ニ鑛山寮ニ報知スヘシ之ヲ背ク者ハ其坑物又ハ代價ヲ取揚《ツ》ヘシ

如斯類ノ借區税ハ第三十一條ニ照準シ高價ナル方ノ例ヲ以テ納ムヘシ

第十九　開坑人ハ歳々一月七月兩度每ニ前六ケ月間ニ產出セシ坑物量其賣出高並代價及行業日數工數ヲ具記シテ鑛山寮ニ報知スヘシ

有鑛質ハ坑產量並製出量且製出セシ混淆物二種以上ノ金屬ヲ含有スルハ其試驗ノ割合ヲモ具記シテ賣出高以下都テ前ノ如クスヘシ

右數量不正或ハ開報違期ノ罰ハ金五十圓トス若シ賣出高並代價ヲ減書スル者ハ其減書セシ高ノ三倍ヲ徴收スヘシ

第二十　通例開坑又ハ廢鑛ヲ採製スルニモ一年間ノ事業ハ地面五百坪ノ下ニ就テ壯健ナル一夫三百日ヲ以テ成セル程ノ工數ヨリ減スヘカラス若シ之ニ背ク者實ニ百方免レ難ク妨碍判然タルニ有ラスンハ其業ヲ禁止スヘシ

ホ一三ノ五九、一二、二三參看

第二十一　坑業人ハ互ニ隣坑ノ風通シヲ便利ニスヘシ且甲區ヨリ乙區ノ地中ニ水道ヲ通シ地上ニ要路ヲ通セン丅ヲ求ムルニ於テハ不當ノ償金ヲ貪ル可ラス若シ相對ヲ以テ決セスンハ鑛山寮ヨリ所斷スヘシ

右堀通シニ付テ出ル鑛石ハ其所ノ借區人ニ屬スヘシ

ホ一三ノ九、二五參看

第二十二　凡借區人ハ區上ニ於テ藏庫詰所作事場洗鑛所鎔鑛所通路等其他坑業ニ必用ナル地面ハ地主タル者ニ豫メ償金ヲ辨スヘシ若シ異論決セスンハ鑛山寮或ハ地方官ニテ正價ヲ裁決シ其地ヲ買取ル可シ

ホ一三ノ二一參看

第二十三　總テ坑區ヨリ隣區ニ患害損傷ヲ被ラシムルトキハ之ヲ償フヘシ若シ償金決セスンハ鑛山寮ヨリ裁決スヘシ

ホ一三ノ一一[illegible]五九參看

第二十四　凡借區人其坑業ヲ年限中他人ニ讓渡ス如キハ前以テ雙方ヨリ鑛山寮ニ願出許可ヲ請フヘシ若シ之ニ背ク者ハ其業ヲ禁止スヘシ

ホ一三ノ九、一一、二〇、二二、二八參看

第二十五　凡借區年限終リ又ハ法ニ背ヒテ其業ヲ禁止セラレ或ハ自ラ廢業スルニ至ル者有レハ都テ其借區ハ政府ニ還復シ其事業ニ就テ如何ナル負債アリト雖𪜈總テ其坑山ニハ關係セサル者トス此時ニ當テ地中ノ結搆ハ坑山ニ屬シテ政府ノ有タルヘシ地上ノ營造ハ其主ノ取去ルニ任スト雖𪜈其跡ノ地面ハ完全ニ修復ヲナスヘシ

ホ一三ノ五、九參看

第二十六　坑業人ハ其坑山地方ノ住民同樣トス因テ其地方官ノ諸法令ヲ遵守スヘシ

第六章　廢業

ホ一三ノ八、九[illegible]六七、六九參

第二十七　坑業ヲ廢セントスル者ハ竪坑ノ口ヲ掩ヒ又柵圍ヒスヘシ鑛山寮ヨリ其竪坑ヲ

看

ホ一三ノ一二、二五參看

ホ一三ノ五、九參看

ホ一三ノ五、八、一二、一八、四二、五二、五三、五四、五八、六一、六四、參看

當然ニ堅固ニセシヤ且坑內ノ營繕完全存在スルヤヲ檢査スヘシ若シ疎漏アラハ鑛山寮ニ於テ是ヲ繕治スヘキ費額ノ二倍ヲ徵收スヘシ（八年第百八十三號布告ヲ以テ一倍ヲ二倍ト改正）

第二十八　鑛山寮ヨリ疏水ヲ命スルニ背キテ其事ヲ行ハス之カ爲ニ坑中廢沒スルニ至ル者ハ其業ヲ禁止ス

第七章　製鑛所建築

第二十九　凡開坑人坑山外ノ場所ニテ有鑛質物ヲ製出セン爲ニ建築スヘキモノアラハ先鑛山寮ニ許可ヲ請フヘシ

第三十　已ニ製煉セシ鑛物ヲ精製（荒銅ヲ丁銅棹銅ニ作リ山吹金ヲ純金ニ製スル類ヲ云）スル職業ノ者ハ起業ヲ鑛山寮ニ報知シ六ケ月每ニ元鑛量並製出品量等ヲ具記シ鑛山寮ニ開報スヘシ

第八章　納稅

第三十一　鐵ヲ除クノ外有鑛質物ヲ採取スル坑區ハ面積五百坪每ニ一ケ年金壹圓ツヽ借區稅トシテ每年一月ニ其年一ケ年分ヲ前納スヘシ（借區稅ハ地租ニ關係セス）鐵及ヒ無鑛質ノ諸物品ヲ採取スル坑區ハ面五百坪ニ付前條ノ半高ヲ納ムヘシ即金五十錢トス

但怠納者ハ借區劵ヲ取揚クヘシ（十四年第四十九號布告ヲ以テ改正）

廢坑ヲ採取スル坑區ハ面千坪ニ付常例ノ稅額ヲ納ムヘシ

開坑區面五百坪廢坑區面千坪ニ足サルモノハ總テ右面積ノ比例ニ隨テ納ムヘシ

借區初年ノ區稅ハ月割ヲ以テ借區劵下付ノ節前納スヘシ（十四年第四十九號布告ヲ以テ改正）

前書借區稅ノ外ニ採製セシ金屬及諸坑物ニ就テ代價百分ノ三ヨリ百分ノ二十迄ヲ坑物稅

（示）一三ノ五、九、一二、勅五、六、六三參看

（示）一ノ三條勅七〇、刑法第三一七條以下參看

トシテ每歳一月七月兩度ニ鑛山寮ニ納ムヘシ（八年第二號布告ヲ以テ坑物稅收納ヲ當分ノ内廢止ス）

但稅額ノ儀ハ其鑛業ノ盛衰ニ隨ヒ鑛山寮ヨリ命スヘシ

第三十二　試堀開坑或ハ通洞等ニ付テ前後諸條款ニ記セル稅或ハ罰金償金等ヲ納メサル片其業ニ屬スル所ノ運移スヘキモノ殘ラス鑛山寮ヨリ入札拂ニシテ代價ノ中ヨリ不納高ヲ引去リ其殘金ハ之ヲ本人ニ還付スヘシ

第三十三　凡坑法ノ意旨ニ戾ル過失有ル者ハ輕重ニ隨テ罰金ヲ命スヘシ若シ事業疎畧ニシテ人命ヲ失ハヽ國律ヲ以テ論處スヘシ

右章款ニ記載セル方法ハ明治六年九月一日ヨリ施行スヘシ從前ノ法則及ヒ舊習等若シ此法ニ矛盾スル者ハ都テ廢停タルヘシ

坑法附示

坑業及製鑛ノ業ヲ擧行スル者西洋ノ學術及工作ヲ用ヒンカ爲メ一定ノ給料ヲ以テ外國技術家ヲ雇入ルヽカ如キハ我坑產損益及ヒ所有物ニ關係スル事無キニ因テ坑法第四款ノ禁ニ觸レス然レ圧之ヲ雇入ルヽ以前其職業給料及年限ヲ分明ニ記載シ其案紙ヲ鑛山寮ニ送呈シテ結約ノ許可ヲ可請候事

（書類式樣畧之）

●參照

○關係法令

五〇 内務省甲第二十一號布達 明治十年十月

日本坑法第一章第三欵ニ屬スル土石堀取規則ノ儀ニ付昨九年當省甲第三號ヲ以テ相達置候通土石料之儀ハ是迄百分ノ一ヨリ二十迄ノ處自今更ニ百分ノ一ト定メ開坑願書式共別紙之通更正候條此旨布達候事

（別紙）

土石堀取規則

此規則ハ日本坑法第一章第三欵所屬ノ土石硯石 砥石 石灰石 築石 版石 石盤 碑石 粘土ノ類類ニ限リ之ヲ施行スヘシ

第一條 官有地ノ土石ヲ開坑試堀セント欲スルトキハ別紙書式ニ照シ繪圖ヲ副ヘ地方廳ヲ經テ當省ヘ願出ヘシ

第二條 官有地ノ開坑ハ土石料トシテ一ケ年堀出シタル坑物代價即チ山元賣拂直段ノ百分ノ一ヲ上納スヘシ

第三條 凡ソ石ハ一尺立方ヲ以テ一切トシ切以下ハ分厘ヲ以テ之ヲ算シ土砂ハ六尺立方ヲ以テ一坪トシ坪以下ハ合勺ヲ以テ之ヲ算スルモノトス

（土石堀取願書式畧ス）

○伺指令

五一 岡山縣伺 明治十七年一月十四日

諸鑛山試堀及借區開坑ノ爲メ必要ナル地面他人ニ屬セハ其償金ヲ對談シ自然地主ニ於テ不當ノ償金ヲ貪ル等ニ

テ對談決セサルカ或ハ自ラ開坑ノ資本ナクシテ他人ノ擧ヲ相拒ミ候節處分ノ儀ハ坑法中明文モ有之候ヘ共地主ニ於テ自ラ試堀借區等ヲナサンカ爲メニアラスシテ直接耕地或ハ山林等烟水ノ害ヲ被ルカ爲メ償金ノ多少ヲ問ハス一途ニ其地ニ於テ試堀及借區開坑相拒ミ實際被害アリト見認ルモノハ敢テ他人ニ於テ試堀及開坑等不相成儀ト相心得可然哉

工部省指令　明治十七年二月四日

書面伺之趣ハ坑業人其坑業中他ノ耕地山林ニ損害ヲ及ホストキハ相當ノ償金ヲ辨スル勿論ノ儀ニ付地主ニ於テ自ラ試堀及借區開坑ノ企ナキ以上ハ只其被害ヲ名トシ一途ニ他人ノ坑業ヲ相拒ミ候儀採用不相成候條双方示談熟議爲致候儀ト可相心得候尤坑業人其損害償金ヲ辨スル能ハサルニ於テハ坑業不差許候事

○

【五二】栃木縣伺　明治十七年一月廿六日

明治十六年十一月御省達第六號中鑛稅怠納者ハ二月一日ヲ以テ斷然証劵取揚營業禁止スヘシ但本文ノ場合ニ於テハ坑法三十二欵ニ照シ稅金徵收ニ不及候事ト有之左スレハ借區人ニ於テ廢業願出候節其出願二月一日以前ニ候ヘハ其年ノ稅金ハ免除致シ可然哉

工部省指令　明治十七年二月十八日

書面伺之通

○

【五三】島根縣伺　明治十七年二月廿六日

地方税ヲ以テ縣廳ニ於テ坑業スルトキハ借區收稅等日本坑法ニ據ルヘキ哉

工部省指令　明治十七年三月四日

去ル廿六日電報伺ハ收稅ニ及ハサレトモ其他ハ坑法ニ據ヘシ

○

五四 和歌山縣伺 明治十七年二月廿一日

鑛山借區許可之後休業等ニテ日本坑法第二十款ノ旨趣ニ悖リタル者處分方ノ儀ニ付本年勸甲第一號ヲ以相伺候處同月廿六日付御指令ノ趣ニ據リ証劵引揚ノ處分ニ及候ニ付テハ本年分既納税金ノ儀ハ還付可致哉此段相伺候也

工部省指令 明治十七年三月十二日

書面既納税金ハ還付ニ不及候事

○

五五 福岡縣伺 明治十七年三月十二日

縣下各郡ノ儀諸鑛借區人多數ニ候處曩ニ日本坑法中坑區税不納者處分追加且近來ノ不融通ニ際シ該不納處分ヲ受クルモノ多ク有之而シテ該處分後猶借區出願スル者ノ如キハ坑法中明文無之候ヘ共直ニ出願許可ヲ要スルハ甚不都合ニ付如此モノハ凡一箇年間位出願權ヲ停止シ追テ身代立直リ候ト認定スルノ期ニ至リ出願許可ヲ要シ候様致可然哉

工部省指令 明治十七年三月卅一日

書面再ヒ借區請願許可不相成候事

○

五六 佐賀縣伺 明治十七年三月廿四日

第一條

一鑛山ヲ抵當ニシ地方官ノ公証ヲ請坑業致來云々去ル明治十四年十月長崎縣勸第五十三號伺出ニ對シ同年十二月二十八日伺之通ト御指令依是觀之鑛山抵當ノ義御差許シ相成候様相見ヘ右ハ日本坑法第一章第四項ノ組合人ノ

ミニ通スル義歟將タ外國人ヲ除キ一般人民ニ通スル義歟同法第二欵ノ次第モ有之疑團ヲ生シ候ニ付如何心得可然哉

第二條

一税金怠納者証劵取揚營業停止ノ者ハ日本坑法第八章第三十二欵ノ税金徵收ニ不及旨客年六號御達ノ趣敬承然ルニ右處分ノ者ニシテ尚坑業明細表不差出モノハ無論開報違期ノ罰則ニ據ヘキモ固ヨリ税金サヘ怠納スル程ノ者ニテハ實際行ハレ兼就テハ第八章第三十二欵ニ照準處分可然哉

第三條

一借區劵ヲ抵當ニシ金子ヲ借入レタルモノ諸欵ニ記セル税或ハ罰金償金等ヲ納メサルトキハ無論債主ニ關係ナク第八章第三十二欵ニ照準處分可然哉

工部省指令 明治十七年四月廿一日

書面第一條 明治五年三月第二十六號布告鑛山心得第二條ノ通心得ヘシ

第二條 已ニ借區劵引揚ノ處分ヲ受ケタルモノト雖モ開報違期ノ罪ハ其筋ヘ告發處分可及儀ト心得ヘシ

第三條 鑛山心得第二條ノ手續ヲ踐履シ貸借ヲ爲シタル者税納ヲ怠ルトキハ其債主ニ於テ納税ノ上証劵名前替ノ義上申致スヘク其他伺之通

○

五七 茨城縣伺 明治十七年四月三十日

日本坑法第三章第九初項ヘ但書追加以前借區壹萬坪未滿許可相成居候石炭坑營業者都合ニ據リ更ニ他ヘ讓渡ノ儀願出候場合ニ於テハ右追加以後ニ係ルヲ以テ許可不相成義ト心得可然哉

工部省指令 明治十七年五月八日

書面之趣ハ追加後ト雖モ差許候義ト可相心得候事

○

五八　岡山縣伺　明治十七年三月十八日

第一條　日本坑法第五章第十七欵ニ試堀開坑或ハ通洞等ヲ企ツルニハ舎屋鐵道河流及道路ノ如キ其害ヲ受ヘキ場所ハ度ヲ計テ之ヲ避ケ云々トアリ客年十一月貴省第四號御達鑛山測量圖雛形中ニハ道路溝渠等モ借區ノ域内ニ記載有之依之見レハ假令道路河流宅地等ノ如キ場所ト雖モ其地表ヨリ直下ニ相當ノ距離有之地表ニ障害ヲ及ホスノ恐無之上ハ其地底ニ於テ試堀及借區等開鑿スルハ勿論不苦儀ニ候哉

但神社及寺院境内ノ儀モ本文同樣相心得可然哉

第二條　明治九年御省第十八號布達試堀借區願書雛形中縣國郡村名ノ下何山トアルハ該鑛山ノ稱號ヲ記入スル儀ニ候哉又ハ該地表ニ係ル山林田畑等其地目ヲ掲載スル儀ニ候哉該地目ヲ詳記スルモノトセハ假令本地表ニ孕リタル一條之道路溝渠等ノ如キ歩數瑣々タルモノタリトモ夫々記載シ從テ實測圖面ヘモ地種坪數ヲ列記スヘキ儀ニ候哉

第三條　鑛山稅怠納ニ付坑區劵取揚坑業禁止ノ後更ニ其地ニ於テ最前ノ稼人開坑願出候節ハ別ニ坑法中明文モ無之ニ付新規出願同樣御許可可相成儀ト相心得通常ノ奥書ヲ以進達及ヒ可然哉

第四條　諸坑業人他縣下或ハ他郡區等ノモノニテ坑業ニ關スル諸願稟下達書等ノ往復或ハ稅金上納等容易ナラサル手數ヲ要シ為メニ往々遲延ニ渉リ候向モ有之不都合不尠ニ付他縣下又ハ他郡區ノモノニテ常ニ其鑛山地元町村ニ於テ相當ノ代理者ヲ撰定為致置該業ニ係ル書類往復或ハ稅金上納等總テ代理處辨セシメ候樣管下一般ヘ及布達不苦哉

第五條　本年一月十四日付勸業第十二號ヲ以地主自ラ試堀借區等ヲ為サンカ為メニアラスシテ直接ノ耕地或ハ山林等烟水ノ害ヲ被ルノ故ヲ以償金ノ多少ヲ論セス一途ニ坑業相拒ミ候モノ處分方相伺候處同二月四日付ヲ以坑業中他ノ耕地山林ニ損害ヲ及ホストキハ相當ノ償金ヲ辨スル勿論之義ニ付地主ニ於テ自ラ試堀及借區開坑ノ企ナキ以上ハ只其被害ヲ名トシテ一途ニ他人ノ坑業ヲ相拒ミ候儀採用不相成候條双方示談熟議為致候儀ト可相心得云々御指令有之若シ双方示談熟議ニ至ラサレハ如何取計可然哉將又他ノ耕地山林ノ被害ニ非スシテ

其開坑スヘキ地所々有主ニ於テ最前伺之如ク被害アルカ為メ償金ノ多寡ヲ問ハス一途ニ該地ニ於テ開坑スルヲ相拒ミ候トキハ如何取計可然哉

工部省指令　明治十七年五月十三日

書面第一條　伺之通

但山野ノ徑路溝渠溪流及各處散在一小家屋ノ如キ判然其害ヲ受ヘキノ虞無之モノヲ除クノ外ハ都テ其大小幅員淺深且地質ノ硬軟及前後左右直下共之ヲ避ヘキ距離ノ尺度坑口ノ位置堀鑿ノ方法精密取調所管者ノ承諾ヲ得（若シ承諾セサルトキハ其理由ヲ具シ）實測平面圖幷其堀鑿スヘキ脉状及坑道ノ位置ヲ示シタル截面圖ヲ添差出サセ意見ヲ附シ其都度可伺出儀ト可相心得候事

第二條　村名ノ下何山トアルハ普通ノ山名ヲ記載候儀ト可相心得候事

第三條　再ヒ借區許可不致候事

第四條　差支無之候事

第五條　双方熟議不相整ニ於テハ其都度實地ノ狀況篤ト取調意見ヲ附シ可伺出候事

○

五九　山形縣伺　明治十七年三月十八日

一借區坑業者ノ死亡ニ係リ廢業ノ場合ニハ既納鑛山稅月割ヲ以テ証券還納ノ翌月ヨリ下ケ渡可相成哉果テ然ラハ該借區場ヲ直ニ死亡者跡相續人他ニ讓渡出願ノ節モ許可相成既納廢業者ノ納メタル稅稅金据置新規讓受人ハ該年分稅金收稅ニ不及哉

一前項ノ如ク死亡跡相續人該借區場讓渡出願中願書進達ノ分或ハ書面又ハ圖面上不都合引直シノ為メ進達以前ノ分納期ニ至リ一月中稅金怠納ノ者ハ客年第六號御省達ノ趣ニ照準無効ノ証券還納ノ儀相達スル迄ニ止リ可然哉

工部省指令　明治十七年五月十四日

書面第一條　前段死亡ハ勿論中途廢業ノ場合ト雖モ既納稅金ハ不下戻儀ト可相心得候事

後段伺之通但相續人引繼稼許可ノ上讓渡出願可致儀ト可相心得候事

第二條　伺之通

○

六〇　岐阜縣伺　明治十七年五月三日

陶土磁石之儀ハ是迄日本坑法第一章第一欵明記ノ第二類ニ屬スル坑業ト相心得總テ坑法ニ據リ取扱來候處何レモ陶磁器製造地方ニ於テ農間ニ營業候儀ニテ同法第五章第二十欵ニ因ル能ハサル者ニ付第一章第三欵明記ノ土砂粘土之類ト見做シ官有地ノ分ハ明治九年二月內務省甲第三號布達ニ基キ同省ヘ伺出民有地ノ分ハ更ニ坑法ニ因ルノ限ニ無之儀ト相心得可然哉果テ然ラハ是迄借區御許可相成居候分ハ悉皆廢業爲願出候樣取計可然哉

工部省指令　明治十七年五月十六日

書面陶土磁石之儀ハ當省主管ニ付坑法ニ據リ可取扱儀ト可相心得候事

但坑法第二十欵ニ因ル能ハサル分ハ取調處分方可伺出候事

○

六一　岡山縣伺　明治十七年五月十九日

爰ニ往古製鑛セシ鑛石吹糟有之其分拆方不鍛練ニシテ右吹糟ニ多少銅金等殘有之見込ヲ以テ再分拆營業出願ノモノ有之右ハ日本坑法ニ正條モ無之ニ付當縣限リ聞屆無稅ニテ爲相稼不苦候哉

工部省指令　明治十七年六月三日

書面之趣ハ廢鑛採製ニ付借區出願爲致坑法第三十一欵ニ依リ借區稅徵收候儀ト可相心得候事

○

六二　島根縣伺　明治十七年五月廿二日

凡坑物ヲ試堀セントト欲スルモノハ日本坑法第二章第五項ニヨリ出願許可ヲ得テ之ヲ行フヘキ儀ニ有之候處該坑

法不了解ノタメ無願ニシテ試堀致シ候者有之候ニ付坑業差止メ堀採セシ鑛石若干ハ凡百貫目計リ取締ヲ附シ置候ヘ共日本坑法中之ニ當ル者處分方之明文無之ニ付可然御指揮有之度此段上申候也

工部省指令　明治十七年六月三日

書面之趣ハ其筋ヘ告發可致候事

○

【六三】茨城縣伺　明治十七年五月廿七日

客年十一月御省達第六號中已來怠納者ハ二月一日ヲ以斷然証劵取揚營業禁止云々但書ニ本文ノ場合ニ於テハ同法第三十二欵ニ照シ税金徴收ニ不及ト有之然ルニ右御達已前即チ去ル十五年度坑區税怠納ニ係ル八木澤正三儀ニ付處分方本年四月一日付ヲ以テ相伺候處坑法第三十二欵ニ照シ處分スルノ限ニ無之旨同五月六日付御指令ニ據レハ曩ニ太政官第二百五十九號公布日本坑法第三十二欵中税或ハ罰金償金等ヲ納メサルトキハ云々ト該税ノ如キハ孰レノ場合ニ適用可致儀ニ候哉

工部省指令　明治十七年六月十四日

書面坑法第三十二欵ノ税ハ借區税前納坑物税廢止中ハ適用ノ場合無之儀ト可相心得候事

○

【六四】長崎縣伺　明治十七年五月廿三日

坑區税不納ニシテ劵狀引揚候者ハ再ヒ借區請願許可不相成旨福岡縣伺ヘ御指令之趣官報第二百二十五號掲載之通ニ付不取敢管下ヘ其旨布達致置候處今一人ニテ甲乙二ケ所ノ借區ヲナス者アリ甲ノ方税金不納ニ付劵狀引揚候節ハ乙ノ方設令税金相納候共借區劵引揚ヘキ儀ニ候哉又税金相納候箇所ハ依然坑業爲致可然乎

工部省指令　明治十七年六月十日

書面後段伺之通

〔六五〕山口縣伺　明治十七年六日十一日

客月御省第五號ヲ以テ鑛山借區開坑出願之者ハ身元資力等取調許否伺出ニ不及旨御達相成候處其資力程度ニ於テハ譬ヘハ銅鑛百坪ノ開坑ヲナスモノハ凡開鑿製錬等ノ費用一千圓ト假定シ之レニ倍スル資本ヲ有スルモノトシ又石炭鑛ノ如キハ百坪ニ付其費用凡銅鑛開鑿ノ半額ヲ有スレハ可ナルモノニ可有之乎凡其比例無之トキハ自然平均ヲ得サル儀ト推測致候右ハ御省ニ於テ是迄御所理ノ御見込モ可有之儀ニ付其程度御指示相成度此段相伺候也

工部省指令　明治十七年七月九日

書面之趣身元確實ニシテ其坑區相當ノ事業ヲ爲シ得ヘキ者ト其廳ニ於テ認候分ハ坑業差許候儀ト可相心得候事

〔六六〕廣島縣伺　明治十七年六月廿一日

諸鑛山試堀幷借區開坑願書ハ明治九年御省第十八號御布達中願書雛形ニ照準シ土地所在ノ郡區長奥書ノミニテ差出來候處本人住所及ヒ土地所在ノ戸長連署無之テハ調査上差支候廉有之候ニ付自今右連署ノ上郡區長奥書ニテ差出候樣致度此段相伺候也

工部省指令　明治十七年七月七日

伺之通

〔六七〕佐賀縣伺　明治十七年五月廿七日

第一條

一今石炭場借區二萬坪ノ內炭脈堀盡シ候部分壹萬坪分區廢坑出願御許可然ルニ其殘區ニ對スル石炭堀採ノ爲必

要ナル坑口坑道水拔風拔ハ分區廢業前相用來候モノヲ其當初〻借區開坑〻御許可既ニ廢業別ニ出願許可ヲ要セス支用爲致苦シカラス候哉圖ヲ添ニ屬スル位置ニ之レアリ候モノ別紙略

第二條

一諸坑業人一鑛山ヲ數各自ニ分區營業候者借區間距離ノ義ハ明治八年十月御省第二十六號布達ノ次第有之候ヘ共一人ニシテ二三ノ借區地形連絡セルニ依リ一借區ノ躰ニシテ營業スルモノ、其各坑區間ニアル礦物採堀ノ義ハ坑法中明文無之右ノ塲合ニ於テハ不都合ナキ分ニ限リ採礦爲致不苦候哉

第三條

一甲乙ノ借區人其坑區境界接續スルヲ以テ示談上合併營業スルモノアリ右ノ塲合ニ於テハ其甲乙坑區間ハ無論採礦爲致不苦哉

右ノ件々差掛リタル義有之候條至急御指令相成度此段相伺候也

工部省指令　明治十七年七月九日

書面第一條　坑區外ノ坑口其他支用之義ハ圖面相添出願許可ヲ得ヘキ義ト可相心得候事

第二條第三條　許可ヲ得ス採礦候義ハ不相成候事

○

六八　鳥取縣伺　明治十七年七月二日

管下坑業人左記ノ人名滿一ヶ年間休業ノ者ニ有之取調候處右ハ製錬法ヲ改良洋法相用度見込ニテ目下其準備取調中ノ趣ニ有之候尤本年下半季ヨリ採礦着手可致旨申出候右ハ坑法第二十欵ニ據リ其業ヲ禁止スルノ限ニ無之儀ト心得可然哉此段相伺候也

(人名略之)

工部省指令　明治十七年七月十六日

書面伺之通

○

六九 福井縣伺 明治十七年五月廿三日

借區開坑者身代限ノ處分ヲ受ケ坑業ヲ禁止サレタル者廢坑跡修繕ノ義ハ坑法第六章第二十七欵ニ明文有之候ヘ共若坑業人ニ於テ該坑法ニ據リ修繕セントスルモ其費用自辨シ能ハサル片ハ如何取計可然哉

工部省指令 明治十七年八月六日

書面伺ノ趣其借區官有地ニ關スル時ハ官費ヲ以テ支辨シ其民有地ニ係ル時ハ地主ノ自辨ト可相心得事

○判決例

七〇 明治二十一年乙第二五四號

長崎縣平民 小島金作

外二名

上告前項趣旨ハ原判官於テ被告カ事實ノ所爲ニ對シ坑法第八章第三十三欵ヲ適用シタルハ相當ナルモ明治十四年第七十二號布告第四條ニ從ハスシテ同第三條ニ依リタルハ不法ナリト云フニアレ圧坑法第三十三欵ニ凡ソ坑法ノ意旨ニ戻ル過失アル者ハ輕重ニ隨テ罰金ヲ命ス云々トアリテ違令違式及咎メ云々ト規定シアラサレハ即チ前第七十二號布告第四條ノ違令違式云々ニ依ラス同第三條ノ二圓以上ヲ罰金ニ處シトアルニ據リ被告等ニ對シ罰金ヲ科シタルハ相當ニシテ擬律ニ錯誤アルモノト云フヲ得ス而テ上告後項趣旨ハ本案被告等カ無免許試堀シテ得タル陶石及犯罪ノ用ニ供シタル器械ハ刑法第四十三條ニ依リ没收セサルヘカラスト云フニアレ圧坑法第一章第四欵第二章第六欵第四章第十八欵及其他ノ數欵ヲ見ルニ没收徵償ニ就テノ規定ヲ爲シアルヤ明瞭ナレハ刑法第五條初項ニ從ヒ坑法中ニ没收處分ヲ規定シアルノ外尚ホ刑法第四十三條等ヲ適用處斷スルヲ得サルモノトス然ラハ本案被告等カ所爲ノ事實ニ對シ原判官於テ坑法第二章第五欵第八章第三十三欵及明治十四年第七十二號布告第三條等ヲ當行シ單ニ罰金ニ處シ陶石其他ヲ還付スト言渡シタルハ毫モ法律ニ違背セル處分ニアラサルヲ以テ上告趣旨ハ相立

サルモノトス
明治二十一年五月十四日

◎ホノ部

(一四)北海道鹿獵規則 明治十一年六月開拓使乙第二十號布達

明治九年十一月乙第十一號布達當使管內鹿獵規則別紙ノ通改定候條此旨布達候事

(別紙)

北海道鹿獵規則

鹿ハ北海道物產ノ一ニシテ其利タル尠ナシトセス然ルニ從來獵法制限ナキニ因リテ妄獵濫殺繁殖ノ法ヲ缺クノミナラス自然其種ヲ減シ其聲價ヲ落シ人民モ亦遂ニ其利ヲ失フニ至ラントス故ニ之ヲ保護シ永ク其利ヲ失ハサラシメンカ爲メ玆ニ規則ヲ設クルヿ左ノ如シ

第一條　免許鑑札ナクシテ鹿獵ヲナスハ自今之ヲ禁ス

第二條　鹿獵志願ノ者ハ左ノ書式ニ照準シ地方廳札幌本廳及ヒ函館根室兩支廳ヲ云フ以下倣之ヘ願書差出シ免許鑑札ヲ受クヘシ

第三條　鑑札ヲ受クルニハ職獵ハ一枚ニ付金貳圓五拾錢ツヽ遊獵ハ一枚ニ付金五圓ツヽ獵稅ヲ納ムヘシ

但舊蝦夷人ノ職獵ハ當分納稅ニ及ハス

第四條　獵者ノ員ハ年々札幌本廳管內職獵五百名遊獵三十名函館支廳管內職獵百名遊獵十

ホ一四ノ三、五、六、八條、三〇ノ一四、一五、一七、一八條參看

ホ一四ノ三、四、五、六、八條、三〇ノ七、八條參看

ホ一四ノ二條參看

ホ一四ノ二條參看

名根室支廳管內職獵百三十名（内三十名冬獵 百名夏獵）遊獵十名（内五名夏獵 五名冬獵）ト定メ滿員ノ後願出ル者ヘハ鑑札ヲ與ヘス（十一年開拓使乙第二十一號布達ヲ以テ根室支廳管內職獵夏冬獵員ヲ改ム）

但シ十勝國及釧路國一圓並ニ膽振國勇拂郡植苗村字美々ヨリ四方ヘ四里ツヽハ鹿種繁息ノ爲メ該地在籍舊土人ノ外ハ當分出獵スルヿヲ許サス（十三年三月開拓使上申ヲ以テ但書改正）

（ホ一四ノ二條參看）

第五條　免許鑑札ヲ受ケタル者ト雖モ毒矢ヲ以テ獵殺スルヲ禁ス

第六條　鑑札ハ一期限ノミ効アリトス且一己ノ用ト爲スヘキモノニシテ貸借賣買讓受スルヲ禁ス

第七條　獵業ハ根室國一圓並北見國ノ内網走紋別常呂斜里ノ四郡ハ五月一日ヨリ十月三十一日マテ其他ハ九月一日ヨリ翌年二月二十八日（閏年ハ二十九日）マテヲ一期限トシ右期限ノ外ハ出獵ヲ禁ス

但免許鑑札ハ毎年三月五日限リ最初受取タル地方廳ヘ返納スヘシ

（ホ一四ノ二條、三〇ノ七、八條參看）

第八條　鑑札ヲ與フヘカラサルモノ及ヒ銃獵禁制ノ場所ハ鳥獸獵規則第七條同第八條ノ通リタルヘシ

第九條　此規則ヲ犯ス者ノ罰則等ハ總テ鳥獸獵規則第十四條ヨリ第十七條マテノ通リタルヘシ

（願書式略之）

○

（ホ一四ノ一、五、六、七條、三〇ノ一四、一五、一六、一七條參看）

（一五）北海道膃虎并膃肭獸獵獲ノ禁　明治十七年五月第十六號布告

刑法七一參看

自今北海道ニ於テ臘虎並膃肭獸ヲ獵獲スルヲ禁ス犯ス者ハ刑法第三百七十三條ニ照シテ處斷シ仍ホ其獵獲物ヲ沒收ス之ヲ賣拂キタル者ハ其代價ヲ追徵ス
但農商務卿ノ特許ヲ得タル者ハ此限ニアラス

●參照

○關係法令

七一 勅令第八十號 明治十九年十二月

朕臘虎並膃肭獸獵獲及其生皮輸入販賣規則ヲ裁可シ茲ニ之ヲ公布セシム

臘虎並膃肭獸獵獲及其生皮輸入販賣規則

ホ一五參看

第一條　明治十七年第十六號布告但書ニ據リ農商務大臣ノ特許ヲ得タル者ハ北海道廳ノ定メタル獵獲期限獵塲區域內ニ於テ臘虎並膃肭獸ノ獵獲ニ從事スヘシ
但獵獲ニ從事スルトキハ常ニ其特許狀ヲ携帶シ海陸何レノ塲合ヲ問ハス獵獲監視官吏又ハ警察官吏ニ於テ撿閱セシコトヲ求ムルトキハ直ニ之ヲ示スヘシ

第二條　臘虎並ニ膃肭獸ノ獵獲ニ從事スル者北海道ニ至リタルトキハ獵船ノ名、噸數、乘組人名ヲ北海道廳指定ノ出張所ニ屆出該道廳ニ於テ獵獲船ノ爲メ特ニ定メタル徽章ヲ常ニ船檣又ハ其他船部ノ見易キ位置ニ揚クヘシ

第三條　臘虎並膃肭獸ノ生皮ヲ賣却セントスル者ハ之ヲ第二條ニ記載セル出張所ニ差出シ當該官吏ノ撿印（烙印ヲ用ユルモ妨ナシ）ヲ受クヘシ其撿印ナキモノハ之ヲ

七二、七三參看

賣却スルコトヲ得ス

第四條　前條當該官吏ノ撿印ナキ臘虎並膃肭獸ノ生皮ヲ帝國諸港ニ輸入シ若クハ船舶ニ積載シテ帝國諸港內ニ滯泊シ又ハ市場ニ販賣シ或ハ販賣セントスル者ヲ發見スルトキハ稅關官吏又ハ警察官吏ニ於テ該物品ヲ取押ヘ直ニ告發スヘシ

但露西亞國及北亞米利加合衆國所轄內ニ於テ其政府ノ免許ヲ得テ獵獲シタル臘虎並膃肭獸ノ生皮ニ於テハ船主又ハ船長タル者其國相當官吏ヨリ付與セシ證書若クハ本邦在留露國及合衆國領事ノ說明書ヲ差出シタル後該品ヲ帝國內ニ輸入スルコトヲ得

（一六）墓地及埋葬取締規則違犯者處分　明治十七年十月第八十二號達

今般第二十五號ヲ以テ墓地及埋葬取締規則布達候ニ付此規則ニ違背スルモノハ違警罪ノ刑ヲ以テ處分スヘシ此旨相達候事

●參照

一六參看

○關係法令

【七二】太政官第二十五號布達　明治十七年十月

墓地及埋葬取締規則左ノ通相定ム

墓地及埋葬取締規則

第一條　墓地及火葬塲ハ管轄廳ヨリ許可シタル區域ニ限ルモノトス

第二條　墓地及火葬場ハ總テ所轄警察署ノ取締ヲ受クヘキモノトス
第三條　死體ハ死後二十四時間ヲ經過スルニ非サレハ埋葬又ハ火葬ヲナスヿヲ得ス
但別段ノ規則アルモノハ此限ニアラス
第四條　區長若クハ戶長ノ認許證ヲ得ルニアラサレハ埋葬又ハ火葬ヲナスコトヲ得ス
但改葬ヲナサントスル者ハ所轄警察署ノ許可ヲ受クヘシ
第五條　墓地及火葬場ノ管理者ハ區長若クハ戶長ノ認許證ヲ得タル者ニ非サレハ埋葬又ハ火葬ヲナサシムヘカラス又警察署ノ許可證ヲ得タルモノニ非サレハ改葬ヲナサシムヘカラス
第六條　葬儀ハ寺堂若クハ家屋構內又ハ墓地若クハ火葬場ニ於テ行フヘシ
第七條　凡ソ碑表ヲ建設セント欲スル者ハ所轄警察署ノ許可ヲ受クヘシ其許可ヲ得スシテ建設シタルモノハ之ヲ取除ケシムヘシ
但墓地外ニ建設スルモノ亦之ニ準ス
第八條　此規則ヲ施行スル方法細則ハ警視總監府知事縣令ニ於テ便宜取設ケ內務卿ニ屆出ヘシ

〇

七三 參看

七三　內務省乙第四拾號達　明治十七年十一月

本年第二十五號布達第八條ニ記載セル方法細目ハ左ノ條件ヲ標準トスヘシ此旨相達

七二 參看

條事
第一條　墓地ハ從前許可セラレタル者ニ限ル
但已ムヿヲ得サル事情アリテ之レヲ取廣メ又ハ新設スル場合ニ於テハ地方廳ニ願出ヘシ
第二條　墓地ヲ新設スルハ國道縣道鐵道大川ニ沿ハス人家ヲ隔ルコト凡ソ六拾間以上ニシテ土地高燥飮用水ニ障ナキ地ヲ撰ムヘシ
第三條　墓地ハ種族宗旨ヲ別タス其町村ニ本籍ヲ有シ若クハ其町村ニ於テ死シタルモノハ何人ニテモ之ニ葬ルコトヲ得其從前別段ノ習慣アルモノハ此限ニアラス
但死刑ニ處セラレタル者ハ墓地ノ一隅ヲ區劃シテ其内ニ埋葬スルモノトス
第四條　墓地ノ周圍地墓地ト墓地ニ非サルトノ境界ヲ云フニハ樹木ヲ栽ユヘシ墓地ノ内ニハ一丈以上ノ樹木塀墻ヲ存スヘカラサルモノトス
但從前ヨリ現存スル者ハ此限ニアラス
第五條　墓地ハ清潔ヲ旨トシ掃除及修繕ヲ怠ルヘカラス
第六條　火葬場ハ人家及人民輻湊ノ地ヲ隔ル凡ソ百貳拾間以上ニシテ風上ニ位セサル地ヲ撰ヒ火爐烟筒ヲ備ヘ臭煙ヲ防クノ裝置ヲナシ且周圍ニ塀墻ヲ設クヘシ
但山林原野等ニシテ人家ヲ隔タル場所ナルトキハ格別ナリトス
第七條　火葬ハ成ルヘク日沒後之ヲ行フヘシ
第八條　壙穴ノ深サハ六尺以上タルヘシ若シ土地ニヨリ六尺ニ至リ難キモノ及ヒ火

葬ノ遺骨ヲ埋藏スルモノハ格別ナリトス
第九條　墓地火葬場ニハ必ス管理者ヲ置キ其姓名ハ區役所又ハ戶長役場ニ屆ケ置クヘシ
第拾條　死者ノ姓名族籍官位勳爵法號及生死ノ年月日建立者ノ姓名ヲ記スルニ止リ誌銘傳賛等ノ碑文ヲ刻セサル墓標ハ所轄警察署ノ許可ヲ受ルノ限ニ非ス
第拾壹條　死屍ヲ埋葬又ハ火葬セント欲スル者ハ主治醫ノ死亡屆書ヲ添ヘテ區長又ハ戶長ノ認許證ヲ乞フヘシ
醫師ノ治療ヲ受クルノ猶豫ナクシテ死亡シタルモノヲ埋葬又ハ火葬セント欲スル片ハ醫師ノ撿案書ヲ差出シ區長又ハ戶長ノ認許證ヲ乞フヘシ
妊娠四ケ月以上ノ死胎ニ係ルトキハ醫師若クハ產婆ノ死產證ヲ差出シ區長又ハ戶長ノ認許證ヲ乞フヘシ
變死ニ係ル片ハ立會醫師ノ撿案書ニ撿視官ノ撿印ヲ乞ヒテ差出スヘシ
囚徒ノ死屍ヲ引取埋葬又ハ火葬セント欲スルモノハ獄醫ノ死亡證書寫ニ司獄官ノ撿印ヲ乞ヒテ差出スヘシ
第拾貳條　區戶長ハ前條ノ屆書證書ヲ領收スルニアラサレハ埋火葬ノ認許證ヲ與フヘカラス
第拾三條　管理者ハ葬主ヨリ領收シタル區戶長ノ認許證ヲ編纂シ每三ケ月所轄警察署ノ撿閱ヲ受ケテ之ヲ區役所又ハ戶長役場ヘ差出スヘシ

(ホ)一七ノ三、四、五、七、八、二一、二三、二六、二一八條[illegible]七五參看
(ホ)一七ノ八、九、一〇條[illegible]七四ノ七條參看
(ホ)一七ノ六、二一六條[illegible]七四ノ一三條、七五ノ一一條、七六參看
(ホ)一七ノ七、一六條參看

第拾四條　管理者ハ墓地ノ縮圖及墓籍ヲ調製シ置クヘシ

第拾五條　此標準ニ據リ難キモノハ其事情ヲ具シ伺出ヘシ

(一七)北海道水産税則　明治三十年三月勅令第六號

朕北海道水産税則ヲ裁可シ茲ニ之ヲ公布セシム

北海道水産税則

第一條　北海道水産物營業人ハ此税則ニ從ヒ水産税ヲ納ムヘシ

第二條　北海道廳長官ハ水産税ヲ徴收スル爲メ水産物營業人ノ組合ヲ定ムヘシ

第三條　水産税ハ各組合水産物産出高價額百分ノ五ヲ以テ其組合一箇年ノ税額ト爲シ之ヲ各營業人ニ賦課スルモノトス

第四條　此税則ニ於テ水産物トハ左ノ種類ヲ云フ

第一類

生鰊《ナマニシン》	生鮭《ナマサケ》	生鱒《ナママス》	生鰤《ナマブリ》	生鮪《ナマシビ》
生鱈《ナマタラ》	生鮊《ナマカスベ》	生𩸽《ナマホッケ》	海馬《トド》	

第二類

魚粕《ウヲカス》	乾身缺鰊《ホシミカキニシン》	乾胴鰊《ホシドウニシン》	乾脊割鰊《ホシセワリニシン》	乾外割鰊《ホシホカワリニシン》
乾二ツ割鰊《ホシフタツワリニシン》	鰊鯑粕《カズノコカス》	鹽鮭《シホサケ》	鹽鱒《シホマス》	鹽鰤《シホブリ》
鹽鮪《シホシビ》	鹽鱈《シホタラ》	乾鱈《ホシタラ》	乾鮊《ホシカスベ》	乾𩸽《ホシホッケ》

㋭一七ノ一、八條參看

㋭一七ノ一、六、一六條施七四ノ一條、七五ノ三條參看

施七七參看

㋭一七ノ二條施七四ノ七、八條參看

㋭一七ノ三條施七四ノ一、七、八條參看

鹽𩸽《シホホツケ》　乾鮑《ホシアハビ》　乾河豚《ホシフグ》　煎海鼠《イリコ》　鯣《スルメ》
海扇殼《ホタテガヒ》　乾海扇《ホシホタテ》　乾牡蠣《ホシカキ》　昆布《コンブ》　細布《ホソメ》
布海苔《フノリ》　若布《ワカメ》　銀杏草《ギンナンサウ》

第五條　此稅則ニ於テ水產物營業人トハ第四條第一類ノ水產物ヲ採取スル者又ハ原品ニ勞力ヲ加ヘテ第四條第二類ノ水產物ト爲ス者ヲ云フ

第六條　水產稅ハ明治十五年ヨリ同十七年マテ三箇年間ノ水產物產出高ヲ平均シ其三箇年間北海道ニ於テ該稅品拂下ヲ爲シタル代價ヲ平均シテ價額ヲ定メ其組合ノ稅額ヲ算出スルモノトス但明治二十年以後三箇年以上ヲ經過シ大藏大臣ニ於テ北海道ノ全部又ハ其幾分ニ就キ水產物旣定ノ價額不相當ナリト認ムルトキハ更ニ旣往三箇年間ノ產出高幷其賣買相場ヲ平均シテ之ヲ改正スヘシ

第七條　第四條第一類ノ水產物ヲ以テ第二類ノ水產物ト爲ストキハ第二類ノ水產物ニ就キ課稅ス

第八條　水產物營業人トナラントスル者ハ水產物營業人ノ組合ニ加入スヘシ

第九條　北海道廳長官ハ水產物營業人各組合中ニ收稅委員ヲ置キ其組合ニ係ル收稅ノ事ヲ擔理セシム但收稅委員ニ關スル費用ハ其組合ノ負擔トス

第十條　收稅委員ハ水產物營業人組合會ヲ開キ組合ノ稅額ニ對シ各自ノ負擔スヘキ稅金ヲ評決セシメ郡區長ノ認可ヲ經テ之ヲ定ム但營業人ノ組合會期其他本條ニ關スル手續ハ北海道廳長官之ヲ定ム

[illegible]七四ノ七、八、九、一一、一二條參看

[illegible]七四ノ一二條參看

[illegible]七七參看

[illegible]七四參看

㋭一七ノ一、三、四、二三條[illegible]七四ノ二、四、五、六、一六、一七條、七六參看

㋭一七ノ一三、

第十一條　水產物營業人ハ納期ニ從ヒ其稅金ヲ組合收稅委員ニ納ムヘシ
收稅委員ハ各營業人ノ稅金ヲ徵收シ之ヲ國庫金出納所ニ納ムヘシ怠納者アリタルトキハ之ヲ郡區長ニ屆出ヘシ

第十二條　郡區長ハ前條ノ屆出アリタルトキハ其怠納者ノ營業ヲ停止シ先ツ其水產物ヲ公賣シ仍ホ營業ニ使用スル器具、船舶、建物及海產乾場ヲ公賣スルコトヲ得但公賣ニ關シテハ明治十年第七十九號布告ヲ適用ス

第十三條　第八條ノ組合ニ加入セスシテ水產物ノ營業ヲ爲シタル者ハ貳圓以上貳拾圓以下ノ罰金ニ處シ其水產物ヲ沒收ス既ニ賣拂キタルモノハ其代金ヲ追徵ス

第十四條　此稅則ヲ犯シタル者ニハ刑法ノ不論罪及減輕再犯加重數罪俱發ノ例ヲ用ヒス

第十五條　水產稅ノ納期及此稅則施行ニ關スル細則ハ大藏大臣之ヲ定ム

附則

第十六條　從前現品定稅ヲ徵收シ又ハ現品稅ヲ徵收セス若クハ無稅ニシテ明治十五年ヨリ同十七年マテ三箇年間ノ產出高詳カナラサルモノハ當分其營業人各自ノ現產出高ニ就キ第六條ノ稅品拂下平均代價ヲ以テ價額ヲ定メ其百分ノ五ヲ稅金トシテ徵收スヘシ但明治二十年以後三箇年ヲ經過シタル上ハ大藏大臣ニ於テ本稅則ニ據リ改正スヘシ

第十七條　前條ノ營業人ニ關シ特ニ明文ヲ揭ケサルモノハ第十條ノ稅金ニ係ル事項ヲ除クノ外總テ此稅則ニ從フヘシ

第十八條　第十六條ノ營業人ニシテ其水產物ノ產出高ヲ僞リ逋稅シタル者ハ其逋稅高三倍

一四條明七四ノ一六條七六參看

ノ罰金又ハ科料ニ處シ其水産物ヲ沒收ス既ニ賣拂キタルモノハ其代金ヲ追徵ス但自首スル者ハ其税金ヲ追徵シ其罪ヲ問ハス

第十九條　明治十年第五十六號布告同十七年第四號布告同年第十二號布告及從前北海道物產税ニ關スル命令規則ハ此税則施行ノ日ヨリ廢止ス

●參照

ホ一七參看

明七四ノ二條參看

○關係法令

七四　大藏省令第六號　明治二十年四月

今般勅令第六號ヲ以テ北海道水産税則公布相成候ニ付施行細則左ノ通之ヲ定ム

北海道水産税則施行細則

第一條　水産税ノ納期及ヒ其納額割合ハ左ノ如シ但組合會ノ評決ヲ以テ每納期ノ納額割合ヲ操上ケ增加スルコトヲ得此場合ニ於テハ其操上クヘキ割合ヲ定メ郡區長ヲ經由シテ北海道廳長官ノ認可ヲ受クヘシ（明治二十一年大藏省令第四號ヲ以テ本條中「如シ」ノ下「但」以下ノ七十字ヲ加ヘ又「石狩國」下ノ割註並「千島國」ノ下「石狩國石狩郡」ヲ加フ）

渡島國　後志國　石狩國（石狩郡ヲ除ク）　天鹽國　北見國

第一期	六月一日ヨリ六月三十日限リ	百分ノ四拾
第二期	八月一日ヨリ八月三十一日限リ	百分ノ四拾
第三期	十月一日ヨリ十月三十一日限リ	百分ノ七

第四期　十二月一日ヨリ十二月二十八日限リ　百分ノ七
第五期　翌年三月一日ヨリ三月三十一日限リ　百分ノ六

膽振國　日高國　十勝國　釧路國　根室國　千島國　石狩國石狩郡

第一期　六月一日ヨリ六月三十日限リ　百分ノ五
第二期　八月一日ヨリ八月三十一日限リ　百分ノ二十
第三期　十月一日ヨリ十月三十一日限リ　百分ノ二十五
第四期　十二月一日ヨリ十二月二十八日限リ　百分ノ二十五
第五期　翌年三月一日ヨリ三月三十一日限リ　百分ノ二十五

卅七四ノ一、四條參看

第二條　稅則第十六條ニ該當スル水產稅ノ納期ハ左ノ如シ

第一期　三月一日ヨリ五月三十一日ニ至ル產出シタル分　六月十六日ヨリ六月三十日限リ
第二期　六月一日ヨリ七月三十一日ニ至ル產出シタル分　八月十六日ヨリ八月三十一日限リ
第三期　八月一日ヨリ九月三十日ニ至ル產出シタル分　十月十六日ヨリ十月三十一日限リ
第四期　十月一日ヨリ十一月三十日ニ至ル產出シタル分　十二月十六日ヨリ十二月二十八日限リ
第五期　十二月一日ヨリ翌年二月末日ニ至ル產出シタル分　翌年三月十六日ヨリ三月三十一日限リ

卅七四ノ一六條參看

第三條　收稅委員ハ稅則第十六條ニ該當スルモノヽ外每年水產物每種類產出ノ終リタルトキ其組合ニ於テ產出ノ水產物總高並價額ヲ調査シテ取調書ヲ製シ戶長ヲ經由シテ之ヲ郡區長ニ屆出ヘシ但其產出ノ季節ヲ限ラサルモノハ每年四月九月ノ兩度ニ其前月マテノ總高ヲ取調フルモノトス

卅七四ノ五、一七條參看

第四條　稅則第十六條ニ該當スル水產物營業人ハ第二條期限內ニ差出シタル水產物ヲ一種類每ニ取調每期ノ翌月三日以內ニ其組合收稅委員ニ屆出ツヘシ

卅七四ノ六條參看

第五條　收稅委員ハ第四條ノ屆書ヲ調査シテ取調書ヲ製シ奧書捺印ノ上每期ノ翌月七日以內ニ戶長ヲ經由シテ之ヲ郡區長ニ差出スヘシ

第六條　郡區長ハ第五條ノ取調書ニ據リ稅則第十六條ニ該當スル水產物營業人ノ納稅額ヲ算出スヘシ但三ケ年平均相場分明ナラサル地ハ其近接地ノ三ケ年平均相場ニ據ルヘシ若シ其平均相場ヲ得サルトキハ本地ト近接地ノ其年平均相場ニ據ルモノトス

卅七四ノ八、九、一〇、一五條參看

第七條　水產稅ノ徵收ハ北海道廳長官ノ命令ニ據リ郡區長ヨリ各組合收稅委員ニ對シ徵稅令書ヲ發スルモノトス

卅七四ノ七、九、一五條參看

第八條　各組合收稅委員ハ郡區長ヨリ徵稅令書ヲ受ケタルトキハ其組合中壹人別納額元帳ニ據リ納期日以前ニ各納稅者ニ徵稅傳令書ヲ發シ稅金ヲ取纏ムヘシ

卅七四ノ七、八、一一、一二、一五條參看

第九條　各收稅委員ニ於テ取纏メタル稅金ハ翌日マテニ之ヲ國庫金出納所ニ納付シ若クハ戶長ニ委托シテ之ヲ該所ニ納付スヘシ但相當ノ保護法ヲ設クルトキハ納期中ニ限リ壹千圓以下五百圓マテハ五日間五百圓未滿ハ七日間之ヲ其收稅事務取扱所ニ留ムルコトヲ得

卅七四ノ一一、一五條參看

第十條　郡區長ハ第七條ニ據リ各組合收稅委員ニ對シテ徵稅令書ヲ發スルトキハ總テ歲入取扱順序第二章ニ準據シ取扱フヘシ

明七四ノ一〇、一二、一五條參看

明七四ノ九、一〇、一一、一二、一五條參看

區七四ノ一四、一五條參看

明七四ノ一三、一五條參看

第十一條　各組合收稅委員ハ徵稅傳令書ヲ製シ各納稅者ニ交付シ稅金取纒メノ上之ヲ納付シ又既納稅金拂戾ヲ要スルトキハ總テ歲入取扱順序第三章ニ準據シ取扱フヘシ

第十二條　各組合收稅委員ニ於テ各納稅者ヨリ取纒メタル稅金ヲ便宜ニ依リ戶長ニ委托シテ納付セントスルトキハ徵稅令書ヲ受領セシ際其旨郡區長ヘ屆出ツヘシ

第十三條　郡區長ハ第十二條ノ屆出ヲ受ケタルトキハ直ニ戶長ニ命令シテ其稅金ヲ預カラシメ國庫金出納所ニ納付セシムヘシ

第十四條　戶長ハ郡區長ノ命令ニ依リ各組合收稅委員ヨリ稅金納付ノ委托ヲ受ケタルトキハ歲入取扱順序第六十六條第六十七條第六十八條ニ準據シ取扱フヘシ

第十五條　水產稅徵收ニ關シ第七條第八條第九條第十條第十一條第十二條第十三條第十四條ニ揭クル外ハ總テ歲入歲出出納規則及歲入取扱順序ニ據ルヘシ

第十六條　第三條水產物ノ總高取調ニ關シ水產物營業人ニ於テ其產出高ヲ僞リ又ハ收稅委員ノ調査ヲ拒ムトキハ貳圓以上拾圓以下ノ罰金ニ處ス但其產出高ヲ僞リタル者自首スルトキハ其罪ヲ問ハス

第十七條　水產物營業人ニ於テ第四條ノ屆出ヲ怠リタルトキハ壹圓九拾五錢以下ノ科料ニ處ス

○舊令

(ホ)一七ノ一九條參看

〔七五〕太政官第五十六號布告 明治十年八月

明治八年二月第十四號布告北海道諸産物出港税則並各港船改所規則別冊ノ通改正本年九月一日ヨリ施行候條此旨布告候事

(別冊)

北海道諸産物出港税則並各港船改所規則

第一條　北海道諸産物鑛屬穀類酒類麻卵紙生絲器具ヲ除ク各府縣ヘ輸送ノ節ハ官私用陸海軍用品ヲ除クノ別ナク出港税トシテ其原價百分ノ四ヲ貨主ヨリ下條ニ掲載スル一ノ船改所ニ納ムヘシ

但本文ノ税金ハ船長ニ於テ取纏メ外國船ヲ以輸送ノ節ハ貨主納入ノ手續ヲ爲スヘシ

第二條　船改所有之各港

渡島國龜田郡函館港　同　國松前郡福山港(明治十四年第六十六號布告ヲ以テ黑點ノ如ク改正)　同　國檜山郡江差港

膽振國室蘭郡室蘭港　後志國小樽郡小樽港　同　國壽都郡壽都港　釧路國厚岸郡厚岸港

根室國根室郡根室港(明治十三年第五十一號布告ヲ以テ黑點ノ部追加ス)

左ノ十一ケ所ニ於テ毎年五月ヨリ十月マテノ間船改派出所ヲ置キ船改所同樣ノ事務ヲ取扱フヘシ

渡島國松前郡吉岡　同　國上磯郡石別　同　國松前郡江良町(明治十四年第六十六號布告ヲ以テ黑點ノ如ク改正ス)　石狩國石狩郡石狩

同　國爾志郡熊石　後志國古平郡古平　同　國岩内郡岩内

天鹽國増毛郡増毛(明治十三年第三十三號布告ヲ以テ「十ケ所」ヲ「十一ケ所」ニ改メ黑點ノ部ヲ追加ス)　日高國浦河郡浦河

釧路國厚岸郡濱中(明治十三年第五十一條布告ヲ以テ根室國根室郡根室ヲ除ク黑點ノ部ヲ追加ス)　千島國振別郡振別

第三條　諸産物ノ原價ハ右各港ニ於テ毎月上中下旬三度賣買相場ヲ蒐集シ之ヲ査定スヘシ

但相場詳ナラサル物品ハ賣買仕切狀ヲ檢査シテ之ヲ定ムヘシ

第四條　諸船舶各府縣下ヨリ北海道ヘ入船スルトキハ船免狀或ハ船税鑑札ヲ添ヘ第一號書式ノ通其港津船改所或ハ地方役所(又ハ區戸長役場以下同シ)ヘ速ニ屆出ヘシ

但北海道産物ニ類似ノ物品ヲ青森秋田兩縣下等ヨリ回漕スル分ハ其品名數量ヲ詳記シタル仕出場ノ送狀或ハ賣買仕切狀ヲ添屆出ヘシ

第五條　北海道各港津ヲ回漕スル諸船舶ハ出帆ノ節甲港船改所或ハ地方役所ヘ申出改所ノ役所ニ於テハ第二號書式ニ法リタル檢印帳ヲ付與シテ回漕セシムヘシ其船乙號港ヘ入津セハ乙ノ船改所或ハ役所ヘ速ニ檢印帳ヲ納メ置キ出帆ノ節乙港ノ檢印ヲ乞フテ携帶スヘシ丙丁港ノ出入モ亦之ニ準ス

但回漕數月ニ渉ル船モ該年中ハ一ノ檢印帳ヲ用ヒシメ翌年ハ更ニ之ヲ付與スヘシ

第六條　諸船舶北海道内ヨリ各府縣ヘ向ケ回漕ノ節ハ第二條ニ掲クル各港ノ内何レカ一港ヘ入船シテ其船改所ヘ檢印帳ヲ還納シ第三號甲ノ書式ニ法リタル出港稅納目錄二通ヲ差出シ産物積載セサル節ハ第四號甲ノ書式ノ出帆屆二通ヲ差出スヘシ改所ニ於テハ審査ノ上産物積載セタルハ定則ノ稅金ヲ領收シ第三號乙ノ書式ニ法リ産物積載セサルハ第四號乙ノ書式ニ法リ奧書シテ一通ハ留置キ一通ヲ下付シテ出帆差許スヘシ

但許可ヲ得タル後都合ニ依リ三日以内ニ出帆セサル船ハ更ニ其旨ヲ屆ケ出ツヘシ

第七條　船改所ナキ地方ヨリ産物積取直ニ各府縣ヘ輸送セント欲スルモノハ其積受ノ地ヘ航行ノ節第二條ニ掲クル各港ノ内何レカ一港ヘ入津シ豫メ其積取ルヘキ産物ノ高ヲ計算シ第三號甲ノ書式ニ法リタル出港稅前納目錄二通ヲ差出シ船改所ニ於テハ前納目錄ノ高ニ從ヒ定則ノ稅金ヲ領收シ同號乙ノ書式ニ法リ奧書シテ一通ハ留置キ一通ヲ下付シテ直颿差許スヘシ

但本條許可ヲ得テ其地ニ到リ産物積取ノ節ハ其地方役所ニ申出檢査ヲ受クヘシ役所ニ於テハ出港稅前納濟ノ目錄ニ照較シテ之ヲ檢査シ若シ産物不足ノ節ハ其由ヲ詳記セル書面ヲ右目錄ニ添ヘテ船長ヘ下付シ船長之ヲ翌年七月迄ニ最寄ニ納稅ノ船改所ヘ差出スニ於テハ過納ノ金額下戾スヘシ

第八條　出港稅納濟ノ諸物産都合ニ依リ第二條ニ掲クル各港ノ内ヘ揚陸スルトキハ該港船改所ヘ願出ヘシ改所ニ於テハ現品審査ノ上稅納濟ノ目錄ヲ引上ケ稅金下戾スヘシ

但出港稅ヲ收納シタル港内ニ於テ難破ノ災ニ罹リ稅納濟ノ産物流没シタル分ハ實際檢査ノ上稅金下戾スヘシ

第九條　各港船改所及役所ハ休日ヲ除クノ外毎日午前九時ヨリ午後四時迄船舶出入ノ事務取扱フヘシ尤諸貨物船積船卸ハ日出ヨリ日没迄ヲ限リトス

但臨時出入港ノ手數ヲ乞ヒ或ハ時限外ニ貨物ヲ積卸セント欲スル者ハ其事由ヲ具シ船改所或ハ役所ヘ願出ヘシ

第十條　諸船舶出港稅未納或ハ納稅目錄外ノ産物ヲ竊ニ積載各府縣ヘ輸送セント謀リ又ハ府縣下ニ於テ陸揚スルモノハ科料トシテ船長ヨリ其物品原價其發露スル地方賣買ノ價格ヲ以テ之ヲ定ム十分ノ二及出港稅ヲ徵收スヘシ

第十一條　各港船改所及役所ニ於テハ毎船ノ出入ヲ審査シ若シ此規則ニ循ハサルモノアリテ其踪跡詳ナラサル片ハ開拓使ヨリ直ニ其船主ノ本管廳ヘ通報シ本管廳ニ於テハ出港稅及科料ヲ徵收シ其事由ヲ詳記シタル書面ヲ添ヘ同使函館支廳ヘ送附スヘシ

但北海道回漕中暴風等ノ難ニ罹リ止ヲ得スシテ直ニ府縣下ヘ入船スルモノハ本條ノ限ニアラサル故其事由ヲ具シ檢印帳ヲ添ヘ速ニ其地方廳ヘ届出ヘシ地方廳ハ事實篤ト取糺ノ上疑ナキニ於テハ其現存スル物品ノ出港稅原價ハ其入船シタル地方賣買ノ價格ヨリ其運賃ヲ除キ之ヲ定ムヲ徵收シテ本文同樣送付スヘシ

第十二條　出入港ノ届及檢印帳ノ納受ヲ等閑ニスルモノ或ハ許可ヲ得スシテ時限外ニ荷物ヲ積卸シスルモノハ左ノ算則ニ從ヒ船長ヨリ科料ヲ徵收スヘシ

日本形船
五十石　五十石マテ　金拾五錢
五十一石　以上十石コトニ壹錢ヲ加フ

外國形滊船
三十噸マテ　金五拾錢
三十一噸　以上十噸コトニ拾七錢ヲ加フ

同風帆船
三十噸マテ　金三拾錢
三十一噸　以上十噸コトニ拾錢ヲ加フ

第十三條　總テ犯則ノ者ヲ他ヨリ訴出ル時ハ犯人科料ノ半額ヲ賞トシテ與フヘシ

（書式悉略之）

○

［七六］太政官第四號布告　明治十七年二月

㋭一七ノ一九條參看

根室縣下千島國及北見國紋別常呂網走斜里ノ四郡ニ於テハ拾昆布税收獲高ノ現品一割ヲ徵收シ函館縣下渡島國松前郡ニ於テハ帆立貝税收獲高ノ現品二割ヲ徵收ス但本年五月一日ヨリ施行ス

○

［七七］太政官第十二號布告　明治十七年五月

㋭一七ノ一九條參看

北海道ニ於テ納税スヘキ水産物ヲ取獲セントスルモノハ其地ノ管廳ヘ願出許可ヲ受クヘシ違フモノハ貳圓以上百圓以下ノ罰金ニ處シ仍ホ其物品ヲ没收ス之ヲ賣拂キタルモノハ其代價ヲ追徵ス

（一八）保安條例　明治二十年十二月勅令第六十七號

㋭一八ノ二、五、六條、七六ノ一、二二、六二、一九條二七八參看

朕惟フニ今ノ時ニ當リ大政ノ進路ヲ開通シ臣民ノ幸福ヲ保護スル爲メニ妨害ヲ除去シ安寧ヲ維持スルノ必要ヲ認メ茲ニ左ノ條例ヲ裁可シテ之ヲ公布セシム

保安條例

第一條　凡ソ秘密ノ結社又ハ集會ハ之ヲ禁ス犯ス者ハ一月以上二年以下ノ輕禁錮ニ處シ十圓以上百圓以下ノ罰金ヲ附加ス其首魁及教唆者ハ二等ヲ加フ

内務大臣ハ前項ノ秘密結社又ハ集會又ハ集會條例第八條ニ載スル結社集會ノ聯結通信ヲ阻遏スル爲ニ必要ナル豫防處分ヲ施スコトヲ得其處分ニ對シ其命令ニ違犯スル者罰前項ニ同シ

㊍一八ノ一、五、六條參看

第二條　屋外ノ集會又ハ群集ハ豫メ許可ヲ經タルト否トヲ問ハス警察官ニ於テ必要ト認ムルトキハ之ヲ禁スルコトヲ得其命令ニ違フ者首魁教唆者及情ヲ知リテ參會シ勢ヲ助ケタル者ハ三月以上三年以下ノ輕禁錮ニ處シ十圓以上百圓以下ノ罰金ヲ附加ス其附和隨行シタル者ハ二圓以上二十圓以下ノ罰金ニ處ス

集會者ニ兵器ヲ携帶セシメタル者又ハ各自ニ携帶シタル者ハ各本刑ニ二等ヲ加フ

㊍一八ノ四、五、六條、八九ノ二四條、刑法一二一條以下參看

第三條　内亂ヲ陰謀シ又ハ教唆シ又ハ治安ヲ妨害スルノ目的ヲ以テ文書又ハ圖畫ヲ印刷又ハ板刻シタル者ハ刑法又ハ出版條例ニ依リ處分スルノ外仍其犯罪ノ用ニ供シタル一切ノ器械ヲ沒收スヘシ

印刷者ハ其情ヲ知ラサルノ故ヲ以テ前項ノ處分ヲ免ルヽコトヲ得ス

刑法一二一條以下㊍一八ノ三、五、六條參看

第四條　皇居又ハ行在所ヲ距ル三里以内ノ地ニ住居又ハ寄宿スル者ニシテ内亂ヲ陰謀シ又ハ教唆シ又ハ治安ヲ妨害スルノ虞アリト認ルトキハ警視總監又ハ地方長官ハ内務大臣ノ認可ヲ經期日又ハ時間ヲ限リ退去ヲ命シ三年以内同一ノ距離内ニ出入寄宿又ハ住居ヲ禁スルコトヲ得

退去ノ命ヲ受ケテ期日又ハ時間内ニ退去セサル者又ハ退去シタルノ後更ニ禁ヲ犯ス者ハ一年以上三年以下ノ輕禁錮ニ處シ仍五年以下ノ監視ニ付ス

監視ハ本籍ノ地ニ於テ之ヲ執行ス

㊍一八ノ三、四、六條、七六ノ一、二、九條參看

第五條　人心ノ動亂ニ由リ又ハ内亂ノ豫備又ハ陰謀ヲ爲ス者アルニ由リ治安ヲ妨害スルノ虞アル地方ニ對シ内閣ハ臨時必要ナリト認ムル場合ニ於テ其一地方ニ限リ期限ヲ定メ左

ノ各項ノ全部又ハ一部ヲ命令スルコトヲ得

一凡ソ公衆ノ集會ハ屋内屋外ヲ問ハス及何等ノ名義ヲ以テスルニ拘ラス豫メ警察官ノ許可ヲ經サルモノハ總テ之ヲ禁スル事

二新聞紙及其他ノ印刷物ハ豫メ警察官ノ撿閲ヲ經スシテ發行スルヲ禁スル事

三特別ノ理由ニ依リ官廳ノ許可ヲ得タル者ヲ除ク外銃器短銃火藥刀劍仕込杖ノ類總テ携帶運搬販賣ヲ禁スル事

四旅人出入ヲ撿査シ旅劵ノ制ヲ設クル事

第六條　前條ノ命令ニ對スル違犯者ハ一月以上二年以下ノ輕禁錮又ハ五圓以上二百圓以下ノ罰金ニ處ス其刑法又ハ其他特別ノ法律ヲ併セ犯シタルノ塲合ニ於テハ各本法ニ照シ重キニ從ヒ處斷ス

第七條　本條例ハ發布ノ日ヨリ施行ス

●參照

○判決例

七八　明治二十一年乙第三八二號

神奈川縣平民　難波惣平

保安條例第一條ニ（凡ソ秘密ノ結社又ハ集會ハ之ヲ禁ス云々）トアルハ政事上ニ關スル事柄ヲ議セン爲メ秘密ニ結社スルカ或ハ集會スルヲ禁スルノ法意タル勿論ナレハ此條ニ背キタルノ所爲アリトスルニハ其結社集會ノ政事上ニ關スルモノタルヲ要ス然レハ假令秘密ニ結社又ハ集會スルト雖モ其目的政事ニ關スル事柄ナラサル以上ハ右第

一條ノ違背者ナリトハ云フヲ得サルモノトス今原判文ニ就キ其認メタル事實ニ依レハ被告人カ楢川文次郎杉浦茂吉郎等ト私ニ柳田冨藏方ヘ集會シタルハ全ク神奈川縣會議員改選ノ期ニ至レハ適當ノ議員ヲ撰擧セントノ事柄ヲ相談センカ爲メニシテ即チ己レ等カ選擧セントスル處ノ議員其人ヲ得ン爲メニスルニ外ナラスシテ其所爲政事ニ關スル事柄ト云フヲ得サレハ原裁判官ニ於テ此事實ヲ認テ保安條例ノ問フ處ニアラストシ無罪ヲ言渡シタルハ相當ニシテ擬律ノ錯誤ト云フヲ得サルモノトス

明治二十一年七月九日

◎ヘノ部

（一九）米商會所條例 明治九年八月第百五號布告

従來各地方ニ於テ差許置候米油限月賣買一切差止メ自今米穀賣買相場取引致度者ハ會社規則取調可願出旨明治七年十二月第百三十八號ヲ以テ布告候處今般更ニ米商會所條例別冊ノ通相定メ候條營業致度者ハ右ニ照準可願出此旨布告候事

（別冊）

米商會所條例

第一條 緒言

㋭一九ノ一條二、三節、二條一節、二九ノ一、二條參看

第一節 米商會所ハ米穀流通ノ爲メ米商人ノ集會シテ賣買取引ヲ爲ス所ナリ而シテ協同結社之ヲ創立セントスル者ハ農商務卿ノ免許ヲ請フヘシ（十四年第三十一號布告ヲ以テ此條例中内務省及内務卿又ハ大藏卿トアルハ都テ農商務省及農商務卿ト改正以下倣之）

㋭一九ノ一條一節參看

第二節 農商務卿ハ地方ノ景狀ヲ察シ之ヲ創立スルノ緊要ナルヤヲ考定シ之ヲ許可スルト

(沿)一九ノ一條一節參看

(米)一九ノ一條一、二條三、三、一三條一、二、三九ノ三條參看

(米)一九ノ二條一、二九條一、二、三九ノ一、二、一、三、一四條參看

(米)一九ノ二條一、四、三條一參看

(米)一九ノ二條三參看

(米)一九ノ二條三、三條二、二、四參看

(米)一九ノ三條一、三、五條一、三、

否トノ權ヲ有ス

第三節　米商會所營業ハ五ケ年ヲ以テ一期ト定ム右滿期ノ際猶之ヲ保續セント望ム者ハ更ニ其趣ヲ申立農商務卿ノ免許ヲ請フヘシ

第二條　會所創立ノ手續

第一節　米商會所ヲ創立スルニハ發起人十人以上ニシテ資本金ノ總額三萬圓以上タルヘシ

第二節　資本金ハ百圓ヲ以テ一株ト定メ發起人總員ニテ必ス資本金總高ノ半額以上ニ當ル株數ヲ所持スヘシ

第三節　會所ノ發起人ハ創立願書ニ此會所ヲ創立セントスル地方ノ從來米穀聚散ノ實況及ヒ將來賣買ノ目的ヲ詳悉シ各記名調印シ區戸長ノ奧書ヲ得會所創立證書及定款申合規則等ヲ添ヘ之ヲ地方官廳ヘ差出スヘシ

但創立證書中株主ノ責任ニ於テ有限或ハ無限ナルヿヲ明記スヘシ（十二年第四號布告ヲ以テ本項ヲ追加ス）

第四節　地方官廳ニ於テハ願人共ノ身元行狀ヲ撿知シ且其目的ノ利害障碍ノ有無ヲ識別シ又會議所等ノ設ケアル地方ニ於テハ其集議ヲ取リ併セテ之ヲ參酌シ相當ト思量スル𪜈ハ意見書ヲ添ヘ農商務卿ヘ具申スヘシ

第三條　開業ノ手續

第一節　發起人等ニ於テ會所創立ノ許可ヲ受ケタル時ハ直ニ其旨ヲ新聞紙又ハ其他ノ方法ヲ以テ世上ニ公告シテ他ノ株主ヲ募ルヿヲ得

第二節　發起人ハ其募ニ應シタル株主等ト共ニ集會ヲ爲シ第五條ノ程限ニ從ヒ五人以上ノ

七條一、九條一、一九條一、參看

㊍一九ノ三、條二、四、二三條二、參看

㊍一九ノ三條一、一九條一、參看

㊍一九ノ三條四、四條二、十九條一、參看

㊍一九ノ四條一、二八條一、一九、條一、參看

㊍一九ノ三條二、五條二、三、六條一、二、三、四、二九ノ一六條參看

肝煎及ヒ正副頭取ヲ撰任シ其住所姓名年齢等ヲ詳記シタル書面ヲ以テ地方廳ヲ經由シ農商務卿ノ認許ヲ受クヘシ農商務卿ハ時トシテ其改撰ヲ命スルヿアルヘシ（十三年第十九號布告ヲ以テ改正）

第三節　此頭取肝煎等ハ資本金總高ノ三分二ニ當ル現金或ハ日本政府ノ公債證書此公債證書ハ時々相場ノ昂低ヲ以テ増減スヘシト雖氏明治七年大藏省乙第二十八號達ノ價格ヨリ減少スヘカラスヲ其地方官廳或ハ國立銀行ニ預ケ公正ナル預リ證書ヲ乞受ケ其寫ヲ農商務卿ニ差出シ開業免狀ヲ請求スヘシ

第四節　會所ニ於テ開業免狀ヲ受ケタル上ハ其免狀ノ寫ヲ添ヘ何月何日ヨリ其商業ヲ創ムヘキ旨ヲ新聞紙又ハ其他ノ方法ヲ以テ世上ニ公告シ始メテ之ニ從事スルヿヲ得

第四條　社印ノ用方幷印鑑差出方等ノ手續

第一節　開業免狀ヲ得テ其商業ヲ創メントスルニ當リ會所ノ印ヲ刻シ頭取以下諸役員ノ印ト共ニ其印影ヲ一纒メニシテ農商務卿ニ差出スヘシ若シ改刻スル者アル𪜈ハ其都度之ヲ差出スヘシ

第二節　會所ノ諸願伺届又ハ諸證書約定書及ヒ往復ノ文書等ニ至ルマテ會所一般ニ關スル事ハ其會所ノ名義ヲ用ヰ會所ノ印ヲ捺シ頭取肝煎等之ニ署名加印スヘシ

第五條　役員ノ程限

第一節　會所ノ役員ト稱スル者左ノ如シ

頭取

副頭取

肝煎

㋭一九ノ五條一、八條一、九條二、二九條一、三九ノ一八條參看

㋭一九ノ三條二、五條一、二、二條四、一九條一、二、二九ノ一七條參看

㋭一九ノ五條一、六條二、三、六、一四條一、一九條一參看

㋭一九ノ五條一、六條一參看

㋭一九ノ五條一、六條一、六、一九條一參看

㋭一九ノ五條一、六條五、六、一四條一、二九條一參看

㋭一九ノ六條六、一二條二參看

㋭一九ノ六條一、三、四參看

以下支配人書記等ノ名義ヲ以テ役員ヲ定ムルハ會所ノ都合ニ任ス

第二節　會所ノ役員タル者ハ該會所ニ於テ賣買本人又ハ仲買人トナルヿヲ許サス

第三節　右役員ハ株主ノ定例總集會ノ節投票ヲ以テ十株以上ヲ所持シタル株主中ヨリ肝煎ヲ撰擧シ肝煎ハ其同僚中ヨリ正副頭取ヲ推撰シ共ニ其住所姓名年齢等ヲ詳記シタル書面ヲ以テ地方廳ヲ經由シ農商務卿ノ認許ヲ受テ新舊交代セシムヘシ農商務卿ハ時トシテ其改撰ヲ命スルヿアルヘシ（十三年第十九號布告ヲ以テ改正）

第六條　役員ノ職務

第一節　頭取ハ會所ノ事務ヲ總轄シ他ノ役員ヲ指揮シ會所一切ノ責ニ任ス

第二節　頭取ハ肝煎分掌ノ事務ヲ定ムヘシ

第三節　副頭取ハ頭取ヲ助ケテ其事務ヲ共成シ時トシテハ其代理ノ任ニ當ルヘシ

第四節　肝煎ハ支配人書記等ノ役名ヲ議定シ其者等分掌ノ課程及ヒ俸給ヲ定メ社中差縺ノ事ヲ判決シ金穀ノ出納ヲ管理シ株主ノ衆議ヲ取ラントスル事柄アル時ハ之ヲ招集スルヿアルヘシ

第五節　肝煎ハ毎月何回ト定メタル會議ノ議員トナルヘシ

第六節　肝煎ハ其同僚中又ハ頭取ニ於テ職任ニ不適當ノ行ヒアルカ又ハ之ヲ怠ル者アルトキハ臨時委員ヲ定メ次ノ肝煎會議ノ日ニ無名投票ヲ以テ三分ノ二以上ノ說ニ從ヒ之ヲ退職セシムルヿヲ得

第七條　株主ノ權利制限及株式讓渡ノ手續

㋭一九ノ三條二、七條二、三、四、九條一、一六條一、二、九條四、二九ノ二二條參看

第一節　株主ハ會所ノ本主ニシテ會所資本ノ一部ヲ入金シ其入金高ニ應シタル株劵ヲ所持シ以テ株數相當ノ權利ヲ有シ營業上ノ損益ヲ負擔スル者ナルカ故ニ時々ノ景況ニ着目シ金員及ヒ出納勘定帳簿ヲ撿閲セント求ムルノ權アリ

㋭一九ノ七條一、二九條一參看

第二節　株主ハ肝煎ノ承諾ヲ得テ仲買人ト爲ルヲ得其場合ニ於テハ別段證人ヲ要セスト雖ﾓ通常仲買人タルノ條件ニ適應スルヲ要ス（十三年第十九號布告ヲ以テ改正）

㋭一九ノ七條一參看

第三節　株主ハ何等ノ事故アルトモ會所解散ノ期ニ至ラサル時間ハ其株金ヲ取戻スヿヲ得ス

㋭一九ノ七條一、五、一二條二、六、一九條一、參看

第四節　株主ハ肝煎ノ承認ヲ受タル上ニテ其所持ノ株式ヲ賣渡シ讓與ヘ又ハ質入抵當ト爲スヿヲ得ヘシ但其質入抵當ト爲シタル時間ハ總會議事ノ時發言ノ權ナク又役員ノ撰擧ニ應スルヿヲ許サス

㋭一九ノ七條四參看

第五節　株主其所持ノ株式ヲ賣渡シ又ハ讓與ヲ爲ス時ハ其賣買授受雙方ヨリ連印ノ證書ヲ會所ニ差出スヘシ會所ハ此證書ヲ請取リタル時ニ株主帳ノ姓名ヲ書改ムヘシ若シ右手續キヲ爲サヽル間ハ證書賣買授受ノ効ナキ者トス

第八條　仲買人入社ノ手續

㋭一九ノ五條二、八條二、三、四、九條一、二、三、一九條一、四、二九ノ一二、一四、二二、二三條四七九、八〇參看

第一節　仲買人タルヲ得ヘキ者ハ丁年ニシテ會所々在ノ地ニ於テ滿一年以上米商營業ヲ爲シタル者ニ限ル而テ仲買人トナラント欲スル者ハ身元金千圓以上ヲ出シ株主二名以上ノ保證ヲ以テ肝煎ニ申出テ其承認ヲ得タル上地方廳ヲ經由シテ仲買人トナラントスル願書ヲ農商務卿ニ捧ケテ其認許ヲ受クヘシ

身元金ハ現金又ハ日本政府ノ公債證書ヲ以テ會所ニ預ケ置クヘシ（十三年第十九號布告ヲ以テ本節改正）

㋭一九ノ八條一、一二六條一、一七條一、一九條一、一二九ノ二〇條商八三參看

第二節　仲買人タルモノハ他人ノ依賴ヲ受ルニアラサレハ賣買取引ヲナスコトヲ得ス其賣買取引ニ付會所ニ對シ自己ノ名義ヲ以テシ其賣買取引上一切ノ責任ヲ負擔スヘシ但一口ノ取引ニ付賣買雙方ノ依賴ヲ受クルヲ得ス（十五年第二十六號布告ヲ以テ改正）

㋭一九ノ八條一、一二九條一參看

第三節　仲買人ハ五名ヲ一組トシ組合中ヨリ一名ヲ推撰シ肝煎ノ承認ヲ得テ組頭トナシ組合中一切ノ取締ヲ爲サシムヘシ（十三年第十九號布告ヲ以テ改正）

㋭一九ノ八條一、一二九條一參看

第四節　仲買人退社セントスル片ハ其旨趣ヲ書面ヲ以テ肝煎ニ申出ヘシ肝煎ハ之ヲ受ケテ十日間之ヲ會所ニ張出シ置キ會所ニ連帶シタル計算上ノ關係ナキヲ認メタル上ニテ其退社ヲ許シ身元金ヲ返付シテ證人ノ責任ヲ解クヘシ

第九條　商會所一般ノ規則（十五年第二十六號布告ヲ以テ第一第二節ヲ改正シ第三節以下第六節マテ追加ス）

㋭一九ノ三條二、七條一、八條一、一二九條一參看

第一節　外國人ヲ株主並仲買人ト爲スコトヲ得ス

㋭一九ノ五條二、八條一、九條三、四、五、一六條一、一、七條一、一九條一參看

第二節　會所ニ於テ賣買取引ヲ爲スモノハ其會所ノ仲買人ニ限ルヘシ

㋭一九ノ八條一、九條一、一〇條三、一九條一參看

第三節　會所ニ於テハ貸附金ヲナスヘカラス又仲買人ノ身元金及證據金ヲ使用スヘカラス

㋭一九ノ九條二、五、二一九條一參看

第四節　會所ハ此條例ノ旨趣ニ基キ賣買主雙方ノ約定ヲ履行セシムルノ責任アルモノトス

第五節　會所ハ左ノ塲合ニ於テハ賣買ノ違約人トシテ會所限處分スルコトヲ得

第一　賣買主雙方若クハ一方其會所ニ差入ヘキ證據金ノ差入方ヲ怠リタルトキ

第二　賣買主雙方若クハ一方其取引約定ノ期日ニ至リ其約定ヲ執行セサルトキ

第三　會所ニ於テ定メタル現米撿査ノ方法及受渡上ノ期約ニ背キタルトキ

㋭一九ノ九條二、四、六、二〇條一、二、九條一、四、二九ノ一五條參看

㋭一九ノ九條五、二九條二、四、參看

㋭一九ノ九條二、五、二〇條二、三、四節二〇、二二、一、二二、二三、二三、九ノ二二、二七條以下參看

㋭一九ノ一〇條一、二、九條一參看

㋭一九ノ九條三、二〇條一、二、九條一參看

㋭一九ノ一〇條一、二、九條一、參看

㋭一九ノ一〇條

第六節　會所ニ於テ違約人ヲ處分スルハ其違約ニ依リ會所ノ取引上ニ於テ失ヒタル利得ト蒙リタル損害トヲ其者ノ證據金及身元金ヲ以テ償ハシメ其者ヲ除名スルニ止ルヘシ而シテ仍ホ其損失ヲ償フヿ能ハサルトキハ會所ニ於テ其責ニ任スヘシ

第十條　賣買取引ノ手續

第一節　會所ニ於テ爲ス所ノ賣買取引ハ現米直取引ト定期トノ二樣ニ分チ又其定期ヲ二種ト爲シ其一ヲ約定ノ期限ニ至リ現米金ノ受渡ヲ爲スモノトシ其二ヲ豫定ノ期限內ニ其取引ヲ完結シ又ハ解約スルモノトス（十三年第十九號布告ヲ以テ改正）

第二節　現米直取引ハ見本米ヲ以テ會所內ニ於テ賣買ヲ爲シ其現石受渡ノ順序ハ會所ノ規則ニ從フヘシ（十三年第十九號布告ヲ以テ改正）

第三節　定期賣買ヲ約定シタルトキハ會所ノ役員ニ届出テ賣買主雙方ヨリ約定ノ證據金ヲ會所ニ差入ルヘシ此證據金ハ少クトモ約定代金高十分ノ一ヨリ下ルヘカラス又此證據金ノ外ニ時々相場ノ高低ニ因テハ追證據金或ハ期日前ニ至リ猶ホ其約定ヲ確固ナラシムル爲メ增證據金ヲ差入シムヘシ（十三年第十九號布告ヲ以テ改正尙ホ十五年第六十六號布告ヲ以テ約定金高ヲ改正ス）

第四節　定期賣買約定ノ期限ハ三ケ月ヨリ永カルヘカラス而シテ其期日ニ至レハ會所ノ役員立會ノ上必ス現米金ノ受渡シヲ爲シ其取引ヲ完結スヘシ但約定濟ノ分ヲ雙方ノ都合ニヨリ其期限內ニ買戾シ又ハ買受ケタル分ヲ他人ヘ賣渡スヿヲ得（十三年第十九號布告ヲ以テ改正）

第十一條　手數料ノ定規（十八年第三十六號布告ヲ以テ本條各節改正）

第一節　會所ニ於テ賣買者雙方ヨリ領收スヘキ手數料ハ會所ニ於テ相當ノ額ヲ定メ大藏卿

一二一條二、一九ノ九條一、二九ノ五條參看
(米)一九ノ一一條一參看

(米)一九ノ七條四、二一條三參看
(米)一九ノ六條五、二二條一、一九條一參看

(米)一九ノ一二條二、二九條一參看

(米)一九ノ五條三、二二條一、五六、二三條一、一九條一參看
(米)一九ノ一二條四、二九條一參看
(米)一九ノ七條四、二二條四、一九條一參看
(米)一九ノ一二條四、二九條一參看
(米)一九ノ二條一、二二條四、一三條二、一九條一參看

農商務卿ノ認許ヲ受クヘシ

第二節　手數料ハ其決算ノ時ニ至リ賣買取引ニ關係スル他ノ債主ニ先ツテ收受スルヿヲ得

第十二條　會議ノ規則

第一節　會所ノ會議ヲ分ツテ肝煎會議ト株主總集會トノ二類トス

第二節　肝煎會議ハ毎月何回ト定メ頭取ヲ以テ議長ト爲ス此會議ニ於テ發言ノ權ハ一人ニ付一説ト定メ衆説ヲ取リテ其議事ノ可否ヲ決ス若シ可否ノ數相半ハスル片ハ議長ノ判決ニ任カス

第三節　右會議ニ當リ出席定員ノ半ハニ充タサル片ハ其議事ヲ始ムヘカラス但急遽ノ事件ハ格別ナリトス

第四節　株主ノ總集會ハ毎年一度又ハ數度例日ヲ定メテ之ヲ開ク此集會ハ頭取肝煎ノ撰擧及ヒ會所營業ノ實況計算ノ得失ヲ議スルヲ主務トス

第五節　株主五分ノ一以上ノ請求又ハ肝煎ノ衆議ニ依リテハ臨時總集會ヲ開クヿヲ得

第六節　總集會ニ於テノ發言ノ權利決議ノ方法ハ便宜ニ從テ之ヲ定ムヘシ

第七節　總集會ニ於テノ議長ハ頭取又ハ株主中ヨリ撰擧スルモ妨ケナシ

第十三條　資本金增減ノ手續

第一節　會所ニ於テ資本金高ヲ增減セントスル時ハ總集會ノ決議案ヲ具シ頭取肝煎其次第ヲ詳記シ農商務卿ノ指揮ヲ受クヘシ

但其資本金賣買取引ノ景況ニ對シ不適當ト認ルトキハ農商務卿ハ其適當ノ金額ニ增加

(ホ)一九ノ三條二、一三條一、一九條一參看

(ホ)一九ノ六條一、四、一四條二、一五條二、一九條一參看　(ホ)一九ノ一四條一、二、一九條一參看

(ホ)二四參看

(ホ)一九ノ一四條一、二、一九條一參看

(ホ)一九ノ七條一、八條二、九條二、十六條二、三、一七條一、一九條一參看　(ホ)一九ノ一六條一、二、一九條一參看　(ホ)一九ノ一六條一、二、一九條一參

スヘキ旨ヲ命スルヿアルヘシ（十五年第二十六號布告ヲ以テ但書追加）

第二節　右增減ノ許可ヲ得タル上ハ直ニ世上ニ公告シ其增減セシ名前書ヲ取纏メタル上農商務卿ニ屆出且地方官廳或ハ銀行ニ預ケタル營業保證ノ金額ヲ增減スヘシ

第十四條　損益金計算ノ定規

第一節　頭取肝煎ハ毎年兩度以上營業ノ總決算ヲ爲シ其內稅金幷ニ積立金其他一切ノ社費ヲ引去リ殘リ損益高ヲ以テ株數ニ割リ合セ之ヲ株主ニ分賦スヘシ

第二節　右計算表ハ株主ニ分賦ノ日ヨリ十五日內農商務卿ニ屆出且世上ニ公告スヘシ

第十五條　納稅及ヒ積金ノ規則（十八年第三十六號布告ヲ以テ改正）

第一節　會所ハ政府ニ於テ制定施行スル所ノ收稅規則ニ遵ヒ稅金ヲ納ムヘシ（十八年第三十六號布告ヲ以テ改正）

第二節　株主等ヘ配當スヘキ純益金一ヶ年一割即百分ノ十以上ノ利息ニ當ルトキハ肝煎ノ衆議ヲ以テ割賦高ノ內幾分ヲ引去リ之ヲ積立テ以テ非常準備金ト爲スヘシ

第十六條　報告ノ定規（十五年第二十六號布告ヲ以テ第一節ヲ改正シ第二第三節ヲ追加ス）

第一節　會所及仲買人ハ毎日取扱ノ事項幷金穀出納等凡テ之ヲ詳明正確ニ記載シ且其簿記ノ方法ニ於テハ農商務卿ノ差圖アルトキハ其差圖ニ從フヘシ

第二節　會所及仲買人ニ於テ使用スル所ノ諸帳簿ハ其名目用法ヲ詳記シ之ヲ農商務卿ニ屆出ヘシ

第三節　會所ハ賣買實際ノ景況及金穀出納其他役員ノ進退幷株主ノ異同仲買人ノ退社ヲ農

看

(朱)一九ノ八條二、九條二、一六條一、二九條三、二九ノ六條參看

(朱)一九ノ四條二參看

(朱)一ノ三、五條一九ノ二條二、三條二、四條一、二、二、五條二、三、六條一、三、四、七條二、四、八條一、二、三、四、九條一、二、三、四、五、六、一〇條二、三、四、一一條一、二、一二條二、三、四、五、六、七、一三條一、二、一四條一、二、一五條二、一六條一、二、三、四八三參看

商務卿ニ報告スヘシ

第十七條　官員撿査規則

第一節　地方長官ハ時々官員ヲ派出シ會所及仲買人營業ノ模樣其他諸帳簿幷現米ノ所在其受渡ノ實況及會所ノ現金等ヲ査覈セシムヘシ又時トシテハ農商務省ヨリ官員ヲ派出シ之ヲ撿査セシムルコトアルヘシ若シ右撿査官員ヨリ疑問等アルトキハ會所ノ役員及仲買人等ハ逐一答辯ヲ爲サヽルヘカラス(十五年第二十六號布告ヲ以テ改正)

第十八條　諸願屆其他ノ書類上達ノ定規

第一節　會所ヨリ農商務卿ニ差出スヘキ文書中諸願ハ二通其他ハ一通宛ニシテ其差出方ハ地方廳ヲ經由スヘシ(十五年第二十六號布告ヲ以テ改正)

第十九條　罰則

第一節　會所ノ役員及ヒ株主仲買人等此條例ヲ犯スカ又ハ役員タル者株主仲買人ノ條例ニ背犯シタルヲ不問ニ措キ又ハ背犯セシメタル實證アルトキハ役員幷ニ本人トモ其輕重ニヨリ三拾圓以上千圓以下ノ罰金ニ處ス(十三年第十九號布告ヲ以テ改正)

第二節(十三年第十九號布告ヲ以テ追加)(十六年第三十號布告ヲ以テ削除)

第三節　官員撿査ノ節簿冊書類ヲ差出スコヲ拒ミ又ハ疑問ニ答辨ヲ爲サヽル者アルトキハ頭取又ハ其主任者ヘ五十圓以下ノ罰金ヲ科スヘシ(十三年第十九號布告ヲ以テ元第二節ヲ第三節ト爲シ第三節ヲ第四節トナス)

第四節　會所ノ規約ニ背犯シタル役員株主仲買人ヲ會所限リ處分スルハ之ヲ除名スルカ或ハ過怠料ヲ取立ルニ止ルモノトス

㊌一ノ三、五條一九ノ一七條一、參看
㊌一九ノ七條一、八條一、九條五、六、參看
㊌一九ノ一〇條匹八一、八二、八八三、八四參看
㊌一九ノ一〇條參看

但其過怠料ハ株金身元金ノ高ニ超ルヲ得ス（十五年第二十六號布告ヲ以テ本節改正）

第二十條（十五年第二十六號布告ヲ以テ追加同年第四十六號布告ヲ以テ削除）

〇

（二一〇）米穀金銀等竊ニ賣買取引ヲ爲ス者ノ處分　十三年四月第二十一號布告

法律定規ニ遵ヒ官許ヲ得タル米商會所株式及ヒ横濱取引所外若クハ内タリトモ竊ニ米穀並金銀貨幣及株式ノ限月若クハ現場（定期ヨリ起リタル現場ヲ云フ）賣買其他之ニ類似シタル取引ヲ爲シタル者及情ヲ知テ賣買取引ノ場所ヲ給與シタル者若クハ其賣買取引ヲ誘助シタル者ハ十圓以上二百圓以下ノ罰金ニ處シ其賣買取引ハ無効ト爲ス可シ

但本條ヲ犯シタル者ヲ告發シタル者ニハ其告發ニ因テ科シタル罰金ノ全部ヲ給ス其自ラ犯シタル者事未タ發覺セサル前ニ於テ自首シタル時ハ其罪ヲ問ハス

〇

（二一一）米商會所及株式取引所ノ賣買上ニ付テノ處分　十五年八月第四十六號布告

米商會所及ヒ株式取引所ノ賣買ニ不正惡弊アルカ又ハ賣買取引上ノ景況穩當ナラサル爲メ公共ニ妨害ヲ及ホスト認ムルトキハ農商務卿ハ其會所及ヒ取引所又ハ仲買人ノ營業ノ一部又ハ全部ヲ停止若クハ禁止シ又ハ役員ヲ退罷セシムルコアル可シ

但本年第二十六號布告米商會所條例追加第二十條ハ削除ス

〇

（二一二）米商會所又ハ株式取引所ノ賣買ニ倣フタル者ノ處分　十六年一月第四號布告

（未施）一九ノ一〇條八四參看

（未施）一九ノ一〇條八一、八二、八三、八四參看

米商會所株式取引所ノ限月若クハ現場賣買ノ方法ニ倣ヒ又ハ之ニ類似ノ方法ヲ用ヒ諸物品ノ賣買取引ヲ爲シタル者及情ヲ知テ賣買取引ノ場所ヲ給與シタル者若クハ其賣買取引ヲ誘助シタル者ハ總テ明治十三年四月第二十一號布告ニ依リ處分スヘシ

〇

（一一三）米商會所又ハ株式取引所ノ仲買人ニシテ竊ニ米穀等ノ賣買取引ヲ爲ス者ノ處分 十六年八月第二十九號布告

米商會所及株式取引所ノ仲買人ニシテ竊ニ米穀並金銀貨幣公債證書株式ノ限月若クハ現場（定期ヨリ起リタル現場ヲ云フ）賣買又ハ其類似ノ取引ヲ爲シタル者及情ヲ知テ賣買取引ノ場所ヲ給與シタル者若クハ其賣買取引ヲ誘助シタル者ハ五十圓以上千圓以下ノ罰金ニ處シ其賣買取引ハ米商會所條例及株式取引所條例ノ手續ヲ爲サシム

●參照

〇關係法令

七九 太政官第二十八號布達 明治十六年八月

米商會所及株式取引所ノ仲買人ト爲ラント欲スル者農商務卿ノ認許ヲ得タルトキハ認許料トシテ金三拾圓ヲ農商務省ニ納ムヘシ

〇

八〇 農商務省第六號告示 明治十六年八月

米商會所及株式取引所仲買人認許料之儀本年八月第廿八號ヲ以布達相成候ニ付テハ認許規程左之通相定候條此旨告示候事

米商會所株式取引所仲買人認許規程

第一項　米商會所仲買人及株式金銀貨仲買人𬼀營業認許願ハ各其條例ニ依リ從前會所及取引所ニ於テ慣行ノ手續ニ從フヘシ

第二項　仲買人ニ認許ヲ與ヘタル𪜈ハ左ノ雛形ノ如キ認許證ヲ下付スヘシ

（雛形畧ス）

第三項　米商會所並株式取引所仲買人ヘ認許證ヲ下付シタルトキハ認許料ヲ地方廳ヘ納付シ地方廳ヨリ農商務省ヘ上納スヘシ（十八年農商務省第二十四號告示ヲ以テ本項改正）

第四項（十八年農商務省第二十四號告示ヲ以テ本項削除）

第五項　從前會所及取引所ノ定款ニ定メタル年限中認許ヲ與ヘタルモノハ其期限中ハ認許證下付セサルニ付滿期ニ至リ第一項ノ手續ニ從フヘシ

第六項　仲買人左之場合ニ於テハ會所及取引所ヲ經由シテ認許證ヲ農商務省ヘ返納スヘシ

但本人執行成リ難キ場合ニ於テハ親戚又ハ組合仲買人ニ於テ返納ノ手續ヲ爲スヘシ

第一　廢業シタル𪜈

第二　死亡シタル𪜈

第三　營業禁止ノ命ヲ受タル片
第四　納稅規則ニ違犯シ認許ノ効ヲ失ヒタル片
第五　會所及取引所ノ規約ニ違ヒ除名ノ處分ヲ受タル片
第六　身代限リノ處分ヲ受タル片
第七項　認許證若シ盜火水難其他ノ事故ニ因テ紛失シタル片ハ其事由ヲ詳悉シテ更ニ認許證ノ下附ヲ請願スヘシ
第八項　氏名ヲ改メタル片ハ認許證ヲ農商務省ニ差出シ書替ヲ請願スヘシ

○判決例

八一　明治二十年乙第千號

大坂府平民　小林金兵衛

明治十六年第二十九號公布ハ仲買人ノ資格ヲ有スル者密ニ定期米等ノ賣買ヲ爲シタル者ヲ制裁スルノ法規ニシテ仲買人ノ代理者等ヲ支配スヘキモノニアラストス今原裁判言渡書ヲ閲スルニ(被告金兵衛ハ父安兵衛ニ代リ仲買ノ業務ヲ管理シ雇人辰巳卯兵衛ヲ使役シテ自ラ營業シ居ル中石川縣金澤區十間町中八郎ヨリ定期米賣買ノ注文ヲ受ケタル云々八百石ノ内二百石會所ニ於テ取引ヲ爲シ又云々千百五十石ノ内四百石ノミヲ會所ニ於テ取引シ其他ハ之ヲ密賣買シタルノ事實ハ云々)トアルニ依レハ被告ノ所爲タル米商仲買人小林安兵衛ノ業務管理中竊ニ定期米ノ密賣買取引ヲ爲シタルモノナレハ即チ小林安兵衛ノ營業ニ係ルヲ以テ仲買人カ密賣買ヲ爲シタルノ責メハ安兵衛ニ歸シ而シテ被告金兵衛ハ仲買人ノ資格ヲ有セサルモノニ付明治十三年第二十一號公布ニ依リ制裁スヘキモノトス然ルニ原裁判茲ニ出ス仲買本人ニ當行スヘキ明治十六年第二十九號布告ヲ適施シタルハ上告論旨ノ如ク擬律錯誤ノ裁判ナリトス又裁判言渡書ニ大坂府北區堂島船大工町九番地米商仲買人小林安兵衛長男小林金兵衛トア

レ𪜈堂島船大工町ハ小林安兵衛ノ居住地ニシテ上告人モ同居スルカ如ク見ユレ𪜈船大工町九番地ハ上告人ノ現住所ニシテ小林安兵衛ハ堂島濱通一丁目三十八番地ニ住シ兩人別居異籍ナリ又安兵衛長男トアレ𪜈上告人ハ次男ナリト論告スレ𪜈肩書ノ誤謬ヲ以テ原裁判ヲ破毀スヘキノ原由トナスニ足ラサルモノトス

右ノ理由ナルヲ以テ治罪法第四百廿九條ニ則リ原裁判言渡ヲ破毀シ本院ニ於テ直ニ裁判言渡ヲ為ス左ノ如シ

小林金兵衛

原裁判官カ認メタル事實ニ因リ之ヲ法律ニ照スニ被告ノ所為ハ明治十三年第二十一號布告ニ該當スルヲ以テ十圓以上二百圓以下ノ範圍内ニ於テ被告金兵衛ヲ罰金二百圓ニ處スル者也

明治二十年二月二十四日

○

一八二　明治二十年乙第百五號

大坂府平民　石田藤五郎

明治十六年第廿九號布告ニ米商會所及株式取引所ノ仲買人ニシテ竊ニ米穀幷金銀貨幣公債証書株式ノ限月若クハ現場(定期ヨリ起リタル現場ヲ云フ)賣買又ハ其類似ノ取引ヲ為シタル者云々五十圓以上千圓以下ノ罰金ニ處シ其賣買取引ハ米商會所條例及株式取引所條例ノ手續ヲ為サシムトアリテ今原判文ニ徵シ訴訟書類ヲ撿スルニ被告藤五郎ハ米商仲買營業中向井新兵衛ヨリ限月定期賣米都合四口貳千貳百石ノ注文ヲ受ケ各其証據金ヲ取テ米商會所ニ屆出テス被告自ラ其對手トナリテ密ニ賣買取引ヲ為シタル事實明瞭ナレハ即チ前第廿九號布告ニ依リ其罰金ヲ科シ且賣買取引ヲモ會所條例ノ手續ヲ為サシムヘキモノニシテ明治十三年第廿一號布告ノ制裁スル所ニアラストス何トナレハ該第廿一號布告ハ仲買營業以外ノ者ニ於テ前同一ノ所為アル場合ヲ待ツノ法律ニシテ本案被告カ如キ公然仲買業ヲ營ム者ニ在テ米穀金銀貨幣等ヲ密ニ限月賣買セル場合ハ其賣買ノ對手タル仲買營業人ナルト否トヲ問ハス總テ前段明治十六年第廿九號布告ノ制裁スル所ナルヲ以テナリ故ニ被告カ前項訴旨ハ到底其理由ナキモノニテ又後項論旨モ本件ニ相關鏈セシモノニアラサルヲ以テ到底上告ヲ為シ得ルノ原由トスルニ足ラス因テ共ニ

採用セスト雖𪜈原裁判所カ被告ノ所爲ニ對シ明治十六年第廿九號布告ヲ適用シナカラ罰金而已ヲ科シ該布告後段ノ言渡ヲ爲サス其賣買取引ハ米商會所條例ノ手續ヲ爲サシムヘキ事柄ニアラスト言渡シタル此一部ハ本院撿事附帶上告旨趣ノ如ク擬律ニ錯誤アルモノトス因テ治罪法第四百三十一條ニ則リ此部分ヲ破毀シ直ニ判決スルヿ左ノ如シ

石田藤五郎

右被告カ所爲ノ事實ハ原裁判所カ認ムル所ニ據リ前說明ノ理由ナルヲ以テ其賣買取引ハ米商會所條例ノ手續ヲ爲スヘシ

明治二十年二月十七日

○

八三二　明治十九年乙第八百二十二號

滋賀縣平民　寺田所平

明治十九年九月七日大津輕罪裁判所ニ於テ右寺田所平ハ米商會所仲買人ニ在リナカラ明治十九年三月以後八月限迄ノ間ニ於テ村田七五郎外數名ニ對シ竊カニ米商會所ニ屆ケ出ス同所ノ相場ヲ引用シ定期米賣建五千百八拾石此金貳万八千六拾九圓六拾錢買建六千九百拾石此代金三万七千四百拾貳圓五拾壹錢ニテ數度ニ取引シ又他人ノ依賴アルニ非スシテ自己賣買ノ爲メ中川治左衞門外二人ノ名義ヲ假用シ數度ニ定期米賣買シタルモノトシ刑法第五條ニ基キ定期米竊ニ賣買シタルハ明治十六年第二十九號布告ニ照シ百四拾圓ノ罰金ニ處シ自己ノ爲メ他人ノ名義ヲ假用シタルハ明治十五年第二十六號布告改正米商會所條例第八條第二節明治十三年第十九號布告改正同條例第一節ニ照シ三拾圓ノ罰金ニ處スト言渡タル裁判ニ對シ被告寺田所平ハ上告ヲ爲シタリ其要領ハ第一被告カ定期米賣買ヲ爲シタルハ敢テ利慾ノ爲メニアラス一時營業上止ムヲ得サル勢ヨリ之ヲ行ヒシモノニシテ其法律ニ違フタル點ハ深ク恐縮ノ至リナルモ其所爲ハ明治十三年第二十一號公布ヲ適用セラルヘキニ實行ノ出來サル十六年第二十九號ヲ適用セラレタルハ不當ナリトノ事第二他人ノ名義ヲ借リテ賣買シタルニアラスシテ其他人ノ名義トナルハ

種々ノ情實アルニ之ヲ等閑視シ加フルニ十四年第七十二號布告ハ刑法實施ニ付他ノ罰則トノ關係ヲ定メラレタルモノナレハ同布告ニ規定スル處ハ總テ既往ニ頒布セラレタル法律規則ヲ指示スルモノナレハ將來公布セラル丶法律規則中刑法ノ再犯加重數罪倶發ノ例ヲ用ヰストノ明文ナキ以上ハ刑法第五條第二項ニヨリ刑法ノ總則ヲ適用スヘキモノナルニ七十二號布告ニヨルトシ二罪ト爲シタルハ不當ナリトノ乛右ノ旨趣ヲ論述シテ治罪法第四百十條第九十十一項ニ該ルモノト思考シ原裁判ノ破毀ヲ願フト云フニアリ

原裁判所撿事補小川俊一ハ被告人ノ上告ハ其原由ナキモノト思料スル旨ヲ答辯セリ

大審院ニ於テ治罪法第四百二十五條ノ式ヲ履行シ判決ヲナス左ノ如シ

抑諸般ノ証憑ヲ取捨シ事實ヲ判定スルハ事實承審官ノ職權ニシテ其職權ヲ以テ認定シタル事實ハ他ヨリ之ヲ論難シテ左右シ得ヘキニアラサルハ勿論情實ヲ以テ法律ヲ抹却シ得ヘキニアラス因テ第一論旨中一時營業上止ヲ得サルニ出シモノト云フノ點及ヒ第二論旨中他人ノ名義トナルハ種々情實アルニ之ヲ審究セサリシト云フノ點ハ以テ上告ノ原由ト爲スヲ得ス又第一ノ論點ニ明治十六年第二十九號ヲ適用スヘキモノニアラス明治十三年第二十一號布告ヲ適用スヘキモノト云フモ其二十一號布告ハ一般ノ人ニ對スル法律ニシテ二十九號布告ハ仲買人ヲ制裁スルノ法律ナレハ被告所平ノ如キ其身米商會所ノ仲買人ニ在リ其米商會所ノ事業ニ關シ本案第一ノ所爲アルモノヲ制裁スルモノナリトス因テ原裁判官カ該第二十九號ヲ適用シタルハ相當ノ擬律ナリトス又明治十四年第七十二號公布ハ將來頒布ニ係ル法律規則ノ總則トシ規定シタルモノニアラサルモ米商會所條例ハ明治九年ノ頒布ニシテ其第八條ノ第二節ハ明治十五年第二十六號布告ヲ以テ改正シ玆ニ仲買人ハ自己ニ其賣買ヲ爲スヲ禁シタルモノト雖其第二節ヲ犯ス者ハ明治十三年第十九號布告ヲ以テ改正シタル同條例第十九條第一節ノ制裁ニ係レリ然レハ其第八條第二節ノ規定ニ違犯シタル者米商會所條例ノ違犯者ナルヲ以テ其米商會所條例ハ明治十四年第七十二號布告ノ規定ニ依ラサルヲ得サルモノナル上ハ其範圍ヲ脱スルヲ得ス玆ヲ以本案事件ニ數罪倶發例ヲ用ヰス各自其罰ヲ科シタル裁判ハ擬律錯誤ニ之アラサルモノトス

明治十九年十一月廿七日

○

[八四] 明治二十一年乙第三五六號

大坂府平民　山口利兵衛
外五名

上告ノ趣意ハ要スルニ明治十三年第二十一號同十六年第四號公布ハ同二十年勅令第十一號取引所條例ニ依リ消滅ニ歸シタルモノナレハ之ヲ適用セシハ不法ナリト云フニ在リ依テ明治二十年勅令第十一號取引所條例施行期限即チ同年九月一日後ハ明治十三年第二十一號及同十六年第四號公布ハ廢滅ニ歸スルモノナルヤ否ヤヲ審按スルニ元來明治十三年第二十一號公布ハ米商會所株式取引所條例ニ附從スル制裁法ニシテ同十六年第四號公布ハ該第二十一號公布ノ範圍ヲ擴張スルモノニ過キサレハ此兩公布ハ該兩條例ト倂行スヘキモノナリ由是觀之該兩條例ノ廢滅ニ屬セサル限リハ該兩公布モ共ニ存在スヘキハ當然ナリトス且明治二十年勅令第廿一號取引所條例施行後ト雖モ米商會所株式取引所ハ其營業滿期ニ至ルマテハ依然其營業ヲ繼續スルヿヲ聽許セラレタルモノナレハ其營業時間ハ該兩條例ノ廢滅セサルハ勿論其之ニ附從スル處ノ該兩公布ノ如キモ亦廢滅ニ歸セサルハ固ヨリ論ヲ俟タサルモノトス故ニ原裁判官カ其認メタル事實ニ依リ該兩公布ヲ適用處斷シタルハ相當ニシテ不法ノ裁判ニアラストス

明治二十一年六月十八日

（二四）米商會所幷株式取引所收税規則　明治十八年十一月第三十八號布告

米商會所幷株式取引所收税規則左ノ通制定シ明治十八年十二月一日ヨリ施行ス

但明治十一年九月第三十號布告明治十五年十二月第六十五號布告及同年同月第六十七號布告ハ明治十八年十二月一日ヨリ廢止ス

米商會所幷株式取引所收税規則

第一條　會所幷取引所ノ税金ハ左ノ割合ニ從ヒ毎一ケ月分ヲ翌月十日マテニ地方廳ニ上納

五條〔舊〕八五、八六ノ一、二、四、六、七、八條八七、八八參看

(示)二四ノ一、三條〔舊〕八六ノ三條參看

(示)二四ノ一、二條〔舊〕八六ノ五條參看

(示)二四ノ一條〔舊〕八六ノ九條參看

(示)二四ノ一、三條〔舊〕八六ノ一〇條參看

スヘシ

米穀定期賣買	賣買各約定代金高 千分ノ二
公債證書定期賣買	賣買各約定代金高 萬分ノ三
諸株式定期賣買	賣買各約定代金高 萬分ノ六

第二條 定期内ニ轉賣又ハ買戻ヲ爲ス者ハ其轉賣買戻ニ係ル税金ハ免除ス

第三條 賣買ヲ解約スルコトアルモ其税金ハ之ヲ還付セス

第四條 大藏卿ハ地方廳ニ委任シ又ハ隨時官吏ヲ派出シ納税ノ精算ヲ撿査セシムヘシ

第五條 會所幷取引所ニ於テ賣買約定ノ代金高ヲ詐リ脱税シタルトキハ頭取ヲ百圓以上千圓以下ノ罰金ニ處シ仍ホ其會所幷取引所ヨリ其脫税ニ係ル金額ヲ徵收スヘシ

參照

○舊令

八五 太政官第三十號布告 明治十一年九月

本年五月第八號布告株式取引所條例第十一章ニ掲載スル税額ノ儀ハ手數料其他現收セル總金高十分ノ一ト相定メ本年七月ヨリ徵收候條此旨布告候事

但納期ハ一ケ年兩度ニ區分シ前半年分ハ七月三十一日限リ後半年分ハ一月三十一日限リ其管轄廳ヘ可相納事

(示)二四參看

㊖二四參看

八六一 太政官第六十五號布告 明治十五年十二月

米商會所并株式取引所仲買人納稅規則左ノ通制定シ來十六年四月一日ヨリ施行ス

米商會所株式取引所仲買人納稅規則

第一條 米商會所仲買人定期賣買ヲ爲ストキハ賣買双方ヨリ各約定代金高千分ノ五ヲ納稅スヘシ

第二條 株式取引所株式仲買人公債證書并諸株式ノ定期賣買ヲ爲ストキハ賣買双方ヨリ各約定代金高千分ノ一ヲ納稅スヘシ

第三條 第一條第二條ノ場合ニ於テ定期内ニ轉賣又ハ買戻ヲ爲ス者ハ其轉賣又ハ買戻ニ係ル稅ヲ免除ス

第四條 株式取引所金銀貨仲買人金銀貨ノ取引ヲ爲ストキハ賣買双方ヨリ各其取引代金高千分ノ二半ヲ納稅スヘシ

第五條 賣買ヲ解約スルコトアルモ其稅金ハ之ヲ還付セス

第六條 稅金ハ會所又ハ取引所ニ納ムヘシ

第七條 會所及取引所ハ仲買人ヨリ納メタル稅金ヲ毎一ケ月取纒メ翌月十日限リ地方廳ニ上納スヘシ

第八條 稅金徵收ノ方法ハ大藏卿ノ達ヲ以テ之ヲ定ムヘシ

第九條 大藏卿ハ地方廳ニ委任シ又ハ隨時官吏ヲ派出シ納稅ノ精算ヲ撿査セシムヘシ

第十條 稅金ヲ納メスシテ賣買取引スル者ハ脫稅高三倍ノ罰金ニ處ス但此場合ニ於テハ仲買人タルノ認許ハ其効ヲ失フモノトス

第十一條 前條ノ罰金ハ仲買人ノ身元金ニ對シテ第一先取ノ特權ヲ有スヘシ

第十二條 會所及取引所ニ於テ本則納稅ノ取締ヲ怠ルトキハ米商會所條例第十九條第一節株式取引所條例第四十八條及本年第四十六號布告ニ依リ處分シ仍ホ其資本金ヲ以テ納稅ノ缺額ヲ追徵スヘシ

㋭二四參看

八七 太政官第六十七號布告 明治十五年十二月

明治十一年九月第三十號布告株式取引所税額ノ儀手數料其他現收セル總金高十分ノ一トアルヲ賣買手數料總金高十分ノ一ト改ム但來十六年四月一日ヨリ施行ス

○

八八 大藏省番外達 明治十六年三月

客年十二月第六十五號布告第八條ニ據リ米商會所株式取引所仲買人税金徴收方法別紙ノ通相定候條此旨相達候事

但米商會所株式取引所及其仲買人ヘハ地方廳ヨリ相達スヘシ

（別紙）

米商會所株式取引所仲買人税金徴收方法

第一條 仲買人税金收納ノ爲メ米商會所株式取引所ハ豫テ其帳簿（種目毎ニ）ニ仲買人各個賣買品高其相場及ヒ代金ヲ廉限リ記載シ之ヲ仲買人税金取扱帳ト稱スヘシ

仲買人ハ納税ノ爲メ豫テ納税通帳ヲ調製シ各自賣買品高其相場及ヒ代金ヲ廉限リ記載スヘシ

但本文税金取扱帳ハ米幷諸公債證書等前場後場本場二番ヲ區別シ小計ヲ付シ月末ニ至リ月計ヲ付スヘシ

第二條 仲買人税金ヲ仲買人ヨリ米商會所株式取引所ニ納付スル期限ハ左ノ如シ

一米ハ本證據金差入ノ時

一諸公債證書株式及金銀貨幣ハ手數料差入ノ時

第三條 仲買人税金納付手續左ノ如シ

一仲買人ハ納税帳ニ記載ノ賣買代金額ニ應スル税金額ヲ算出シ該帳ヲ添ヘ其金額ヲ米商會所株式取引所ニ納ムヘシ

一米商會所株式取引所ハ仲買人ヨリ納ムル所ノ税金ヲ税金取扱帳ニ照査シ其金額ヲ領收シ仲買人納税帳ニ領收證印ヲ捺シ之ヲ還付スヘシ

但シ本文納税帳ニハ證券印紙貼用ニ及ハス

第四條　仲買人稅金徵收ノ爲メ米商會所株式取引所ハ肝煎ノ中ニ於テ豫テ擔當員ヲ定メ其氏名幷ニ領收證ノ印鑑ヲ地方廳ヘ屆置クヘシ

第五條　米商會所株式取引所ハ仲買人稅金每一ケ月分取集メノ上第一號第二號雛形ニ倣ヒ上納證書及仕譯書ヲ作リ金額ハ當省爲換方ニ相預ケ其預リ切符ヲ添ヘ地方廳ヘ上納スヘシ

第六條　地方廳ハ別紙第三號雛形ニ倣ヒ仲買人稅表ヲ調製シ一月ヨリ六月マテハ其年七月三十一日限リ七月ヨリ十二月マテハ翌年一月三十一日限リ當省租稅局ヘ差出スヘシ

第七條　稅金取扱帳及ヒ納稅通帳ハ米商會所株式取引所限リ適宜一樣ノ式ヲ定メ地方廳ヲ經由シ當省租稅局ヘ屆出ヘシ

但其樣式ヲ變更スル𪜈ハ其時々本文ノ手續ヲ爲スヘシ

（書式略之）

◎トノ部

（二一五）度量衡取締條例　明治八年八月第百三十五號達

今般度量衡取締條例幷檢查規則種類表等別紙ノ通相定候條便宜ノ場所見計ヒ製作所賣捌所ヲ設ケ從來ノ弊害ヲ除キ候樣厚ク注意施行可致此旨相達候事

但度量衡原器及ヒ檢印幷器械配達檢查計算諸表等大藏省ヨリ配達候條同省ヨリ可受取且製作請負人申付候者ノ居所姓名等同所ヘ申立免許鑑札可受取尤日限ハ各地方管廳東京ヲ距ル百里以內ハ此達書到着ノ日ヨリ三十日限リ百里以外二百里迄ハ同四十日限リ二百里以外三百里迄ハ同五十日限リ三百里以外ハ同六十日限リ可申出事

度量衡取締條例

㊟二五ノ二、四、五、七、八、一〇、一三、一四、一五、一六、一七、一八條、二七ノ一、一三條參看

第一條　度量衡三器權衡ハ桿秤天秤並分銅相屬シテ三器ノ一トス向後製作之儀ハ各地方ニ於テ製作所每器一ヶ所ツヽ製作請負人每器一人宛ト相定メ其管廳ニ於テ身元人物相當ノ者相撰ミ新ニ可申付事」

右各管廳ニ於テ製作請負人申付候節其居所姓名等大藏省ヘ申立同省ヨリ製作免許鑑札請取可下渡事

但製作請負人休業致シ代業ノ者申付候節ハ右下渡シ候鑑札大藏省ヘ相納メ更ニ同省ヨリ新鑑札請取可下渡事

㊟二五ノ二〇、二一條、二七ノ一條參看

第二條　從前ノ桝量改役座方ハ製作所ニ於テ出來ノ新器發賣ノ日限ヨリ廢止候事

但從前ノ桝量改役座方ハ自今廢止スト雖モ第一條揭示ノ通リ身元人物相當ニ候得ハ更ニ製作請負人ニ相撰ミ候儀不苦事

㊟二五ノ四、七、一〇、一一、一五、一六、一七、一八、二〇條、二七ノ一三條參看

第三條　三器賣捌所ハ東京ハ各器五ヶ所或ハ六ヶ所宛西京ハ二ヶ所或ハ三ヶ所宛大坂ハ三ヶ所或ハ四ヶ所宛其餘ハ各地方ニ於テ管轄地ノ廣狹ニ應シ土民ノ便利ヲ計リ適宜ノ場所見計ヒ箇數相定メ其管廳ニ於テ身元人物相當ノ者相撰ミ各器賣捌人新ニ可申付事

右各管廳ニ於テ賣捌人申付候節賣捌免許鑑札大藏省ヨリ可相渡ニ付同省ヨリ請取其管廳ノ印章相調シ本帳割印押切リ下渡シ然ル上其者ノ居所姓名等直ニ同省ヘ可屆出事

但賣捌人休業致シ代業ノ者申付候節ハ右下渡候鑑札取上ケ更ニ新鑑札下渡シ其段大藏省ヘ可屆出其節取上ケ候鑑札ハ同省ヘ返納可致事

㊟二五ノ三條參看

第四條　各器製作所賣捌所共免許相成候ハヽ何製作所何賣捌所ト大書致シ候標札相揭ケサスヘキ事

第五條　度量衡原器ノ儀ハ各原器二タ通リツヽ大藏省ヨリ各管廳ヘ配達候條一ト通リハ其管下製作所請負人ヘ下渡シ向後各器製作ノ規範ト致サセ一ト通リハ其管廳ニ備置各器撿査ノ照準ト致スヘキ事

右度量衡原器ニ附屬ノ機械幷各器ノ撿査印章及度量衡製作順序番號印等是亦大藏省ヨリ配達候事

第六條　度量衡取締條例幷度量衡種類表ハ三器製作所心得ノ爲メ各器製作請負人ヘ一部ツヽ下渡スヘキ事

第七條　賣捌所ニ於テ新製ノ器發賣日限ノ儀ハ各製作所ニテ新製ノ器概子出來ノ上一般ヘ布告ニ可及ニ付右出來ノ期限ヲ豫定シ大藏省ヘ可屆出事

第八條　各管廳ニ於テ其管下製作所ニテ出來ノ各器改メ方ハ別冊度量衡撿査規則ノ通リ撿査ノ上一々新器撿查ノ印章打込下渡スヘキ事

舊器改メ方ハ新器發賣ノ日ヨリ日數三百日ト定メ各管廳ニ於テ其管下ヨリ舊器持出サセ相改可申尤別冊度量衡撿査規則ノ通リ撿査ノ上一々舊器撿査ノ印章打込ミ可下渡事

但印章打込ケ所ハ原器ニ打込有之候ケ所ノ通リタルヘク尤舊器ハ舊章ニ重複セサル樣可打込事

第九條　舊器改方ハ第八條ノ通リタルヘシト雖モ各管廳ニ於テ改方遍ク行屆候樣專ラ注意スヘク就テハ管轄地ノ廣狹ニ應シ士民ノ便利ヲ計リ適宜ノ場所見計ヒ出張所ヲ設ケ官員分配致シ候等ハ都テ其地ノ便宜ニ任スヘキ事

(赤)二五ノ一二、二一條參看

右舊器改方出張所ヲ設ケ候向ハ出張所ケ所取極メ候上大藏省ヘ屆出ヘキ事
右出張所ケ所屆出次第同省ニ於テ舊器撿査印章一ケ所ニ付一ト通リツヽ尙又可相渡ニ付同省ヨリ請取各出張所ヘ配達スヘク尤出張所ニ於テ改方照準ノ原器ハ兼テ相渡有之候原器ニ準シ製造所ニテ出來ノ三器各管廳ニ於テ撿査ノ上印章打込毎器各出張所ノ數ニ應シ一ト通リツヽ配達致スヘキ事

第十條　三器ノ稅額及ヒ製作所賣捌所ノ利益ハ左ノ通リタルヘキ事
三器製作ノ諸材料幷一切ノ諸費ヲ出來品ノ高ニ割合之ヲ各品各所ノ原價ト立右原價ヘ貳割四分ヲ添ヘ之ヲ賣捌所ノ通價ト定ム其貳割四分ノ内

壹分 但貳割四分ノ廿四分一	稅金
差引殘 貳割三分	製作所賣捌所利益

譬ヘハ秤壹挺ニ付

金壹圓	原價
金貳拾四錢	貳割四分增價
合金壹圓貳拾四錢	賣捌所ノ通價
內	
金壹圓	原價
金壹錢	稅金

㊟一ノ四條參看

㊟二五ノ三條參看

㊟二七ノ六條參看

差引殘　金貳拾三錢　製作所賣捌所利益

右税金ハ撿査印章打込下渡シ候器物ニ課シ各器製作請負人ヨリ取立ヘク尤其計算等委曲ハ第十二條ニ參照可致事

右利益製作賣捌兩所ノ割合ハ工作ト賣捌ノ多少ニ應シ申合ノ上適宜ニ取定メ候テ不苦尤原價幷通價ノ儀ハ決テ右制限ニ超ヘ候儀相成ラサル旨可申渡置事

製作所賣捌所共私ニ通價ヲ高下致シ賣買候儀不相成若シ犯ス者ハ律ニ照シ處分スヘキ事

但減價ハ製作所ヨリ爲書上且增減ノ都度々々屆出サスヘキ事

賣捌所ニテハ右通價ノ外製作所ヨリ道程ノ遠近ニ應シ運賃ヲ添ヘ其地ノ定價ヲ立候ハ不苦事

但各地ノ定價ハ賣捌所ニ於テ通價幷運賃ノ割合書添ヘ其管廳ヘ屆ケ置カスヘキ事

第十一條　各地ノ賣捌所ハ何地ノ製作所ヨリ買卸シ候トモ隨意タルヘク且同業中互ノ取引ハ不苦ト雖モ自儘ニ枝店取次所等取設ケサセ候儀ハ不相成事

第十二條　度量衡税額ハ第十條掲示ノ通ニ付各器撿査ノ都度撿査印章打込濟ノ員數並原價增價通價等ノ調書製作請負人ヨリ爲差出置キ左ノ區分ニ據リ税金取立ヘキ事（明治十四年第五十號達ヲ以テ本條ヲ改正ス）

一月ヨリ六月マテ分其年七月十日限

七月ヨリ十二月マテ分翌年一月十日限

㋭一ノ四、五條、二五ノ一、八、一〇、二五、條、二六、二七ノ三、四條區八九、刑法二二七條參看

㋭一ノ四、五條二五ノ一三條二六、二七ノ四、六條、㊃九一、九二、九三、刑法二二七條以下參看

㋭一ノ四、五條二七ノ四、六條、刑法二二七條以下參看

㋭一ノ四、五條二五ノ一、三條、二七ノ六條參看

㋭二五ノ一、三條、二七ノ三、五

第十三條　製作所ニテ檢查印無之品賣出シ又ハ他人猥リニ製作致シ候儀不相成若シ犯ス者ハ其品取上ケ律ニ照シ處分スヘキ事

但尺ハ尺杖等全ク一時假用ノ爲メ目盛リ致シ候類桝ハ芋烏芋等ヲ斗リ候爲メノ箱ヲ製シ賣候類ハ例外タルヘキ事

第十四條　製作所ノ外尺秤ノ目盛直シ桝ノ縁鐵打替及斗概ノ修復等他人自儘ニ致シ候儀不相成若シ犯ス者ハ其品取上ケ律ニ照シ處分スヘキ事

第十五條　賣捌所ニ於テ製作ハ一切禁制タリト雖モ權衡賣捌所ニテハ緒紐附替ノ儀差許候間右緒紐結ヒ方目印等兼テ製作所ヘ打合セ爲心得置ヘキ事

但緒紐代手數料等ハ最寄同業中申合ノ上定價相立サセ其管廳ヘ書上ケ爲置ヘキ事

權衡製作所賣捌所ノ外他人自儘ニ緒紐附替候儀不相成若シ犯ス者ハ其品取上ケ律ニ照シ處分スヘキ事

第十六條　製作所賣捌所ハ一般ノ工商ト同樣ニテ別段威權ケ間敷振舞ハ一切相成ラサル事

第十七條　製作所賣捌所共其管廳官員時々見廻リ諸帳面類點檢ノ上書上ケ原價ノ當否及製作高賣揚高等審查可致且米穀酒醤反物等ノ商家ヘモ時宜次第同樣見廻リ用器ノ正否探偵致スヘキ事

製作所賣捌所共此條ニ觸レ不相當ノ儀有之候ハヽ管廳ニ於テ其職業差止メ代人申付其段大藏省ヘ可屆出且其犯狀ニ依リテハ律ニ照シ處分スヘキ事

第十八條　新製ノ器發賣ノ日ヨリ三器共賣捌所ノ外賣買ヲ禁ス自用ノ品舊新器檢查印章有

條參看

㊟一ノ四、五條、二五ノ八條、二七ノ二、六條、刑法二二九條參看

㊟二五ノ二條參看

之分賣拂ヒ度者ハ同所ヘ差出候ハヽ相當ノ代價ヲ以テ買取ルヘキ事

但向後三器ハ平人賣買一切停止タリト雖モ秤錘皿幷桝緣鐵弦鐵等取離シ古鐵トシテ賣買致シ或ハ鑄潰シ候儀ハ不苦事

第十九條　舊器改メ三百日ヲ過キ撿查印章無之器商業賣買ノ際ニ相用候事不相成若シ犯ス者ハ律ニ照シ處分スヘキ事

第二十條　從前ノ桝座秤座及尺工ハ自今製作賣捌共一切停止タリト雖モ舊器撿查印章打込相成候分ハ新器發賣ノ日ヨリ百五十日ノ內ニ各器賣捌所ニ於テ相當ノ割引ヲ以テ爲買取ヘキ事

右舊器撿查印章打込相成候分賣捌所ニ於テ買取方ハ各管廳ニ於テ兼テ賣捌人ヘ申諭シ各器買取方目途相立割引ヲ以テ買取候上賣出シ候樣可爲致事

但舊器買取員數ハ舊器買取日數百五十日ノ後取調出來次第各管廳ニ於テ賣捌人ヨリ爲書出大藏省ヘ差出スヘキ事

第二十一條　舊器賣買ノ儀ハ第十八條第二十條掲載ノ通リニ候得共舊器賣買ニ付テハ收稅ニ不及事

第二十二條　此條例中一般ノ人民ニ係リシ儀ハ各地ノ區戶長ヘモ篤ト爲相心得取締筋ニ付萬一違犯ノ者有之節ハ速ニ其管廳ヘ訴出候樣兼テ可申付置事

（度量衡撿查規則ハ下ニ掲ク）

○

㊅一ノ四條參看

（二一六）太政官第三百三十八號布告 明治六年十月

御國量目ヲ割直シ候西洋形權衡ニ大藏省ノ極印無之分相用候者有之ニ於テハ屹度咎メ申付ヘク候條此旨布告候事

但螺旋機關等ニテ其概量ヲ知ルノミノ器具ハ此限ニアラサル事

●參照

○關係法令

八九 太政官第百三十五號達 （度量衡取締條例ハ上ニ掲ク）

度量衡檢査規則

四九〇參看

尺度檢査

尺度ノ檢査ハ舊器新器共渾發ヲ以テ之ヲ檢査スヘシ其法渾發ヲ以テ檢査スル所ノ尺度ヲ挾ミ其挾ム所ノ長サヲ檢査スル所ノ尺度ノ長サトシ之ヲ曲尺及鯨尺ノ原器ニ當テヽ試驗スルニ其挾ム所ノ長サ曲尺ノ原器ニ適合スル者ハ檢査スル所ノ尺度之ヲ曲尺ト定メ其挾ム所ノ長サ鯨尺ノ原器ニ適合スル者ハ之ヲ鯨尺ト定メ乃チ其器ヲ正當トシ以テ各々檢印ヲ捺印シ且尺名印曲尺ハ曲字ノ印鯨尺ハ鯨字ノ印ヲ捺押スヘシ然ルニ若シ其挾ム所ノ長サ曲尺及鯨尺ノ原器ニ適合セス長短差等ヲ生スル者ハ檢査スル所ノ尺度之ヲ不正トシ以テ捺印スヘカラス

舊器斗量檢査

舊器斗量ノ檢査ハ斗量ノ原器ト漏斗トヲ用ヒ舂キ精ケタル粟粒ヲ以テ之ヲ檢査スヘ

シ其法撿査スル所ノ器假名撿器一斗枡ナレハ左圖ノ如ク先ツ一斗枡ノ原器ヲ採リ漏斗ノ前位ニ於テ之ヲ盌上ニ据ヘ枡ノ中心ト漏斗口トヲシテ上下相向ハシメ受筩ヲ以テ枡ノ正上ニ据ヘ兼テ漏斗口ノ蓋ヲ鎖シ粟粒ヲ漏斗ニ入レ置クヘシ尤其量ハ本量ニ凡二割ヲ増シ凡一斗二升タルヘシ但五升ニハ六升一升ニハ一升二合如此シテ漏斗ノ蓋ヲ開キ受筩ヲ以テ其漏下スル所ノ粟粒ヲ受ケ且其受クル所ノ粟粒ヲ筩ノ底隙ヨリ枡ニ漏移スヘシ尤此際徐々ニ受筩ヲ轉廻シ粟粒ヲシテ枡ノ中央並四隅ニ遍満セシムルヲ要ス既ニ之ヲ漏移シ終レハ斗概ヲ以テ其溢粒ヲ掻キ去リ之ヲ原量ト定ムヘシ尤此際斗概ノ使用ニ於ケル其量面ヲシテ毫モ凸凹ナク斗邊ト相水平ナラシムルヲ要ス但盌上ニ散スル所ノ餘粒ハ枡ヲ撤シ盌ヲ聚メテ以テ之ヲ他器ニ移スヘシ次ニ撿器ノ容量ヲ求ムル亦原器ニ於テスル法ノ如クシテ撿器ノ容量ヲ得之ヲ撿量ト定ムヘシ次ニ此原撿器其量リ互移換容センカ為メ撿量ヲ他器ニ移シ置キ以テ原量ヲ撿器ニ移シ撿量ヲ原器ニ移スヘシ其法都テ前法ノ如ク漏斗及受筩ヲ用テ之ヲ各器ニ漏移シ既ニ之ヲ漏移シ終レハ原撿器共斗概ヲ以テ徐々ニ其量面ノ凸凹ヲ均平スヘシ此際斗概ノ使用ニ於ケル前後ノ手續キ輕重緩急極メテ不同ナキヲ要ス但斗概ヲ用フルノ後粟粒斗内ニ充實シ量面斗邊ト相平カニシテ溢粒盌ニ散スル者アレハ之ヲ拾收シテ原撿量試驗ノ參照ニ充ツヘシ既ニ之ヲ均平シ終リ乃チ原撿兩器相並ヘテ之ヲ試驗スルニ其量各有餘不足ヲ生セサル者ハ撿査スル所ノ器之ヲ正當トシ以テ撿印ヲ捺押スヘシ然ルニ若シ其量各有餘不足ヲ生スル者ハ撿査スル所ノ器之ヲ不正トシ以テ捺印スヘカラス此餘各種ノ舊器斗量其撿査法皆之ニ準スヘシ

但漏斗ノ製作左ノ圖面寸法ノ如クスレハ漏斗口ト一斗桝面トノ距離凡三寸許ナルヘシ故ニ餘種モ此距離ニ準セシメンカ爲メ五升桝ヨリ以下ハ其高サニ隨ヒ適宜ニ之カ臺ヲ設クヘシ

（舊器斗量撿查器械并撿査法ノ圖ハ畧ス）

右漏斗并漏斗架ハ第一第二圖ノ如ク各管廳ニ於テ製作ノ上備ヘ置クヘシ

新器斗量撿查

新器斗量撿查ハ斗量尺度ヲ以テ之ヲ撿查スヘシ其法斗量尺度ヲ撿查スル所ノ斗量ノ方深及弦鐵ノ幅厚ニ當テヽ精密ニ之ヲ撿查スルニ其方深及弦鐵ノ幅厚斗量尺度ニ適合スル者ハ之ヲ正當トシ以テ撿印ヲ捺押スヘシ然ルニ若シ其方深及弦鐵ノ幅厚斗量尺度ニ適合セス長短差等ヲ生スル者ハ之ヲ不正トシ以テ捺印スヘカラス

新器斗概撿查

新器斗概ノ撿查ハ斗概ノ原器ヲ以テ之ヲ撿查スヘシ其法斗概ノ原器ヲ以テ撿查スル所ノ斗概ノ圓徑及長サニ當テヽ之ヲ試驗スルニ其寸法原器ニ適合スル者ハ之ヲ正當トシ以テ撿印ヲ捺押スヘシ然ルニ若シ其寸法原器ニ適合セス長短差等ヲ生スル者ハ之ヲ不正トシ以テ捺印スヘカラス

桿秤撿查

桿秤ノ撿查ハ舊器新器共先ツ其直《タメシメ》點ノ正否ヲ撿查スヘシ其法錘緒ヲ以テ其直點ニ當テヽ錘ヲ垂レ上緒ヲ執テ衡ヲ釣リ之ヲ試驗スルニ其衡水平ニシテ左右偏重ナキ者ハ

其直點ヲ正當トスヘシ次ニ其大小諸量點ノ正否ヲ撿査スルニ各種ノ分銅自一厘至二貫匁十七種ノ原器ヲ以テスヘシ其法撿査スル所ノ器五百匁掛釻皿秤ナレハ先ツ其最小量一匁ノ分銅即原器餘亦然ヲ以テ之ニ掛ケ錘緒ヲ以テ其量點ニ當テヽ錘ヲ垂レ上緒ヲ執テ衡ヲ釣リ之ヲ試驗スルニ其衡水平ニシテ左右偏重ナキ者ハ其量點ヲ正當トスヘシ次ニ二匁ノ分銅其次五匁ノ分銅其次十匁ノ分銅其次二十匁ノ分銅ト次ヲ逐テ各種ノ分銅ヲ掛ケ前法ノ如クシテ各之ヲ試驗スヘシ如此上緒ニテ衡ヲ釣リ既ニ各種ノ分銅ヲ掛ケ終レハ更ニ前緒幷元緒ニテ衡ヲ釣リ都テ上緒ニ於テスル法ノ如クシテ各種ノ分銅ヲ掛ケ之ヲ試驗スヘシ上緒前緒元緒共ニ之ヲ掛ケテ試驗スルニ直點及何レノ量點ニ於テモ其衡水平ニシテ左右偏重ナキ者ハ直點及各量點ヲ正當トシ乃チ其器ヲ正當トシ以テ撿印ヲ捺押スヘシ然ルニ若シ上緒前緒元緒ノ中其釣ル所ノ衡水平ナラス左右偏重ヲ生スル者アルトキハ其直點又ハ其量點ヲ不正トシ乃チ其器ヲ不正トシ以テ捺印スヘカラス此餘各種ノ桿秤其撿査法皆之ニ準スヘシ

但桿秤種類掛量二貫匁ニ過クル者ハ三十二貫匁掛二十六貫匁掛十六貫匁掛十一貫匁掛六貫匁掛三貫五百匁掛ノ六種ナリ然ルニ分銅ノ原器其量二貫匁ニ止マレハ大小ノ量點其半ハヲ試驗スルニ足ラス故ニ此六種ノ秤ニハ掛出ノ量點ヨリ二貫匁ノ量點迄試驗既ニ終レハ二貫匁ヨリ數十貫匁ニ至ル其間ノ量點ハ試驗之ヲ畧スヘシト雖モ上緒幷元緒ノ極點上緒幷元緒最重ノ量點縱令ハ三十二貫匁掛秤ハ上緒十六貫匁ノ量點元緒三十二貫匁ノ量點ナリヲ試驗スル爲メ分銅原器ニ準シテ兼テ四貫匁ノ分銅八個ヲ製シ之ヲ假原器トシ然シテ或ハ

原器種類ヲ相併セ或ハ假原器數個ヲ相併或ハ原器種類ト假原器數個トヲ相併セ各秤ニ掛ケテ上緒并元緒ノ極點ヲ試驗スルヿ假令ハ三十二貫匁掛秤ニハ假原器四個相併セ掛ケテ上緒ノ極點ヲ試驗シ假原器八個相併セ掛ケテ元緒ノ極點ヲ試驗シ六貫匁掛秤ニハ二貫匁ノ原器一個一貫匁ノ原器一個相併セ掛ケテ上緒ノ極點ヲ試驗シ假原器一個二貫匁ノ原器一個相併セ掛ケテ元緒ノ極點ヲ試驗シ都テ其極點ノ量ノ如ク原器假原器ヲ合併交加シテ之ヲ掛ケ本文ニ示ス法ノ如クシテ之ヲ試驗シ以テ其器ノ正否ヲ判スヘシ

右四貫匁ノ分銅假原器ハ銅或ハ鉛ヲ以テ之ヲ製スヘシ然シテ其形狀ノ如キハ隨意タリト雖モ其量製作法ハ先ツ二貫匁ノ分銅原器二個相併セ合量四貫匁トシ銅或ハ鉛凡四貫匁量ノ者ヲ以テ之ニ對シ天秤ヲ以テ之ヲ量ルヿ其法次分銅撿査ノ條ニ說所ノ如クタルヘシ然シテ銅或ハ鉛其量輕重アル者ハ之ヲ增減シテ二貫匁ノ原器二個ト等量ナラシメ以テ之ヲ四貫匁ノ假原器ト定ムヘシ但分銅ヲ掛クルニ緒紐ノ類ヲ以テ之ヲ掛ケンニハ其緒紐ノ類ハ所謂風袋ニテ全ク量外ナルカ故ニ別ニ之ヲ量テ量數ト分クヘシ

天秤撿査

天秤ノ撿査ハ舊器新器共分銅ノ原器ヲ以テ之ヲ撿査スヘシ其法板敷又ハ机等平坦ノ地位ヲ擇テ撿査スル所ノ天秤ヲ据ヘ象限儀ノ類ヲ以テ其天秤臺ニ當テ、之カ高低ヲ撿シ若シ高低アル𪜈ハ片板ヲ假リ之ヲ矯メテ水平ナラシメ然シテ分銅ノ原器ヲ其左右ノ皿ニ掛クルヿ假令ハ左ニ百匁ノ分銅一個ヲ掛ケ右ニ五十匁ノ分銅一個二十匁ノ分銅二個十匁ノ分銅一個ヲ掛ケ左右等量ナラシメ（左右ノ皿ニ掛クル分銅ノ量ハ充分重量ヲ要ス然レ氏天秤ノ大小ト分銅種類組合ノ便宜トニ隨テ適宜ニ增減スヘシ）然シテ其針口ノ感搖ヲ鋭クセンカ為メニ扣棒ヲ以テ徐々ニ其鉤銅「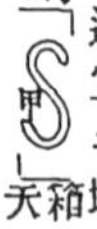

」（箱ノ柱ニ掛ケテ天秤ヲ釣ル者）ノ甲所ヲ連扣スヘシ連扣シ終リ眼ヲ注テ精密ニ之ヲ試驗スルニ其針口上下正直ニ相接シ其衡水平ニシテ左右偏重ナキ者ハ其器ヲ正當トシ以テ撿印ヲ捺押スヘシ然ルニ若シ其針口上下直接セス其衡水平ナラスシテ左右偏重ヲ生スル者ハ其器ヲ不正トシ以テ捺印スヘカラス

分銅撿査

分銅ノ撿査ハ舊器新器共分銅ノ原器ト天秤ノ原器トヲ以テ之ヲ撿査スヘシ其法板敷又ハ机等平坦ノ地位ヲ擇テ撿査スル所ノ天秤ヲ掘ヘ象限儀ノ類ヲ以テ其天秤臺ニ當テヽ之カ高低ヲ撿シ若シ高低アル𪜈ハ片板ヲ假リ之ヲ矯メテ水平ナラシメ然シテ撿査スル所ノ分銅ヲ其左皿ニ掛ケ之ト同量ナル分銅ノ原器ヲ其右皿ニ掛ケ然シテ其針口ノ感搖ヲ鋭クセンカ為メニ扣棒ヲ以テ徐々ニ其鉤銅「

」（箱ノ柱ニ掛ケテ天秤ヲ釣ル者）ノ甲所ヲ連扣スヘシ連扣シ終リ眼ヲ注テ精密ニ之ヲ試驗スルニ其針口上下正直ニ相接シ其衡水平ニシテ左右偏重ナキ𪜈ハ撿査スル所ノ分銅之ヲ正當トシ以テ撿印ヲ捺押スヘシ然ルニ若シ其針口上下直接セス其衡水平ナラスシテ左右偏重ヲ生スル𪜈ハ撿査スル所ノ分銅之ヲ不正トシ以テ捺印スヘカラス

右之通候事

○

九〇 大藏省乙第百四十七號達 明治八年十一月

尺度撿査ノ儀先般公達度量衡撿査規則ノ通新舊共渾發相用候筈ニ有之候處右新舊器共日用廉價ノ器品ノ如キ多數輻湊ノ際ニハ渾發相用候儀或ハ畧之其撿査スル所ノ尺度ヲ以テ直ニ原器ニ相當テ撿査候テ不苦尤右撿査ノ上其器ノ正否ニ就テ撿印捺否候等ハ都テ撿査規則ノ通リ可相心得此旨更ニ相達候事

但本文尺度渾發ノ儀ハ先般相渡候員數二個ノ外爾後ハ不相渡候條尚需用ノ分ハ各管廳ニ於テ製作可致事

○

九一 農商務省令第十二號 明治十九年十月

附 九二、九三參看

權衡毀損シ若クハ其一部ヲ紛失セシトキハ之ヲ修補シ撿査ヲ經タル後使用スルコトヲ得

但修補及撿査ヲ受クルコトハ權衡製作人ニ於テ之ヲナスヘシ

○伺指令

九二 德島縣伺 明治二十年一月十八日

客年十月貴省令第十二號權衡毀損シ若シクハ其一部ヲ紛失セシトキハ云々ト有之ハ度量衡取締條例第十四條中ノ秤ノ目盛直シ並同第十五條中ノ權衡賣捌所ニテ緒紐附替等ヲ除ク外ノ箇所ヲ指シ候義乎

一果テ前項ノ如クナルトキハ製作所ニ於テ尺秤ノ目盛直シ枡ノ縁鐵打替及斗概ノ修復等ヲナシ又ハ賣捌所ニ於テ權衡緒紐附替ヲナストモ其撿査ヲ受クルニ及ハスシテ權衡ニシテハ目盛直シ緒紐附替ノ外修補ニ係ルモノ

ヽミ前顯第十二號ノ省令ニ據リ檢査ヲ受ケサセ候義乎

一修補ニ係ル撿査ヲナシ適合スルモノハ其撿査ノ印章打込等ヲナスニ及ハサルカ又ハ新製器撿査ノ通再應印章ヲ加ヘ可然乎

一修補ニ係ル撿査ヲ爲シ不適合ノモノハ如何處分シ可然乎

一修補ニ係ル撿査ヲナセシモノハ度量衡撿査員數計算表ヘ加記ニ及ハサル乎

農商務省指令 明治二十年二月廿一日

第一項 條例第十四條及第十五條ノ場合モ含蓄ス

第二項 秤ノ目盛直シ並緒紐附替タルモノハ共ニ製作人ヲシテ撿査ヲ受ケシムヘシ

但尺枡及斗概ハ撿査ヲ受ケシムルノ限リニ非ス

第三項 後段見解ノ通

第四項 不適合ノモノハ撿印ヲ捺印セス之ヲ却下スヘシ

第五項 見解ノ通

○

九三二 秋田縣伺 明治二十年三月廿五日

官報第一〇九二號ニ權衡毀損修補ノ儀德島縣伺ニ對シ其第四項ニ不適合ノモノハ撿印ヲ捺印セス之ヲ却下スヘシト指令アリ然ルニ當初押捺セシ撿印ヲ消滅スルカ或ハ廢器ノ印章ヲ加ヘサレハ再ヒ使用スルノ嫌ナキヲ得ス取締上至大ノ關係ヲ有スル義ニ付如何處分シ可然哉

農商務省指令 明治二十年四月九日

伺之趣舊撿印ヲ消滅シテ却下スル儀ト心得ヘシ

但再ヒ使用セントスルモノハ更ニ修補ヲ加ヘ撿査ヲ受ケシムヘシ

(ホ)二五ノ一、三條參看

(ホ)二五ノ八、一九條、二六、二七ノ六條[附]八、九、刑法二二九條參看

(ホ)二五ノ一、三、一三、一八條、二七ノ六條、刑法二二七條以下參看

(ホ)二五ノ一四、一五條、二七ノ三、六條、刑法二二七條以下參看

(ホ)二五ノ一四、一五條、二七ノ

（二七）度量衡改定規則 明治九年二月第十七號布告

度量衡三器別紙種類表ノ通改定候條左ノ規則ノ通可相心得此旨布告候事

（別紙）

度量衡改定規則

第一條　三器改定ニ付キ各地方ニ三器製作所並ニ賣捌所ヲ設ケ製作所ニ於テ製作セル新器來ル三月十五日ヨリ賣捌所ニ於テ發賣爲致從前ノ桝座秤座ハ同日ヨリ廢止候事

第二條　各地方ニ舊器改所ヲ設ケ候條從前所持ノ三器來ル三月十五日ヨリ十二月廿五日マテニ右改所ヘ差出シ撿査ヲ請クヘシ右期日ヲ過キ撿印ナキ器ヲ商業上ニ用フルヿヲ禁ス時宜ニヨリ掛リ官吏商家ニ入リ用器ヲ視察スヘキ事

但シ改所ニ於テ撿査ノ上新器ニ適合セル分ハ撿印シ廢スヘキ分ハ廢ノ字ヲ印シ總テ所持人ニ下ケ戻スヘシ

第三條　製作所賣捌所官許ノ外三器製作賣捌一切不相成事

但シ尺ハ尺杖等一時便用ノ爲メ目盛致シ桝ハ芋烏芋等ヲ量ル爲メ箱ヲ製シ又ハ賣買スルハ苦シカラス

第四條　尺度秤量ノ目ヲ盛直シ桝ノ縁鐵弦鐵ヲ打替ヘ斗概ヲ修覆スル等ハ必ス製作所ヘ差出スヘク秤量ノ緒紐ヲ附替フルハ製作所又ハ賣捌所ニ差出スヘシ其他ノ人自儘ニ致シ候儀不相成候事

第五條　舊新器共撿印アルヲ賣拂度者ハ必ス賣捌所ニ可差出事

六條四九一、九二參看

㊭一ノ四、五條、二五ノ一、二、三、一四、一五、一七、一九條參看

㊭二八ノ六、七、八、九、二〇、二四、一五、一六、一七、一八、一九、二〇、二一、二二、二三、二四條、四九四、九六ノ一、二、三、四、五、二〇、二一條、九八ノ二一條、九九參看

㊭二八ノ五條參看四九七參看

但シ秤ノ錘皿又ハ桝ノ縁鐵弦鐵等ヲ取離シ古鐵トシテ賣買スルハ苦シカラス

第六條　第二條以下ノ禁令ヲ犯ス者ハ其品取上ケ律ニ照シテ處斷スヘキ事

（種類表略之）

○

（二八）登記法　明治十九年八月法律第一號

朕登記法ヲ裁可シ茲ニ之ヲ公布セシム

登記法

第一章　總則

第一條　地所建物船舶ノ賣買讓與質入書入ヲ爲ス者ハ本法ニ從ヒ地所建物ハ其所在地船舶ハ其定繫場ノ登記所ニ登記ヲ請フ可シ

已ニ登記ヲ受ケタル地所建物船舶ニ變更ヲ生シ又ハ亡失破壞シタルトキハ其物件ノ所有者ヨリ登記ノ變更又ハ取消ヲ請フ可シ（二十年七月法律第一號ヲ以テ本條改正）

「第一條　地所建物船舶ノ賣買讓與質入書入ノ登記ヲ請ントスル者ハ本法ニ從ヒ地所建物ハ其所在地船舶ハ其定繫場ノ登記所ニ登記ヲ請フ可シ」

第二條　地所建物船舶ノ賣買讓與質入書入ノ登記ハ始審裁判所長之ヲ監督ス可シ

第三條　登記事務ハ治安裁判所ニ於テ之ヲ取扱フモノトス治安裁判所遠隔ノ地方ニ於テハ郡區役所其他司法大臣指定スル所ニ於テ之ヲ取扱ハシム

第四條　登記所ノ位置及其管轄ノ區域ハ司法大臣之ヲ定ム

(不)二八ノ二條、(商)九五、九八ノ四、五、六、三七條參看

(不)二八ノ一四以下、二一條以下參看

(商)九八ノ三、二一一三〇條參看

第五條　登記官吏ハ登記事務取扱ニ付テハ始審裁判所長ノ監督ヲ受クルモノトス

第六條　登記簿ニ登記ヲ爲サヽル地所建物船舶ノ賣買讓與質入書入ハ第三者ニ對シ法律上其効ナキモノトス

第七條　地所建物船舶ノ賣買讓與質入書入ニ付キ登記スヘキ概目左ノ如シ

第一　地所ハ郡區町村名、字、番地、地目、反別若クハ坪數、地劵面ノ價格

第二　建物ハ郡區町村名、字、番地、地目、搆造ノ種類、建坪造作ノ有無

第三　西洋形船舶ハ滊船、風帆船ノ區別、船名、番號、登簿、噸數、公稱馬力、滊機及滊罐ノ種類端船其他必用〔要〕ノ所屬品

第四　日本形船舶ハ船名、番號、積石數、間數、端船其他必要ノ所屬品

第五　登記ノ理由

第六　金額

第七　質入書入ハ其期限及利息

第八　所有者及登記ヲ受クル者ノ氏名住所

第九　一筆ノ地所又ハ一棟ノ建物ヲ區別シ賣買讓與質入書入ヲ爲ストキハ其事實

第十　二番以後ノ書入ヲ爲シ又ハ書入ニ爲シタルモノヲ質入ト爲シ質入ニ爲シタルモノヲ書入ト爲ストキハ其事實

第十一　登記ノ年月日

第八條　登記ヲ請フ者アルトキハ登記官吏直ニ前條ノ概目ヲ審査シテ登記簿ニ登記シ本八

以下[illegible]九八ノ二三、二二七條參看
(ホ)二八ノ一、二三八條[illegible]九六ノ五、七條九八ノ三、七、八、一〇、一三、二二條、一〇〇、一〇二參看

(ホ)二八ノ三〇條[illegible]九八ノ二〇、二一、二二條、一〇〇參看

(ホ)二八ノ三〇條[illegible]九六ノ一條、九八ノ三一、三二、三三、三六條參看
[illegible]九五參看
[illegible]九八ノ一、二、三條參看

(ホ)二八ノ一、五乃至二〇、二一、二五、二六條[illegible]九六ノ一、二、三、四、五、六、九條九八ノ三、七、八、九、一

ニ之ヲ示シ又ハ讀聞セタル上本人ヲシテ署名捺印セシメ且之ニ署名捺印スヘシ

第九條　地所建物船舶ニ關スル差押假差押差留假差留假處分及地所建物ノ收益差押ニ付テハ裁判所ノ命令書ニ依リ登記簿ニ其記入ヲ爲ス可シ

前項ノ記入ハ裁判所ノ命令アルトキニ非サレハ之ヲ取消スコトヲ得ス

第十條　登記ハ第一條第二項第十五條第二項第十六條第十七條及第十八條ヲ除クノ外契約者雙方ノ請求若クハ裁判所ノ命令アルトキニ非サレハ之ヲ爲シ又ハ變更シ又ハ取消スコトヲ得ス（二十年法律第一號ヲ以テ改正）

「第十條　登記ハ第十五條第二項及第十六條第十七條第十八條ヲ除クノ外契約者雙方ノ請求若クハ裁判所ノ命令アルトキニ非サレハ之ヲ爲シ又ハ變更シ又ハ取消スコトヲ得ス」

第十一條　登記ノ謄本又ハ拔書又ハ一覽ヲ要スル者ハ其登記所ニ出頭シテ之ヲ請求スルコトヲ得

第十二條　登記官吏ノ職務執行上ニ關シ不服アル者ハ管轄始審裁判所ニ抗告スルコトヲ得

第十三條　登記ニ關スル取扱ノ手續及登記簿ノ書式ハ司法大臣之ヲ定ム

第二章　賣買讓與

第十四條　地所建物船舶ノ賣買讓與ニ付キ登記ヲ請フトキハ契約者雙方出頭シ其證書ヲ示スヘシ

前項ノ場合ニ於テ其物件質入書入中ニ係ルトキハ買受人讓受人ニ於テ之ヲ了知セル旨ヲ

〇、一一、一四、一五、一九、二二、二五、二八、二九、三三條、一〇一參看

(ホ)二八ノ一〇、一四、二九條[民]九六ノ五條、九八ノ一八條、一一三ノ五條參看

(ホ)二八ノ一〇、一四條[刑]九六ノ五條參看

(ホ)二八ノ一〇、一四條[民]九六ノ五條參看

(ホ)二八ノ一〇、一四條[民]九六ノ五條參看

(ホ)二八ノ一四、一九、二〇條[民]九六ノ五、七條、一〇〇參看[民]九四參看

申出其記入ヲ請フ可シ

第十五條　家督相續ニ因リ地所建物船舶ノ登記ヲ請フトキハ雙方出頭シ其證書ヲ示ス可シ」

死亡者失踪者若クハ離縁戸主ノ遺留シタル地所建物船舶ヲ相續スル者登記ヲ請フトキハ親屬又親屬ナキトキハ近隣ノ戸主二名以上連署ノ書面ヲ差出シ且證明書類アルモノハ之ヲ示ス可シ

第十六條　行政官廳ノ公賣處分ニ依リ地所建物船舶ノ所有權ヲ得タル者登記ヲ請フトキハ落札達書及其代金完納ノ證書ヲ示ス可シ

第十七條　官有ノ地所建物船舶ノ拂下又ハ無代價下渡ヲ受ケ登記ヲ請フトキハ其指令ノ本書若クハ達書ヲ示ス可シ

第十八條　民有ノ地所建物船舶ヲ官有ト爲シタルトキハ其官廳ハ第七條ノ概目ヲ示シテ登記ヲ求ム可シ

第十九條　裁判執行上ノ糶賣若クハ入札ニ因リ地所建物船舶ノ所有權ヲ得タル者アルトキハ裁判所ノ命令ニ依リ其登記ヲ爲ス可シ

第二十條　地所船舶ノ賣買讓與ニ因リ地劵鑑札ノ下附若クハ書換ヲ請フ者ハ登記濟ノ證ヲ受クヘシ（二十年法律第一號ヲ以テ改正）

「第二十條　地所船舶賣買讓與ノ登記ヲ受ケ地劵鑑札ノ下附若クハ書換ヲ請ハントスル者ハ登記所ヨリ登記濟ノ證ヲ受ク可シ」

第三章　質入書入

㊟二八ノ二二、二三、二四、二五、二七、二二八條〔不登〕九六ノ二、二三、四、五、九條、九八ノ三、七、八、九、一〇、二一、一一、三一四、一六、一七、一一九、二〇、二二、二二五、二八、二二九、三三條、一〇、一參看

〔不登〕九八ノ一四、一七條參看

〔非訟〕九八ノ一三、一四、一五、一六、二〇條參看

〔非訟〕九八ノ一一條參看

㊟二八ノ一四、二一、三一、三二條〔非訟〕九八ノ三八條參看

第二十一條　地所建物船舶ノ質入書入ニ付登記ヲ請フトキハ契約者雙方出頭シ其證書ヲ示スヘシ

貸借ノ爲メニ非スシテ義務ヲ果スヘキ保證ノ爲メ地所建物船舶ヲ質入書入ト爲シ其登記ヲ請フ者モ亦前項ノ規定ニ依ルヘシ

第二十二條　書入ノ地所建物船舶ヲ重子テ書入ト爲ストキハ第二債主ニ於テ之ヲ了知セル旨ヲ申出其記入ヲ請フヘシ書入ト爲リタル地所ヲ質入ト爲シ又ハ質入ト爲リタル地所ヲ書入ト爲ストキモ亦同シ

第二十三條　質入書入契約ノ全部若クハ一部ノ解除又ハ變更ニ付キ登記ヲ請フトキハ契約者雙方出頭シ其證書ヲ示スヘシ

第二十四條　同一ノ地所建物船舶ニ付キ數個ノ登記ヲ爲ストキハ其登記ヲ請フ日時ノ前後ニ因リ登記ノ順序ヲ定ムルモノトス

第四章　登記料及手數料

第二十五條　地所建物船舶賣買ノ登記ニ付テハ其買受人左ノ賣買代價ノ區別ニ從ヒ毎一件ニ其登記料ヲ納ムヘシ

賣買代價	登記料
五圓未滿	五錢
五圓以上 十圓未滿	十錢
十圓以上 二十五圓未滿	二十五錢

（未）二八ノ二六、三二條〔明〕九八ノ三八條參看

（未）二八ノ二五條〔明〕九八ノ三八條參看

二十五圓以上五十圓未滿	五十錢
五十圓以上百圓未滿	一圓
百圓以上二百圓未滿	二圓
二百圓以上三百圓未滿	三圓
三百圓以上四百圓未滿	四圓
四百圓以上五百圓未滿	五圓
五百圓以上七百五十圓未滿	六圓
七百五十圓以上千圓未滿	七圓
千圓以上千五百圓未滿	八圓
千五百圓以上二千圓未滿	九圓
二千圓以上五千圓未滿	十圓
五千圓以上一万圓マテ	十二圓

以上五千圓マテ每ニ二圓ヲ增加ス

第二十六條　地所建物船舶讓與ノ登記ニ付テハ其讓渡人讓受人ニ於テ時價相當ノ價格ヲ定メ前條ニ揭クル金額ノ區別ニ從ヒ每一件ニ其讓受人ヨリ登記料ヲ納ム可シ

第二十七條　地所建物船舶質入書入ノ登記ニ付テハ其質入人書入人ハ第二十五條ニ揭クル金額ノ區別ニ從ヒ每一件ニ其登記料ノ半額ヲ納ム可シ但一件ニ付キ金五錢ヨリ下スコトヲ得ス

(ホ)二八ノ三二條(西)九八ノ三八條參看

第二十八條　第二十一條第二項ノ登記ニ付テハ價格ヲ定メ前條ノ例ニ依リ其登記料ヲ納ム可シ

第九條第一項ノ記入ニ付テハ其價格ノ定マリタル物件ハ其價格又其價格ノ定マラサル物件ハ時價相當ノ價格ヲ定メ前條ノ例ニ依リ其登記料ヲ納ム可シ

(ホ)二八ノ三二條(西)九八ノ三八條參看
(孛)九八ノ二二、三一、三八條參看

第二十九條　第十五條ノ登記ニ付テハ時價相當ノ價格ヲ定メ第二十五條ニ揭クル金額ノ區別ニ從ヒ每一件ニ其登記料ノ五分一ヲ納ム可シ但一件ニ付キ金五錢ヨリ下スコトヲ得ス

第三十條　左ニ揭クル者ハ手數料トシテ金五錢ヲ納ム可シ

第一　登記事件ノ取消又ハ其變更ノ登記ヲ請フ者ハ每一件

第二　登記ノ謄本若クハ拔書ヲ請フ者ハ每一枚

第三　登記ノ一覽ヲ請フ者

第三十一條　左ニ揭クルモノハ登記料及手數料ヲ要セス

第一　官廳ノ請求ニ係ル登記

第二　公立ノ學校病院、公園及養育院ニ係ル登記

第三　社寺、堂宇及墳墓地ニ係ル登記

第四　人民共有ノ用惡水路溜池敷、堤敷、井溝敷及公衆ノ用ニ供スル道路ニ係ル登記

(ホ)二八ノ三三、三四、三五條(西)九六ノ八條、九八ノ三九、四〇條參看

第三十二條　登記所ニ於テ第二十五條第二十六條第二十八條第二項及第二十九條ニ從ヒ屆出タル價格ヲ不相當ト認ムルトキハ其事件ニ關係ナキ者三名ヲ選ヒ之ヲ評價人ト爲シテ其價格ヲ評定セシム可シ

㋭二八ノ三二條、國九八ノ四一條參看

第三十三條　評價人ノ評定シタル價格屆出ノ價格ヨリ增加スルトキハ其評價ニ關スル費用ハ其登記料ヲ納ムル者之ヲ負擔ス可シ若シ其價格屆出ノ價格ト同價又ハ低下ナルトキハ該費用ハ其登記所ニ於テ之ヲ支辨ス可シ

㋭二八ノ三二條參看

第三十四條　評價人ニ選ハレタル者ハ正當ノ事由ナクシテ之ヲ辭スルコトヲ得ス

㋭二八ノ三三條參看

第三十五條　評價人ノ日當ハ登記所ノ見込ヲ以テ一日金二十錢ヨリ五十錢マテヲ給ス可シ

第五章　罰則

㋭二八ノ二五、二六、二七、二八、二九、三〇條參看

第三十六條　詐僞ノ所爲ヲ以テ登記料ヲ減脫シ及之ニ通謀シタル者ハ二圓以上百圓以下ノ罰金ニ處ス

第三十七條　本法ニ依リ罰金ニ處スル者ハ刑法ノ不論罪及減輕再犯加重數罪俱發ノ例ヲ用ヒス

附則

第三十八條　明治十年第二十八號布告船舶賣買書入質手續同十三年第五十二號布告土地賣買讓渡規則同十四年第三十號布告地劵證印稅則其他從前ノ法律規則中本法ニ牴觸スルモノハ本法施行ノ日ヨリ廢止ス

國九四、九八ノ二一、三四條、一一三參看

第三十九條　地所賣買讓與荒地起返開墾鍬下年期明等總テ地劵下付書換ニ係ル手續及其手數料ハ大藏大臣之ヲ定ム

㋭二八ノ一四、二一條、國九八ノ九、一〇、一八條參看

第四十條　登記所ノ登記簿ニ未タ登記セサル地所建物船舶ニ付キ登記ヲ請フ者ハ地所建物ハ其所在地船舶ハ其定繫場ノ戶長ノ證書ヲ以テ其所有者タルコト及其物件ニ故障ナキコ

トヲ示ス可シ

第四十一條　本法ハ明治二十年二月一日ヨリ之ヲ施行ス

●參照

國一〇 三、一〇 四、一〇 五、一〇 六、一〇 七、一〇 八、一一 〇、一一 一、一一 二參看

〇關係法令

【九四】大藏省令第一號　明治二十年一月十七日

法律第一號登記法第三十九條ニ基キ地券下附書換手續及ヒ手數料左ノ通リ相定ム

第一條　地券下附書換ニ係ル事務ハ郡區役所ニ於テ之ヲ取扱フ可シ

第二條　左ノ場合ニ於テハ土地所有者ヨリ地券下附又ハ地券書換ヲ郡區役所ニ願出ヘシ

土地所有ノ移轉、荒地免租年期明、開墾鍬下年期明、地目變換、免租地ノ有租地成、有租地ノ免租地成、荒地免租、開墾、合併、分裂、地券ノ水火盜難ニ罹リタルモノ、地券面ノ反別地價地租ニ異動ヲ生シタルモノ、所有者姓名ノ變更シタルモノ

郡區長ハ前項ノ願書ヲ受ケタルトキハ遲クモ五日以內ニ地券ノ下附又ハ書換ヲ爲ス可シ

第三條　地券ノ下附又ハ書換ヲ願フモノハ願書ニ戶長ノ奧印ヲ受クヘシ但登記法ニ據リ登記ヲ經タルモノハ登記濟ノ證書ヲ戶長ニ示ス可シ

第四條　戶長役場ナキ地方ニ於テハ地券ノ下附又ハ書換願書ヲ直ニ區役所ニ差出スヘシ但登記濟ニ係ルモノハ其證書ヲ區長ニ示ス可シ

照 一〇九、一一四參看

照 一一一、一一三參看

第五條　地劵ノ下附又ハ書換ヲ願フモノハ手數料トシテ一枚ニ付キ金三錢ヲ納ムヘシ

第六條　手數料ハ戸長役場ニ於テ願書ニ奥印ヲ爲ストキ之ヲ徵收スヘシ但第四條ノ場合ニ於テハ區役所ニ於テ願書ヲ受クルトキ之ヲ徵收ス可シ

第七條　地劵手數料徵收官區役所會計主務書記若クハ戸長ハ其徵收シタル手數料ヲ十日每ニ取纏メ納付書ヲ添テ所在地ノ金庫國庫金取扱所現金仕拂所ヘ送付スヘシ但金庫ナキ地方ニ於テハ每月一回取纏メ納付書ヲ添ヘテ便宜ノ金庫ヘ送付スヘシ

第八條　前項納付書ハ歲入歲出納規則書式第五號ニ據ル

第九條　戸長ニ於テ第七條ノ手續ヲ爲シタルトキハ金庫ノ領收ヲ證シタル納付書ニ納人ノ明細內譯書ヲ添テ之ヲ郡區役所ニ送付ス可シ

第十條　第二條ノ場合ニ於テハ所有ノ移轉又ハ指令濟屆濟ノ日ヨリ六十日以內ニ地劵下附又ハ地劵書換ヲ願出ヘシ若シ其期限ヲ經過スルトキハ金一圓九十五錢以下ノ科料ニ處ス

○

一九五　司法省令甲第三號　明治十九年十一月

今般法律第一號第二號ヲ以テ登記法及ヒ公證人規則制定相成候ニ付其抗告手續左ノ通之ヲ定ム

抗告手續

第一條　登記官吏又ハ公證人ノ職務執行ニ關シ抗告ヲ爲ス者ハ抗告狀ヲ其登記官吏又ハ公證人ニ差出スヘシ

第二條　登記官吏又ハ公證人抗告狀ヲ受取リタルトキハ其翌日ヨリ三日以内ニ意見ヲ附シ且ツ關係書類ノ寫ヲ添ヘ抗告狀ヲ管轄始審裁判所ニ送致スヘシ

第三條　登記官吏又ハ公證人若シ前條ノ期限内ニ抗告狀ヲ管轄始審裁判所ニ送致セサルトキ又ハ急速ヲ要スル場合ニ於テハ抗告者ハ直チニ管轄始審裁判所ニ抗告狀ヲ差出スコトヲ得

始審裁判所ハ抗告ヲ受ケタル登記官吏又ハ公證人ヲシテ意見書ヲ差出サシメ及ヒ關係書類ヲ求ムルコトヲ得

第四條　登記官吏又ハ公證人ハ其職務執行上ニ關シ抗告ヲ受ケタルトキハ其處分ヲ停止スヘシ

第五條　抗告狀ヲ受取タル管轄始審裁判所ハ書面ニ依リ判定ヲ爲スヘシ

始審裁判所ハ必要ナリト認ムル場合ニ於テハ抗告者其他關係人ニ書面ヲ以テ答辯セシムルコトヲ得

第六條　始審裁判所ハ抗告ノ判定書ヲ管轄治安裁判所ニ送致シ之ヲ登記官吏又ハ公證人及ヒ抗告者ニ送附セシムヘシ

始審裁判所ニ於テ抗告ヲ正當ナリト判定シタルトキハ登記官吏又ハ公證人ハ其判定ニ依リ處分ヲ更正スヘシ

第七條　公證人懲罰處分ニ對シ不服アル者ハ其處分ノ翌日ヨリ起算シ七日內ニ其處分ヲ爲シタル管轄始審裁判所ニ抗告狀ヲ差出ス可シ
裁判所ハ其抗告ヲ正當ナリト認ムルトキハ速ニ其不服ノ點ヲ更正ス可シ若シ之ヲ正當ナラスト認ムルトキハ第二條ノ期日內ニ意見ヲ附シ關係書類ヲ添ヘ抗告狀ヲ管轄控訴院ニ送致ス可シ
第八條　公證人懲罰處分ニ對スル抗告ニ付テモ亦第三條ノ手續ニ依ルコトヲ得
第九條　公證人懲罰處分ニ對スル抗告狀ヲ受取タル控訴院ハ第五條ノ手續ニ從ヒ判定ヲ爲ス可シ
第十條　控訴院ハ其判定書ヲ處分ヲ爲シタル始審裁判所ニ送致シ之ヲ言渡サシム可シ
控訴院ニ於テ抗告ヲ正當ナリト判定シタルトキハ處分ヲ爲シタル始審裁判所ハ其判定ニ依リ處分ヲ更正ス可シ
第十一條　抗告ノ判定ニ對シテハ總テ上訴ヲ爲スヲ得サルモノトス

○

九六　司法省令甲第五號　明治十九年十二月

本年八月法律第一號ヲ以テ登記法創定ニ付キ明治二十年二月以後登記ヲ請フ者ハ左ノ手續ニ依ル可シ
第一條　登記ヲ請フ者ハ第一號書式ニ準シ登記ノ件目等ヲ記載シ實印ヲ押シタル名

刺ヲ登記所ニ差出ス可シ

登記簿ノ謄本若クハ拔書又ハ登記簿ノ閲覽ヲ請フ者亦同シ

第二條　後見人ヨリ登記ヲ請フトキハ後見人タルノ證書ヲ登記所ニ差出ス可シ

代人ヲ以テ登記ヲ請フトキハ代理ノ委任狀ヲ付與シ之ヲ登記所ニ差出サシム可シ

第三條　初テ登記ヲ請フ者ハ第二號書式ニ準シ區戶長ノ證明シタル印鑑ヲ登記所ニ差出ス可シ

第四條　地所ニ付キ初テ登記ヲ請フ者ハ地劵ヲ登記官ニ示ス可シ但現ニ質入中ノ地所ニ付テハ此限ニ在ラス

船舶ニ付テハ鑑札ヲ示ス可シ但船舶ニ釘付シタルモノハ此限ニ在ラス

第五條　建物ニ付キ登記ヲ請フトキハ其圖面ヲ登記所ニ差出ス可シ

建物ノ圖面ハ邸地ノ形狀、坪數、(段別)方位及ヒ建物ノ形狀、間尺、位置等ヲ記シ登記ヲ受ク可キ建物ノ圖ハ墨引墨字ト爲シ登記外ナル建物アルトキハ其圖ハ朱引朱字ト爲ス可シ

建物ノ圖面ニハ登記法第九條第十六條第十七條第十八條第十九條ノ場合ヲ除クノ外結約者雙方之ニ署名捺印ス可シ但同第十五條第二項ノ場合ニ於テハ親屬又ハ近隣戶主之ニ連署ス可シ

地所船舶ニ付キ圖面アルトキモ亦前項ニ定メタル署名捺印若クハ連署ヲ要ス

第六條　地所ヲ分割シテ賣買讓與シ又ハ質入書入ト爲ストキハ前條ニ準シ其圖面ヲ

差出ス可シ
第七條　裁判執行上ノ糶賣若クハ入札ニ因リ地所建物船舶ノ所有權ヲ得タル者其登記ヲ請ヒ又ハ地所建物船舶ニ關スル差押假差押差留假差留假處分及地所建物ノ收益差押ニ付キ記入若クハ取消ヲ請フニハ裁判所ヨリ其命令書ヲ受ケ之ヲ登記所ニ示ス可シ
裁判言渡ニ依リ登記、變更若クハ取消ヲ請フトキ亦前項ニ同シ
第八條　登記法第三十二條ニ依リ評價ヲ要スルトキハ登記所ノ命令ニ從ヒ登記料ヲ納ムル者ヨリ評價費用ノ見積金額ヲ豫納ス可シ
第九條　登記濟ノ證ヲ請フ者ハ第三號書式ニ準シ物件等ヲ記載セル願書ヲ登記所ニ差出ス可シ
第十條　登記ヲ受タル物件ノ全部若クハ一部毀壞燒失流亡等ニ依リテ消滅シタルトキハ其物件ノ所有者ヨリ登記ヲ爲シタル登記所ニ書面ヲ以テ其旨ヲ屆出ツ可シ但其物件質入書入又ハ差押差留等ニ係ルトキハ債主又ハ差押差留等ノ權利者ノ連印ヲ要ス
地目變換ノ場合ニ於テモ亦前項ノ例ニ準シ屆出ヲ爲ス可シ
第十一條　船舶ノ定繫所ヲ更改シタルトキハ原登記所ヨリ登記簿ノ謄本ヲ受ケ之ヲ轉入地ノ登記所ニ差出シ其登記ヲ請フ可シ
同一ノ登記所ニ屬スル町村ニ轉入シタル場合ニ於テハ其登記所ニ登記ノ變更ヲ請

フ可シ

（書式畧ス）

〇

九七　司法省訓令第三十一號　明治十九年十二月

登記法第三條ニ基キ登記事務ハ治安裁判所判事及ヒ登記所所在ノ郡役所戸長役場ノ郡長戸長ヲシテ之ヲ取扱ハシム但治安裁判所書記郡書記及戸長役場吏員ハ判事郡長戸長ノ命ヲ受ケ事務ノ補助ヲ爲スコトヲ得

〇

九八　司法省訓令第三十二號　明治十九年十二月

本年法律第一號ヲ以テ登記法創定ニ付登記法取扱規則左ノ通之ヲ定ム

登記法取扱規則

第一章　登記所印章及ヒ登記簿

第一條　登記所ハ隸書ヲ以テ其署名ヲ刻シタル印章大小二顆ヲ調製シ其印影ヲ管轄始審裁判所ニ屆ケ置ク可シ

第二條　登記簿ハ地所建物船舶ヲ分チ別冊ト爲ス可シ

登記簿ハ前項ノ外町村每ニ冊ヲ分テ之ヲ設ク可シ但事件寡少ナル町村ニ付テハ數町村ヲ合セ一冊ト爲スコトヲ得此場合ニ於テハ各町村每ニ見出ヲ付ス可シ

第三條　登記簿ハ一用紙每ニ登記物件ノ番號ヲ付シ且其一用紙ヲ表題（登記簿用紙中物件ノ欄ヲ設

ケタル所ヲ云フ以下準之及ヒ甲乙丙ノ三區ニ分チ仍ホ其表題及ヒ各區ヲ數欄ニ分ツモノトス」

其表題ハ登記法第七條ノ一二三四ニ掲ケタル項目ヲ登記スルノ所トス

其甲區ハ所有權ノ得有即チ賣買讓與等ヲ登記スルノ所トス

其乙區ハ抵當即チ質入書入ヲ登記スルノ所トス

其丙區ハ執行上ノ抵當即チ登記法第九條ニ記載シタル諸件ヲ記入スルノ所トス

第四條　登記簿ハ登記所ノ請求ニ因リ始審裁判所長之ヲ渡スモノトス

登記所ハ凡一年間用フヘキ登記簿ノ冊數及ヒ各冊ノ枚數ヲ見積リ豫メ前項ノ請求ヲ爲ス可シ

第五條　登記簿ハ治審裁判所長其枚數ヲ表紙ノ裡面ニ記載シテ之ニ氏名ヲ署シ官印ヲ捺シ且每葉ニ契印ス可シ

第六條　町村ノ分合アリタル場合ニ於テハ登記所ハ其旨ヲ始審裁判所長ニ申告シ更ニ分合セシ町村ニ對スル登記簿ノ下付ヲ受ク可シ

前項ノ場合ニ於テ舊登記簿其他之ニ屬スル帳簿ハ現狀ノ儘之ヲ保存シ已ニ登記シアル事件ノ變更取消ハ其登記簿ニ登記ス可シ

第二章　登記手續

第七條　登記所ニ於テハ受付帳ヲ製シ置キ登記ノ出願若クハ請求等ノ順序ニ從ヒ之ニ其受付事件ヲ記載シ番號ヲ付ス可シ

第八條　登記官ハ受付番號ノ順序ニ從ヒ願人ヲ取調ヘ又ハ請求書等ヲ審査シ且登記

簿ニ就キ本人ノ所有物件ナルコトヲ確認シ仍ホ質入書入又ハ差押差留等ノ記入ノ有無ヲ調査シ若シ是等ノ登記アルトキハ之ヲ本人ニ示シタル上登記ノ手續ヲ爲ス可シ

登記官ハ登記ヲ爲ス前本人ノ印影ヲ檢シ區戸長ノ證明アル印鑑ト符合スルニ非レハ登記ヲ爲ス可カラス

第九條　登記簿ニ未タ登記セサル地所建物船舶ニ付キ初メテ登記ヲ爲ス場合ニ於テ治安裁判所及ヒ郡役所ニアル登記所ハ地劵、鑑札及ヒ所管ノ公簿並ニ登記法第四十條ニ記載スル證書ニ依リ戸長役場ニアル登記所ハ地劵、鑑札及ヒ所管ノ公簿並ニ其戸長役場ノ公簿若クハ登記法第四十條ニ記載スル證書ニ依リ物件ノ所有者ヲ確認シ其物件ニ故障ナキニ於テハ先ツ登記簿表題ノ部ニ其物件ヲ記載シ所有者ヲシテ之ニ認印セシメタル上各區ニ登記ノ手續ヲ爲ス可シ

第十條　抵當ヲ登記スル場合ニ於テ未タ物件及ヒ所有者ノ登記アラサルトキハ前條ノ手續ヲ爲シタル上甲區中登記事由ノ欄内ニ書入若クハ質入ノ登記出願ニ付キ何々ノ證書地劵鑑札及ヒ登記法第四十條ニ記載セシ証書ヲ云フ及ヒ何々ノ公簿前條ノ公簿ヲ云フニ依リ記載セシ旨ヲ記シ負債者即チ物件ノ所有者ヲシテ所有者ノ欄内ニ署名捺印セシメタル上乙區中ニ出願事件ノ登記ヲ爲ス可シ

執行上ノ抵當ヲ記入スル場合ニ於テ未タ所有者ノ登記アラサルトキハ登記官ニ於テ前條及ヒ本條前項ノ手續ヲ爲シ物件及ヒ所有者ノ氏名ヲ記載シ其側ニ認印シタ

ル上丙區中ニ命令事件ノ記入ヲ爲ス可シ但後日其物件ニ關シ所有者ヨリ他ノ登記ヲ出願シタルトキハ所有者ヲシテ物件ニ認印シ及ヒ其氏名ノ下ニ捺印セシム可シ

第十一條　登記物件ノ番號ハ初メテ其物件ヲ記載スル每ニ出願若クハ請求ノ順序ニ從ヒ之ヲ付スルモノトス但其番號ハ町村每ニ之ヲ區別シ仍ホ地所建物船舶ヲ區別シテ之ヲ付ス可シ

同時ニ登記ヲ求メ且ツ同一ノ所有者ニ屬スル同種類ノ物件ハ同町村内ニ在リテ且合錄ノ爲メ混雜ヲ生スルノ憂ナキニ於テハ之ヲ同番號中ニ記載ス可シ若シ其物件多數ニシテ同番號中ニ記載スル能ハサルトキハ所有者ノ意見ヲ聽キ便宜分割シテ之ヲ次ノ番號中ニ記載スルコトヲ得

第十二條　一番號中ニ登記セシ數物件ヲ分チ又ハ一物件ヲ割テ賣買讓與スルトキハ表題部中取消ノ欄内ニ其要領及ヒ第何號ニ移シタルコトヲ記載シ分割シタル物件ハ未タ登記ヲ爲サヽル用紙ニ記載シテ新番號ヲ付シ且第何號ヨリ移シタルコトヲ付記ス可シ其他ノ手續ハ通常ノ場合ニ同シ

前項ノ場合ニ於テ舊番號中分割セラレタル物件ハ之ヲ朱抹ス可シ若シ一物件ヲ割キタルトキハ更ニ殘餘ノ現狀ヲ記載ス可シ

數番號ニ登記セシ物件ヲ合併シテ賣買讓與スルトキハ各番號中甲區登記事由ノ欄内ニ其旨ヲ明記シテ登記ヲ爲ス可シ

第十三條　一番號中ノ物件ヲ分割シテ質入書入ト爲シ若クハ差押差留等ト爲ストキ

ハ乙區若クハ丙區ノ抵當事由欄內ニ何々ノ物件ヲ質入書入若クハ差押差留等ト爲シタルコトヲ明記シテ登記ヲ爲ス可シ

數番號ニ屬スル物件ヲ合併シテ質入書入ト爲ストキハ各番號中乙區抵當事由ノ欄內ニ其旨ヲ明記シテ登記ヲ爲ス可シ

第十四條　質入書入ト爲リタル物件ヲ賣買讓與スルトキハ甲區登記事由欄內ニ買受人讓受人ニ於テ其質入書入中ニ係ルコトヲ了知セル旨ヲ明記シテ登記ヲ爲ス可シ

登記法第二十二條ノ場合ニ於テモ亦前項ノ例ニ準據ス可シ

第十五條　物件ヲ分割シテ賣買讓與スル爲メ第十二條ノ手續ヲ爲ス場合ニ於テ新ニ番號ヲ付スヘキ物件已ニ舊番號ノ物件ト共ニ書入質入ト爲リタルモノナルトキハ新番號ノ表題部中物件ヲ記載シタル側ニ第何號舊番號ヲ云フノ物件ト連帶シテ抵當物トナリタルモノナルコトヲ付記ス可シ

其抵當ヲ取消シタル場合ニ於テハ前項ノ付記ヲ朱抹ス可シ

第十六條　質入書入ノ權ヲ賣買讓與シ相續ノ場合ヲ除ク又ハ他人ニ於テ負債者ノ負債ヲ辨濟シテ債主ノ權ニ代ル等抵當權ノ他人ニ移リタル場合ニ於テ負債主承諾ノ上登記ヲ出願シタルトキハ之ヲ乙區變更ノ欄內ニ登記ス可シ

質入書入ノ債主負債者ト協議ノ上抵當物件ヲ引取リ所有者ト爲リタル場合ニ於テハ乙區抵當取消ノ欄內及ヒ甲區登記事由ノ欄內ニ其要旨ヲ登記ス可シ

第十七條　質入ヲ變更シテ書入ト爲シ書入ヲ變更シテ質入ト爲シ又ハ利息期限等ヲ

變更シタル場合ニ於テハ之ヲ乙區變更ノ欄內ニ登記ス可シ
第十八條　登記法第十五條ノ場合ニ於テ登記ヲ爲ス可キ土地若シ華族世襲財產ナルトキハ地劵及ヒ同第四十條ニ記載スル證書ニ依リ世襲財產タルコトヲ認メ其旨ヲ表題部中物件ノ側ニ記入ス可シ
第十九條　賣買讓與其他ノ方法ニ因リ甞テ地所建物船舶ノ所有權ヲ得タル者其所有權ノ登記ヲ出願スルトキハ第九條ノ例ニ準シ之ヲ登記ス可シ
第二十條　從前ノ公證簿ニ登記セシ書入質入ノ取消ヲ願出タルトキハ手數料ヲ徵收セス舊手續ニ依リ之ヲ終結ス可シ
若シ變更ノ登記ヲ願出タルトキハ第十條ノ例ニ準シ所有者及ヒ原契約ヲ登記シタル上乙區變更ノ欄內ニ其登記ヲ爲ス可シ此場合ニ於テハ變更ノ手數料ヲ徵收ス可キモノトス
第二十一條　登記ヲ受タル物件ノ全部若クハ一部毀壞燒失流亡等ニ依リテ消滅シ其旨ヲ屆出タルトキハ表題部中取消ノ欄內ニ之ヲ登記シ其物件ハ朱抹ス可シ若シ殘餘アルトキハ第十二條第二項ノ例ニ準シ其現狀ヲ記載ス可シ
地目變換ヲ屆出タルトキハ表題中ニ記載シタル地目ヲ更正シ其旨ヲ付記ス可シ
前二項ノ場合ニ於テハ手數料ヲ徵收セサルモノトス
第二十二條　登記所ノ同管內ニ在リテ船舶ノ定繫所ヲ更改シ其登記ヲ請フ者アルトキハ轉入セシ町村ノ登記簿ニ其物件及ヒ所有者ヲ轉寫シ表題部中物件ヲ記載シタ

ル側ニ某町村ヨリ轉入セシ旨ヲ付記シ若シ船舶既ニ抵當物トナリタルモノナルトキハ其旨ヲモ付記ス可シ轉出セシ町村ノ登記簿ニハ其表題部中取消ノ欄内ニ轉出ノ旨ヲ記載シテ其物件ハ朱抹ス可シ

若シ他ノ登記所ニ屬スル町村ニ轉入スルトキハ原登記所ヨリ登記簿謄本ニ其旨ヲ付記シ之ヲ本人ニ下付シテ轉入スル登記所ニ差出サシメ其登記所ハ其謄本ニ依リ登記ヲ爲シ登記濟ノ通知書ヲ原登記所ニ送致ス可ク原登記所ハ其通知ニ依リ取消ノ手續ヲ爲ス可シ

前二項ノ場合ニ於テハ登記法第三十條第一第二ノ規則ニ依リ變更及ヒ謄本ノ手數料ヲ徵收スルモノトス

第二十三條　登記簿ニ記載スル願人ノ氏名ハ本人ヲシテ自署セシメ其名下ニ捺印セシム可シ若シ自署スル能ハサルトキハ登記官代書シ其旨ヲ付記ス可シ

第二十四條　登記事件ニ附屬スル圖面アルトキハ登記簿表題部中ニ其旨ヲ記載シ其圖面ニ登記物件ノ番號ヲ記シ登記官之ニ認印シ帳簿ニ編入ス可シ

第二十五條　登記ノ爲メ差出タル契約書ニハ登記濟ノ上登記官之ニ登記物件ノ番號ヲ記載シ且ツ認印シテ本人ニ還付ス可シ

第二十六條　登記簿ノ一用紙中或ル欄内更ニ登記ヲ爲スヘキ餘白ナキニ至リタルトキハ其登記簿中未タ登記ヲ爲サヽル他ノ用紙ニ原番號ヲ轉寫シ之ニ其番號ノ第二ナルコトヲ付記シ原用紙番號ノ下ニハ第一ノ文字ヲ追加シ且第何冊何丁ニ續ク旨

ヲ記載ス可シ第三以下ノ續ヲ設クルトキ亦此例ニ準ス
前項ノ場合ニ於テ新用紙ニハ原用紙ニ記載アル登記ノ順番ヲ繼續シテ之ヲ付ス可シ
第二十七條　登記簿ニ登記ヲ爲ス字體ハ楷書ヲ用ヒ鮮明ナルヲ要ス又金錢物品ノ員數及ヒ年月日ヲ記スルニハ必ス壹貳參拾ノ文字ヲ用フ可シ
登記ヲ爲スニハ之ヲ墨書ス可ク訂正若クハ插入等ヲ爲スニハ之ヲ朱書ス可シ
文字ハ之ヲ改竄ス可カラス若シ删除スルトキハ讀得ヘキ爲メ字體ヲ存ス可シ
訂正插入削除等ヲ爲シタルトキハ本人ヲシテ之ニ認印セシム可シ
第二十八條　後見人若クハ代人ヨリ登記ヲ出願セシトキハ後見人タルノ證若クハ代理ノ委任狀ヲ出サシメ之ヲ帳簿ニ編入ス可シ
前項ノ證書ヲ差出サヽルトキハ登記ヲ爲ス可カラス
第二十九條　登記官自己ノ權利義務ヲ登記ス可キ場合ニ於テハ治安判事及ヒ郡長ハ書記戸長ハ次席吏員ヲシテ代テ登記ヲ爲サシム可シ

第三章　帳簿

第三十條　登記所使用ノ帳簿ハ左ノ如シ
一　地所登記簿
二　建物登記簿
三　船舶登記簿

四　受付帳

五　登記見出帳 三種

六　印鑑簿 區戸長ノ證明シタル印鑑ヲ挿入シタルモノ

七　謄本下付帳

八　登記濟證下付帳

九　圖面綴込帳

十　請求書綴込帳 行政廳ノ登記請求書ヲ綴込タルモノ

十一　登記願書綴込帳 登記法第十五條第二項ノ書面ヲ綴込タルモノ

十二　證明書綴込帳 登記法第四十條ノ證書及ヒ印鑑證明書等ヲ綴込タルモノ

十三　名刺綴込帳

十四　代理證書綴込帳

十五　届書綴込帳

第三十一條　登記簿ノ謄本若クハ拔書ヲ請フ者アルトキハ其用紙ニ謄寫シ謄本下付帳ト割印シテ之ヲ下付ス可シ但手數料ヲ領收セサル前ニ謄本又ハ拔書ヲ下付スルコトヲ得ス

第三十二條　謄本ハ登記簿一用紙ノ全部ヲ遺漏ナク謄寫シテ之ヲ作ル可シ

拔書ハ請求アル部分ノミ登記簿ヨリ摘寫シテ之ヲ作ル可シ

第三十三條　登記濟ノ證ヲ請フ者アルトキハ其願書ニ記載アル物件ヲ登記簿ト照査

シタル上登記濟ノ旨ヲ朱記シ登記濟證下付帳ト割印シテ之ヲ下付ス可シ

第三十四條　登記見出帳ハ地所建物ニ付テハ地所ノ番號ニ依リ船舶ニ付テハ鑑札ノ番號ニ依リ登記物件ノ番號ヲ付スル每ニ各番號ヲ記入スルモノトス

同番號ノ地所ニシテ數筆ニ分レタルモノアルトキハ地劵面ノ符號ヲ番地ノ下ニ記載スヘク同番地ニアル建物ニシテ棟ヲ異ニシタルトキハ建物ノ番號ヲ番地ノ下ニ記載シテ之ヲ區別ス可シ番號若クハ符號ヲ同フスル地所又ハ番地若クハ棟ヲ同フスル建物ヲ分割シテ賣買讓與質入書入ト爲ストキハ其各部ノ地所若クハ建物ニ子丑寅卯ノ符號ヲ付シテ之ヲ區別ス可シ

前二項ノ區別ハ登記簿ニモ亦之ヲ記載ス可キモノトス

第三十五條　登記ニ關スル帳簿ハ常ニ書箱ニ藏メ其封緘ヲ嚴ニシ非常持退ノ準備ヲ爲シ勉テ紛亂毀損ヲ豫防ス可シ

登記ニ關スル帳簿ハ裁判所ノ命令アルニ非サレハ登記所外ニ出スコトヲ得ス

第三十六條　登記簿ノ閲覽ヲ請フ者アルトキハ官吏ノ職務ヲ以テ閲覽スルトキノ外吏員ノ面前ニ於テ之ヲ閲覽セシム可シ

第三十七條　登記所ニ於テハ每月登記件數表ヲ調製シ翌月五日マテニ其地ヲ發シ管轄始審裁判所ニ送致ス可ク其裁判所ニ於テハ之ヲ取纒メ合計表ヲ付シ其月末マテニ其廳ヲ發シ司法省ニ差出ス可シ

第四章　登記料手數料及ヒ評價費用

第三十八條　登記料ハ登記ヲ爲ス前之ヲ納メシム可シ登記事件ノ取消若クハ變更ノ登記ヲ請フ者ノ納ム可キ手數料ニ付テモ亦同シ
第三十九條　登記法第三十二條ニ依リ評價ヲ要スル場合ニ於テハ登記所ハ其費用ヲ見積リ登記料ヲ納ムル者ヨリ之ヲ豫納セシム可シ
第四十條　登記所ニ於テハ評價人ヲシテ速ニ物件ノ所在ニ就キ價格ヲ評定シ其評價書ヲ差出サシム可シ
評價人中ノ一名意見ヲ異ニスルトキハ他ノ二名ノ意見ニ依リ價格ヲ定ム可ク若シ各自意見ヲ異ニスルトキハ更ニ評價人ヲ選定ス可シ
第四十一條　登記法第三十三條ニ依リ評價ノ費用ヲ本人ニ負擔セシム可キトキハ豫納金ヲ以テ之ヲ支辨シ殘額アルトキハ之ヲ還付ス可ク不足スルトキハ之ヲ納完スルマテ登記ヲ爲ス可カラス若シ登記所ニ於テ費用ヲ負擔ス可キトキハ豫納金ノ全額ヲ還付ス可シ

○

九九　司法省訓令第三十五號　明治十九年十二月

來ル明治二十年二月一日ヨリ登記法施行ニ付テハ登記簿等調製ノ儀ハ左ノ手續ニ依ル可シ
第一　登記簿、登記簿謄本、登記簿拔書及ヒ登記件數表ノ用紙ハ美濃紙ヲ用ヒ登記料及手數料領收證ノ用紙ハ半截ノ半紙ヲ用ヒ始審裁判所ニ於テ調製シ下渡ス可シ但

登記簿及ヒ謄本ハ紙數三枚ヲ以テ一用紙ト爲スモノトス

第二　登記受付帳、登記見出帳、登記簿謄本下付帳、登記濟證下付帳、印鑑簿ノ用紙及ヒ圖面綴込帳其他帳簿ノ表紙ハ始審裁判所ヨリ之ヲ下渡ス可シ但治安裁判所ニ付テハ此限ニ在ラス

第三　登記所ニ於テハ左ノ書式ニ準シ凡一箇年間ニ要スヘキ帳簿用紙及ヒ表紙ヲ豫算シ毎年十一月十五日マテニ始審裁判所ニ請求ス可シ但治安裁判所ニ付テハ書式中第五以下ノ記載ヲ要セサルモノトス

（書式畧ス）

第四　前項ノ帳簿用紙及ヒ表紙ハ本年ニ限リ明治二十年二月ヨリ同年十二月マテニ要スヘキ分ヲ豫算シ本年十二月十五日マテニ其請求ヲ爲ス可シ

〇

一〇〇　司法省訓令第三十六號　明治十九年十二月

登記法施行ニ付テハ本年當省令甲第五號第七條ニ依リ命令書ノ下付ヲ請フ者アル場合ニ於テ之ヲ相當ナリトスル時ハ其請求者ニ命令書ヲ下付スル儀ト心得可シ

〇

一〇一　司法省訓令第三十九號　明治十九年十二月

來ル明治二十年二月一日以後登記法施行ニ付後見人ヨリ地所建物船舶ノ登記ヲ請フトキハ明治十六年七月十八日內務省達ノ通リ其證書又ハ願書ニ親屬連署ノ上ナラテ

ハ登記ヲ爲サヽル儀ト心得可シ

〇

一〇二 司法省告示第七號 明治十九年十二月

本年法律第一號ヲ以テ登記法創定セラレタルニ付テハ明治十五年第六十號布告公證猶豫願ノ手續ハ明治二十年二月一日以後消滅スヘキヲ以テ地所船舶建物ニ對シ假差押ヲ爲サントスル者ハ管轄裁判所ニ其請求ヲ爲ス可キモノトス

〇伺指令

一〇三 兵庫縣伺 明治十五年九月三十日

本年七月太政官第三十五號ヲ以十年第十八號布告第三條改正相成潰地ノ儀ハ工事看手ノ月ヨリ除税ノ筈ニテ七ケ月以上ニ渉ルヘキ工事ハ六ケ月毎ニ其工程ヲ量リ除税ノ區域ヲ定ムルモノトストアリ因之觀之潰地許可ノ月ヨリ地種組替當然ニ被存候ヘ共然ルトキハ工事期限中六ケ月毎其工程ヲ量リ最初見込反別ニ變動有之ハ再ヒ以前ニ遡リ地種組替セサルヲ得ス爲メニ成功期限ノ長キハ數回地劵書換（官有地ニ編入セシモノハ新ニ下與）等官民ノ手數ハ勿論實際不都合ニ付右ハ當初工事ヲ許可シ地劵臺帳ヘ事由年月日記載地租ハ六ケ月間着手見込ノ分（六ケ月以内ノ工事ハ全部）收納差止置而シテ撿査ノ上工事ヲ施シタル分ニ限リ都度六ケ月前ニ遡リ地種組替除税シ地劵ハ全部成功ノ上書換又ハ引揚等取計可然哉此段相伺候也

但十二年內務省乙第二十九號御達ニ係ル潰地處分后報告ノ儀假令ハ一ノ溜池築磬願出竣功期限數十ケ月ニ渉ルモノハ數回（即チ六ケ月毎地種組替ノ都度）報告ヲ要スル儀ニ候ヘ共十二ケ月以上ニ渉ル分ハ全反別ヲ揭ケ當初及御届置六ケ月毎ニハ報告ヲ除キ悉皆成功濟毎季仕譯表ヲ以テ報告致可然哉豫相伺置候也

內務大藏兩省指令 明治十六年十一月十四日

書面但書共伺之通

○

一〇四　山形縣伺　明治十七年三月七日

地所賣買讓與等ニテ地劵ヘ名面記入ノ儀出願ノ節破損或ハ虫喰等ニテ記入スヘキ様無之場合ニ於テハ直ニ讓受人名面ニ書換相渡賣買ニ係ル證印税ノミ徴收スヘキ哉又ハ目下所有者名面ニ書換ノ儀出願為致更ニ賣買手續ヲナシ證印税ハ書換并賣買ニ係ル兩税ヲ徴收スヘキ儀ニ有之候哉判然タル明文無之依テ聊疑議ヲ生シ候ニ付相伺候也

大藏省指令　明治十七年三月十八日

伺之趣前段申出ノ通賣買讓與ノ區別ニ據リ相當證印税徴收スヘキ儀ト可相心得事

○

一〇五　兵庫縣伺　明治十七年四月廿三日

戸主死亡跡甲家督相續シ地劵書換ノ後乙其相續ヲ不當ナリトシ出訴裁判ノ末乙相續人ニ確定シ地劵書換出願セハ普通代換讓與ノ例ニ據リ印税徴收シ然ルヘキヤ又ハ甲相續ノ際相當ノ手續ヲ經テ書換タル地劵ナルニ其後彼我ノ爭ヨリ得タルヲ以テ親族讓與ノ例ニ據リ印税徴收シ然ルヘキヤ

大藏省指令　明治十七年五月五日

前段申出ノ通

○

一〇六　靜岡縣伺　明治十六年十月廿九日

甲者ヘ地所ヲ拂下或ハ無代下付シ地劵授與前甲者ヨリ右地所ヲ乙者ヘ賣讓渡ニ人連署乙者氏名ノ地劵下付ヲ請願セルトキハ直ニ乙者ニ地劵ヲ授與シ苦シカラスヤ

大藏省指令　明治十六年十一月九日

伺之趣一旦甲者ヘ地劵ヲ下付シ更ニ乙者ヘ書換出願セシムヘシ

一〇七　神奈川縣伺　明治二十年一月廿四日

本年一月省令第一號第二條ニ該當スル各種類ノ中地目變換開墾等ノ如キ願屆濟後更ニ實地撿査ヲ受ケ段別地價ノ確定後ニ非サレハ地劵ノ書換ヲ願出ツルヿ能ハサルモノハ該確定ノ日ヨリ起算シ同令第十條ヲ適用スヘキ儀ト心得ヘキヤ

大藏省指令　明治二十年二月五日

地目變換屆出ノ者ハ段別及ヒ修正地價確定ノ上本人ヘ達示ノ日開墾願出ノ者ハ其指令本人ヘ下附ノ日ヨリ起算スル儀ト心得ヘシ

〇

一〇八　新潟縣伺　明治二十年一月廿八日

省令第一號地劵下附書換手續及手數料第二條一項中所有者姓名變更トアルハ改姓名又ハ自己所有ノ土地ヲ携帶シ他家ノ養子トナリタルトキ該劵面ハ書換下付スヘキモノニシテ朱書訂正ハ不相成ヤ果テ然ラハ轉居或ハ分合村ニヨリ其所籍ヲ異ニスルモ總テ地劵ヲ書換手數料ヲ徵收スヘキ儀ト心得ヘキヤ

大藏省指令　明治二十年二月五日

伺之趣改姓名等ノモノハ便宜朱書更正苦シカラス轉居又ハ分合村ハ朱書訂正ニ止メ手數料收入ニ及ハス

〇

一〇九　愛知縣伺　明年二十年二月一日

本年一月省令第一號地劵下附書替手續及ヒ手數料取扱上疑義ノ廉左ニ

第一項　第五條ニ地劵下附書替ヲ願フモノハ手數料金三錢ヲ納ムヘシトアリ然ルニ本令施行以前既ニ戶長ニ於

テ賣買讓與ノ證書ニ公證濟該願書ニ戸長奥印ノ手續ヲ經タルモ戸長ヨリ進達方遲延二月一日後ニ所轄郡衙ヘ到着シタルモノヽ如キハ已ニ舊法ニヨリ其手續ヲ了シ人民ノ手許ハ離レタルモノニ付縱令二月一日後郡衙ヘ受理スルモ舊法ニ據リ證印稅徵收シ然ルヘキヤ

第二項　前項果テ證印稅徵收スルモノトスレハ假ヘハ戸長ノ公證ヲ受ケ置キ荏苒書換出願ヲ怠リ二月一日後初テ戸長役場ヘ出願シタルモノヽ如キハ其實舊法ノ手續ヲ了シタルモノニテ前項ニ對シ聊不權衡ノ感アリト雖モ出願方二月一日後ナルヲ以テ無論手數料三錢ノミ徵收シ然ルヘキヤ

大藏省指令　明治二十年二月五日

地券下附書替手續ノ件二月ニ至リ郡衙ヘ願書受理スルモノハ省令第一號ニ據ルヘシ

○

一一〇　三重縣照會　明治二十年四月十四日

省令第二十五號土地分合筆取扱手續被定候ニ付土地ヲ分割賣渡サントシ又ハ之ヲ合併セントスルトキハ出願許可ヲ經ルニアラサレハ直ニ地券書換願ノ手續ヲナシ難キモノニ相見ヘ候賣買ニ依リ登記ヲ請ヒ又ハ地券書換ノ手續ハ前記許可ヲ受ケタル上更ニ出願セシムヘキ趣旨ナルヤ

自己ノ所有地二筆以上合併セントスルモノハ既定ノ地價ヲ併合スルニ止ルモノニ付是等ハ地券書換ト共ニ出願セシメ可然ヤ

大藏省主稅局回答　明治二十年四月廿二日

第一項ハ地券書換ト共ニ願出サシムル旨趣ニ之レアリ

第二項ハ見解ノ通

○判決例

一一一　明治二十年乙第三百四號

神奈川縣平民　原田勇之助

明治十三年第五十二號布告土地賣買譲渡規則第五條ノ地券書換若クハ裏書願書差出失期ハ即チ相續ノ日ヨリ六月ヲ經過シ直チニ犯罪ヲ構成スルノミナラス爾後其怠慢ノ所爲ハ繼續スルモノニ付繼續犯罪ヲ以テ論斷シ其罪最終ノ日施行スル所ノ法律ニ依ル可キモノナレハ本件ハ改正法律即チ明治廿年大藏省令第一號第二條第十條ニ依照シ而テ該法律ハ別ニ總則ヲ記載シナケレハ刑法第五條ノ二項及ヒ同法第八十五條ニ從ヒ自首減輕ノ法ニ依リ相當ノ科料ニ處スヘキモノナルニ原裁判ノ玆ニ出テス即時犯罪トナシ新舊法ヲ比照シ期滿免除ヲ得タルモノヲ以テ論斷シタルハ上告論旨ノ如ク擬律錯誤ニ係ル裁判ナリトス因テ治罪法第四百廿九條ニ則リ之ヲ破毀シ本院於テ直チニ判決ヲ爲ス左ノ如シ

原田勇之助

右被告カ所爲ノ事實ハ原裁判官ノ認ムル所ニ據リ前ニ説明スル理由ナルヲ以テ刑法第五條ニ基キ明治廿年大藏省令第一號第二條第十條ニ依照シ尚ホ刑法第八十五條ニ依リ本刑ニ一等ヲ減シ壹圓四十六錢二厘五毛以下ノ範圍内ニ於テ科料金十錢ニ處スルモノ也

明治二十年三月三十一日

○

一一二　明治十九年乙第五百九十五號

兵庫縣平民　藤本彌三郎

原判文ハ前掲ノ如クニシテ被告ハ父吉左衞門カ明治十二年十一月十二日死亡後家督相續人同樣ノ資格ヲ以テ家事ヲ理シ居ナカラ地券書換ヲ爲サヽリシコハ被告ノ自首書並ニ公廷内ノ陳述ニヨリ明瞭ナリト其事實ヲ認メ而シテ地券書換ヲ願出ツヘキモノハ正當ノ手續ヲ經タル家督相續ニ由リ土地ヲ讓受ケタルモノ而已ニシテ被告ノ如キ公然家督相續セサルモノ等ニ於テハ其責務ナキモノトシ無罪ト判定シタルハ不法ノ裁判タルヲ免カレサルモノトス何トナレハ生存者ノ家督相續ニ於テハ相當ノ手續ヲ經サレハ其所有地等ヲ讓受ケタリトハ云ヲ得サルモ戶主即チ

ホ二八ノ三八條參看

父ノ死亡シタルニ於テハ其長男タル者ハ必ス家督相續ヲ爲シ從テ其所有地等讓受クヘキハ當然ノ事ニシテ偶々其家督相續屆ノ脫漏ニ係ルモ之ヲ以テ其地所ヲ讓受ケタルニアラストシ數年間地券書替ヲ怠リタルモ其責務ナシト云フヲ得サレハナリ又試ニ公判始末書及ヒ被告カ自首書ヲ閱スルニ父吉左衛門死亡後家督相續者タルコハ明瞭ナルノミナラス戶籍寫ヲ看ルモ被告ハ一家ノ長タルコ亦明白タリ然レハ被告カ家督相續ニ因テ讓受ケタル地所ヲ成規內ニ書替出サルハ素ヨリ其責メ免カレ得ヘカラスト雖モ原裁判言渡書ニ認ムル處ハ啻ニ地券書換ヲ爲サヽリシトノミ示シアリテ其地券ハ何通ナリシヤ明掲セサレハ之ヲ知ルニ由ナク從テ之レカ擬律ヲ爲シ能ハサル事實理由ノ不備ナル裁判ナルヲ以テ破毀ノ原由アルモノトス已ニ此點ニヨリ破毀ノ原由アリト認メタル以上ハ原撿察官ノ上告論旨ニ對シ一々說明ヲ要セス

明治十九年三月九日

○舊令

一一三 太政官第五十二號布告 明治十三年十一月

土地賣買讓渡規則別紙ノ通相定候條此旨布告候事

但明治八年六月第百六號布告幷同年十月第百五十三號布告廢止候事

（別紙）

土地賣買讓渡規則

第五條　死亡者失踪者ノ家督相續若クハ遺產相續及ヒ離緣戶主ノ家督相續ニ由リ土地ヲ讓受ケタル者ハ親族（親族ナキモノハ近隣ノ戶主）ト連印ノ上戶長役場ヲ經テ地券（書換裏書）願書ヲ管轄廳ヘ差出スヘシ若シ家督相續又ハ遺產相續ノ日ヨリ六箇月以內ニ戶長役場迄之ヲ差出サヽル者ハ證印稅五倍ノ科料ニ處ス

但本條期限內ニ地券（書換裏書）願書ヲ差出ス能ハサル事由アリテ之ヲ屆出ル者ハ此限ニ在ラス

○

一一四 太政官第三十號布告 明治十四年五月

ホ二八ノ三八條參看

地券証印税左ノ通改正明治十四年七月一日ヨリ施行シ従前ノ証印税則ハ同日ヨリ廢止候條此旨布告候事

証印税則

地券ニ記セシ	券状一通ニ付
金高拾圓未滿	三錢 千分ノ五
金高拾圓以上二百圓未滿	即拾圓ニ付五錢
金高二百圓以上五百圓未滿	壹圓
金高五百圓以上千圓未滿	壹圓貳拾五錢
金高千圓以上貳千圓未滿	壹圓五拾錢
金高貳千圓以上五千圓未滿	貳圓五拾錢
金高五千圓以上壹萬圓未滿	三圓七拾五錢
金高壹萬圓以上	五圓

左ニ掲クルモノハ券面代價ノ有無ニ拘ハラス券状一通ニ付三錢トス

代換授與幷ニ水火盜難ニヨリ地券書換

荒地其他無代價地券授與書換

荒地起返及開墾鍬下年季明其他一筆地ヲ數筆ニ分裂數筆地ヲ一筆ニ合併等ニテ所有主變換セサル地券書換

(二九)取引所條例 明治二十年五月 勅令第十一號

朕取引所條例ヲ裁可シ茲ニ之ヲ公布セシム

取引所條例

第一章 總則

㋭一九ノ一條一節、二九ノ二、三、一八條、三六ノ一、三、六條乃至一一五ノ一、二、三、四、八條參看

㋭一九ノ一條一節、二九ノ二七、二九、三〇條、三六ノ一、二、八、三〇、三一條乃至一一五ノ三、三、八、四七條參看

㋭一九ノ二條一節、二九ノ二、一二、二四條、三六ノ二、二條參看

㋭二九ノ二三條參看

㋭一九ノ一一條一節、二九ノ三三條、三六ノ四一條乃至一一五ノ四八條參看

㋭一九ノ一七條一節、二九ノ一五條、三六ノ四三條參看

第一條　取引所ハ商業上ノ取引ヲ便利ニシ市價ヲ平準ニシ商業上公正直實ノ風ヲ養成シ商業上ノ慣習ヲ統一維持シ須要ノ報道ヲ傳播シ及取引所會員ノ間ニ生スル爭論ヲ仲裁スルヲ以テ目的トシ商業上便宜必要ノ地方ニ於テ其地方ノ商人農商務大臣ノ特許ヲ得テ設立スルモノトス

第二條　取引所ニ於テ賣買取引スヘキ物件ハ重要ノ商品公債證書證券株式等ニシテ創立員又ハ取引所ノ出願ニ依リ農商務大臣ノ認可シタルモノニ限ル

第三條　取引所ヲ設立スルニハ東京大阪ニ於テハ三十八以上其他ノ地方ニ於テハ十五人以上會員タルヲ得ヘキ者創立員トナリ地方官廳ヲ經テ農商務大臣ニ願出ヘシ

第四條　取引所ハ其賣買取引スヘキ物件ニ就キ之ヲ各部ニ分チ又ハ數物件ヲ合セテ一部トシ農商務大臣ノ認可ヲ受クヘシ

第五條　取引所ノ創立ニ係ル費用及之ヲ維持スルニ必要ナル費用ハ會員之ヲ負擔スヘシ

取引所ハ前項ノ費用ヲ補充スル爲メ賣買取引ニ就キ相當ノ手數料ヲ領收スルコトヲ得其手數料ノ割合ハ役員之ヲ議定シテ農商務大臣ノ認可ヲ受クヘシ

前項ノ手數料ハ之ヲ分配スルヲ得サルモノトス

第六條　農商務大臣ハ取引所ヲ監督シ地方長官ヲシテ之ヲ監視セシメ其賣買取引法律命令ニ違反シ或ハ公衆ノ安寧ニ妨害アリト認ムルトキハ其全部又ハ幾部ヲ停止若クハ禁止シ其賣買取引ニ關渉シタル役員ヲ罷免シ仲買人ノ營業ヲ停止若クハ禁止シ及會員ヲ一時若クハ永久ニ除名スルコトヲ得

〔西〕一一五ノ六、七條參看

㋭二九ノ一六、一九條參看

㋭二九ノ三三條參看

〔獨〕一一五ノ四八、五〇、五九、六一條參看

㋭一九ノ二條二節、七條一節、八條一節、二九ノ一八、二〇、二一、二二、二三、二五條三六ノ一二、一五、二四、二五條〔獨〕一一五ノ一〇條以下參看

㋭一九ノ二條二節、二九ノ二二條〔獨〕一一五ノ二六條以下參看

㋭一九ノ二條二節、八條一節、三六ノ一五、一七條〔獨〕一一五ノ一一二條參看

第七條　農商務大臣ハ必要ト認ムルトキハ取引所ノ規約ヲ改正セシメ又ハ決議及處分ヲ停止禁止若クハ取消スコトヲ得

第八條　農商務大臣ハ必要ト認ムルトキハ取引所ニ對シ委員ヲ命シ其一般ノ事務ヲ監察シ取引所ニ關スル法律命令ノ施行ヲ監視シ且其役員ノ集會ヲ整理セシムルコトヲ得

第九條　取引所ハ毎日一定ノ時間ニ於テ商業上ノ集會ヲ開キ其時間外ハ賣買取引ヲ爲スコトヲ許サス

第十條　本條例施行ニ關スル細則ハ農商務大臣之ヲ定ム

第十一條　取引所ノ賣買取引ニ關スル税則ハ別ニ之ヲ定ム

第二章　會員

第十二條　會員タルコトヲ得ル者ハ其取引所所在ノ地ニ居住スル商人ニシテ會員タルノ義務ヲ盡スコトヲ得ル者ニ限ル會員ニ非サレハ取引所ニ集會シ賣買取引ヲ爲スコトヲ得ス

第十三條　會員タル者ハ身元保證金三百圓以上三千圓以下ヲ差出スコトヲ要ス

第十四條　左ニ揭クル者ハ會員タルコトヲ得ス

一　婦女及未丁年者

但婦女ノ代理人未丁年者ノ後見人ハ會員タルコトヲ得

二　公權剝奪若クハ停止中ノ者

三　身代限ノ處分ヲ受ケ未タ辨償ノ義務ヲ終ヘサル者

四　第六條第十五條ニ依リ除名セラレタル者

(ホ)一九ノ九條五節、二九ノ二四條參看

(ホ)一九ノ五條一節、三六ノ一八條、(取)一一五ノ五、一二以下、三二、三三、三四、三五、三六條參看

(ホ)一九ノ五條三節、三六ノ一九、二〇條、(取)一一五ノ五〇條參看

(ホ)一九ノ五條二節、二九ノ三三條、三九六ノ二三、二七條參看(取)一一五ノ六條參看

(ホ)一九ノ八條二節、二九ノ二一、二二、二三、二四、二五、三三條、三

第十五條　會員ニシテ不當ノ擧動ヲ爲シ爲メニ取引所內ニ於テ紛擾爭論ヲ釀スカ法律命令及規約ニ違反シタル不正ノ契約ヲ爲スカ又ハ故意ニ其商業上ノ責任ヲ果サヽルトキハ役員ノ決議ヲ以テ百圓以內ノ過怠金ヲ科シ一時若クハ永久ニ之ヲ除名スルコトヲ得

第三章　役員

第十六條　取引所ニ役員ヲ置クコト左ノ如シ

一　理事長

一　理事

一　常置委員

第十七條　役員ハ一箇年ヲ以テ任期トシ會員中ヨリ投票ヲ以テ選擧シ農商務大臣ノ認可ヲ受クヘシ但理事長及理事ハ會員ノ決議ニ由リ會員外ヨリ選擧スルコトヲ得役員任期中ト雖モ其職務ヲ盡サヽルカ又ハ不正ノ所爲アルトキハ會員ノ決議ヲ以テ農商務大臣ノ認可ヲ受ケ退職セシムルコトヲ得

第十八條　理事長及理事ハ取引所ニ於テ賣買取引ヲ爲スコトヲ許サス

第十九條　役員ハ法律命令ノ範圍內ニ於テ農商務大臣ノ認可ヲ經其業務ニ關シ規約ヲ定ムルコトヲ得

第四章　仲買人

第二十條　取引所ニ仲買人ヲ置ク仲買人ハ他人ノ委托ニ由リ賣買取引ヲ爲スヲ以テ業トシ自己ノ爲メニ賣買取引ヲ爲スコトヲ得ス

六ノ一五條、[取]一一五ノ一九、二〇、二一、二二條參看
㋭一九ノ八條一節、三六ノ一五條[取]一一五ノ一六、一七、一八、二三條參看
㋭一九ノ八條一節、三六ノ一六條[取]一一五ノ一七、二六以下、三〇、三二條參看

第二十一條　仲買人ノ營業ハ一部ニ限リ數部ヲ兼ヌルコトヲ得ス

第二十二條　仲買人タラント欲スル者ハ農商務大臣ノ免許ヲ受クヘシ之ヲ受ケタルトキハ免許料金五十圓ヲ納ムヘシ

第二十三條　仲買人タルヘキ者ハ會員ニシテ營業保證金一千圓以上二萬圓以下ヲ差出スコトヲ要ス

第二十四條　仲買人ニシテ第十五條ニ揭クル所爲アルトキハ役員ノ決議ヲ以テ二百圓以内ノ過怠金ヲ科シ其營業ヲ停止若クハ禁止スルコトヲ得但營業ヲ禁止スルトキハ農商務大臣ノ認可ヲ受クヘシ

㋭二九ノ三三條[取]一一五ノ二二條參看

第二十五條　仲買人ハ自ラ取引所ノ賣買取引ニ從事スヘシ代理人又ハ手代ヲ使用スルコトヲ得ス

第二十六條　仲買人口錢ノ額ハ役員會議ニ於テ議決シ農商務大臣ノ認可ヲ得テ之ヲ定ム

第五章　賣買取引

㋭一九ノ一〇條一節、二九ノ三〇、三三條、三六ノ三六條[取]一一五ノ三八、乃至四六條參看
㋭二九ノ三四條參看
[取]一一五ノ四七條㋭二九ノ三四條參看

第二十七條　取引所ニ於テ爲ス所ノ賣買取引ハ直取引及定期取引ノ二樣トス其方法ハ農商務省令及取引所ノ規約ヲ以テ之ヲ定ム

第二十八條　取引所ニ於テ賣買取引スヘキ物件ノ種類ニヨリ農商務大臣ハ取引所外ニ於テ取引所ノ賣買取引ト同一又ハ類似ノ方法ヲ以テ賣買取引ヲ爲スヲ禁止スルコトヲ得

第二十九條　取引所ニ於テ賣買取引シタル物件ノ相場ヲ以テ公定相場トス

第六章　仲裁

第三十條　取引所ニ於テ爲シタル賣買取引ニ關シ爭論ヲ生スルトキハ役員ニ申告シテ仲裁ヲ受クヘシ但代言人ヲ出スコトヲ得ス

一一五ノ三〇條參看

第三十一條　前條ノ場合ニ於テハ常置委員ノ多數決ヲ以テ其爭論ヲ仲裁スヘシ

第三十二條　法律上ノ見解ニ關スルモノヲ除クノ外前條ノ仲裁ニ對シテ裁判所ニ上訴スルコトヲ得ス

第七章　罰則

第三十三條　第五條第三項第九條第十八條第二十條及第二十五條ヲ犯シ又ハ第二十七條ニ依リ農商務省令ヲ以テ定メタル賣買取引法ニ違ヒ賣買取引ヲ爲シタル者ハ二十圓以上五百圓以下ノ罰金ニ處ス

三六ノ四八條 八四、一一五ノ三八、四七、七一條參看

第三十四條　第二十八條ニ依リ農商務大臣ノ禁止シタル賣買取引ヲ爲シ又ハ第二十九條ノ公定相場ヲ僞リタル者ハ十圓以上二百圓以下ノ罰金ニ處ス

八四、一一五ノ七一條參看

附則

本條例ハ明治二十年九月一日ヨリ施行ス但米商會所條例及株式取引所條例ハ米商會所及株式取引所ノ營業滿期ヲ待ツテ廢止スルモノトス

參照

○關係法令

一一五　農商務省令第三號　明治二十年六月

本年五月勅令第十一號取引所條例施行細則左ノ通相定ム

ホ二九ノ一〇條參看

取引所條例施行細則

第一章　總則

卅一一五ノ二、三、五條參看

第一條　取引所ヲ設立セントスル者ハ設立願書ニ左ノ事項ヲ詳記シ創立員各自署名調印シ地方官廳ニ差出スヘシ

一　取引所ノ名稱及位置

二　設立ヲ要スル事由

三　取引所ノ部分ケ及其各部ニ於テ賣買取引スヘキ物件ノ種類

四　會員タルヲ得ヘキ商人ノ概數及其差入ルヘキ身元保證金額

五　各部仲買人ノ差入ルヘキ營業保證金額

六　賣買取引スヘキ物件集散ノ實況及將來賣買取引高ノ目算

七　取引所設立ニ關スル費用ノ豫算額及徵收ノ方法

卅一一五ノ一、三條參看

第二條　地方長官前條ノ設立願書ヲ受ケタルトキハ其要否ヲ考ヘ創立員ノ身元ヲ糺シ意見ヲ具シ農商務省ニ進達スヘシ

卅一一五ノ一、二、四條參看

第三條　農商務大臣取引所ノ設立ヲ特許シタルトキハ特許狀ヲ下付スヘシ

卅一一五ノ三、七一條參看

第四條　取引所設立ノ特許ヲ得タルトキハ創立員ニ於テ其創立員中ヨリ委員ヲ撰定シ其氏名ヲ農商務省ニ屆出ツヘシ

委員ハ假ニ役員ノ事務ヲ執行シ取引所設立ノ特許ヲ得タル旨ヲ官報又ハ其地方重

モナル新聞紙ヲ以テ廣告シ取引所ヲ開クニ付必要ノ準備ヲ爲スヘシ

第五條　會員ノ員數第一條第四項概數ノ十分ノ一以上ニ達スルトキハ總會ヲ開キ役員ヲ選擧スヘシ

役員ハ取引所ノ業務ヲ經理スル爲メ規約ヲ作リ農商務大臣ノ認可ヲ受クヘシ

（卅二一五ノ六、七、一條參看）

第六條　規約ニハ左ノ事項ヲ記載スヘシ但自餘ノ事項ト雖モ必要ト認ムルモノハ掲載スルコトヲ得

（卅二一五ノ五、八、一〇、一一六條參看）

一　取引所ノ名稱及位置

二　取引所各部ノ名稱

三　會員入退及除名ニ關スル規程

四　會員ノ權利義務

五　會員組合ニ關スル規程

六　會員ノ手代入場ニ關スル規程

七　役員ノ員數及其選擧ノ方法

八　役員ノ職務章程

九　仲買人開廢業及營業停止禁止ニ關スル規程

十　仲買人組合ニ關スル規程

十一　仲買人ノ補助員入場ニ關スル規程

十二　仲買口錢ニ關スル規程

〔法〕一二五ノ五、六、七一條參看〔細〕一二五ノ六、七

十三　身元保證金及營業保證金ニ關スル規程
十四　賣買取引スヘキ物件ノ種類
十五　新株式賣買擧行ニ關スル規程
十六　直取引及定期取引ニ關スル規程
十七　賣買取引受托ニ關スル規程
十八　證據金ニ關スル規程
十九　賣買取引ノ結了ニ關スル規程
二十　市場整理ニ關スル規程
二十一　休暇日及市場開閉時刻ノ定限
二十二　公定相場ニ關スル規程
二十三　會議ニ關スル規程
二十四　帳簿及記錄ニ關スル規程
二十五　取引所ノ經費收支ニ關スル規程
二十六　仲裁ニ關スル規程
二十七　違約處分ニ關スル規程

第七條　役員規約ノ認可ヲ得タルトキハ農商務省ニ屆出ノ上賣買取引ヲ開始スヘキモノトス

第八條　取引所ノ位置ヲ移轉セントスルトキハ農商務大臣ノ認可ヲ受クヘシ

一條參看　卅一一五ノ七一條參看　卅二一五ノ一六、一一三、一二一、四一五、七一條參看　卅二一一五ノ一一〇、七一條參看　卅二一一五ノ一一〇、七一條參看　卅二一一五ノ一一〇、七一條參看　卅二一一五ノ一一〇、七一條參看　卅二一一〇、ノ一

第九條　取引所ニ關スル一切ノ文書ハ所名ヲ署シ役員ノ印章ヲ捺スヘシ但願伺届其他重要ノ文書ハ理事長之ニ署名調印スヘシ

第二章　會員

第十條　會員タラント欲スルモノハ加入申込書ニ履歴書ヲ添付シ役員ニ差出スヘシ役員ハ其履歴ヲ糺シ身元保證金ヲ差入レシメタル上加入ヲ承諾シ會員名簿ニ記名調印セシメ會員ノ證ヲ交付スヘシ

第十一條　婦女ノ代理人若クハ未丁年者ノ後見人會員タラント欲スルトキハ加入申込書ニ履歴書及委任狀若クハ戸長ノ證認書ヲ添付シ役員ニ差出シ其承諾ヲ請フヘシ但條例第十四條ニ觸ルヽ代理人若クハ後見人ハ會員タルコトヲ得ス

第十二條　商社ノ名義ヲ以テ會員タラント欲スルトキハ代表人ヲ定メ加入申込書ニ商社ノ規約及代表人ノ履歴書ヲ添付シ役員ニ差出シ其承諾ヲ請フヘシ但條例第十四條ニ觸ルヽモノハ代表人タルコトヲ得ス

第十三條　會員退去セントスルトキハ其旨ヲ役員ニ申出ツヘシ役員ハ十日間其旨ヲ市場ニ掲示シ賣買取引其他計算上關係ナキヲ認メタル上承諾ヲ與ヘ身元保證金ヲ返付スヘシ

第十四條　會員ハ役員ノ承諾ヲ得手代ヲシテ入場セシムルコトヲ得

第十五條　會員ハ適宜人員ヲ定メテ組合ヲ爲シ組合中ヨリ委員一名ヲ撰定シ役員ニ屆置クヘシ

七一條參看

獨一一五ノ一六、一七、二二、七一條參看

獨一一五ノ一六、一八、一九、二〇、二二、二三、二四、二五、七一條參看

獨一一五ノ一七、七一條參看

獨一一五ノ一七、二三、三〇、三一、七一條參看

獨一一五ノ一七、二一、七一條參看

獨一一五ノ二〇、七一條參看

委員ハ其組合會員ノ代議人トナリ取引所總會ニ列スルモノトス

第三章　仲買人

第十六條　仲買人タランコトヲ欲スルモノハ營業願書ヲ役員ニ差出スヘシ役員ハ役員會ヲ開キ過半數ノ同意ヲ得タル上地方官廳ヲ經由シテ其願書ヲ農商務省ニ進達スヘシ

第十七條　農商務大臣ニ於テ仲買人タルコトヲ免許スルトキハ役員ヲ經テ銀章ヲ下付スヘシ役員ハ免許料及營業保證金ヲ差出サシメタル上之ヲ本人ニ交付スヘシ

第十八條　仲買人ハ取引所ニ於テ賣買立會中銀章ヲ佩用スヘシ

第十九條　仲買人ハ自己ノ名義ヲ以テ賣買約定ヲ爲シ其賣買取引上一切ノ責任ヲ負フヘシ

第二十條　仲買人ハ其部内同業者中適宜人員ヲ定メテ組合ヲ爲シ組長一名ヲ撰定シ役員ノ認可ヲ受ケ組合中一切ノ取締ヲ爲サシムヘシ但組長ノ氏名ハ役員ヨリ農商務省ニ届出ヘシ

第二十一條　仲買人ハ其部ノ名稱ヲ冠シ某部仲買人ト稱スヘシ

第二十二條　仲買人ハ役員ノ承諾ヲ得一名若クハ二名ノ補助員ヲシテ取引所ニ於テ其業務ヲ補助セシムルコトヲ得但補助員ハ賣買契約ヲ爲シ又ハ之ヲ執行スルコトヲ得ス

第二十三條　仲買人廢業セントスルトキハ其届書ヲ役員ニ差出スヘシ役員ハ十日

二一五ノ一一六、一七、一九、七一條參看
一一五ノ一七、一條參看
二一五ノ一一九、七七一條參看
一一五ノ一七、一條參看
二一五ノ一六、二七、一條參看
二一五ノ二六、八、七一條參看

閒其旨ヲ市場ニ揭示シ賣買取引其他計算上關係ナキヲ認メタル上營業保證金ヲ返付シ地方廳ヲ經由シテ其屆書ヲ農商務省ニ進達スヘシ

第二十四條　仲買人其資格ヲ失フタルトキハ本人又ハ相續人若クハ親族ヨリ役員ヲ經由シテ銀章ヲ農商務省ニ返納スヘシ

第二十五條　仲買人銀章ヲ紛失シタルトキハ其事由ヲ詳具シ役員ノ保證ヲ得テ更ニ銀章ノ下付ヲ請フヘシ但此場合ニ於テハ手數料トシテ金拾圓ヲ上納スヘシ

第四章　身元保證金及營業保證金

第二十六條　身元保證金及營業保證金ハ取引所ニ於テ其額ヲ定メ農商務大臣ノ認可ヲ受クヘシ農商務大臣ハ時宜ニ由リ其增額ヲ命スルコトアルヘシ

營業保證金ハ各部ニ由リ其額ヲ定ムヘキモノトス

第二十七條　身元保證金及營業保證金ハ左ニ揭クル證書ヲ以テ代用スルコトヲ得但身元保證金ノ預リ證書ハ營業保證金中ニ合算スルコトヲ得

現金ヲ以テ差入レントスルトキハ役員ノ指命スル銀行ニ預ケ入レ其預リ證書ヲ以テ役員ニ差入ルヘシ

一預金局ノ預リ證書

一公債證書

一政府ノ保證アル會社ノ株劵

（公債證書ハ農商務大臣株劵ハ役員ノ指定スル價格ニ據ルヘシ）

〔細〕一一五ノ二七、七一條參看

第二十八條　身元保證金及營業保證金ヲ差出シタルトキハ役員ハ預リ證書ヲ付與スヘシ其證書ハ質入書入其他抵當ト爲スコトヲ許サス

〔細〕一一五ノ二四、二七、七一條參看

第二十九條　身元保證金ニ缺額ヲ生シタルトキハ之ヲ補塡スルニアラサレハ會員タルノ權利ヲ失フモノトス又營業保證金ニ缺額ヲ生シタルトキハ之ヲ補塡スルニアラサレハ仲買人ノ業ヲ營ムコトヲ許サス

〔細〕一一五ノ一九、二七、七一條參看

第三十條　營業保證金ハ之ヲ差入タル仲買人ニ於テ賣買取引上ノ違約ヲ爲シタルトキ損害辨償ノ用ニ供スルモノトス

身元保證金ハ之ヲ差入タル會員ニ於テ其會員タルノ義務ヲ盡サヽルトキ辨償ノ用ニ供スルモノトス

〔細〕一一五ノ一九、二七、七一條參看

第三十一條　賣買取引上ヨリ生シタル損害ノ辨償ハ證據金及營業保證金ヲ以テ充テ猶ホ不足アルトキハ被害者ヨリ辨償ノ責ニ當ル本人ニ對シ追求スルヲ得

第五章　役員

〔細〕一一五ノ六、三三、三四、三六、七一條參看

第三十二條　理事長ハ理事ヲ率ヒテ取引所全部ノ事務ヲ總轄シ總會及役員會ノ議事ヲ整理シ理事ノ分掌ヲ定メ所屬員ヲ任免シ及規約違反者ヲ處分スルノ權ヲ有シ取引所一切ノ事務ニ付其責ニ任スルモノトス

〔細〕一一五ノ三二、三五、七一條參看

第三十三條　理事ハ指揮ヲ理事長ニ受ケ各部ノ事務ヲ分掌シ及部下ノ屬員ヲ指揮監督スルノ權ヲ有ス

〔細〕一一五ノ三二、

第三十四條　常置委員ハ取引所全般ノ事務ニ付意見ヲ具シ理事長ヲ補佐シ金錢ノ出

七一條參看
商法二一五ノ三三、七一條參看
商法二一五ノ三二、七一條參看
商法二一五ノ七一條參看
商法二一五ノ六、三九、四〇、四二、四五、四七、七一條參看
商法二一五ノ三八、七一條參看
商法二一五ノ三八、四一、四四、七一條參看
商法二一五ノ四〇、四二、四三、七一條參看

納及他ノ諸役員ノ行爲ヲ監視スルノ權ヲ有ス

第三十五條　理事ハ理事長事故アルトキ其事務ヲ代理スルノ任アルモノトス

第三十六條　會員外ヨリ理事長及理事ヲ撰擧シ農商務大臣ノ認可ヲ請フトキハ其願書ニ履歴書ヲ添付スヘシ

會員外ヨリ撰擧シタル理事長及理事ハ會員同額ノ身元保證金ヲ役員ニ差出スヘシ

第三十七條　役員ノ印章ハ其印鑑ヲ農商務省ニ屆出ノ上使用スヘシ

第六章　賣買取引法

第三十八條　取引所ニ於テ爲ス所ノ賣買取引ハ現物、見本品、銘柄ニ據リ賣買約定ヲ爲スヘキモノトス

第三十九條　直取引ハ現物、見本品又ハ銘柄ヲ以テ賣買約定ヲ爲スモノトス約定ヲ爲シタルトキハ賣買雙方ヨリ相手方ノ氏名、數量、直段等ヲ其部理事ニ屆出テ取引所ノ帳簿ニ記入ヲ請ヒ五日以内ニ受渡ヲ爲スヘシ

第四十條　定期取引ハ見本品又ハ銘柄ニ據リ期日ヲ定メテ賣買約定ヲ爲スモノトス

第四十一條　定期取引ノ約定ヲナシタルトキハ賣主ヨリ其記名ノ賣渡證書ヲ買主ニ交付スヘシ但賣買約定ノ高ニ應シ賣渡證書ヲ數葉ニ分割スルコトヲ得

買受ケタルモノヲ他ヘ轉賣セントスルトキハ證書記名者ニ其旨ヲ通知シ證書記名者ニ於テ更ニ證據金ノ差入ヲ請求スルトキハ一定ノ證據金額内ニ於テ證書記名者ノ滿足スル證據金ヲ差入レシムヘシ

■ノ二一五、三八、一四一、一七條參看

第四十二條　定期取引ノ約定ヲナシタルトキハ賣買雙方ヨリ相手方ノ氏名約定期日數量及直段等ヲ詳記シタル書面ヲ以テ其部理事ニ届出テ取引所ノ帳簿ニ記入ヲ請フヘシ

■ノ二一五、四二、七一條參看

第四十三條　定期取引ノ約定ヲ鞏固ナラシメンカ爲メ賣買主ノ一方ニ於テ證據金ノ差入ヲ必要トスルトキハ相手方ニ其差入ヲ請求スルコトヲ得此場合ニ於テハ其請求者モ亦同額ノ證據金ヲ差入ルヘキモノトス

證據金ノ最上額ハ役員ニ於テ豫メ之ヲ定メ農商務省ニ届出ヘシ

■ノ二一五、四〇、七一條參看

第四十四條　定期取引ノ期限ハ役員之ヲ定メ農商務省ノ認可ヲ受クヘシ

■ノ二一五、三八、四六、七一條參看

第四十五條　賣買品ノ受渡ハ其部理事立會ノ上執行完結スヘシ

第四十六條　賣買品ノ受渡ハ制法又ハ特許ニ依リ成立シタル倉庫ノ預リ手形ヲ以テ其用ニ供スルコトヲ得

第七章　公定相場

■ノ二一五、四五、七一條參看

第四十七條　公定相場ハ取引所ニ於テ日々賣買取引スル物件ノ種類ニ依リ左ノ種別ニ從ヒ直取引ト定期取引トヲ區書シ役員之ヲ調定シ表ヲ作リテ市場ニ掲示スヘシ

■ノ二一五、三八、七一條參看

寄付相場（賣買立會ノ最初ニ賣買取引シタル一口ノ直段ヲ云フ）

大引相場（賣買立會ノ最終ニ賣買取引シタル一口ノ直段ヲ云フ）

最昂相場（賣買立會中最モ高キ直段ヲ云フ）

最低相場（賣買立會中最モ低キ直段ヲ云フ）

法一一五ノ六、四九、七一條參看
法一一五ノ四八、七一條參看
法一一五ノ六、五一、五三、五八條參看
法一一五ノ五〇、五二、五四、五五、五六、五七、七一條參看
法一一五ノ五二、七一條參看

平均相場（賣買立會中相場ノ異ナルモノヲ加ヘ更ニ其數ニテ除シタル直段ヲ云フ）

第八章　取引所經費

第四十八條　取引所ノ創立ニ係ル費用ヲ支辨スル爲メ一時負債ヲ起スコトヲ得此場合ニ於テハ償却ノ方法及年限ヲ定メ農商務大臣ノ認可ヲ受クヘシ

取引所ノ經費ヲ支辨スル爲ニ賣買取引上ニ就キ手數料ヲ徵收スルノ外各會員ニ賦金ヲ課スルコトヲ得

取引所經費ノ豫算額及其賦課徵收ノ方法ハ總會ニ於テ之ヲ議定シ農商務大臣ノ認可ヲ受クヘシ

第四十九條　取引所ノ經費ハ毎年兩度收支ノ決算ヲナシ會員一同ニ報告スヘシ

第九章　會議

第五十條　會議ヲ分テ總會役員會ノ二トナス

第五十一條　總會ハ委員一同集會シ毎年一回之ヲ開クモノトス

第五十二條　總會ニ於テ議スヘキ事項ハ左ノ如シ

一　賣買取引上ノ利害得失ニ關スル事項
二　取引所經費ノ豫算額及賦課徵收ノ方法
三　取引所維持ニ關スル事項
四　役員ノ選擧

第五十三條　役員會ハ理事長理事及常置委員集會シテ之ヲ開ク其議スヘキ事項ハ左

〔廿五〕二一五ノ五〇、五六、五七、七一條參看

ノ如シ

一 取引所規約ノ改正

二 仲買人ノ口錢額

三 取引所事務ノ整理及賣買取引ノ便否

四 金錢取扱ノ方法

五 臨時必要ノ事項

〔廿五〕二一五ノ五一、七一條參看

第五十四條 總會ハ委員三分ノ一以上ノ請求又ハ理事長ノ意見若クハ常置委員ノ衆議ニ依リ臨時開會スルコトヲ得

〔廿五〕二一五ノ五一、七一條參看

第五十五條 總會ハ議員ノ半ニ滿タサレハ議事ヲ開クコトヲ得ス但急遽ノ事件ハ此限ニアラス

〔廿五〕二一五ノ五一、七一條參看

第五十六條 會議ハ議員過半數ニ由テ決ス可否同數ナルトキハ議長ノ決スル所ニ依ル

〔廿五〕二一五ノ五一、七一條參看

第五十七條 會議ハ理事長之レカ議長トナルヘシ

但條例第十七條後項ノ塲合ニ於テハ議員中ヨリ議長ヲ選擧スルコトヲ得

〔廿五〕二一五ノ五〇、七一條參看

第五十八條 臨時總會ヲ開カントスルトキハ開會ニ先チ議件ヲ詳記シ農商務省ニ届出ヘシ農商務大臣ハ時宜ニ由リ開議ヲ差止メ又ハ中止スルコトアルヘシ

第十章 報告

〔廿五〕二一五ノ六〇、

第五十九條 役員ハ左ニ掲クル件々ヲ農商務省ニ報告スヘシ

（七一條參看）

一　毎日公定相場表

二　毎月賣買景況報告

三　毎半季功程及計算報告

四　毎半季會員入退報告

（商法二一五ノ五九、七一條參看）

第六十條　取引所ニ於テ爲ス所ノ賣買取引上ニ異狀アルトキハ其時々役員ヨリ農商務省ニ報告スヘシ

第十一章　帳簿

（商法二一五ノ六二、七一條參看）

第六十一條　役員會員及仲買人ハ必要ノ諸帳簿ヲ備ヘ名目用法ヲ農商務省ニ屆出ヘシ其帳簿ハ記載ノ末日ヨリ滿五ヶ年間保存スヘシ

（商法二一五ノ六一、七一條參看）

第六十二條　役員會員及仲買人ハ毎日取扱タル事項及金錢ノ出納ヲ帳簿ニ詳記スヘシ農商務大臣ハ時宜ニ由リ帳簿ノ補正ヲ命シ又ハ記載ノ方法ヲ指示スルコトアルヘシ

第十二章　仲裁

（商法二一五ノ六四、六五、六六、六七、六八、六九、七一條參看）

第六十三條　仲裁ヲ請フ者アルトキハ理事長ニ於テ常置委員中ヨリ三名以上ノ掛員ヲ撰任シ理事長之カ議長トナリ仲裁ヲ爲スヘシ

仲裁ハ一定ノ期日及時間ニ於テ其事實ヲ審理シ之ヲ爲スモノトス

（商法二一五ノ六三、

第六十四條　仲裁ヲ請フ者ハ口頭又ハ書面ヲ以テスルモ妨ケナシ但掛員ニ於テ必要ト認ムル場合ニ於テハ書面ヲ出サシムルコトヲ得

七一條參看　サ二一五ノ六三、七一條參看　サ二一五ノ六三、七一條參看　サ二一五ノ六三、七一條參看　サ二一五ノ六三、七一條參看　サ二一五ノ六三、七一條參看

第六十五條　仲裁ヲ請フモノ其取調ヲ受クルトキハ自身出頭スヘシ止ヲ得サル事故アルトキニ限リ會員ハ手代仲買人ハ補助員ヲ以テ代理タラシムルコトヲ得

第六十六條　仲裁ノ言渡ヲ爲ストキハ掛員一同其言渡書ニ記名調印スヘシ但細事ニ限リ口頭ヲ以テ言渡スモ妨ケナシ

第六十七條　掛員必要ト認ムルトキハ會員及仲買人中ヨリ證據人ヲ召喚スルコトヲ得此場合ニ於テ召喚セラレタルモノハ理由ナク之ヲ辭スルコトヲ得ス

第六十八條　掛員ハ其仲裁ヲ爲シタル事件ヲ詳記シ之ヲ保存スヘシ

第六十九條　掛員ハ仲裁ニ關スル費用ヲ曲者ヨリ差出サシムルコトヲ得

第七十條　掛員ハ會員外ノ者ヲ以テ仲裁事件ノ顧問トナシ又ハ仲裁ノ席ニ參セシムルコトヲ得

第十三章　違犯處分

第七十一條　本則ニ違犯シタル者ハ條例ニ據リ處分セラルヽモノヽ外二圓以上二十五圓以下ノ罰金又ハ二日以上二十五日以下ノ禁錮ニ處ス

◎チノ部

（三三〇）鳥獸獵規則　明治十年一月第十一號布告

鳥獸獵規則別紙ノ通改正候條此旨布告候事

（別紙）

サ一一八、ホ三〇ノ一四、一五、一七條參看
サ一一七、一二〇ホ三〇ノ三、四、五、六、一二、一七條參看
ホ三〇ノ五、六、七條參看
ホ三〇ノ一〇、一七條參看
ホ三〇ノ三、五條參看
ホ三〇ノ三、五、一七條參看
サ一一六、ホ三〇ノ三、一七條參看
サ一一六、ホ三〇ノ三、一三、一

鳥獸獵規則

第一條　小銃ヲ用テ鳥獸ヲ獵シ生業トスル者ヲ職獵トシ遊樂ノ爲メニスルヲ遊獵トス

第二條　銃獵免狀ナキ者ハ總テ銃獵スルヲ禁ス但有害ノ鳥獸ヲ除クカ爲メニハ地方官ノ便宜ヲ以テ臨時ノ免許ヲ與フヘシ

第三條　銃獵免狀ヲ得ント欲スル者ハ願書ニ族籍職分住所姓名年齡ヲ詳記シ東京府下ニ於テハ警視廳其他ハ該地方官廳ヘ差出スヘシ（十四年第六十一號布告ヲ以テ農商務省ヲ警視廳ト改ム）

第四條　免狀ハ其効一期限ニ止ルモノトス免狀ハ貸借シ賣買シ若クハ授受スルヿヲ禁ス

第五條　免狀ヲ願受クル者ハ左ノ通免許稅ヲ納ムヘシ

一職獵稅　　金壹圓
一遊獵稅　　金拾圓

第六條　水火盜難其他ノ事故ニ依リ免狀ヲ毀失スル時ハ速カニ東京府下ニ於テハ警視廳其他ハ該地方官廳ニ屆出ヘシ再ヒ免狀ヲ願受ル者ハ更ニ稅金ヲ納ムルニ及ハスト雖モ手數料トシテ金二十五錢ヲ納ムヘシ（十四年第六十一號布告ヲ以テ農商務省ヲ警視廳ト改ム）

第七條　左ニ記列シタル者ニハ免狀ヲ付與セサルヘシ

一十六歲未滿ノ者
一白痴風癲等ノ者
一故ナク弓箭銃砲ヲ放ツノ刑ヲ受ケシ者

第八條　左ニ記列シタル場所ニ於テハ銃獵ヲ爲スヿヲ禁ス

七條參看

(ホ)三〇ノ一、一七條參看

(ホ)三〇ノ四、一七條參看

(ホ)三〇ノ一七條參看 (研)一一九、(ホ)三〇ノ三、二七條參看

(ホ)三〇ノ八、一七條參看

(ホ)一ノ五條、三〇ノ一五、一七條參看

(ホ)一ノ三、五條、

一都府市街ハ勿論衆人群集ノ場所

一銃丸ノ達スヘキ恐レアル人家ニ向ヒタル距離ノ場所

一禁獵制札ノ場所

　但制札ハ獵銃ニ挺ヲ交叉シタル圖ノ下ニ銃獵禁制ノ四字ヲ記シ掲ケ置クヘシ

一作物植付ケアル田畑内或ハ社寺人家等ノ構内

　但該主又ハ管守人ノ許諾ヲ得タル者ハ此限ニアラス

第九條　獵銃ハ和銃玉目四匁八分以下並ニ西洋獵銃ニ限ルヘシ軍銃ヲ用フルヲ禁ス

　但開拓使管内ニ限リ和銃玉目拾匁以下ヲ用フルヲ得ヘシ（明治十年第八十五號布告ヲ以テ但書追加）

第十條　銃獵期限ハ十月十五日ヨリ四月十五日迄ヲ以テ一期トス是時限ノ外ハ銃獵ヲ禁ス

　但地方ノ景況ニ依リ已ムヲ得ス此期限ヲ伸縮スルトキハ其理由ヲ農商務省ヘ届出ヘシ（十四年第四十三號布告ヲ以テ内務省ヲ農商務省ト改ム）

第十一條　日沒ヨリ日出迄ノ時間ハ銃獵ヲ禁ス

第十二條　凡ソ出獵スル者ハ必ス其免狀ヲ携帶スヘシ出獵中警察官吏區戸長村役人等免狀ヲ看ント請フ者アルトキハ直ニ之ヲ示スヘシ

第十三條　地主其所有地内ニ於テ他人ノ銃獵スルヲ有害トスルトキハ第八條所示ノ如キ制札ヲ立テ其周圍ニ繩張又ハ假圍ヲ爲スヘシ

第十四條　凡テ一期内再犯以上ノ者ハ其罰金ヲ倍科スヘシ

第十五條　銃獵ヲ生業トスル者ニアラスシテ職獵ノ免狀ヲ受ケ遊獵スル者ハ五十圓ノ罰金

三〇ノ一、一四、一七條例一一八參看

ホ一ノ三、五條、三〇ノ一、二、四、六、七、八、九、一〇、一一、一二、一三、一四條例一一九、一二〇、參看

ホ一四參看

ヲ科シ免狀取上ケ其期內銃獵ヲ禁スヘシ

第十六條　總テ犯則ノ者ヲ他ヨリ證跡ヲ取リ訴出ルトキハ犯人罰金ノ半ヲ賞トシテ與フヘシ

第十七條　第十四條第十五條ノ外此諸規則ヲ犯ス者ハ三圓ヨリ少ナカラス二十圓ヨリ多カラサル罰金ヲ科スヘシ

第十八條　開拓使管內ニ入リ鹿獵ヲ爲ス者ハ該使施行ノ規則ニ遵フヘシ（明治十年十二月第八十五號布告ヲ以テ本條追加）

●參照

〇伺指令

一一六　兵庫縣伺　明治十七年二月四日

鳥獸獵免許ヲ得シ者ノ子父ノ獵銃ヲ携ヘ無免狀ニテ銃獵セシヨリ則明治十年第十一號布告改正鳥獸獵規則第二條第十七條ニ依リ神戶輕罪裁判所ニ於テ罰金ニ處セラレシ者有之右之者更ニ銃獵免狀下附願出ルトモ該規則第七條第三項ニ該當免狀付與セサル義ニ候哉果テ然ラハ山間僻地ニシテ他ニ營業ノ目的モ無之父ノ職業ヲ繼續スル能ハス營業上實ニ憫察スヘキ事情有之候ヘ共斷然前條之通リ相心得可然哉

農商務省指令　明治十七年二月十六日

伺之趣ハ規則第七條第三項ノ限ニ無之候條免狀付與不苦候事

〇

一一七　農商務省

神奈川縣ヨリ去明治十年四月中內務省ヘ伺鳥獸獵規則第二條但書ニ對スル指令ハ取消更ニ左ノ通心得ヘキ旨去三日農商務卿ヨリ同縣ヘ達シタリ

鳥獸獵規則第二條但書ハ有害鳥獸ヲ銃殺スル場合ヲ謂フモノニシテ威銃ノ謂ニアラス

臨時銃砲免許ノ義ニ付伺（參照）

本年一月鳥獸獵規則御改正公布第二條中有害ノ鳥獸ヲ除クカタメニハ地方官ノ便宜云々トアリ右臨時免許ノ如キハ空砲ヲ以テ有害ノ鳥獸ヲ威除スルモノニシテ彈丸ヲ用ヒサルモノト相心得可然哉御規則中明文無之ニ付此段相伺候也

明治十年四月七日

指令　伺之通尤其防害空砲ニテ難防ニ至テハ一時彈丸相用ヒ候トモ不苦儀ト可相心得事

○

一一八　石川縣伺　明治十八年一月十七日

明治十年一月内務省乙第三號及同年同省乙第三十三號達ハ明治十七年三月御省第六號達ヲ以テ廢セラレ候ニ付テハ准官吏ハ勿論巡査等外吏ニ至ル迄職獵差許不苦樣被相考候ヘ共分界判然致サス取扱上疑義ヲ生シ候ニ付仰御指令候也

農商務省指令　明治十八年一月廿六日

伺之趣神官戸長郵便取扱人巡査等外吏ハ職獵差許不苦其他判任以上ハ准官吏ト雖モ渾テ職獵不相成候事

○判決例

一一九　明治十九年第千四百十三號

廣島縣平民　平尾忠吉

原判文ヲ閲スルニ（被告人平尾忠吉ハ明治十九年二月廿二日午後三時頃沼隈郡今津村宿禰山内文助方ヘ職獵鑑札ヲ差置キ同村高諸神社境内ニ於テ發砲セントスル所巡査津田晉吉ニ制止セラレ且鑑札ヲ看ントト請ハルヽモ其鑑札ヲ携帶セサルヲ以テ示スヿ能ハサルノミナラス山内文助方ヨリ鑑札ヲ取寄セ其鑑札ヲ巡査津田晉吉ニ渡シ之ヲ改メ見ルノ際ニ猶又走リ行キ高諸神社構内ニ於テ遂ニ發砲シタルモノト判定ス右所爲ハ鳥獸獵規則第八條四項同第十

ニ條ニ違背スルヲ以テ同則第十七條ニ照シ云々)トアリ夫レ斯ノ如ク原裁判官ハ被告カ同規則第八條四項同第十二條ニ違背シタル所爲アリト認メ同第十七條ヲ適用シナカラ單ニ罰金四圓ニ處シタルハ原撿察官上告論旨ノ如ク擬律ノ錯誤ヲ免カレサル失當ノ裁判ナルニヨリ破毀ノ原由アルモノトス何トナレハ右第八條ト第十二條トヲ犯シタルカ如キハ各其所爲ヲ異ニシ一所爲ニアラサレハ明治十四年第七十二號公布第五條ニ照シ各自處斷スヘキモノナレハナリ以上ノ理由ナルヲ以テ治罪法第四百廿九條ニ則リ原裁所言渡ヲ破毀シ本院ニ於テ直チニ裁判ヲ爲ス左ノ如シ

平尾忠吉

原裁判官カ認メタル事實ニ因リ之ヲ法律ニ照ス ニ第一ハ鳥獸獵規則第八條第四項第二ハ同第十二條ニ違背シタル者ニ付同第十七條ニ照シ三圓ヨリ少ナカラス二十圓ヨリ多カラサル罰金ヲ科スヘシトアルニ該ルヲ以テ明治十四年第七十二號公布第五條ニ依リ第一第二共三圓宛ノ罰金ニ處スル者也

明治十九年十一月廿七日

○

一二〇 明治十九年第四百八十三號

宮崎縣士族 岩倉時彼

鳥獸獵規則第二條ニ銃獵免狀ナキ者ハ總テ銃獵スルヲ禁ストアリ而シテ該規則タルヤ取締上ノ制裁法ニシテ苟モ獵銃ヲ携ヘ其獵ヲ爲スヘキ現場ニ至リ其銃ニ玉藥ヲ込メタル等ノ所爲アル以上ハ未タ發砲セサルモ該第二條ノ違犯者タルヲ免カレ得ヘカラサルモノニ付從テ仝規則第十七條ノ制裁ヲ受クヘキハ當然ナリトス然ルニ原裁判官ハ仝規則ニ未遂犯ノ場合ニ於テ問フヘキノ正條ナキニ依リ刑法第二條ニ照シ被告時彼ヲ罰セスト言渡シタルハ原撿察官上告論旨ノ如ク擬律錯誤ノ裁判ナルヲ以テ破毀ノ原由アルモノトス

右ノ理由ナルニ因リ治罪法第四百廿九條ニ則リ原裁判言渡ヲ破毀シ本院ニ於テ直チニ裁判言渡ヲ爲ス左ノ如シ

岩倉時彼

原裁判官カ認メタル事實ニ依リ之ヲ法律ニ照スニ被告ハ鳥獸獵規則第二條ニ違犯シタル者ニ付仝則第十七條ニ照シ三圓ヨリ少カラス二十圓ヨリ多カラサル罰金ヲ科スヘシトアル範圍内ニ於テ罰金三圓ニ處スル者也

明治十九年十一月十一日

(三二一)徵發令 明治十五年八月第四十三號布告

徵發令別冊ノ通制定ス

(別冊)

徵發令

[illegible]一二一ノ二、七條㊭三一ノ一四、五、六、一二、一三、一四、一五條參看

第一條 徵發令ハ戰時若クハ事變ニ際シ陸軍或ハ海軍ノ全部又ハ一部ヲ動カスニ方リ其所要ノ軍需ヲ地方ノ人民ニ賦課シテ徵發スルノ法トス

但シ平時ト雖モ演習及ヒ行軍ノ際ハ本條ニ準ス

[illegible]一二一ノ三、三條㊭三一ノ三、六、七、九、一〇條參看

第二條 徵發ハ陸軍若クハ海軍官憲ノ徵發書ヲ以テ之ヲ行フ

第三條 左ニ記列スル官憲ハ徵發書ヲ出スノ權ヲ有ス

一 陸軍卿海軍卿鎭臺司令官及ヒ鎭守府長官

二 陸軍ニ於テハ特命司令官軍團長師團長旅團長分遣隊長若クハ演習及ヒ行軍ノ軍隊長

三 海軍ニ於テハ特命司令官艦隊司令長官艦隊司令官分遣艦長若クハ操練及ヒ航海ノ艦隊司令官又ハ艦長

[illegible]一二一ノ四、五、六條㊭三一ノ二、四、六、七、九、一〇、五三條參看

第四條 徵發スヘキモノヽ種類ニ依リ徵發區(會社モ之ニ準ス)ヲ定ムルヿ左ノ如シ

[illegible]一二三、一二六、一二九、一三四、㊭三一ノ五、六、八條參看

一 第十二條第一項ハ 府縣

[五]一二一ノ八條、一二二、一二九、一三〇ノ二二、ホ三一ノ四、六、八條參看　[六]一二一ノ一〇條、ホ三一ノ二、三、七、九、一〇條參看　[七]一二一ノ二條、ホ三一ノ二、三、六、九、一〇、一一、二九、五二條參看　[八]一二一ノ四條、一三三、ホ三一ノ四、五條參看　[九]一二一ノ七、九、一〇、一一、一二、一五條、一二五、一三四、ホ三一ノ一、六、七、一〇、三九條參看　[十]一二一ノ九條、一二五、一二八、一三四、ホ三一ノ一、六、七、九、二九、五一條參看

二　第十二條第二項及ヒ第三項ハ　郡區

三　第十二條第四項以下各項及ヒ第十三條各項ハ　町村

四　船舶會社所有ノ船舶及ヒ鐵道會社所有ノ滊車ハ　會社

第五條　徵發ス可キモノハ徵發區內ニ現在スルモノニ限ル

第六條　徵發書ハ徵發區ニ從ヒ府知事縣令郡區長戶長若クハ停車場長船舶會社ノ店長ニ付スヘシ

第七條　徵發書ヲ受ケタル府知事縣令郡區長戶長若クハ停車場長船舶會社ノ店長ハ時期ヲ誤ルヿナク其供給ヲ完全セシムルノ責アルモノトス

第八條　各徵發區ニ於テハ臨時徵發ニ應スヘキ便宜ノ方法ヲ豫定スヘキモノトス

第九條　徵發ヲ課セラレタルモノハ時期ニ違フヿナク之ヲ供給スルノ義務アルモノトス若シ其時期ニ違フ𬼂ハ府知事縣令郡區長戶長他ノ方法ヲ以テ調達シ爲メニ生シタル費用ハ本人ヲシテ之ヲ辨償セシム但會社ニ係ルモノハ陸海軍官憲直ニ其處分ヲ爲ス可シ

第十條　徵發ヲ課セラレタルモノ商用其他ノ事故ヲ以テ供給ヲ拒ミ又ハ供給ス可キモノヲ藏匿シタル𬼂ハ直ニ之ヲ使用スルヿヲ得

第十一條　供給ヲ受ケタル陸海軍官憲ハ其受領證票ヲ府知事縣令郡區長戶長若クハ停車場長船舶會社ノ店長ニ交付スヘシ

第十二條　徵發スヘキモノ左ノ如シ

一　米麥秣蒭鹽味噌醬油漬物梅干及ヒ薪炭

[illegible]一二一ノ一六、二七、二九條㋭三一ノ七條參看[illegible]一二一ノ九、一三、一七、一八、二〇、二一、二四、二五、二六、二七、四五條一二四、一二七、一二八、一三一、一三四、㋭三一ノ七、九、一〇、一三、一四、一五、一六、一七、一八、一九、二〇、二二、二三、二四、二五、二六、二七、三四、三五、三六、三七、三八、三九、四〇、四一、四四、四六、四七條參看[illegible]一二一ノ九、一七、一八、二一、二四、二五條㋭三一ノ二八、四八、四九、五〇條參看

[illegible]一二三參看

二 乘馬駄馬駕馬車輛其他運搬ニ供スル獸類及ヒ器具

三 人夫

四 宿舍厩圏及ヒ倉庫

五 飲水石炭

六 船舶

七 鐵道滊車

八 演習ニ要スル地所

九 演習ニ要スル材料器具

第十三條 戰時若クハ事變ニ際シテハ第十二條ノ諸項ニ掲クルモノヽ外徵發スヘキモノ左ノ如シ但シ平時ノ演習及ヒ行軍ニハ徵發スルヿヲ得ス

一 造船所工作所及ヒ軍事ノ工作ニ要スル材料器具

二 職工礦夫洗濯人ノ類

三 被服裝具丱鞋兵器彈藥船具寢具藥劑治療器械及ヒ繃帶具

四 水車搗舂ノ類

五 病院

第十四條 第十二條第二項中徵發ノ免除ヲ受ク可キモノ左ノ如シ

一 皇族所用ノ車馬

二 外國公使館並ニ領事館ニ屬スル車馬

一二四、一三四參看

一二一ノ四一條參看

一二一ノ三九、四一條參看

三　乘馬本分タル職務ニ要スル馬匹
四　郵便用ノ車馬
五　公認セラレタル種牛種馬
第十五條　第十二條第四項中徵發ノ免除ヲ受クヘキモノ左ノ如シ
一　公務ニ屬スル廨署
二　皇族ノ邸宅
三　外國公使館領事館及ヒ其所屬館
四　鐵道電信郵便用ノ建造物
五　陸海軍將校並ニ同等官現住ノ家屋
六　博物館書籍館
七　病院盲啞院棄兒院
八　學校但臨戰合圍地境內ニ在リテハ此限ニ在ラス
九　製造場內機械室
第十六條　第十二條第二項ニ揭クルモノヽ使用ハ其原用ヲ轉シテ他用ニ供スルヲ許サス但戰時若クハ事變ニ際シテハ此限ニ在ラス
第十七條　第十二條第二項ニ揭クルモノハ其差出場所ヨリ六里未滿ノ地ニ於テ使用スルヲ例トシ一日ノ使用ハ六里ニ越ユルヿヲ得ス但戰時若クハ事變ニ際シテハ六里以外ノ地ニ使用スルヿヲ得

獨一二一ノ二八、三五條、一二二七參看

獨一二一ノ二九、三〇條、㋭三一ノ一三、三一條參看

獨一二一ノ九、三九條參看

獨一二一ノ三一條參看

獨一二一ノ三一、三二、三三、三五條、一二七、一三四、㋭三一ノ一二、一九條參看

獨一二一ノ三六、三七、三八條、一三四參看

獨一二一ノ三八條、㋭三一ノ四二條參看

獨一三二參看

㋭三一ノ四三條參看

第十八條　第十二條第四項ニ揭クルモノハ合圍地境內ヲ除クノ外居住者ノ起臥及ヒ營業ニ必要ナル場所ヲ徵用スルヿヲ得ス但營業ニ必要ナルモ旅店等ハ此限ニ在ラス

第十九條　宿舍ノ廣狹ハ其地家屋ノ數ト隊伍ノ編制トニ從ヒ一定シ難シ故ニ臨時適宜ニ之ヲ定ム

第二十條　第十二條第四項ニ揭クルモノハ陸軍若クハ海軍ノ都合ニ依リ特ニ其場所ヲ指定スルヿアルヘシ

第二十一條　宿舍ヲ定メタルノ後ハ區町村ノ便宜ヲ以テ他ニ轉移セシムルヿヲ許サス廐圉倉庫亦同シ

第二十二條　宿舍廐圉ノ徵發ヲ課セラレタルモノハ併セテ人馬ノ食飼ヲ供給スヘシ但シ駐軍三日以上ニ至ルトキハ第四日ヨリ食飼ハ陸軍若クハ海軍ノ自辦トス

第二十三條　第十二條第六項ノ徵發ニ係リ其乘載人馬ノ食飼ヲ要スルモノハ併セテ供給セシム

第二十四條　第十二條第六項及ヒ第七項ニ揭クルモノハ戰時若クハ事變ニ際シ借切トシテ之ヲ徵用スルヿアルヘシ

第二十五條　第十二條第二項第六項及ヒ第七項ニ揭クルモノハ其操業者ヲ併セテ徵用スルヲ例トス但時宜ニ依リ各個ニ分別シテ徵用スルヿヲ得

第二十六條　第十二條第六項ニ揭クルモノヲ操業者ト各個ニ分別シテ徵用スルハ戰時若クハ事變ノ際ニ限ル但船橋及ヒ艀船ニ充ツルモノハ此限ニ在ラス

(ホ)三一ノ四五條參看

〔施〕一二一ノ三九、四〇條、一二五、一三三參看

〔施〕一二一ノ四二、四三、四四條、一二四、(ホ)三一ノ二九條參看

(ホ)三一ノ二九條參看

〔施〕一二一ノ四六、四七、四八、五四、五五、五六、五七、五八、五九、六〇條、一二四、一三四、(ホ)三一ノ二九條參看

第二十七條　第十二條第七項ニ屬スル滊車其屬具鐵道建築所用ノ材料器具及ヒ操業者ヲ各個ニ分別シテ徵用スルハ戰時若クハ事變ノ際ニ限ル

第二十八條　第十三條第五項ニ掲クルモノハ陸海軍病院ノ補助トシテ徵用スルヲ例トス但合圍地境內ニ在テハ全ク明渡サシムルヿヲ得

第二十九條　徵發ニ係ルモノハ第三十一條乃至第五十條ニ定ムル所ノ方法ニ從ヒ賠償ス

第三十條　徵發物件ヲ差出場所ニ輸送スルハ徵發區ノ義務トシ其輸送賃ヲ支辨セス

第三十一條　賠償ハ平時ト戰時トヲ論セス其時々之ヲ支辨スルモノトス但戰時若クハ事變ニ際シ紛擾ノ爲メ延滯シテ三ケ月ヲ越ユルトキハ年六分ノ割ヲ以テ其利子ヲ付ス

第三十二條　賠償ハ徵發區每ニ一括シテ府知事縣令郡區長戶長停車場長船舶會社ノ店長ヨリ之ヲ請求ス可シ

第三十三條　徵發物件ノ其使用ノ爲メニ毀損シタルモノハ賠償ス其金額ニ就キ供給者ト熟議調和セサルトキハ評價委員ノ評定ニ任ス

其毀損ハ持主若クハ操業者ヨリ速ニ其地ニ在ル陸海軍官憲若クハ區戶長ニ屆出ヘシ其屆出ハ徵用濟引渡ノ後左ノ期限ヲ越ユ可カラス若シ其期限ヲ越ヘ又ハ期限中持主若クハ操業者ニ於テ使用セシトキハ無効トス

一西洋形船舶　七日間

二地所　評價委員ノ告示スル時日間

三其他ノ物件　一日間

[illegible]一二一ノ四九條(示)三一ノ二九條參看

[illegible]一二一ノ五〇、五一條(示)三一ノ二九條參看

[illegible]一二一ノ四三條(示)三一ノ二九條參看

(示)三一ノ二九條參看

[illegible]一二一ノ四三、五一條(示)三一ノ二九條參看

[illegible]一二一ノ五二條、一三四、(示)三一ノ二九、五〇條參看

(示)三一ノ二九條參看

[illegible]一三四、(示)三一ノ二九條參看

第三十四條　第十二條第一項ノ徴發ニ係ル賠償金額ハ其地市場ノ前三ケ年間ノ平均價ヲ取リ之ヲ定ム其平均價ノ取リ難キモノハ評價委員ノ評定ニ任ス

第三十五條　第十二條第二項ノ徴發ニ係ル賠償金額ハ其郡區平常ノ賃價トス但物件ト操業者トヲ各個ニ分別シテ徴用シタルトキハ其郡區平常ノ雇賃及ヒ借賃ニ准シテ賠償ス

第三十六條　第十二條第二項ノ徴發ニ係ルモノヲ宿泊セシメ連日使用スルトキ及ヒ六里以外ノ地ニ於テ使用スルトキハ第三十二條ノ例ニ係ハラス賃價ノ半額ヲ前給シ宿泊食飼ヲ官給ス但シ此ノ場合ニ於テハ賃價ノ四分ノ一ヲ減ス

第三十七條　第十二條第二項及ヒ第六項ニ揭クルモノヲ買上クルトキハ勿論其他使用ノ都合ニ依リ價格ノ預定ヲ要スルトキハ其金額ヲ定メ置ク可シ其金額ニ付キ供給者ト熟議調和セサルトキハ評價委員ノ評定ニ任ス

第三十八條　第十二條第三項ノ徴發ニ係ルモノハ第三十五條ニ准シテ賠償シ第三十六條ヲ適用ス

第三十九條　第十二條第四項ノ徴發ニ係ル賠償金額ハ陸海軍省ニ於テ之ヲ定ム

第四十條　第十二條第五項ノ徴發ニ係ル賠償金額ハ其地平常ノ代價トス

第四十一條　第十二條第六項ノ徴發ニ係ル賠償金額ハ別ニ命令書アルモノヽ外左ノ區別ニ從フ

一　出船ノ定時アリテ定路ヲ航スルモノハ平常ノ定賃

二　定路ヲ航スルモ特ニ出船時日ヲ命シタルトキハ其乘載量五分ノ三ニ滿チタル以上ハ前

項ノ例ニ准ス若シ之ニ滿タサルモ五分ノ三ニ値ル平常ノ定賃
三　出船及ヒ航路ノ定メナクシテ定賃ナキモノ又ハ運送ヲ以テ營業トセサルモノ等其賠償金額ニ就キ供給者ト熟議調和セサル片ハ評價委員ノ評定額

（四）一二一ノ五三條（示）三一ノ二九條參看

第四十二條　第二十四條ノ場合ニ於ケル賠償金額ハ操業者平常ノ給料航船實費及ヒ船舶ノ損料トス其損料ハ一ケ月ニ各船舶買入代價六十四分ノ一トス

（示）三一ノ二九條參看

第四十三條　第二十六條ノ場合ニ於ケル賠償金額ハ操業者ニハ平常ノ給料船舶ニハ第四十二條ノ損料トス但シ船橋及ヒ艀船ニ充テタルモノヽ賠償金額ハ第四十一條第三項ニ准ス

（示）三一ノ二九條參看

第四十四條　第十二條第七項ノ徵發ニ係ル賠償金額ハ別ニ命令書アルモノヽ外平常ノ定賃トス

（示）三一ノ二九條參看

第四十五條　第二十七條ノ場合ニ於ケル賠償金額ハ操業者ニハ平常ノ給料物件ニハ其地平常ノ代價若クハ損料トス其金額ニ就キ供給者ト熟議調和セサル片ハ評價委員ノ評定ニ任ス

（示）三一ノ二九條參看

第四十六條　第十二條第八項ノ徵發ニ係ルモノハ其植物ニ損害ヲ加ヘ又ハ地形ヲ變更シタル片ニ限リ賠償ス其金額ハ評價委員ノ評定ニ任ス

（示）三一ノ二九條參看

第四十七條　第十二條第九項ノ徵發ニ係ルモノハ其地平常ノ代價若クハ相當ノ損料ヲ賠償ス

（四）一二一ノ三四條（示）三一ノ二九條參看

第四十八條　第十三條第一項第三項及ヒ第四項ノ徵發ニ係ルモノハ其地平常ノ代價若クハ損料ヲ賠償ス其金額ニ就キ供給者ト熟議調和セサル片ハ評價委員ノ評定ニ任ス

（示）三一ノ二九條參看

第四十九條　第十三條第二項ノ徵發ニ係ルモノハ第三十五條ニ準シテ賠償シ第三十六條ヲ

(示)三一ノ二九條參看

(示)三一ノ九、一〇、一二條參看

(示)三一ノ七條參看

(示)三一ノ三條參看

適用ス

第五十條　第十三條第五項ノ徵發ニ係ルモノハ通常患者ノ例ニ從テ賠償ス全ク明渡サシムルトキハ第三十九條ノ例ニ准ス

第五十一條　徵發ヲ拒ミ或ハ規避シ或ハ漫リニ使役ヲ離レタルモノ及ヒ之ヲ教唆誘導シタルモノハ一月以上一年以下ノ輕禁錮ニ處シ三圓以上三拾圓以下ノ罰金ヲ附加ス

第五十二條　徵發ノ命令ヲ受ケタル府知事縣令郡區長戶長停車場長船舶會社ノ店長其處置ヲ爲サヽルモノハ二月以上二年以下ノ輕禁錮ニ處シ貳拾圓以上百圓以下ノ罰金ヲ附加ス其懈怠ニ出ルモノハ貳拾圓以上百圓以下ノ罰金ニ處ス

第五十三條　徵發書ヲ出スノ權ヲ有スル官憲妄ニ徵發書ヲ出シ又ハ其權ヲ有セサル官憲徵發書ヲ出シタルトキハ一年以上四年以下ノ輕禁錮ニ處シ將校ハ剝官ヲ附加ス

參照

○關係法令

一二一　太政官第貳拾六號布達　明治十五年十二月

徵發事務條例別冊ノ通之ヲ定ム

（別冊）

徵發事務條例

第一條　徵發事務條例ハ徵發令ニ基キ實際取扱ノ規準ヲ定ムルモノトス

第二條　陸軍若クハ海軍官憲ハ徵發區ノ大小遠近及ヒ供給力ヲ酌量シ供給ヲ受ク可キ日時ヲ豫定シテ徵發書ヲ出ス可シ

第三條　徵發書ノ書式ハ附錄第一號ノ例ニ準ス但戰時若クハ事變ニ際シテハ電信ヲ以テ徵發スルコトヲ得

第四條　徵發令第三條第二項及ヒ第三項中ニ揭クル特命司令官軍團長師團長艦隊司令長官ハ時機ニ依リ其部下ノ各團長若クハ各艦隊司令官ニ徵發書ヲ出スノ權ヲ分任スルコトヲ得

第五條　徵發令第三條第二項中ニ揭クル特命司令官軍團長師團長旅團長分遣隊長第三項中ニ揭クル特命司令官艦隊司令長官艦隊司令官分遣艦長ハ其獨立中ニ限リ徵發書ヲ出スノ權ヲ有ス故ニ師團長艦隊司令官ト雖𪜈軍團若クハ二艦隊以上ニ編制セラレタルトキハ徵發書ヲ出スノ權ナシ其軍團長若クハ艦隊司令長官ノミ之ヲ有ス

第六條　徵發令第三條第二項中ニ揭クル演習及ヒ行軍ノ軍隊長トハ諸團隊ヲ統フル長士官以上ヲ言ヒ第三項中ニ揭クル操練及ヒ航海ノ艦隊司令官トハ諸艦ヲ統フル長ヲ言ヒ艦長トハ先任艦長又ハ獨立艦長ヲ言フモノニシテ其長ノミ徵發書ヲ出スノ權ヲ有ス但陸軍演習若クハ海軍操練ノ時一ノ總指揮官ヲ置クト雖𪜈其部下ノ團隊若クハ各艦往返發着ノ地ヲ異ニスルトキハ往返中ニ限リ其團隊長若クハ艦長各自ニ徵發書ヲ出スノ權ヲ有ス

一二二、一三〇參看

第七條　徵發ニ應シタル人員ハ勉メテ彈丸ノ達セサル場所ニ於テ之ヲ使用ス可シ

第八條　徵發物件其徵發ヲ課セラレタル地ニ現在スルモ其所有者又ハ其支配人不在ナルトキハ戸長及ヒ證人二人其町村内ニ在スル親族又ハ預リ主又ハ同物品營業者ノ内ヨリ戸長ノ撰定スルモノ立會ノ上其物件ヲ調査シ供給セシム可シ

第九條　徵發ヲ課セラレタルモノハ徵發令第十二條第六項第七項第八項第十三條第一項中造船所工作所第四項第五項ノ物件及ヒ第二十條ノ場合ヲ除クノ外其現在ノ所有品ヲ供給セサルモ便宜ニ從ヒ他ノ同品種ノモノヲ以テ換給スルコトヲ得其徵發ニ應ス可キ人員亦同シ

第十條　徵發書ハ徵發令第六條ニ依リ府知事縣令郡區長戸長若クハ停車場長船舶會社ノ店長ニ付ス可シト雖モ臨戰若クハ合圍ノ地ニ在テ時機切迫シタル場合ニ於テハ府縣ニ付ス可キモノヲ郡區又ハ町村ニ付シ郡區ニ付ス可キモノヲ町村ニ付シ店長ニ付スヘキモノヲ船長ニ付スルコトアル可シ

右ノ手續ヲモ爲ス能ハサル場合ニ於テハ徵發書ヲ出スノ權アル官憲ヨリ直ニ人民ニ賦課シテ徵發スルコトアル可シ但此場合ニ於テハ徵發書ヲ用ヒス本人ニ受領證票ヲ交付スルニ止ル

本條ノ場合ニ於テハ徵發ヲ行ヒタル官憲定例ノ順序ニ從ヒ府知事縣令郡區長戸長若クハ店長ニ其旨ヲ通知ス可シ

第十一條　徵發ノ命令ヲ受ケタルモノハ晝夜ヲ別タス速ニ其處置ヲ爲ス可シ

【批】一三四参看

第十二條　徴發書ヲ受ケタル徴發區ニ於テ賦課ノ數ニ不足スルトキハ速ニ供給ヲ受ク可キ官憲ニ報告ス可シ

町村ニシテ郡區長ヨリ徴發ノ賦課ヲ受ケ郡區ニシテ府知事縣令ヨリ徴發ノ賦課ヲ受ケタルトキ其賦課ノ數ニ滿ル能ハサルニ於テハ戸長ハ郡區長ニ郡區長ハ府知事縣令ニ速ニ其旨ヲ報告ス可シ但此場合ニ於テハ陸海軍官憲若クハ府縣廳郡區役所ヨリ吏員ヲ派出シ撿査セシムルコトアル可シ

郡區長府知事縣令其報告ヲ受ケタルトキハ郡區長ハ他ノ町村ニ府知事縣令ハ他ノ郡區ニ賦課シテ供給ヲ完全セシム可シ

第十三條　府知事縣令徴發令第十二條第一項ニ係ル徴發書ヲ受ケタルトキハ速ニ其賦課シタル郡區ノ名及ヒ量數ヲ陸海軍官憲ニ報告ス可シ

第十四條　府知事縣令郡區長及ヒ戸長ハ徴發令第八條ニ從ヒ徴發ニ應スル便宜ノ方法ヲ豫定ス可シ

第十五條　徴發ヲ課セラレタルモノ供給ノ時期ニ違ヒタルトキハ徴發令第九條ニ照シ處分ス可シト雖モ正當ノ事由ヲ證明シタルトキハ辨償セシムルノ限ニアラス

第十六條　徴發令第十一條ニ揭クル受領證票ハ附錄第二號雛形ニ依リ調製ス可シ

第十七條　受領證票ハ徴發令第十二條第一項第五項ノ物件及ヒ總テ買上ケニ屬スル物件ニ係ルトキハ領收ノ際直ニ之ヲ交付シ其他ハ徴用濟ノ後之ヲ交付ス可シ但徴用濟ノ後交付スル場合ニ於テハ同令第十二條第四項第七項第八項第十三條第一項

[illegible]一三四参看

中造船所工作所第四項及ヒ第五項ニ掲クルモノヲ除クノ外當初領收ノ際假受領證ヲ交付ス可シ

第十八條　徵發令第十二條第二項第三項及ヒ第十三條第二項ニ揭クルモノヲ宿泊セシメテ連日使用シ若クハ六里以外ノ地ニ於テ使用スルトキ幷ニ同令第十二條第六項ニ揭クルモノ艀船及ヒ船橋ヲ除クヲ借切トシテ徵用スルトキハ特ニ本人若クハ操業者ニ受領證票ヲ交付スルコトアル可シ

第十九條　徵用十五日以上ニ及フモノハ一個月ニ一回若クハ二回期ヲ定メテ受領證票ヲ交付ス可シ

第二十條　徵發令第十二條第一項ニ揭クルモノヽ徵發ヲ賦課スルハ其物品ノ營業者ヲ先トシ尚ホ完全セサルトキニ限リ他ノ人民ニ賦課ス可シ其賦課ニ就テハ其地方及ヒ所有者ヲシテ困乏ニ陷ヒラサラシムル爲メニ相當ノ分量ヲ各所有者ノ許ニ殘シ置ク可シ其分量ハ其地運送ノ便否及ヒ生計ノ現況ヲ酌量シテ之ヲ定ム可シト雖モ此ニ其最下限ヲ定ムルコト左ノ如シ

一營業者所有ノ物品ハ徵發書ノ日付ヨリ前十日間ニ其府縣內ニ賣拂ヒタル量但所有者ノ帳簿ニ基キ算定ス可シ

二他ノ人民所有ノ物品ハ其一家ニ要スル十日間ノ量

三秣蒭ハ其家畜ニ要スル七日間ノ量

第二十一條　郡區長ハ附錄第三號一ノ雛形ニ依リ徵發物件表ヲ製シ之ヲ府縣廳ニ差

出スヘシ（明治十九年五月閣令第十一號ヲ以テ改正）

第二十二條（明治十九年五月閣令第十一號ヲ以テ刪除）

第二十三條（明治十九年五月閣令第十一號ヲ以テ刪除）

第二十四條　府知事縣令ハ附錄第三號二三ノ雛形ニ依リ徵發物件表ヲ製シ郡區長ヨリ差出シタル表ト共ニ毎年三月三十一日限リ陸軍省ヘ送付スヘシ（明治十九年五月閣令第十一號ヲ以テ改正）

卅一三三參看

第二十五條　北海道廳長官府縣知事ハ附錄第四號一二三第五號一二ノ雛形ニ依リ西洋形船舶器械製造修覆場表日本式西洋式鑄造場表旋盤三臺以上裝置鐵工場表船舶表汽船表ヲ製シ毎年三月三十一日限リ海軍省ヘ送付スヘシ但其管內ニ於テ新タニ構造シ若クハ買入タル汽船アル時ハ第五號三ノ雛形ニ依リ汽船表ヲ製シ其時々同省ヘ送付スヘシ（明治十九年五月閣令第十一號ヲ以テ改正シタルヲ又同年十一月同第二十九號ヲ以テ改正ス）

卅一三四參看

第二十六條　徵發令第十二條第二項第六項第七項ニ掲クルモノハ總テ使用ノ爲メニ必用ナル屬具ヲ併セテ供給ス可キモノトス故ニ其屬具ニ對スル賠償ヲ請求スルコトヲ得ス

第二十七條　徵發令第十二條第六項ニ掲クル船舶中郵便船ニ限リ其通信ノ用ニ供スル間ハ之ヲ借切ルコトヲ得ス又出船ノ定期若クハ航路ヲ變シテ徵用スルコトヲ得ス

第二十八條　徵發令第十八條中居住者ノ起臥ニ必要ナル場所トハ寢所及ヒ庖厨ヲ指

シ營業ニ必要ナル場所トハ商估ノ店舖農工ノ仕事場ヲ言フ又旅店等トハ料理店貸坐敷貸廐等ヲ包含ス
第二十九條　宿舍ノ廣狹ハ徵發令第十九條ニ從ヒ臨時ニ定ムルモノナリト雖モ戶長ニ於テ賦課ノ際標準ト爲ス可キモノヲ概定スルコト左ノ如シ
一廨署　陸海軍官憲ヨリ指示スル所ノ室若クハ家屋
二將官其參謀部ト共ニ　一家屋
三上長官又ハ同等軍屬一名　一室
四士官又ハ同等軍屬二名　一室
五下士又ハ同等軍屬一名　一疊半乃至二疊
六卒又ハ同等軍屬一名　一疊乃至一疊半
七徵發ニ應シタル人員三名　二疊
第三十條　戶長ハ陸海軍ノ宿割主任官ニ商議シテ適宜ニ宿舍ノ配當ヲ定ム可シ
第三十一條　徵發令第二十一條ニ從ヒ町村ノ便宜ヲ以テ他ニ轉移セシムルコトヲ許サストト雖モ若シ該家ニ病者死者等アルトキハ戶長他ニ相當ノ宿舍ヲ設ケテ轉移ヲ請求スルコトヲ得但之カ爲メ徵發令第二十二條ニ揭クル日限ヲ更新スルモノニアラス
第三十二條　徵發令第二十二條ニ從ヒ人馬ニ供給ス可キ食飼ノ定量大率左ノ如シト雖モ陸海軍給與ノ規則ニ由リ定量以内ヲ以テ臨時ニ變換或ハ減少スルコトアル

可シ

一人　精米毎食二合　朝夕一汁一菜漬物　午飯一菜漬物

二馬　駐軍中　朝大麥二升秣蒭五百目喰藁百五十目　晝秣蒭五百目喰藁百五十目
夕大麥二升秣蒭五百目喰藁二百目
演習及ヒ行軍中　朝大麥二升秣蒭五百目　晝大麥一升　夕大麥二升秣蒭一
貫目喰藁五百目
小麥ヲ大麥ニ喰藁ヲ秣蒭ニ代用スルトキ　朝小麥一升喰藁一貫目　晝小麥
五合　夕小麥一升五合喰藁二貫目
搗麥又ハ裸麥ヲ大麥ニ喰藁ヲ秣蒭ニ代用スルトキ　朝搗麥又ハ裸麥一升喰
藁一貫目　晝搗麥又ハ裸麥一升　夕搗麥又ハ裸麥二升喰藁一貫目
寢藁ハ軍馬一頭ニ付一日一貫目ヲ要スルモノトス

卌一三四參看

第三十三條　宿舍ノ徵發ヲ課セラレタルモノハ室内所要ノ燈火並ニ其地ノ慣用ニ從ヒ地爐若クハ火鉢薪炭共ニ毎室ニ一個ヲ給ス可シ其賠償ハ宿舍ノ賠償金額中ニ包含ス

第三十四條　寢具ノ徵發ニ係ル賠償ハ宿舍ノ賠償金額中ニ包含セス徵發令第四十八條ニ從ヒ賠償ス

第三十五條　宿舍ノ徵發ヲ課セラレタルモノ公有家屋社寺亦同シ食飼ニ供ス可キ物品又ハ手傳人不足シ供給ヲ爲シ能ハサルノ證アルトキハ戶長ニ於テ賄ノ受負ヲ立ツル歟若クハ物品及ヒ手傳人ヲ其本人ニ供スル等ノ取扱ヲ爲シ其方法ハ本條例第十四條ニ

准ス可シ

第三十六條　町村ヨリ供給スル所ノ船舶ニシテ其乘載人馬ニ要スル食飼ノ物品不足スルトキハ戸長ニ於テ其物品ヲ供ス可シ但航海先ニ於テハ本條例第三十七條ニ准シテ處分ス可シ

〔註〕一三四參看

第三十七條　會社ヨリ供給スル所ノ船舶ニシテ其乘載人馬ノ食飼ヲ供給スルコト能ハサルヲ證明スルトキハ現品ヲ官給シ其費用ハ賠償金ヲ以テ差引ヲ立ツ可シ

第三十八條　食飼ノ定價ナキ船舶ヲ徴用シ船主船長ヲシテ其食飼ヲ供給セシムルトキハ陸海軍官憲ニ於テ其時々賠償金額ヲ定ム可シ其借切トシテ徴用シタルトキ亦同シ

第三十九條　徴發物件ノ差出場所ハ各徴發區内ニ設クルヲ定例トス但府縣ヲ以テ徴發區ト爲スモノハ差出場所ハ賦課セラレタル郡區ニ一個所若クハ二個所ヲ設ク可シ

差出場所ハ陸海軍官憲之ヲ指定ス

〔註〕一三四參看

第四十條　徴發區ハ徴發令第三十條ニ從ヒ徴發物件ヲ差出場所ニ輸送スルノ義務アルヲ以テ之カ爲メニ生シタル費用ハ其區ノ負擔トス可キモノトス

〔註〕一二四、一一三四參看

第四十一條　郡區長ハ徴發人馬ノ供給ヲ便宜ニセンカ爲メ豫テ鄰郡區長ト商議シ近傍町村ヲ適宜ニ割合ヒ組合町村ヲ定ムルヲ得

第四十二條　賠償金請求ノ月日及ヒ場所ハ供給ヲ受ケシ陸海軍官憲ヨリ之ヲ其府知

事縣令郡區長戸長若クハ停車場長船舶會社ノ店長ニ指示ス可シ

第四十三條　府知事縣令郡區長戸長若クハ停車場長船舶會社ノ店長ハ附錄第六號ノ例ニ準シ賠償金計算書ヲ調製シ陸海軍官憲ヨリ交付ノ受領證票ヲ添ヘ其請求ヲ爲ス可シ但徴發令第三十六條及ヒ第三十八條ニ掲クルモノアルトキハ其計算書ニ別項ヲ設ケテ差引ヲ立ツ可シ又評價ニ屬スル件目ノ賠償ハ別途ニ支給スルヲ以テ該件目ニ就テハ評價ノ二字ヲ記載ス可シ

第四十四條　徴發令第三十一條ニ定ムル三個月ノ期限ハ受領證票ヲ交付シタル月ヨリ起算ス但陸海軍官憲ヨリ指示セシ請求ノ月日若クハ場所ヲ其請求者ニ於テ誤リタル爲メ又ハ賠償金計算書ノ違算若クハ不合式ニ依リ推問往復ノ爲メニ消費シタル時日ハ算入セス

第四十五條　徴發令第十二條第二項及ヒ第三項ノ徴發ニ係ルモノヲ終日若クハ連日使用スルトキ及ヒ六里以外ノ地ニ使用スルトキハ日割ヲ以テ賠償シ其他ノ場合ニ於テハ里程ニ應シテ賠償ス

若シ差出場所ニ集合シタルモノ官ノ都合ニテ不用トナリタルトキハ日割ヲ以テ賠償ス可キモノハ半日分ヲ給シ里程ニ應シテ賠償ス可キモノハ其半額ヲ給ス

（勅一二七參看）

第四十六條　徴發物件ノ毀損シタルトキハ徴發令第三十三條ニ從ヒ其使用ヲ主管スル陸海軍官憲ニ屆出可シ若シ引渡ヲ受ケタル後毀損ヲ發見セシトキハ其引渡ヲ爲セシ陸海軍官憲ニ屆出可シ其官憲既ニ出發セシトキハ戸長ニ屆出可キモノトス

頁一二四參看

第四十七條　毀損ノ屆出ヲ受ケタル陸海軍官憲ハ直ニ之ヲ調査シ其毀損果シテ使用ヨリ生シタルモノト撿定シタルトキハ其賠償金額ニ就キ供給者ト商議ス可シ若シ調和セサルトキハ評價委員ニ付ス可シ

戶長若シ毀損ノ屆出ヲ受ケタルトキハ直ニ之ヲ撿査シ其調査書ヲ作リ（供給者ノ請求金額アルモノハ之ヲ添フ）其關係ノ陸海軍官憲ニ差出ス可シ但調査書ニハ毀損ノ事由實況幷ニ請求金額ニ係ル自己ノ意見ヲ記ス可シ

第四十八條　徵發令第三十三條ニ揭クル期日ヲ超エタル屆出ハ之ヲ受理ス可カラス但變災厄難ニ罹リタルノ確證アルモノハ其變災厄難ヲ免レタル時ヨリ期日ヲ算ス可シ

第四十九條　徵發令第三十四條ニ從ヒ府知事縣令ハ其管下市場三ケ所以上ノ前三年間ノ平均價表ヲ第七號雛形ニ依リ調製シ每年三月三十一日限リ陸軍省ニ差出ス可シ

第五十條　徵發令第三十五條中平常ノ賃價トアルハ戰時若クハ事變ニ際シテハ勿論演習又ハ行軍ノ際ニ於テモ之カ爲メ臨時ニ騰貴セサル以前ノ賃價ヲ言フ

徵發令中平常ノ賃價トアルモノハ皆此例ニ依ル

第五十一條　徵發令第三十五條及ヒ第三十八條ニ揭クル平常ノ賃價雇賃借賃ハ郡區長確認ノ上供給ヲ受クル所ノ陸海軍官憲ニ申出可シ

其他徵發令中ニ揭クル平常ノ賃價損料及ヒ代價ハ戶長ヨリ陸海軍官憲ニ申出可シ

第五十二條　徵發令第三十九條ニ從ヒ陸海軍省ニ於テ定ム可キ所ノ賠償金ハ兩省同額タル可シト雖モ本條例第三十二條ニ從ヒ臨時ニ食飼ノ定量ヲ變換若クハ減少スルニ於テハ其現量ニ從ヒ賠償ス可シ

第五十三條　徵發令第四十二條中航泊實費トハ石炭油脂其他日用消耗品ノ航泊中現ニ消耗シタルモノヽ代價ニシテ其物品ヲ船舶ニ積入レタルトキノ現價ニ依リ計算ス可キモノトス

第五十四條　徵發物件ノ毀損其使用ノ爲メニ非サルモノ及ヒ操業者ノ過失ニ出ルモノハ賠償セス但船舶ヲ借切トシテ徵用シタルトキ並ニ物件ヲ操業者ト分別シテ徵用シタルトキノ毀損ハ總テ之ヲ賠償ス

第五十五條　評價委員ハ陸軍若クハ海軍官憲二名徵發區ニ從ヒ府縣郡區吏員若クハ戶長一名及ヒ其町村評價ヲ爲ス場所ノ住民ニシテ其事件ニ熟達シタルモノ若シ熟達シタルモノナキトキハ他町村ノ住民ヲ用ユルモ妨ケナシ二名若クハ四名ヲ以テ編制シ其評價ハ多數ニ依テ決ス

鐵道會社船舶會社ニ屬スルモノ及ヒ大演習ノ爲メニ生シタル地所ノ損害ニ係ル評價委員ハ陸軍若クハ海軍官憲二名府縣吏員一名及ヒ其事件ニ熟達シタル人民二名若クハ四名ヲ以テ編制ス

第五十六條　評價委員ニ撰用ス可キ人民ハ其事件ニ關係ナキモノニシテ地方吏員若クハ戶長ニ於テ撰擧ス可キモノトス

其撰擧セラレタルモノハ正當ノ事由ナクシテ之ヲ辭スルヲ得ス

第五十七條　其撰擧セラレタルモノニハ陸軍若クハ海軍ヨリ該府縣會議員ト同一ノ旅費日當ヲ給ス可シ

第五十八條　評價ノ爲メ府縣郡區吏員若クハ戶長ノ派出ヲ要スルトキハ其事件ニ關係ノ陸海軍官憲ヨリ之ヲ府知事縣令郡區長若クハ戶長ニ通達ス可シ

第五十九條　評價ノ方法ハ評價ス可キモノヽ種類ニ從ヒ精密ニ調査シ其價格ヲ評定スルヲ要トス左ニ地所損害ニ關スル評價ノ一例ヲ揭ク

演習ノ爲メ地所ノ損害ヲ屆出タルトキハ評價委員ニ於テ實況ヲ査覈シ其請求スル所ノ賠償金額ノ當否ヲ審ニシ相當ナルトキハ直ニ之ヲ認可シ若シ其請求ノ金額定マラス或ハ過當ナリト認ムルトキハ實測スヘシ

評價委員ハ評價畢ルノ後左ニ揭クル要目ニ準シ所有主每ニ評價明細書ヲ製ス可シ

一　評價ノ事項及ヒ事由

二　委員ノ氏名

三　地面ノ廣袤ハ何ヲ以テ定メタルヤ何圖面何書類ニ依リタル歟又ハ實測シタル歟金額ノ算出ハ如何ナル方法ニ依リタルヤ其季ノ收穫皆無タルニ依リ其植物ノ前何年平均ヲ以テ賠償金ヲ定メタル歟其損害ノ度幾分ニ止マリ其幾分ニ係ル賠償金額ヲ全部收穫ノ前何年平均額ヨリ算出シタルカ植物生熟ノ度ニ從ヒ其平均收穫量ニ應シ賠償スヘキ金額中ヨリ幾分ノ手間賃及ヒ肥料ヲ扣除シタル歟又永存ノ草木ニシテ每年收穫アルモノ損害ヲ受ケタルトキハ其損害ノ收實ニ止マルト枝幹ニ係ルモノトニ從ヒ一年若クハ幾年分ノ收穫ヲ見込ミ賠償金額ヲ定メタル歟ノ類

第六十條　評價委員ハ評價明細書ヲ製シ府知事縣令郡區長若クハ戸長ニ交付ス可シ府知事縣令郡區長若クハ戸長ハ其明細書ニ依リ賠償金計算書ヲ作リ陸海軍官憲ノ指示スル場所ニ就テ賠償金額ヲ請求ス可シ

（附錄畧ス）

○伺指令

一二二　山口縣伺　明治十六年四月十一日

第一條　徵發事務條例第八條中割註ニ其町村内ニ住スル親族云々ト有之候處其町村内ニ同營業者及親族等無之場合ニ於テハ如何取計可然哉

第二條　同條例附錄第二號ノ一表備考中存留證票式未タ相見ヘス右ハ如何相心得可然哉又假受領證ヲ交付相成場合ニ於テモ總テ此式ニ據ルヘキ旨ヲ示サレタル儀ニ有之候哉

陸軍省指令　明治十六年七月三日

第一條　戸長ニ於テ他ノ相當ト認ムル者ヲ撰定シ證人トナスヘシ

第二條　存留證票ハ一葉ノ證票ニ受領スヘキ物件ヲ復記シ其中央ニ契印シテ之ヲ折半シ其一ヲ官ニ留メ其一ヲ交付スルモノニシテ假受領證モ亦此式ニ依ル

○

一二三　鳥取縣伺　明治十六年六月廿七日

第一條　本令第十四條免除ヲ受クヘキモノヽ中第三項ニ乘馬本分タル職務ニ要スル馬匹ト有之候處警察官乘用ノ馬匹モ含蓄スル儀ニ候也

第二條　本令第四條第二項第三項ノ徵發區ハ行政區畫（數部ニ一郡長ヲ置キ數町村ニ一戸長ヲ置クノ類）ヲ指シ

タルモノニ非スシテ郡區毎町村ノ負擔ニ候也

陸軍省指令　明治十六年七月七日

第一條　伺之通

第二條　數郡ヲ合シテ一郡長ヲ置キ數町村ニ一戸長ヲ置キタルモノハ一郡又ハ一町村ト見做シ取扱フヘシ

○

一二四　群馬縣伺　明治十六年二月廿八日

第一條　徵發令第十五條第五項ノ同等官トハ陸海軍ニ限リ候哉

第二條　同令第三十一條賠償金延滯ノ利子ハ日割ナル乎又三ケ月ヲ越ユルトハ滿三ケ月ナル哉

第三條　同令第三十三條第二項評價委員ノ告示スル時日トハ其都度評價委員ニテ時日ヲ定メ持主若クハ操業者ヘ告示スル儀ニ候哉

第四條　徵發事務條例第二十三條第二項負擔ニ係ル業體ヲナスモノトハ平素負擔ノ業ヲ以テ渡世トナスモノハ勿論士族農商等ニテモ常ニ力業ヲ營ミ荷物糧食等ヲ負擔シ令第十七條ノ里程ヲ運搬ニ耐ユルモノハ悉皆取調候儀ト心得可然哉

第五條　同條第四項ノ職工ハ業體ノ何タルヲ問ハス總テ記載スヘキヤ

第六條　同條第六項物産ハ徵發物件外ノモノト雖モ悉ク登記スヘキヤ且其高ヲ記スヘシトハ其産出高ヲ揭記候儀ニ可有之哉

第七條　徵發物件表中各戸坪數ハ宿舍ノ徵發ニ應用スヘキ居室ノ坪數ノミ可取調哉或ハ各戸全體ノ坪數即チ寢所厩厨店舖及ヒ仕事場等ニ係ハラス惣坪數ヲ記載候儀ト心得可然哉

第八條　同例附錄第二號一表備考ニ存留證票トアルハ如何ナル書式ニ候哉

第九條　同例第四十一條中近傍町村ヲ適宜ニ割合云々ト有之然ルトキハ其便宜ニ據リ他郡又ハ隣縣ニ跨ルモ差支ナキ儀ニ候哉

第十條　同例第四十八條ニ據リ假令ハ七日期限內三日間ヲ經タル後變災厄難ニ罹リタル者アルトキハ前ノ三日間ハ除却シ其災厄ヲ免レタル日ヨリ更ニ起算シテ可然儀ニ候哉

右條々目下取調ニ際シ疑團ヲ生シ候條何分之御指揮相成度候也

陸軍省指令　明治十六年七月四日

第一條　同等官ノ儀ハ陸軍ニ在テ會計軍醫馬醫各部ノ士官以上ニシテ將校ト同等ナル者ヲ謂フ海軍ニ在テハ准將校ヲ云フ

第二條　利子ハ日割ヲ以テ算シ三ケ月八ケ月ヲ以テ算ス

第三條第四條　伺之通

第五條　軍事ニ必要ナルモノト認メ候分ノミ取調フヘシ

第六條　徵發物件外ノモノト雖モ軍事ニ必用ノモノト認メ候分ハ取調可申且產出高ヲ揭載候儀ハ伺之通

第七條　後段伺之通

但備考ニ起臥營業ニ必用ナル分ヲ除キ宿舍ノ徵發ニ應スヘキ坪數ヲ揭載スヘシ

第八條　存留證票ハ一葉ノ證票ニ受領スヘキ物件ヲ復記シ其中央ニ契印シテ之ヲ折半シ其一ヲ官ニ留メ其一ヲ交付スルモノヲ云フ

第九條　一縣內ニ限ル

第十條　伺之通

○

一二二五　新潟縣伺　明治十六年二月廿一日

第一條　徵發令第九條徵發ヲ課セラレタルモノ（中略）他ノ方法ヲ以テ調達シ為メニ生シタル費用ハ本人ヲシテ之ヲ辨償セシムト在リ右等場合アリテ本人費用ノ辨償ヲ拒ム者アルトキハ如何ナル法ニ依テ取立可然哉

第二條　同令第十條ニ徵發ヲ課セラレタルモノ商用其他（中略）藏匿シタルトキハ直チニ之ヲ使用スルコトヲ得ト在

リ其使用ノ權アルモノハ當該官憲ハ勿論府知事縣令郡區長若クハ戸長ニ於テハ之ヲ取揚ケ徵發書ヲ發シタル官憲ニ送付スル權アル儀ト心得可然哉

但本文ノ塲合ト雖モ徵發ヲ課セラレタル物品代價ハ賠償相成儀ニ候哉

第三條　同令第三十條ニ徵發物件ヲ差出塲所ニ輸送スルハ徵發區ノ義務云々ト有之然ルニ人夫及ヒ牛馬等差出塲所ニ至ル旅費若クハ食費等モ該條ニ準シ賠償相成ラサル儀ト心得可然哉

右相伺候條至急何分ノ御指揮相成度候也

陸軍省指令　明治十六年八月十四日

伺之趣左ノ通可相心得事

第一條　本年布告第三十一號ノ通

第二條　但書共伺之通

第三條　伺之通

○

一一二六　和歌山縣伺　明治十六年八月十三日

去ル二月十六日付兵甲第六號伺第六件一郡區内ニ在テ便宜ニ依リ豫シメ二三村乃至四五村ヲ聯合シテ一徵發區トナスハ難聞屆旨御指令之趣敬承然ルニ其聯合村一戸長役塲ノ管理ニ屬スル者ハ尚ホ一村ト同視シ徵發區トナスヲ得ル儀ト相心得候得共一應相伺候條何分ノ御指揮有之度候也

陸軍省
海軍省　指令　明治十六年九月六日

伺之通

○

一一二七　滋賀縣伺　明治十六年四月五日

第一條　徵發令第二十二條但書駐軍三日以上ニ至リ陸軍若クハ海軍自辨ノ場合ニ於テ馬匹ニ要スル喰藁寢藁等ノ徵發區ハ別段明條モ無之右ハ本令第十二條第一項ニ包含スルモノト相心得可然哉

第二條　徵發事務條例第四十五條日割ヲ以テ賠償スルト里程ニ應シテ賠償スルトノ區分ノ儀本年二月九日付朕甲第二九號ヲ以テ伺候處伺之通但行程六里ヲ以テ一日トシ賃金ヲ給スルモノト御指令有之右ハ六里未滿ト雖モ三里以上ハ一日分ヲ給シ三里未滿ハ其半日分ヲ給セラルヘキ儀ト相心得可然哉

第三條　徵發令第十二條第一項ニ係ルモノヲ差出場所ニ輸送シタル後若シ官ノ都合ニテ其幾分又ハ全分不用トナリタル卜キハ其品物ハ徵發區ニ返還シ爲メニ生シタル費用ハ徵發區ノ義務トシ官ヨリ賠償不相成儀ト相心得可然哉又ハ一旦差出場所ニ輸送シタル上ハ官ニ於テ適宜處分シ徵發區ニ於テハ關係無之儀ト相心得可然哉

第四條　徵發物件表中各戶坪數ノ儀ハ實際起臥ヲ爲シ得ル場所ノミヲ調査シ本令第十八條揭示ノ居住地ノ起臥營業ニ必要ナル場所ハ相除キ可然哉

右相伺候條何分ノ御指令被下度候也

陸軍省指令　明治十六年十月四日

第一條　喰藁ハ伺之通寢藁ハ令第十二條第九項材料中ニ包含ス

第二條　終日若クハ連日使用スル時ト六里以外ノ地ニ使用スル時トハ其使用六里未滿ト雖モ一日雇切ノ平常賃價ヲ以テ賠償シ其他ハ使用ノ里程ニ應スル平常賃價ヲ以テ賠償スヘシ

第三條　後段伺之通

第四條　表中各戶坪數欄内ニハ總坪數ヲ記載シ其備考ニ起臥及ヒ營業ニ必要ナル場所ヲ除キタル坪數ヲ記載スヘシ

○

一二八　陸軍省伺　明治十六年七月十三日

徵發令第十二條第一項米麥等物主ニ於テ既ニ賣渡ノ契約ヲ爲シタルモノ若クハ其第六項船舶ノ如キ豫メ物主ト

訂約ヲ爲シ現ニ物品ヲ積ミ入レ出帆ニ際シ順風ヲ得スシテ碇泊中ニ係ルモノト雖モ總テ同令第十條ニ依リ直ニ徵用スルハ勿論ニ有之候處右徵用ノ爲メ其賣渡シ契約上ヨリ生シタル損金幷回漕停止ノ爲メニ生シタル損金ハ官ニ於テ賠償セサル儀ト相心得可然哉徵發令中明文無之候間何分ノ儀御指令相成度此段相伺候也

太政官指令　明治十六年十一月八日

伺之通

一二九　神奈川縣伺　明治十六年十二月五日

徵發令第四條其三項ニ揭示アル町村トハ一町一村ヲ指示セラレタルモノニシテ二三村乃至四五村ヲ聯合シテ一戸長役場ノ管理ニ屬スルモノハ素ヨリ一徵發區ト難見做筋ト相心得居候處本年九月八日發兌官報第六十號伺指令欄内ヲ閲スルニ其聯合村一戸長役場ノ管理ニ屬スル者ハ一村ト同視シ一徵發區トナスヲ得ルヤノ儀和歌山縣伺ニ伺之通ト御指令アリ果シテ然ルトキハ其聯合町村ニシテ一町村ニ於テ現在スル供給物即宿舍廐圉材料器具ノ類モ其聯合セシ故ヲ以テ他ノ町村ニ於テ其義務ヲ盡サヽルヲ得サル儀ニ有之樣相見ヘ前條第四條第三項（第十二條第四項以下各項及第十三條各項）町村トアル名稱ヨリ生スル同五條ノ明文ハ徒文ニ屬スルモノヽ如ク被存候得共抑同縣ヘ御指揮ノ儀ハ一戸長役場ノ管理ニ屬スル聯合町村ニシテ縱令ハ其經濟ヲ俱ニシ町村會モ俱ニ開設スル如キ其名ハ甲乙町村ニシテ其實一町村ヲ爲スノ類ニ適用スヘキ儀ニシテ仮令一戸長役場ノ管理ニ屬スルモ各其經濟ヲ異ニシ全ク甲乙町村ヲ爲スノ類ハ前段見解ノ通處分候儀ト心得可然哉此段相伺候也

陸軍省指令　明治十六年十二月十八日

伺之趣數町村ヲ聯合シテ一戸長役場ノ管理ニ屬スルモノハ經濟ヲ俱ニスルト否トニ拘ハラス一徵發區ト看做スヘク其徵發物件ハ徵發令第五條明文之通其徵發區内ノ町村ニ現在スルモノニ限リ候儀ト可相心得候事

一三〇 新潟縣伺 明治十六年九月八日

茲ニ甲乙間ヲ往復スル滊船アリ本社ヲ甲地ニ置キ乘客取扱所ヲ乙地ニ置ク際平時乙地ニ於テ之ヲ徵發セントスル片ハ徵發事務條例第八條ニ據リ取扱所ヘ課セラレ候儀ニ候也

海軍省指令 明治十七年一月廿二日

伺之通

一三一 新潟縣伺 明治十七年一月九日

徵發令第十二條第六項ノ船舶並同事務條例附錄第五號ノ二日本形船舶表ニハ農家ニ於テ耕作一途ニ用フル船モ含有候哉

海軍省指令 明治十七年一月廿二日

伺之趣徵發令第十二條第六項並同事務條例附錄第五號ノ二ノ船舶表ニハ含有不致事

一三二 靜岡縣伺 明治十六年九月十一日

徵發事務條例第二十五條ニ依リ戸長ニ於テ取調ヲ要スル船舶ノ儀ハ其所有者甲村ニアリト雖モ乙村ヲ定繋場ト定ムルモノ有之依テ所有者アル町村ニ於テ取調フル片ハ船舶ノ現在ニ非スシテ所有者ノ現在ニ似タリ實際ノ便ヲ得ルヿ能ハス徵發令第五條ニ徵發スヘキモノハ徵發區內ニ現在スルモノニ限ルトアリ依之考フレハ該取調ノ儀ハ船舶ノ現在定繋場ノ町村ニ於テ取調候儀ト相心得可然哉

海軍省指令 明治十七年一月廿二日

伺之通

一三三 福岡縣伺 明治十八年七月廿八日

徴發令第八條ニ依リ便宜ノ方法ヲ制定スル𪜈ハ其便宜方法ノ爲メニ費用ヲ要スル場合假令ハ數十石ノ米麥ヲ徴發セラル丶ニ當リ迅速其供給ヲ完全ニスル爲メ時價ノ平均價ヨリ貴キ時ト雖モ米麥商一人若クハ二人ニ賦課シテ供給セシメ時價ノ貴キカ爲メニ蒙リタル損失ハ徴發區ノ負擔トシテ之ヲ辨償スル等ノ費用ノ如キモノハ同令第三十條ニ云フ所ノ輸送費ノ外ニ徴發區内ニ賦課シ得ル儀ト相心得可然乎果テ然ラハ其賦課額ヲ怠納スル者アリタル𪜈ハ輸送費同樣處分取計可然哉

陸軍省指令 明治十八年九月十四日

伺之趣平均價ト時價トノ差額辨償ノ儀ハ徴發令第八條ノ例ニ從ヒ地方ノ便宜ニ依リ豫定シタル方法ニ由リ一定スヘキモノニシテ其費用ヲ徴發區内ニ賦課スルモ不苦其費用ノ怠納者處分ノ儀ハ伺ノ通

○

一三四 和歌山縣伺 明治十六年二月十六日

客年第四十三號公布徴發令同年第二十六號公達同事務條例中疑儀ノ廉左ニ相伺候條御明示有之度候也

一 令第十五條ニ徴發スヘキモノハ徴發區内ニ現在スルモノニ限ルトアレ𪜈同第九條供給時期ニ違ヒ他ノ方法ヲ以テ調達スル𪜈及條例第九條他ノ同品種ノモノヲ以テ換給スル𪜈幷同第三十五條宿舍ニ附帶スル食飼等ハ必スシモ本條ニ據ラサル儀ニ候哉又ハ條例第三十五條ノ如キ該徴發區内ニ於テ供給ニ堪ヘサル𪜈ハ直ニ條例第十二條ニ依ルヘキヤ

二 令第十條供給ヲ拒ムニ該品若シ同第十二條第一項ニ係リ或ハ他人ノ寄托品ナリト稱シ又ハ旣ニ賣渡ノ約束アル等ノ証左ヲ以テスル𪜈物件尚營業者ノ許ニ存スルモノハ條例第二十條ニ據リ先收スルモ不苦候哉

三 令第二十二條第二十三條人馬ノ食飼ハ即同第十二條第四項第六項ニ包含シ該賠償方ハ令第三十九條ニ含有スル儀ニ候哉條例第三十三條ニ區内所要ノ慣用具ノミヲ掲ケ該食飼ニ付別段明文ナキヲ以テ疑二ニ屬シ候

四 令第九條他方ヲ以テ調達ノ爲メ特ニ生シタル費用ニシテ條例第十五條愆期ノ事由正當ナル𪜈ハ條例第四十條ト同ク該徵發區ノ負擔タルヘキ歟

五 令第三十三條毀損ノ物件若シ同第十二條第二第六第七諸項ノ屬具ニ係ル𪜈ハ條例第二十六條ニ准シ該賠償ヲ請求スルヿヲ得サル儀ニ候哉

六 條例第四十一條ニ鄰接郡區長ハ人馬供給ノ便宜ヲ圖リ二郡區ノ間ニ組合町村ヲ定ムルヲ得ル儀ニ候處若シ一郡區內ニ在テ總テノ便宜ニ依リ豫メ二三村乃至四五村ヲ聯合シテ一徵發區トナスモ妨ケナキ哉

七 條例第二十三條第二項負擔ニ係ル業体ヲ爲スモノ云々凡ソ農工商トモ其微賤ナルモノニ至リテハ多少負擔ニ從事セサルハナシト雖モ前顯御明記ニ據レハ日常物貨運搬等ニ從事スル者ヲ單稱候儀ニ候哉

陸軍省
海軍省
指令 明治十六年八月二日

第一 前段伺之通後段條例第三十五條ノ場合ハ直ニ同第十二條ニ依ルニ及ハス

第二 伺之通

第三 伺之通但令第十二條第六項ニ係ルモノハ同第四十一條及ヒ條例第三十八條ニ依リ賠償ス

第四 伺之通但第五條トアルハ第十五條ノ誤リナルヘシ

第五 令第三十三條ニ依リ請求スルヿヲ得

第六 難聞屆

第七 常ニ物貨運搬ノ業ヲナス者ニ限ラス總テ負擔ニ係ル業体ヲナス者ヲ云フ

（三二二）徵兵令 明治十六年十二月第四十六號布告

徵兵令別冊ノ通改正ス

（別冊）

徵兵令

㊅三二ノ二、三四、五、六、七、八、一〇、一一、一六、一七、一八、一九、二〇、二一、二二、二三、三四、三五、三六、三七、四一、四三、四四條參看
㊅三二ノ三、四、五、六條參看附一四二ノ一五五條、一四七、一九八、㊅三二ノ六、八、九、一〇、一一二、三、二五以下、三八、三九、四二條參看附一四二ノ一五六條、一四七、㊅三二ノ六、八、一〇、二四、四二條參看㊅三二ノ六、一五條參看㊅三二ノ三、四、五、九條參看附一四二ノ一六、二〇條、一四三ノ二五條、一六、一、㊅三二ノ一二七條以下參看附一四二ノ七六條以下、一四三

第一章　總則

第一條　全國ノ男子年齡滿十七歲ヨリ滿四十歲迄ノ者ハ總テ兵役ニ服スヘキモノトス

第二條　兵役ハ陸軍海軍共ニ常備兵役後備兵役及ヒ國民兵役トス

第三條　常備兵役ハ別チテ現役及ヒ豫備役トス其現役ハ三個年ニシテ年齡滿二十歲ニ至リタルモノ之ニ服シ其豫備役ハ四個年ニシテ現役ヲ終リタル者之ニ服ス

第四條　後備兵役ハ五個年ニシテ常備兵役ヲ終リタル者之ニ服ス

第五條　國民兵役ハ年齡滿十七歲ヨリ滿四十歲迄ノモノニシテ常備兵役及ヒ後備兵役中ニ在ラサル者之ニ服ス

第六條　各兵役ノ期限已ニ滿ルト雖モ戰時或ハ事變ニ際スルトキ若クハ臨時ニ演習或ハ觀兵ノ擧アルトキ若クハ航海中或ハ外國駐劄中ハ其期ヲ延スコトアル可シ

第七條　重罪ノ刑ニ處セラレタル者ハ兵役ニ服スルコトヲ許サス

第二章　服役

第八條　陸軍現役兵ハ每年所要ノ人員ニ應シ壯丁ノ身材藝能職業ニ從ヒ步兵騎兵砲兵工兵輜重兵及ヒ雜卒職工ニ區別シ抽籤ノ法ニ依リ當籤ノ者ヲ以テ之ニ充ツ

海軍現役兵ハ海軍所要ノ人員ニ應シ沿海地方及ヒ島嶼ノ人民ヲ調査シ海軍ニ適スル職業ニ從ヒ水兵火夫職工等ニ區別シ抽籤ノ法ニ依リ當籤ノ者ヲ以テ之ニ充ツ但海軍志願兵徵募規則ニ依リ就役スル者ハ本令ノ限ニアラス

警備隊ヲ置キタル島嶼ノ壯丁ハ悉皆之ヲ警備隊ニ充テ該地內ニ於テ服役セシム但在營時

ノ一條參看

[illegible]一九八參看

[illegible]一四二ノ六四、七四、一〇三以下、一二一條一四八參看

[illegible]一三五、一四二ノ一〇三以下一二三條參看

[illegible]一四二ノ一一條以下、一四七、二六六(ホ)三二ノ三三條參看

[illegible]一四二ノ一一條以下、一四七、(ホ)三二ノ三三條參看

[illegible]一四二ノ一二條參看

間ハ一箇年以內トス（明治十九年勅令第七十三號ヲ以テ本項追加）

第九條　陸軍雜卒ノ現役期限ハ其職務ニ因リ之ヲ短縮スルコトアルヘシ但常備兵役ノ全期ハ之ヲ減スルコトナシ

第十條　年齡二十歳ニ滿タスト雖モ滿十七歳以上ノ者ハ現役ヲ志願スルコトヲ得

第十一條　年齡滿十七歳以上滿二十七歳以下ニシテ官立府縣立學校（小學校ヲ除ク）及ヒ文部大臣ニ於テ認タル之ト同等ノ學校ノ卒業證書ヲ所持シ服役中食料被服等ノ費用ヲ自辨スル者ハ願ニ因リ一個年間陸軍現役ニ服セシム（本項中明治十九年勅令第七十三號ヲ以テ及ヒ以下十九字ヲ追加セラル）

其技藝ニ熟達スル者ハ若干月ニシテ歸休ヲ命スルコトアル可シ但常備兵役ノ全期ハ之ヲ減スルコトナシ

第十二條　現役中殊ニ技藝ニ熟シ行狀方正ナル者及ヒ官立公立學校（小學校ヲ除ク）及ヒ文部大臣ニ於テ認タル之ト同等ノ學校ノ歩兵操練科卒業證書ヲ所持スル者ハ其期未タ終ラスト雖モ歸休ヲ命スルコトアル可シ（本條中明治十九年勅令第七十三號ヲ以テ及ヒ文部大臣以下十九字ヲ追加セラル）

第十三條　豫備兵ハ戰時若クハ事變ニ際シ之ヲ召集シ常備隊ヲ充實シ又補充隊ニ編制ス平常ニ在テハ技藝復習ノ爲メ毎年一度六十日以內之ヲ召集シ又兵員實査ノ爲メ毎年一度點呼ヲ爲ス但海軍豫備兵ハ技藝復習ノ爲メ召集スルコトナシ

第十四條　後備兵ハ戰時若クハ事變ニ際シ豫備兵ニ次テ之ヲ召集シ常備兵ノ後援ト爲ス平常ニ在テ其技藝復習ノ爲メニ召集シ及ヒ兵員實査ノ爲ニ點呼ヲ爲スコト豫備兵ニ同シ

第十五條　國民兵ハ戰時若クハ事變ニ際シ後備兵ヲ召集シ仍ホ兵員ヲ要スル時ニ限リ之ヲ

〔施〕一六、九、㋭三二ノ七、一七條以下參看

〔施〕一三五、一四二ノ一六、二〇、八五、一一二、一七、一二二、一二四、一二五、一二六、一二七、一二八、一二九、一三〇、一四一、一四五、一四六、一四九條一四三、一四四、一四一、一五〇、一五六、一五四、一五五、一六一、一六五、一六七、一七一、一七三、一七四、一七八、一八五、一九五、一九六、二〇三、三〇九、㋭三二ノ一、七、一六、一八、一九、二〇、二一、二二、二三、三、三、三六條參看

〔施〕一三五、一三六、一三七、一三九、一四〇、一四二ノ一六、二〇、

召集シ隊伍ニ編制シテ軍役ニ充ツ

第三章　免除及ヒ猶豫

第十六條　兵役ヲ免除スルハ癈疾又ハ不具等ニシテ徴兵檢査規則ニ照シ兵役ニ堪ヘサル者ニ限ル

第十七條　左ニ掲クル者ハ徴集ヲ猶豫ス但其年補充員不足スルトキ又ハ戰時若クハ事變ニ際シ兵員ヲ要スルトキハ之ヲ徴集ス

第一項　兄弟同時ニ徴集ニ應スル者ノ内一人及ヒ現役兵ノ兄或ハ弟一人

第二項　現役中死沒又ハ公務ノ爲メ負傷シ若クハ疾病ニ罹リ免役シタル者ノ兄或ハ弟一人

第三項　戸主年齡滿六十歳以上ノ者ノ嗣子或ハ承祖ノ孫

第四項　戸主癈疾又ハ不具等ニシテ一家ノ生計ヲ營ムコト能ハサル者ノ嗣子或ハ承祖ノ孫

第五項　戸主

第十八條　左ニ掲クル者ハ其事故ノ存スル間徴集ヲ猶豫ス

第一項　教正ノ職ニ在ル者

第二項　官立府縣立學校（小學校ヲ除ク）及ヒ文部大臣ニ於テ認タル之ト同等ノ學校ノ卒業證書ヲ所持スル者ニシテ官立公立學校教員タル者（本項中明治十九年勅令第七十三號ヲ以テ及ヒ以下十九字ヲ追加セラル）

第三項　官立大學校及ヒ之ニ準スル官立學校本科生徒

一二三、一二三、一三〇、一三一、一三二、一三三、一三四、一四二、一四九條、一四三ノ二五項、一四四、一五四、一六一、一六八、一七五、一七七、一八〇、一八三、一九〇、一九五、一九九、二〇六、二〇七、[illegible]三二ノ一、七、一六、一七、一八、一九、二〇、二一、二二、二三、三一、三二、三六條參看
〔陸〕一三五、一四二ノ一六、二〇、一二三、二三〇、一三一、一三四、一三五條、一四三ノ二五項、一五四、一六一、一六八、一九五、二〇四、[illegible]三三ノ一、七、一八、二〇、二三、三六條參看
〔陸〕一四〇、一四二ノ一三四、一三六條、一六八、一七五、一七七、一八〇、[illegible]三二ノ一、七、一七、一八、一九、二〇、二

第四項　陸海軍生徒海軍工夫
第五項　身幹未タ定尺ニ満タサル者
第六項　疾病中或ハ病後ノ故ヲ以テ未タ勞役ニ堪ヘサル者
第七項　學術修業ノ爲メ外國ニ寄留スル者
第八項　禁錮以上ニ該ル可キ刑事被告人ト爲リ裁判未決ノ者
第九項　公權停止中ノ者

第十九條　官立府縣立學校小學校ヲ除ク及ヒ文部大臣ニ於テ認タル之ト同等ノ學校ニ於テ修業一個年以上ノ課程ヲ卒リタル生徒ハ六個年以内徴集ヲ猶豫ス（本條中明治十九年勅令第七十三號ヲ以テ及ヒ以下十九字ヲ追加セラル）

第二十條　左ニ掲クルモノハ豫備兵ニ在ルト後備兵ニ在ルトヲ問ハス復習點呼ノ爲メ召集スルコトナシ但戰時若クハ事變ニ際シテハ太政官ノ決裁ヲ經テ召集スルコトアル可シ
第一項　官吏判任以上及ヒ戸長
第二項　教導職試補ヲ除ク
第三項　官立公立學校及ヒ文部大臣ニ於テ認タル之ト同等ノ學校教員（本項中明治十九年勅令第七十三號ヲ以テ及ヒ以下十九字ヲ追加セラル）
第四項　府縣會議員
第五項　官立府縣立醫學校及ヒ文部大臣ニ於テ認タル之ト同等ノ學校ノ卒業證書ヲ所持シテ醫術開業ノ者（本項中明治十九年勅令第七十三號ヲ以テ及ヒ以下十九字ヲ追加セラル）

一、三三、二三條參看匹一三五、一四二ノ一六、二〇、一三〇、一三一、一三四條、一四三ノ二五項、一六一、二九五、二〇五、(刑)三二ノ一、七、二八、一九、二〇、二一、二二、二三、三三、三六條參看匹一四一、一四二ノ一六、一三七、疒五一四一、一四五、一四六、一五八條一五〇、一五二、一五四、一六〇、一六一、一七三、一七四、一七六、一七八、一八五、一八六、二〇一、二〇三、三〇九、(刑)三二ノ一、七、一七、一八、一九、二〇、二一、二二條參看

第二十一條　官省院廳府縣ニ於テ餘人ヲ以テ代フ可カラサル技術ノ職ヲ奉スル者ハ太政官ノ決裁ニ依テ徵集ヲ猶豫スルコトアルヘシ

第二十二條　左ニ揭クル者ハ第十七條ニ照シテ徵集ヲ猶豫スルノ限ニ在ラス

第一項　附籍戸主及ヒ附籍戸主ノ嗣子或ハ承祖ノ孫

第二項　癈疾又ハ不具等ニシテ一家ノ生計ヲ營ムコト能ハサルニ非ス或ハ重罪ノ刑ニ處セラレタルニ非スシテ嗣子承祖ノ孫若クハ相續人ヲ罷メ更ニ定メタル嗣子承祖ノ孫

第三項　年齡六十歲未滿ノ戸主癈疾又ハ不具等ニシテ一家ノ生計ヲ營ムコト能ハサルニ非ス或ハ重罪ノ刑ニ處セラレタルニ非スシテ戸主ヲ罷メ年齡六十歲以上ノ者ニシテ其跡ヲ繼キタル戸主ノ嗣子或ハ承祖ノ孫

第四項　分家シ又ハ絕家若クハ廢家ヲ再興シタル戸主及ヒ其戸主ノ嗣子或ハ承祖ノ孫

第五項　嗣子承祖ノ孫失踪シテ五個年ヲ經サル者ノ跡ニ定メタル嗣子承祖ノ孫

第六項　第二項第三項第四項ニ當ル嗣子或ハ承祖ノ孫ニシテ戸主癈疾又ハ不具等ニシテ一家ノ生計ヲ營ムコト能ハサルニ非ス或ハ重罪ノ刑ニ處セラレタルニ非スシテ戸主ヲ罷メ其跡ヲ繼キタル戸主

第七項　年齡六十歲未滿ノ者癈疾又ハ不具等ニシテ一家ノ生計ヲ營ムコト能ハサルニ非ス或ハ重罪ノ刑ニ處セラレタルニ非スシテ戸主ヲ罷メ其跡ヲ繼キタル戸主

第八項　嗣子承祖ノ孫又ハ相續人癈疾又ハ不具等ニシテ一家ノ生計ヲ營ムコト能ハサルニ非ス或ハ重罪ノ刑ニ處セラレタルニ非スシテ戸主ノ死亡跡若クハ戸主ヲ罷メタル跡

照一四三ノ二四項、一九六參看

照一四二ノ一三乃至一五、三四條以下參看

照一三五、一四二ノ三二、三三、四二條以下參看

照一四二ノ五九條以下六五條、一四三ノ二項參看

照一四二ノ六五條參看

ヲ繼カス他ノ者ニシテ其跡ヲ繼キタル戸主

第九項　戸主失踪シテ五個年ヲ經サル者ノ跡ヲ繼キタル戸主

第二十三條　第十八條第一項第二項第三項第四項陸海軍生徒ヲ除ク第十九條第二十一條ニ當ル者ト雖モ第三十五條ニ示シタル徵兵各自屆出期限即チ四月十六日以後ニ係ル者ハ徵集ヲ猶豫スルノ限リニ在ラス（明治十九年勅令第七十三號ヲ以テ九月ヲ四月ト改正セラル）

第四章　徵兵區及ヒ抽籤

第二十四條　徵兵區ハ軍管師管及ヒ府縣ノ區域ニ從フ其軍管ニ從フモノヲ軍管徵兵區ト爲シ師管ニ從フモノヲ師管徵兵區ト爲シ府縣ニ從フモノヲ府縣徵兵區ト爲ス但府縣ノ管地兩師管ニ分屬スルモノハ師管每ニ一區ヲ設ク又警備隊ヲ置キタル島嶼ハ各別ニ一區ト爲ス（明治十九年勅令第七十三號ヲ以テ設クノ下二十字ヲ追加セラル）

軍管及ヒ師管ノ徵兵區域ハ別表ニ揭ク

第二十五條　各鎭臺ニ屬スル步兵ハ其師管徵兵區限リ其他ノ諸兵ハ其軍管徵兵區限リ之ヲ徵集ス但現役徵員及ヒ其補充員不足スルトキ步兵ハ他ノ師管其他ノ諸兵ハ他ノ軍管徵兵區ヨリ之ヲ補フ海軍及ヒ近衞ノ諸兵ハ各軍管徵兵區ニ配當シテ全國ヨリ之ヲ徵集ス

第二十六條　抽籤ハ各府縣徵兵區限リ之ヲ行フモノトス

府縣徵兵區ニ於テハ其區壯丁ノ身體檢查終リタル後兵役ニ適スヘキ人員ノ身材職業ニ從ヒ兵種ヲ區別シ番號ヲ定メ抽籤セシム

第二十七條　籤ハ一郡區每ニ籤丁ノ人撰ヲ以テ一名乃至三名ノ總代人ヲ出シテ之ヲ抽カシ

（現）一四二ノ六五、六九條以下、一四三ノ二項參看

（現）一三五、一四二ノ九〇條以下參看

（現）一三五、一四二ノ一三二條參看

（現）一四二ノ一〇一、一五四、一五七條、（未）三二ノ三六條參看

（未）三二ノ一三、一四條參看

ム

第二十八條　抽籤ノ法ハ籤丁ノ數ニ應シ籤札ニ兵種番號ヲ記シ籤箱ニ納レ籤簿掛ノ面前ニ置キ籤丁名簿ノ順序ニ從ヒ其氏名ヲ呼ヒ總代人ニ之ヲ抽カシメ籤簿掛ハ抽籤ノ正否ヲ監シ抽キ擧クル所ノ番號ヲ高聲ニ呼ハシメ其籤札ヲ受取リ籤簿ニ氏名番號ヲ記シ籤札ハ總代人ニ交付ス

第二十九條　籤ハ其番號現役徵員ノ數ニ滿ツル迄ヲ以テ現役籤トシ其餘ヲ以テ補充籤トス

第五章　補充員及ヒ豫備徵員

第三十條　補充員ハ補充籤ヲ抽キタル者ヲ以テ一個年間之ニ充ツ其期限内現役兵欠員スルトキ又ハ戰時若クハ事變ニ際シ兵員ヲ要スルトキ其番號ノ順序ニ從ヒ之ヲ徵集ス補充員ノ數ハ概ネ現役徵員五分ノ二ヨリ少カラサルモノトス

第三十一條　補充員ニシテ其期限內徵集ノ命ナキ者及ヒ第十八條第三項ノ生徒ニシテ二個年以上ノ課程ヲ卒リタル者ハ年齡滿二十七歲迄之ヲ第一豫備徵員トス

第三十二條　第十七條ニ當ル者ニシテ其年徵集ノ命ナキ者第十八條第二十一條ニ當ル者ニシテ七個年間其事故ノ存スル者及ヒ第一豫備徵員ヲ終リタル者年齡滿三十二歲迄ハ之ヲ第二豫備徵員トス

但第十七條ニ當ル者第二豫備徵員ト爲リタル後六個年間ニ該條ニ揭クル資格ヲ失ヒタルトキハ現役ニ徵集ス

第三十三條　豫備徵員ハ戰時若クハ事變ニ際シ兵員ヲ要スルトキ之ヲ徵集ス但第二豫備徵

㋚一四二ノ一六、一七、一八、一九、二八、七三、一五〇二五一一五三條一四三ノ二項、二七三、二〇二、二一一、二一八、二二一、二二、二、㋭三二ノ一、四三條參看㋚一四二ノ一六、一七、一八、一九、二〇、二二、二九、九六、九九、一五〇條一四三ノ二四項、一四四、一六一、一七三、一八一、二〇〇、二〇二、二一一、二一四、二一五、二一八、二二一、二二二、二二七、二二九、㋭三二ノ一、三七、四一、四三、四四條參看照一三五、一三八、一四二ノ一六、一九、二二、二四七、二五一條、一四三ノ二四項、一四六、一六

員ヲ徵集スルハ後備兵ヲ召集スルトキニ限ル

第六章　雜則

第三十四條　每年一月ヨリ十二月迄ニ年齡滿十七歲ト爲ル者ハ其年ノ四月一日ヨリ同月十五日迄ニ戶主本人戶主ナレハ自身以下戶主トアルモノ皆同シヨリ本人ノ氏名族籍住所誕生ノ年月日及ヒ職業ヲ記載シ本籍ノ戶長ニ屆出ヘシ（明治十九年勅令第七十三號ヲ以テ九月ヲ四月ト改正セラル）

第三十五條　每年一月ヨリ十二月迄ニ年齡滿二十歲トナル者ハ其年ノ四月一日ヨリ同月十五日迄ニ書面ヲ以テ戶主ヨリ本籍ノ戶長ニ屆出可シ若シ屆出ノ後十一月二十日迄ニ異動ヲ生シタルトキハ其事由ヲ詳記シ三日以內ニ本籍ノ戶長ニ屆出可シ但二十歲未滿ニシテ現ニ服役スル者ハ屆出ルニ及ハス（明治十九年勅令第七十三號ヲ以テ本條中九月一日トアルヲ四月一日ト翌年四月十日トアルヲ十一月二十日ニ改正セラル）

第三十六條　第十七條ニ當ル者其資格ヲ失ヒ第十八條第十九條第二十一條ニ當ル者其事故止ミ及ヒ第三十二條但書ニ當ル異動ヲ生シタルトキハ其事由ヲ詳記シ其年十一月二十日以後十二月三十一日迄ニ係ル者ハ翌年四月一日ヨリ同月十五日迄ニ戶主ヨリ本籍ノ戶長ニ屆出可シ但四月十六日以後十一月二十日以前本條ニ當ル者ハ三日以內ニ本籍ノ戶長ニ屆出可シ（明治十九年勅令第七十三號ヲ以テ本條中年ノ下ノ九月一日トアリ又但ノ下九トアリ又後ノ下翌年四トアリ及最終ノ月ノ下一トアリシヲ改正シテ總テ本文ノ如シ）

第三十七條　他ノ府縣ニ寄留スル者其地ニ於テ徵集ニ應セント欲スルトキハ其地ニ居住スル者戶主ヲ以テ證人ト爲シ三月十五日迄ニ戶主ヨリ其旨ヲ本管廳ニ願出可シ但第三十五條ノ屆書ハ寄留地ノ戶長ニ差出スヘシ（明治十九年勅令第七十三號ヲ以テ八月十五日トアルヲ三月十五日ト改正セラル）

一、一七九、一八　一、一九五、一〇　二、三一三、二一　七、三一八、二二　九、三二〇、二二　一、三二三、二三　九、三三〇、㊍三　二ノ四一、四三、　四四條參看　[illegible]一四二ノ一　七、一二六、一四　六、三五〇條、一　四三ノ二四項、　二一五參看　[illegible]一四二ノ八　〇、九一一、四三、　一五一條、二〇　二、三〇八、㊍三　二ノ四〇、四三、　四四條參看　[illegible]一四二ノ六　四七四條、二八　八、㊍三二ノ四　一條參看　[illegible]一三八、一四　二ノ四三以下、　六、四七四、一四　八、一四九、一五　九條一五七、一　六、一一六、四一　七、三二八一、一　八、三二、二〇、㊍　三、二ノ三五、三　六、四二、四四條參看　[illegible]一六一參看　[illegible]一三八、一三　九、一四二ノ一四

第三十八條　現役兵在營在艦中ハ定額ノ日給ヲ與ヘ服食等ヲ給ス

第三十九條　疾病或ハ犯罪等ニテ期限ニ際シ入營シ難キ者ハ其事由ヲ詳記シ其疾病ニ罹ル者ハ醫師ノ診斷書ヲ添ヘ即日戸長ニ屆出可シ其事故止ムトキ亦同シ

第四十條　第三十九條ニ揭クル者翌年四月一日ニ至ルモ事故猶止マサルトキハ之ヲ翌年廻シノ者ト爲シ翌年更ラニ檢査ヲ遂ケ他ノ徵員ニ先チ徵集ス可シ但戰時若クハ事變ニ際シ兵員ヲ要スルトキハ翌年徵集ノ期ヲ待タス徵集ス（明治十九年勅令第七十三號ヲ以テ其年九月一日トアルヲ翌年四月一日ト改正セラル）

第四十一條　兵役ヲ免レンカ爲メ身体ヲ毀傷シ疾病ヲ作爲シ其他詐僞ノ所爲ヲ用ヒ又ハ逃亡若クハ潛匿シタル者又ハ正當ノ故ナク檢査所ニ參會セス又ハ第三十五條第三十六條ノ屆出ヲ怠リタル者ハ抽籤ノ法ヲ用ヒス直ニ現役ニ徵集シ又ハ翌年檢査ヲ遂ケ第四十條ニ揭クル者ニ先チ抽籤ノ法ヲ用ヒス徵集ス

第四十二條　常備現役年期ノ計算ハ總テ其入營年ノ十二月一日第四十一條ニ揭クル者ハ入營ノ當日ヨリ起算シ豫備役及ヒ後備役年期ノ計算ハ其定例編入ス可キ年ノ十二月一日ヨリ起算ス但禁錮ノ刑ニ處セラレ又ハ監視ニ付セラレ又ハ逃亡シタル者其刑期中ノ日數及ヒ逃亡中ノ日數ハ服役年期ニ算入セス（明治十九年勅令第七十三號ヲ以テ四月三十日トアルヲ十二月一日ト改正セラル）

第四十三條　第三十四條第三十五條第三十六條第三十九條ノ屆出ヲ爲サヽルモノ及ヒ檢査時日ノ指定ヲ受ケ正當ノ故ナク其場所ニ參會セサル者ハ三圓以上三十圓以下ノ罰金ニ處ス

〇、四三、一四二、一四三、一五一條、二四五、二八一、二八二、一九三、二〇八、二一一、二一三、二一四、二一五、二一七、二一八、二一九、二二三、二二六、二二七、追三二ノ三、四條參看
昭一三九、一四二ノ一五一條、一四九、一五六、一六一、二一六、二二五、二二八參看

第四十四條　兵役ヲ免カレンカ爲メ逃亡シ又ハ潜匿シ若クハ身体ヲ毀傷シ疾病ヲ作爲シ其他詐偽ノ所爲アル者ハ一月以上一年以下ノ重禁錮ニ處シ三圓以上三十圓以下ノ罰金ヲ附加ス

第四十五條　本令施行ノ爲メニ要スル規則ハ別ニ布達ヲ以テ之ヲ定ム

（表略ス）

參照

○關係法令

一三五　陸軍省甲第四十四號達　明治十六年十二月廿八日

令般第四十六號布告徴兵令改正相成候處本年徴兵適齡即チ來十七年徴集スヘキ者ハ既ニ舊徴兵令ニ據リ調査シ最早諸名簿整頓後ニ係ルヲ以テ十七年徴集スヘキ者ハ舊令ニ依リ徴集致シ新令第十一條第十七條乃至第十九條第二十一條第二十二條第二十五條第二項第三十條第二項第三十一條中ノ生徒第三十六條ニ當ル事項ハ來十七年適齡即チ十八年徴集スヘキ者ヨリ實施致候儀ト可心得此旨相達候事

昭一五三參看

○

一三六　海軍省丙第三拾七號達　明治十七年二月

徴兵年齡ニ相當スル者賭博犯ニ依リ懲罰處分中徴集猶豫ノ義左ノ通御達相成候條爲心得此旨相達候事

徵兵年齡ニ相當スル者賭博犯ニ依リ懲罰ヲ受ケタルトキハ右處分中徵集ヲ猶豫致スヘキ儀ト心得ヘシ此旨相達候事

明治十七年二月二十二日

海軍省

太政大臣三條實美

〇

【一三七】陸軍省甲第貳拾三號達 明治十七年五月

徵兵ニ相當スル者賭博犯ニ依リ懲罰ヲ受ケ右處分中ハ徵集ヲ猶豫シ又其處分中常備年期ヲ經過スル者ハ年齡滿三拾二歲迄第二豫備徵員トスヘキ儀ト可心得此旨相達候事

〇

【一三八】陸軍省告示第二號 明治十七年十一月

明治十四年一月ヨリ同十六年十二月迄ニ滿二十歲トナリタル者ニシテ舊徵兵令第二十八條乃至第三十一條及ヒ第三十四條ニ據リ免役又ハ徵集猶豫ニ屬スル者常備年期ノ第七年撿查時限內ニ在テ名稱ヲ罷メタルトキハ更ニ徵集スヘキ儀ニ付本年九月十六日以後其名稱ヲ罷メタルトキハ新徵兵令第三十六條ニ據リ戶主ヨリ本籍ノ戶長ニ屆出ヘシ此旨告示候事

但本文ノ屆出ヲ爲サヽルトキハ新徵兵令第四十一條及ヒ第四十三條ニ據リ處分スヘキモノトス

〔卅一七九、一一八二參看〕

參看 一二三〇

○

一二三九 陸軍省甲第四拾六號達 明治十七年十一月

士官學校若クハ教導團生徒撿査合格者ニシテ未タ入校入團ヲ命セサル以前ニ在テ徵兵撿査又ハ入營ニ際スルトキハ尋常徵集者同樣可取扱此旨相達候事

但入營以前入校入團ヲ命スルモノハ其校團ヨリ府縣廳ニ照會シ入營迄ニ入校入團ヲ命セサルモノハ其府縣廳ヨリ其旨ヲ近衞局鎭臺士官學校若クハ敎導團ヘ通牒シ追テ入校入團之儀其校團ヨリ近衞局鎭臺ヘ照會スヘキ儀ト心得可シ

○

一四〇 陸軍省甲第四拾八號達 明治十七年十一月

本年第拾九號布達ヲ以テ敎導職被廢候ニ付テハ徵兵令第拾八條第壹項及ヒ第貳拾條第貳項ハ消滅ニ屬シ候處舊敎導職タリシ者ハ其在職ノ時ノ等級ニ準シ徵集又ハ召集ヲ猶豫シ又明治十四年一月ヨリ同十六年十二月迄ニ滿貳拾歲トナリタルモノニテ舊徵兵令ニ據リ旣ニ敎導職試補以上ニテ國民軍外免役ニ處分セシモノハ其儘閣クヘキ儀ト可心得此旨相達候事

○

一四一 陸軍省第四拾九號達 明治十七年十二月

明治十四年一月ヨリ同十六年十二月迄ニ滿二十歲トナリタルモノニテ適齡ノ當時舊徵兵令第二十八條第三項第四項若クハ第貳拾九條第一項ニ據リ嗣子承祖ノ孫及ヒ相

續人ノ名稱ヲ有シ免役ニ屬シ新徵兵令發布後常備年期間ニ在テ戶主隱居シ其跡ヲ繼キ戶主トナリ前戶主年齡六十歲未滿ナル𪜈ハ徵兵事務條例第百五拾三條第百五十四條前段ニ據リ徵集スヘキ儀ニ候處本年各府縣徵兵抽籤ノ當日迄ニ免役名稱ヲ罷メ更ニ免役名稱ヲ得タルモノハ其當時屆出ヲ爲スモノト否トヲ問ハス其儘免役ニ屬シ抽籤翌日以後ニ係ルモノヨリ新徵兵令第二十二條第七項ニ據リ更ニ徵集スヘキ儀ト可心得此旨相達候事

○

一四二 太政官第十八號布達 明治十七年七月

徵兵事務條例別冊ノ通相定ム

（別冊）

徵兵事務條例目錄

徵兵事務條例

第一章　徵兵事務官及ヒ其職掌

第一條　徵兵事務官ハ左ノ如シ

一　鎭臺後備軍司令官

二　營所後備軍司令官

三　府縣駐在官

四　郡區駐在官
五　醫官
六　府知事縣令
七　府縣兵事課長
八　郡區長
第二條　鎭臺後備軍司令官ハ其軍管內徵兵ノ事ヲ掌ル
第三條　營所後備軍司令官ハ其師管內徵兵ノ事ヲ掌リ又每年新兵徵集ノ際府縣徵兵署ヲ巡行シ兵種ノ撰定簿冊ノ審査兵役免除ノ處分ヲ爲シ徵集猶豫ニ係ル者ハ府知事縣令ト商議シ之ヲ裁決ス但鎭臺所在地ニハ營所後備軍司令官ヲ置カサルヲ以テ鎭臺後備軍司令官其職掌ヲ兼攝スルモノトス
第四條　府縣駐在官ハ其府縣內ノ徵兵ノ事ヲ掌リ又每年新兵徵集ノ際醫官及ヒ府縣兵事課長ト共ニ徵兵撿査所ヲ巡行シ壯丁檢査ノ事ヲ掌ル
第五條　郡區駐在官ハ其郡區內徵兵ノ事ヲ掌リ又每年新兵徵集ノ際名簿調査ノ事ヲ掌ル
第六條　醫官ハ每年新兵徵集ノ際一等軍醫以下軍醫試補以上ヲ以テ之ニ充ツ一等軍醫ハ後備軍指令官ニ從ヒ府縣徵兵署ヲ巡行シ壯丁ノ身材骨格兵役ニ適スルヤ否ヲ撿査スルコトヲ掌ル二等軍醫以下軍醫試補以上ハ府縣駐在官ト共ニ徵兵撿査所ヲ巡行ス其職掌一等軍醫ニ同シ

第七條　毎年新兵徴集ノ際前諸條官員ノ外海軍將校ヲシテ後備軍司令官ノ事務ニ參セシムルコトアル可シ
第八條　府知事縣令ハ管內徴兵ノ事ヲ掌リ又毎年新兵徴集ノ際府縣徴兵署ニ於テ後備軍司令官ト商議シ徴集猶豫ノ裁決ヲ掌ル
第九條　府縣兵事課長ハ其府縣內徴兵ノ事務ヲ整理シ又毎年新兵徴集ノ際府縣駐在官ト共ニ徴兵撿査所ヲ巡行シ撿査ノ事務ヲ補助ス
第十條　郡區長ハ郡區內徴兵ノ事ヲ掌リ又毎年新兵徴集ノ際名簿調製ノ事ヲ掌ル
第十一條　毎年新兵徴集ノ際師管徴兵區ノ諸記錄ハ後備軍司令部書記ヲシテ之ヲ掌ラシム
撿査及ヒ抽籤ノ筆記ハ筆生ヲシテ之ヲ掌ラシメ身體撿査ノ記錄ハ地方醫員ヲシテ之ヲ掌ラシメ又身體撿査ノ補助ヲ爲サシムルコトアル可シ
醫員筆生ハ府知事縣令ノ撰ヲ以テ命スルモノトス
第十二條　徴集猶豫ノ事ニ係リ後備軍司令官ト府知事縣令ト商議整ハサルトキハ各其事由ヲ具シ陸軍卿ニ伺出可シ但後備軍指令官ハ其所轄長官ヲ經由ス可シ

第二章　徴兵撿査所及ヒ徴兵署

第十三條　壯丁ノ撿査ヲ施行スル爲メ府縣管地ノ廣狹及ヒ壯丁ノ多寡ニ應シ集合便宜ノ地ヲ撰ミ若干ノ徴兵撿査所ヲ設ク可シ
第十四條　各府縣徴兵區ニ於テ其事務ヲ整理スル爲メ毎年新兵徴集ノ期ニ先チ府縣

廳所在ノ地又ハ管內便宜ノ地ニ一ノ徵兵署ヲ設ク可シ但一府縣ノ管地兩師管ニ分屬スルモノハ每師管ニ一ノ徵兵署ヲ設ク可シ

第十五條　徵兵檢査所及ヒ徵兵署ハ每年新兵徵集中開クモノニシテ該事務竣レハ之ヲ閉ツ可シ

第三章　各自屆出

明一六、一九　五、一五參看

第十六條　徵兵令第三十四條ノ屆書ハ第一書式第三十五條ノ屆書ハ第二書式第三十六條ノ屆書ハ第三書式ニ據リ之ヲ認メ戶長ニ差出ス可シ但第三十五條ノ屆書ニハ左ノ書類ヲ添フ可シ

一　徵兵令第七條ニ當ル者ハ刑名宣告書寫

二　徵兵令第十七條第一項第二項ニ當ル者ハ事由ヲ記シタル詳細書第三項第五項ニ當ル者ハ第四書式ノ事由書及ヒ戶籍寫第四項並ニ同令第二十二條ノ諸項ニ當ル癈疾不具等ニシテ一家ノ生計ヲ營ムコト能ハサル爲メ徵集猶豫ニ關スル者ハ事由ヲ記シタル詳細書及ヒ第五書式ノ醫師診斷書並ニ同郡區內現役兵ノ戶主タル者二人以上ノ保證書及ヒ戶籍寫重罪ノ刑ニ處セラレタル者ハ刑名宣告書寫

三　徵兵令第十八條第一項ニ當ル者ハ辭令書寫第二項ニ當ル者ハ卒業證書寫及ヒ辭令書寫第三項第四項ニ當ル者ハ學校長若クハ所屬長ノ證明書第七項ニ當ル者ハ地名校名及ヒ修業ノ學科並ニ入校ノ年月日等記載ノ書及ヒ公使又

ハ領事ノ證明書第八項ニ當ル者ハ撿察官ノ證明書第九項ニ當ル者ハ刑名宣告書寫
四　徵兵令第十九條ニ當ル者ハ學科並ニ等級ヲ記シタル學校長又ハ所屬長ノ證明書
五　徵兵令第二十一條ニ當ル者ハ決裁書ノ寫
第十七條　各自屆出ヲ爲スニ當リ戶主旅行又ハ外國寄留等ニテ屆出ヲ爲ス能ハサルトキハ本人又ハ親族ノ者ヨリ屆出可シ
第十八條　各自屆出ヲ終ルノ後抽籤ノ前他ノ府縣ニ轉籍スル者ハ三日以內ニ舊住地新住地雙方ノ戶長ニ屆出可シ
第四章　下調
第十九條　每年四月一日以前戶長ハ各自屆出ヲ爲ス可キ者ヲシテ徵兵令第三十四條第三十五條第三十六條ノ屆出ヲ怠タラシメサル樣注意ス可シ（明治二十年閣令第三號ヲ以テ九月ヲ四月ニ改ム）
第二十條　戶長屆書ヲ領收セハ其町村ノ戶籍ニ照シ屆洩ノ者ナキヤ否ヲ調査シ國民兵入籍者ト徵兵相當者トヲ分チ徵兵相當者ノ各自姓名ノ頭ニ記載シタル箇條並ニ事由書或ハ證書等相違ナキヤ否ヲ審査シ其屆書ニ署名押印シ更ニ徵兵令第七條第十七條第十八條第十九條第二十一條ニ當ル者ト撿査ヲ受ク可キ者トヲ區別シ國民兵入籍者ノ屆書ト共ニ書類目錄ヲ添ヘ每年五月五日迄ニ郡區長ニ差出ス可シ但徵

兵令第三十五條但書ニ當ル者ハ戸長之ヲ調查シ其族職業氏名住所誕生年月日及ヒ隊號ヲ記シ本條ノ書類ト共ニ郡區長ニ差出ス可シ（明治二十年閣令第三號ヲ以テ九月二十五日ヲ五月五日ニ改ム）

第二十一條　戸長ハ撿查ヲ受ク可キ者ノ戸籍ニ基キ八別表（第六書式）二葉ヲ製シ各自屆書ト共ニ郡區長ニ差出ス可シ但シ八別表用紙ハ各自屆出ノ季節ニ先チ府縣廳ヨリ之ヲ下付ス可シ

附一八四參看

第二十二條　各自屆出ノ後身上ノ異動ヲ屆出ルトキハ戸長之ヲ調查シ三日以內ニ郡區長ニ差出ス可シ

附一九四參看

第二十三條　郡區長ハ戸長ヨリ差出ス所ノ各自屆書八別表其他諸書類ノ成規ニ適スルヤ否ヲ點撿シ然ル後壯丁名簿（第七書式）及ヒ壯丁異動名簿（第八書式）ヲ製シ卷末ニ署名押印シ各自屆書八別表其他諸書類ト共ニ五月二十五日迄ニ之ヲ郡區駐在官ニ送致ス可シ（明治二十年閣令第三號ヲ以テ十月十五日ヲ五月二十五日ニ改ム）

第二十四條　郡區駐在官ハ郡區長ヨリ送致スル處ノ名簿並ニ諸書類ヲ點撿シ其郡區內ノ壯丁中遺漏或ハ差違ナキヤ否ヲ調查シ又八別表備考區畫ニ記載スル件々ノ適否ヲ覈查シ訂正加書シ然ル後名簿ノ卷末ニ署名押印シ諸書類ト共ニ郡區長ニ返付ス可シ

第二十五條　郡區長ハ郡區駐在官ヨリ返付スル所ノ名簿ニ各自屆書八別表其他諸書類ヲ添ヘ六月五日迄ニ之ヲ府縣廳ニ差出ス可シ（明治二十年閣令第三號ヲ以テ十月二十五日ヲ六月五日ニ改ム）

第二十六條　壯丁名簿調製ノ際郡區長ハ八別表備考區畫ニ記載スル件々ノ適否ヲ覈

明一八四參看

查シ訂正加書ス可シ

第二十七條　寄留地ニ於テ徵集ニ應シ又ハ檢査ヲ受ケント欲スル者ハ該部内ノ者ト混セサル爲メ他府縣ヨリ寄留ノ部ト題シ本籍地ニ於テハ他府縣ニ寄留ノ部ト題シ之ヲ別簿ニ作ル可シ

第二十八條　郡區長ハ壯丁名簿壯丁異動名簿整頓前第二十二條ニ據リ身上ノ異動屆書ヲ戸長ヨリ差出ストキハ之ヲ調査シ名簿ヲ訂正ス可シ若シ名簿整頓後ニ係ルトキハ府縣廳又ハ徵兵署或ハ檢査所ニ送ル可シ但徵兵令第三十四條ノ各自屆出後身上異動ノ屆書ハ三日以内ニ府縣廳ニ差出ス可シ

第二十九條　他府縣ニ籍ヲ轉スルノ異動屆書ハ郡區長ヨリ府縣廳ニ差出シ該廳ヨリ新住地府縣廳ニ通牒ス可シ

第三十條　郡區長ハ壯丁名簿壯丁異動名簿等ヲ府縣廳ニ差出シタル後國民兵入籍者ノ屆書ニ據リ國民兵名簿第九書式ヲ調製シ卷末ニ署名押印シ各自屆書ト共ニ六月十日迄ニ之ヲ郡區駐在官ニ送致ス可シ（明治二十年閣令第三號ヲ以テ十月三十日ヲ六月十日ニ改ム）

第三十一條　郡區駐在官ハ郡區長ヨリ送致スル所ノ名簿ヲ點檢シ其郡區内ノ國民兵入籍者ノ遺漏或ハ差違ナキヤ否ヲ調査シ然ル後卷末ニ署名押印シ郡區長ニ返付シ郡區長ハ各自屆書ト共ニ六月二十日迄ニ之ヲ府縣廳ニ差出ス可シ（明治二十年閣令第三號ヲ以テ十一月十日ヲ六月二十日ニ改ム）

第五章　徵員配當

第三十二條　毎年徴集ス可キ陸軍新兵ノ員數ハ陸軍卿之ヲ告示シ海軍新兵ノ員數ハ海軍卿之ヲ告示ス可シ

四一四三ノ二項參看

第三十三條　鎭臺司令官ハ其告示ニ基キ後備軍司令官ヨリ差出ス所ノ人員ヲ率トシ軍管徴集人員配當表（第十書式）ヲ作リ之ヲ陸軍省ニ開申シ又管内府縣廳及ヒ府縣駐在官ニ通牒ス可シ府縣廳ニ於テハ之ヲ管内ニ告示ス可シ

第六章　檢査準備

四一四三ノ四項參看

第三十四條　府縣廳ニ於テハ毎年六月十日ヨリ徴兵署ヲ開設シ府縣駐在官醫官府縣兵事課長地方醫員及ヒ筆生出頭シ徴兵檢査ノ準備ヲ爲ス可シ（明治二十年閣令第三號ヲ以テ十一月一日ヲ六月十日ニ改ム）

第三十五條　府縣廳ニ於テハ各自届書人別表其他諸書類ノ成規ニ適スルヤ否ヲ審査シ戸籍帳ト照較シ遺漏又ハ差違ナキヤ否ヲ調査シ然ル後徴兵署ニ送致ス可シ

第三十六條　府縣駐在官ハ府縣廳ヨリ徴兵署ニ送ル所ノ諸書類ノ成規ニ適スルヤ否ヲ調査シ又壯丁名簿壯丁異動名簿中徴集ニ應ス可キ者ノ總人員ヲ營所後備軍司令官ニ差出ス可シ但營所後備軍司令官ハ之ヲ一師管ニ取纏メ鎭臺後備軍司令官ヲ經テ鎭臺司令官ニ呈ス可シ

四一四三ノ三項參看

第三十七條　府縣駐在官ハ前條書類調査ノ後府縣兵事課長ト商議シ管地ノ廣狹及ヒ壯丁ノ多寡ニ應シ檢査所並ニ巡回日割ヲ定メ其表面（第十一書式）ヲ製シ後備軍司令官ヲ經テ鎭臺司令官ニ府縣兵事課長ハ府知事縣令ニ之ヲ開申ス可シ

注一七〇、一八六、二〇五参看

注一四三ノ二項参看

第三十八條　撿查所並ニ巡回ノ日割已ニ定マルトキハ府縣廳ヨリ郡區長及ヒ戸長ニ達シ戸長ハ之ヲ其町村内撿查ヲ受ク可キ者ニ達シ置キ徴集ノ日時ニ至レハ壯丁ヲ引纒メ指定ノ塲所ニ出頭スヘシ

第三十九條　府縣兵事課長ハ徴兵署ニ於テ筆生ヲシテ人別表ニ基キ撿查表第十二書式ヲ製セシメ撿查ノ席ニ備ヘ置ク可シ但撿查表用紙ハ撿查ノ季節ニ先チ府縣廳ヨリ之ヲ徴兵署ニ送ル可シ

第四十條　壯丁中疾病處刑又ハ逃亡失踪等ニテ撿查所ニ出頭セサル者アルトキハ戸主或ハ親族ノ者ヨリ逃亡失踪等ノ者ハ其事由書ニ戸長ノ奥書證印憲兵部若クハ警察署ノ證認ヲ受ケ疾病ノ者ハ醫師ノ診斷書第五書式處刑中ノ者ハ刑名宣告書寫ヲ以テ郡區長ヲ經テ徴兵撿查所ニ屆出可シ但起居自在ナラサル疾患ニシテ車駕等ヲ用フルモ出頭スル能ハサル者ハ其家ニ就キ之ヲ撿查シ若クハ他ノ撿查所ニ出頭セシムル等府縣駐在官府縣兵事課長商議シテ之ヲ處分ス可シ

第四十一條　徴兵撿查所ニ於テ領收スル所ノ諸願屆書ハ府縣駐在官府縣兵事課長ト商議シ之ヲ處分シ壯丁名簿壯丁異動名簿ニ訂正ヲ加ヘ若シ處分スルコト能ハサルモノ或ハ成規外ニ係ルモノハ意見書ヲ添ヘ之ヲ巡行ノ後備軍司令官ニ差出ス可シ

第七章　撿查

第四十二條　撿查ハ概子六月二十日ヨリ始メ第三十四條ニ掲クル所ノ諸員徴兵撿查所ヲ巡行シ其事務ヲ調理ス（明治二十年閣令第三號ヲ以テ十一月十日ヲ六月二十日ニ改ム）

明一四三ノ八乃至一六項參看

第四十三條　戸長ヨリ撿查ノ達ヲ受ケタル者ハ戸長ニ從ヒ指定ノ日時ニ其場所ニ出頭シ府縣駐在官府縣兵事課長ノ面前ニ於テ身體ノ撿查ヲ受ク可シ

第四十四條　身體撿查ヲ爲ストキハ郡區駐在官郡區長列席シ郡區駐在官ハ壯丁名簿壯丁異動名簿中徵集ノ部ニ記載シタル順序ニ壯丁ヲ呼出シ醫官ハ徵兵撿查規則ニ據リ體格ヲ撿查シ合格ノ者ハ更ニ其體格ノ等位ヲ區別ス不合格ノ者及ヒ身幹四尺九寸未滿ノ者ハ地方醫員ヲシテ之ヲ撿查表ニ記註セシメ醫官之ニ捺印シテ府縣駐在官ニ差出ス可シ但四尺九寸未滿ノ者及ヒ不合格者ノ骨相ハ撿查表ニ記註スルヲ要セス唯其尺度並ニ骨相ノ部ニ主任ノ醫員捺印ス可シ

第四十五條　壯丁ノ身體撿查終ル每ニ府縣駐在官ハ府縣兵事課長ト共ニ八別表ニ據リ本八ニ姓名住所族職業父兄ノ姓名等相違ナキヤ否ヲ尋問ス可シ

第四十六條　八別表調查ノ後府縣駐在官ハ撿查表ニ據リ筆生ヲシテ八別表中身幹尺度ノ區畫ニ各自ノ寸尺ヲ記註セシメ又疾病缺損又ハ身幹四尺九寸未滿ノ者ノ備考區畫ニハ何ノ事故ニ付徵集猶豫、疾病、缺損ニ付除役等其要領ヲ記註セシム可シ

第四十七條　壯丁中癲癇、狂病、白痴、夜盲、聾啞、遺尿、等ノ如キ疾病アリ其狀ヲ申告セントスル者ハ平素其病狀ヲ熟知スル近隣ノ戸主二人以上ノ證書ヲ添テ撿查所ニ申出可シ醫官ニ於テ相違ナシト認定スルトキハ之ニ奥書證印ス可シ若シ認定スルコト能ハサルトキハ府縣駐在官ニ致ス可シ駐在官ハ之ヲ徵集ノ部ニ加フ可シ

第四十八條　壯丁ノ身體撿查終ル每ニ府縣駐在官ハ府縣兵事課長ト共ニ合格又ハ不

合格或ハ徵集猶豫ノ要領ヲ壯丁名簿壯丁異動名簿中ノ各自姓名ノ頭ニ記註ス可シ
第四十九條　身體檢查終リタル後郡區長ハ合格者ヲシテ抽籤總代人ヲ撰ハシメ其姓名住所ヲ府縣兵事課長ニ通牒ス可シ
第五十條　府縣駐在官ハ人別表備考區畫ヲ案シ訂正ヲ加フ可キモノハ之ヲ加ヘ醫官ニ諜リ身體最モ健全ニシテ近衞兵ニ適當スト思考スルモノハ人別表備考區畫ニ近衞何兵適當ノ文字ヲ記註ス可シ
第五十一條　府縣駐在官ハ壯丁ノ職業ニ注意シ海軍兵ニ適當スト思考スルモノハ人別表備考區畫ニ海軍何兵適當ノ文字ヲ記註ス可シ
第五十二條　府縣駐在官ハ合格者ノ人別表及ヒ檢査表ニ照シ各自ノ身材藝能職業ニ應シ豫メ兵種ヲ區別ス可シ
第五十三條　近衞諸兵ハ總テ品行方正ニシテ且體格最健全ナル者ヨリ之ヲ撰フ可シ其身幹砲兵ハ五尺五寸以上步兵騎兵工兵ハ五尺三寸以上ノ者タル可シ
第五十四條　鎭臺ニ屬スル諸兵ノ身幹砲兵ハ五尺五寸以上步兵騎兵工兵輜重兵ハ五尺三寸以上ノ者タル可シ若シ不足スルトキハ砲兵ハ五尺四寸以上步兵騎兵工兵輜重兵ハ五尺二寸以上ノ者ヲ以テ之ニ充テ仍ホ不足スルトキハ臨時其定尺ヲ減スルコトアル可シ
第五十五條　陸軍雜卒又ハ職工トシテ徵集スル者ハ身幹五尺以上ニシテ雜卒又ハ職工ノ勤務ニ適當ノ者ヨリ之ヲ撰フ可シト雖モ若シ所要ノ人員不足スルトキハ其體

〔卅〕一六二参看

格五種兵ニ亞ク者又ハ身幹四尺九寸以上ニシテ各其勤務ニ堪フ可キ者ヨリ之ヲ撰フ可シ
第五十六條　海軍兵ハ左ニ揭クル項目ノ順序ニ從ヒ之ヲ撰フ可シ其身幹水兵火夫ハ五尺以上ヲ定尺トス
第一項　航海學又ハ機關學卒業ノ者
第二項　西洋形船舶ニ乘組ノ者
第三項　汽車或ハ諸製造所等ニ於テ機關手又ハ火夫ノ業ニ從事スル者
第四項　現ニ前諸項ノ職業ニ從事セスト雖モ一箇年以上嘗テ之ニ從事セシ者
第五項　日本形五百石以上ノ船舶ニ乘組ノ者
第六項　日本形五百石未滿ノ船舶ニ乘組ノ者
第五十七條　海軍職工トシテ徵集スル者ハ身幹四尺九寸以上ニシテ其勤務ニ適當ノ者ヨリ之ヲ撰フ可シ
第五十八條　兵種ノ區別已ニ竣レハ府縣駐在官ハ府縣兵事課長ト共ニ壯丁名簿壯丁異動名簿八別表撿查表其他一切ノ書類ヲ取纒メ巡行ノ後備軍司令官ニ差出ス可シ

第八章　抽籤準備

第五十九條　營所後備軍司令官ハ府縣駐在官ノ報告ニ據リ一府縣ノ徵兵撿查事務完了ノ日時ヲ量リ巡回日割表第十三書式ヲ作リ鎭臺後備軍司令官ヲ經テ之ヲ鎭臺司令官ニ開申シ又其巡行ス可キ府縣廳及ヒ府縣駐在官ニ通牒ス可シ

第六十條　府縣廳ニ於テハ後備軍指令官ノ通牒ニ據リ其日時塲所ヲ抽籤總代人ニ達シ出頭セシム可シ
第六十一條　抽籤施行ニ先チ府縣兵事課長ハ徵兵署ニ於テ筆生ヲシテ籤丁名簿及ヒ籤札ヲ調製セシメ抽籤ノ席ニ備ヘ置キ又其府縣籤丁ノ總員及ヒ各兵種現役補充ノ徵員ヲ記載セシメ之ヲ抽籤塲所ニ揭示ス可シ
第六十二條　籤丁名簿ハ籤丁ノ姓名住所ヲ記シ又籤札ハ左式ノ如ク厚紙ヲ凡ソ方三寸ニ切リ之ヲ四ツ折ニシテ中分ヲ拈リ合格者ノ數ニ應シ調製ス可シ
（籤札式畧ス）
第六十三條　後備軍司令官ハ府縣巡行期日ニ至レハ徵兵署ヲ巡行シ壯丁名簿壯丁異動名簿其他諸書類ノ成規ニ適スルヤ否ヲ審査ノ上撿印シ又徵集猶豫ニ關スル書類ハ府知事縣令ト商議シ成規ニ照シテ之ヲ處分ス可シ
第六十四條　後備軍司令官ハ抽籤施行ニ先チ徵兵令第四十一條ニ當ル先入兵同令第四十條ニ當ル入營延期ノ者及ヒ同令第十條ニ當ル志願兵ヲ調査シ現役兵編入ノ順序ニ從ヒ現役番號ヲ附ス可シ

第九章　抽籤

第六十五條　抽籤ハ後備軍司令官府知事縣令府縣駐在官府縣兵事課長郡區長及ヒ郡區駐在官列席シ徵集人員配當表ニ基キ近衞諸兵鎭臺諸兵及ヒ海軍諸兵ヲ區別シ雜卒職工亦其種類ヲ分チ之ヲ行フ可シ

■一八九、一九二、一九四参看

第六十六條　抽籤總代人ノ抽キタル籤ヲ確證スル爲メ籤簿掛ハ其籤ヲ總代人ヨリ領收シ籤丁名簿姓名ノ頭ニ貼付シ徴兵署ノ割印ヲ押シ然ル後總代人ニ返付ス可シ

第六十七條　抽籤施行ノ際後備軍司令官ハ書記ヲシテ人別表ニ番號ヲ記入シ又籤簿書式第十四ヲ調製セシム可シ

籤簿ハ兵種ヲ分チ當籤番號ノ順序ヲ以テ登記シ卷末ニ籤簿掛署名押印ス可シ但籤簿ハ別ニ一部ヲ作リ府縣廳ニ備ヘ置ク可シ

第六十八條　抽籤施行ノ後徴兵署ニ於テハ人別表ニ據リ番號割符書式第十五ヲ作リ籤簿ニ引合セ徴兵署ノ割印ヲ押シ籤札ニ照シ抽籤總代人ニ交付ス可シ但抽籤總代人ハ受領證書書式第十六ヲ差出ス可シ

第十章　簿冊表面調製

第六十九條　抽籤竣ルノ後徴兵署ニ於テ左ノ名簿ヲ作ル可シ

一　除役名簿
徴兵令第七條及ヒ第十六條ニ當ル者ノ部類ヲ分チ第十七書式ニ據リ登記ス

二　徴集猶豫名簿
徴兵令第十七條第十八條第十九條及ヒ第二十一條ニ當ル者ノ部類並ニ條目ヲ分チ第十八書式ニ據リ登記ス但同令第十八條第五項及ヒ第六項ニ當ル者ハ年度ヲ分チ別冊ニ登記ス

三　先入兵不參名簿
徴兵令第四十一條ニ當ル者ニシテ其年檢査ヲ受ケサル者ヲ第十九書式ニ據リ登記ス

四　入營延期不參名簿
徵兵令第四十條ニ當ル者ニシテ其年撿査ヲ受ケサル者ヲ第二十書式ニ據リ登記ス

五　一年志願兵名簿

六　近衞現役兵名簿

七　鎭臺現役兵名簿

八　海軍現役兵名簿

九　近衞補充員名簿

十　鎭臺補充員名簿

十一　海軍補充員名簿

十二　現役兵撿査名簿

十三　補充員撿査名簿

右九名簿ハ番號ノ順序ニ從ヒ兵種及ヒ部類ヲ分チ人別表及ヒ撿査表ヲ以テ編製ス

第七十條　前條ニ揭クル名簿ハ各二部（撿査名簿ハ一部）ヲ作リ卷末ニ後備軍司令官府知事縣令署名押印シ一部ハ府縣廳ノ原簿トシ一部ハ府縣徵兵表ト共ニ後備軍司令官之ヲ領收ス可シ

第七十一條　抽籤竣ルノ後徵兵署ニ於テハ府縣徵兵表（第二十一書式）ヲ作リ又師管內徵兵事務全ク竣レハ後備軍司令部ニ於テ府縣徵兵表ヲ以テ師管徵兵表ヲ編製シ第六十九條ニ揭クル所ノ諸名簿並ニ一師管ノ徵兵景況書及ヒ書類目錄ヲ添ヘ營所後備軍司

令官ハ鎭臺後備軍司令官ヲ經テ鎭臺司令官ニ差出ス可シ

第七十二條　鎭臺司令官ハ前條ノ名簿諸書類領收ノ後師管徵兵表ヲ以テ軍管徵兵表ヲ編製シ徵兵景況書ヲ添ヘ十二月二十日迄ニ之ヲ陸軍省ニ送致シ近衞兵名簿海軍兵名簿ハ十一月十日迄ニ直ニ近衞局或ハ海軍省ニ送致ス可シ（明治二十年閣令第三號ヲ以テ五月十日ヲ十二月二十日ニ四月二日ヲ十一月十日ニ改ム）

第七十三條　國民兵名簿ハ壯丁名簿調査ノ原簿タルヲ以テ之ヲ府縣廳ニ備ヘ置キ二十歲以下ノ者ノ年齡二十歲ニ至ル迄ハ身上ノ異動アル每ニ訂正ヲ加フ可シ

府縣廳ハ國民兵名簿ニ從ヒ每年十二月一日調ヲ以テ國民兵人員表第二十二書式ヲ製シ翌年一月三十一日迄ニ之ヲ陸軍省及ヒ鎭臺ニ差出ス可シ

第十一章　現役兵編入順序

第七十四條　現役兵ニ編入ノ順序左ノ如シ

一　徵兵令第四十一條ニ當ル者

年齡ノ順序又同年齡ノ者ハ誕生月日ノ順序ニ從フ

二　徵兵令第四十條ニ當ル者

第一項ノ者ニ亞キ年齡ノ順序又同年齡ノ者ハ誕生月日ノ順序ニ從フ

三　徵兵令第十條ニ當ル者

第二項ノ者ニ亞キ年齡ノ順序又同年齡ノ者ハ誕生月日ノ順序ニ從フ

四　現役當籤ノ者

第三項ノ者ニ亞キ當籤番號ノ順序ニ從フ
五　補充當籤ノ者
歩兵ニ在テハ師管徵兵區内其他ハ軍管徵兵區内ニ平均シ當籤番號ノ順序ニ從フ
第七十五條　歩兵ノ補充員不足シ師管徵兵區内ニ於テ現役兵ヲ充實スル能ハサルトキハ營所後備軍司令官ハ鎭臺後備軍司令官ヲ經テ鎭臺司令官ニ上申シ鎭臺司令官ハ他ノ師管ヨリ之ヲ充實シ又他兵ノ補充員不足シ軍管内ニ於テ現役兵ヲ充實スル能ハサルトキハ鎭臺司令官ヨリ之ヲ陸軍省ニ開申スヘシ
第十二章　新兵入營前ノ扱
第七十六條　現役籤ニ當リタル者ハ入營ノ命ヲ待ツモノナルカ故五日間ニ往復スル能ハサル地ニ出ルヲ許サス
第七十七條　新兵ハ概ネ毎年十二月一日ヨリ同月十日迄ニ入營セシム可シ（明治二十年閣令第三號ヲ以テ毎年ノ下四月二十日ヨリ五月二十日迄トアルヲ十二月一日ヨリ同月十日迄ト改ム）
第七十八條　新兵入營ノ日時及ヒ場所ハ毎年近衞局鎭臺又ハ鎭守府ヨリ府縣廳ニ通牒シ府縣廳ハ速ニ其旨ヲ入營ス可キ者ニ達セシメ左ノ手續ヲ爲ス可シ
一　鎭臺兵ハ其員數及ヒ入營地ニ應シ最寄ヲ分チ所要ノ附添人ヲ附シ入營地ノ後備軍司令部ニ出頭セシム可シ
二　近衞兵及ヒ海軍兵ハ一府縣ニ一人若クハ二人ノ附添人ヲ附シ近衞局或ハ鎭守府ニ出頭セシム可シ

四一四三ノ二三項参看

第七十九條　新兵入營地迄ノ旅費並ニ附添人ノ旅費ハ定則ニ照準シ大藏省ヨリ支給ス可シ

丗一六三参看

第八十條　新兵入營ノ期ニ臨ミ父母ノ重病或ハ死沒等ノ故ヲ以テ入營延期ヲ願フ者ハ戸主又ハ親族ノ者ヨリ事實ヲ詳記シ（其重病ハ醫師ノ診斷書第五書式ヲ添ヘ）戸長郡區長奥書證印シ郡區駐在官ヲ經テ府縣駐在官ニ願出ルニ於テハ詮議ノ上十四日以内ノ延期ヲ許ス可シ

第八十一條　前條ノ延期ヲ許可セシトキハ府縣駐在官ハ其旨ヲ近衞局鎭守府又ハ入營地ノ後備軍司令部ニ通牒ス可シ

第八十二條　入營延期ノ許可ヲ得タル者期滿ツレハ即日戸長ニ届出戸長ハ直ニ出發セシメ其旨ヲ近衞局鎭守府又ハ入營地ノ後備軍司令部ニ届出可シ

丗二〇八参看

第八十三條　新兵入營ノ期ニ臨ミ其身疾病犯罪等ニテ入營シ難キ旨戸長ニ届出ルトキハ戸長奥書證印シ郡區長ヲ經テ近衞局鎭守府又ハ入營地ノ後備軍司令部ニ届出可シ其事故止ムトキ亦同シ尤モ疾病延ヒテ十五日以上ニ及フ者ハ最初届出ノ日ヨリ三十日毎ニ届出翌年四月一日ニ至ルモ事故尚止マサル者ハ本人所持ノ番號割符ヲ添ヘ同月十五日限リ郡區長ヲ經テ府縣廳ニ差出シ府縣廳ヨリ之ヲ徵兵署ニ送ル可シ（明治二十年閣令第三號ヲ以テ其年九月ヲ翌年四月ニ改ム）

丗一九二参看

第八十四條　新兵入營前甲府縣ヨリ乙府縣ニ轉籍又ハ全戸寄留スル者ハ即日戸主ヨリ甲府縣戸長ニ届出戸長ハ郡區長ヲ經テ府縣廳ニ届出可シ又乙府縣ニ到着スルト

キハ前同樣ノ手續ヲ以テ番號割符ヲ添ヘ屆出可シ然ルトキハ甲府縣ノ當籤番號ヲ存シ他日入營ノ時ニ至リ乙府縣同番號ノ者ニ次テ入營セシム可シ但本人ヨリ轉籍又ハ全戸寄留ノ旨ヲ甲乙府縣ノ郡區駐在官ニ屆出可シ

第十三章　歸休歸省

附一五八、一八七参看

第八十五條　徵兵令第十七條ニ照シテ徵集ヲ猶豫スルハ抽籤以前該條項ニ當ル者ニ限ル但戸主若クハ父兄等死沒シ又ハ重罪ノ刑ニ處セラレ或ハ癈疾不具等トナリ本人ヲ要スルニアラサレハ一家ノ生計ヲ營ムコト能ハサルトキハ詮議ノ上郷里ニ歸休セシメ又ハ第一豫備徵員ニ編入ス

抽籤後養子又ハ他家ノ相續人トナリ前項ノ事故ヲ生スルモ詮議ニ及ハス

附一八七参看

第八十六條　前條但書ニ當ル者ハ戸主又ハ親族ノ者ヨリ其事由ヲ詳記シ戸籍寫若クハ刑名宣告書寫若クハ醫師診斷書第五書式並ニ同郡區內現役兵ノ戸主タル者二人以上ヲシテ事實ヲ證セシメ戸長郡區長奧書證印ノ上郡區駐在官ヲ經テ府縣駐在官ニ差出シ該官ハ後備軍司令官ヲ經テ近衞局鎭臺或ハ鎭守府ニ申牒ス可シ但癈疾不具等ノ者ハ陸海軍醫官ヲシテ地方醫師診斷書ノ當否ヲ判定セシメ又ハ府縣駐在官及ヒ其地陸海軍醫官ヲシテ其家ニ就キ撿查セシムルコトアル可シ（明治二十年閣令第三號ヲ以テ申牒ノ下シ近衞局鎭臺ハ陸軍省ニ鎭守府ハ海軍省ニ開申ノ二十一字ヲ刪ル）

第八十七條　前條ノ者生兵或ハ二等若水兵若クハ二等若火夫ノ卒業後ナレハ郷里ニ歸休セシメ又卒業以前ナレハ之ヲ第一豫備徵員ニ編入ス

第八十八條　近衞兵ニシテ前條ニ據リ歸休セシメ又ハ第一豫備徵員ニ編入スル者ハ近衞局ヨリ本籍所管ノ鎭臺ニ通牒シ該鎭臺ノ管理ニ屬ス可シ

第八十九條　現役兵在營在艦中父母ノ重病或ハ死亡等ニテ歸省ヲ願フトキハ其戶主又ハ親族ノ者ヨリ事實ヲ詳記シ（其重病ハ醫師ノ診斷書第五書式ヲ添ヘ）戶長ノ奥書證印ヲ以テ直ニ本人所屬ノ隊或ハ鎭守府ニ願出ルニ於テハ詮議ノ上往復ヲ除キ十四日以內ノ歸省ヲ許ス可シ尤モ旅費ハ自辨タル可シ但生兵二等若水兵二等若火夫ノ卒業ニ至ラス或ハ臨時ニ演習觀兵ノ擧アルトキ又ハ航海中ハ本條ノ限ニアラス（十八年第十號布達ヲ以テ戶長ノ下郡區長ノ三字ヲ削除ス）

第十四章　補充員及ヒ豫備徵員

第九十條　補充員ハ臨時補缺ヲ除クノ外鎭臺ニ於テ每年四月一日ノ現役兵缺員ニ應シ概ネ六月一日ヨリ同月十日迄ニ入營スルモノトス但近衞兵海軍兵ニ在テハ近衞局海軍省ヨリ所要ノ人員ヲ四月二十日迄ニ陸軍省ニ通牒シ陸軍省ハ之ヲ各軍管ニ賦課ス可シ（明治二十年閣令第三號ヲ以テ每年ノ下及ヒ人員ヲノ下九月トアルヲ四月ニ又概子ノ下十月二十日ヨリ同月三十一日迄トアルヲ六月一日ヨリ同月十日迄ト改ム）

卅二〇八參看

第九十一條　補充員入營ノ期ニ臨ミ疾病又ハ犯罪等ニテ入營スル能ハサル者ハ其事實ヲ詳記シ本人所持ノ番號割符ヲ添ヘ（疾病ハ醫師ノ診斷書第五書式ヲ添ヘ）速ニ戶長ニ届出可シ戶長ハ奥書證印シ郡區長ヲ經テ府縣廳ニ差出ス可シ該廳ニ於テハ其次番號ノ者ヨリ順次ニ繰上ケ徵集人員ヲ充實シ入營セシメ其旨ヲ府縣駐在官ニ通牒

卅二〇八参看

卅一四三ノ二一項参看

ス可シ

第九十二條　前條ノ事故ニ據リ入營セサル者ハ郡區長ニ於テ其名簿ヲ作リ府縣廳ニ差出シ府縣廳ヨリ之ヲ徵兵署ニ送ル可シ（明治二十年閣令第三號ヲ以テ者ハノ下翌年徵集ノ期ニ當リノ九字ヲ刪ル）

第九十三條　補充員ニシテ入營ヲ命セラレタル者其入營迄ノ扱ハ總テ現役當籤者入營前ノ扱ト異ナルコトナシ

第九十四條　補充員ハ十日間ニ往復スルコト能ハサル地ニ出ルヲ許サス然レトモ已ムヲ得サル事故ヲ生シ其日限ヲ越ユル地ニ出テンコトヲ欲スル者ハ事實並ニ往先ヲ詳記シ戶長郡區長ノ奧書證印ヲ受ケ郡區駐在官ニ出願ス可シ

第九十五條　補充員ニシテ現役ヲ志願スル者ハ本人ノ願書ニ親族連署シ戶長郡區長ノ奧書證印ヲ受ケ郡區駐在官ニ願出ルトキハ詮議ノ上當籤番號ノ順序ニ拘ハラス補充員徵集同時之ヲ入營セシム可シ

第九十六條　補充員身上ニ異動ヲ生スルトキハ戶主又ハ親族ノ者ヨリ三日以內ニ戶長ニ屆出戶長郡區長奧書證印シ郡區駐在官ヲ經テ之ヲ府縣駐在官ニ屆出可シ

第九十七條　補充員ニシテ甲府縣ヨリ乙府縣ニ轉籍又ハ全戶寄留スル者ハ第八十四條ノ例ニ據ル可シ

第九十八條　補充員ニシテ第八十五條但書ニ當ル事故ヲ生シ徵集猶豫ヲ出願スル者ハ第八十六條ノ手續ニ據ル可シ（明治二十年閣令第三號ヲ以テ據ノ下リ主務省ニ開申ス可シ但主務省ニ於テハ詮議ノ上第一豫備徵員ニ編入ス可シトアルヲル可シト改ム）

卅一四七參看

四一四七、二一二參看

卅一四三ノ一七項、一四八、參看

第九十九條　第一豫備徵員身上ニ異動ヲ生スルトキハ戸主又ハ親族ノ者ヨリ三日以内ニ戸長ニ屆出戸長ハ第九十六條ノ例ニ據リ之ヲ處分ス可シ

第百條　第一豫備徵員ニシテ十五日間ニ往復スルヿ能ハサル地ニ旅行セント欲スル者ハ其往先ヲ詳記シ戸長郡區長ヲ經テ郡區駐在官ニ屆出テ然ル後旅行ス可シ但其屆書ニハ旅行中徵集ノ命アルトキハ直ニ之ヲ通牒ス可キ者ノ姓名住所ヲ記入ス可シ

第百一條　徵兵令第三十二條ニ據リ第二豫備徵員トナル者ハ其年十二月一日ニ至レハ別ニ命ナクシテ第二豫備徵員ニ編入セラレタル者ト心得可シ

第二豫備徵員年齡三十二歲トナル年ノ十二月一日ニ至レハ別ニ命ナクシテ國民兵役ニ編入セラレタル者ト心得可シ（明治二十年閣令第三號ヲ以テ本條中四月二十日トアルヲ十二月一日ト三十三歲トアルヲ三十二歲ト改ム）

第百二條　補充員服役年期ノ計算ハ現役兵ト同シク十二月一日ヨリ起算シ第一豫備徵員服役年期ノ計算ハ其編入ス可キ年ノ十二月一日ヨリ起算ス可シ但第八十七條ニ當リ第一豫備徵員トナル者ハ其入營年ノ十二月一日ヨリ起算ス（明治二十年閣令第三號ヲ以テ本條中四月二十日トアルヲ十二月一日ニ改ム）

第十五章　一年志願兵

第百三條　徵兵令第十一條ニ據リ一個年間現役ニ服センコトヲ志願スル者ハ每年四月一日ヨリ同月十五日迄ニ其願書第二十三書式ヲ戸長ニ差出ス可シ戸長ハ之ニ奧書證印シ郡區長ヲ經テ五月一日限リ府縣廳ニ差出シ府縣廳ヨリ之ヲ徵兵署ニ送ル可シ

（註）一四七參看

（明治二十年閣令第三號ヲ以テ本條中九月トアルヲ四月ニ十月トアルヲ五月ト改ム）

第百四條　志願者ハ當分ノ内各自ノ志望ニ由リ歩兵看護卒及ヒ看馬卒ノ内ニ就キ其種類ヲ撰ヒ出願スルコトヲ得

第百五條　食料被服等ノ自辨金ハ一名金壹百圓ニシテ其現品ハ官ヨリ之ヲ支給ス但自辨金ハ九月一日迄ニ府縣廳ヲ經テ鎭臺ニ納ム可シ（明治二十年閣令第三號ヲ以テ二月ヲ九月ニ改ム）

徴兵令第十一條第二項ニ據リ若干月ニシテ歸休ヲ命シタル者ニハ殘金ヲ返付ス可シ

第百六條　志願兵入營前ノ扱ハ總テ現役當籤者ト異ナルコトナシ

入營後第八十五條但書ニ當ル事故ヲ生セシ𪜈ハ第八十六條及ヒ第八十七條ヲ適用ス可シ

第百七條　歩兵志願者ハ各軍管ニ之ヲ纒メ別段ノ教育ヲ受ケシメ看護卒看馬卒志願者ハ各軍管ノ其部ニ屬シ教育ヲ受ケシム可シ

第百八條　志願兵現役一個年ヲ終レハ六個年間豫備役ニ服ス可シ

第百九條　志願兵中品行方正勤務勉勵ニシテ技藝ニ熟達シ下士ノ任ニ堪フ可キ者ニハ其適任證書ヲ付與ス可シ

又教育上拔群ノ結果ヲ得タル者ハ豫備役下士ニ任シ士官適任證書ヲ付與ス可シ

第百十條　志願兵撿査所往復及ヒ入營歸郷ノ旅費ハ總テ自辨トス

第十六章　臨時徴兵事務

第百十一條　戰時若クハ事變ニ際シ兵員ヲ要スルトキハ左ニ掲クル項目ノ順序ニ從ヒ徵集ス可シ

一　徵兵令第四十條ノ事故止ミタル者

二　補充員

三　第一豫備徵員

四　徵兵令第十七條ニ當リ徵集ヲ猶豫セシ者

五　第二豫備徵員

第百十二條　豫備徵員ハ年次ヲ逐ヒ服役日尙淺キ者ヨリ當籤番號ノ順序ニ從ヒ之ヲ徵集シ又徵兵令第十七條ニ當リ徵集ヲ猶豫セシ者ハ項目及ヒ當籤番號ノ順序ニ從ヒ之ヲ徵集ス

第百十三條　第百十一條第一項第二項第三項ニ掲クル者ヲ徵集スルノ手續ハ平常補充員ヲ徵集スルニ同シ

第百十四條　第百十一條第四項第五項ニ掲クル者ヲ徵集スルトキハ府縣廳ニ於テ臨時徵兵署ヲ設ケ徵集ノ準備ヲ爲ス可シ

第百十五條　臨時徵兵署ニ於テハ檢査所並ニ巡回日割ヲ定メ後備軍司令官及ヒ府知事縣令ニ開申ス可シ但府縣廳ニ於テハ戶長ヲシテ壯丁ヲ引纒メ指定ノ日時場所ニ出頭セシムル可シ

第百十六條　檢査所巡行ノ諸員ハ府縣駐在官醫官府縣兵事課長地方醫員及ヒ筆生ト

ス但郡區長郡區駐在官ハ檢査所ニ出頭シ同所ノ事務ヲ補助ス可シ

第百十七條　身體檢査竣ルノ後府縣駐在官ハ臨時徴兵署ニ於テ府知事縣令ト商議シ徴兵令第十七條ニ當ル者ハ各項目ニ番號ヲ分チ第二豫備徴員ハ各年度ニ番號ヲ分チ抽籤ヲ施行ス可シ

第百十八條　一府縣ノ臨時徴兵事務全ク竣ルノ後府縣駐在官ハ人別表檢査表ヲ點檢シ兵種及ヒ部類ヲ分チ人別表ハ臨時徴員明細名簿トシ檢査表ハ臨時徴員檢査名簿トシ籤簿ト共ニ營所後備軍司令官ニ差出シ該官ハ之ヲ一師管ニ取纒メ兵種ヲ分チ人員表ヲ製シ名簿ト共ニ鎭臺後備軍司令官ヲ經テ鎭臺司令官ニ差出シ鎭臺司令官ハ其軍管人員表ヲ製シ之ヲ陸軍省ニ開申ス可シ

第百十九條　臨時徴兵事務ハ本章ニ掲クル諸條ヲ除クノ外定期徴兵事務ニ準シ便宜處分ス可シ

第百二十條　國民兵ヲ徴集スルノ方法ハ別ニ之ヲ定ム

第十七章　雜則

第百二十一條　徴兵令第十條ニ據リ現役志願ノ者ハ其願書第二十四書式ニ戸長郡區長ノ奥書證印ヲ受ケ徴兵檢査所ニ出願ス可シ但檢査所ニ往復ノ旅費ハ合格者ニ限リ官給ス

第百二十二條　徴兵令第十七條第十八條第一項乃至第三項及ヒ第十九條ニ當ル者年齡滿二十七歳以下ニシテ現役ヲ志願スルトキハ前條ノ手續ヲ以テ徴兵檢査所ニ出

願ス可シ但旅費ハ前條ニ同シ

第百二十三條　徴兵令第十一條及ヒ第十八條第二項ノ卒業證書ハ學期二個年以上ノ學校ニ於テ二個年以上ノ課程ヲ卒リタル證書ニ限ル

第百二十四條　徴兵令第十七條ニ當ル者ヲ徴集スルトキハ其項目ノ順序ニ從フ可シ

第百二十五條　徴兵令第十七條第一項及ヒ第二項ノ兄弟ハ同戸籍中ノ實兄弟ニ限ル

第百二十六條　徴兵令第十七條第一項ノ兄弟同時徴集ニ當リ撿査ノ上共ニ合格スルトキハ情願ニ據リ一人ヲ猶豫ス可シ

前項ノ者他府縣ニ寄留シ該地ニ於テ撿査ヲ受ケント欲スルトキハ各自届出ヲ爲ス年ノ三月十五日迄ニ其旨ヲ寄留地戸長ニ願出本籍戸長ニ届出可シ（明治二十年閣令第三號ヲ以テ八月ヲ三月ニ改ム）

第百二十七條　武官並ニ陸海軍生徒ノ兄弟ハ徴兵令第十七條第一項第二項ニ據ルノ限ニ在ラス

第百二十八條　豫備兵後備兵召集中死沒又ハ公務ノ爲メ負傷シ若クハ疾病ニ罹リ免役シタル者ノ兄弟徴集ニ當ルトキハ徴兵令第十七條第二項ニ據リ徴集猶豫ニ屬ス可シ

第百二十九條　徴兵令第十七條第一項ノ現役兵ノ兄或ハ弟一人ハ徴集ヲ猶豫スヘシト雖モ現役中ノ者其年現役滿期或ハ脱走中又ハ歸營償勤中ナルトキハ徴集ニ應ス可シ（明治二十年閣令第三號ヲ以テ年ノ下四月ノ二字ヲ刪ル）

廿一九一、二〇四、二〇五、參看

第百三十條　徵兵令第十七條第十八條第十九條及ヒ第二十一條ニ當リタル者七個年間ニ其資格ヲ失ヒタルトキハ徵集スト雖モ更ニ徵兵令第十七條及ヒ第十八條第七項ニ當ル者並ニ陸海軍生徒トナル者ハ徵集猶豫ニ屬ス可シ

廿一九一參看

第百三十一條　各自屆出後即チ四月十六日以後ニ於テ徵兵令第十八條第一項第二項第三項第四項（陸海軍生徒ヲ除ク）第十九條及ヒ第二十一條ニ當ルモ徵集猶豫ノ限ニアラスト雖モ其年十一月二十一日以後翌年四月十五日迄ニ該條項ノ名稱ヲ得タル者ハ徵集猶豫ニ屬ス可シ（明治二十年閣令第三號ヲ以テ即チノ下九月トアルヲ四月ニ雖モノ下翌年四月十一日以後九月十五日迄トアルヲ其年十一月二十一日以後翌年四月十五日迄ト改ム）

廿一九〇參看

第百三十二條　徵兵令第十八條第三項ノ生徒ニシテ二個年以上ノ課程ヲ卒リタル者ハ同令第三十一條ニ據リ第一豫備徵員ニ編入ス可キヲ以テ徵兵撿査時限ニ至レハ郡區長ヨリ其學校ニ通牒シ最寄ノ徵兵撿査所ニ出頭セシメ身體ノ撿査ヲ受ケシム可シ

第百三十三條　徵兵令第十八條第三項ニ揭ケタル官立大學校ニ準スル官立學校ハ左ノ如シ

一　高等師範學校（明治二十年閣令第三號ヲ以テ本項以下改正）

二　東京農林學校

三　札幌農學校

廿一六八參看

第百三十四條　徵兵令第十八條第一項第二項第三項第四項第十九條第二十條（第五項ヲ除ク）

及ヒ第二十一條ニ當ル者其事故止タルトキハ學校長若クハ所屬長ヨリ本人所管ノ府縣廳ニ通牒スヘシ

第百三十五條　徵兵令第十九條ニ揭クル修業一個年以上ノ課程ヲ卒リタル生徒トハ該校ニ於テ其課程ヲ卒リタル者ノミニ限ラス他ノ學校ヨリ入學シ一個年以上ノ課程ヲ卒リタル生徒ニ編入セラレタル者亦該條ニ據リ徵集猶豫ニ屬ス可シ

第百三十六條　官吏（判任以上）及ヒ戶長ハ徵兵令第二十條第一項ニ據リ召集ヲ猶豫スト雖モ準官吏ハ該條項ニ據リ召集ヲ猶豫スルノ限ニアラス

第百三十七條　附籍戶主及ヒ其嗣子或ハ承祖ノ孫ハ徵兵令第二十二條第一項ニ據リ徵集スト雖モ其戶主徵兵各自屆出期限即チ四月十五日以前ニ一戶ヲ設立スルトキハ徵兵令第十七條第三項及ヒ第五項ニ據リ徵集猶豫ニ屬ス可シ但分家シ又絕家若クハ廢家ヲ再興シタル戶主ニシテ更ニ附籍シタル後別ニ一戶ヲ設立スルモ本條ノ限ニアラス（明治二十年閣令第三號ヲ以テ九月ヲ四月ニ改ム）

第百三十八條　徵兵令第二十二條第四項ノ嗣子或ハ承祖ノ孫ハ徵集スト雖モ其戶主分家又ハ絕家廢家再興後癈疾不具等トナリ一家ノ生計ヲ營ムコト能ハサルトキ又ハ重罪ノ刑ニ處セラレタルトキハ徵集猶豫ニ屬ス可シ

第百三十九條　徵兵令第二十二條第二項ノ嗣子或ハ承祖ノ孫ハ徵集スト雖モ各自屆出ヲ爲ス年ノ四月十五日迄ニ前嗣子承祖ノ孫若クハ相續人（同戶籍中ノ者）癈疾又ハ不具等トナリ一家ノ生計ヲ營ムコト能ハサル者ニ齊シキトキ又ハ重罪ノ刑ニ處セラレタ

ルトキハ徴集猶豫ニ屬スヘシ（明治二十年閣令第三號ヲ以テ九月ヲ四月ニ改ム）

廿一七四參看

第百四十條　徴兵令第二十二條第二項ニ當ル嗣子或ハ承祖ノ孫ニシテ其第六項ニ據リ戸主トナリタル者及ヒ其第七項ノ戸主ハ徴集スト雖モ其徴集ニ應ス可キ年ノ十二月迄ニ前戸主同戸籍中ノ者已ニ六十歳ニ至ルカ又各自屆出ヲ爲ス年ノ四月十五日迄ニ癈疾又ハ不具等トナリ一家ノ生計ヲ營ムコト能ハサル者ニ齊シキトキ又ハ重罪ノ刑ニ處セラレタルトキハ徴集猶豫ニ屬ス可シ（明治二十年閣令第三號ヲ以テ一月ヲ十二月ニ九月ヲ四月ニ改ム）

廿一九六參看

第百四十一條　徴兵令第十七條第三項第二十二條第三項及ヒ第七項ニ揭クル六十歳又同令第二十二條第五項及ヒ第九項ニ揭クル五個年ハ徴集ニ應ス可キ年ノ十二月ヲ以テ分界ト爲ス可シ（明治二十年閣令第三號ヲ以テ一月ヲ十二月ニ改ム）

第百四十二條　徴兵令第十八條第五項第六項ニ當ル者ハ事故ノ存スル間徴集猶豫ニ屬スト雖モ毎年檢査所ニ出頭シ身體ノ檢査ヲ受ク可シ

第百四十三條　徴兵檢査呼出又ハ入營ニ際スルトキハ民事詞訟ノ爲メ裁判所ノ召喚アリト雖モ檢査又ハ入營日時ヲ延期セス

第百四十四條　戰時若クハ事變ニ際シテハ第八十條第八十五條但書及ヒ第八十九條ニ當ル事故生スト雖モ詮議ニ及ハス

廿一八五參看

第百四十五條　徴兵令第十七條第四項及ヒ同令第二十二條ノ諸項ニ當ル癈疾又ハ不具等ニシテ一家ノ生計ヲ營ムコト能ハサル者ハ徴兵檢査所ニ呼出シ檢査ス可シ但起居自在ナラサル疾患ニシテ車駕等ヲ用フルモ出頭スル能ハサル者ハ府縣駐在官

醫官及ヒ府縣兵事課長其家ニ就キ撿査スルコトアル可シ

第百四十六條　前條ノ者他府縣ニ寄留シ該地ニ於テ撿査ヲ受ケント欲スルトキハ適齡者ノ各自屆出ヲ爲ス年ノ三月十五日迄ニ其旨ヲ寄留地戸長ニ願出本籍戸長ニ屆出可シ（明治二十年閣令第三號ヲ以テ八月ヲ三月ニ改ム）

サ一九一參看

第百四十七條　徵兵署閉鎖後徵兵令第三十六條ニ當ル者ハ翌年之ヲ徵集ス可シ

第百四十八條　徵兵令第四十一條ニ當ル者其年疾病或ハ犯罪等ニテ期限ニ際シ入營スルコト能ハスシテ翌年四月一日ニ至ルモ事故尙止マサルモノハ更ニ撿査ヲ遂ケ仍ホ先入兵トシテ徵集ス可シ（明治二十年閣令第三號ヲ以テ能ハスシテノ下九月トアルヲ翌年四月ニ又止マサルノ下トキハ翌年トアルヲモノハニ改ム）

サ一五八參看

第百四十九條　徵兵令第四十一條ニ當ル者ニシテ爾後同令第十七條第十八條第四項第五項第六項第八項第九項ヲ除ク及ヒ第十九條ニ該當スト雖モ徵集猶豫ノ限ニ在ラス

サ一五七、一七二參看

第百五十條　徵兵既行ノ地在籍ノ者ニシテ沖繩縣及ヒ北海道ノ內徵兵未行ノ地ニ轉籍シ更ニ他ノ府縣ニ寄留スル者ハ寄留地ニ於テ各自屆出ヲ爲シ其本籍ノ者ト同シク徵集ニ應ス可シ

徵兵未行ノ地ニ單身寄留ノ者ハ本籍地ニ歸リ徵集ニ應ス可シト雖モ全戸寄留ノ者ハ徵集猶豫ニ屬ス可シ

第百五十一條　徵兵令第三十四條第三十五條第三十六條第三十九條ノ屆出ヲ怠リ又ハ兵役ヲ免レンカ爲メ身體ヲ毀傷シ疾病ヲ作爲シ其他詐僞ノ所爲ヲ用ヒ又ハ逃亡

サ一四一、一五九、一七五、一八一、一九七、二三四参看

サ一四一、一五九、一九七参看

潜匿シタル者又ハ正當ノ故ナク撿査所ニ參會セサル者アルトキハ普通治罪法ノ手續ニ據リ之ヲ告發ス可シ

第百五十二條　徵兵署又ハ徵兵撿査所ニ差出ス可キ願書ハ三通屆書ハ二通徵兵署宛ニテ差出ス可シ

第十八章　附則

第百五十三條　明治十四年一月ヨリ明治十六年十二月迄ニ滿二十歳トナリタル者ニシテ舊徵兵令第二十八條ニ當リ國民軍ノ外免役ニ屬スル者新徵兵令ニ照シ常備年期ノ第七年撿査時限内ニ在テ名稱ヲ罷メタルトキハ更ニ徵集ニ應セシメ其第七年撿査時限ヲ經過スル者ハ舊徵兵令ニテ處分セシ儘之ヲ名簿ニ据ヘ置ク可シ

第百五十四條　明治十四年一月ヨリ明治十六年十二月迄ニ滿二十歳トナリタル者ニシテ舊徵兵令第二十九條第三十條第三十一條及ヒ第三十四條ニ當リ平時免役又ハ徵集猶豫ニ屬スル者新徵兵令ニ照シ常備年期ノ第七年撿査時限内ニ在テ名稱ヲ罷メタルトキハ更ニ徵集ニ應セシメ其第七年撿査時限ヲ經過スル者ハ新徵兵令第三十二條ニ據リ第二豫備徵員ト爲ス可シ

第百五十五條　現今豫備兵服役中ノ者ハ最初豫備軍ニ編入セシ年ノ四月二十日ヨリ起算シ四個年ノ役ニ服セシメ滿期ノ後後備兵役ニ服セシム但定期ニ在ラスシテ臨時豫備軍ニ編入セシ者ハ其編入セシ日ヨリ起算シ四個年ノ役ニ服セシメ滿期ノ後後備兵役ニ服セシム

卅一六
四、二一
〇、二二
四、二二
九參看

第百五十六條　現今後備兵服役中ノ者ハ最初後備軍ニ編入セシ年ノ四月二十日ヨリ起算シ五個年ノ役ニ服セシメ滿期ノ後國民兵役ニ服セシム但定期ニ在ラスシテ臨時後備軍ニ編入セシ者ハ其編入セシ日ヨリ起算シ五個年ノ役ニ服セシメ滿期ノ後國民兵役ニ服セシム

第百五十七條　舊徵兵令第三十六條ニ據リ第一豫備徵兵服役中ニシテ年齡二十七歲ヲ經過セシ者及ヒ現ニ第二豫備徵兵服役中ノ者ハ新徵兵令第三十二條ニ據リ第二豫備徵員ト爲ス可シ

第百五十八條　新徵兵令第二十二條ノ諸項ニ當ル者ト雖モ其事柄ノ明治六年一月十日即チ徵兵令創定以前ニ係ル者ハ該條項ヲ以テ處分スルノ限ニ在ラス

第百五十九條　明治十六年十二月迄ニ年齡滿二十歲トナリタル者ニシテ新徵兵令施行以前徵集洩ノ者ハ抽籤ノ法ヲ用ヒス直チニ現役ニ徵集ス可シ（二十年閣令第三號ヲ以テ改正ス）

（第一ヨリ第二十四ニ至ル書式略ス）

〇

一四三　陸軍省甲第三十六號達　明治十七年八月

徵兵事務條例布達ニ付陸軍徵兵事務取扱手續左ノ通相定候條此旨相達候事

陸軍徵兵事務取扱手續

第一項　近衞局及ヒ鎭臺ハ六月一日ノ現員ニ依リ其年ノ所要徵員表ヲ製シ六月十五日迄ニ之ヲ陸軍省ニ開申スヘシ（明治二十年陸軍省訓令甲第二號ヲ以テ十一月トアルヲ六月ト翌年トアルヲ其年ト改ム）

第二項　徵集人員ノ配當ハ步兵ニ在テハ一師管區内ノ壯丁名簿及ヒ壯丁異動名簿ノ徵集ノ部ニ記載シタル總人數ヲ率トシ他ノ諸兵及ヒ雜卒職工ハ一軍管徵兵區内ノ壯丁名簿及ヒ壯丁異動名簿ノ徵集ノ部ニ記載シタル總人員ヲ率トシ之ヲ府縣徵兵區内ノ壯丁名簿及ヒ壯丁異動名簿ノ徵集ノ部ニ記載シタル人員ニ配當シテ徵兵事務條例第三十三條ノ配當表ヲ作ル可シ

但近衛諸兵ハ一軍管徵兵區内ノ壯丁名簿及ヒ壯丁異動名簿ノ徵集ノ部ニ記載シタル人員ヲ率トシ府縣ニ配當スヘシ

第三項　每年新兵徵集ノ季節ニ至レハ鎭臺司令官ハ後備軍司令官府縣駐在官郡區駐在官軍醫其他後備軍司令部書記等ニ巡回ヲ命スヘシ

第四項　一等軍醫ノ人員ハ一師管徵兵區ニ一人トシ二等軍醫以下軍醫試補以上ノ人員ハ一府縣徵兵區ニ一人乃至三人トス

第五項　後備軍司令部書記ノ人員ハ一師管徵兵區ニ一人トス

第六項　地方醫員ハ内務省醫術開業免狀ヲ所持スル者ニシテ其人員ハ概ネ一府縣徵兵區ニ四人乃至六人トス又筆生ノ人員ハ徵兵署ニ五人乃至十人トシ撿查所ニ三人乃至七人トス

第七項　徵兵撿查所ハ務メテ壯丁遠路往復滯在等ノ費用ヲ省畧スルカ爲メ一ケ所概ネ二百人乃至五百人ノ見込ヲ以テ之ヲ設クヘシ

第八項　徵兵撿查所ハ壯丁ヲシテ裸體ナラシメ全體ヲ撿查シ四肢ノ運動ヲ爲サシム

ルヲ以テ官舍或ハ社寺等ノ廣濶ニシテ能ク光線ヲ引キ且温暖ナル適當ノ家屋ヲ撰ミ之ニ充ツヘシ

第九項　壯丁ノ身體撿查ノ上合格者ノ等位ヲ甲乙ノ二種ニ區別シ體格強壯ノ者ヲ甲種トシ體格甲種ニ亞キ五種兵ニ適セサルモノヲ乙種トスヘシ

第十項　砲兵ニ編入スヘキ者ハ體格最健全ニシテ視力清明ナル者ヨリ之ヲ撰フヘシ

第十一項　騎兵ニ編入スヘキ者ハ成ルヘク資質敏捷ニシテ馬匹ヲ使用スルニ慣レ其體格ハ筋肉肥滿ニ過キス又瘦瘠ニ失セス上體ト下體トヲ比較シテ股脚稍長キ者ヨリ之ヲ撰フヘシ

第十二項　工兵ニ編入スヘキ者ハ成ルヘク木工石工竹工船工車工鍛工鞴工桶工泥工馬具職屋根職茅屋根職木挽職指物職建具職穴藏職井戸堀職棒削職飾職杣職舟夫等ヨリ之ヲ撰フヘシ

第十三項　輜重兵ニ編入スヘキ者ハ成ルヘク馬匹ヲ使用スルニ慣レ且讀書算術ヲ爲シ得ル者ヨリ之ヲ撰フヘシ

第十四項　步兵ニ編入スヘキ者ハ職業又ハ技能ノ有無ヲ問ハス身體輕捷ニシテ銃器ヲ執リ能ク勞動ニ堪ユル者ヲ採用スヘシ

第十五項　近衞兵適當ノ者不足スルトキ其不足ハ鎭臺諸兵適當ノ者ヨリ身幹體格品行ヲ撰ミ之ヲ補フヘシ

第十六項　雜卒若クハ職工適當ノ者不足スルトキ其不足ハ體格ノ五種兵ニ亞ク者ヨリ

之ヲ補ヒ尚不足スルトキハ身幹四尺九寸以上ニシテ體格甲種ノ者ヨリ之ヲ補フモノトス

第十七項　徴兵署ニ於テハ一年志願者ノ人員ヲ調査シ種類ヲ分チ府縣駐在官ヨリ所屬後備軍司令官ヲ經テ毎年六月十日限リ所管鎭臺ニ申告シ鎭臺ニ於テハ一軍管ニ取纏メ同月三十日限リ之ヲ陸軍省ニ開申スヘシ（明治二十年陸軍省訓令甲第二號ヲ以テ十一月ヲ六月ニ改ム）

第十八項　後備軍司令官徴兵署巡回日割ハ成ルヘク十月三十一日以前ニ於テ其師管ノ徴兵事務ヲ竣ハル如ク之ヲ定ムヘシ（明治二十年陸軍省訓令甲第二號ヲ以テ三月十日ヲ十月三十一日ニ改ム）

第十九項　徴集相當ニシテ合格ノ者抽籤以前現役ヲ志望スルトキハ徴兵署ニ於テ身幹職業ニ從ヒ現役編入順序ニ據テ許可スヘシ

第二十項　徴兵事務條例第百二十二條ニ當ル志願者ハ徴兵令第十條ニ當ル者ノ次ニ列シ又前條ノ志願者ハ尚ホ其次ニ列シ之ヲ現役ニ編入スヘシ

第二十一項　一年志願兵合格ノ者ハ抽籤ノ法ヲ用ヒス年齡ノ順序又同年齡ノ者ハ誕生月日ノ順序ニ從ヒ別ニ府縣及ヒ種類毎ニ一貫ノ番號ヲ附スヘシ

第二十二項　徴兵令第二十八條ノ籤丁名簿ハ郡區ヲ分チ美濃紙半葉ニ三名若クハ四名宛籤丁ノ住所姓名ヲ登記シ而シテ抽籤施行ノ後一人毎ニ之ヲ截チ切リ總代人ニ付與スヘシ

第二十三項　徴兵事務條例第七十八條ニ揭クル附添人ノ割合ハ概ネ新兵五人以上三十人未滿ノ一群ニハ附添人一名三十人以上ノ一群ニハ三十人毎ニ二名ノ附添人タ

ルヘシ

但四名以下ハ附添人ヲ要セス各自單行セシムヘシ

第二十四項　徵兵各自屆出期限ハ徵兵令第三十四條第三十五條及ヒ第三十六條第三十七條ノ如シト雖モ土地廣濶或ハ遠隔ノ島嶼ヲ管轄スル府縣ニ在テハ所管鎭臺ト議シ其期限ヲ操上クルモ妨ケナシ尤同令第二十三條揭示ノ項目ニ當ル徵集猶豫ニ關スル者ハ凡テ四月十五日ヲ以テ分界トスヘシ（明治二十年陸軍省訓令甲第二號ヲ以テ九月トアルヲ四月ニ改ム）

第二十五項　徵兵令第十七條ノ項目ニ當ルモノニシテ同令第十八條若クハ第十九條第二十一條ニ當ル名稱ヲ併有スル者ハ尙ホ第十七條ノ名稱ニ從ヒ徵集猶豫名簿ニ登記シ又同令第七條ニ當ル者ハ之ヲ除役名簿ニ登記スヘシ

第二十六項　徵兵事務條例第十五書式ノ番號割符ノ用紙ハ鎭臺ニ於テ左ニ示ス雛形ノ如ク厚紙ヲ以テ之ヲ製スヘシ

第二十七項　徵兵事務條例第六書式ノ人別表用紙及ヒ第十二書式ノ撿查表用紙ハ府縣廳ニ於テ左ニ示ス雛形ノ如ク美濃紙半葉ニ之ヲ製シ又雛形圖面ノ身幹度尺ヲ製シ撿査所及ヒ徵兵署ニ備ヘ置クヘシ

（雛形畧ス）

○

一四四　陸軍省甲第三拾八號達　明治十八年九月

軍用電信技手服役中徵兵相當ノ節ハ徵集猶豫ニ屬スル儀ト可心得此旨相達候事

冊一九一參看

但本文ニ當ル者ハ徴兵令第三十五條ノ屆書ニ辭令書寫ヲ添ヘ爲差出徴兵事務條例第七書式其二十八書式其二名簿ヘ謄記スヘシ

○

〔一四五〕陸軍省甲第四拾貳號達 明治十八年九月

正當ノ故ナク徴集ニ應セス若クハ徴集ニ洩レ年齡三十二歳ヲ超過シ發覺ノ者ハ其時々當省ヘ經伺ノ上處分致來リ候處自今年齡滿四十歳迄ハ經伺ヲ要セス徴集スヘキ儀ト心得ヘシ此旨相達候事

○

〔一四六〕陸軍省訓令甲第三號 明治二十年四月

徴兵令第十七條第三項第四項ニ當ル嗣子承祖ノ孫ニシテ徴集猶豫ニ屬シ常備年期間ニ戶主ノ死亡跡若クハ退隱跡ヲ繼キ戶主トナル者ハ同令第三十六條ニ揭クル異動ノ外トシ取扱フヘシ

但舊徴兵令第二十八條第二項第三項第四項第五項及ヒ第二十九條第一項ニ當ル嗣子承祖ノ孫若クハ相續人ニシテ免役ニ屬シ常備年期間ニ戶主ノ死亡跡ヲ繼キ又ハ年齡六十歳以上若クハ癈疾不具等ニシテ一家ノ生計ヲ營ムコト能ハス或ハ重罪ノ刑ニ處セラレ戶主ヲ罷メタル跡ヲ繼キタル者亦本文ニ同シ

○

〔一四七〕陸軍省令第十四號 明治二十一年五月

陸軍豫備兵後備兵在鄕中ノ守則左ノ通定ム

第一條　豫備兵後備兵ハ常ニ本籍ニ歸住シ大隊區司令官ノ統轄ニ屬スルモノトス

第二條　豫備兵後備兵平時ニ在テ七日以上ノ旅行或ハ單身寄留セント欲スル者ハ召集ニ支ヘサル爲メ其行先ヲ詳カニシ召集ノ命アルトキハ之ヲ通報スヘキ者ヲ定メ監視區長ニ屆出可シ但歸家シタルトキハ七日以内ニ其由ヲ監視區長ニ屆出可シ

第三條　豫備兵後備兵外國ヘ旅行又ハ寄留セント欲スル者ハ第二條ノ手續ヲ以テ大隊區司令官ニ願出可シ但歸家シタルトキハ七日以内ニ其由ヲ監視區長ニ屆出可シ」外國旅行又ハ寄留中ハ復習及點呼召集ニ應スルニ及ハス

第四條　豫備兵後備兵師管内ニ在テ轉籍或ハ全戸寄留セント欲スル者ハ豫メ其由ヲ監視區長ニ屆出可シ但監視區ヲ異ニスルトキハ轉住後七日以内ニ新住地監視區長ニ屆出可シ

其全戸寄留ノ者本籍ヘ復歸ノトキ亦前項ノ例ニ依ル可シ

轉籍或ハ全戸寄留ノ者ハ渾テ新住地大隊區ノ兵籍ニ編入ス

第五條　豫備兵後備兵他ノ師管ヘ轉籍或ハ全戸寄留セント欲スル者ハ豫メ其由ヲ監視區長ヲ經テ大隊區司令官ニ屆出可シ

其屆濟ノ者ハ轉住後七日以内ニ新住地ノ監視區長ニ屆出可シ

其全戸寄留ノ者本籍ニ復歸ノトキ亦前二項ノ例ニ依ル可シ

轉籍或ハ全戸寄留ノ者ハ渾テ新住地師管ノ兵籍ニ編入ス

第六條　豫備兵後備兵結婚セント欲スル者ハ陸軍武官結婚條例ニ據リ身元證書ヲ添ヘ監視區長ノ奥書證印ヲ受ケ大隊區司令官ニ願出可シ
其結婚濟ノ上ハ前同樣ノ手續ヲ以テ監視區長ニ屆出可シ但離婚若クハ其婦ノ死去シタルトキモ亦同シ
第七條　豫備兵後備兵疾病傷痍等ニテ兵役ニ堪ヘサル徵候アル者ハ陸軍醫官(陸軍醫官不在ノ地ハ其地方醫師二名以上)ノ診斷書ヲ添ヘ戶長ノ奥書證印ヲ受ケ監視區長ニ屆出可シ
第八條　豫備兵後備兵ニシテ戶主嗣子養子(嗣子)分家又ハ相續人トナリタルトキ其他身上ノ異動アルトキハ戶長ノ奥書證印ヲ受ケ監視區長ニ屆出可シ但聟養子或ハ入夫等ノ者ハ第六條ノ例ニ依ル可シ
第九條　豫備兵後備兵ニシテ徵兵令第二十條ニ當ル者ハ證明書類ヲ添ヘ七日以內ニ監視區長ニ屆出可シ其事故止ミタルトキモ亦同シ
第十條　豫備兵後備兵ニシテ重罪輕罪(罰金ヲ除ク)ノ刑ニ處セラレ又ハ賭博犯ニ依リ懲罰ニ處セラレタル者ハ戶長ノ奥書證印ヲ受ケ其戶主(本人戶主ナレハ家族)承認ノ日ヨリ七日以內ニ其刑名刑期及罰期ヲ記シ監視區長ニ屆出可シ
第十一條　豫備兵後備兵死沒又ハ逃亡失踪シタルトキハ戶長ノ奥書證印ヲ受ケ其戶主(本人戶主ナレハ家族)ヨリ七日以內ニ監視區長ニ屆出可シ逃亡失踪ノ者歸家シタルトキ亦同シ

第十二條　豫備役滿期後備役編入ノトキハ監視區長ニ於テ各自ノ軍隊手帳ニ其事由ヲ記シ之ヲ證シ後備役滿期ノ者ハ別ニ命ナクシテ國民兵役ニ編入セラレタル者トス
第十三條　第二條第三條但書第四條第五條ニ違背シタル者ハ五十錢以上壹圓九十五錢以下ノ科料ニ處シ又ハ五日以上十日以下ノ拘留ニ處ス
第十四條　第九條第十條第十一條ニ違背シタル者ハ五錢以上壹圓以下ノ科料ニ處ス
第十五條　第二條ノ通報八ニシテ召集ノ命ヲ通報セサル者及第三條本文ニ違背シタル者ハ二圓以上廿五圓以下ノ罰金ニ處シ又ハ十一日以上二十五日以下ノ輕禁錮ニ處ス
第十六條　警備隊區ニ在テハ本則中大隊區司令官ニ差出ス可キ願書ハ警備隊司令官ニ監視區長ニ差出ス可キ屆書ハ同隊副官ニ差出ス可シ

〇

【一四八】陸軍省訓令甲第六號　明治二十一年七月十七日

志願兵現役中傷痍疾病（永久兵役ニ堪ヘサル確證アル者ヲ除ク）其他ノ事故ニ依リ三年未滿ニシテ該役ヲ免シ豫備役若クハ後備役ニ編入セサル者ハ更ニ徵兵撿查所ニ呼出シ身體撿查ノ上徵否ヲ判定スヘシ
但常備年期ノ第七年撿查時限ヲ經過シタル者ハ此限ニ在ラス

〇伺指令

【一四九】大阪府伺　明治十六年六月十五日

第一條　徵兵抽籤後入營前失踪シ入營ノ期ニ後レ十日ヲ過クルモノハ陸軍刑法第百七條ノ犯罪ニ係ルモノト雖モ入營以前ニシテ未タ軍人トナラサルモノニ付本人復歸スルト否トヲ問ハス總テ治罪法第九十六條ニ依リ告發スヘキ哉

第二條　先年中失踪前年迄先入兵ニシテ復歸屆出ヲナサヽルモ竊ニ任所ニ歸リ其居所ヲ探知シタルトキハ刑法第百七十八條ニ當ル犯罪者ト見做シ直ニ告發スヘキ哉又ハ其事情取糺ノ上免役ヲ圖ルノ情狀アルモノニ限リ告發スヘキ儀ト相心得可然哉

右之廉々相伺候也

陸軍省指令　明治十六年七月三日

第一條　伺之通

第二條　前段伺之通

〇

一五〇　滋賀縣伺　明治十六年七月三十日

茲ニ男女子ヲ有スル伯父アリ豫テ分家ノ見込有之候處明治元年遂ニ死亡ス然ルニ今般其遺妻ナル者右ノ男女子ヲ携帶シ他ニ分家セント欲ス右ハ條例第百六十條明文外ノモノニ候ヘハ其長男タル者或ハ徵集ニ應セシムヘキ儀トモ相考候得共其事實ニ於テハ子孫ヲ有スル伯叔等分家致シ候例ト敢テ相異候儀ハ無之旁免否ノ區分疑似ニ涉リ決兼候ニ付相伺候條御指令被下度候也

陸軍省指令　明治十六年九月三日

伺之趣分家後嗣子ト定メタル其嗣子ハ免役ニ屬シ候儀ト可相心得事

〇

一五一　福井縣伺　明治十六年八月七日

徴兵令第二十八條第五項同第三十條第五項ニ當ル癈疾不具等ノモノ撿査ノ儀ハ事務條例第百七十八條ニ掲示有之處同例第百五十一條同第百五十二條同第百五十五條及第百五十七條乃至第百五十九條ニ係ル癈疾不具等ノモノニ在ツテハ別段撿査スヘキノ明文無之ト雖モ其免否上ニ關係ヲ有スルハ右二項ノモノト雖モ敢テ異ナラサル儀ニ付該患者前顯第百七十八條ニ準シ下撿査ノ際其診斷書ト照較シ實際撿査候儀ト相心得可然哉此段相伺候也

陸軍省指令　明治十六年九月六日

伺之通

○

一五二　千葉縣伺　明治十七年一月十一日

改正徴兵令第二十二條第七項ハ改正前後ノ區別ナキヤ若區別ナシトセハ十二年十月廿七日以前ニ溯ルヤ

陸軍省指令　明治十七年一月十五日

本月十一日電報改正徴兵令第二十二條第七項ニ改正前後ノ區別ナキヤ云々伺ノ儀伺之通十七年一月以後二十歳トナル者ハ總テ新令ニ依リ處分スル儀ト心得ヘシ

○

一五三　栃木縣伺　明治十七年一月十四日

昨十六年太政官第四十六號改正徴兵令御布告相成候處同年御省甲第四十四號ヲ以テ十七年徴集スヘキ者ハ舊令ニ依リ徴集致シ新令第十條其他各條ニ當ル事項ハ十八年徴集スヘキ者ヨリ實施致候儀云々御達相成候ニ付テハ本年即チ十七年徴集適齡者除役免役及猶豫等ハ勿論諸名簿整頓後撿査時間中ニ係ル徴員身上異同ノ處分並ニ免役料上納願等ニ至ル迄總テ舊令ニ依リ取扱候儀ト相心得可然哉

陸軍省指令　明治十七年一月廿二日

伺之通

一五四 大阪府伺 明治十七年一月廿一日

今般徴兵令改正ニ付猶豫徴集ノ區分ハ發令ノ日ヲ以テ分界トシ譬ヘハ新舊令ヲ對照シ舊令ニテ免役ニ相當スル戸主新令ニテ徴集部分ニ入ルモ廿八日以前ニ係ル者ハ新令第十七條第五項ニ依リ猶豫ニ屬スヘキヤ無論ト存候ヘ共爲念相伺候ニ付至急電報ニテ御指令アリタシ

陸軍省指令 明治十七年一月廿四日

去ル廿一日電報徴兵令改正ニ付猶豫徴集ノ區分伺右ハ十七年一月以後滿二十歳トナル者ヨリ新令ヲ適用スルヲ以テ假令舊令ニテ免役ニ相當スル戸主ト雖モ新令ニテ徴集部分ニ入ル者ハ發令ノ前後ヲ論セス徴集スヘキ儀ト心得ヘシ

一五五 岡山縣伺 明治十七年一月廿八日

改正徴兵令第十七條第三項ニ養子養孫ハ含蓄セサルヤ若含蓄セサル片ハ相續人ハ如何心得ヘキヤ且同令改正前戸主トナル者ハ父六十歳未滿ナルモ猶豫ニ屬スルヤ併セテ御指揮アリタシ

陸軍省指令 明治十七年二月六日

去月廿八日電報伺前段改正徴兵令第十七條三項ハ養嗣子養承祖ノ孫モ含蓄ス中段相續人ハ猶豫ニ屬セス後段十七年一月以後滿二十歳トナル者ハ戸主トナルノ日改正前後ヲ問ハス總テ新令ニ據リ處分スル儀ト心得ヘシ

一五六 水戸輕罪裁判所土浦支廳檢事伺 明治十七年三月十五日

舊徴兵令第五十條ニ揭クル割符ヲ付與セラレ而シテ後入營ニ際シ逃走徴集ニ應セサル者アリ右ハ陸軍刑法第百七條ニ該ルヲ以テ軍衙ノ管轄タルヿ勿論ノ儀ト相心得可然哉官報第三號ニ載スル大阪府ヨリ陸軍省ヘ伺ニ示タ

軍人トナラサル云々ト之レアレ𪜈是ハ陸軍治罪法制定以前ニ係ル伺指令ニシテ其後陸軍治罪法御發令ニ付同法第二十一條ニ依リテ明瞭タル者ト存候得共權限上ニ關スル儀ニ付相伺候

司法省指令　明治十七年三月廿五日

伺之通

○

一五七　岩手縣伺　明治十七年四月廿三日

先入兵相當ノ者撿査ニ先タチ札幌縣下ヘ轉籍スル𪜈ハ舊住地ニ呼ヒ戻シ撿査スヘキヤ將タ免役ニ屬スルヤ宜ク御指揮ヲ乞フ

陸軍省指令　明治十七年五月十六日

客月廿三日電報伺先入兵ニテ札幌縣下ヘ轉籍ノ者ハ最寄徵兵施行ノ府縣ニ於テ徵集スヘキ儀ト心得ヘシ

○

一五八　東京鎭臺伺　明治十七年八月四日

徵兵事務條例第百四十九條先入兵ニシテ爾後徵兵令第十七條第十八條第四五六八九項ヲ除ク及第十九條ニ該當スト雖モ徵集豫猶ノ限ニ非サルヲ以テ入營ノ上同條例第八十五條但書ニ當ル事故ヲ生シ一家ノ生計ヲ營ムヿ能ハサル者ハ歸休等ノ詮議ニ及ホサヽル儀ト心得可然ヤ此段相伺候也

陸軍省指令　明治十七年八月九日

伺之通

○

一五九　岐阜縣伺　明治十七年八月一日

徵兵事務條例第百五十三條及第百五十四條ヲ以テ前略舊徵兵令第二十八條ニ當リ國民軍ノ外免役ニ屬スル者幷同

令第二十九條第三十條第三十一條及第三十四條ニ當リ平時免役又ハ徵集猶豫ニ屬スルモノ新徵兵令ニ照シ常備年期ノ第七年撿査時間ニ在テ名稱ヲ罷メタル𪜈ハ更ニ徵集ニ應セシメ候儀ニ被相定候就テハ右名稱ヲ罷メタル者ノ內更ニ舊徵兵令ニテハ免役又ハ徵集猶豫相當ノ名稱ヲ得タル者ト雖モ新徵兵令ニ據リ取調徵集猶豫ノ條項ニ適當セサルレハ徵集ニ應セシメ候儀ト心得可然哉

追テ舊徵兵令ニ據リ免役又ハ徵集猶豫ニ屬シタルモノハ同令第三十二條乃至第三十五條ニ依リ處分スヘキ旨大分縣十七年二月一日伺同二月九日御指令島根縣十七年二月十六日伺同三月十三日御指令（但島根縣伺書中明治十九年ハ二十年ノ誤ナラン）ヘ御指令之趣徵兵事務伺指令拔萃錄ニ相見候處徵兵事務條例第百五十三條同第百五十四條ノ趣モ有之而シテ去月七日付ヲ以テ當縣ヨリ令後右拔萃錄ヲ根據トシ指令取計方ノ儀相伺候處同廿四日付ヲ以テ伺之趣聞屆候事ト御指令相成彼此牴觸候樣相見ヘ候ヘ共右ハ徵兵事務條例ノ通相心得可然ヤ爲念此段添テ相伺候

陸軍省指令 明治十七年八月十四日

伺之通

追書ノ儀徵兵事務條例ニ矛盾スル最前ノ指令ハ自ラ消滅セシ儀ト心得ヘシ

○

一六〇 新潟縣伺 明治十七年八月九日

夫死亡シ男子ナク一時已ヲ得ス寡婦又ハ女子戶主トナリ該戶主ヘ入婿戶主トナル者ト雖モ令第二十二條第七項ニ依リ猶豫ノ限リニ無之儀ト心得可然哉

陸軍省指令 明治十七年八月十九日

書面女戶主年齡六十歲未滿ナル𪜈ハ伺之通

○

一六一 陸軍省伺 明治十七年七月十日

徴兵令疑義ニ渉リ處分上差支候廉別紙ノ通相伺候條迅ニ御指令相成度候也

（別紙）

第一　年齢六十歳未滿ノ戸主癈疾又ハ不具等ニシテ一家ノ生計ヲ營ムヿ能ハサルニ非ス或ハ重罪ノ刑ニ處セラレタルニアラスシテ戸主ヲ罷メ年齢六十歳以上ノ者ニシテ其跡ヲ繼キタル戸主ノ嗣子承祖ノ孫ハ徴兵令第二十二條第三項ニ據リ徴集猶豫ニ屬セサル儀ニ候處右嗣子承祖ノ孫ハ假令徴集ニ應スヘキ年ノ一月ニ至リ戸主ヲ罷メタル者已ニ六十歳ニ至リ或ハ六十歳未滿ト雖モ各自届出ヲ爲ス年ノ九月十五日迄ニ癈疾又ハ不具等ニシテ一家ノ生計ヲ營ムコト能ハサル者ニ等シキトキ又ハ重罪ノ刑ニ處セラレタルトキト雖モ徴集猶豫ニ屬セサル義ニ候哉

第二　分家シ又ハ絶家若クハ癈家ヲ再興シタル戸主ノ嗣子承祖ノ孫ハ徴兵令第二十二條第四項ニ據リ徴集猶豫ノ限ニアラサルヲ以テ右嗣子承祖ノ孫ハ同令第十七條第三項ニ據ルノ限ニアラス徴集スヘキ儀ニ候哉

第三　分家シ又ハ絶家若クハ癈家ヲ再興シタル戸主ハ徴兵令第二十二條第四項ニ據リ徴集猶豫ノ限ニアラス且此戸主ハ年齢六十歳前後ヲ問ハサルヲ以テ右戸主失踪シテ五ケ年ヲ經過スルモ跡ヲ繼キタル戸主ハ同令第十七條第五項ニ據ルノ限ニアラス徴集スヘキ儀ニ候哉

第四　分家シ又ハ絶家若クハ癈家ヲ再興シタル戸主癈疾又ハ不具等ニシテ一家ノ生計ヲ營ムコト能ハサルニアラス或ハ重罪ノ刑ニ處セラレタルニ非スシテ戸主ヲ罷メ年齢六十歳以上ノ者ニシテ其跡ヲ繼キタル戸主ノ嗣子承祖ノ孫ハ別ニ明文無之候得共其實徴兵令第二十二條第三項ニ當ル嗣子承祖ノ孫ト毫モ異ナラサルヲ以テ均ク徴集猶豫ニ屬セサル儀ニ候哉

第五　癈疾不具重罪ノ事故アル戸主其嗣子承祖ノ孫ヲ癈疾不具重罪等ノ事故ナクシテ之ヲ廢シ更ニ定メタル嗣子承祖ノ孫ニ戸主ヲ譲リシトキ其戸主タル者徴集猶豫ニ屬スル哉

第六　家族ヲ有スル戸主失踪五ケ年ヲ經過シ其跡ヲ繼キタル戸主ハ徴兵令第十七條第五項ニ據リ徴集猶豫ニ屬スルハ勿論ニ候處全家失踪又ハ單身ノ戸主ニテ五ケ年ヲ經過シ其跡ヲ繼キタル戸主ト雖モ均シク徴集猶豫ニ

屬スヘキ儀ニ候哉
第七　失踪トハ規避ノ確證ナク其居處分明ナラサル者逃亡トハ規避シテ其蹤跡ヲ韜晦スル者ヲ稱スル儀兼テ當省質疑舊法制部ノ說明有之候處徵兵令第二十二條第五項第九項ノ失踪ニハ逃亡ハ含蓄セサル儀ニ候哉
第八　徵兵令第十七條第十八條第十九條若クハ第二十一條ノ名稱ヲ有スル者ト雖モ同令第三十五條第三十六條ノ屆出ヲ怠リタルトキハ同令第四十一條ニ據リ抽籤ノ法ヲ用ヒス徵集スル儀ニ候哉
第九　重罪ノ刑ニ處セラレタル者ハ徵兵令第七條ニ依リ兵役ニ服スルコトヲ許サヽル儀ニ候處舊刑法ニ據リ懲役一年以上及ヒ國事犯禁獄一年以上實決ノ刑ニ處セラレタル者ハ明治十四年十二月第八十一號布告新舊比較ニ照シ重罪ノ刑ニ當ルモノニ非サレハ凡テ徵集スヘキ儀ニ候哉
第十　重罪ノ刑ニ處セラレタルヲ以テ戶主若クハ嗣子承祖ノ孫相續人等ヲ罷メ其跡ヲ繼キタル戶主若クハ更定ノ嗣子承祖ノ孫ハ徵兵令第十七條第三項若クハ第五項ニ據リ徵集猶豫ニ屬スル儀ニ候處舊刑法ニ據リ懲役終身又ハ禁獄終身ノ刑ニ處セラレ戶主嗣子承祖ノ孫若クハ相續人ヲ罷メ其跡ヲ繼キタル戶主又ハ嗣子承祖ノ孫亦同樣處分スヘキ儀ニ候哉
第十一　禁錮ノ刑ニ處セラレ又ハ監視ニ付セラレ又ハ逃亡シタル者其刑期中ノ日數及逃亡中ノ日數ハ徵兵令第四十二條ニ依リ服役年期ニ算入セサル儀ニ候處明治十六年十二月廿七日即チ本令布告以前ニ係ル刑期中ノ日數及ヒ逃亡中ノ日數ハ服役年期ニ算入スヘキ儀ニ候哉

太政官指令　明治十七年八月廿六日

第一第二第四第五第六第八第九第十第十一伺ノ通
第三其嗣子若クハ承祖ノ孫ニシテ跡ヲ繼キタルトキハ徵兵令第十七條第五項ニ屬シ其他ノ者ニシテ跡ヲ繼キタルトキハ伺之通
第七失踪ト逃亡トハ區分アルモノニシテ規避ノ確證ナクシテ其居所分明ナラサル者ヲ失踪トシ規避シテ其蹤跡ヲ韜晦スル者ヲ逃亡トシテ處分可致儀ト可心得事

一六二二 千葉縣伺 明治十七年九月三日

徵兵事務條例第五十六條第六項ニ曰本形五百石未滿ノ船舶ニ乘組ノ者ト有之右ハ航海船ニ乘組ノ者ヲ指稱シ艀漁船及海川小廻船ニ乘組ノ者ハ含有セサル儀ト心得可然哉差掛候儀モ有之候間速ニ御指揮有之度候也

海軍省指令 明治十七年九月十七日

伺之趣艀漁船海川小廻船乘組者モ含有スル儀ト可心得事

一六二三 東京鎭臺伺 明治十七年九月五日

新兵入營前後身上ノ異動ヲ生スル𪜈ハ戸長ニ屆出戸長ハ之ヲ奥書シ入營前ニ係ル者ハ所管後備軍司令部ヘ入營後ニ係ル者ハ所管ノ隊ヘ申出サセ家族異動ニ係ルモノハ家族書ヲ添フ該隊ニ於テハ之ヲ所管後備軍司令部ヘ照會セシメ候儀ト心得可然哉此段相伺候也

陸軍省指令 明治十七年九月二十日

伺之趣入營前ニ係ルモノハ郡區長戸長之ニ奥書シ府縣廳ヲ經テ後備軍司令部ヘ屆出又入營後ニ係ルモノハ親族ヨリ本人ヘ通牒シ本人ヨリ所屬ノ隊ニ屆出該隊ニ於テハ其旨後備軍司令部ヘ通牒スヘキ儀ト可心得事

一六二四 埼玉縣伺 明治十七年九月十五日

徵兵事務條例第百五十九條ニ示サレタル通リ屆出タル者モ徵兵令第四十一條ニ據ル乎ノ靜岡縣伺八月十三日付ニ對シ八月十九日ヲ以テ伺之通ト御指令相成タル趣徵兵事務伺指令拔萃錄第三號ニ相見ヘ候右御指令ニ據ル時ハ舊令ニテ免役ノ資格アルト否トヲ問ハス其屆出ヲ怠リタルモノハ悉ク令第四十一條ニ依テ處分スルモノヽ如ク相見ヘ候得共右御指令ノ旨意ハ免役ノ資格ヲ有セサル者ノミヲ指シタルモノト相心得可然哉

陸軍省指令 明治十七年九月二十日

伺之通

○

一六五 高知縣伺 明治十七年九月十三日

事務條例第四十條壯丁疾病處刑又ハ逃亡失踪等ニテ徴兵撿査所ニ出頭セサル者ノ届出ハ各明文有之候處刑事被告人ト爲リ裁判未決ノ者ニ於テハ何等成文無之右ハ同例第十六條第三項撿察官ノ證明書ヲ以テ届出ルノ例ニ倣ヒ之カ證明書ヲ徴スヘキカ將タ撿査ノ部ニ其明文無之上ハ該未決ノ者ノミ之ヲ要スルノ限ニ無之哉

陸軍省指令 明治十七年九月廿五日

書面前段伺之通

○

一六六 千葉縣伺 明治十七年九月十七日

徴兵令第十三條但書ニ「海軍豫備兵ハ技藝復習ノ爲メ召集スルコトナシ」ト有之處兵員實査ノ爲メ每年一度點呼ヲ爲スハ陸軍豫備兵ト異ナラサル儀ト相心得可然哉

海軍省指令 明治十七年九月廿九日

伺之通

但海軍志願兵徴募規則ニ據リ豫備役ニ服スル者ハ此限ニ在ラス

○

一六七 埼玉縣伺 明治十七年九月四日

癈疾不具重罪ノ事故アル戸主其嗣子承祖ノ孫ヲ癈疾不具重罪等ノ事故ナクシテ之ヲ廢シ更ニ定メタル嗣子承祖ノ孫ニ戸主ヲ讓リシ片其戸主タル者徴集猶豫ニ屬スヘキ御省伺太政官指令官報第三百五十一號ニ出ツニ付テハ六十歳以上ノ戸主其嗣

子承祖ノ孫ヲ癈疾不具重罪等ノ事故ナクシテ廢シ更ニ定メタル嗣子承祖ノ孫ニ戸主ヲ讓リシトキ其戸主タル者モ同樣徵集猶豫ニ屬スヘキヤ此段相伺候也

伺之通

陸軍省指令　明治十七年十月十四日

但同籍ノ者ニ限ル儀ト可心得事

○

一六八　新潟縣伺　明治十七年十月六日

徵兵事務條例第百三十四條ニ云々學校長若クハ所屬長ヨリ本人所管ノ府縣廳ニ通牒スヘシト有之右學校長ヨリ通牒スヘキ分ハ徵兵令第十八條第二項第四項及第十九條ニ當リ其他ハ總テ當該所屬長（令第十八條第二項ノ公立學校敎員ノ如キハ府縣長官）ヨリ通牒スヘキ儀ニ候哉

陸軍省指令　明治十七年十月廿三日

伺之通令第十八條第二項第三項第四項海軍工夫ヲ除ク第十九條及第二十條第三項ハ學校長ヨリ其他ハ所屬長ヨリ通牒スヘキ儀ト可心得事

○

一六九　茨城縣伺　明治十七年十月十八日

第一條　令第十六條ノ除役ニ該當スルモノハ甲第四十一號徵兵撿查規則ニ照シ兵役ノ堪否ハ軍醫ノ判別スルモノナレハ其診斷書ハ無論徵セサル儀ト心得可然哉

第二條　適齡者ニシテ下士以上奉職ノ者ハ猶豫名簿ニ編入シ置可然哉

但海軍下士以上奉職ノ者モ同樣處分スヘキ哉

陸軍省指令　明治十七年十月廿五日

書面第一條第二條但書共伺之通

〇

一七〇 福島縣伺 明治十七年十月廿四日

徵兵事務條例第五書式ノ診斷書縣立病院長主任ナル時ハ別ニ調査ノ醫師ヲ要セサル儀ト心得可然哉

陸軍省指令 明治十七年十月廿七日

去ル廿四日電報伺病院長主任醫ナルヰ云々ノ儀ハ伺之通

〇

一七一 群馬縣伺 明治十七年十月廿二日

官報第三百九十一號ニ揭ケアル埼玉縣伺御省御指令ニ前略六十歳以上ノ戶主其嗣子承祖ノ孫ヲ癈疾不具等ノ事故ナクシテ之ヲ廢シ更ニ定メタル嗣子承祖ノ孫ニ戶主ヲ讓リシヰ其戶主タルモノ徵集猶豫ニ屬スヘキヤ伺之通

但同籍ノ者ニ限ル儀ト可心得事ト有之右同籍ノモノトハ實養兄弟ノ別ハ無之候哉果シテ然ラハ其更定嗣子ノ前嗣子廢嫡以前ヨリ同籍ニアルモノヲ指サレタル儀ニシテ廢嫡ノ際同籍ニアラサル二三男他ヨリ復籍又貰受ケタル養嗣子等ヘ家督ナサシムル如キハ徵集猶豫ニ屬セサル儀ト心得可然哉

陸軍省指令 明治十七年十月廿八日

去ル廿二日付伺埼玉縣ヘ指令但書同籍ノ者ニ限ルトハ前戶主ヲ指シタル者ト心得ヘシ

〇

一七二 東京府伺 明治十七年十月十四日

從來徵兵未行ノ地在籍者ニシテ徵兵既行ノ地ニ全戶若クハ單身寄留スルヰハ其適齡者ハ勿論常備年期間ニ係ル年齡ノ者ハ徵兵事務條例第百五十條第一項ノ旨趣ニ準據シ本籍ノ者ト同樣徵集シ可然哉

但本文ノ者一旦徵集名簿ヘ登記後事故アリ原籍ナル未行ノ地ニ復皈スル旨屆出ルヰハ其意ニ任セ妨ケ無之哉

陸軍省指令　明治十七年十月廿三日

伺之趣全戸寄留ノ者ハ徴集シ單身寄留ノ者ハ猶豫ニ屬スル儀ト可心得事

但書　伺之通

○

一七三　東京府伺　明治十七年九月六日

第一條　分家又ハ絶家若クハ廢家ヲ再興シタル戸主ノ嗣子或ハ承祖ノ孫ハ本令第二十二條第四項ニ依リ猶豫ノ限ニ無之處其分家絶家若クハ廢家ヲ再興シタルコト明治六年一月十日以前ニ係ル者同日以後ニ定メタル嗣子承祖ノ孫ハ本令第十七條第三項ニ依リ猶豫ニ屬スル儀ニ候哉

第二條　癈疾不具重罪ノ事故ナクシテ嗣子承祖ノ孫若クハ相續人ヲ罷メ更ニ定メタル嗣子承祖ノ孫ハ本令第二十二條第二項ニ依リ猶豫ノ限リニ無之處右事故ナクシテ嗣子承祖ノ孫及ヒ相續人ヲ罷タルコト明治六年一月十日以前ニ係ルトキハ同日以後更ニ定メタル嗣子承祖ノ孫ト雖モ猶豫ニ屬スル儀ニ候哉

第三條　從來全戸失踪ノ故ヲ以親族等ヨリ各自屆ヲナス場合ニ於テ若シ適齡者ノ生月相知レサルトキハ生年ノ七月ヲ以テ生月ト相定メ可然哉

第四條　舊徴兵令ニ於テ國民軍ノ外免役及ヒ平時免役相當ノ者ニシテ是迄各自屆ヲ怠リタル趣ヲ以テ免役及平時免役名簿ヘ追加申出候者目下有之候處右ハ既ニ徴兵令改正相成候儀ニハ候得共適齡ノ當時免役部分ノ者ニ付先入兵トセス新徴兵令ニ照シ徴集及ヒ猶豫ノ區分相立可然哉

陸軍省指令　明治十七年十月廿三日

伺ノ趣左ノ通可相心得候事

第一條第二條　伺之通

第三條　生年ノ十二月ヲ以生月ト定メ取調ヘシ

第四條　適齡ノ當時免役ノ資格ヲ有スル者ニテ九月十五日迄ニ屆出ツル者ハ舊令ニ據リ處分シ同月十六日以

後届出ツル者ハ先入兵トスヘキモノトス

○

一七四　東京府伺　明治十七年九月廿二日

徵兵令中嗣子承祖ノ孫ニシテ徵集猶豫ニ屬スルモノハ其第十七條第三項及第四項ノモノニ限レリ然ルニ癈疾不具重罪ノ事故ナクシテ之ヲ罷メ更ニ定メタル嗣子承祖ノ孫徵集猶豫ノ限リニアラサルハ其第二十二條第二項ニ明文アル所以ノモノハ何ソヤ惟フニ年齡六十歲以上若クハ癈疾不具者ノ嗣子承祖ノ孫其名稱ヲ罷メタル故ヲ以テ更ニ徵集ニ應スルヿナキ時期即年齡二十八歲ニ至リ故ナク之ヲ罷メ更ニ徵兵適齡以前ノモノヲ以テ嗣子承祖ノ孫ト定メ再ヒ徵集猶豫ニ屬セシムルノ弊害アルヲ以テ其更定ノ嗣子承祖ノ孫ニ對シ猶豫ノ原因即六十歲以上タルヿ若クハ癈疾不具タルヿヲ酌量セサルノ旨趣ニ外ナラサルヘシ之ヲ以テ事務條例第百四十條ニ徵兵令第二十二條第二項ニ當ル嗣子或ハ承祖ノ孫ニシテ其第六項ニ據リ戶主トナリタル者及ヒ其第七項ノ戶主ハ徵集スト雖モ其徵集ニ應スヘキ年ノ一月迄ニ前戶主同戶籍中ノモノ已ニ六十歲ニ至ルカ又ハ各自屆出ヲナス年ノ九月十五日迄ニ癈疾又ハ不具等トナリ一家ノ生計ヲ營ムコト能ハサル者ニ齊シキトキ又ハ重罪ノ刑ニ處セラレタルトキハ徵集猶豫ニ屬スヘシト有之其六十歲ニ至リ又ハ癈疾不具トナル事柄ハ本條第六項第七項等シク之ヲ適用スヘキモノナルヘシ如何トナレハ第六項若クハ第七項ニノミ之ヲ偏用スルトノ明文ナキヲ以テナリ業已ニ之ヲ第六第七兩項ニ適用スルトキハ前戶主其六十歲ニ至リ若クハ癈疾不具トナル事柄ハ固ヨリ六十歲ノモノ若クハ癈疾不具ナルモノヲ云フニアラス即チ六十歲以下ノモノニシテ其徵集ニ應スヘキ年ノ一月迄ニ六十歲ニ至ルカ又ハ無病者ニシテ各自屆出ヲナス年ノ九月十五日迄ニ癈疾不具等トナルモノヲ云フハ論ヲ俟タサルナリ故ニ其第六項六十歲ニ至ルノ前戶主トハ嗣子承祖ノ孫ヲ更定シタルトキニ於テ年齡六十歲以下ニシテ已ニ癈疾不具等ノモノナレ𪜈嗣子承祖ノ孫ヲ更定シタルカ爲メ其癈疾不具タルヿハ酌量セラレサルモノヲ云ヒ又癈疾不具等トナリタル前戶主トハ其嗣子承祖ノ孫ヲ更定シタルトキニ於テ已ニ六十歲以上ナレ𪜈嗣子承祖ノ孫ヲ更定シタルカ爲メ其六十歲以上タルヿハ酌量セラレサルモノヲ云フ然ルニ其後ニ至リ更定ノ嗣子承祖ノ孫ニ戶主ヲ讓リ自己モ亦六十歲トナ

リ若クハ癈疾不具等トナル𪜈ハ猶豫ニ屬セシムルハ本條ノ定ムル所ニ可有之候處官報第三百五十一號御省ヨリ太政官ヘ伺第五項ニ癈疾不具等事故ナクシテ更定シタル嗣子承祖ノ孫ト雖モ戶主トナル場合ニ於テハ前戶主即チ癈疾不具者更ニ六十歲ニ至ラサルモ尚徵集猶豫ニ屬スル趣御指令有之右ノ振衡ニ據レハ六十歲以上ノモノ事故ナク更定シタル嗣子承祖ノ孫ト雖モ戶主トナル場合ニ於テハ徵集猶豫ニ屬セサルヲ得サルカ如シ果シテ然ル𪜈ハ右第百四十條中ノ六十歲ニ至リ若クハ癈疾不具トナル事柄ヲ其第六項ニ適用スル𪜈ハ如何ナル場合ヲ指シタル儀ニ可有之哉

陸軍省指令　明治十七年十月十四日

伺之趣條例第百四十條中六十歲ニ至リ云々ノ事柄ヲ其第六項ニ適用スルハ前戶主更立嗣子承祖ノ孫ニ戶主ヲ讓リシトキ年齡六十歲未滿ト雖モ後戶主適齡迄ニ年齡六十歲以上トナルノ場合ヲ指シ又癈疾不具トナルノ事柄ヲ其第六項ニ適用スルハ前戶主更立嗣子承祖ノ孫ニ戶主ヲ讓リシトキ癈疾不具ニ非スト雖モ後戶主適齡迄ニ癈疾不具トナル場合ヲ指スモノトス故ニ年齡六十歲以上ノ者ノ更立嗣子承祖ノ孫ト雖モ戶主トナル場合ニ於テハ猶豫ニ屬スル儀ト可心得事

○

一七五　福井縣伺　明治十七年十月六日

本年第十九號ヲ以テ教導職廢セラレタルニ依リ從來該職ニテ免役ノ者ハ自カラ其資格ヲ失ヒタル者トシ例第百五十三條ニ依リ徵集スヘキ儀ト心得可然哉

陸軍省指令　明治十七年十一月四日

○

一七六　東京府伺　明治十七年十月廿二日

去月六日電報伺教導職ニテ免役トナリタル者云々ノ儀ハ徵集ニ及ハサル儀ト心得ヘシ

茲ニ戶主アリ死亡ス嗣子或ハ相續人アルモ失踪ノ故ヲ以テ廢嫡シ更ニ他ノ者ニシテ其跡ヲ繼キタル戶主ハ令第二十二條第八項ニ明文有之徵集スヘキハ勿論ノ處其徵集スヘキ年ノ一月迄ニ失踪者失踪五ケ年ヲ經過スルトキハ令第二十二條第五項ニ比準シ猶豫ニ取調可然哉

陸軍省指令　明治十七年十月廿五日

伺之趣猶豫ニ屬セサル儀ト可心得事

〇

一七七　大阪府伺　明治十七年九月六日

本年第十九號達ニ依リ無論徵兵令第十八條一項第二十條二項ハ消滅スルヤ

陸軍省指令　明治十七年十一月四日

九月六日電報伺本年第十九號達ニ由リ云々之儀ハ伺之通

〇

一七八　東京府伺　明治十七年十月廿二日

明治十五年以降徵兵ニシテ官吏或ハ公立學校敎員ナルヲ以テ免役ニ屬シタル者本年七月中其名稱ヲ罷メタリ然ルニ其罷名稱以前客歲十一月中死跡ヲ相續セシ女戶主ヘ入婿シテ戶主トナリ或ハ五十歲以上者ノ養嗣子トナリ目下其戶主及ヒ嗣子ノ名稱ハ依然存スルヲ以テ假令撿查時限內ニ得タル名稱ナレトモ免役範圍內ト同視シ免役ノ儘差置可然哉

陸軍省指令　明治十七年十一月四日

伺之趣女戶主ヘ入婿ノ戶主ハ伺之通五十歲以上ノ者ノ養嗣子ハ猶豫ニ屬セサル儀ト可心得事

〇

一七九　滋賀縣伺　明治十七年十一月八日

今般告第二號ヲ以テ告示相成タル舊令ニ依リ免役ノ者其名稱ヲ罷メタル片新令ニ照シ徴集ノ儀ハ檢査時限內即チ毎年九月十六日以後翌年四月十日迄ニ其名稱ヲ罷メタル者ニ限ル儀ニテ檢査時限外即チ毎年四月十一日以後九月十五日迄ニ其名稱ヲ罷メタル者ハ徴集ノ限リニアラサルヤ

陸軍省指令　明治十七年十一月十五日

去ル八日電報伺當省告第二號告示ニ付云々ノ儀ハ本年九月十六日以後名稱ヲ罷ムル者ハ檢査時限內外ヲ問ハサルモノト心得ヘシ

○

一八〇　內務省伺　明治十七年九月五日

今般第十九號布達ヲ以テ敎導職被廢候處第六十九號公達身分ハ總テ其在職ノ時ノ等級ニ準シ取扱フ者ト有之候ニ付從前ノ宗派ニ屬シ布敎ニ從事スル者ハ徴兵事務條例第十八章第百五十三條ニ依リ更ニ徴集ニ應スルニ不及儀ト心得可然哉

太政官指令　明治十七年十一月八日

舊敎導職タリシ者ハ其在職ノ時ノ等級ニ準シ徴集又ハ召集ヲ猶豫スヘシ

但舊徴兵令ニ據リ處分セシ者ハ其儘閣ク可シ

○

一八一　山口縣伺　明治十七年十月廿八日

令第三十六條ニ當ル名稱罷メノ者屆出後即チ九月十六日以後異動ヲ生スル者屆出方ノ儀ハ別ニ明文之ナシト雖モ右ハ令第三十五條ニ含有スル儀ニシテ其屆出ヲ怠ルモノハ則令第四十一條第四十三條ニ據リ處分セラルヽ儀ト相心得可然哉

陸軍省指令　明治十七年十一月十七日

伺之通

一八二　埼玉縣伺　明治十七年十一月十七日

明治十七年ノ徴兵ニシテ當時五十歳以上ノ者ノ養嗣子ニテ免役ニ屬シ候處同年十月廿四日ニ離縁復籍シ免役ノ名稱ヲ止メタルニ依リ例規ノ通三日以內ニ可届出ノ處遲延同月廿九日ニ至リ其届出ヲ爲シタルモノアリ右ハ御省告第二號御發布以前ノ儀ニ付令第四十一條同第四十三條ニ照シ處分スルノ限リニ無之哉

陸軍省指令　明治十七年十一月廿二日

伺之通

一八三　埼玉縣伺　明治十七年十一月廿五日

徴兵撿査規則第四條ニ身體ノ發育未タ十全ノ度ニ至ラサル者ハ翌年ノ撿査ニ回スヘキ者トスト有之然ルニ身幹四尺九寸以上ニシテ本文ニ當リ翌年回トナス者アルトキハ疾病ノ事故ト見做シ徴兵令第十八條第六項ニ組入可然哉

陸軍省指令　明治十七年十一月廿七日

去ル廿五日付伺身體發育未全ノ者ノ儀ハ伺之通

一八四　長野縣伺　明治十七年十二月五日

國民兵役者各自屆出後身上ノ異動ヲ生シタルトキ屆出方ノ儀事務條例中明文無之處本年八月九日滋賀縣伺同月廿三日御指令ニ據レハ各自ヨリ戸長ヘ屆書差出ヘキ時日ハ府縣ニ於テ適宜取定メ戸長ハ同例第二十二條郡區長ハ同第二十八條但書ノ通取扱候儀ト相心得可然哉

陸軍省指令　明治十七年十二月十二日

本月五日付伺國民兵異動屆扱方伺之通

○

一八五　陸軍省伺　明治十七年十一月九日

徵兵令中疑義ニ渉リ處分上差支候廉左ニ相伺候條速ニ御指令相成度此段相伺候也

第一項　徵兵令第十七條及ヒ第二十二條中癈疾又ハ不具等ニシテ一家ノ生計ヲ營ムコト能ハサル云々トアリ右ハ徵兵事務官ニ於テ徵兵事務條例第百四十五條ニ據リ撿查所ニ呼出シ軍醫ノ診斷書ヲ以テ其癈疾不具等ノ情況ヲ撿查シ果シテ一家ノ生計ヲ營ム能ハサルモノト認定スルモノニ限リ猶豫ノ處分ヲ爲スヘキ儀ニ候哉

第二項　前項果テ然ラハ一家ノ生計ヲ營ムコト能ハサルヲ認定スルハ其身分若クハ職業ニ應シ家計ヲ失フモノト否トヲ以テ鑒別スヘキモノニ候哉

太政官指令　明治十七年十二月十三日

第一項　伺之通

第二項　身分若クハ職業ノ如何ヲ問ハス其身癈疾又ハ不具等ニシテ自ラ一家ノ生計ヲ擔當スルコト能ハサル者ヲ以テ鑒別ス可シ

○

一八六　東京府伺　明治十八年二月十日

徵兵事務條例第四十條ニ壯丁中疾病處刑又ハ逃亡失踪等ニテ撿査所ヘ出頭セサル者アル時ハ戸主或ハ親屬ノ者ヨリ逃亡失踪等ノ者ハ其事由書ニ戸長ノ奧書証印憲兵部若クハ警察署ノ証認ヲ受ケ云々ト有之然ルニ適齡者ニシテ全戸或ハ單身戸主ニテ失踪シ他ニ親屬モ無之者ハ右事由書ヲ出スヘキモノ之ナキニ付其旨戸長ヨリ屆出サセ可然ヤ果テ然ラハ官吏ノ屆書面ニ憲兵部若クハ警察署ノ証認爲相受候儀ハ穩當ナラサル樣相考候間戸長ハ該

人名ヲ憲兵部若クハ警察署ヘ通牒スルマテニテ可然哉

茲ニ戸主アリ戸主死亡ス嗣子長男ナリアルモ失踪ノ故ヲ以テ親屬協議管轄廳ノ許可ヲ請ケ廢嫡シ二男適齢者ナリヲ以テ戸主死亡跡ヲ相續スルモノ之アリ右ハ令第二十二條第八項ニ依リ徴集スヘキハ勿論ノ處二男適齢者ナリハ嗣子ノ名義ハ得サルモ長男廢嫡ノ上ハ嗣子ノ位ヲ占メ戸主ノ死亡跡ヲ繼キ且ツ長男失踪五ケ年ヲ經過シタル者ニ付同條第五項ノ精神ニ依リ猶豫ニ取調可然哉

陸軍省指令　明治十八年二月十四日

伺之趣左ノ通可相心得事

第一項　前段伺之通後段通牒ニ及ハス

第二項　猶豫ニ屬セス

○

一八七　栃木縣伺　明治十八年二月

現役兵入營中身上異動屆方之儀ハ客年九月九日付本縣伺ヘ御省ヨリ御指令ノ趣親族ヨリ本人ヘ通牒シ本人ヨリ所屬ノ隊ヘ屆出ヘキモノトスモ有之了承候ヘ共輜重輸卒ノ如キハ現役兵ニシテ入營セサル者常ニ半ヲ過キ候此者身上ニ異動ヲ生セシトキ其屆出方ハ本人又ハ戸主ヨリ府縣駐在官或ハ郡區駐在官ノ内ヘ屆出可然哉徴兵事務條例中明文モ無之ニ付此段相伺候也

陸軍省指令　明治十八年三月七日

伺之趣本人又ハ戸主ノ屆書ニ戸長郡區長ノ奥書證印ヲ受ケ郡區駐在官ヘ可屆出儀ト可心得事

○

一八八　島根縣伺　明治十八年三月三日

從前現役輜重輸卒ニシテ入營ノ際病氣又ハ犯罪等ニテ入營セサル者ハ他ノ現役輸卒ト同シク豫備軍ニ編入先入

兵又ハ翌年回等ニ不致例ニ有之候處改令ノ今日ニ至ルモ同樣豫備役ニ編入シ入營延期翌年回等ノ處分ニ不及儀ニ可有之哉

陸軍省指令　明治十八年三月廿四日

伺之趣輜重輸卒ト雖モ徴兵令第四十條ニ據リ處分スヘキ儀ト可心得事

○

一八九　東京府伺　明治十八年三月五日

第一條　徴集猶豫名簿　先入兵不參名簿　入營延期不參名簿　翌年回名簿　本令第十八條第五項第六項等ノ者　中ノ者轉居等ノ異動アル毎ニ加除訂正致シ置カサル片ハ臨時徴集及ヒ翌年撿査ニ差支候ニ付平素加除訂正可致ハ勿論ノ儀ニ候哉果シテ然ルヰハ四月十一日以後九月十五日迄ニ轉居等ノ異動セシ片屆出ノ成規無之右ハ適宜期限ヲ定メ爲屆出可然哉

第二條　前條諸名簿中ノ者他ノ府縣ヘ轉籍及ヒ離縁トナル者ハ本簿ヲ削除シ異動名簿ヲ調製致シ之ニ其理由ヲ登記シ置キ轉居先キ府縣ヘ通報シ又他ノ府縣ヨリ轉入セシ者ハ相當名簿ヘ追加シ置可然哉

陸軍省指令　明治十八年四月二日

書面兩條トモ伺之通

○

一九〇　京都府伺　明治十八年十月二日

條例第百三十二條ニハ本令第十八條第三項ノ生徒ニシテ第一豫備徴員ニ編入ノ際身體撿査ヲ受ケシムヘシトアリ然ルニ十七年兵ニシテ札幌農學校ニテ修業中ナルヲ以テ一箇年ノ徴集猶豫ナリタルモノ本年ニ至リ該校ニテ卒業セシモノアリ右者第一豫備徴員ヘ編入可致モノト相考候就テハ身體撿査等ノ儀ハ如何相心得可然哉

陸軍省指令　明治十八年十一月廿九日

本人尚札幌ヘ寄留中ナレハ身體撿査ヲ要セス第一豫備徴員ニ編入スヘキ儀ト心得ヘシ

一九一 ○東京府伺 明治十八年四月七日

第一條 徴兵適齡者適齡ノ當時失踪シ先入兵名簿ヘ編入ノ者目下復歸シ及ヒ適齡屆漏ノ廉發露スル者有之其年齡ヲ算スレハ常備後備ノ年限即三十二歳ヲ經過セリ右ハ舊徴兵事務條例ニ於テハ其三十一歳ヲ越ユルトキハ其時々經伺ノ筈ニ候處新令ニ於テハ右等處分ノ例規無之就テハ五種兵ノ現役定限年齡ハ三十五歳迄ニ付前件ノ者モ滿三十二歳迄ハ直チニ徴集シ其年齡ヲ超過セシ者ハ其時々相伺御指揮ヲ得ヘキ儀ニ候哉

第二條 徴兵署閉鎖後罷名稱ノ者翌年徴集スヘキ儀ハ條例第百四十七條ニ明記有之候處其名稱ヲ罷メタルハ徴兵署閉鎖後ナレトモ其年四月十日以前再ヒ條例第百三十條後段ノ資格ヲ得ルトキハ尚猶豫ニ屬シ條例第百三十一條ニ當ル資格ヲ得ルトキハ仍ホ撿査時限内ニ係ルヲ以テ猶豫ニ屬セス翌年徴集スヘキ儀ニ候哉

陸軍省指令 明治十八年四月十四日

伺之通

一九二 ○東京府伺 明治十八年四月一日

第一條 新兵入營前甲府縣ヨリ乙府縣ヘ轉籍又ハ全戸寄留スル者乙府縣ニ到着スルトキハ番號割符ヲ添ヘ府縣廳ヘ屆出ル迄ノ取扱ハ條例第八十四條ニ掲ケ有之候得共其後ノ取扱方明記無之右ハ府縣廳ニ於テ番號割符ヲ受領スルトキハ直ニ籤簿ヘ記入シ割符訂正方ノ儀ハ後備軍司令部ヘ照會可致儀ニ候哉

第二條 新兵入營後身元轉居等ノ異動ヲ生シタルトキ取扱方成規無之右ハ轉居ニ係ル分ハ轉居先郡區長及戸長ノ奥書證印ヲ以テ身元ヨリ直ニ本人所屬ノ隊ヘ爲屆出可然哉

第三條 第二豫備徴員ニシテ身上ニ異動ヲ生シタルトキ取扱方成規右ハ名簿上平素加除ヲ爲シ置サルトキハ臨時徴

集ノ節差問候ハ勿論ノ儀ニ付適宜届出之期限ヲ相定メ其異動ヲ爲届出可然哉

陸軍省指令 明治十八年四月十四日

伺之趣左之通可心得事

第一條 伺之通

但割符ノ訂正ハ鎭臺ヘ照會スヘシ

第二條 親族ヨリ本人ヘ通牒シ本人ヨリ所屬ノ隊ニ届出スヘキモノトス

第三條 伺之通

一九三 陸軍省伺 明治十八年二月五日

○

徵兵撿査時日ノ指定ヲ受ケ正當ノ故ナク其場所ニ參會セサル者ハ徵兵令第四十三條ニ據リ處分スヘキ儀ニ候處戸主ニ於テ撿査時日ノ指定ヲ受ケ之ヲ其撿査ヲ受クヘキ者ニ示サヽルヨリ撿査所ニ參會セサル者アリ右ハ正當ノ故ナクシテ參會セサル者トナシ該條ニ據リ撿査ヲ受クヘキ者ヲ告發シ可然候哉又撿査時日ノ指定以前ニ於テ撿査ヲ受クヘキ者失踪又ハ逃亡シ爲メニ撿査所ニ參會セサル者アリ其失踪逃亡ハ指定以前ニ係ルト雖モ之ヲ正當ノ事由ト爲スヲ得サルヲ以テ是亦該條ニ依リ告發スヘキ儀ニ候哉

太政官指令 明治十八年三月十日

前段伺之通後段令第四十四條ニ據リ告發ス可キ儀ト可心得事

一九四 福井縣伺 明治十八年五月一日

○

御省指令拔萃録第七號ニ徵兵事務條例第六十九條ニ掲ケラレタル除役並ニ猶豫名簿ヘハ其年相當ノ者ニ限ラス異動除役及異動猶豫ニ係ルモノモ云々山口縣伺ニ對スル御指令但書ヲ見レハ舊令ニ依リ免役又ハ猶豫ニ屬シタ

ル者異動ヲ生シ新令ノ除役又ハ猶豫ニ屬スル者ハ別ニ除役異動壯丁名簿又ハ猶豫異動壯丁名簿ヲ作ルヘシトアリ右ハ郡長ニ於テ製シ同例第二十三條ノ名簿ト共ニ送附スヘキ儀ニシテ徵兵署ニ在ツテハ第十七八書式ニ準據シ別ニ相當名簿ヲ調製スヘキ筋ニ候哉果シテ然ラハ徵兵表其ニ當區畫ヘ其人員ヲ掲載スヘキ儀ト心得可然哉

陸軍省指令 明治十八年六月十一日

伺之通

一九五 石川縣伺 明治十八年七月廿一日

第一條 令第十八條第五項第六項ヲ除ク第十九條第二十一條ニ該當猶豫ニ屬シタル者常備七年間ニ在ツテ令第十七條ノ資格ヲ得ルモ可屆出儀令及條例中明文無之候ニ付其事故ヲ罷メサル間ハ其條項ヲ以テ論スヘキモノニテ其事故ヲ罷メタルトキ令第三十六條ニヨリ可屆出儀ニシテ條例第十六條ノ書類相添ヘ徵集猶豫ノ儀屆出タル上令第十七條ニヨリ處分候儀ト相心得可然哉

第二條 令第十八條第五項第六項及第四十條規避ノ者ハ除クニ該當ノ者同第十七條ノ資格及同第十八條第十九條第二十一條ノ事故ヲ得タルトキハ條例第十六條ノ書類相添ヘ屆出サセ其條項ニヨリ處分候儀ト相心得可然哉

伺之趣左ノ通可心得事

陸軍省指令 明治十八年九月十五日

第一條 伺之通

第二條 伺之通

但九月十六日ヨリ翌年四月十日迄ノ間ニ第十八條第七項並ニ陸海軍生徒ヲ除ク第十九條及ヒ第二十一條ニ當ル者ハ猶豫ニ屬セス

一九六　埼玉縣伺　明治十八年九月十日

條例第百四十一條年齢ノ分界ハ令第二十二條第三項ノ前戸主ニハ關係無之旨大阪府ヘ御指令拔萃録第五號掲載相成就テハ前戸主ノ年齢ヲ計算スルハ其隱居シタル時ヲ以テ分界ト爲スヘキ儀ニ可有之果シテ然ルトキハ五十九歳ノ者戸主ヲ罷メ五十歳ノ養嗣子其跡ヲ繼キ戸主トナリ拾歳ノ長男隱居者ノ嫡孫ヲ有スル者ノ如キ其長男適齢ニ至レハ現戸主六十歳以上トナルモ前戸主祖父六十歳未滿ニシテ戸主ヲ罷メタルヲ以テ徴集猶豫ニ屬セサルカ如ク相見候得共右大阪府ヘノ御指令ハ相續其順序ヲ失シタル令第二十二條第三項ニ對シ指示サレタル者ニシテ前陳ノ如キ正當ノ順序ニヨリ相續ノ者ハ勿論十七條三項ニ據リ徴集猶豫ニ屬スル儀ト相心得可然哉

陸軍省指令　明治十八年九月十七日

伺之通

○

一九七　岩手縣伺　明治十八年九月十四日

舊徴兵令第二十八條第八項ニ依リ國民軍ノ外免役相成候學校教員タル者其所持セル師範學校卒業證書又ハ教員免許狀有効年限滿ツルトキハ自然教員ノ名稱ヲ失ヒ徴集ニ應セシムヘキ儀ニ候得共該有効年期滿限ニ先チ試驗ヲ請ヒ更ニ卒業證書又ハ免許狀ヲ得教員ノ名稱ヲ失ハサルニ於テハ先キノ卒業證書又ハ免許狀ノ有効滿限ニ際スルモ徴集スルノ限ニ無之候哉

陸軍省指令　明治十八年九月廿二日

伺之通

○

一九八　群馬縣伺　明治十八年十月十六日

徴兵令第九條ヲ按スルニ陸軍雜卒ノ現役期限ハ其職務ニ因リ之ヲ短縮スル云々トアリ然レハ現役輜重輸卒服役

期限ノ如キ何等御達アルニアラサレハ同令第三條ノ通現役三年ヲ終リタル後豫備役ト相心得可然哉

陸軍省指令　明治十八年十月三十日

伺之通

○

一九九　福井縣伺　明治十八年十月廿四日

准卒ノ内裁縫夫造靴夫等ハ徴兵令十八條工夫ニ含有スルヤ

海軍省指令　明治十八年十月廿八日

十月二十四日電報伺裁縫夫造靴夫ハ令十八條ノ工夫ニ含有セス

○

二〇〇　福井縣伺　明治十八年十一月廿五日

軍艦乘込士官室從僕或ハ使丁在役者ハ令三十五條但書ニ相當ノモノナルヤ

海軍省指令　明治十八年十一月廿八日

去二十五日附電信伺士官室從僕或ハ使丁在役者ハ伺之通

○

二〇一　岐阜縣伺　明治十八年十一月十一日

徴兵令第二十二條諸項中重罪ノ刑ニ處セラレタル云々有之就テハ重罪ノ缺席裁判ヲ受ケタルモノト雖該條項ニ依リ徴集猶豫ニ取調可然哉

陸軍省指令　明治十八年十二月三日

伺之通

但缺席裁判ヲ受ケタル者上訴ヲ爲シ更ニ輕罪以下ノ刑ニ處セラルヽカ又ハ無罪トナル時ハ本人ハ猶豫ノ資格ヲ失フ者トシ取扱フヘキモノトス

○

二〇二 陸軍省伺 明治十八年十一月九日

國民兵入籍屆徴兵適齡屆身上異動屆幷ニ疾病犯罪等ニテ期限ニ際シ入營シ難キモノ屆出ノ儀ハ徴兵令第三十四條第三十五條第三十六條及第三十九條掲示之通其戶主ヨリ本籍ノ戶長ヘ可差出儀ニ有之候處他ヘ附籍ノ者ハ戶主ト雖モ普通戶主ノ權利ヲ有セサル儀ニ付右諸條ノ屆出ハ全戶單身ヲ問ハス總テ附籍家主附籍ヲナサシメタル家ノ戶主ヨリ附籍地ノ戶長ヘ可差出儀ト相心得可然哉此段相伺候也

太政官指令 明治十八年十二月十四日

伺之通

○

二〇三 福岡縣伺 明治十九年四月廿三日

廢疾不具重罪等ノ事故アルヲ以テ廢嫡シ跡更ニ定メタル嗣子又ハ六十歲未滿ノ戶主同上ノ事故ニ因リ退隱シタル跡戶主等徴兵適齡ナル𪜈前嗣子前戶主ハ同籍ニアラサルモ猶豫ニ屬スヘキ儀ニ候哉

陸軍省指令 明治十九年五月十三日

伺之通

○

二〇四 茨城縣伺 明治十九年七月六日

徴兵相當ノ時縣立學校ニ於テ一ケ年以上ノ課程ヲ卒リタル生徒ノ故ヲ以テ令第十九條ニ據リ猶豫ニ屬シタルモ

ノ及ヒ未タ適齡ナラサルモ同上ノ生徒ニシテ猶豫ニ屬スヘキ資格ヲ有スル者ノ如キハ今般文部省令ニ據リ該校ノ教則ヲ改正シ更ニ一ケ年期ノ課程ニ編入セシムルハ全ク舊教則ト新教則ト學科程度ノ高低ヨリ生スルモノニシテ右ハ舊教則ニ於テ既ニ一ケ年以上ノ學科ヲ修メタルモノニ相違之ナク畢竟其資格ノ變更ハ教則改正即チ官ノ都合ニ基因スルモノナレハ前者ハ條例第百三十條前段ニ據ラス猶豫ノ儘据置キ後者ハ適齡ニ際シ新教則ニ依リ尚一ケ年以上ノ課程ヲ卒ラサルモ令第十九條ニ準シ徵集ヲ猶豫シ然ルヘキヤ

陸軍省指令　明治十九年七月廿四日

書面前者ハ伺之通後者ハ新教則ニ因リ一ケ年以上ノ課程ヲ卒リタル者ニアラサレハ猶豫ニ屬セス

○

二〇五　茨城縣伺　明治十九年八月一日

第一條　徵兵令第二十一條ニ當リ猶豫ニ屬シタルモノ常備年間ニ在テ非職ヲ命セラレタル時ハ條例第百三十條前段ニ準シ徵集可然哉

第二條　壯丁ノ內他府縣下ヘ旅行中疾病ニ罹リ撿查所ニ出頭スルヿ能ハス事務條例第四十條ニ據リ屆出タル時ハ該府縣ヘ撿查人別兩表ヲ送付シ撿查ヲ爲受又他府縣ノ壯丁ニシテ當縣下ヘ旅行中前同樣ノ場合ニ際シ撿查人別兩表ヲ添ヘ撿查ノ儀照會有之候節ハ本人ヲ便宜ノ撿查所ヘ召喚撿查シ右兩表ヲ該府縣ヘ返却ノ順序ニ取計不苦哉

○

陸軍省指令　明治十九年八月六日

書面兩條共伺之通

二〇六　山口縣伺　明治十九年八月六日

農林學校生徒ハ令第十八條三項ニ包含スルヤ

陸軍省指令　明治十九年八月廿五日

農林學校生徒ハ學生ニ非サレハ令十八條三項ニ包含セス

○

二〇七　福岡縣伺　明治十九年九月十四日

徵兵令第十八條第四項海軍工夫中ニ裁縫夫造靴夫ハ含有セサル旨客年十月廿八日福井縣ヘ御指令ノ趣ニ付テハ同項ノ工夫ト指稱スルモノハ海軍志願兵徵募規則ニ據リ採用相成タル者ニシテ右兩夫ヲ除ク外即水兵火夫木工鍛工看病夫厨夫等ニ可有之哉又海軍造船所等ヘ臨時年期定雇ノ者ハ右工夫同樣ノ職工ニ從事スト雖モ同項ノ範圍外ト相心得可然哉

海軍省指令　明治十九年九月廿四日

伺之趣海軍工夫トハ明治十六年九月當省乙第九號達海軍工夫規則ニ依リ造船所製造所ニ於テ使役スル者ヲ指稱スル儀ト心得ヘシ

○

二〇八　宮崎縣伺　明治十九年十二月廿八日

輜重輸卒入營ニ際シ失踪逃亡等ニテ入營シ難キニ付次番ノ者繰揚入營セシメ候者有之右ノ入營セサルモノハ刑法第百七條ノ違犯者トシ告發シ尚ホ本人儀ハ豫備役ニ編入セラルヘキ乎又ハ徵兵令第三十九條及徵兵事務條例第八十三條并第九十一條第九十二條ニ準據シ入營延期翌年回ノモノトシ失踪逃亡ノ廉ハ徵兵令第四十三條又ハ第四十四條ノ違犯者トシ告發スヘキヤ

陸軍省指令　明治二十年一月十三日

失踪逃亡ノ輸卒ハ歸投又ハ就縛次第鎭臺ヘ照會ノ上入營セシメ違犯ノ廉ハ其違犯ト認ムル條件ヲ列擧シ告發スヘシ

二〇九　新潟縣伺　明治二十年二月十四日

男子ナキ戸主養子（嗣子ト定メス）セシ後男子出生スルトキハ家督相續ノ權其長男ニ在ルカ將タ養子ニアルカニ付テハ其實子ヲ以テ繼嗣スルモ養子ヲ總領トスルモ親族ノ熟議ニ任セ不苦ト存候處明治十七年九月京都府ヨリ徵兵令第二十二條第二項ノ儀ニ付陸軍省ヘ養子（嗣子ト定メス）離縁シ更ニ他家ノ子弟ヲ貰受ケ嗣子トナスモノアリ右ハ養父六十歲以上ナレハ徵集猶豫ニ可屬乎將タ男子ナキモノヽ養子ハ自ラ相續權ヲ有スル儀ニシテ假令以前ノ養子ハ嗣子ニ取極メサル旨申立ツルモ後ノ養嗣子ハ本項ニ依リ取扱フヘキ哉トノ伺ニ後段伺之通ト指令アリ果テ陸軍省指令ノ如クナルトキハ前ノ養子ハ自ラ相續權ヲ有シ嗣子ノ位置ニ在リテ後ノ養子ハ更定嗣子ナレハ若シ養子後ノ實子（養子トハ異ナレトモ）ヲ繼嗣トナサントスルトキハ其養子ヲ廢嫡スルノ手續ヲナサヽルヲ得ス

司法省指令　明治二十年三月二日

伺之趣男子ナキ戸主ノ養子ハ嗣子ニ定サルモ別段ノ契約アルニ非サレハ自ラ嗣子ノ地位ニ在ルモノナルヲ以テ後ニ實子出生スルモ直ニ實子ヲ以テ嗣子トナスヲ得サル儀ト心得ヘシ

二一〇　茨城縣伺　明治二十年五月七日

爰ニ明治十二年適齡ニシテ失踪ノ者明治十九年ニ至リ歸村シ裁判處分上無罪ノ言渡ヲ受ケ本年ノ徵集ニ應スヘキモノアリ右ハ徵兵令第四十一條ニ據ルノ限リニ無之ヲ以テ尋常兵トシ抽籤法ヲ用ヒ徵集スルヤ又ハ改正事務條例第百五十九條ニ據リ抽籤法ヲ用ヒス直ニ現役ニ徵集スヘキ歟

陸軍省指令　明治廿年五月二十日

書面後段伺之通

二一一
○長野縣伺 明治二十年五月廿六日

徵兵令第三十四條第三十五條ノ屆出ヲナサヽルモノハ其有籍無籍ニ拘ハラス同令第四十三條該當ノ違犯者ト相心得是迄其手續履行致居候處某裁判所ニテハ之ヲ處分シ又某裁判所檢事ニ於テハ無籍者ハ戸籍ニ謄錄ナキモノニ付徵兵令範圍外ノモノトシ其儘棄却ノ向有之一管內ニシテ斯ク兩岐ニ亘リ取扱上疑議相生候右戸籍ニ登錄ナキ無籍（一家漏籍單身脫籍トヲ問ハス）者ハ果シテ徵兵令ノ制裁ヲ受クヘキ限リニ無之哉

陸軍司法兩省指令 明治二十年六月三十日

伺之趣戸籍ニ登錄スルト否トニ拘ハラス總テ徵兵令ノ制裁ヲ受クヘキモノトス

二一二
○島根縣伺 明治二十年十月十九日

豫備役後備兵役ノ者學術若クハ商業ノ爲メ他府縣寄留地ニ於テ點呼召集ニ應スルコトヲ得ル旨明治十九年五月御省令第十六號ヲ以テ令達相成候處一縣內寄留者モ同樣其寄留地ニ於テ點呼召集ニ應スルコトヲ出願シ得ル儀ニ候哉

陸軍省指令 明治二十年十月廿六日

伺之通

○判決例

二一三
明治十九年乙第千八十四號

島根縣平民 三成三郎兵衛

抑モ徵兵令第三十六條ノ規定ハ徵兵適齡者ニシテ徵兵免除及ヒ猶豫ヲ得タルモノヽ其免除若クハ猶豫ノ資格ヲ失

ヒタルカ其事故ノ止ミタルカ等ノ異動ヲ生シタル時ハ三日以内ニ戸主ヨリ本籍ノ戸長ニ屆出ヘキモノトス然レ𪜈本案原判文ヲ查閱スルニ(被告カ長男文一郎ハ明治十八年徴兵適齡ノ際東京駒場農學校豫備科一年以上ノ課程ヲ卒リタル生徒ナルニ付徴集猶豫ニ屬シ而シテ明治十八年十月廿八日右文一郎ハ同校本科生徒ト爲リ云々)トアリ然レハ被告長男文一郎ハ徴兵猶豫ヲ得タル其猶豫即チ同令第三十六條ニ所謂事故ノ止ミタルニアラスシテ豫備科ヨリ本科ニ移轉シタルニ止マリ同シク猶豫ニ係ルノミナラス被告ハ其屆出ヲ爲スヘキモノト思料シ文一郎ヨリ達シタル電報ヲ以テ戸長役場ニ屆出戸長岩佐淥一ヨリ郡長ヘ其旨上申シタル書面ノ寫ニ徴スルモ三日以内ニ在リシ事ハ明カニシテ旁以テ徴兵令第四十三條ノ制裁スヘキモノニアラス然ルニ原裁判茲ニ出テス前掲ノ如ク處罰シタルハ本院檢事長非常上告ノ如ク法律ニ於テ罰セサル所爲ニ對シ刑ノ言渡ヲ爲シタルモノニ付治罪法第四百三十五條第二項ニ從ヒ原裁判言渡ヲ破毀シ本院ニ於テ直ニ裁判言渡ヲ爲ス左ノ如シ

三成三郎兵衞

原裁判官カ認メタル事實ニ因レハ被告カ所爲ハ素ヨリ罪ト爲ラサルヲ以テ治罪法第三百五十八條ニ依リ無罪

明治二十年一月二十九日

○

二一四　明治二十年乙第百七十一號

神奈川縣士族　中村鉄太郎

抑モ徴兵令第三十五條末段ノ若シ屆出ノ後翌年四月十日迄ニ異動ヲ生シタルトキハ其事由ヲ詳記シ三日以内ニ本籍ノ戸長ニ屆出可シ云々トアルハ徴兵猶豫ノ資格ヲ失ヒタル等其身分ニ異動ヲ生シタル場合ニ屆出ヲ怠リタルモノヲ云フモノトス今原判文ヲ鑑査スルニ被告人ハ只タ轉籍シタルニ止マリ他ニ異動ノ生シタルニハアラサルヤ明カナルニ因リ仍ホ試ニ一件書類ニ徴スルニ被告人ハ戸主ニテ徴兵猶豫中ノモノニ係リ其本籍愛知縣名古屋區葛町ヨリ現住所ナル神奈川縣西多摩郡新町村舘盛三方ヘ同居シタルモノニテ徴兵猶豫ノ資格ヲ失フカ如キノ異動ヲ生シタルモノニアラサルモノトス然レハ即チ之レカ屆出ヲ怠リタル迚徴兵令第三十五條ニ違背シタリト云フヲ得サ

レハ隨テ同令第四十三條ノ制裁ヲ受クヘキモノニアラス然ルヲ原裁判玆ニ出テス前掲ノ如ク處斷シタルハ原撿察官上告論旨ノ如ク擬律ニ錯誤アル失當ノ裁判ナルヲ以テ破毀ノ原由アルモノトス因テ治罪法第四百二十九條ニ法リ原裁判言渡ヲ破毀シ本院ニ於テ直チニ裁判スル左ノ如シ

中村鉄太郎

原裁判官カ認メタル事實ニ依レハ被告人ノ所爲ハ罪トナラサルヲ以テ治罪法第三百五十八條ニ依リ無罪ヲ言渡ス者也

明治二十年二月二十六日

○

二一五　明治二十年乙第三百四十二號

兵庫縣平民　織田貫次郎

徵兵適齡者ニシテ他ノ寄留地ニ於テ徵集ニ應セントスル者ハ其居任地ノ戸主ヲ以テ證人ト爲シ戸主ヨリ本管廳ニ願出ツヘキ者ナルコハ徵兵令第三十七條ノ規定スル處ナリ而シテ仝條但書ニ第三十五條ノ屆書ハ寄留地ノ戸長ニ差出ス可シトアルハ其本文ノ戸主ヨリ願出ツルト等シク寄留地ノ戸長ヘ戸主ヨリ屆出サシムルコヲ示シタルモノナリ然レハ其屆出ノ義務ハ本人ニ非スシテ戸主ナルヲ以テ其本人カ屆出テサリシ迚テ該第三十五條ノ違犯ト爲スヲ得ス而メ當時ノ戸主ハ被告ノ養父織田正治ナルコハ寄留地ニ於テ徵兵御撿査願ト題シ兵庫縣知事ニ差出セシ其指令書面ニ依リ明カナリ然ルニ原裁判所ニ於テ被告人ハ明治二十年度徵兵適齡ナルヲ以テ寄留地東京ニ於テ徵集ニ應セント欲シ本管廳ニ出願シタル以上ハ其許可セラレタルト否トニ拘ハラス寄留地ノ區役所ニ自ラ屆ヲ爲スヘキ筈ナルニ之ヲ屆出テサリシモノト認メ徵兵令第三十五條ノ違犯トシ仝令第四十三條ニ依リ戸主ノ如ク認メ處斷シタルハ全ク訴訟書類ノ錯誤ニ出テタルモノナルヲ以テ治罪法第四百三十九條第五ノ場合ニ相當スル再審ノ原由アルモノトス因テ原裁判所ニ於テ右貫次郎ニ對シ言渡シタル裁判ヲ破毀シ本件ヲ横濱輕罪裁判所ニ移シ更ニ審判セシムル者也

明治二十年四月七日

〇 二一六 明治二十年乙第百六十七號

富山縣平民　山林與四郎

抑犯罪ノ成立ニハ即時犯繼續犯連續犯ト三種ノ別アルヲ以テ罪ヲ斷スルニハ先ツ其分別ヲ要ス可キモノトス今原判文ヲ撿スルニ被告カ犯罪ノ事實タルヤ明治十六年度徵兵ニ際シ入營ノ命ヲ受ケシニ逃亡シテ明治十九年ニ連亘シ之ヲ忌避シタリト云フニ在リテ本件ノ如キハ年々入營ニ期限アルヨリ其期限ヲ過クル每ニ一個ノ忌避罪ヲ組成スルカ如クナレトモ該忌避ノ意思タルヤ終始連續シテ其所爲即チ忌避スル所ハ間斷アルヲ以テ即時又ハ繼續ノ犯罪トハ稍其趣ヲ異ニスルモノナレハ如斯ハ所謂連續犯ト稱スヘキモノニシテ其忌避數次ニ渉ルモ一所爲ヲ以テ論シ一ノ刑ヲ科スヘキ當然ナルニ之ヲ即時犯ト均シク一年每ニ一罪ヲ構造シタルモノヽ如ク數罪ヲ以テ論シ數刑ヲ併科シタルハ非常上告論旨ノ如ク相當ノ刑ヨリ重キ刑ヲ科シタル不當ノ裁判ナルヲ以テ破毀スヘキ理由アルモノトス因テ治罪法第四百三十五條末項ニ從ヒ原裁判ヲ破毀シ本院於テ直チニ裁判ヲ爲スヿ左ノ如シ

山林與四郎

右ノ理由ナルヲ以テ被告カ犯罪ノ事實ハ原裁判官ノ認定シタル所ニ據リ刑法第五條ニ基キ徵兵令第四十四條ヲ適用シ重禁錮一月ニ處シ罰金三圓ヲ附加スルモノ也

明治二十年二月十七日

〇 二一七 明治二十年乙第百四十八號

大分縣平民　三浦吾八

抑徵兵令第三十六條ニ所謂異動屆ハ該明文ノ各條ニ掲クル所ノ徵兵免除又ハ猶豫ノ資格ヲ失フ乎若シクハ其事故止ミタル等ノ場合ニ於テハ定期間ニ其事由ヲ詳記シ屆出ツ可キヿヲ規定シタルモノニシテ免役及ヒ猶豫ニ關セサ

ル異動ヲ生シタル場合ノ如キハ設ヒ其屆ヲ爲サヽルモ右第三十六條ノ違犯トハ云フヲ得ス今原判文ヲ閲スルニ被告人吾八ハ明治十六年度徴兵適齢ニシテ舊徴兵令第廿八條第三項ニ依リ國民軍ノ外免役ノ資格ヲ有シタリシモ明治十八年十二月十五日父死亡ニ依リ明治十九年一月三日被告カ戸主ニ相立チ其資格ヲ失シタル儘期限内原籍戸長ヘ其異動屆ヲ爲サヽリシ者ト認定ストアリテ其身分上嗣子ト戸主ノ差異ヲ生セシモ如斯ハ原ト其免役ヲ得タルノ結果ト云フヘキモ徴兵令第三十六條ニ掲クル資格ヲ失ヒ又ハ其事故止ミタリトノ場合トハ混同視スルヲ得サルヤ勿論ナルヲ以テ前ニ説明セシ如ク被告ノ相續屆ヲ怠リタルモ右第三十六條ノ規定ニ背キタルノ所爲トハ爲スヲ得ス然ルヲ原裁判右ノ事實ヲ確然判定シナカラ該第三十六條ノ違犯トシ仝第四十三條ヲ適用シ罰金ノ刑ニ處シタルハ非常上告論旨ノ如ク法律ニ於テ罰セサル所爲ニ對シ刑ヲ言渡タル不法ノ裁判ナレハ破毀スヘキモノトス因テ治罪法第四百三十五條末項ニ從ヒ原裁判言渡ヲ破毀シ本院ニ於テ直チニ裁判言渡ヲ爲スヿ左ノ如シ

三浦吾八

右ノ理由ナルヲ以テ本按被告事件ノ事實タルヤ原判官ノ判定シタル所ニ據リ之ヲ法律ニ照スニ罰スヘキ正條ナキヲ以テ刑法第二條ノ原則ニ基キ治罪法第三百五十八條ニ依リ無罪

明治二十年二月十七日

○

二一八　明治二十年乙第四百三十九號

山口縣平民　中岡九郎右衛門

抑モ後見人ナル者ハ被後見者ニ代リ公私百般ノ事務ヲ處理スルノ責任アル者ナリ而シテ本案屆出ノ當時其戸主ハ被告ナルモ未丁年者ナルヲ以テ其母「フシ」ノ後見中ニアリシヿ明確ナレハ其後見人ニ於テ相當ノ屆出ヲ爲ス可キ當然ナリトシ原裁判所カ被告ニ對シ無罪ノ言渡ヲ爲シタルハ相當ノ裁判ナリトス故ニ原檢察官カ徴兵令第一條同第十五條等ヲ引用シ仝第三十四條ノ屆出ノ如キハ所謂特別法ニシテ假令後見人アルモ戸主本人ニ於テ屆出ヲ爲ス可キノ責任アリ云々ノ分疏ハ法律ノ誤解ニ出タルモノトス何トナレハ徴兵令ニ依リ兵役ニ服スルモノヽ如キハ適

齡者其人ニ限ルハ論ヲ竢タサルモ本按届出ノ如キハ然ラス戸主其人ノ爲ス可キ義務ナレハ其事務ニ代リタル後見人ニ於テ爲サヽルヲ得サルハ勿論ナレハナリ因テ本按上告ハ其原由ナキモノト判定シ治罪法第四百二十七條ノ規定ニ則トリ之ヲ棄却スル者ナリ

明治二十年五月五日

○

二一九 明治二十一年乙第百二號

長崎縣平民 山口友平

徵兵令第三十六條ハ苟クモ全國ノ壯丁ニシテ正當ノ事故ナキ限リハ猥リニ兵籍上ヨリ脫漏スルモノナカラサラシメンカ爲メニ設ケラレシ法律ナレハ假令徵集猶豫ニ屬シ居ルモノト雖モ其事故止ミ即チ身分ニ異動ヲ生シタル時ハ該條規定ノ日限内ニ速ニ其屆出ヲ爲スヘキハ勿論ナルモ既ニ其際現ニ兵役ニ服シ居タルカ若クハ撿査ヲ受ケ不合格ニ歸シタル場合ニ在テハ身分上異動屆出ヲ爲スノ必要ナキモノニシテ仍ホ此等ノ場合ニ於テモ處罰セサルヘカラサルノ律意ナラサルハ論ヲ俟タス然ラハ本案被告カ二男次郎於テ明治十六年徵兵適齡ナルモ同年九月三日竹下利三右衛門養嗣子トナリ養父ノ年齡五十三年以上ニ付徵集猶豫トナリシモ其後明治十八年一月中離緣復籍ヲ爲シ即チ身分ニ異動ヲ生シタルヲ以テ其屆出ヲ爲スヘキニ之ヲ怠リ明治二十年三月廿九日ニ至リ該屆出ヲ爲シタリトシテ曩キニ長崎輕罪裁判所福江支廳於テ徵兵令第四十三條ニ依リ罰金三圓ニ處シタリト雖モ再審ノ訴ニ付呈出セル本籍戸長ノ證明郡書記松尾長平次カ告發取消書等ニ徵スレハ被告カ二男次郎於テ明治十七年十一月中徵兵撿査ヲ受ケ已ニ不合格トナリシモノナレハ明治十八年一月中身分ニ異動ヲ生シ其際制規ノ屆出ヲ怠リタリトスルモ兵籍上固ヨリ必要ナキモノナレハ處罰スルヲ得サル筈ナルニ畢竟訴訟書類ニ錯誤アルヨリ遂ニ前顯ノ處罰ヲ受ケシモノニテ今回被告カ爲シタル再審ノ訴ハ適法ノ原由アルモノトス

明治二十一年二月二十七日

○

二二〇　明治二十一年乙第十三號

秋田縣平民　小林甚太郎

徵兵令第三十六條ハ徵兵適齡者ニシテ正當ノ事故アリ徵集猶豫等ニ付セラレタルニ後日其徵集猶豫ニ屬スル名稱ヲ罷メタル時ハ更ニ徵集セラルヽヲ以テ其異動ノ屆ヲナスヘシトノ精神タルヤ明白ナレハ其異動屆ハ徵集サルヽ徵兵適齡者ノ戶主タル者ニ於テ屆出ヘキモノナルヤ勿論ナリトス本案被告カ所爲タル其次男時松ハ明治十六年度ニアリテ滿二十歲トナリ徵兵適齡タルモ當時高橋宇吉カ養子タルノ故ヲ以テ徵集猶豫ニ屬シ居タルニ明治二十年十月十一日ニ至リ離緣復籍シ從テ其徵集猶豫ニ屬シタルノ名稱即チ高橋宇吉ノ養子ヲ罷メタルモノナレハ徵兵令第三十六條ニ基キ被告ヨリ其異動屆ヲナスヘキモノナルヤ勿論ナリ何トナルニ其次男時松カ養子離緣トナリタル以上ハ更ニ徵兵ニ徵集セラルヽモノニシテ其時松ノ戶主ハ被告ナレハ被告ニ於テ之カ異動屆ヲナスヘキモノナルヲ以テナリ故ニ原裁判官ニ於テ其事實ヲ認メ徵兵令第四十三條ニ照シ處斷シタルハ决テ失當ト云フヲ得サルモノトス

明治二十一年一月廿一日

○

二二一　明治二十一年乙第二十九號

靜岡縣平民　谷口嘉市

凡ソ不行爲ノ犯罪ニシテ其不行爲ニ依リ戶籍又ハ軍籍ノ紊亂ヲ來シ之ヲ行フニアラサレハ其紊亂ヲ訂正シ能ハサルモノヽ如キハ即時犯罪ナリト云フヲ得サルモノトス本案原裁判官ノ認定シタル所ニ依レハ被告人ノ所爲タル前掲ノ如ク明治十七年八月ニ在リテ滿十七歲トナリタルヲ徵兵令第三十四條ニ依リ其屆出ヲナサヽリシヤ明白タリ抑年齡十七歲ノ屆出ヲナスモノハ國民軍入籍ノ爲メニスルニ在レハ其屆出ヲナサヽル者ハ軍籍ニ紊亂ヲ來スモノト云ハサルヲ得サルニ付本犯ノ如キ不行爲ノ犯罪ハ即チ繼續ノ犯罪ト云フモノニシテ從テ其屆出ヲナスニ非サレハ其紊亂ヲ訂正スルヿヲ得サルナリ故ニ之ヲ訂正セサルノ間ハ其罪質變更セサルニ因リ被告ノ所爲ニ付キ期滿免

除ヲ起算スヘキ日ハ其届出ヲ為シタルノ日ニ在レリ然ラハ即チ被告ノ所為タル未タ期満免除ヲ得タルモノト云フヲ得サルニ原裁判茲ニ出テス前掲ノ如ク處斷シタルハ上告論旨ノ如ク擬律ニ錯誤アル不法ノ裁判ナリトス

明治二十一年一月廿八日

○

二二二　明治二十一年乙第百四十九號

東京府平民　伊藤榮藏

凡ソ國民タル者ハ有籍無籍ニ拘ハラス徴兵令第三十四條ニ規定スルカ如ク毎年一月ヨリ十二月迄ニ年齢滿十七歳ト為ル者ハ其年ノ四月一日ヨリ同月十五日迄ニ其戸主ヨリ若シ本人戸主ナルニ於テハ本人ヨリ氏名族籍任所誕生ノ年月日及ヒ職業等ヲ記載シタル國民兵入籍届ヲナサヽルヲ得ス本案被告於テ其長男光次郎カ明治十八年度ニアリテ滿十七歳トナルニ付戸主タル被告ヨリ其國民兵入籍届ヲ為スヘキハ勿論ナルニ其届出ヲナサヽル以上ハ右第三十四條ノ規定ニ戻リタルヲ以テ同第四十三條ノ罰ハ免ルヿヲ得サルモノトス然ルニ原裁判官ハ前顯ノ如ク其國民兵入籍届ヲナサヽルノ事實ヲ認メナカラ單ニ當時無籍タルノ一點ヲ以テ罪トナラサルモノトシ無罪ヲ言渡シタルハ上告論旨ノ如ク擬律ニ錯誤アル失當ノ裁判ナルヲ以テ破毀ノ原由アルモノト判定ス

以上ノ理由ナルヲ以テ治罪法第四百二十九條ニ法リ原裁判言渡ヲ破毀シ本院ニ於テ直ニ裁判スルヿ左ノ如シ

伊藤榮藏

原裁判官カ認メタル事實ニ依レハ被告ニ於テ其長男光次郎ノ國民兵入籍届ヲナサヽルノ所為アルヤ明瞭ナリトス

之ヲ法律ニ照スニ刑法第五條ニ基キ徴兵令第三十四條同第四十三條ニ依リ三圓以上三十圓以下ノ罰金ニ處スヘキモノトナル

因テ被告榮藏ヲ罰金三圓ニ處スヘキ處自首スルヲ以テ刑法第八十五條ニ従ヒ本刑ニ一等ヲ減シ罰金二圓二十五錢ニ處スルモノ也

明治二十一年四月二十八日

二一二三　明治十八年第千九百八十二號

新潟縣平民　山本佐太郎

徵兵令第四十三條ニ云々檢查時日ノ指定ヲ受ケ正當ノ故ナク其場所ニ參會セサル者云々トアル其精神ハ已レ徵兵ニ適齡シ檢查ノ達ヲ受ケタルヲ以テ必ス其達ヲ受ケタル檢查當日ニハ檢查所ニ參會セサルヲ得サルヿヲ知リナカラ參會セサル者ヲ制裁スルニ在ルヤ同令第四十一條及ヒ徵兵事務條例第四十三條ニ依テ瞭然タレハ其檢查指定ノ時日ヲ知ラサル者ノ如キハ無論制裁スヘキモノニアラス本案被告人カ明治十四年以來徵兵ニ適齡シタリト雖モ其檢查指定ノ當時ハ家出シテ東京淺草田島町米屋中村惣吉方ニ在ツテ其指定ノ時日ヲ知ラサルヿ原判文ニ徵シテ明白タレハ假令其檢査所ニ參會セサルトテ徵兵令第四十三條ニ依リ制裁スヘキモノニ非サルヤ本院檢察官附帶上告論旨ノ如クナリトス然ルニ原裁判官ハ以上ノ事實ヲ認メナカラ前掲ノ如ク處斷シタルハ擬律ニ錯誤アル失當ノ裁判ナルヲ以テ破毀ノ原由アルモノト裁定ス

以上ノ理由ナルヲ以テ原檢察官カ上告ハ治罪法第四百二十七條ニ依リ棄却スト雖モ同第四百二十九條ニ照シ原裁判言渡ヲ破毀シ本院ニ於テ直ニ判決スルヿ左ノ如シ

山本佐太郎

原裁判官カ認定シタル事實ニ依レハ被告人ノ所爲罪トナラサルヲ以テ治罪法第三百五十八條ニ照シ無罪ヲ言渡スモノ也

明治十九年七月八日

○

二一二四　明治十九年乙第六百三十七號

宮城縣平民　瀨谷チエ

明治十七年第十八號布達徵兵事務條例第百五十九條ニ基キ新徵兵令第四十三條ノ犯罪ヲ構造セシニハ第一明治十六年十二月迄ニ年齡滿二十歲トナリタルヿ第二舊徵兵令第六十條第六十一條及舊徵兵事務條例第百八十條ノ屆出ヲ怠リタルヿ第三尚ホ其屆出ヲ明治十七年九月十五日迄ニナサヽルヿノ三條件具備スルヲ必要トスルヤ右第百五十九條ノ明文ニ依リ粲然タルヲ以テ若シ其一ヲ欠ク時ハ其罪組成セサルモノトス今原裁判言渡書ニ就キ其認メタル事實ニ依レハ被告人カ所爲タル附籍瀨谷孝照長男貞司カ明治十二年度ニ在テ滿二十歲トナリタルノ各自屆ヲ怠リ尚ホ明治十七年九月十五日迄ニ其屆ヲナサヽリシト云フニ在ツテ右三條件具備セサルニ付隨テ新徵兵令第四十三條ニ照シ處罰スルヿヲ得サルモノトス況ンヤ明治十七年陸軍省告第二號又ハ同年同省甲第四十九號達ニ依ルモ明治十四年一月已來滿二十歲トナリタル者ニ付テノ法規ハ之レアリト雖モ其已前ニ在テ滿二十歲トナリタル者ニ付テノ法規ナキニ依テ見ルモ罰スルヿヲ得サルニ於テオヤ然ラハ則チ本案被告人カ所爲タル本院檢事長非常上告論旨ノ如ク法律ニ於テ罰セサル所爲ナルニ之レニ對シ刑ヲ言渡シタルハ不法ノ裁判ナルヲ以テ破毀ノ原由アルモノト裁定ス

以上ノ理由ナルヲ以テ治罪法第四百三十五條ニ依リ原裁判言渡ヲ破毀シ本院ニ於テ直ニ裁判スルヿ左ノ如シ

瀨谷チエ

原裁判官カ認メタル事實ニ依レハ被告人カ所爲タル法律ニ於テ罰セサルモノナルヲ以テ治罪法第三百五十八條ニ依リ無罪ヲ言渡スモノ也

明治十九年十月廿一日

○

二二五 明治十八年第三千五百六十七號

宮城縣平民 長田孝次郎

抑徵兵ニ應スヘキ身分ヲ有スル者ニシテ正當ノ事故ナキ以上ハ年齡滿四十歲ニ至ルマテ徵集セラルヽモノナルヲ以テ其四十歲ニ至ルノ間ニ在テ之ヲ忌避スル時ハ其所爲即チ年々ノ連續犯ナルニ依リ其年齡滿限後相當ノ期限ヲ

經ルニ非サルヨリハ公訴ノ期滿免除ヲ得ヘキモノニ非サルニ付キ該忌避ノ所爲發覺スル時ハ其發覺當時ノ法律ヲ以テ制裁スヘキ勿論ナリトス今原裁判言渡書ニ就キ其認メタル事實ニ依レハ被告人ノ所爲タル明治八年度ノ徵兵ニ應スヘキ身分ヲ有シナカラ其前既ニ家出失踪シタルヲ以テ翌年廻シトナリ居ルモ尚ホ爾來復歸セス兵役ヲ忌避シタルニ在ルヤ粲然タリ果テ然ラハ前既ニ辨明スルカ如ク其所爲數年間連續忌避シタルモノナルヲ以テ發覺當時ノ法律即チ明治十六年第四十六號公布徵兵令第四十四條ニ照シ處斷スヘキ當然ナルニ原裁判玆ニ出テス公訴ノ期滿免除ヲ得タルモノトシ前掲ノ如ク處斷シタルハ上告論旨ノ如ク擬律ニ錯誤アル不法ノ裁判ナルヲ以テ破毀ノ原由アルモノト裁定ス

以上ノ理由ナルヲ以テ治罪法第四百二十九條ニ法リ原裁判言渡ヲ破毀シ本院ニ於テ直ニ裁判スルヿ左ノ如シ

長田孝次郎

原裁判官カ認定シタル事實ニ依リ之ヲ法律ニ照スニ

刑法第五條ニ基キ明治十六年第四十六號公布徵兵令第四十四條ニ兵役ヲ免レン爲メ逃亡シ云々其他詐僞ノ所爲アル者ハ一月已上一年已下ノ重禁錮ニ處シ三圓已上三十圓已下ノ罰金ヲ附加ストアルニ該當ス

因テ右範圍ニテ被告孝次郎ヲ重禁錮一月ニ處シ罰金三圓ヲ附加スルモノ也

明治十九年十月廿一日

○

一二二六　明治十九年乙第四十八號

岩手縣平民　近藤金右衛門

徵兵令第四十三條ニ云々檢查時日ノ指定ヲ受ケ正當ノ故ナク其場所ニ參會セサル者ハ云々トアルハ其檢查時日ノ指定ヲ受ケタル者ヲ制裁スルノ法規ニシテ其指定ヲ受ケサルモノヲ支配スルニアラサルヤ論ヲ竢タサルナリ今原撿察官カ上告ノ理由トスル處ハ前掲ノ如ク法律規則ヲ知ラサルヲ以テ犯スノ意ナシトナスヿヲ得スト刑法第七十七條四項ニ掲クル法條ヲ引用シ來テ被告カ徵兵ニ應セサルハ同令違犯ナリト云フニ在レ𪜈其檢查時日ノ如キハ同

令中規定アルニアラスシテ臨時指定スルモノナレハ法律規則ト同視スヘキモノニアラストス故ニ原裁判官ハ被告ハ其檢査時日ノ指定ヲ受ケサル前ヨリ當今ノ寄留所ニ雇ハレ來リ其檢査ノ時日ヲ知ラサル者ナレハ罪ト爲ラサルモノトシ無罪ト言渡シタルハ相當ノ裁判ニシテ之ヲ擬律錯誤ナリトハ云フヲ得サルモノトス因テ上告ノ旨趣相立サルモノト判定シ治罪法第四百廿七條ニ則リ之ヲ棄却スル者也

明治十九年十一月廿九日

○

二二七 明治十九年第九百二十號

鹿兒島縣士族　加治木兼政

上告第一論點ハ原裁判官カ正當ノ職權ヲ以テ爲セシ採證ノ當否ヲ論難スルニアルヲ以テ採用スルヲ得ス何トナレハ諸般ノ證憑ヲ取捨シ事實ノ判定ヲナスハ法律上承審判官ノ特權ニ任從スル者ナレハ苟クモ違法ノ處分アルニ非サレハ他ヨリ左右シ得可カラサルモノナレハナリ其第二論點ハ專ハラ新徵兵令第四十三條ヲ解釋シテ故意ニ非スシテ怠リタルモノハ罰セラル可キ者ニ非ラスト喋々スルニアリ而シテ被告カ所爲ハ新舊徵兵令ニ跨ルト雖モ歸スル所新徵兵令第四十三條同第三十五條ノ支配ニ屬ス可キモノトス玆ニ其第四十三條ヲ按スルニ該條ハ同第三十五條等ノ如キ屆出ヲ怠リタル者ヲ制裁スルノ法條タリ其第三十五條ハ每年一月ヨリ十二月マテニ年齡滿二十歲トナリタル者ハ其年九月一日ヨリ同月十五日迄ニ書面ヲ以テ戶主ヨリ本籍ノ戶長ヘ屆出ヘシ云々トノ命令法タレハ該兩條ノ如キハ有意無意ヲ分チ區處ス可キモノニ非ラス何トナレハ同令第一條及ヒ同第十七條ノ規定ニ從ヒ全國ノ男子年齡滿十七歲トナリタルモノハ總テ兵籍ニ入リ滿四十歲ニ至リ初メテ其籍ヲ脫スルモノナレハ假令平時ニ在テ徵集ヲ猶豫セラルヘキ者ト雖モ戰時若クハ時變ニ際シ徵集セラル可キ義務アルモノナレハ其徵兵ヲ規避シタルト或ハ其徵集ヲ猶豫セラルヽトニ論ナク兵籍ニ登記セラル可キモノナリ故ニ其屆出ヲ怠リタルモノハ同第四十三條ノ制裁ヲ受ク可キ勿論ナレハナリ要スルニ被告カ上告論旨ハ採證ノ當否事實ノ判定ヲ非難スルニ止マリ一モ治罪法第四百十條ノ各項ニ該當スル上告ノ原由ナキモノト判定シ同法第四百二十七條ノ規定ニ則トリ之ヲ棄却スル者

ナリ

明治十九年十一月十一日

一二二八　明治十九年乙第六百三十四號

○

北海道平民　工藤仙藏

凡ソ軍人トハ將官以下諸卒マテヲ總稱スルコハ陸軍刑法第三條ニ規定シアルモ諸卒ノ如キハ徵兵合格者ニシテ隊號等ヲ附與シタルモノト雖𪜈其入營セサル前ニ在テ規避逃亡シタル者ノ如キハ未タ軍人ト稱ス可キモノニ非サレハ随テ軍律ノ支配ニ屬ス可キモノニ非サルナリ今ヤ原判文ヲ閲スルニ被告仙藏ハ徵兵撿查濟ノ上明治十九年六月廿一日函館砲臺ヘ入營スヘキ處之ヲ免カルヽ爲メ同年三月中失踪シ云々トアリテ其入營前ナルト徵兵規避シタルトノ事實ヲ認メアルコ瞭然タレハ常律ニ於テ制裁ス可キ勿論ナリトス因テ原裁判所カ徵兵令第四十四條ヲ當行處斷シタルハ相當ニシテ不法ノ裁判ニ非サレハ原撿察官ノ上告論旨ハ相立サルモノトス

明治十九年十二月廿七日

○

一二二九　明治廿年乙第八百九號

宮崎縣平民　中村源藏

新舊徵兵令ヲ撿スルニ徵兵猶豫又ハ免役ニ屬スル者ノ身分ニ異動ヲ生シタル𪜈ハ戸籍簿上ノ改正如何ニ關セス實際ニ付キ其異動ヲ期限内届出サル可カラサルハ勿論ナルヲ以テ本件異動ノ如キハ舊徵兵事務條例第百八十條ニ依リ届出ヲ爲サヽルヲ得ス故ニ原判文戸籍ヲ改正セサル上ハ假令異動ヲ生スルモ之レカ届出ヲ爲サヽル迚罰スルノ正條ナシト云フカ如キ理由ヲ付シテ免訴ヲ爲シタルハ穩當ナラサルモ現行徵兵事務條例第百五十九條ハ本年即チ明治廿年閣令第三號ヲ以テ改正アリシヨリ今ヤ舊徵兵事務條例第百八十條ニ背キ異動届ヲ怠リタルノ所爲ハ罰ス可キノ正條ナキニ至レリ復タ明治十七年九月十六日以後ニ於テ斯カル異動ヲ生シタル者ナリセハ同年陸軍省第二

號告示ノ如ク其屆出及ヒ之ヲ怠リタルノ制裁ハ隨テ生スヘキモ本件ノ異動タルヤ原判官ノ認ル處ニ據レハ明治十七年四月ニ生シタルモノナルヲ以テ右告示ニモ適應セス故ニ本件被告カ所爲ハ法律上罰ス可キ正條ナキニ依リ刑法第二條ノ原則ニ基キ無罪タルヘキモノナレハ原裁判ハ結局破毀スヘキノ必要ナキヲ以テ該上告ハ治罪法第四百廿七條ニ則リ棄却スルモノ也

明治廿年十一月七日

○

二三〇 明治二十年乙第六百二十四號

兵庫縣平民　後藤鐵造

明治二十年五月廿六日神戸輕罪裁判所姫路支廳ニ於テ被告ハ明治十五年徵兵適齡ノ所其際父五郎平ノ實嗣子タルヲ以テ舊徵兵令第廿八條ニ依リ免役相成居其後明治二十年一月十日父隱居ニ付跡相續トシテ戸主トナリシ故現行徵兵事務條例第百五十三條及徵兵令第三十六條ニ依リ本年四月一日ヨリ同月十五日迄ニ其異動屆ヲナスヘキ者ナルヲ之ヲ怠リテナサヽリシ旨官ニ自首セリト云フニ在リ然レ氏玆ニ現行徵兵令第三十六條ヲ按スルニ曰ク第十七條ニ當ル者其資格ヲ失ヒ第十八條第十九條第廿一條ニ該ル者其事故止ミ及ヒ第三十二條但書ニ當ル異動ヲ生シタルトキハ其事由ヲ詳記シテ之ヲ屆出ツヘシトノミ之アリ而シテ被告ハ明治廿年一月十日父隱居シテ其跡相續ヲ爲シタル者ナレハ其事實タル決シテ該十七條等ニ於ケル資格ヲ失ヒタルニモアラス亦其第三十二條但書ニ當ル異動ヲ生シタルニモアラスシテ寧ロ新ニ其資格ヲ得タル者然ハ則被告ノ所爲ハ法律上別ニ違犯ノ廉ナキ者ト謂ハサルヲ得ス依テ被告人ヘ無罪ノ言渡ヲ爲ス者也ト言渡タル裁判ニ對シ原裁判所撿事補大井田義路ハ上告ヲ爲セリ其趣意ハ後藤鐵藏ハ明治十五年徵兵適齡ノ處其際實父五郎平ノ嗣子ナルヲ以テ舊徵兵令第二十八條ニ依リ免役トナリ其後明治二十年一月十日父五郎平隱居跡家督ヲ相續シ戸主トナリタルニ付現行徵兵事務條例第百五十三條ニ依リ其資格ヲ失シタルカ故ニ現行徵兵令第三十六條ニ依リ四月一日ヨリ同月十五日マテニ其旨本籍ノ戸長ヘ可屆出ヲ怠リタル後事發覺前本年五月廿一日自首セシモノナリ然ルニ當支廳ハ右事實ヲ見認メナカラ鐵藏ハ第十七條

ノ資格ヲ失ヒタルニ非ス云々ノ理由ヲ以テ無罪ノ言渡シヲナシタルモ鐵藏カ免役タルノ資格ヲ失セシヿハ明治十七年十一月四日陸軍省第二號告示ニ依ルモ明瞭ナレハ前後理由ノ齟齬セシ不當ノ判決ト云ハサルヲ得スト云フニアリ

被告人後藤鐵藏ハ答辨書ヲ差出サス

大審院ニ於テ治罪法第四百二十五條ノ定式ヲ履行シ法律ヲ按スルニ徴兵事務條例第百五十三條ニ明治十四年一月ヨリ明治十六年十二月迄ニ滿二十歳トナリタル者ニシテ舊徴兵令第二十八條ニ當リ國民軍ノ外免役ニ屬スル者新徴兵令ニ照シ常備年期ノ第七年檢查時限内ニ在テ名稱ヲ罷メタルトキハ更ニ徴集ニ應セシメ云々トアリ又明治十七年陸軍省達甲第四十九號ニ明治十四年一月ヨリ同十六年十二月迄ニ滿二十歳トナリタルモノニテ適齡ノ當時舊徴兵令第二十八條第三項第四項若クハ第二十九條第一項ニ據リ嗣子承祖ノ孫及ヒ相續人ノ名稱ヲ有シ免役ニ屬シ新徴兵令發布後常備年期間ニ在テ戸主隱居シ其跡ヲ繼キ戸主トナリ前戸主年齡六十歳未滿ナルトキハ徴兵事務條例第百五十三條第百五十四條前段ニ據リ徴集スヘキ儀ニ候云々ノ明文アリ然レハ明治十五年徴兵適齡ノ者ニシテ實嗣子タルノ故ヲ以舊徴兵令第二十八條ニ依リ免役ニ相成居タル者ニ於テ更ニ戸主トナリタル事實ナルニ在テハ前戸主ノ年齡六十歳ニ滿チタルヤ又ハ六十歳以上ノ者ト等シク論スヘキ癈疾不具等ノ事故アルニ因ルヤ等其事實ヲ審究明示スルニアラサレハ原裁判ノ如ク無罪タル可キ者ナルヤ之ヲ知ルニ由ナシ要スルニ原裁判ハ治罪法第三百四條ノ規定ニ違ヒ事實ノ理由ヲ明示セサルモノトス

右ノ理由ナルヲ以テ上告ノ旨趣ハ治罪法第四百十條第九項ニ當ル原由アルモノトシ治罪法第四百廿八條ニ照シ原裁判ノ全部ヲ破毀シ本件ヲ岡山輕罪裁判所ニ移シ更ニ審判セシムル者也

明治二十年六月三十日

(三三二)地租條例 明治十七年三月第七號布告

地租條例別冊ノ通制定シ明治六年七月第二百七十二號布告地租改正條例及ヒ地租改正ニ關ス

ホ三三ノ二、三、四、一一、一二、一三、三條參看

附二三三、二三四ホ三三ノ六、七、一〇、一四、一五、一六、一七、一八、一九、二〇、二一、二二、二三、二四條參看

ホ三三ノ一、四、一一、一三條參看

ホ三三ノ六條參看

ル條規其他本條例ニ抵觸スルモノハ廢止ス

但東京府管轄伊豆七島小笠原島函館縣沖繩縣札幌縣根室縣ハ當分從前ノ通タルヘシ

（別冊）

地租條例

第一條　地租ハ地價百分ノ二箇半ヲ以テ一年ノ定率トス

但本條例ニ地價ト稱スルハ地券ニ掲ケタル價額ヲ云フ

第二條　地租ハ年ノ豐凶ニ依リテ增減セス

第三條　有租地ヲ區別シテ二類ト爲ス

第一類　田、畑、郡村宅地、市街宅地、鹽田、鑛泉地

第二類　池沼、山林、原野、雜種地

第一類中又ハ第二類中ノ各地目變換スルモノヲ地目變換ト云フ

第二類地ニ勞費ヲ加ヘ第一類地ト爲スモノヲ開墾ト云フ

第一類地又ハ第二類地ノ山崩、川欠、押堀、石砂入、川成、海成、湖水成等ノ如キ天災ニ罹リ地形ヲ變シタルモノヲ荒地ト云フ

第四條　公立學校地、郷村社地、墳墓地、用惡水路、溜池、隄塘、井溝、及公衆ノ用ニ供スル道路ハ地租ヲ免ス

第五條　土地ノ丈量ハ曲尺ヲ用ヒ六尺ヲ間ト爲シ方壹間ヲ以テ歩ト爲シ三拾歩ヲ畝ト爲シ拾畝ヲ段ト爲シ拾段ヲ町ト爲ス但市街宅地ハ方壹間ヲ以テ坪ト爲シ坪ノ拾分一ヲ合ト爲

㋭三三ノ五條參看

㋭三三ノ一、一四、一五、一九條參看

㋭三三ノ一條參看

㋭三三ノ一、七、八條參看

[illegible]二三四、㋭三三ノ二七條參看

㋭三三ノ四、二六條參看

[illegible]二三七、㋭三三ノ一條參看

[illegible]二三三、㋭三三ノ四條參看

㋭三三ノ三、七條參看

[illegible]二三二、㋭三三ノ三、七條參看

[illegible]二三一、二三四、㋭三三ノ三、

シ合ノ拾分一ヲ勺ト爲ス

第六條　開墾鍬下年期明荒地免租年期明ニテ地價ヲ定ムルトキ又ハ地目變換スルトキハ地盤ヲ丈量ス

第七條　地價ハ地目變換又ハ開墾ニ非サレハ修正セス

第八條　一般ニ地價ノ改正ヲ要スルトキハ前以テ其旨ヲ布告スヘシ

第九條　地價ハ其地ノ品位等級ヲ詮定シ其所得ヲ審査シ尙ホ其土地ノ情況ニ應シ之ヲ定ム

第十條　地目ヲ變換スルトキハ之ヲ地方廳ニ屆出ヘシ地價ハ其地ノ現況ニ依リ之ヲ修正ス

第十一條　免租地ヲ有租地ト爲サントスルトキハ地方廳ノ許可ヲ受クヘシ地價ハ其地ノ現況ニ依リ之ヲ定ム

第十二條　地租ハ地劵記名者ヨリ徴收ス但質入ノ土地ハ其質取主ニ於テ之ヲ納ムヘシ

第十三條　有租地ヲ公立學校地、鄕村社地、墳墓地、ト爲ストキ其地租ハ許可ヲ得シ月分ヨリ月割ヲ以テ之ヲ免シ用惡水路、溜池、隄塘、井溝、公衆ノ用ニ供スル道路ト爲ストキ其地租ハ其地工事着手ノ月分ヨリ月割ヲ以テ之ヲ免ス免租地ヲ有租地ト爲ストキ其地租ハ許可ヲ得シ翌月分ヨリ月割ヲ以テ徴收ス

第十四條　地目變換ハ其地價修正ノ年ヨリ修正地價ニ依リ地租ヲ徴收ス

第十五條　開墾地ハ鍬下年期明荒地ハ免租年期明ノ翌年分ヨリ更定地價ニ依リ地租ヲ徴收ス

第十六條　開墾ヲ爲サントスルトキハ地方廳ノ許可ヲ受ク可シ開墾地ハ十五年以内ノ鍬下年

二六條參看
（ホ）三三ノ二七條參看
（ホ）三三ノ七條參看
（ホ）三三ノ三、二三ノ二四條參看
（西）二三三、（ホ）三三ノ二二、二三條參看
（西）二三三、二三五（ホ）三三ノ二一、二三參看
（西）二三六參看
（西）二三六（ホ）三三ノ三、二〇條參看
（ホ）三三ノ二、三、一二、一四、一五、

期ヲ許可ス但年期中ハ原地價ニ依リ地租ヲ徵收ス

第十七條　鍬下年期中當初ノ目的ヲ改メ他ノ地目ニ變スルﾄｷﾊ之ヲ地方廳ニ屆出ヘシ此場合ニ於テハ直ニ其地價ヲ定メ又ハ更ニ鍬下年期ヲ許可スルコトアルヘシ

第十八條　鍬下年期明ニ至リ開墾ノ成功ニ至ラサルモノハ更ニ十五年以內鍬下繼年期ヲ許可ス

第十九條　鍬下年期明ノﾄｷﾊ其地價ヲ修正ス若シ其開墾當初ノ目的ニ達セス他ノ地目ニ變スルモノハ其地ノ現況ニ依リ地價ヲ修正ス

第二十條　荒地ハ其被害ノ年ヨリ十年以內免租年期ヲ定メ年期明ニ至リ原地價ニ復ス

第二十一條　免租年期明ニ至リ其地ノ現況原地價ニ復シ難キモノハ十年以內七割以下ノ低價年期ヲ定メ年期明ニ至リ原地價ニ復ス

第二十二條　低價年期明ニ至リ尙ホ原地價ニ復シ難キモノ及ヒ免租年期明ニ至リ原地目ニ復セス他ノ地目ニ變スルモノハ其地ノ現況ニ依リ地價ヲ定ム

第二十三條　免租年期明ニ至リ尙ホ荒地ノ形狀ヲ存スルモノハ更ニ十年以內免租繼年期ヲ定ム其年期明ニ至リ原地價ニ復シ難キモノハ第二十一條第二十二條ニ依テ處分ス

第二十四條　川成、海成、湖水成ニシテ免租年期明ニ至リ原形ニ復シ難キモノハ更ニ二十年以內免租繼年期ヲ許可ス其年期明ニ至リ尙原地目ニ復セス他ノ地目ニ變セサルモノハ川、海、湖ニ歸スルモノトシ其地劵ヲ還納セシム

第二十五條　土地ヲ欺隱シ地租ヲ逋脫スルモノハ四圓以上四拾圓以下ノ罰金ニ處シ現地目

一六、二八、二九條參看

[illegible]二三一、㊅三三ノ二九條參看

㊅三三ノ二九條參看

㊅三三ノ二九條參看

ニ依リ地價ヲ定メ欺隱年間ノ地租ヲ追徵ス但地租改正ノ初年以前ニ溯ルヿヲ得ス

第二十六條　第十一條第十六條ニ違犯スル者ハ三圓以上三拾圓以下ノ罰金ニ處ス其免租地ヲ有租地ト爲シ又ハ開墾ヲ爲スヿヲ許可スヘキモノハ現地目ニ依リ地價ヲ定メ其地租增額ヲ追徵ス但地租改正ノ初年以前ニ溯ルヿヲ得ス

第二十七條　第十條第十七條ニ違犯スル者ハ一圓以上一圓九拾五錢以下ノ科料ニ處ス

第二十八條　第二十五條以下ノ處犯借地人小作人ノ所爲ニ係リ所有主其情ヲ知ラサルトキハ其借地人小作人ヲ罰シ地租ハ所有主ヨリ追徵ス

第二十九條　第二十五條第二十六條第二十七條第二十八條ノ刑ニ當ル者自首スルトキハ其罰金科料ヲ免ス但其追徵スヘキ地租ハ仍ホ之ヲ納メシム

參照

〇伺指令

二三二一　滋賀縣伺　明治十六年三月十六日

民有地ヲ開墾セントスルトキハ明治七年第百二十號布告ニ據リ出願許可ヲ請フヘキ筈ノ處往々無願ニテ着手スルモノ有之夫レヲ問フヘキ法律アラサルカ爲メ取締難相立ヲ以テ右等ノモノハ本縣限リ左ノ通取扱度候

一無願ニテ開墾着手セシモノハ其地ノ熟否ニ不拘直ニ其開墾地目田畑ニ改メ近傍同地目比準ノ地價ニ修正シ一切鍬下年期ヲ與ヘサルモノトス

一無願ニテ開墾シ後發覺シタルモノハ其開墾着手セシ年ニ溯リ修正地價ニ據リ地租徵收スルモノトス

右之通相定メ管下ヘ布達致度御差支無之候ハヽ御允可被下度此段相伺候也

內務大藏兩省指令　明治十七年一月廿三日

伺之趣無願開墾スルモノハ九年第六十七號公布第一條ニ據リ十四年第七十二號公布第四條ヲ以テ處分スヘキ儀ニ付別段取締向管內布達ニ不及儀ト可心得事

但處分濟ノ上第一項二項共現地目ニ據リ着手之年ニ遡リ相當之地價ヲ查定シ徵稅スル儀ト心得ヘシ

〇

二二二一 新潟縣伺 明治十七年三月廿七日

地租條例第十五條ニ開墾地ハ鍬下年季明荒地ハ免租年季明ノ翌年分ヨリ更定地價ニ因リ地租徵收ストアリ假令ハ十二年ヨリ十六年マテ五ケ年季ノ鍬下地又ハ荒地即チ十七年季明實地撿分スルニ開墾濟又ハ原地目ニ起返シ得ヘキモノニシテ相當ノ收利アルモ季明翌年即チ十八年ヨリ徵收スル旨趣ナルヤ又ハ其年季末年ヲ指シタルモノニシテ十七年ヨリ徵收スル儀ナルヤ

大藏省指令 明治十七年四月九日

伺之趣年季滿限ノ翌年ヨリ徵收スヘキ儀ト可相心得事

〇

二二二三 埼玉縣伺 明治十七年三月廿九日

第一條　本年第七號布告地租條例第三條中第二類地（池沼山林原野雜種地）ニ勞費ヲ加ヘ第一類地（田畑郡村宅地市街宅地鹽田鑛泉地）トナスモノヲ開墾ト謂フトアリ然ルトキハ山林原野ヲ宅地トナシ鍬下年期ヲ要セサルモノハ地目變換ト同視シテ取扱然ルヘキヤ

第二條　同上第十三條ニ有租地ヲ公立學校地郷村社地墳墓地トナストキ其地租ハ許可ヲ得シ月分ヨリ月割ヲ以テ之ヲ免ストアリ右ハ民有地ノ變換ヲ指シタルモノニテ民有地ヲ官ヘ買上ケ又ハ官有地ヲ拂下ケタル收稅除稅區分ノ儀ハ十年第十八號布告第一條（民有地ヲ買上ル時其年分ノ稅ハ買上タル前月分迄月割ヲ以テ收入スヘシ）第二條（官有地ヲ拂下ル時其年分ノ稅ハ拂下タル翌月分ヨリ月割ヲ以テ收入スヘシ）ニ準據取扱然ルヘキヤ

第三條　同第二十一條ニ免租年期明ニ至リ其地ノ現况原地價ニ復シ難キモノハ十年以内七割以下ノ低稅年期ヲ定メ云々トアリ例ヘハ原收穫壹石ノモノ七斗ノ收穫ニ起返ルトキハ之ヲ七割低價トシ壹斗ニ起返ルトキハ一割ト稱スヘキヤ

第四條　同第二十二條ニ低價年期明ニ至リ尚原地價ニ復シ難キモノ及免租年期明ニ至リ原地目ニ復セス他ノ地目ニ變スルモノハ其地ノ現况ニ依リ地價ヲ定ムトアリ然ルニ免租年期中持主ノ便宜ニ因リ宅地トナスモノハ十年地租改正事務局御省連署乙第六號達第四條（荒地免稅年季中宅地トナスモノハ宅地トナリタル翌年ヨリ該宅地相當ノ地價ヲ定メ課稅スヘシ但池成沼成等ノ荒地ヲ埋堆シ宅地トナスカ如キ非常ノ勞費アルモノハ伺ヲ經テ其年季中免稅ニ据置クモノトス）ニ照準取扱然ルヘキヤ

大藏省指令　明治十七年五月五日

第一條　鍬下年期ヲ要セサル者ト雖モ開墾トス地租ハ其翌年分ヨリ更定地價ニ據リ徵收スヘシ

第二條　申出之通

第三條　七割以下ノ低價年期ヲ定ムトハ原地價ヨリ七割以内ヲ減シタル低價年期ヲ定ムヘキモノトス

第四條　免租年期中持主ノ便宜ニ因リ宅地トナス者ト雖モ條例第二十二條ニ據リ處分スヘシ

但十年地租改正事務局連署當省乙第六號達ハ消滅ス

○

一二三四　岐阜縣伺　明治十七年三月廿四日

本年三月第七號布告地租條例第三條第一類地（田畑郡村宅地市街宅地鹽田鑛泉地）ヲ第二類地（池沼山林原野雜種地）ニ第二類地ヲ第一類地ニ爲スモ鍬下年季ヲ請ハサルモノハ同第十條ニ準シ爲届出可然哉

大藏省指令　明治十七年五月十三日

第一類地ヲ第二類地ト爲スハ相成ラス第二類地ヲ開墾セントスルモノハ渾テ地租條例第十六條前段（開墾ヲ爲

サントスルモノハ地方廳ノ許可ヲ受ク（ヘシ）ニ據ルヘシ鍬下年季ヲ要セサルモノハ開墾ノ翌年ヨリ地價修正スヘシ

○

一二二五 三重縣伺 明治十七年六月十二日

荒地年季中宅地トナリタルモノハ翌年ヨリ收税ノ儀ト心得可然哉

大藏省指令 明治十七年六月十九日

地租條例第二十二條ニ據リ年期中ハ地價修正ニ及ハス

○

一二二六 神奈川縣伺 明治十八年四月廿三日

民有第二種ノ地荒地トナリタルトキ處分方ニ付テハ別ニ例規モ無之ニ付左ノ通相心得可然哉

一民有第二種ノ地荒地トナリタルトキハ拾ケ年以内相當年期ヲ附與シ原地目ニ復サシムルモノトシ年期明ニ至リ原地目ニ復セサルトキハ繼年期ヲ附與シ再應ノ繼年期ニ制限ナキモノト心得ヘキヤ

但原地目ニ復サヽルモ有租地地目ニ變スルトキハ有租地成トナスハ勿論ナルヤ

一右荒地券記載方ノ儀ハ有租地ノ例ニ倣フヘキ哉

一海成川成湖水成ノ如キハ再應繼年季ノ末到底原地ニ復シ難キモノト視認スルトキハ海川湖ニ歸シタルモノトシ地券還納セシムヘキ哉

一荒地臺帳ハ有租地ノ例ニ倣ヒ適宜調製シ可然哉

一御省十七年第五十六號御達地租表其他樣式中免租地段別表記載方ハ段別ノ目ヘ横線ヲ引キ内荒地段別ノ一區ヲ設ケ記入シ可然哉

大藏省指令 明治十八年八月廿六日

伺之趣左ノ通可相心得事
第一項　民有第二種ノ地ハ荒地トナルモ年期ヲ附與スルニ及ハス
第二項　伺之通
第三項　海成川成湖水成以後三十年經過シ尚ホ原地目ニ復セス他ノ地目ニ變セサルモノハ川海湖ニ歸スルモノトシ其地券ヲ還納セシムヘシ
第四項　十七年當省第八十九號達免租地臺帳中增減欄内ヘ朱字ヲ以テ其員數等ヲ掲記シ而シテ差引現在額欄内反別之内ニモ記載シ置クヘシ
第五項　十七年當省第五十六號達免租地反別表中反別之内書ニモ記載スヘシ

○

二三七　福島縣伺　明治十八年十月二日

地租ハ該條例第十二條ニ據リ地券記名者ヨリ徵收スヘキニ賣買讓與ノ爲メ地券書換裏書出願シ證印税ハ直ニ上納スルモ券狀下與以前ハ賣渡讓渡人ヨリ地租徵收スヘキハ勿論ト存セラレ候ヘ共爲念此段相伺候也

大藏省指令　明治十八年十月廿七日

伺之趣ハ地券書換出願ノ際證印税ヲ徵シ其日附ヲ以券狀下付スヘキ儀ニ候條券狀記名者即チ買受讓受者ニ對シ徵收スル儀ト可相心得事

◎ヲノ部

（三四）大藏省證券條例　明治十七年九月第二十四號布告

大藏省證券條例別紙ノ通制定ス

（別紙）

㋭三四ノ二、三、五、一二條參看
㋭三四ノ三、五、八條參看
㋭三四ノ六、七條參看
㋭三四ノ五、七、九、一〇條參看
㋭三四ノ五、六、八條參看
㋭三四ノ六、一〇條參看
㋭三四ノ一一條參看

大藏省證劵條例

第一條　大藏省證劵ハ出納上一時便用ノ爲メ大藏省ヨリ發行スルモノトス

第二條　大藏省證劵ハ無記名利付定期拂ニシテ其發行シタル年度ノ歳入ヲ以テ仕拂ヲ爲スモノトス

第三條　大藏省證劵ノ發行金額及利子金額ハ大藏卿之ヲ豫定シ太政官ノ裁可ヲ受クヘシ

第四條　大藏省證劵ハ百圓五百圓千圓五千圓壹萬圓ノ五種ニ別チ其仕拂期限ハ三ケ月六ケ月九ケ月トス但其仕拂期日ハ各證劵面ニ記載スヘシ

第五條　大藏省證劵ハ何人ニテモ授受賣買スルヲ得

第六條　大藏省證劵ノ仕拂及ヒ引換ニ關スル事務ハ日本銀行ニ於テ取扱ハシムヘシ

第七條　大藏省證劵ノ所持人ハ其仕拂ノ期日ニ至リ日本銀行本支店又ハ代理店ニ於テ其仕拂ヲ請求スヘシ但其仕拂ハ通貨ヲ以テスルモノトス

第八條　大藏省證劵ハ其仕拂ノ期日ヨリ起算シ滿六ケ月間ハ之ヲ仕拂フヘシ滿六ケ月ヲ過ルトキハ一切仕拂ヲ爲サヽルモノトス但仕拂期日後ハ利子ヲ付セサルモノトス

第九條　大藏省證劵汚染又ハ毀損セシトキハ日本銀行本支店又ハ代理店ニ差出シ證劵ノ引換ヲ請フヘシ但其劵面金額記號番號及ヒ主要ノ印部ヲ撿査シ其眞正タルヲ證認シ得ヘキ者ニアラサレハ引換サルヘシ

第十條　大藏省證劵ノ所持人其證劵ヲ亡失セシトキハ其事由並ニ劵面ノ金額仕拂期日記號番號及ヒ所有セシトキノ手續ヲ詳記シ日本銀行本支店又ハ代理店ヲ經テ大藏省ニ届出ヘ

㋭三四ノ一條參看

㋭三五ノ二、三、五、六、九條、七七ノ二、三條改二三八ノ一、三條參看

㋭三五ノ一、三、四條參看

改二三八ノ一條㋭三五ノ二、四、五、六、八、一〇條參看

改二三八ノ一條㋭三五ノ二、五、七、一〇條參看

㋭三五ノ八條改二三八ノ四條參

シ大蔵卿ハ其證劵ノ授受賣買引換及ヒ仕拂ヲ差止ムヘキ旨ヲ告示スルモノトス但發見シタルトキハ同様ノ手續ヲ以テ屆出ヘシ

第十一條　亡失セシ證劵ハ之ヲ發見セサルモ日本銀行本支店又ハ代理店ニ於テ滿足スル保證八二八以上ノ證明アルニ於テハ其元利金額ヲ仕拂フヘシ

第十二條　大藏省證劵ヲ僞造若クハ變造シテ行使シタルモノハ刑法第二百四條第二項ニ依テ處斷ス

○

(三三五)沖繩縣酒類出港税則　明治二十一年三月勅令第十二號

朕沖繩縣酒類出港税則ヲ裁可シ茲ニ之ヲ公布セシム

沖繩縣酒類出港税則

第一條　沖繩縣ヨリ酒類ヲ他府縣ヘ輸出スルトキハ出港税トシテ酒類壹石ニ付金三圓ヲ賦課ス

第二條　出港税ヲ徴收スルタメ那覇港ニ船改所ヲ設置ス

第三條　荷主ハ酒類ヲ他府縣ヘ輸出スルトキ出港税ヲ船改所ニ納メ船積免狀並領收證ヲ受ケ船積スヘシ

第四條　船長ハ船積免狀ニ照シ酒類ヲ船積シ出港前ニ於テ其積石數ヲ船改所ニ屆出ヘシ
那覇港外ノ地方ヨリ直ニ出航スルトキハ其地方役所ニ屆出ヘシ

第五條　沖繩縣下ヨリ出港スル船舶ハ主任官吏ニ於テ撿査スルコトアルヘシ

看

〔施〕二三八、㋭三五ノ一、三、九、一〇條參看

㋭三五ノ九、一〇條參看

㋭三五ノ五條參看

但其官吏ハ主任官タルノ證票ヲ携帶スヘシ

第六條　出港稅ヲ納メス酒類ヲ他府縣ヘ輸出セントシテ船積シ又ハ輸出シタル者ハ出港稅金三倍ノ罰金ニ處シ仍ホ其酒類ヲ沒收ス既ニ賣拂キタル者ハ其代價ヲ追徵ス

第七條　第四條ノ屆出ヲ爲サヽル者ハ五圓以上五十圓以下ノ罰金ニ處ス

第八條　主任官吏ノ檢查ヲ拒ム者ハ二圓以上二十圓以下ノ罰金ニ處ス

第九條　此稅則ニ違犯シタル者ニハ刑法ノ減輕再犯加重數罪俱發ノ例ヲ用ヒス

第十條　前條々ノ場合ニ於テ家族雇人及囑託ヲ受ケタル者又ハ乘組人ノ所犯ニ係ルモノト雖モ總テ其荷主又ハ船長ヲ處罰ス

第十一條　此稅則ハ明治二十一年十月一日ヨリ施行ス

●參照

○關係法令

〔施〕二三八ノ二、三、四條參看

一二三八　大藏省令第七號　明治二十一年七月七日

本年三月勅令第十二號沖繩縣酒類出港稅則施行細則左ノ通相定ム

沖繩縣酒類出港稅則施行細則

第一條　酒類ヲ他府縣ヘ輸出スル者ハ少ナクトモ出港二十四時以前ニ左ノ項目ヲ記載シタル書面ニ稅金相添ヘ那覇船改所ヘ申出其酒類ノ檢查ヲ請ヒ船積免狀及稅金領收證ヲ受クヘシ

一酒類ノ種目及石數
一出港稅額
一容器ノ種類及箇數
一荷主ノ族籍住所姓名
一船名及船長姓名
一出港地名

（法二三八ノ一、三、四條參看）
第二條　船改所ハ酒類ヲ撿查スルニ當リ前條ノ書面ニ照シ石數不相當ト認ムルトキハ毎容器ヲ開キ實量スルコトアルヘシ

第三條　第一條ノ塲合ニ於テ稅金ヲ算出スルニハ酒類ハ各容器ノ桝量ヲ合計シ合位ニ金員ハ厘位ニ止メ以下切捨ルモノトス

（法二三八ノ五條參看）
第四條　主任官船舶ノ撿查ヲ爲シ犯罪ヲ發見シ若クハ犯罪アリト認知シタルトキハ其酒類又ハ犯罪者ト認メタル者ノ出港ヲ差止ムルコトアルヘシ

（法二三八ノ四條參看）
第五條　出港差止中其酒類ヲ出港シ若クハ出港シタル者ハ貳圓以上貳拾圓以下ノ罰金ニ處ス

◎カノ部

（三二六）株式取引所條例　明治十一年五月第八號布告

明治七年十月第百七號布告株式取引條例相廢シ更ニ別冊ノ通相定候條此旨布告候事

（別冊）

株式取引所條例

第一章　株式取引所創立及開業ノヿ

ホ二九ノ一、二條三六ノ二、三、四、六、七、八、二九、三〇、三一、三二、三四條參看

第一條　株式取引所ハ株式仲買人ノ集會シテ日本政府ノ諸公債證書及日本政府ノ條例ヲ遵奉シテ發行シタル銀行幷諸會社ノ株劵等ヲ賣買取引スル所ナリ而シテ之ヲ創立セントスルモノハ其創立願書ヘ其地方長官ノ奥書ヲ受ケ之ヲ農商務省ヘ差出シ農商務卿ノ允許ヲ請フヘシ（十四年第四十三號布告ヲ以テ本條例中大藏省トアルハ農商務省ニ大藏卿トアルハ農商務卿ト改ム以下倣之）

ホ二九ノ三條三六ノ七條參看

第二條　此條例ヲ遵奉シテ株式取引所ヲ創立スルニハ其發起人少クトモ拾名以上ニシテ其資本金額ハ十萬圓以上タルヘシ而シテ其資本金總高ノ半數以上ニ當ル金額ヲ右發起人總員ニテ出スヘシ（十三年第五十七號布告ヲ以テ資本金二十萬圓ヲ十萬圓ト改ム）

ホ二九ノ一條三六ノ四、五、六、七、八條參看

第三條　農商務卿ハ此創立願書ヲ受領シテ其許可スヘキヤ否ヲ考案シ或ハ之ヲ許可シ或ハ之ヲ許可セサルヿアルヘシ

ホ三六ノ一、二、三、五、六、一九、二三、三六、四一、四二、五〇條參看

第四條　發起人右創立許可ヲ受クルニ於テハ諸般ノ規程ヲ議定シテ創立證書及定欵申合規則各二通ヲ製シ株主一同記名調印ノ上地方長官ノ奥書證印ヲ受ケ之ヲ農商務省ヘ差出スヘシ

但創立證書及定欵等ハ創立許可ヲ得タル日ヨリ遲クトモ三ケ月間ニ差出スヘシ若シ右期限内ニ差出サヽルトキハ其許可ハ無効ニ屬スヘシ

ホ三六ノ四、六條參看

第五條　右創立證書及定欵申合規則ハ左ノ主旨ニ從ヒ各取引所ノ便宜ニ依テ之ヲ制定スヘ

シ然レトモ必ス此條例ノ旨趣ニ抵觸スルヲ得サルヘシ

創立證書ハ取引所ヲ創立スルニ付株主一同決定シタル綱領ノ條件及ヒ其責任ノ有限或ハ無限有限責任トハ負債償却ノ義務ニ於テ該取引所ノ株券限リ或ハ其株券ノ二倍等其限アルヲ云ヒ無限責任トハ株主一同相連帶シテ各自ノ資力ヲ竭スニ至ルヲ云フヲ明記シ必ス之ヲ遵守踐行スヘキ旨ヲ政府ニ對シ保證スルモノナリ

定款ハ取引所ヲ創立スルニ付株主一同其取引所ノ便宜ヲ商量決定シテ互相確守スヘキ約束條欵ヲ記載スルモノナリ

申合規則ハ賣買取引ニ付賣買主雙方ノ間ニ於テ取引所ニ對シ確守スヘキ規定ヲ記載スルモノナリ

(ホ)二九ノ一條、三六ノ四、五、九條參看

第六條　農商務卿ハ右創立證書及定欵申合規則ヲ撿按シテ不都合ナシト思考スルニ於テハ之ニ奧書證印ヲ加ヘ免狀ト共ニ之ヲ其取引所ニ下付シテ開業ヲ許スヘシ

但爾后取引所ノ都合ニヨリ其創立證書及ヒ定欵申合規則ヲ改正加除セントスルトキハ其時々農商務卿ノ認許ヲ受クヘシ

(ホ)三六ノ二、三一條參看

第七條　取引所ハ開業前ニ於テ其營業保證ノ爲メ資本金高ノ三分二以上ニ當ル現金又ハ公債證書(農商務省ヨリ指定スル價格ヲ以テ)ヲ農商務省ニ差出シ預置クヘシ

但シ開業免狀ヲ得タル後滿五ケ月ニ至リ猶本文ノ手續ヲナサス又ハ開業セサルコトアルトキハ其免狀ハ取消タルヘシ

(ホ)三六ノ一、三條參看

第八條　取引所ハ開業ノ日ヨリ滿五ケ年ノ間其營業ヲ保續スルヲ得ヘシ右滿期ニ至リ尚ホ營業セントスルトキハ更ニ允許ヲ受クヘシ

㊖三六ノ六條參看

㊖二九ノ一二條、三六ノ四、五、二四、四八、五〇。條參看

㊖三六ノ四〇條參看

㊖三六ノ八、一三條參看

㊖三六ノ四條參看

㊖三六ノ一五、一七條參看

㊖二九ノ一二、一四、二〇、二二、條、三六ノ一四、一六、一七、二四、二五、二七、二八、三二、四八、五〇。

第九條　取引所ニ於テ開業免狀ヲ受ケタル上ハ其免狀幷ニ創立證書ノ寫ヲ添ヘ何月何日ヨリ其商業ヲ創ムヘキ旨ヲ新聞紙又ハ其他ノ方法ヲ以テ世上ニ公告スヘシ

第二章　株主幷ニ株手形ノ事

第十條　各株主ヨリ入金シタル金額ハ分テ百圓以上一定ノ株式トナシ株手形ヲ製シ其株主タルモノヘ之ヲ交付スヘシ

第十一條　株主ハ其取引所ノ營業時間ハ何時ニテモ其金員及ヒ諸帳簿ヲ撿閲スルヿヲ得ヘシ

第十二條　株主ハ何等ノ事故アルトモ其取引所解散ノ期ニ至ラサル間ハ其株金ヲ取戻スヿヲ得ス

第十三條　株主ハ其取引所ノ承認ヲ得タル上其所持ノ株式ヲ賣渡シ又ハ讓渡シヲナスヿヲ得ヘシ

第十四條　株主タルモノハ其取引所ノ役員タラサル時間ハ何時ニテモ仲買人タルヲ得ヘシト雖モ仲買人トナリタル片ハ仲買人ノ規則ヲ遵守スヘシ而メ賣買上ニ於テハ之ヲ仲買人ト稱スヘシ

第三章　仲買人ノ事

第十五條　丁年ニシテ仲買人ニナラント欲スル者ハ次條ニ定ムル身元金ヲ差入レ取引所ノ承認ヲ得タル上仲買人トナラントスル願書ヲ農商務卿ニ捧ケ其認許ヲ受クヘシ（十三年第二十號布告ヲ以テ改正）

條、商七九、八〇參看

㋭二九ノ二三條參看

㋭二九ノ一四條參看

㋭二九ノ一六條、三六ノ一九、二〇、二一、二二、二七、二八、三五、四八條參看

㋭二九ノ一七條、三六ノ四、一〇、一八條參看

㋭二九ノ一七條、三六ノ一八條參看

㋭三六ノ一八條

仲買人ハ他人ノ委托ヲ受ケテ賣買取引ヲ爲スト自己ノタメニ爲ストヲ問ハス取引所ニ對シテハ其賣買取引上一切ノ責任ヲ負フヘシ(十三年第二十號布告ヲ以テ追加)

第十六條　株式仲買人ノ身元金ハ貳百圓以上金銀仲買人ノ身元金ハ千圓以上タルヘシ(十三年第二十號布告ヲ以テ改正)

第十七條　仲買人ハ丁年者ニ限ルヘシ且ツ一度身代限ノ處分ヲ受ケタル者ハ其負債ノ義務ヲ免レタル實證アルニ非サレハ入社ヲ許サヽルヘシ

第四章　役員ノヿ

第十八條　取引所ノ役員ト稱スルモノハ左ノ如シ

頭取

肝煎

其他支配人書記方計算方等ノ名義ヲ以テ役員ヲ定ムルハ取引所ノ便宜ニ任ス

第十九條　取引所ノ肝煎ハ五名以上トシ株主ノ總會ニ於テ取引所ノ定規ニ從ヒ現ニ三十株以上ヲ所持スル株主中ヨリ之ヲ撰擧シ肝煎ハ其同僚中ヨリ頭取一人ヲ推擧シ其住所姓名年齢等ヲ農商務卿ニ具申シテ其認許ヲ受クヘシ農商務卿ハ時トシテ其改撰ヲ命スルヿアルヘシ支配人以下ノ役員ハ頭取肝煎ノ衆議ニ依リ株主又ハ株主ニアラサル者ヲ撰任スルヿヲ得(十三年第二十號布告ヲ以テ本條ヲ改正追加ス)

第二十條　取引所役員ノ在職年限ハ一ケ年タルヘシ

第二十一條　頭取ハ取引所ノ事務ヲ總轄シ取引所一切ノ責ニ任スヘシ

參看
㋭三六ノ一八條參看
㋭二九ノ一八條、三六ノ四條參看
㋭二九ノ一二條、三六ノ一〇、一五、四三條參看
㋭二九ノ一二條、三六ノ一五條參看
㋭二九ノ一八條、三六ノ一五、一八條參看
㋭二九ノ二條、三六ノ一五、一八條參看
㋭三六ノ一、三條參看
㋭二九ノ二條、三六ノ一、三、四、三八條參看

第二十二條　頭取肝煎ハ其仲買人賣買上ノ差縺レヲ解キ違約者ヲ處分スルノ責任アリトス

第二十三條　取引所諸役員職務上ノ責任權限等ハ其取引所ニ於テ適當ノ規定ヲ設ケ之ヲ定欵中ニ記載スヘシ

第五章　一般ノ規程

第二十四條　外國人ヲ取引所ノ株主幷仲買人ト爲スコヲ得ス

第二十五條　取引所ニ於テ株式賣買取引ヲナス者ハ其取引所ノ承認ヲ經タル仲買人ニ限ルヘシ

第二十六條　（十四年第二十八號布告ヲ以テ削除）

第二十七條　取引所ノ役員タルモノハ其取引所ニ於テ賣買本人又ハ仲買人トナルヘカラス

第二十八條　取引所ノ役員及ヒ仲買人ハ他ノ株式取引ヲ爲ス會社ノ役員又ハ仲買人或ハ他ノ銀行幷ニ諸會社（官許ヲ經タル合本會社）ノ役員タルヲ得ス

第二十九條　取引所ハ其營業ノ爲メ緊要ナル地所家屋ヲ除クノ外地所家屋ヲ所持スルヲ許サス又之ヲ賣買スヘカラス

第三十條　政府ニ於テ賣買ヲ許シタル諸公債證書及ヒ政府ノ條例ヲ遵奉シテ發行シタル銀行並諸會社ノ株劵等ノ賣買ヲ除クノ外此取引所ニ於テ一切他ノ物件ヲ賣買シ他ノ事業ヲ營ムヘカラス

但本條ニ揭載セサル諸會社ノ株劵ト雖モ其營業確實ナリト認ムルモノハ農商務卿ニ於テ其賣買ヲ許可スルヲ得（十三年第五十七號布告ヲ以テ但書追加）

㊍二九ノ二條、三六ノ一參看

㊍三六ノ一五、三七條參看

㊍三六ノ四〇條參看

㊍三六ノ一、三〇條參看

㊍三六ノ一八條參看

㊍二九ノ二七條、三六ノ四、三七、三九、四三條參看

㊍三六ノ三二、三六條參看

第三十一條　取引所ハ第一章第七條ニ揭ケタル營業保證ノ爲メ農商務省ヘ預クヘキ公債證書ヲ除クノ外自ラ諸公債證書諸株劵等ヲ賣買シ又ハ之ヲ所持スヘカラス

第三十二條　取引所ハ諸證據金ヲ使用スヘカラス又貸附金ヲナスヘカラス

第三十三條　取引所ニ於テ違約人ヲ處分スルハ其違約ニ依リ取引所ノ取引上ニ於テ失ヒタル利得ト蒙リタル損害トヲ其者ノ證據金及ヒ身元金ヲ以テ償ハシメ其者ヲ除名スルニ止ルヘシ而シテ仍ホ其損失ヲ償フコト能ハサルトキハ取引所ニ於テ其責ニ任スヘシ（十五年第六十四號布告ヲ以テ改正）

第三十四條　取引所ハ其取引所ニ於テ株式等ノ賣買ヲ認許シタル銀行幷諸會社及ヒ新立會社ノ株式ヲ賣買スルヿノ依賴ヲ受ルト雖𪜈其事情ニヨリ之ヲ停止シ又ハ之ヲ許否スルノ權ヲ有ス

第三十五條　取引所ノ諸願伺屆又ハ諸證書約定書及往復ノ文書等取引所一般ニ關スル事件ハ頭取肝煎等コレニ記名調印スヘキハ勿論ナレ𪜈必ス其取引所ノ名ヲ署シ取引所ノ印ヲ捺スヘシ

第六章　賣買取引ノヿ

第三十六條　取引所ニ於テ爲ス所ノ賣買取引ハ現場ト定期ノ二樣ニ分チ必ス現物ノ受渡シヲ爲スヘシ

但三ケ月ヨリ永キ定期ノ約定ヲナスヘカラス

第三十七條　凡取引所ニ於テ賣買ノ約定ヲナシ其定期ニ係ルモノハ約定金高百分ノ五宛ニ

下ラサル證據金ヲ賣買雙方ヨリ差入ル可シ而シテ其期限中相庭ノ高低等ニヨリテハ追證據金增證據金等ヲ差入シムルヿヲ得ヘシ

㋭三六ノ三〇條參看

第三十八條　約定取引ノ期限ニ至ツテハ其品種ニ依リ記名書替等其他受渡シノ手續ハ政府又ハ諸會社ノ成規ニ照シ之ヲ履行スヘシ

㋭三六ノ三六條參看

第三十九條　約定期限內ニ於テ之ヲ轉賣スルヲ得ヘシト雖𪜈其期日ニ至レハ必ス現物ノ受渡ヲ爲スヘシ

㋭三六ノ三三、三七條參看

第四十條　賣買主ニ於テ諸證據金ノ差入レヲ怠リ又ハ期限ニ至リテ其約定ヲ履行セサル者ハ都テ之ヲ違約人ト爲スヘシ（十五年第六十四號布告ヲ以テ改正）

第七章　手數料ノヿ

㋭二九ノ五條、三六ノ四、四二、四三條參看

第四十一條　取引所ニ於テ賣買者雙方ヨリ領收スヘキ手數料ハ取引所ニ於テ相當ノ額ヲ定メ大藏卿農商務卿ノ認許ヲ受クヘシ（十八年第三十七號布告ヲ以テ改正）

㋭三六ノ四、四一條參看

第四十二條　手數料ハ其決算ノ時ニ至リ賣買取引ニ關係スル他ノ債主ニ先ツテ之ヲ收受スルヿヲ得ヘシ

第八章　撿査ノヿ

㋭二九ノ六條、三六ノ二四、三六、四一、四三、四六、四九條參看

第四十三條　農商務卿ニ於テ要用ト思考スルトキハ何時ニテモ官員ヲ派遣シ或ハ其地方長官ヘ達シテ其取引所ノ業体及ヒ金銀其他諸帖簿等ヲ撿査セシムルヿアルヘシ

第九章　帖簿ノヿ

第四十四條　取引所ハ毎日取扱ノ事項ハ勿論金銀ノ出納等凡テ之ヲ詳明正確ニ記載シ且其

㋭二四參看

㋭一ノ三、五條、二九ノ三三條、三六ノ一〇以下、一五以下一八條以下參看

㋭一ノ三、五條、三六ノ四三條參看

㋭三六ノ四、一〇、一五條參看

簿記ノ方法ニ於テ農商務卿ノ差圖アルトキハ其差圖ニ從フヘシ

第四十五條　取引所ニ於テ製定使用スル處ノ諸帖簿ハ其名目用法ヲ詳記シ之ヲ農商務省へ屆出ツヘシ

第十章　諸報告ノヿ

第四十六條　取引所ハ賣買實際ノ報告及金銀出納表其他役員ノ進退幷株主仲買人ノ姓名等農商務卿ノ指命スル處ニ從ヒ時々報告ヲナスヘシ

第十一章　納稅ノヿ

第四十七條　此取引所ハ追テ政府ニ於テ制定施行スル所ノ收稅規則ニ遵ヒ相當ノ稅金ヲ納ムヘシ

第十二章　罰則

第四十八條　取引所ノ役員及株主幷仲買人等此條例ヲ犯スカ又ハ役員タルモノ株主幷仲買人ノ此條例ニ背戻シタルヲ不問ニ措キ又ハ背戻セシメタル實證アルトキハ役員幷ニ本人トモ其事ノ輕重ニ依リ三拾圓ヨリ少ナカラス千圓ヨリ多カラサル罰金ヲ科スヘシ

第四十九條　官員檢査ノ節取引所役員及ヒ仲買人等簿册書類ヲ差出スコトヲ拒ミ又ハ疑問ニ答辯ヲ爲サヽル者アルトキハ五圓以上五拾圓以下ノ罰金ヲ科スヘシ（十五年第六十四號布告ヲ以テ改正）

第五十條　取引所ノ規約ニ背犯シタル役員及ヒ株主仲買人ヲ取引所限リ處分スルハ之ヲ除名スルカ或ハ過怠料ヲ取立ツルニ止ルモノトス（十五年第六十四號布告ヲ以テ但書共追加）

但其過怠料ハ株金身元金ノ高ニ超ユルヲ得ス

㋭八五、九五、一〇二、附六一二參看

㋭三七ノ二四、二五、二六、二七條參看

㋭三七ノ二四、二五、二六條參看

㋭三七ノ一、二、一二乃至二四、二八條參看

○

（三七）海上衝突豫防規則 明治十三年七月第三十五號布告

明治七年一月第五號布告海上衝突豫防規則別冊ノ通改正シ來九月一日ヨリ施行候條此旨布告候事

（別冊）

海上衝突豫防規則

總則

第一條　此規則中蒸氣船ト雖モ帆ニテ走リ蒸氣ヲ用ヒサル時ハ帆前船ト看做シ蒸氣ヲ用ユル𪜈ハ帆ヲ用フルト用ヒサルトノ差別ナク總テ蒸氣船ト心得ヘシ

燈火

第二條　各船日沒ヨリ日出マテノ間ハ天氣ニ拘ハラス第三條第四條第五條第六條第七條第八條第九條第十條第十一條ニ記載スル燈火ヲ掲クヘシ決シテ他ノ燈火ヲ用フヘカラス

第三條　蒸氣船ハ航海中必ス左ノ燈火ヲ掲クヘシ

（甲）前檣又ハ其前面ニ於テ船体上二丈ヨリ低カラサル所ニ亮明ナル白燈一個ヲ掲クヘシ若シ船幅二丈ヲ超ル𪜈ハ船体上其船幅ヨリ低カラサル所ニ之ヲ掲クヘシ○此燈火ハ常ニ不同ナク亮明ノ光ヲ發シテ鍼盤ノ二十方位ヲ照スベク製造シ之ヲ左右舷外ヘ十方位ツヽ即チ船ノ正首ヨリ各舷正横後ニ二方位マテ光線ノ及フヘキ樣ニ裝置シ且晴天ノ暗夜ニ少クモ五里（海里ニテ算ス以下之ニ倣ヘ）ノ距離ヨリ見ユヘキモノヲ用フヘシ

(乙)右舷ニ綠燈ヲ揭クヘシ○此燈火ハ常ニ不同ナク亮明ノ光ヲ發シテ鍼盤ノ十方位ヲ照スベク製造シ之ヲ船ノ正首ヨリ右舷正横後ノ二方位マテ光線ノ及フヘキ樣ニ装置シ且晴天ノ暗夜ニ少クモ二里ノ距離ヨリ見ユヘキモノヲ用フヘシ

(丙)左舷紅燈ヲ揭クヘシ○此燈火ハ常ニ不同ナク亮明ノ光ヲ發シテ鍼盤ノ十方位ヲ照スヘク製造シ之ヲ船ノ正首ヨリ左舷正横後ノ二方位マテ光線ノ及フヘキ樣ニ装置シ且ツ晴天ノ暗夜ニ少クモ二里ノ距離ヨリ見ユベキモノヲ用フヘシ

(丁)右綠紅ノ舷燈ニハ燈火ヨリ前ニ少クモ三尺出テタル屏風樣ノ隔板ヲ其燈火ノ內側ニ當テ、装置シ右舷燈ハ左舷ニ在ル船ヨリ見ヘス左舷燈ハ右舷ニ在ル船ヨリ見ヘサル樣ニナスヘシ

第四條　蒸氣船他船ヲ引テ航行スル時ハ兩舷燈ノ外ニ亮明ノ白燈二個ヲ三尺ヨリ少カラサル間ヲ隔テ、縦ニ連揭シ獨走ノ蒸氣船ト區別スヘシ此燈火ハ獨走ノ蒸氣船ニ揭クル白燈ト同製ナルヲ用ヒテ同所ニ揭クヘシ

第五條　帆前船ト蒸氣船トノ差別ナク事變ノ爲ニ運用自由ヲ得サル時ハ夜間ハ直徑八寸三分ヨリ少カラサル球形ノ紅燈三個ヲ帆前船ナレハ蒸氣船ニ揭クル白燈ノ位置ニ蒸氣船ナレハ其白燈ノ代リニ三尺ヨリ少カラサル間ヲ隔テ縦ニ連揭スヘシ但此紅燈ハ晴天ノ暗夜ニ少ナクモ二里ノ距離ヨリ見ユヘキモノヲ用フヘシ又晝間ハ直徑二尺ノ黑球若クハ黑色形象三個ヲ前檣ノ前面ニ於テ其頭部ヨリ低カラサル所ニ三尺ヨリ少カラサル間ヲ隔テ縦ニ連揭スヘシ

ホ三七ノ一、二、一二乃至二三、二八條參看

ホ三七ノ一、二、一二乃至二三、二八條參看

(示)三七ノ一、二、三、一二乃至二三、二八條參看

(示)三七ノ一、二、二八條參看

海底電信線ノ布置又ハ引揚ニ從事スル船ハ蒸氣船ト帆前船トノ差別ナク夜間ハ直徑八寸三分ヨリ少カラサル球燈三個ヲ帆前船ナレハ蒸氣船ノ白燈ノ位置ニ蒸氣船ナレハ其白燈ノ代リニ六尺ヨリ少カラサル間ヲ隔テ縱ニ連掲シ其燈火ハ上下ノ二個ヲ紅色トナシ中央ヲ白色トナシ其紅燈ハ白燈ト同一ノ距離ヲ照スヘキモノヲ用フヘシ又晝間ハ前檣ノ前面ニ於テ其頭部ヨリ低カラサル所ニ直徑二尺ヨリ少カラサル形象三個ヲ六尺ヨリ少カラサル間ヲ隔テ縱ニ連掲シ其上下ノ二個ハ紅色球形ヲ用ヒ其中央ノ一個ハ白色縱菱形ヲ用フヘシ

本條ノ船全ク運行セサル時ハ舷燈ヲ掲クヘカラスト雖モ運行スレハ必ス之ヲ掲クヘシ

本條ノ燈火及形象ヲ掲クル船ハ運用自由ヲ得スシテ他船ノ航路ヲ避クル能ハサルヲ標スルモノト他船ニ於テ心得ヘシ但危難ニ罹リ救助ヲ要スル船ハ第二十七條ノ難船信號ヲ用フル者ト心得ヘシ（十八年第二十七號布告ヲ以テ本條各項改正）

第六條　帆前船ハ自ヲ走ルト他船ニ引カルヽトノ差別ナク白燈ヲ除クノ外第三條ニ記載スル蒸氣船ノ燈火ヲ掲クヘシ決シテ白燈ヲ掲クヘカラス

第七條　小形船ニ於テ天氣ノ摸樣ニ依リ綠紅ノ二燈ヲ掲ケ置キ難キ片ハ綠燈ハ右舷ニ紅燈ハ左舷ニ於テ何時ニテモ標スヘキ樣甲板上ニ用意シ置キ他船ノ我船ニ近寄リ來ルカ又ハ我船ノ他船ニ近寄リ行ク片ハ衝突ヲ防クニ充分ナル時間ヲ見定メテ各舷燈ヲ他船ヨリ最モ見ヘ易キ樣各舷ニ標スヘシ但此時綠燈ハ左舷ヨリ見ヘス紅燈ハ右舷ヨリ見ヘサル樣注意スヘシ

此綠紅ノ燈ヲ置違ヒナク容易ニ取扱フ爲メ綠燈ノ燈籠ハ綠色紅燈ノ燈籠ハ紅色ニテ外面ヲ塗リ且成規ノ隔板ヲ之ニ備ヘ置クヘシ

(朱)三七ノ一、二、三、一二乃至二三、二八條參看

第八條　帆前船ト蒸氣船トノ差別ナク碇泊中ハ最モ見ヘ易クシテ船體上ヨリ二丈ヲ超ヘサル所ニ白燈一個ヲ揭クヘシ○此燈火ハ直徑六寸六分ヨリ少カラサル球形ノ燈籠ニテ常ニ不同ナク最モ亮明ノ光ヲ發シ少クモ周回一里ノ距離ヨリ見ユル樣ニ爲スヘシ

(朱)三七ノ一、二、三、二八條參看

第九條　水先船其營業場ニ於テ水路嚮導ニ從事スル時ハ他船ニ用ユル燈火ヲ揭ケス唯檣頭ニ於テ周回諸方ヨリ見ユヘキ白燈一個ヲ揭ケ且十五分時ヲ超ヘサル間歇ヲ以テ閃光一個又ハ數個ヲ發スヘシ

水先船其營業場ニ於テ水路嚮導ニ從事セサル時ハ他船ト同樣ノ燈火ヲ揭クヘシ

(朱)三七ノ一、二、三、二八條參看

第十條　甲板ナキ漁船及ヒ甲板ナキ小船航行中ハ必スシモ他船ニ用ユル舷燈ヲ揭クルニ及ハス然レトモ舷燈ノ代ニ一面ハ綠色ノ硝子板一面ハ紅色ノ硝子板ヲ備ヘタル燈籠一個ヲ手近ニ備置キ他船ノ我船ニ近寄リ來ルカ又ハ我船ノ他船ニ近寄リ行クトキハ衝突ヲ防クニ充分ナル時間ヲ見定メテ其燈籠ヲ標スヘシ但シ此時ニ綠光ハ左舷ヨリ見ヘス紅光ハ右舷ヨリ見ヘサル樣注意スヘシ

右漁船及ヒ小船碇泊シタルカ或ハ網ヲ卸シタルトキハ亮明ナル白燈一個ヲ標スヘシ且ツ便宜ニ從ヒ度々閃光ヲ發シ又晝夜ニ拘ハラス霧中號角ヲ用フルモ苦シカラス（十八年第二十七號布告ヲ以テ本項改正）

(朱)三七ノ一、二、三、二八條參看

第十一條　他船ニ追越サレントスル船ハ他船ニ向テ船尾ヨリ白燈ヲ標シ又ハ閃光ヲ發スヘ

シ

霧中信號

㋭三七ノ二四、二八條參看

第十二條 蒸氣船ハ滊笛ヲ音響ノ妨碍物ナキ所ニ裝置シ且ツ鞴其他ノ機械ヲ以テ發聲スヘキ霧中號角或ハ尋常ノ霧中號角及ヒ號鐘ヲ備フヘク帆前船ハ同様ノ號角及ヒ號鐘ヲ備フヘシ但此滊笛號角及ヒ號鐘ハ善ク其用ニ適セサルヘカラス（十八年第二十七號布告ヲ以テ本項改正）

霧中又ハ降雪中ハ晝夜ノ差別ナク本條ニ記載セル信號ヲ左ノ如ク用フヘシ

（甲）蒸氣船航行中ハ滊笛ヲ以テ二分時ヨリ多カラサル間歇ヲ以テ長聲ヲ一發スヘシ

（乙）帆前船航行中ハ號角ヲ以テ二分時ヨリ多カラサル間歇ヲ以テ右舷開ナレハ一聲ヲ發シ左舷開ナレハ二聲ヲ連發シ船ノ正横後ニ風ヲ受タル𪜈ハ三聲ヲ連發スヘシ

（丙）帆前船ト蒸氣船トノ差別ナク航行中ニ非レハ二分時ヨリ多カラサル間歇ヲ以テ號鐘ヲ鳴スヘシ

霧中速力

㋭三七ノ二四條參看

第十三條 帆前船ト蒸氣船トノ差別ナク霧中及ヒ降雪中ハ程好キ速力ヲ以テ走ルヘシ

航法

㋭三七ノ二四條參看

第十四條 二艘ノ帆前船互ニ近寄リテ衝突ノ懼アル𪜈ハ一方ノ船ヨリ左ノ如ク他船ノ航路ヲ避クヘシ

（甲）一杯ニ開カサル船ハ一杯ニ開キタル船ノ航路ヲ避クヘシ

（乙）左舷ニ一杯ニ開キタル船ハ右舷ニ一杯ニ開キタル船ノ航路ヲ避クヘシ

(丙)一杯ニ開カサル二艘ノ船風ヲ受クル舷方同シカラサル片ハ左舷ニ風ヲ受ケタル船ヨリ他船ノ航路ヲ避クヘシ

(丁)一杯ニ開カサル二艘ノ船風ヲ受クル舷方同シキ片ハ風上ノ船ヨリ風下ノ船ノ航路ヲ避クヘシ

(戊)船尾ヨリ風ヲ受ケタル船ハ他船ノ航路ヲ避クヘシ

(示)三七ノ二八條參看

第十五條　二艘ノ蒸氣船正シク眞向又ハ殆ント眞向ニ行逢フテ衝突ノ懼アル片ハ兩船共鍼路ヲ右舷ニ轉シ互ニ他船ノ左舷ノ方ヲ行過スヘシ

本條ハ兩船正ク眞向又ハ殆ト眞向ニ行逢フテ衝突ノ懼アル片ニ限リ應用スヘク各其鍼路ヲ保チテ必ス替リ行ク時ニ應用スヘカラス

本條ヲ應用スヘキ至當ノ場合ハ兩船共ニ正シク眞向又ハ殆ト眞向ニ行逢ヒタル時即チ晝間ハ我船ノ檣ト他船ノ檣ト一直線又ハ殆ト一直線ニ見ユル時夜間ハ互ニ他船ノ兩舷燈ヲ一時ニ見ル時ニ限ルヘシ

本條ハ晝間他船ノ我鍼路ヲ横切リテ我船ノ前面ニ見ユル時又ハ夜間我船ノ紅燈他船ノ紅燈ニ對シ或ハ我船ノ緑燈他船ノ緑燈ニ對スル時又ハ我船ノ前面ニ緑燈ナクシテ紅燈ヲ見或ハ紅燈ナクシテ緑燈ヲ見ル時又ハ緑紅ノ兩燈ヲ我船ノ前面ヨリ他ノ位置ニ見ル時ハ應用スヘカラス

(示)三七ノ二八條參看

第十六條　二艘ノ蒸氣船互ニ航路ヲ横切リ衝突ノ懼アル片ハ我右舷ニ他船ヲ見ル船ヨリ他船ノ航路ヲ避クヘシ

第十七條　帆前船ト蒸氣船ト互ニ近寄リ衝突ノ懼アル𪜈ハ蒸氣船ヨリ帆前船ノ航路ヲ避クヘシ

第十八條　總テ蒸氣船他船ニ近寄リ衝突ノ懼アル𪜈ハ速力ヲ緩ニシ又ハ時宜ニ依リ停止シ且後退スヘシ

ホ三七ノ二八條参看

第十九條　蒸氣船此規則ニ遵テ鍼路ヲ取ル𪜈ハ左ノ滊笛信號ヲ以テ他船ニ其鍼路ヲ通知スルヲ得ヘシ

短聲一發　我船ノ鍼路ヲ右舷ニ取ル

短聲二發　我船ノ鍼路ヲ左舷ニ取ル

短聲三發　我船一杯ノ速力ニテ退却ス

此信號ヲ用フルト否ラサルトハ隨意タルヘシ但シ此信號ヲ用ヒタル時之ヲ用ヒタル船ハ必ス其信號通リニ其鍼路ヲ取ラサルヘカラス

第二十條　帆前船ト蒸氣船トノ差別ナク他船ヲ追越サントスル𪜈ハ以上ノ規則ニ拘ハラス總テ他船ノ航路ヲ避クヘシ

ホ三七ノ二八條参看

第二十一條　總テ蒸氣船狹隘ノ水路ヲ通航スルニ當リ無難ニ通行シ得ル𪜈ハ其航路ノ中流ヨリ其船ノ右舷ニ當ル方ヲ航行スヘシ

第二十二條　以上ノ規則ニ依リテ兩船ノ内一船ヨリ他船ノ航路ヲ避クル𪜈ハ他船ニ於テ其鍼路ヲ保守スヘシ

第二十三條　此規則ヲ遵守スルニ就テハ航海上百般ノ危險ニ心ヲ配リ且危險切迫シテ此規

㊟三七ノ二、三、四、五、六、七、八、九、一一、一二、一三、一四、一五、一六、一七、一八、一九、二〇、二一、二二、二三、二五、二六、二八條參看

則ヲ遵守スル暇ナキ特別ノ場合ニ於テハ臨機ノ處置ヲ以テ之ヲ避クルニ注意スヘシ

懈怠ノ責

第二十四條　此規則ニ於テ點燈又ハ信號又ハ見張ノ怠リ又ハ海員ノ常務又ハ臨機處置ニ於テ必要ナル用心ノ怠リヨリ生シタル事件ニ於テハ船主船長乘組人員各其責ヲ免ル可カラサルモノトス

別則

第二十五條　此規則ハ各地方官ニ於テ特ニ制定シタル港川其他内海ノ航行規則ノ施行ニ干渉セサルモノトス（十八年第二十七號布告ヲ以テ「各地方官府」トアルヲ「各地方官」ト改正ス）

第二十六條　此規則ハ二艘以上ノ軍艦又ハ軍艦ニ護送セラルヽ船ニ增揭スル列位燈火及ヒ信號燈火ニ付各國政府ニ於テ特ニ制定シタル規則ニ干渉セサルモノトス

難船信號（十八年第二十七號布告ヲ以テ難船信號ノ本項ヲ追加ス）

第二十七條　危難ニ罹リ他船又ハ陸地ヨリ救助ヲ要スル船ハ左ノ信號ヲ用ヒ同時又ハ別々ニ施行スヘシ

晝間信號

（一）凡一分時每ニ一砲發ヲナスコト

（二）萬國船舶信號書ニ揭載スルNCノ難船信號ヲ標スルコト

（三）方形旗ノ上又ハ下ニ球若クハ之ニ類似スル物ヲ揭クル遠隔信號ヲ標スルコト

夜間信號

(示)一ノ三、五條參看

(一)凡一分時毎ニ一砲發ヲナスコト
(二)船上ノ發焔タール桶油樽等ヲ燃燒スルノ類
(三)各色各種ノ星火ヲ發射スル榴彈或ハ火箭ヲ一次一發ツヽ數分時毎ニ打揚クルコト

罰則(十四年第三十三號布告ヲ以テ本則追加)

第二十八條　凡船舶合格ノ燈籠及信號器ヲ所持セス若クハ點燈及信號ヲ怠リ又ハ燈籠ノ裝置ヲ過リタル者ハ二圓以上二十圓以下ノ罰金ニ處ス(十八年第二十七號布告ヲ以テ第二十七條ヲ第二十八條ニ改正)

但甲板ナキ漁船及甲板ナキ小船ハ此限ニアラス

附則(十八年第二十七號布告ヲ以テ本則追加)

西班牙國フイニステル岬以北ノ歐洲沿海ノ漁船及小船ニノミ左ノ規則適用ニ付該地方航行ノ諸船ニ於テ之ヲ心得ヘシ

(甲)登簿噸數二十噸以上ノ漁船航行シ及次ノ各項ニ記載シタル燈火ヲ揭クルヲ要セサル時ハ他ノ航行船ト同樣ノ燈火ヲ揭クヘシ

(乙)流網ヲ用ヒ漁獵ニ從事スル船ハ其船ノ最モ見エ易キ場所ニ於テ二個ノ白燈ヲ揭ケ其燈火ノ縱距離ハ六尺以上十尺以下ヲ隔テ又横距離ハ其船ノ龍骨ト平行線ニ量リ五尺以上十尺以下ヲ隔ツヘシ但此二個ノ白燈ハ下ニ揭クルモノヲ上ニ揭クルモノヨリ前方ニ置キ且晴天ノ暗夜ニ周回諸方三里以上ノ距離ヨリ見ユヘキモノヲ用フヘシ

(丙)釣絲ヲ垂レ釣魚ニ從事スル船ハ流網ヲ以テ漁獵ニ從事スル船ト同一ノ燈火ヲ揭クヘシ

(丁)漁獵ニ從事スル船其屬具ノ岩礁其他障碍物ニ固着セル爲メ其所ニ駐留スル時ハ碇泊船ト同様ノ燈火及霧中信號ヲ用フヘシ

(戊)漁船及甲板ナキ小船ハ何時ニテモ本條ニ依リテ揭クヘキ燈火ノ外ニ閃光ヲ發スルハ苦シカラス曳網爬網其他曳網ノ類ヲ用ヒ漁獵ニ從事スル船ニ於テ閃光ヲ發スル時ハ總テ其船ノ後部ニ於テスヘシ但曳網爬網其他曳網ノ類ヲ船尾ニ繫キタル時之ヲ船首ニ於テ發スルハ此限ニ在ラス

(己)漁船及甲板ナキ小船碇泊中ハ日沒ヨリ日出マテノ間少クモ周回諸方一里ノ距離ヨリ見ユヘキ白燈ヲ揭クヘシ

(庚)霧中又ハ降雪中ニハ網ニ繫キタル流網船及曳網爬網其他曳網ノ類ヲ用ヒ漁獵ニ從事スル船及釣絲ヲ垂レ釣魚ニ從事スル船ハ二分時ヨリ多カラサル間歇ヲ以テ霧中號角ト號鍾トヲ迭ニ鳴ラスヘシ

○

(三八)海底電信線保護萬國聯合條約罰則 明治十八年七月第十八號布告

海底電信線保護萬國聯合條約罰則別冊ノ通制定ス

但施行ノ日ハ追テ布告スヘシ(明治二十一年四月勅令第二十一號ヲ以テ同年五月一日ヨリ施行スル旨公布セラル)

(別冊)

海底電信線保護萬國聯合條約罰則

第一條 條約第二條ヲ犯シタル者ハ刑法第百六十四條ノ例ニ照シテ處斷シ其未タ遂ケサル

參看

六〇ノ五九條參看

二三九ノ一、二二〇條參看

二三九ノ一、二二〇條參看

二三九ノ一、四、五、六、九、二〇條參看

二三九ノ一、一〇條參看

二三九ノ八、一〇、二一一條參看

モノハ刑法未遂犯罪ノ例ニ照シテ處斷ス

其疎虞懈怠ニ因ル者ハ電信條例第五十九條第二項ニ照シテ處斷ス

第二條　疎虞懈怠ニ因リ海底電信線ヲ切斷損壞シタル者ハ其船舶ノ初テ到着シタル地ノ管轄廳（外國ニ於テハ其地駐在ノ領事館）ニ二十四時以內ニ屆出ヘシ之ヲ屆出サル者ハ十圓以上百圓以下ノ罰金ニ處ス

第三條　自己ノ生命或ハ船舶ヲ保護スル爲メ已ムヲ得スシテ海底電信線ヲ切斷損壞シタル者亦前條ニ依テ屆出ヘシ之ヲ屆出サル者ハ二圓以上十圓以下ノ罰金ニ處ス

第四條　條約第五條第一項第二項第三項及第六條ヲ犯シタル者ハ五圓以上百圓以下ノ罰金ニ處ス

條約第五條第一項ヲ犯シ因テ他ノ船舶ヲシテ海底電信線ヲ切斷損壞ニ至ラシメタル電信船ノ船長ハ一等ヲ加フ

第五條　條約第十條ニ依リ書類ヲ見ント要求スルトキ之ヲ示スコトヲ拒ミタル者ハ四圓以上四十圓以下ノ罰金ニ處ス

前項ノ場合ニ於テ暴行脅迫ヲ以テ拒ミタル者ハ刑法第百三十九條ニ照シテ處斷ス

第六條　此罰則ニ揭ケタル罪ヲ犯シタル者ハ犯人所屬ノ船舶定繫港又ハ其船舶所在地ノ輕罪裁判所ニ於テ之ヲ審判ス

參照

○關係法令

〔一二三九〕太政官第十七號布告　明治十八年七月

明治十七年四月佛蘭西國巴里府ニ於テ別冊海底電信線保護萬國聯合條約ニ加入ス

（明治廿一年四月勅令第二十一號ヲ以テ同年五月一日ヨリ施行スル旨公布セラル）

（別冊）

千八百八十四年三月十四日巴里府ニ於テ各國ノ全權調印シタル海底電信線保護萬國聯合條約譯文

條約書

佛蘭西共和政府大統領閣下普魯西兼獨逸皇帝陛下亞爾惹丁聯邦大統領閣下澳地利兼洪牙利皇帝陛下白耳義皇帝陛下伯西爾皇帝陛下哥斯太利加共和政府大統領閣下丁抹皇帝陛下度美尼哥共和政府大統領閣下西班牙皇帝陛下北米合衆國大統領閣下哥倫比亞合衆國大統領閣下大不列顚愛爾蘭兼印度皇帝陛下牙徳厤剌共和政府大統領閣下希臘皇帝陛下伊太利皇帝陛下土耳其皇帝陛下荷蘭兼盧森堡皇帝陛下波斯皇帝陛下葡萄牙亞爾珈擇皇帝陛下羅瑪尼皇帝陛下全露西亞皇帝陛下薩爾波度兒共和政府大統領閣下撘兒比亞皇帝陛下瑞典兼諾威皇帝陛下烏拉藝東部共和政府大統領閣下ハ海底線ヲ經過スル電氣通信ヲ保護スルコトヲ冀望シ夫レカ爲メニ條約ヲ締結セント欲シ各其全權委員トシテ左ノ人々ヲ任命ス

佛蘭西共和政府大統領閣下ハ内閣議長兼外務卿代議士ジユールフヱリー氏及驛遞電信卿代議士アドルフコシユリー氏

普魯西兼獨逸皇帝陛下ハ佛國政府ニ駐劄スル同陛下ノ特命全權大使巴巴里亞皇帝侍從長プランス、ラチボール、エ、コルウエー、プランス、クロウヰ、シヤル、、ウイクトール、ド、ホーヘンロツフ、シルリン、ヒユルスト殿下
亞爾蕋丁聯邦大統領閣下ハ巴里府ニ駐劄スル亞爾蕋丁特命全權公使バルカルス氏
澳地利兼洪牙利皇帝陛下ハ佛國政府ニ駐劄スル同陛下ノ特命全權大使內閣顧問コント、ラツスラ、ホヨ閣下
白耳義皇帝陛下ハ巴里府ニ駐劄スル同陛下ノ特命全權公使バロン、ベイヤン氏及白耳義外務省政務局長兼特派全權委員レオポール、オルパン氏
伯西爾皇帝陛下ハ巴里府ニ駐劄スル伯西爾代理公使バロン、ヂタジユバ、ダロージヨ氏
哥斯太利加共和政府大統領閣下ハ在巴里府哥斯太利加公使館書記官レオン、ソンゼエー氏
丁抹皇帝陛下ハ巴里府ニ駐劄スル同陛下ノ特命全權公使コント、ド、モルトケ、ウヰツトヘル氏
度美尼哥共和政府大統領閣下ハ巴里府ニ駐劄スル度美尼哥國全權公使バロン、ド、アルメダ氏
西班牙皇帝陛下ハ佛國政府ニ駐劄スル同陛下ノ特命全權大使西班牙學士會員元老院終身議官マニユエル、シルヴエラ、ド、ル、ウヰ、ヨーズ閣下

北米合衆國大統領閣下ハ巴里府ニ駐剳スル北米合衆國特命全權公使ヱル、ペー、モルトン氏及同公使館書記官ウヰギヨー氏
哥倫比亞合衆國大統領閣下ハ巴里府ニ駐剳スル哥倫比亞總領事ドクトル、ジヨセ、ジヱートリアナ氏
大不列顚愛爾蘭兼印度皇帝陛下ハ佛國政府ニ駐剳スル同陛下ノ特命全權大使樞密院議官大不列顚及愛爾蘭統一國貴族院議員ウヰコント、リヨン、トレー、オノラーブル、リシヤルド、ビケルトン、ペーメル閣下
牙德廝剌共和政府大統領閣下ハ巴里府ニ駐剳スル牙德廝剌國特命全權公使クリザント、メジナ氏
希臘皇帝陛下ハ巴里府ニ駐剳スル同陛下ノ特命全權公使プランス、モーロコルダト氏
伊太利皇帝陛下ハ佛國政府ニ駐剳スル同陛下ノ特命全權大使マルキー、ド、ヴアルドラ將官、コント、メナブレア閣下
土耳其皇帝陛下ハ佛國政府ニ駐剳スル同陛下ノ特命全權大使ヱツサー、パシヤ閣下
荷蘭兼盧森堡皇帝陛下ハ巴里府ニ駐剳スル同陛下ノ特命全權公使バロン、ド、ジユイラン、ド、ニヱヴヱル氏
波斯皇帝陛下ハ巴里府ニ駐剳スル同陛下ノ特命全權公使將官ナザル、アガ氏
葡萄牙亞爾咖揮皇帝陛下ハ巴里府ニ駐剳スル葡萄牙代理公使ダゼウヱド氏
羅馬尼皇帝陛下ハ巴里府ニ駐剳スル羅馬尼代理公使オドベスコ氏

〔刑〕二三九ノ一一三、一六條二四一參看

〔刑〕二三九ノ一一、四、七、九、一二條、二四〇參看

全露西亞皇帝陛下ハ佛國政府ニ駐劄スル同陛下ノ特命全權大使參謀將官プランス、ニコラ、オルロフ閣下

薩爾波度兒共和政府大統領閣下ハ巴里府ニ駐劄スル薩爾波度兒特命全權公使トレー、カイセド氏

撒兒比亞皇帝陛下ハ巴里府ニ駐劄スル同陛下ノ特命全權公使マリノヴヰック氏

瑞典兼諾威皇帝陛下ハ巴里府ニ駐劄スル同陛下ノ特命全權公使シベル氏

烏拉藝東部共和政府大統領閣下ハ巴里府ニ駐劄スル烏拉藝特命全權公使陸軍大佐ジアヅ氏

右ノ全權委員ハ互ニ其委任狀ヲ示シ善良正當ト認メタルニ因リ左ノ數條ヲ約定ス

第一條

此條約ハ諸政府ノ管領海中ニアルモノヲ除クノ外都テ法律ニ依テ布設シ且條約國ノ內一國若クハ數國ノ領地殖民地又ハ屬地ニ陸揚シタル海底電信線ニ適施スルモノトス

第二條

故意ト疎虞懈怠トヲ問ハス海底電信線ヲ切斷又ハ破損シ因テ電氣通信ノ全部又ハ一部ヲ妨害シ若クハ不通ニ致シタルトキハ之ヲ罰スヘキモノトス但損害要償ノ爲メ私訴ヲ起スモ妨ケナカルヘシ

海底電信線ノ切斷又ハ破損ヲ避クル爲メ精々注意ヲ加フルモ自己ノ生命或ハ船體ノ

安寧ヲ保護スル正當ノ目的ニテ已ヲ得ス其切斷又ハ破損ヲ爲シタルトキハ此條欵ヲ適施セサルモノトス

第三條

條約國政府其領地ニ海底電信線ノ陸揚ヲ許可スルトキハ成ルヘクタケ電信線布設ノ位置及該線ノ大小長短ニ關シ電信線ノ安全ヲ保ツカ爲メニ適當ナル條件ヲ定ムルコトヲ約ス

第四條

一ノ海底電信線ノ所有者其線ヲ布設シ或ハ之ヲ修繕スル際他ノ海底電信線ヲ破損又ハ切斷スルトキハ其切斷又ハ破損ノ修繕ニ必要ナル費用ヲ負擔スヘシ但場合ニヨリ此條約第二條ヲ適施スルモ妨ケナカルヘシ

(四二三九ノ五、六、二四條參看。)

第五條

海底電信線ノ布設又ハ修繕ニ從事スル船舶ハ他ノ船舶トノ衝突ヲ豫防スル爲メ條約國政府協議ノ上已ニ制定シ或ハ向後制定スヘキ信號規則ヲ遵奉スヘシ

海底電信線ノ修繕ニ從事スル船舶右信號ヲ掲クルトキハ之ヲ認メ又ハ認メ得ヘキ地位ニアル他ノ船舶ハ其修繕ノ工事ヲ妨ケサル爲メ少クモ右船舶ヨリ一海里ノ距離ニ退キ若クハ遠サカルヘシ

漁人網又ハ漁具ヲ投スルモ亦同一ノ距離ニ於テスヘシ

然レトモ右信號ヲ掲ケタル電信船ヲ認メ又ハ認得ヘキ地位ニアル漁船ハ其信號ノ命

(四二三九ノ四、六、一二條參看)

ニ從フニ付二十四時以內ノ猶豫ヲ有スヘシ右時間中ハ其漁船ノ運轉ニ妨害ヲ加フヘカラス

電信船ハ成ルヘク速ニ其工事ヲ終ルヘシ

第六條

（㊀二三九ノ九、一二條參看）

海底電信線ヲ布設スルトキ若クハ切斷破損セシトキ海底電信線ノ位置ヲ示ス爲メニ設ケタル浮標ヲ望見シ又ハ望見シ得ヘキ地位ニ居ル船舶ハ少クモ其浮標ヨリ海里四分一ノ距離ニ遠サカルヘシ

漁人網又ハ漁具ヲ投スルモ亦同一ノ距離ニ於テスヘシ

第七條

凡船舶ノ所有者海底電信線ニ損害ヲ加ヘサル爲メニ錨或ハ網又ハ其他ノ漁具ヲ失ヒタルコトヲ證明スルトキハ海底電信線ノ所有者ヨリ其賠償ヲ爲スヘシ

其賠償ヲ得ント欲セハ其損失ノ後直チニ之ヲ證明スル爲メ乘組人ノ證言ヲ添ヘタル調書ヲ成ルヘク作ルコトヲ要ス且其船長ハ右事件アリシ後初テ立寄リ又ハ歸着シタル港ニ於テ其着船ヨリ二十四時內ニ之ヲ其掛官署ニ屆出ルコトヲ要ス此掛官署ハ之ヲ其海底電信線所有者ノ所屬國領事廳ニ報告スヘシ

第八條

（㊀二三九ノ一〇、一一條參看）

此條約ヲ犯ス罪ヲ審判スルニ付テノ管轄裁判所ハ違犯船ノ所屬國ノ裁判所トス

然レトモ前項ノ如ク實施スルコト能ハサルトキ其條約ヲ犯ス罪ヲ罰スルニハ條約國

各自ノ法律又ハ萬國條約ニ基キ定メタル刑事裁判管轄ノ總則ニ從テ各其國民ノミヲ處分スヘキモノトス

第九條

此條約第二條第五條及第六條ニ記載シタル犯罪ノ起訴ハ各國ノ政府自ラ之ヲ行フカ又ハ政府ノ名ヲ以テ之ヲ行フヘシ

第十條

此條約ヲ犯ス罪ハ都テ之ヲ裁判スヘキ裁判所所在國ノ法律ニ於テ許ス所ノ證據法ヲ以テ之ヲ證明スルコトヲ得

軍艦ノ司令官又ハ條約國ノ内一國ヨリ特ニ犯罪審査ノ爲メニ派遣シタル船舶ノ司令官ニ於テ軍艦ニ非サル船舶此條約ヲ犯ス罪ヲ行ヒタルト思量スルトキハ其船長或ハ船頭ニ該船所屬ノ國名ヲ證明スヘキ公書ヲ見ントト要求スルコトヲ得其司令官ハ此公書ヲ閲覽シタル旨ヲ直チニ其示サレタル書中ニ附記スヘシ

且該官ハ犯罪船ノ何國ニ屬スルヲ問ハス調書ヲ作ルコトヲ得此調書ハ該官ノ所屬國ニ於テ使用スル語ヲ以テ其國ニ行ハル、定式ニ從フテ之ヲ記スヘシ又此調書ハ之ヲ引用スヘキ國ニ於テ其法律ニ從ヒ證據トスルコトヲ得被告人及證人ハ各自ノ國語ヲ以テ要用ト思惟スル説明ヲ調書ニ加記シ或ハ之ヲ加記セシムルノ權アリ此加記ニハ法ニ依テ手署スヘキモノトス

第十一條

圖二三九ノ八條參看

此條約違犯ノ審理及判決ハ現行ノ法律規則ニ觸レサルタケ成ルヘク簡畧ニ施行スヘシ

第十二條

條約國政府ハ此條約ノ施行ヲ確實ナラシメン爲メ就中此條約第二條第五條及第六條ノ條款ヲ犯シタル者ヲ禁錮若クハ罰金或ハ此二刑ヲ以テ罰スル爲メ必要ノ條規ヲ定メ又ハ其議案ヲ立法官ニ提出スルコトヲ約ス

第十三條

條約國政府ハ此條約ノ目的ニ基キ各其本國ニ於テ已ニ布告シ又ハ向後布告スヘキ法律ヲ互ニ報告スヘシ

第十四條

此條約ニ同盟セサル國ト雖トモ請求スルニ於テハ同盟ニ加入スルコトヲ得其加入ハ外交上ノ手續ニ依テ佛蘭西共和政府ニ報告シ該政府ハ之ヲ各同盟政府ニ通牒スヘシ

第十五條

此條約ノ條款ハ交戰國自由働作ノ權ニ少シモ妨害ヲ加フヘカラサルモノトス

第十六條

此條約ハ條約國政府ニ於テ向後協議約定スヘキ日ヨリ之ヲ實施スヘシ

此條約ハ其日ヨリ五ケ年間之ヲ施行スヘシ而メ各條約國ノ内一國ニテモ五ケ年ノ期限ノ終ル十二ケ月前ニ於テ此條約ノ効力ヲ廢止スル旨ヲ通知セサルニ於テハ此條約

ハ引續キ一ケ年間之ヲ施行スヘシ其後モ亦此ノ如ク一ケ年ヲ以テ一期トシ施行スヘキモノトス
條約國ノ内一國ヨリ此條約ヲ拋棄スル旨ヲ通知スルトキハ其拋棄ハ唯其國ニ對シテノミ効アルモノトス

第十七條

此條約ハ各政府之ヲ批准スルコトヲ要ス此批准ハ巴里府ニ於テ成ルヘク速ニ之ヲ交換シ遲クモ一ケ年内ニハ全ク交換ヲ終ルヘキモノトス
右ノ條々ヲ確證スル爲メ各國ノ全權委員各茲ニ手記捺印ス
千八百八十四年三月十四日巴里府ニ於テ各條約書二十六通ヲ作ル

ジユール、フエリー　手記捺印
ア、コンユリー　仝
ホーヘンロツフ　仝
エム、バルカルス　仝
ラジスラ、コント、ホヨ　仝
ベイヤン　仝
レオポール、オルバン　仝
バロン、ヂタジユバ　仝
レオン、ソンゼエー　仝

エマニユヱル、ドアルメダ	仝
モルトケ、ウ井ツトヘル	仝
マニユヱル、シルヴヱラ	仝
ヱル、ペー、モルトン	仝
ヘンリー、ウ井ギヨー	仝
ジヨゼ、ジヱー、トリアナ	仝
リヨン	仝
クリザント、メジナ	仝
モーロコルダト	仝
エル、ヱル、メナブレア	仝
ヱツサー	仝
バロン、ド、ジエイラン、ド、ニヱヴエル	仝
ナザル、アガ	仝
ヱフ、ダゼウヱート	仝
オドベスコ	仝
プランス、オルロフ	仝
ジー、ヱム、トレーカイセド	仝
ジー、マリノヴ井ツク	仝

ジエー、シベル　仝
ジユアン、ジー、ジアツ　仝

追加條約

海底電信線保護ノ爲メ本日締約シタル條約ノ諸條欵ハ第一條ノ明文ニ基キ不列顚皇帝陛下ノ領スル殖民地及屬地ニ之ヲ適施スルモノトス但左ニ記載シタルモノハ此限ニアラス

一　加那太
一　テール、ヌーブ
一　喜望峯
一　那多兒
一　新、南、珈斯
一　維太利
一　公斯蘭
一　太斯馬尼
一　南豪斯太利
一　西豪斯太利
一　新、西蘭度

然レトモ若シ巴里駐劄不列顚皇帝陛下ノ使臣ヨリ佛國外務卿ヘ前記殖民地或ハ屬地

〔四二一參看〕

ノ名ヲ以テ條約ニ加入スル旨ヲ通知スルトキハ該地ニ限リ本條約ノ諸條欵ヲ適施スルモノトス

此ノ如クニシテ本條約ニ加入シタル前記ノ殖民地或ハ屬地ハ條約國ト同一ノ方法ニ依テ退盟スルコトヲ得若シ其殖民地又ハ屬地中ノ一ニ於テ退盟セントスルトキハ巴里駐劄不列顚皇帝陛下ノ使臣ヨリ佛國外務卿ヘ其旨ヲ通牒スヘシ

千八百八十四年三月十四日巴里府ニ於テ追加條約二十六通ヲ作ル

ジユール、フエリー　手記

ア、コシユリー　仝

ホーヘンロツフ　仝

エム、バルカルス　仝

ラジスラ、コント、ホヨ　仝

ベイヤン　仝

レオポールオルバン　仝

バロン、ヂタジユバ　仝

レオン、ソンゼエー　仝

モルトケ、ウ井ツトヘル　仝

エマニユエル、ド、アルメダ　仝

マニユエル、シユルヴエラ　仝

ヱル、ペー、モルトン　仝
ヘンリー、ウヰギヨー　仝
ジヨゼ、ジヱー、トリアナ　仝
リヨン　仝
クリザント、メジナ　仝
モーロコルダト　仝
エル、ヱル、メナプレア　仝
ヱツサー　仝
バロン、ド、ジユイラン、ド、ニヱヴヱル　仝
ナザル、アガ　仝
ヱフ、ダゼウヱド　仝
オドベスコ　仝
プランス、オルロフ　仝
ジー、ヱム、トレー、カイセド　仝
ジー、マリノヴヰツク　仝
ジヱー、シベル　仝
ジユアン、ジー、ジアヅ　仝

○

二四〇　勅令無號　明治二十年十二月

朕茲ニ海底電信線保護萬國聯合條約ノ說明書ヲ公布セシム

明治十八年七月第十七號布告海底電信線保護萬國聯合條約ノ意義ヲ明確ニスル爲メ各國全權委員ノ議定シタル說明書

明治十七年三月十四日(西曆千八百八十四年)ノ海底電信線保護萬國聯合條約ニ調印セシ各政府ヨリ出セル下名ノ全權委員ハ該條約第二條及第四條ノ意義ヲ明確ニスルヲ便宜ナリト認メタルニ依リ同意ノ上說明書ヲ決定セリ

明治十七年三月十四日(西曆千八百八十四年)ノ條約第二條中ニ記入セル「故意」ト云ヘル文字ノ意義ニ疑惑ヲ生シタルニ依リ右箇條中刑事上ノ責任ニ付テノ規定ハ海底電信線ノ切斷又ハ破損ヲ豫防スル爲メ精々注意ヲ加フルト雖モ其修繕ノ際不慮ノ事ニ依リ或ハ已ムヲ得スシテ他ノ海底電信線ヲ切斷又ハ破損セシメタルトキニハ之ヲ適施セサルモノト約定ス

又該條約第四條ハ海底電信線ノ所有者其海底電信線ヲ布設シ又ハ修繕スルノ際他ノ海底電信線ヲ切斷又ハ破損セシメタルトキ各國ノ相當裁判所ヲシテ其法律ト事件ノ情狀トニ從ヒ民事上責任ノ有無ヲ判定セシメ果シテ其責任アルコトヲ認定シタル上ハ其責任ノ結果ヲ決定セシムルコトノ外他ノ目的ヲ有セサリシコト且他ノ効力ヲ有スヘカラサルコトヲ約定ス

明治十九年十二月一日(西曆千八百八十六年)各國全權委員巴里ニ於テ調印ス日耳曼

全權委員ハ明治二十年三月二十三日（西暦千八百八十七年）同所ニ於テ調印ス

（各國全權委員氏名畧之）

○

二四一 遞信省告示第九十六號 明治十九年十月

明治十七年四月佛蘭西國巴里府ニ於テ加入シタル海底電信線保護條約ヲ英國殖民地公斯蘭《クインスランド》ニ適用ス

◎ヨノ部

（三九）横須賀海軍港規則 明治十九年九月七日海軍省令第百五號

横須賀海軍港規則ヲ定ムルコト左ノ如シ

横須賀海軍港規則

第一條 横須賀海軍港ニ入港シ或ハ入港セントスル艦船及ヒ該港沿岸居住ノ人民ハ此規則ヲ遵守スヘシ

（ホ）三九ノ一六條參看

第二條 横須賀海軍港ハ左ノ圖面ノ如ク之ヲ三區ニ分チ其一線以内ヲ第一區トシ二線以内ヲ第二區トシ三線以内ヲ第三區トス

（ホ）三九ノ三條參看

第三條 艦船港内第二區ニ進入スルトキハ航海部長ノ指示ニ從ヒ其碇泊場所ヲ定ムヘシ而シテ航海部長ノ許可ナク其場所ヲ變ス可カラス又碇泊セシ艦船ト雖モ港内ノ妨碍アリト認ムルトキハ退轉セシムルコトアルヘシ

（ホ）三九ノ一、二、五、六、一六條參看

（ホ）三九ノ一、二、三、五、六、七、二三、二一六條參看

第四條　艦船ハ左ニ記列スルモノヲ除クノ外航海部長ノ許可ナクシテ港內第一區ニ進入ス可カラス又許可ヲ得テ同區內ニ進入セシ艦船ノ進退ハ總テ航海部長ノ指示ニ從フヘシ

但左ニ記列スルモノト雖モ碇泊又ハ着船ノ場所ハ總テ航海部長ノ指示ニ從フヘキモノトス

一　艦船附屬小汽船及ヒ端船

二　十五噸以下ノ海軍所屬船

三　鎭守府司令長官ノ許可ヲ得テ一定ノ場所ヨリ軍港內ヘ往復スル船

四　海軍ノ用品ヲ回漕スル雇船又ハ注文品ヲ積載スル商船及ヒ艀船

（ホ）三九ノ一、二、三、四、六、二一六條參看

第五條　港內第一區第二區ニ碇泊スル艦船ハ航海部長ノ許可ナクシテ諸浮標ニ繫留スヘカラス

（ホ）三九ノ一、二、三、三、四、五、二一六條參看

第六條　風波等ニテ端舟ノ往復シ能ハサルトキ避難ノ爲メ港內第二區ニ進入ノ艦船ハ航海部長ノ指示ヲ待タス錨地ヲ取ルコトヲ得然レトモ第一區ニ進入スルヲ許サス

（ホ）三九ノ一、二、三、四、八、二一六條參看

第七條　火藥ダイナマイト等ノ如キ爆發物ヲ積載スル艦船ハ港內第一區ニ進入スルヲ許サス又火藥庫ヲ距ル百三十間二百六十碼以內ニ碇泊スルヲ許サス

但航海部長ニ於テ無害ト認定スルモノハ此限ニ在ラス

（ホ）三九ノ一、七、一六條參看

第八條　小汽船ハ火藥庫ヲ距ル百三十間二百六十碼以內ニ接近ス可カラス又艀舟漁船ハ同距離以內ニ於テ火ヲ焚クヘカラス

（ホ）三九ノ一、二、三、三、五、六、二一六條、

第九條　傳染病者アル艦船ハ港內第二區ニ進入スルコトヲ禁ス

五〇、五四、五九參看

但海港撿疫ノ爲メニ碇泊スル艦船ハ此限ニ在ラス

㋭三九ノ一、二、一六條參看

第十條　港內第三區中ハ艦船何レノ地位ニ碇泊スルモ隨意タルヘシト雖モ鎭守府司令長官ニ於テ港內ノ妨碍アリト認ムルカ或ハ臨機必要ト認ムルトキハ其繫留場所ヲ指示シ又ハ退轉ヲ命スルコトアルヘシ

㋭三九ノ一、二、一六條參看

第十一條　艦船ハ港內第二區第三區ニ於テハ禮砲又特ニ認可シタルモノヽ外ハ砲銃ノ發射ヲ禁シ第一區ニ於テハ總テ砲銃ヲ發スルコトヲ禁ス

㋭三九ノ一、二、一六條參看

第十二條　港內第一區第二區ニ於テ灰燼或ハ塵芥ヲ遺棄スヘカラス艦船ニ於テ其遺棄ニ供スル艀舟ハ航海部ニ請求スヘシ其他第三區內ト雖モ有害ト認ムル場所ハ遺棄ヲ禁シ臨時遺棄スヘキ場所ヲ指示スルコトアルヘシ（十九年海軍省令第百二十六號ヲ以テ艀舟ハノ下ニ造船所トアルヲ航海部ト改正ス）

㋭三九ノ一、二、四二、一六條參看

第十三條　港內第一區ニ於テハ航海部長ノ許可ナクシテ漁業ヲ爲スヘカラス

㋭三九ノ一、二、一六條參看

第十四條　港內沿岸ノ土地ハ何區ヲ論セス總テ鎭守府司令長官ノ許可ナクシテ其形ヲ變換シ又ハ棧橋波止場ヲ設ク可カラス

第十五條　軍港內ト他港ト定期航海ノ營業ヲ爲サントスル者ハ地方廳ヲ經由シ鎭守府司令長官ノ許可ヲ請フヘシ右許可ヲ經ルト雖モ該長官ニ於テ有害又ハ危險ト認ムルトキハ臨時港內ニ進入スルコトヲ停止スルコトアルヘシ

㋭三九ノ一、二、一六條參看

第十六條　海軍部外ノ者ニシテ此規則ニ從ハサル者ハ二圓以上二十五圓以下ノ罰金ニ處ス

（圖面畧之）

○

㊟四〇ノ四、七、一五、二七條參看

㊟四〇ノ二五、二七條參看

㊟四〇ノ七、一七、二六、二七條參看

㊟四〇ノ一、五、六、一四、一七、一八、一九、二〇、二一、二七條參看

㊟四〇ノ四、六、二七條參看

㊟四〇ノ四、五、二七條參看

㊟四〇ノ一、三、四、八、九、一〇、一二條參看

（四〇）横濱正金銀行條例 明治二十年七月勅令第二十九號

朕横濱正金銀行條例ヲ裁可シ茲ニ之ヲ公布セシム

横濱正金銀行條例

第一條 横濱正金銀行ハ有限責任ニシテ其負債ニ對シテ株主ノ負擔スヘキ義務ハ株金ニ止マルモノトス

第二條 横濱正金銀行ハ本店ヲ横濱ニ設置ス又内外國ニ於テ貿易上要用ナル地ニ支店又ハ出張所ヲ設置シ又他ノ銀行ト「コルレスポンデンス」ヲ締約スルコトヲ得但支店出張所ヲ設置若クハ廢止シ又ハ外國銀行ト「コルレスポンデンス」ヲ締約若クハ解約スルトキハ其事由ヲ大藏大臣ニ具狀シテ許可ヲ受クヘシ

第三條 横濱正金銀行ノ營業年限ハ開業ノ日即チ明治十三年二月二十八日ヨリ滿二十箇年トス但株主總會ノ決議ニ依リ營業ノ延期ヲ請願スルコトヲ得

第四條 横濱正金銀行ノ資本金ハ六百萬圓ト定メ之ヲ六萬株ニ分チ一株ヲ百圓トス但株主總會ノ決議ニ依リ資本金ノ增減ヲ請願スルコトヲ得

第五條 横濱正金銀行ノ株式ハ日本人ノ外賣買讓與スルコトヲ許サス

第六條 横濱正金銀行ノ株券ハ記名券ニシテ定欵ニ從ヒ賣買讓與スルコトヲ得

第七條 横濱正金銀行ノ營業ハ左ノ如シ

第一 外國ノ爲替及荷爲替

第二 内國ノ爲替及荷爲替

第三　貸付

第四　諸預金及保護預

第五　爲替手形約束手形其他諸證券ノ割引又ハ其代金取立

第六　貨幣ノ交換

㋭四〇ノ七、九、一〇、一二條參看

第八條　横濱正金銀行ハ營業ノ都合ニ依リ公債證書地金銀又ハ外國貨幣ヲ買入レ又ハ賣拂フコトヲ得

㋭四〇ノ七、八、一〇條參看

第九條　横濱正金銀行ハ政府ノ命令ニ依リ外國ニ關スル公債及官金ノ取扱ヲ爲スコトアルヘシ

㋭四〇ノ一一、二七條參看

第十條　横濱正金銀行ハ第七條第八條及第九條ニ記載スル事業ノ外他ノ營業ヲ爲スコトヲ許サス

㋭四〇ノ一〇、一三、二七條參看

第十一條　横濱正金銀行ハ左ノ場合ヲ除クノ外不動産株券其他ノ物件ヲ買取リ又ハ引受クルコトヲ得ス

第一　銀行營業ノ爲メ地所家屋ノ必要アルトキ

第二　貸金返濟ノ爲メ負債者ヨリ之ヲ引渡シ又ハ賣却スルトキ

第三　貸金ノ抵當ニシテ裁判上公賣ニ付シタルトキ

㋭四〇ノ七、一三、二七條參看

第十二條　横濱正金銀行ハ本行ノ株券ヲ抵當ニ取リ又ハ之ヲ買戻スヘカラス但負債者其辨償ヲ怠リテ他ニ相當ノ抵當ナク若クハ返濟ノ道ナキ場合ニ於テ之ヲ抵當ニ取リ又ハ引受クルハ此限ニ在ラス

㋭四〇ノ二七條參看

第十三條　第十一條第二項第三項及第十二條ノ場合ニ於テ不動産株券其他ノ物件ヲ引受ケシトキハ必ス十箇月以内ニ之ヲ賣却スヘシ但賣却代價不相當ト認メタルトキハ其事實ヲ大藏大臣ニ具申シ延期ヲ請フコトヲ得

㋭四〇ノ四、二七條參看

第十四條　横濱正金銀行ハ權利者ノ請求次第ニ支拂フヘキ諸預金ニ對シ其四分ノ一以上ニ當ル準備金ヲ備ヘ置ク可シ

㋭四〇ノ一、一六、二七、二七條參看

第十五條　横濱正金銀行取締役ハ五人以上トシ株主總會ニ於テ其人員ヲ定メ五十株以上ヲ所有スル株主中ニ付キ之ヲ選擧シ其任期ヲ一年トス但滿期ニ當リ復選スルモ妨ナキモノトス

㋭四〇ノ一五、二七條參看

第十六條　頭取ハ取締役ニ於テ之ヲ互選シ大藏大臣ノ認可ヲ受クヘシ但大藏大臣ニ於テ必要ト思考スルトキハ特ニ日本銀行副總裁ヲシテ横濱正金銀行頭取ヲ兼ネシメ又ハ横濱正金銀行頭取ヲシテ日本銀行理事ヲ兼ネシムルコトアルヘシ

銀行事務ノ都合ニ依リ取締役ニ於テ副頭取一人ヲ互選スルコトヲ得但其職權ハ頭取事故アルトキ之ヲ代理スルニ止マルモノトス

頭取取締役ノ職權及責任ハ定款ヲ以テ定ムヘシ

㋭四〇ノ三、四、一五、二七條參看

第十七條　横濱正金銀行ハ毎年二回定式株主總會ヲ開キ定款ニ定メタル事項ヲ決定スヘシ又臨時ノ事件ヲ議スル爲メ何時ニテモ臨時總會ヲ開クコトヲ得

株主總會ニ出席スルモノハ會期六十日以前ヨリ株主タル者ニ限ル可シ

㋭四〇ノ一九、二七條參看

第十八條　毎半季利益金ヲ配當スルトキハ豫メ其割合ヲ大藏大臣ニ具申シテ認可ヲ受ク可

㊍四〇ノ一八、二〇、二一、二七條參看

シ

第十九條　毎半季純益金總額ノ十分ノ一以上ヲ積立テ左ノ目的ニ供ス可シ

第一　資本金ノ損失ヲ補フコト

第二　配當金ノ不足ヲ補フコト

㊍四〇ノ一九、二七條參看

第二十條　貸金返濟ノ期限ヲ過キ到底損失ニ歸スヘキモノト認ムルトキハ其損失ト見積リタル金額ニ對シテ準備金ヲ積立ツ可シ

㊍四〇ノ二七條參看

第二十一條　横濱正金銀行營業上ニ於テ損失ヲ生シ資本金ノ半額以上ヲ減少シタルトキ又ハ此條例ニ背戻シタル所爲アリテ大藏大臣ニ於テ必要ト思考スルトキハ其營業ヲ停止シ又ハ解散ヲ命スルコトヲ得

又株主總會ノ決議ニ依リ政府ノ許可ヲ受クルニ於テハ任意ノ解散ヲ爲スコトヲ得但此總會ニ於テハ株主總員二分ノ一以上ニシテ總株金二分ノ一以上ニ當ル株主出席シ其議決權ノ三分ノ二以上ニ依テ決議スルモノトス

第二十二條　横濱正金銀行ニ於テ條例定款ニ背戻スル所爲アルトキ又ハ大藏大臣ニ於テ不利ナリト認ムル事件アルトキハ大藏大臣之ヲ制止スルコトヲ得

㊍四〇ノ二七條參看

第二十三條　大藏大臣ハ時々官吏ヲ派遣シテ横濱正金銀行ノ業務及財産ノ實況ヲ檢査セシムヘシ

㊍四〇ノ二七條參看

第二十四條　横濱正金銀行ハ大藏大臣ノ命令ニ從ヒ其營業上ニ係ル計算報告書ヲ差出ス可シ

㊟四〇ノ二、二七條參看

㊟四〇ノ三、二七條參看

㊟四一ノ二、三、四、五、六、八、一一、一二條參看

㊟四一ノ六條參看

第二十五條　横濱正金銀行本支店及出張所ニ於テハ重要ノ文書ニ其本支店若クハ出張所ノ印ヲ押捺スヘシ但横文ヲ以テ發スル文書ニハ之ヲ押捺スルコトヲ要セス

第二十六條　横濱正金銀行ハ明治二十年七月十日ヨリ此條例ヲ遵奉シ株主總會ノ決議ヲ以テ更ニ定欵ヲ制定シテ大藏大臣ノ認可ヲ受クヘシ但定欵ノ改正增補ヲ要スルトキハ亦本條ニ準ス

第二十七條　横濱正金銀行ノ頭取取締役其他ノ役員ニシテ此條例ヲ犯シタル者ハ五圓以上五十圓以下ノ罰金ニ處ス

第二十八條　此條例ノ改正ヲ要スルコトアルトキハ三箇月以前ニ之ヲ公布セシム

◎タノ部

(四一)兌換銀行券條例　明治十七年五月第十八號布告

兌換銀行券條例別紙ノ通制定シ明治十七年七月一日ヨリ施行ス

但明治七年九月第百號布告ハ此條例布告ノ日ヨリ滿一個年ノ後廢止ス

(別紙)

兌換銀行券條例

第一條　兌換銀行券ハ日本銀行條例第十四條ニ據リ同銀行ニ於テ發行シ銀貨ヲ以テ兌換スルモノトス

第二條　日本銀行ハ兌換銀行券發行高ニ對シ同額ノ金銀貨及地金銀ヲ置キ其引換準備ニ充

ツヘシ

日本銀行ハ前項ノ外特ニ七千萬圓ヲ限リ政府發行ノ公債證書大藏省證券其他確實ナル證券又ハ商業手形ヲ保證トシ兌換銀行券ヲ發行スルコトヲ得但本項七千萬圓ノ内二千七百萬圓ハ明治二十二年一月以降ニ係ル國立銀行紙幣ノ消却高ヲ限トシ漸次發行スルモノトス

日本銀行ハ市場ノ景況ニ由リ流通貨幣ノ増加ヲ必要ト認ムルトキハ大藏大臣ノ許可ヲ得テ前二項發行高ノ外更ニ政府發行公債證書大藏省證券其他確實ナル證券若クハ商業手形ヲ保證トシ兌換銀行券ヲ發行スルコトヲ得此場合ニ於テハ其發行額ニ對シ一箇年百分ノ五ヲ下ラサル割合ヲ以テ發行税ヲ納ムヘシ但其割合ハ其時々大藏大臣之ヲ定ム

日本銀行ハ政府發行紙幣消却ノ爲メ二千二百萬圓ヲ限リ一箇年利子百分ノ二ノ割合ヲ以テ政府ニ貸付スヘキモノトス但明治三十一年以降ハ無利子タルヘシ

前項貸付金ノ償還年限及毎年償還金額ハ大藏大臣之ヲ定ム（三十一年七月勅令第五十九號ヲ以テ本條各項改正）

〔第二條　日本銀行ハ兌換銀行券發行高ニ對シ相當ノ銀貨ヲ置キ其引換準備ニ充ツヘシ〕

(ホ)四一ノ一、四、八條參看

第三條　兌換銀行券ノ種類ハ壹圓五圓拾圓貳拾圓五拾圓百圓貳百圓ノ七種トス但大藏卿ハ各種ニ就テ其發行高ヲ定ムヘシ

(ホ)四一ノ一條參看

第四條　兌換銀行券ハ租税海關税其他一切ノ取引ニ差支ナク通用スルモノトス

(ホ)四一ノ一條參看

第五條　兌換銀行券ハ大藏卿ノ指定スル書式圖形ニヨリ日本銀行ニ於テ之ヲ製造シ時々其製造高ヲ大藏卿ニ上申スヘシ但其見本ハ發行期日前大藏卿ヨリ告示スヘシ

四一ノ一、三、七、一〇條參看

四一ノ六條參看

四一ノ一條參看

四一ノ一、三條參看

四一ノ六、一一條參看

四一ノ一、六、一〇條參看

四一ノ一條參看

第六條　兌換銀行券ノ引換ヲ請フ者アルトキハ日本銀行本店及ヒ支店ニ於テ營業時間中何時ニテモ兌換スヘシ

但支店ニ於テハ本店ヨリ準備金ノ到達スヘキ時間其兌換ヲ延期スルコトヲ得（十八年第九號布告ヲ以テ此但書追加）

第七條　金銀貨ヲ持參シテ兌換銀行券ニ引換ンコトヲ請フモノアルトキハ日本銀行本店及ヒ支店ニ於テ無手數料ニテ之ヲ交換スルモノトス

第八條　日本銀行ハ兌換銀行券發行額及交換準備ニ關スル出納日表及毎週平均高表ヲ製シ之ヲ大藏大臣ヘ進達シ且毎週平均高表ハ官報ニ廣告スヘシ（二十一年七月勅令第五十九號ヲ以テ改正）

〔第八條　日本銀行ハ兌換銀行券發行ニ關シ出納日表及ヒ精算月表ヲ作リ之ヲ大藏卿ニ報告スヘシ〕

第九條　大藏卿ハ日本銀行監理官ヲシテ特ニ兌換銀行券發行ノ件ヲ監督セシムヘシ但監理官ニ於テ必要ナリトスルトキハ何時ニテモ其手許有高及ヒ帳簿ヲ檢査スルコトヲ得

第十條　兌換銀行券ノ汚染毀損等ニヨリ通用シ難キモノハ日本銀行本店及ヒ支店ニ於テ無手數料ニテ之ヲ引換フヘシ

第十一條　兌換銀行券ノ製造、損劵引換及ヒ消却等ノ手續ハ大藏卿之ヲ定ムヘシ

第十二條　兌換銀行券ノ偽造變造ニ係ル罪ハ刑法偽造紙幣ノ各本條ニ照シテ處斷ス

◎ソノ部

㊟四二ノ二、三條參看

㊟四二ノ一、四、五、六、七條參看

㊟四二ノ四條參看

㊟四二ノ二、三條參看

(四二)測量標規則　明治二十一年七月勅令第五十八號

朕測量標規則ヲ裁可シ茲ニ之ヲ公布セシム

測量標規則

第一條　陸地測量部及水路部ニ於テ測量標設置ノ爲メ敷地ヲ要スルトキハ官有地第三種第一項ノ土地ニ在テハ其所轄廳ニ通知スヘシ

宅地ニ非サル民有地ニ在テハ之ヲ買上ケ又ハ相當ノ借地料ヲ給シ一時之ヲ借入ルヘシ其所有者ハ之ヲ拒ムコトヲ得ス但測量標敷地ヲ買上ケントスルニ當リ其所有者借地料ヲ要セス永遠貸地ト爲サンコトヲ望ムトキハ格別トス

第二條　測量主任官ハ測量標設置ノ場所ヲ測定シ測旗及假杭ヲ樹立スル爲メ必要ナルトキハ前條ニ掲クル官有地又ハ民有地ニシテ牆垣籬柵等ノ設ケアルモ之ニ立入ルコトヲ得此場合ニ於テハ主任官タルノ證票ヲ携帯スヘシ

所轄廳所有者又ハ管理人ノ所在遠隔ニシテ其證票ヲ示ス能ハサルトキハ施行ノ後直ニ之ヲ通知スヘシ

測量施行ノ爲メ覘標ヲ樹梢ニ附設スル場合ニ於テハ宅地内ト雖モ之ヲ施行スルコトヲ得

第三條　測量施行ノ際障碍アル竹木ハ第一條ニ掲クル民有地ニ在テハ相當ノ代價ヲ給シ之ヲ伐除スルコトヲ得

第四條　測量施行ノ爲メ牆垣籬柵等ヲ毀壞シ又ハ植物菓物ヲ損害シタルトキハ陸地測量部及水路部ニ於テ之ヲ賠償スルモノトス但其所有者ハ三十日以内ニ申出ヘシ

㊟四二ノ二條、刑法第四二一、四二九ノ一五項參看
㊟四二ノ二條、刑法第四二一、四二九ノ一五項參看
㊟四二ノ二條參看

第五條　測量標ヲ移轉シ又ハ毀壞シタル者ハ一月以上一年以下ノ重禁錮ニ處シ又ハ五圓以上五十圓以下ノ罰金ニ處ス
第六條　測旗及假杭ヲ移轉シ又ハ毀壞シタル者ハ二圓以上二十圓以下ノ罰金ニ處ス
第七條　疎虞懈怠ニ由リ測量標及測旗假杭ヲ毀壞シ又ハ之ニ瓦礫其他ノ雜物ヲ擲チ又ハ獸類ヲ繫キ又ハ縄索ノ類ヲ懸ケ又ハ貼紙シ戯書シ又ハ登攀其他惡戯ヲ爲シタル者ハ五錢以上一圓九十五錢以下ノ科料ニ處ス

◎ナノ部

(四三)内國船難破及漂流物取扱規則　明治八年四月第六十六號布告

内國船難破及漂流物取扱規則別冊之通相定候條本年六月一日ヨリ施行可致此旨布告候事
但本年同日ヨリ浦高札ハ廢シ候事

（別册）

内國船難破及漂流物取扱規則

第一條　諸通船海上又ハ川筋ニ於テ難破沈沒其他ノ災厄ニ逢ヒ候節救助心得方及ヒ之ニ屬スル諸費用ノ立方ハ總テ左ノ箇條ニ從テ取扱フヘシ
第二條　各地浦方ニ於テ難破救助ノ爲メ其管廳ヨリ區戸長其他用掛リ等ノ内ヲ以テ適宜ニ浦役人ヲ申付置クヘシ
第三條　諸通船難風ノ爲メニ困難シ又ハ其他災厄ニ罹リ候節ハ最寄ノ者見付次第直チニ浦

㊟四三ノ三、四、五、六、三六條參看
㊟四三ノ二、四、五、六、一三、一七、

二八、二九條參看

㊟四三ノ二、三、五、六、八、一〇、一二、一四、一五、一六、一七、二一、二二、二四、二五、二六、二七、二八、三五條參看

㊟四三ノ八、一〇條參看

㊟四三ノ四、六、九條參看

役人ニ報知シ且ツ浦役人ヨリ指圖無之𪜈速ニ助船ヲ出シ救助方精々盡力致スヘシ
　但シ救助ノ者困難船ニ漕寄セ候節船長其他重立タル者ヨリ賴談無之內ハ猥リニ船中ノ物品ヲ積ミ移スヘカラス

第四條　浦役人ハ難船ヲ見附或ハ其報知ヲ得ル𪜈ハ速カニ其乘組人及ヒ船體積荷ヲ救助保安スルノ手立ヲ盡スヘシ若シ多人數ヲ要スル程ノ大難船ト見受ケ候節ハ板木半鐘等打鳴ラシ人數ヲ呼聚メ且ツ近隣ノ船持ニ申付助船ヲ出サシムヘシ

第五條　少人數ニテ救助シ得ヘキ𪜈ハ勿論前條ノ如ク多人數ヲ要スル程ノ大難船ノ節モ浦役人ニ於テ諸事取締ヲ付ケ成丈ケ失費掛カラサル樣篤ク注意致シ救助方行屆候ハヽ早速人數ヲ退散セシムヘシ

第六條　保安シタル船具積荷其他ノ物品ハ最モ安全ニシテ且ツ便利ノ場所ニ之ヲ置クヘシ尤モ小屋掛ヲ要シ番人ヲ差置クヘキ程ノ場合ニ於テハ夫々其手數ヲ爲シ諸事懇切ノ取扱ヲ致スヘシ

第七條　難破ニ逢ヒタル船長又ハ乘組ノ者ハ上陸次第直チニ電信郵便其他ノ急報ヲ以テ之ヲ船主又ハ荷主ニ報知スヘシ

第八條　難船物ヲ保安スル者ヘハ左ノ割合ヲ以テ保安料ヲ遣ハスヘシ
　第一　海面ニ漂流スル物品ハ其二十分一
　第二　海中ニ沈沒スル物品ハ其十分一
　第三　川面ニ漂流スル物品ハ其三十分一

㊟四三ノ九條參看

㊟四三ノ四、六、一一條參看

㊟四三ノ三、一九、三四條參看

第四　川底ニ沈沒スル物品ハ其十五分一

　但シ其所持主ノ都合ニ因リ代價又ハ現物ニテモ妨ケナシ

第九條　浦役人ハ救助ノ爲メ集マリタル人數及ヒ救助ノ爲メニ出シタル小舟現ニ難船品ヲ保安シ及ヒ之レニ就テ盡力シタル證跡顯然タラサルニ於テハ保安料及ヒ其他ノ賃錢等ヲ割渡スヘカラス

第十條　保安シタル物品又ハ船滓等ノ餘殘物又ハ汐入リ水濡レ等ノ爲メニ腐敗スヘキ恐レアルモノハ二名以上ノ浦役人及ヒ船長其他重立乘組ノ者二名以上合議ノ上其所ニ於テ之ヲ入札拂ニ爲スヲ得ヘシ

但シ本條ノ場合ニ於テハ浦役人ニテ成ルベク丈ケ最寄ヘ廣告シ公ケノ場所ニ於テ入札人其他衆人ノ眼前ニテ之ヲ爲シ且ツ其物品ノ目錄及ヒ買人ノ證書並ニ其附直段ノ第三番迄ヲ取置クヘシ

第十一條　保安物ヲ賣拂タル片ハ其代價金高ノ内ヲ以テ左ニ掲載シタル諸費用ヲ其船主荷主ヨリ出サシムヘシ

第一　保安料

第二　救助ノ節働人足賃及ヒ小舟賃

第三　保安物ノ爲メニ取設タル小屋掛ケ入費及ヒ番人ノ賃錢

第四　乘組ノ者怪我人有之節其療養入費

第五　同前ノ者溺死スル片其搜索入費

㊟四三ノ四、一五、二九、二五、二六條參看

㊟四三ノ三、一九、二五條參看

㊟四三ノ四、一一、二條參看

㊟四三ノ四、一一、二、一九、二

第六　同前ノ者溺死ノ節埋葬入費

若シ物品賣拂金高諸費ノ高ヨリ少キ片ハ其金高限リ出サシメ不足ノ分及ヒ賣拂フヘキモノモ之レナキ片ハ第十五條ニ照準シテ處置スヘシ

第十二條　左ニ掲載シタル諸入費ハ之ヲ三分シ其二分ハ船主荷主ヨリ出サシメ其一分ハ之ヲ其管内民費トナスヘシ

第一　難船取扱中浦役人ノ日給

第二　浦方ニ於テ難破ノ爲メニ費シタル薪炭蠟燭及ヒ筆紙墨代

第三　浦方ヨリ官廳其外等ヘ發シタル電信郵便及ヒ飛脚賃

第四　救助人溺死シタル片其捜索入費

第五　同前ノ者死傷スル片治療埋葬入費

第十三條　難破ノ節浦方ヨリ乘組人ニ給セシ衣服食物其他ノ必用品代料又ハ歸郷旅費等ヲ貸遣ハシタル片ハ證書取置キ第十九條ノ通リ精算書中ニ記載シ追テ本人ヨリ償却セシムベシ

第十四條　大難船ノ節諸費用割賦ノ儀ハ（船体皆破沈没乘組人ノ死去及積荷ノ大損害ヲ生シ荷主船主立會決算ヲ要スル等ノモノ）現場ノ救助方ヲ除クノ外各船ノ處置ハ其管廳ニ申立テ其筋出張官員ノ差圖ヲ受クヘシ尤モ小難船ノ處置ハ二名以上ノ浦役人及ヒ船長其他重立乘組ノ者二名以上合議ノ上之ヲ決スルヲ得ヘシ

第十五條　船體積荷ヲ併セテ悉皆沈沒ニ至ルノ大難船ハ浦方ニ於テ其救助ノ爲メニ許多ノ

二七條參看

雜費相掛リ候トモ船主荷主ヨリ之ヲ取立ルヲ得ス故ニ其差出スヘキ費用ノ分ハ官費ヲ以テ支給スヘキニ付費用明細帳ヲ作リ浦役人船長連署押印シ管廳ヘ差出スヘシ

第十六條　危難ヲ冒シテ乘組人ノ必死ヲ救フ者又ハ救助ノ爲メ盡力シテ死傷ニ至ル者アルトキハ必ス管廳ヘ屆出ツヘシ其事實ノ輕重ニヨリ相當ノ賞譽或ハ手當金ヲ給スヘシ

㋩四三ノ二七條參看

第十七條　總テ浦役人及船長合議ノ上處置シタルトキハ其事柄ヲ詳細ニ記シタル證書二通ヲ作リ之レニ連署押印シ其一通ヲ船長ヘ渡シ他ノ一通ヲ浦役人ニテ保チ置クベシ

第十八條　二名以上ノ浦役人合議ノトキハ其内一名ハ必ラス他村ヨリ出スヘシ

㋥四三ノ二〇條參看

第十九條　難船救助ニ屬スル諸費用ハ二名ノ浦役人及ヒ船長其他重立乘組ノ者二名以上立會ノ上第十一條第十二條第十三條第十五條ニ照ラシテ夫々其費用ノ種類ヲ區別シ成ル可ク速ニ精算書ヲ作リ之ニ難破明細書ヲ添ヘテ管廳ニ差出シ其撿査ヲ受クヘシ

但シ精算取調ノ節ハ成丈ケ船主又ハ荷主ノ立會ヲ要スヘシ

第二十條　前條ノ精算書ハ管廳ニ於テ速カニ調査ヲ遂ケ不審ノ廉無之トキハ早速下ケ渡スヘシ然ル上浦役人ハ第十五條ニ記スル場合ヲ除クノ外船主荷主或ハ船長ヨリ夫々出金致サスヘシ若シ其即時辨金相成難キ分ハ相當ノ日數ヲ猶豫スヘシ

但シ民費ノ分ハ其管廳ヨリ取立浦役人ヘ下渡スヘシ

㋭四三ノ四、二七條參看

第二十一條　洋中ニ於テ難破或ハ打荷等有之趣ヲ以テ浦證文ヲ願出ルトキハ二名以上ノ浦役人立會ノ上船長及ヒ乘組ノ者二名以上ヲ別々ニ取調ヘ其實跡アルカ又ハ航海日記アルモノハ之レニ照ラシ各々符合スルトキハ浦證文ヲ作リ連署調印シテ之ヲ船長ニ付與シ寫ヲ以

テ管廳ヘ屆出ヘシ

但シ浦證文中左ノ箇條ヲ載スヘシ

第一　難破ニ逢ヒタル場所其時日及ヒ風波ノ摸樣

第二　破損ノ箇所

第三　打荷ノ種類箇數並他ノ積荷ノ種類

第四　船號及ヒ免狀ノ番號並ニ船主船長ノ本貫苗字名乘組人數

第五　荷打シタル荷物主ノ苗字名本貫

第六　仕出シ地及ヒ仕向ケ地ノ港名

第七　乘組ノ內死傷有之トキハ其本貫苗字名年齡

㊟四三ノ四、二三條參看

第二十二條　軍艦其他ノ官有船困難候節ハ早速助船ヲ出シ精々盡力シテ救助スベシ且ツ其難破ノ大小ニ拘ハラス其旨ヲ直チニ管廳ヘ報知スベシ

第二十三條　前條ノ救助ニ屬スル諸費用ハ船將又ハ其筋ノ士官ヨリ直チニ受取ルヘシト雖モ總テ管廳ノ指揮ヲ受クベシ

但シ第十一條ニ記載スル保安物ニ就テハ別段相當ノ手當ヲ與フベシ

㊟四三ノ四條參看

第二十四條　貢米及ヒ其他ノ官物ヲ積入候船難破ニ及ヒ候節現場救助ヲ除クノ外總テノ處置ハ管廳ヘ申立ノ上其指揮ヲ受クベシ

但シ郵便物ヲ積込候船ハ其最寄郵便役所又ハ取扱所ヘ郵便行嚢ヲ至急引渡スヘシ

第二十五條　難船取扱ノ間浦役人ノ日給ハ一日五十錢ヨリ多カラス十錢ヨリ少ナカラサル

モノトス

難破ノ節働人足賃及ヒ小舟賃ハ土地ノ異同ト勞役ノ難易ニ依リテ同シカラスト雖モ各管廳ニ於テ適宜見積リ豫カシメ其額ヲ定メ置クヘシ

◯一ノ四、五、六條、四三ノ一五、一五、一七、二二一條參看

第二十六條　船長及ヒ擔任ノ者怠慢ニヨリ難破沈沒其他ノ損害ヲ生スル時ハ右損失ヲ其者ヨリ償却セシムヘシ若シ其災厄人智ノ前知スヘカラス人力ノ豫防スヘカラサルニ出ルコヲ瞭然明證スルトキハ此限ニ在ラス

第二十七條　浦役人船長其他救助ノ者ト申合セ其保安シタル難船物ヲ沈沒ト僞リ竊ニ賣買スル者ハ律ニ照シテ處分ス可シ

◯一ノ四、五、六條、四三ノ三、四、三六條參看

第二十八條　凡テ難船ノ節救助ニ託シテ積荷船具其他ノ物品ヲ竊盜或ハ掠奪スル者又ハ其竊盜掠奪ニ與スル者又ハ其本犯ヲ隱匿スル者又ハ竊盜物ト知テ之ヲ賣買スル者ハ律ニ照ラシテ處分スヘシ

以下漂着ノ部

◯七ノ二條、四三ノ二九、三〇以下、三七條參看

第二十九條　凡ソ原因ノ知レサル難船漂着物及ヒ乘組人ナキ漂着船ヲ見附ル者ハ之ヲ浦役人ニ報知スヘシ浦役人ハ其調書ヲ作リ之ヲ其管廳ヘ屆出ヘシ

◯四三ノ二九條參看

第三十條　乘組人ナキ船ハ其漂着ノ月日船ノ大小破損ノ模樣等ヲ精細ニ書記シ漂着物ハ其品名箇數等精細ニ書記ルシ其漂着近傍人民輻輳ノ地ノ掲示場及ヒ船改所ヘ六十日間張出スヘシ尤モ漂着物ノ代價二十圓以上ト思量シ或ハ二十圓以下タリ圧必要ノ品柄ト思量スル圧ハ其管廳ヨリ三府五港ノ管廳及ヒ稅關ヘ報告シテ張出ヲ爲シ或ハ新聞紙ニ載セテ公

告スヘシ
第三十一條　漂着物ノ持主知レタルトキハ左ノ區別ニ循ヒ處置ス可シ
第一　一ケ年以內ハ其見積代價ノ三分一ヲ取揚主ニ與ヘ其現品ハ持主ニ返還スル事
但シ持主ノ情願ニヨリ現品賣拂ヒ其代金ニテ受取ルヿヲ得ヘシ
第二　一ケ年ヲ過クレハ之ヲ公賣シ其代價ヲ平分シ一半ハ其取揚主ニ與ヘ一半ハ官ニ收ムル事
但シ三ケ年以內ニ其持主知レタルトキハ官ニ收メシ部分ハ下戻スヘシ
第三十二條　乘組人無之漂着船ノ持主知レタル片ハ左ノ區別ニ循ヒ處置スヘシ
第一　一ケ年以內ハ其見積代價ノ十分ノ一ヲ見附主ニ與ヘ其船ハ持主ニ返還スル事
但書ハ前條第一項ニ同シ
第二　一ケ年ヲ過クレハ之ヲ公賣シ其代價ノ三分ノ一ヲ見附主ニ與ヘ其餘ノ二分ハ官ニ收ムル事
但書ハ前條第二項ニ同シ
第三十三條　前二條ニ記スル場合ニ於テハ律例得遺失物ノ條ト抵觸スルヿナカル可シ
第三十四條　凡ソ漂着物ヲ保存シ及ヒ之ヲ公告スル等ノ事ニ付費用アルモノハ第十一條ニ照シ浦役人ノ奥印シタル證書ヲ以テ代價ノ全部中ヨリ之ヲ償却スヘシ
第三十五條　洋中ニ於テ難破イタシ桅檣其他ノ船具ニ取附キ海岸ニ漂着致シ候者有之節ハ浦役人ヨリ一通リ取調ヘ相當ノ保護ヲ加ヘ置キ直チニ管廳ニ屆出其指揮ヲ受ク可シ尤モ

㊟四三ノ三三、三七條參看
㊟四三ノ三三、三七條參看
㊟七ノ二、四、一〇條參看
㊟四三ノ三七條參看

㊟七ノ一四條參看

㊟四三ノ三八條參看

本人歸鄕ノ旅費其他ノ手當等貸遣ハシ候節ハ第十三條ノ通リ追テ本人ヨリ償却セシムヘシ

第三十六條 凡ソ漂着物ヲ見附ケタル者之ヲ浦役人ニ報知スルヿナク其物品ヲ私カニ使用シ又ハ之ヲ賣買スル者ハ第二十八條ニ照シテ處分スヘシ

第三十七條 暴風雨等ニテ流失ノ材木ヲ取揚クル牛ハ此規則第二十九條以下ニ照準シ其代價十分ノ一ニ過キサル取揚料ヲ遣ハスヘシ（明治十年三月第二十九號布告ヲ以テ改正）

第三十八條 前條ノ場合ニ於テ取揚タル材木巨大ニシテ傾置ニ不便ナルモノハ官之ヲ公賣シ其代價ヲ以テ現物ト看做シ材主ノ有無ニ從ヒ處分スヘシ（明治十一年十月第三十二號布告ヲ以テ追加）

◎クノ部

（四四）外國形日本船輸出入稅未納內外貨物回漕規則 明治八年三月第二十號布告

外國形日本船輸出入稅未納內外貨物回漕規則別冊ノ通相定本年四月一日ヨリ施行候條此旨布告候事

（別冊）

外國形日本船輸出入稅未納內外貨物回漕規則

第一條 日本郵船會社其他日本船ニテ日本沿海廻漕免許ヲ得タル外國形船舶ニ限リ自今國內各開港場間ニ輸入稅未納ノ外國貨物並ニ貨主外國人ニテ輸出稅未納ノ內國貨物廻漕差許候就テハ從來內外交涉密賣買ノ儀ハ嚴禁ノ處尙ホ右ニ類スル所業有之候テハ不相濟儀

（參）四四ノ三、四、五、六、一五、一六、一七條參看

（參）一ノ三、五條四四ノ二、二五條參看

（參）一ノ三、五條四四ノ二、四、六、一六、一七條參看

（參）一ノ三、五條四四ノ一、四、五、一四、一六、一七條參看

ニ付廻漕規則ヲ設クルヿ左ノ如シ

第二條　凡ソ外國形ノ日本船舶ハ都テ出入港手數並ニ諸貨物船積船卸共各開港場ニ於テハ稅關ノ所轄トス

第三條　前條ノ船滯港中ハ稅關ヨリ監吏乘勤スヘシ

第四條　前條ノ船貨物ヲ船積シ或ハ船卸スルハ日出ヨリ日沒マテニ限ルヘシ若シ夜中竊ニ貨物ヲ積卸スルトキハ其現品ヲ沒收シ且其品價同額ノ罰金ヲ其船長或ハ其會社ニ課スヘシ

但日沒ヨリ日出マテハ船中ノ艙口ヲ固封シ置クヘシ若シ勝手ニ開封スルトキハ其船長或ハ其會社ニ金六拾圓ノ罰金ヲ課スヘシ

第五條　甲港ヨリ乙港ニ廻漕スル前條ノ船ニ未納稅內外貨物ヲ積入レ乙港ニ輸送セント欲スルトキハ其貨主或ハ其引受人ヨリ差出書（各稅關ニ用フル積送差出書式）ニ貨物ノ品種箇數記號番號元價等詳細相認メ積送ノ儀稅關ヘ願出貨物撿查濟ノ上積送免狀ヲ受ケ積入ルヘシ若シ此手數ヲ經スシテ積入ルヽトキハ其現品ヲ沒收ス故ニ其船長或ハ會社タル者ハ必ス右免狀ヲ點視シ之レニ照ラシテ其品ヲ積入ルヘシ若シ無免狀ノ貨物ヲ船積セハ事ノ成否ヲ問ハス其會社或ハ其船長ヘ其品價同額ノ罰金ヲ課スヘシ

第六條　甲港ニ碇泊スル外國船ヨリ都合ニヨリ直チニ貨物ヲ船移シ乙港ニ積送ラント欲スルトキハ其貨主或ハ其引受人ヨリ船移廻漕ノ差出書（各稅關ニ用フル船移書式）ニ貨物ノ品種箇數記號番號等詳細相認メ船移ノ儀稅關ヘ願出右免狀ヲ受ケ船移スヘキ儀ナレハ其船長或ハ會社タル者ハ右免狀ヲ點視シ之レニ照ラシテ其品ヲ船移スヘシ若シ無免狀又ハ免狀外ノ貨

(米)一ノ三、五條 四四ノ六、八、二一 四、一六、一七條參看

(米)一ノ三、五條 四四ノ二、六、七、一六、一七條參看

(米)一ノ三、五條 四四ノ六、七、一七條參看

(米)一ノ三、五條 四四ノ二、六、七、一一、一六、一七條參看

(米)一ノ三、五條 四四ノ一、一〇、一二、一六、一七條參看

物ヲ船移スル𬼀ハ其現品ヲ沒收シ且ツ其品價同額ノ罰金ヲ其船長或ハ其會社ニ課スヘシ

第七條　前條ノ船舶ヨリ輸出稅未納內國貨物ヲ外國船ヘ積移スルヿヲ許サス若シ密ニ之ヲ船移シ又ハ船移セント謀ラハ事ノ成否ヲ問ハス其貨物ヲ沒收シ且其會社或ハ其船長ニ其品價同額ノ罰金ヲ課スヘシ

第八條　前條ノ船貨物積入レ甲港ヲ出港セント欲スル𬼀ハ其船長或ハ其會社ヨリ第一號ノ如ク積送貨物ノ總目錄二枚（一枚ハ甲港稅關ヘ置キ一枚ハ乙港稅關ヘ送遞ス）ヲ認メ稅關ヘ差出シ出港免狀ヲ受ケ出港スヘシ若シ此手數ヲ經スシテ出港スル𬼀ハ總目錄ニ記載スヘキ品價同額ヲ罰金トシテ其船長或ハ其會社ニ課スヘシ

但シ滊船ハ出港前一時帆船ハ出港前二十四時ヲ隔テヽ此手數ヲ爲スヘシ

第九條　前條ノ船甲港ヨリ乙港ニ通港中風順ニヨリ不開港場ヘ入津スル𪜈輸入稅未納ノ外國貨物或ハ貨主外國人ニシテ內國品ヲ船卸スヘカラス若シ船卸スル𬼀ハ密商スルト否トヲ問ハス其現品ヲ沒收シ且其品價同額及ヒ金一千圓ノ罰金ヲ其船長或ハ其會社ニ課スヘシ

第十條　前條ノ船乙港ニ入港セハ其稅關ヘ第二號書式ノ如ク未納稅內外貨物ノ輸入總目錄一通ヲ差出スヘシ尤モ此手數ハ入港下碇後休日ヲ除キ四十八時間ニ爲スヘシ此時間ヲ過ル𬼀ハ一日每ニ金六拾圓ノ罰金ヲ課スヘシ

第十一條　前條ノ輸入貨物總目錄中若シ誤脫アルヲ覺知セハ休日ヲ除キ二十四時間ニ更正スルヿヲ得ヘシ若シ此期限ヲ過キ更正スル𬼀ハ金拾五圓ノ罰金ヲ課スヘシ

(參)一ノ三、五條、四四ノ八、一〇、一二、一六、一七條參看

(參)一ノ三、五條、四四ノ二二、一六、一七條參看

(參)一ノ三、五條、四四ノ二、六、七、一六、一七條參看

(參)四四ノ二、四條參看

(參)一ノ三、五條、四四ノ二、三、五、六、七、八、九、一〇、一一、一二、一三、二一

第十二條　前條ノ輸入貨物總目錄ヲ甲港ヨリ既ニ廻達アリシ積送貨物總目錄ニ照會シ過不足アルトキハ其事由ヲ糺明シ條理判然セサルトキハ不足ノ貨物ハ甲乙兩港間ニ於テ密商セシ者ト看做シ其品物同價ノ金額幷ニ金一千圓ノ罰金ヲ其船長或ハ其會社ニ課スヘシ若シ貨物過ナルトキハ其現品ヲ沒收シ且其品價同額ヲ罰金トシテ其船長或ハ其會社ニ課スヘシ

第十三條　前條ノ船入港手數ノ上未納稅內外貨物ヲ陸揚スルトキハ其貨主或ハ其引受人ヨリ差出書（各稅關ニ用フル輸入書式）ニ貨物ノ品種箇數記號番號元價等詳細相認メ陸揚ノ儀稅關ヘ願出貨物撿查濟ノ上陸揚免狀ヲ受ケ陸揚スヘシ若シ無免狀或ハ免狀外ノ貨物ヲ船卸セハ事ノ成否ヲ問ハス其貨物ヲ沒收ス故ニ其船長或ハ會社タルモノハ右免狀ヲ點視シ之ニ照シテ其品ヲ船卸スヘシ若シ無免狀或ハ免狀外ノ貨物ヲ船卸シ若シクハ船卸セントハカラハ事ノ成否ヲ問ハス其會社或ハ其船長ヘ其品價同額ノ罰金ヲ課スヘシ

但外國貨物ハ輸入稅上納ノ上陸揚免狀ヲ受ケ陸揚スヘシ

第十四條　前條ノ船舶便利ニ依リ此規則ニ關係スル貨物ヲ互ニ船移スルトキハ稅關ヘ願出免許ヲ受クヘシ若シ無免狀又ハ免狀外ノ貨物ヲ船移スルトキハ其現品ヲ沒收シ且ツ其品價同額ヲ罰金トシテ雙方ノ船長或ハ雙方ノ會社ニ課スヘシ

第十五條　各港稅關ハ祝日祭日及ヒ日曜日ヲ除クノ外每日午前十時ニ開キ午後四時ニ閉ス可シ故ニ此規則ニ揭示シタル時限ト稅關ノ開閉時限トヲ計リ以テ其期限ヲ愆ルヘカラス

第十六條　此他會社或ハ船長タル者貨主又ハ代人ニ與スルト否トヲ問ハス故ラニ稅金ヲ脫セント謀リ若クハ其他諸般ノ方略ヲ以テ脫稅ヲ謀ル者アレハ金一千圓ヨリ多カラサル罰

四二、六二、七條参看

(赤)一ノ五條、四四ノ二、五、六、七、八、九、一〇、一一、一二、一三、一四、一六條参看

(赤)四五ノ二、三、四、五、六、七、八、九條参看

(赤)四五ノ一、三、六、七、八、九、一〇條参看

(赤)四五ノ一、八條参看

(赤)四五ノ一、八條参看

(赤)四五ノ一、九、一〇條参看

(赤)四五ノ一、七、九、一〇條参看

金ヲ課スヘシ若シ其事過失ニ出テ犯則ニ渉ル者アレハ此規則ニ照ラシテ罰スヘシ

第十七條　總テ事犯則ニ渉ル者其二犯倶發スル者ハ重キニ就テ處分スヘシ

第十八條　若シ此規則ヲ變更スルヿアレハ一ケ月前之ヲ布告スヘシ

（書式略之）

○

（四五）外國船乘込規則　明治九年三月第三十號布告

外國船ニ乘込旅行セントスル者取締ノタメ左ノ通規則相定候條此旨布告候事

外國船乘込規則

第一條　外國船ニ乘込旅行セントスル者ハ出船當日或ハ一日前其屬籍住所姓名及ヒ何國人所持船何號ニ乘込何港迄赴ク旨ヲ具シタル屆書ヲ其出船スル地ノ廳ニ差出シ乘船証書ヲ受クヘシ

第二條　乘船証書ハ壹人壹枚タルヘシ

第三條　乘船証書ヲ受取ルニハ壹枚ニ付手數料トシテ金拾錢ヲ納ムヘシ（九年第六十一號布告ヲ以テ金二十五錢ヲ金十錢ト改正）

第四條　乘船證書ハ毎人親ラ出廳シテ受取ルヘシ代人ヲ以テスルヲ許サス

第五條　乘船證書ハ着港上陸ノ上其地警察官吏ニ返付スヘシ其途中一時上陸例ヘハ横濱港ヨリ長崎港ニ到ルモノ其船神戸港ニ碇泊シタル時用便ノ爲メ暫時上陸スルノ類スル者ハ其地臨撿警察官吏ニ其證書ノ撿閲ヲ受クヘシ

第六條　乘船證書ハ一度ノ出船ニ用フルモノトス故ニ途中ヨリ上陸スル歟又ハ事故アリテ

乘込ヲ止メ更ニ他ノ船ニ乘込カ又ハ同船タリトモ他日航海ノ便ニ乘込ム時ハ最初受取タル證書ハ其出船スル地ノ廳ニ納メテ更ニ證書ヲ受取ルヘシ

(示)一ノ四、五條、四五ノ一、三、六、九條參看　(示)四五ノ一〇條參看

第七條　乘船證書ヲ所持セスシテ乘船シタル者ハ上陸ノ節違式ニ照ラシテ處分スヘシ

第八條　開港場アル地方廳ニ於テハ外國船ニ乘込ントスルノ届書ヲ差出ス者アル時ハ第一條第四條ノ手續ニ相違ナキヤヲ撿閲シ別紙雛形ノ證書ヲ直ニ本人ニ相渡シ手數料ヲ領收スヘシ

(示)一ノ四、五條、四五ノ一、五、六、七條參看

第九條　右地方廳ハ兼テ船場ノ要所ニ於テ警察官吏ノ出張所ヲ設ケ置キ外國船出入港毎ニ若干員ヲ臨撿セシメ內國人ノ乘船又ハ上陸スル者ノ證書ヲ一々撿閲シ若シ證書ヲ所持セサル歟又ハ其證書最前ノ出船ニ請取リタルヲ其儘再用シタル歟ヲ視認メタル時ハ詳カニ其所由ヲ取糺シ證書所持セサルモノハ乘船證書ヲ受取ル手續ヲナサシメ或ハ其乘込ミヲ止ム證書ヲ再用スル者ハ違式ニ照シテ處分スヘシ

(示)四五ノ五、六、八條參看

第十條　警察官吏乘船證書ヲ臨撿シ着港上陸者ノ分ハ之ヲ領收シ一時途中上陸者ノ分ハ之ヲ本人ニ還付スヘシ

（證書雛形略之）

○

（四六）火藥取締規則　明治十七年十二月第三十一號布告

火藥取締規則別冊ノ通制定ス

但從前ノ成規中此規則ニ矛盾スルモノハ總テ廢止ス

（別册）

火藥取締規則

第一章　總則

（示）四六ノ二五條、七三ノ一、七條追加參看

第一條　凡火藥劇發火藥綿火藥ナイトログリセリン、ダイナマイト、雷汞其他劇發質ノ物品ハ人民ニ於テ製造スルコトヲ禁ス但烟火マッチノ類ハ此限ニアラス

（示）四六ノ三、五、六、七、八、九、一〇、二三、二五、二八條參看

第二條　火藥類火藥劇發火藥ヲ云フノ賣買營業ヲ為サントスル者ハ管轄廳東京府ハ警視廳ニ願出免許鑑札ヲ受ク可シ但營業者ハ一管內二十五人以內トス

（示）四六ノ二、六、七、二三條、七三ノ二條參看

第三條　火藥類ハ營業者ニ限リ陸軍海軍兩省ヨリ其貯藏品ヲ拂下ク可キモノトス

（示）四六ノ二七條參看

第四條　管轄廳東京府ハ警視廳ニ於テ火藥類ノ檢査ヲ必要ト認ムル時ハ營業者タルト否トヲ問ハス警察官ヲシテ之ヲ檢査セシムルコトアル可シ

（示）四六ノ二條參看

第五條　戰時若クハ事變ニ際シテハ陸軍卿海軍卿ハ火藥類ノ拂下ヲ停止シ內務卿ハ其賣買運搬ヲ停止スルコトアル可シ

（示）四六ノ二、三、二二、二九條參看

第六條　火藥類ハ官許ヲ得ルニ非サレハ日出前日沒後ニ於テ賣買運搬其他荷造等ヲ為ス可ラス

第二章　賣買

（示）四六ノ二、三、一二、二九條、七三ノ三條參看

第七條　營業者ハ每月買受ケタル火藥類ノ種類數量ヲ記シ證書アレハ之ヲ添ヘ翌月十日迄ニ所轄警察署ニ届出ヘシ

（附）二四二、（示）四六ノ二、二九條、

第八條　營業者ニ非スシテ所有ノ火藥類ヲ賣ラントスル者ハ營業者ニ之ヲ賣渡ス可シ營業

七三ノ五條參看

(法)四六ノ二、二一〇、二一二、二二八條、七三ノ二條參看

(示)四六ノ二、九、一三、二〇、二二、二二、二二八條七三ノ二條參看

者ハ其賣渡證書ヲ取リ置ク可シ

第九條　營業者ハ銃砲用又ハ坑業土工烟火其他職業用ニ限リ火藥類ヲ賣渡ス可キモノトス

但十六歳未滿若クハ白痴瘋癲ノ者ニハ之ヲ賣渡スコトヲ許サス

第十條　火藥類ヲ買受ケントスル時銃獵若クハ烟花製造ノ免許ヲ得タル者ハ其免狀ヲ營業者ニ示シ銃砲用ノ爲ニスル者ハ所轄警察署ノ許可證ヲ受ケ之ヲ營業者ニ渡シ陸海軍軍人ノ射的用ニ供スル者ハ其省ノ許可證ヲ受ケ之ヲ營業者ニ渡シ坑業土工其他職業用ニ供スル者ハ其旨趣及種類數量幷使用ノ場所ヲ記シ所轄警察署ノ許可證ヲ受ケ之ヲ營業者ニ渡ス可シ但一回ニ左ノ數量ヲ超ルコトヲ許サス（十九年十月勅令第六十七號ヲ以テ本條各項改正）

小銃用		火藥	三百目	雷管		五百箇
船舶設備銃砲用	大砲一門ニ付	火藥五十發分		導火管類		七十個
	小銃一挺ニ付	火藥百發分		雷管		百五十個
烟火製造用		火藥	五貫目			
坑業土工其他職業用		火藥	二百貫目			
		劇發火藥	三十貫目			

坑業土工用ノ爲メ特ニ多量ノ火藥類ヲ要スル者ハ其旨趣數量並使用ノ場所等ヲ詳記シタル書面ヲ以テ内務大臣ノ特許ヲ受クヘシ此場合ニ於テハ直ニ陸海軍兩省ヨリ火藥類ノ拂下ヲ受クルコトヲ得

〔第十條　火藥類ヲ買受ケントスル時銃獵若クハ烟火製造ノ免許ヲ得タル者ハ其免狀ヲ營業者ニ示シ銃砲用ノ爲メニスル者ハ所轄警察署ノ許可證ヲ受ケ之ヲ營業者ニ渡シ陸海軍軍人ノ射的用ニ供スル者ハ其省ノ許可證ヲ受ケ之ヲ營業者ニ渡ス可シ但一回

(參)四六ノ九、二八條、七三ノ二二條參看

(參)四六ノ七、二九條、七三ノ三三條參看

(參)四六ノ二、二一〇、二四、二五、二八條、七三ノ四條參看

(參)四六ノ一三、二九條參看

ニ左ノ數量ヲ超ルコトヲ許サス

小銃用　火藥三百目　雷管　五百個

船舶設備銃砲用　大砲一門ニ付火藥五十發分導火管類七十個　小銃一挺ニ付火藥百發分雷管百五十個

烟火製造用　火藥　五貫目

坑業土工其他職業用ニ供スル火藥類ヲ買受ケントスル者ハ其旨趣及種類數量並ニ使用ノ場所ヲ記シ所轄警察署ノ許可證ヲ受ケ之ヲ營業者ニ渡ス可シ」

第十一條　營業者ハ買受人ノ免狀ヲ撿シ若クハ許可證ヲ受取リ火藥類ヲ賣渡ス可シ但第十條ノ數量ヲ超ルコトヲ許サス

第十二條　營業者ハ毎月火藥類買受人ノ住所氏名及其賣渡シタル種類數量年月日ヲ記シ證書アレハ之ヲ添ヘ翌月十日迄ニ所轄警察署ニ屆出可シ

第三章　貯藏

第十三條　火藥類ハ火藥三百目雷管導火管類五百個迄ハ安全ナル場所ニ之ヲ貯藏スルコトヲ得

營業者ハ前項制限ノ外火藥十貫目劇發火藥一貫目雷管導火管類一萬個迄烟火製造人ハ火藥五貫目劇發火藥五百目迄ハ管轄廳（東京府ハ警視廳）ノ許可ヲ受ケ倉庫ニ之ヲ貯藏スルコトヲ得」其數量ヲ超ル時ハ火藥庫ノ外之ヲ貯藏スルコトヲ許サス火藥五百貫目以上劇發火藥五十貫目以上ハ火藥庫ト雖モ之ヲ貯藏スルコトヲ許サス

第十四條　火藥類ヲ一庫内ニ貯藏スル時ハ其種類毎ニ不燃質物ヲ以テ之ヲ區畫ス可シ

（参）四六ノ二二一、三、二一六、二一七、一八、二二〇、二二七條、七三ノ四條參看

第十五條　火藥庫ヲ建設セントスル者ハ其位置並ニ建設ノ方法書及近傍ノ地圖ヲ添ヘ管轄廳（東京府ハ警視廳）ニ願出許可ヲ受クヘシ

（参）四六ノ一五、一七條參看

第十六條　火藥庫ハ皇居離宮ノ區域ヲ距ル十町以内ノ地ニ建設スルコトヲ許サス

（参）四六ノ一五、一六、二〇條參看

第十七條　火藥庫ハ皇陵社寺公園家屋火ヲ取扱フ場所宅地國道縣道鐵道電信柱汽船ノ通スヘキ河湖及他ノ火藥庫境界トノ中間ニ五十間以上ノ距離ヲ有ツ可シ

（参）四六ノ一五、二九條參看

第十八條　火藥庫ハ土藏又ハ煉瓦造ニシテ家根ハ輕量ノ不燃質物ヲ用ヒ内部ニハ鐵釘石瓦ヲ露ハサス窓ニハ透明ノ硝子ヲ用フ可カラス又避雷針ヲ設ケ庫外ノ周圍ニ二間以上ヲ隔テヽ高サ六尺以上ノ土堤ヲ築キ其入口ニ火藥庫ト書シタル標木（曲尺六尺以上ニシテ五寸角以上ノモノ）ヲ建ツ可シ

（参）四六ノ一五、二八條參看

第十九條　火藥庫ヨリ十四間以内ノ地ニ材木草秣其他燃質物ヲ蓄積ス可ラス又五十間以内ニ於テ火ヲ取扱フ建造物ヲ設ケ若クハ瓦斯ノ傳送管ヲ施シ若クハ發火質ノ物品ヲ蓄積ス可ラス

（参）四六ノ二一、二七條、七三ノ四條參看

第二十條　坑業土工其他職業用ニ供スル火藥類ノ爲メ其事業中假貯藏所ヲ設ケントスル者ハ第十七條ニ揭ケタル距離ヲ二倍シ第十五條ニ據リ管轄廳（東京府ハ警視廳）ニ願出許可ヲ受クヘシ但第十條制限以上ノ火藥類ヲ貯藏セントスル者ニ對シテハ管轄廳ニ於テ特ニ其距離ヲ指定スルコトアル可シ（十九年十月勅令第六十七號ヲ以テ改正セラル）

（第二十條　坑業土工其他多量ノ火藥類ヲ要スル爲メ其事業中假貯藏所ヲ設ケントスル者ハ第十七條ニ揭ケタル距離ヲ二倍シ第十五條ニ據リ管轄廳（東京府ハ警視廳）ニ願出許可ヲ受ク

（刑）四六ノ二四、二八條、七三ノ四條參看

（刑）四六ノ三、六一〇二、三、二、四、二九條參看

（刑）四六ノ二二、二九條參看

（刑）四六ノ二二、二九條參看

（舊刑）二四二、（刑）四六ノ一、二、二六、三〇條、七三ノ三追加參看

（刑）四六ノ三〇條、七三ノ追加參看

可シ但貯藏ノ數量ハ火藥二百貫目劇發火藥三拾貫目ヲ超ルコトヲ許サス」

第二十一條　烟火製造所ハ家屋若クハ火ヲ取扱フ場所ヨリ十間以上ノ距離ヲ有ツ可シ又五貫目以上ノ火藥類ヲ置ク可カラス

第四章　運搬

第二十二條　五貫目以上ノ火藥類ヲ運搬セントスル時ハ其種類數量運搬ノ日時場所及水陸通路ノ名稱ヲ記シ所轄警察署ノ許可證ヲ受ケ之ヲ携帶シ運搬畢ラハ直ニ之ヲ返納ス可シ若シ其警察署管轄外ノ地ニ運搬スル時ハ其地ノ警察署ニ之ヲ納ム可シ

第二十三條　五貫目以上ノ火藥類ヲ運搬スル時ハ鉄釘鉄輪ヲ用ヒサル木製銅製若クハ亞鉛製ノ器ニ入レ其外部ハ筵包若クハ繩卷ト爲シ毛布類ヲ以テ之ヲ覆ヒ赤地ニ火藥ノ二字ヲ白書シタル小旗（陸路ニハ曲尺縱二尺橫二尺五寸水路ニハ曲尺縱三尺五寸橫五尺）ヲ建テ護送人ヲ附ス可シ但船積スル時ハ明治六年八月第二百九十二號布告危害品船積法ニ從フ可シ

第二十四條　火藥類ヲ運搬スルニハ火氣ニ注意シ休泊ノ時ハ安全ナル場所ヲ撰ヒ看守人ヲ附ス可シ

第五章　罰則

第二十五條　私ニ火藥類ヲ製造シ若クハ販賣シタルモノハ軍用品ニアラスト雖モ刑法第百五十七條ヲ適用シ私ニ之ヲ所有シタル者ハ刑法第百六十條ヲ適用ス

第二十六條　刑法第百五十八條第百五十九條第百六十一條ハ前條ノ犯罪ニ關シタル者ニモ亦之ヲ適用ス

㊟四六ノ一五、二〇、三〇條、七三ノ四條參看

㊟四六ノ三〇條、七三ノ二條參看

㊟四六ノ三〇條七三ノ三條參看

㊟四六ノ二、九、一〇條參看

㊟七三ノ一條參看

第二十七條　私ニ火藥庫又ハ假貯藏所ヲ建設シタル者ハ十圓以上百圓以下ノ罰金ニ處ス

第二十八條　第四條ノ撿査ヲ拒ミ又ハ第五條ノ停止ヲ犯シテ賣買運搬シ第九條第十條第十一條第十三條第十九條ニ違犯シ又ハ第二十一條ニ違犯シタル者又ハ營業者賣買ヲ除クノ外火藥類ヲ讓受若クハ讓渡シタル者ハ二圓以上五十圓以下ノ罰金ニ處ス（十九年勅令第六十七號ヲ以テ違犯シノ下又ハ第二十條ノ制限ヲ超テ貯藏シノ十五字削除ス）

第二十九條　第六條第七條第八條第十二條第十四條第十八條第二十二條第二十三條第二十四條ニ違犯シタル者ハ一圓以上一圓九十五錢以下ノ科料ニ處ス

第三十條　營業者此ノ規則ニ違犯シタル時ハ其情狀ニ依リ行政ノ處分ヲ以テ營業ヲ禁止シ又ハ停止スルコトヲ得

附則

一從前ノ免許ヲ得タル火藥製造人ハ來ル明治十八年二月廿八日迄其營業ヲ差許シ又同日迄ニ火藥製造諸器械及火藥類ノ現貯藏數量ヲ記シ管轄廳東京府ハ警視廳ニ願出ルニ於テハ相當ノ代價ヲ以テ之ヲ買上ク可シ

一從前免許ヲ得タル彈藥免許商人ハ來ル明治十八年二月廿八日迄火藥賣買營業ヲ差許シ從前免許ヲ得タル烟火製造所ハ右同日迄其製造ヲ差許ス又從前火藥類ヲ貯藏シタル者ハ來ル明治十八年一月三十一日迄其貯藏ヲ差許ス其日限ヲ過クルトキハ總テ此規則ニ從フ可シ

㊟參照

○判決例

追 二四五、二五
三、二五 四、二五

二四二一 明治二十年乙第七百四十一號

高知縣平民　田村熊次

抑火藥類ハ製造ハ勿論私ニ所持及ヒ販賣スルヿハ法ノ禁スル所ナリ故ニ之ヲ賣買セント欲セハ火藥取締規則ニ據ラサル可カラス否ラサレハ該則ノ制裁ヲ免カレサルナリ今原判文ヲ撿スルニ本件ノ事實タルヤ被告ハ火藥取締規則頒布以前ヨリ所持シタル火藥ヲ同規則頒布後即チ明治十九年十一月四日ニ在テ非營業者ニ販賣シタルモノナリ然ルニ其火藥タルヤ公然所持シタル者ナルヤ將タ私ニ所持シタルモノナルカ其所持ノ如何ハ本案緊要ノ事實ナリ何ントナレハ明治五年第二十八號布告銃砲取締規則第四則第五則ニモ規定スルカ如ク私ニ貯蓄スルヿ能ハサルモノナルヲ以テ若シ之レニ背キ所持スルモノナリトセハ單ニ所持スルノミニテモ火藥取締規則第二十五條末項ノ制裁ヲ免カレサル者ナレハナリ況ンヤ之ヲ賣却シタルニ於テオヤ畢竟火藥取締規則第八條ハ正當即チ公然所有シ得ヘキ者ノ不用ニ屬シ賣拂フニ際シ遵守スヘキノ規則ニシテ私ニ所持販賣スル等ノ場合ヲ指シタルモノニ非サルナリ旣ニ斯カル理由アルヲ以テ本案ノ如キハ先ツ其所持ノ公然ナルヤ將タ私カニ所持セシモノナルヤヲ審按シテ判文上明示セサル可カラス然ルニ此樞要ナル事實明示ナキヲ以テ擬律ノ適否ヲ鑑別スルニ由ナキモノトス因テ上告論旨ニ對シテハ逐ニ說明ヲ要セス破毀スヘキモノト判定ス

明治二十年九月九日

（四七）菓子稅則　明治十八年五月第十一號布告

菓子稅則別紙ノ通制定シ明治十八年七月一日ヨリ施行ス

但東京府管轄伊豆七島小笠原島函館縣沖繩縣札幌縣根室縣ハ當分之ヲ施行セス

（別紙）

菓子稅則

第一條　菓子營業者ヲ分テ左ノ三種トス

七、二五九、二六〇、二六三、二六六、(ホ)四七ノ二、二三、八二一、二一三二四條參看

(西)二四三ノ一、二、七九、二一項、二四四、二五〇、二五一、二五二、二五三、二五四、二五五、二五七、二五八、二六〇、二六一、二六二、二六三、二六六、(ホ)四七ノ一、二、三、四、五、六、七、八、二一七條參看

(西)二四三ノ三、六項、二四八、二二、四九、二五〇、二二、五一、二二六、四、二二、六五、(ホ)四七ノ二、一、二、四、五、六、七、二一九條參看

(ホ)四七ノ二、三、五條參看

(西)二四三ノ五、八項(ホ)四七ノ二、三、四、二〇條參看

(西)二四三ノ五、一〇項、(ホ)四七ノ二、三、二〇條參看

(西)二六、二、(ホ)四七ノ二、三、一九

菓子製造人　菓子ヲ製造シ之ヲ菓子營業者ニ賣渡ス者ヲ云フ

菓子卸賣人　菓子ヲ買入レ之ヲ菓子營業者ニ賣渡ス者ヲ云フ

菓子小賣人　菓子ヲ需用人ニ賣渡ス者ヲ云フ

第二條　菓子營業ヲ爲サントスル者ハ管廳ニ願出營業鑑札ヲ受クヘシ但一人ニテ二箇所以上ノ營業場ヲ設クル者又ハ二種以上ノ營業ヲ兼ヌル者ハ各別ニ營業鑑札ヲ受クヘシ

第三條　菓子營業者自己又ハ家族雇人ヲ以テ仕入又ハ出賣ヲ爲サントスルトキハ管廳ニ願出仕入鑑札又ハ出賣鑑札ヲ受ケ各自之ヲ携帶スヘシ

第四條　鑑札ヲ受クルトキハ左ノ鑑札料ヲ納ムヘシ

營業鑑札料　一枚ニ付金貳拾錢

仕入鑑札料　一枚ニ付金拾錢

出賣鑑札料　一枚ニ付金拾錢

第五條　鑑札ヲ失却毀損シ又ハ代替改名轉居セシトキハ管廳ニ屆出其再渡又ハ書換ヲ請フヘシ但前條ノ鑑札料ヲ納ムヘシ

第六條　菓子營業者廢業スルトキハ管廳ニ屆出鑑札ヲ還納スヘシ

第七條　鑑札ハ貸借賣買又ハ讓受讓渡ヲ爲スコトヲ得ス

第八條　菓子營業者ハ左ノ區別ニ從ヒ營業稅ヲ納ムヘシ但二種以上ノ營業ヲ兼ヌル者ハ其稅額ノ多キモノニ就キ納稅スヘシ

製造營業稅

條參看
匝二四五、二四六、二四七、二四九、二五一、二五二、二五三、二五四、二五六、二五七(附)四七ノ二、二九、一〇、一二條參看

雇人十人以上アル者　一箇年　金貳拾圓
雇人六人以上アル者　一箇年　金拾五圓
雇人三人以上アル者　一箇年　金拾圓
雇人二人アル者　一箇年　金五圓（二十一年勅令第八號ヲ以テ二人ノ以下「以下」ノ二字ヲ削除ス）
雇人一人アル者　一箇年　金三圓（二十一年勅令第八號ヲ以テ本項ヲ追加ス）
雇人ナキ者　一箇年　金壹圓

卸賣營業稅

雇人十人以上アル者　一箇年　金貳拾圓
雇人六人以上アル者　一箇年　金拾五圓
雇人三人以上アル者　一箇年　金拾圓
雇人二人アル者　一箇年　金五圓（二十一年勅令第八號ヲ以テ二人ノ下「以下」ノ二字ヲ削除ス）
雇人一人アル者　一箇年　金三圓（二十一年勅令第八號ヲ以テ本項ヲ追加ス）
雇人ナキ者　一箇年　金壹圓

小賣營業稅

雇人三人以上アル者　一箇年　金七圓
雇人二人アル者　一箇年　金三圓（二十一年勅令第八號ヲ以テ二人ノ下「以下」ノ二字ヲ削除ス）
雇人一人アル者　一箇年　金二圓（二十一年勅令第八號ヲ以テ本項ヲ追加ス）
雇人ナキ者　一箇年　金壹圓

（求）四七ノ八、一〇條參看

[函]二五一、（求）四七ノ八、九、一二條參看

[函]二四九、（求）四七ノ一、二、一三、一四條參看

（求）四七ノ一、八、一〇、二〇條參看

[函]二四三ノ一二項、（求）四七ノ一、一一、一四、一八、二〇條參看

二種以上ヲ兼タル營業者ノ雇人ハ各種ヲ分タス之ヲ合算スルモノトス露店又ハ呼賣ヲ業ト爲ス者ハ其營業税ヲ免除ス

第九條　營業税ハ一箇年ヲ二期ニ分チ前半年分ハ其年一月三十一日限後半年分ハ同ク七月三十一日限之ヲ納ムヘシ但新ニ開業スル者ハ營業鑑札ヲ受クルトキ其半年分ノ營業税ヲ納ムヘシ

第十條　營業税前半年分ハ其年一月一日後半年分ハ同ク七月一日ノ雇人ノ現員又新ニ開業スル者ハ其營業鑑札ヲ受クルトキノ現員ニ據リ定ムヘシ但雇人増加シタルトキハ該期ノ増税ヲ納ムヘシ

第十一條　菓子製造人ハ製造税トシテ菓子賣上金高百分ノ五ヲ左ノ期限ニ從ヒ納ムヘシ

第一期　一月一日ヨリ六月三十日迄賣上金高ニ係ル分　其年八月三十一日限

第二期　七月一日ヨリ十二月三十一日迄賣上金高ニ係ル分　翌年二月二十八日限

半年分ノ賣上金高三拾圓未滿ノ者及ヒ露店又ハ呼賣ヲ業ト爲ス者ハ其製造税ヲ免除ス

第十二條　菓子營業者ハ毎年一月一日七月一日現在雇人ノ員數氏名ヲ取調其月十五日限又新ニ開業スル者ハ出願ノトキ管廳ニ届出ヘシ但増員アルトキハ其時々之ヲ届出ヘシ

第十三條　菓子製造人ハ毎年其製造高及ヒ賣上金高ヲ左ノ通管廳ニ届出ヘシ但露店又ハ呼賣ヲ業ト爲ス者ハ此限ニアラス

一月一日ヨリ六月三十日迄ノ分　其年七月十五日限

七月一日ヨリ十二月三十一日迄ノ分　翌年一月十五日限

(関)二四三ノ一四項(刑)四七ノ一、一一、一一三條參看

第十四條　菓子製造稅額ハ前條ノ屆出ニ據リ郡區長之ヲ調査シ府縣知事之ヲ定ム（二十一年勅令第八號ヲ以テ改正）

〔第十四條　菓子製造人ハ菓子並ニ其製造原品ノ賣買ヲ帳簿ニ記載シ置ヘシ但露店又ハ呼賣ヲ業トナス者ハ此限ニアラス〕

(関)二四三ノ一三項(刑)四七ノ一八條參看

第十五條　菓子營業者ノ帳簿倉庫營業場及ヒ營業物品ハ主任官隨時之ヲ檢査スルコトアルヘシ

第十六條　（二十一年勅令第八號ヲ以テ削除）

〔第十六條　主任官ニ於テ此規則ニ關シ犯罪アリト認知シ又ハ思料スルトキハ其場所ニ立入リ証憑取調ノ處分ヲ爲スコトヲ得但其主任タルノ證票ヲ携帶スヘシ〕

(関)二四五、二五八、二五九、二六〇、二六一、二六二、二六六、(刑)四七ノ二、二一、二二條參看

第十七條　第二條ニ違ヒ營業鑑札ヲ受ケスシテ菓子營業ヲ爲シタル者ハ五圓以上五拾圓以下ノ罰金ニ處シ仍ホ現在ノ菓子及ヒ製造器械ヲ沒收ス既ニ賣捌キタル者ハ其代金ヲ追徴ス

(刑)四七ノ二一、二二條參看

第十八條　第十二條第十三條ノ屆書ニ詐僞ノ記載ヲ爲シ又ハ第十五條ノ檢査ヲ拒ミタル者ハ五圓以上五十圓以下ノ罰金ニ處ス（二十一年勅令第八號ヲ以テ改正ス）

〔第十八條　第十二條第十三條ノ屆書又ハ第十四條ノ帳簿ニ詐僞ノ記載ヲ爲シタル者ハ五圓以上五拾圓以下ノ罰金ニ處ス〕

(関)二六四、二六五、(刑)四七ノ二一、二二條參看

第十九條　第三條ニ違ヒ鑑札ヲ携帶セスシテ仕入又ハ出賣ヲ爲シタル者及ヒ第七條ニ違ヒ鑑札ヲ貸借賣買又ハ讓受讓渡シタル者ハ二圓以上二十圓以下ノ罰金ニ處ス

（新）四七ノ二一、二二條參看

〔刑〕二四三ノ九項
（新）四七ノ一條參看

第二十條　第五條第六條第十二條第十三條ノ屆出ヲ怠リタル者ハ一圓以上一圓九十五錢以下ノ科料ニ處ス（二十一年勅令第八號ヲ以テ本條中「及ヒ第十四條ノ帳簿ニ記載ヲ怠リタル者」ノ文字ヲ削除ス）

第二十一條　此規則ヲ犯シタル者ニハ刑法ノ不論罪及ヒ減輕再犯加重數罪俱發ノ例ヲ用ヒス

第二十二條　菓子營業者ノ家族雇人ニシテ其營業ニ係リ此規則ヲ犯シタルトキハ其營業者ヲ處罰ス

明治二十一年勅令第八號ノ改正追加ハ同年七月一日ヨリ施行ス

參照

○關係法令

〔二四、二〕大藏省第貳拾四號達　明治十八年五月

本年五月第拾壹號布告ヲ以テ菓子稅則被定候ニ付取扱心得書別冊之通相定ム

（別冊）

菓子稅則取扱心得書

第一項　菓子營業免許鑑札用紙ハ豫メ授與スヘキ員數ヲ見積リ收稅長ヨリ主稅官長ニ宛テ之ヲ請求スヘシ

第二項　免許鑑札面ノ記載方ハ第一號雛形ニ倣フヘシ

第三項　菓子仕入鑑札出賣鑑札ハ第二號雛形ニ倣ヒ管廳ニ於テ調製シ下渡スヘシ

第四項　免許鑑札臺帳ハ第三號雛形ニ倣ヒ調製シ管廳ニ備ヘ置クヘシ
第五項　税則第五條ニ依リ鑑札ノ再渡若クハ書換ヲ爲スカ或ハ税則第六條ノ廢業ヲ屆出ルトキハ臺帳ニ其事由ヲ記入シ又臺帳記載ノ廉ニ變更アルトキハ之ヲ訂正シ主任官吏之レニ撿印スヘシ
第六項　露店又ハ呼賣專業ノ者ニハ出賣鑑札ヲ下付スルノ限リニ在ラス
第七項　左ノ諸項ニ該ル者ハ免許鑑札ヲ下付スルノ限ニ在ラス
一航行中船内ニ於テ船客ニ販賣スルモノ
一料理屋又ハ旅籠屋茶店等ニ於テ茶菓子トシテ來客ニ出スモノ
第八項　甲管下ノ營業者ニシテ乙管下ニ移轉スル者ハ免許鑑札ヲ添ヘ甲管廳ニ出願セシメ甲管廳ハ左ノ諸項ヲ記シタル添翰ヲ作リ之ヲ下渡シ乙管廳ハ其添翰ニ據リ書換鑑札ノ下渡方ヲ爲スヘシ但シ乙管廳ニ於テ鑑札下渡濟ノ上ハ其旨ヲ甲管廳ニ通知スヘシ
一營業ノ種類
一雇人ノ員數
一移轉前月迄ノ賣上高及納税ノ濟否（製造人ナルトキハ）
第九項　營業者不在又ハ事故アルトキハ代人ヲ置キ税則ニ關スル諸般ノ事ヲ辨セシムヘシ此場合ニ於テハ委任狀寫ヲ添ヘ其人名ヲ屆出シムヘシ
第十項　製造人廢業ノ節ハ納期ニ拘ラス製造税ヲ完納セシムヘシ

第十一項　營業者ハ第四號雛形ニ倣ヒ各自標札ヲ調製シ營業場戶外ニ揭出セシムヘシ

第十二項　製造人ヨリ差出スヘキ製造高及賣上金高屆書ハ第五號雛形ニ據リ調製セシムヘシ

第十三項　菓子營業者ニハ左ノ通帳簿ヲ調製セシムヘシ

製造人

菓子製造帳

製造ノ年月日種類數量及代價等ヲ記シ每月合計ヲ附シ置クモノトス

菓子賣上帳

賣渡ノ年月日種類數量及代價幷買主ノ住所氏名等ヲ廉每ニ記入シ每月合計ヲ附シ置クモノトス但小賣ヲ兼タルモノニシテ自製ノ菓子ヲ需用者ニ賣捌キタル分ハ其日締高ヲ以テ記入シ買主ノ住所氏名ヲ記スルニ及ハス

製造原品買入帳

製造原品ノ種類數量及代價幷買入先ノ住所氏名等ヲ記入シ每月合計ヲ附シ置クモノトス

卸賣人

菓子買入帳

買入ノ年月日種類數量及代價幷買入先ノ住所氏名等ヲ廉每ニ記入シ每月合

計ヲ附シ置クモノトス

菓子賣渡帳

賣渡ノ年月日種類數量及代價并買主ノ住所氏名等ヲ條每ニ記入シ每月合計ヲ附シ置クモノトス

小賣人

菓子買入帳

卸賣人ノ買入帳記載方ニ同シ

第十四項　郡區長ハ製造人ヨリ差出シタル賣上金高屆書ニ據リ製造税ノ額ヲ定ムヘシ但檢査員ヨリ送致セシ檢査報告書ト照査スルヿアルヘシ

第十五項　左ノ諸表ハ各其雛形ニ照準每半期之ヲ調製シ翌月二十五日限リ差立主税局ニ送付スヘシ

菓子營業税表　第六號雛形

菓子製造税表　第七號雛形

營業鑑札受拂計算表　第八號雛形

仕入出賣鑑札下渡高表　第九號雛形

菓子營業人員調査表　第十號雛形

（雛形畧ス）

○伺指令

【二四四】高知縣伺 明治十八年五月十八日

西洋菓子ノ卸小賣ヲナスモノハ菓子税則ニ據リ課税スヘキモノナルヤ

大藏省指令 明治十八年五月廿六日

申出ノ通心得ヘシ

○

【二四五】東京府伺 明治十八年五月廿二日

一税則第八條ニ掲ケタル菓子營業者ノ雇人ハ菓子製造及ヒ仕入出賣店賣等ニ從事スル者ニ限ラス一家總テノ雇人(炊飯裁縫等ニ使役スル者共)ヲ指タルモノニ有之候哉果テ然ラハ菓子營業者ニシテ他ノ營業ヲ兼ヌルモノハ其雇人中菓子一途ニ從事スルモノト他ノ營業ニ從事スルモノトハ自ラ區別アルヘシト雖氏同ク一家ノ雇人タレハ之ヲ菓子營業ノ一方ヨリ視ル時ハ殆ト分別シ難シ況ヤ炊飯等ノ雜事ニ使役スルモノハ誠ニ其限界ヲ定メ兼候如斯モノヽ區別ハ如何相心得可然哉

一税則第十七條ニ製造器械ヲ沒收ストアリ然ルニ製造器械員數屆出ノ明文無之ヲ以テ實際處分ノ場合ニ臨ミ其區別ハ撿査員ノ認定ニ有之儀ト相心得可然哉

一左記品目ノ如キモ菓子ノ範圍内ニ有之候哉

煎餅類鹽煎餅 八ツ橋煎餅 辻占煎餅 ガラガラ煎餅 ツクバテ煎餅 飴類 汁子類汁子 懷中汁子 團子類醬油團子 黄粉團子 餡團子 味噌團子 餅類葛餅 阿部川餅 大々餅 萩ノ餅 牡丹餅 櫻餅 柏餅 薔薇餅 麵麭類餡パン パン 食パン 菓子 砂糖豆類福德豆 空豆ノ類 蕗豆 源氏豆 南京豆 豌豆 砂糖ヲ用ヒテ包粧セシモノ 金花糖 オコシ カキ餅 吹寄類 輕燒 カリン糖 紅梅燒 氷菓子アイスクリーンノ類 白玉 トコロテン 砂糖ヲ調用スルモノ 寒天 甘露糖ノ類 砂糖煎金時 揚ケ餅 切リ揚 氷砂糖 砂糖果物 菌 蔬菜ノ類ヲ乾燥シテ砂糖漬ト爲シタルモノ及ヒ罐詰ノ類 シンコ細工 文珠燒 干柿

大藏省指令 明治十八年六月四日

伺ノ趣左ノ通可相心得事

第一項　稅則ノ雇人トハ菓子ノ製造其他菓子業ニ從事スルモノヲ指ス故ニ菓子業ニ從事セスシテ專ラ他ノ業務ヲ執ルモノハ算入セサルモノトス但シ附籍寄留ノ者其他手傳等ノ名義ヲ以テスルモノト雖モ雇人同様ノ業務ヲ執ルモノハ總テ算入スルモノトス

第二項　菓子製造ノ用ニ供シタルモノハ沒收スルモノトス

第三項　煕煎餅、飴、汁子（懷中汁子ヲ除ク）團子類、餅類（葛餅、櫻餅、大福餅ノ類ニシテ砂糖餡ヲ包ミタルモノヲ除ク）食麪麭、氷砂糖、白玉、心太《トコロテン》、寒天（甘露糖ヲ除ク）切リ揚、眞粉細工、干柿、氷菓子、砂糖漬ノ内糖汁ニ浸シタルモノ、類ハ菓子ノ範圍外トス

○

二四六　栃木縣伺　明治十八年五月廿六日

第一條　稅則第八條第三項ニ露店又ハ呼賣ヲ業ト爲スモノハ其營業稅ヲ免除ストアリ右呼賣トハ路上ヲ發賣行商スルモノヲ指稱スルヤ也タ單ニ需求者ノ家宅ニ臨ミ販賣スル行商モ呼賣ト併稱スヘキヤ

第二條　家屋外軒下ヘ戸板或ハ椽臺等ヲ置キ菓子類ヲ販賣スルモノハ露店ト同視スヘキヤ

第三條　本年六月三十日以前製造ノ菓子モ七月一日以後ノ販賣ニ係ルモノハ無論賣上金高ニ組込納稅セシムヘキヤ

大藏省指令　明治十八年六月八日

第一條　後段申出ノ通

第二條　申出ノ通

但自家ノ軒下ニ於テスルモノハ此限ニアラス

第三條　申出ノ通

○

二四七　石川縣伺　明治十八年五月廿八日

税則中呼賣トハ路頭ヲ徘徊スルモノ出賣トハ家々ヘ立寄リ又ハ小賣露店ヘ賣捌クモノヲ指稱スヘキヤ

大藏省指令　明治十八年六月八日

伺ノ趣呼賣トハ店舗ヲ設ケス專ラ需用人ニ賣歩クモノ出賣トハ定マリタル店舗ヨリ他ニ派出シテ同業者又ハ需用人ニ販賣スル儀ト可相得心事

○

二四八　静岡縣伺　明治十八年六月五日

菓子製造人原質品買入及ヒ自製ノ菓子小賣スルモノハ仕入鑑札ヲ受クルニ及ハスヤ

大藏省指令　明治十八年六月十日

菓子原質品買入又ハ自家ニテ仕入ヲナス者ハ仕入鑑札ヲ要セス

○

二四九　神奈川縣伺　明治十八年五月十八日（節録）

第五條　税則第八條ニ掲クル雇人トハ其家ニ戸籍ヲ入レ又ハ寄留スルモノニ止ラス一時雇（俗ニ渡リ職人ト云フ）ノ者モ含有スルノ義ナルヤ

第六條　露店又ハ呼賣ヲ業トナス者トハ自ラ製造シ又ハ製造者ヨリ買受自己又ハ家族ヲ以テ營業ニ從事シ自家店頭ノ營業ヲナサス要スルニ微々タル業体ノ者ヲ指スノ意義ニ候哉果テ然ラハ別ニ出賣鑑札ヲ下付セス（仕入鑑札ヲ下付スルハ勿論）營業鑑札ヲ携帯セシムルモノニシテ其業体一家一人ニ止マルモノニ候ヤ

但本文ニ據レハ本人ニ代リ其鑑札ヲ以テ家族一時營業ヲ助クル場合アルモ苦シカラスヤ

第七條　露店呼賣者ト事實ヲ同フスルモ自家ニテモ營業ヲナス上ハ出賣者トシテ賣上金高ヲ合算シ課税スルハ勿論ナルヤ

第八條　菓子營業ト他ノ營業トヲ兼ヌル者ニシテ一店内區域ヲ異ニセス雇人ヲ區別セサルモノハ其總員ニ就キ

課稅シ一店内ト雖モ自ラ區域ヲ異ニシ雇人ノ區別アルモノハ之ヲ分別シ課稅スヘキヤ

大藏省指令　明治十八年六月九日

第五條第七條　申出ノ通

第六條　露店又ハ呼賣ヲ業トスルモノハ一家一人ニ限ラス營業各人ニ其鑑札ヲ下付スヘシ但シ家族ノ者露店又ハ呼賣先ニ於テ其業ヲ助クルハ苦シカラス

第八條　雇人ハ申出ノ通

但店内ノ區域ヲ異ニスルト否トニ關セス

○

二五〇　鹿兒島縣伺　明治十八年六月九日

菓子露店ノ者子弟ヲシテ呼賣ヲ爲スモノハ出賣鑑札ヲ下付シ又一人ニシテ露店呼賣ヲ兼ル者ハ營業鑑札二枚下付スヘキヤ

大藏省指令　明治十八年六月十三日

露店業ノ者子弟ヲシテ呼賣ヲナサシムル片ハ更ニ其子弟ニ呼賣ノ鑑札ヲ下付シ出賣鑑札ヲ下付スルノ限ニアラス又露店業ノ者呼賣ヲ兼ヌルトキハ鑑札ニ露店呼賣ト列記シ二枚ヲ下付スルニ及ハス

○

二五一　千葉縣伺　明治十八年六月十五日

第一項〔上略〕稅則第二條但書ニ一人ニテ二箇所以上ノ營業場ヲ設クル者(中略)ハ各別ニ營業鑑札ヲ受クヘシトアリ然レハ營業稅モ亦隨テ其場所毎ニ之ヲ徵收スヘキハ勿論ニ之レアルヘシ就テハ一人ニテ甲乙二箇所ノ營業場ヲ有シ而テ一名ノ雇人ヲシテ甲ニ幾日乙ニ何日ト定メ其職其業ニ從事セシムル時ハ甲乙孰モ二人以下ノ雇人アル者ト見做サヽルヲ得サル儀ト心得可然哉

第二項　一期內ニアリテ甲某ヲ一旬日乃至半ケ月ツヽ之ヲ數回ニ雇入ルヽ者ハ引續ノ雇人ト見倣シ得ヘキヤ果テ然リトセハ一月ニ甲某ヲ雇入レ二月ニ之ヲ止メ代ルニ乙者某ヲ以テスル等數次ニ及ヘハ一期中自然甲乙丙丁ノ數人ニ渉ルヘシト雖モ同時ニ三名以上ノ現員ニ至ラサル限リハ尚ホ二人以下ノ雇人ト見倣シ得ヘキ儀ト心得可然哉

第三項　税則第十條但書ニ雇人增加シタル時ハ該期ノ增税ヲ納ムヘシトアリ右ハ例ヘハ雇人ナキ小賣人ニテ半途ニ至リ一名若クハ二名ヲ雇入ルヽ時ハ之ニ對スル半ケ年ノ税額即チ金壹圓五十錢ノ內ヨリ當初納税濟ナル五十錢ヲ扣除シ其全ク增税ニ係ル壹圓ヲ徵收スヘキ法意ナラン果テ然リトセハ小賣人ニテ製造又ハ卸賣ヲ兼ネントスル者ハ差引其全ク增税ニ係ル者ノミヲ徵收スヘキ儀ト心得可然ヤ

第四項　税則心得書第六項ニ露店又ハ呼賣專業ノ者ニハ出賣鑑札ヲ下付スルノ限ニ在ラストアリ就テハ露店又ハ呼賣專業ノ者ニ限リテハ該營業權ノ徵證ヲ所持セスシテ何レノ場所ヲ問ハス其營業ヲ爲シ得ラルヽ儀ト心得可然哉

第五項　露店又ハ呼賣專業ノ者ニ下付スル免許鑑札ハ唯リ鑑札面記載ノ人ニ限リ其効力ヲ有スヘキ者タレハ其父子兄弟タリト雖モ更ニ鑑札ヲ受クルニ非サレハ一時免許人ニ代リ其營業ヲナス如キハ法理上不相成儀ト心得可然哉

第六項　露店及ヒ呼賣ヲ兼業スル者ニ下付スル鑑札ヘハ税則取扱心得書第一號雛形ニ準シ露店呼賣ト併記スル儀ト心得可然哉

第七項　税則上ノ雇人トハ平素雇主ノ家ニ寢食スル者ノミニ限ラス日雇或ハ臨時雇ノ者又ハ手代番頭等ニテ日々雇主ノ家ニ通勤スル者又ハ籍ヲ異ニスル親族等ニシテ賃金ヲ受ケス臨時ニ來リテ業務ノ助ヲ爲ス者ノ如キモ渾テ均ク雇人ノ範圍內ヲ以テ論スヘキ儀ト心得可然哉

第八項　前項果テ雇人ヲ以テ論スヘキ者トセハ今コノ雇人ヲシテ税則第三條ニ據リ仕入又ハ出賣ヲ爲サシムルモ妨ケナキ儀ト心得可然哉

第九項　演劇場寄席又ハ楊弓場等ニ於テ其席主ノ販賣スル者ハ小賣營業者ト心得可然哉
第十項　下タ職ト唱ヘ常ニ自宅ニ在リテ製造人ヨリ送附セル物品ノ製造（「モナカ」ノ皮ノ類ノミヲ製スルニ止ルアリ或ハ落雁ノ類ノ如キハ直ニ仕上ケヲナスアリ）ニ從事シ日給又ハ其製造高ニ應シ賃金ヲ受クル者ハ雇人ヲ以テ論シ難キ者タレハ稅則範圍ノ外ト心得可然哉
第十一項　菓子種（干菓子ノ種即チ「モナカ」ノ皮ノ類）ヲ製シ專業トナス者アリ右ハ其賣先ノ營業者ト否トヲ問ハス總テ稅則範圍ノ外ニ付スヘキ儀ト心得可然哉
第十二項　稅則上ニ揭ケアル露店トハ常ニ一定ノ營業場ヲ有セス神佛ノ緣日夜見世市場等ニ於テ其都度所謂屋臺店又ハ莚簀張等ヲ設ケ營業ヲ爲ス者ノ類ノミニ限ラス立場茶屋（家屋ノ構造ヲ爲スモ平素寢食セサル者）路傍常設ノ莚簀張社寺境內ノ掛茶屋（茶菓子トシテ來客ニ出スノ外尚ホ單ニ販賣スル者）等ニ於テ販ク者其他方言床見世ト唱ヘ朝ニ來リテ店ヲ開キ夕ニ去リテ之ヲ閉ル者ノ類ノ如キ平素一定ノ營業場ヲ設ケ販賣スル者モ亦均ク露店ノ範圍內ト心得可然哉
　但在村居宅ノ片隅若クハ掛出シ等ヲ設ケ農間瑣細ノ雜菓子ヲ鬻ク者ノ如キモ本項ニ準シ可然哉

大藏省指令　明治十八年六月廿六日

伺ノ趣左ノ通可相心得事
第一項第三項第六項第八項及第十一項申出ノ通
第二項　申出ノ通
　但其都度雇人ノ氏名ヲ屆出サシムヘシ
第四項　營業鑑札ヲ携帶セシムヘシ
第五項　家族ノ者一時免許人ニ代ルハ苦シカラス
第七項　申出ノ通
　但祭禮等ノ場合ニ於テ業務繁多ノ爲メ一時手傳ヲ爲サシムルモノハ此限ニアラス
第九項　申出ノ通

但楊弓場等ニ於テ茶菓子トシテ出スモノハ此限ニアラス
第十項　日給ヲ受クル者ハ雇人トス製造高ニ應シ手間賃ヲ受クル者ハ申出ノ通
第十二項　寢食セサルモノナレハ申出ノ通但書露店ト稱スルノ限ニアラス

○

二五二　大藏省

曩ニ大藏省ニ於テ菓子税則中疑義ニ係ル千葉縣伺中第十二項ニ對シ寢食セサルモノナレハ申出ノ通ト指令セシカ(官報第六百七號伺指令欄内參看)該指令ノ趣旨ハ路傍常設ノ葭簀張社寺境内ノ掛茶屋等ハ寢食ノ如何ニ依リ露店ノ範圍内外ヲ區別スル儀ニシテ其ノ店ノ結搆雨露ヲ凌クニ足リ寢食ヲナスヲ得ルモノハ都テ露店ト見做ス限ニアラサル旨更ニ該縣ヘ通牒シタリ

○

二五三　東京府伺　明治十九年三月十二日

菓子製造小賣ヲ兼業スルモノニテ其製造税ヲ不納スルモノアリ之ヲ處分スルニ當リ税則第八條但書ニ二種以上ヲ兼タルモノハ其税額ノ多キモノニ就テ納税スヘシトアリテ其小賣營業ハ製造ニ附帶シテ免許ヲ得タルモノナレハ各營業ヲ停止シ可然モノヽ如シ然リト雖モ税則第一條ニ於テ各營業人ノ資格ヲ示メサレ第二條但書ニ於テ二種以上ヲ兼タルモノハ各別ニ鑑札ヲ受クヘシトアリテ畢竟製造小賣各別ニ營業權ヲ得タルモノト解釋セサル能ハス然ルニ製造税ノミ怠納スルノ場合ニ於テ各營業ヲ停止スルハ不穩當ト相考候若シ各資格ノ異ナラサルモノトシ小賣ヲモ併セテ營業ヲ停止シ公賣處分等ヲナスモノトセハ小賣人ノ資格ヲ以テ他ヨリ買入レタル菓子モ均シク公賣セサルヲ得ス然ルニ該菓子ハ毫モ自製製造ニ關係ナキ物品ナレハ之ヲ公賣スルハ頗ル穩當ナラサルモノト存候旁各資格ノ異ナリタルモノト見認メ處分シ可然哉

追テ製造營業ノミ停止候ニ於テハ小賣營業ハ既ニ當初營業權ヲ得タルモノナレハ當季中ハ別段税金ハ徵收不

致積ニ有之候此段添テ相伺候

大藏省指令　明治十九年三月十八日

伺之趣總テ申出ノ通可相心得事

但營業税不納ニ係ルモノハ本文ノ限外ト心得ヘシ

○

一二五四　長野縣伺　明治十九年三月廿四日

第一條　菓子製造營業者ニシテ卸小賣兼業ノモノ當十九年分前半季營業税上納濟ノ後十八年第二期七月ヨリ十二月三十一日迄賣上金高ニ係ル分製造税徵收ニ方リ該税不納ニ付成規ノ通直ニ處分ニ着手シ製造品幷ニ器械鑑札等ヲ差押ヘ營業ヲ停止セリ然ルニ卸小賣等ヲ兼ヌル者ノ營業税ハ税額多キ分ニ引付ケ營業税ヲ徵收スル儀ニ有之今營業税ノ最多キ製造税不納ノタメ製造營業ヲ停止スルトキハ兼業モ之ト共ニ附帶シテ營業樣消滅スル儀ナルヤ

第二條　單ニ製造税不納ニ係ルモノハ假令營業税ハ重キ分ニ付キ徵收スルモ製造營業ノミ停止シ卸小賣ノ兼業ヲ不問ニ措クモノトスレハ卸小賣ノ營業税ハ更ニ徵收セサルモ差支ナキヤ

第三條　卸小賣營業停止ノ限ニアラストスレハ兼業ニ屬スル卸小賣鑑札面朱書製造ノ文字ヲ塗抹シテ取扱主任之ニ認印スヘキヤ

第四條　前條製造税不納處分ヲ受ケ物件ヲ公賣ニ付シ其金額ヲ納税ニ充テ剩餘アルトキハ本人ニ還付シ不足アルハ官ノ損失ニ歸スルハ勿論假令公賣處分ヲ受クルモ納税義務ヲ盡シタルモノハ重ネテ營業スルヲ得ルモ若シ納税義務ヲ了セサルモノ其不足税ヲ完納シ營業出願スル場合ニ於テハ其年ノ前半季營業税ハ已ニ納濟ナレハ直ニ營業セシムヘキヤ又ハ更ニ營業税ヲ徵スヘキヤ

大藏省指令　明治十九年四月一日

第一條　兼業ハ消滅セス

第二條　當期ノ營業税ハ徵收スヘキモノニアラス

第三條　申出ノ通

第四條　御小賣ノ兩業ニ對スル稅額ト製造業ノ稅額トヲ比較シ其增差アルモノハ其差額ヲ徵收シタル上差額ナキモノハ直ニ營業ヲ許スヘシ

○

二五五　靜岡縣問合　明治十九年八月九日

菓子營業者ノ內營業ノ都合ニ因リ露店呼賣專賣業ヨリ普通營業ニ又ハ普通營業ヨリ露店呼賣ニ轉業スルモノヽ鑑札ハ露店呼賣ノ廉加除訂正主任者捺印ノ上下與シ苦シカラスヤ又ハ新鑑札書換下與スヘキヤ御明示相成度

大藏省回答　明治十九年八月十八日

御問合菓子營業者轉業ノ節鑑札書換ノ儀ハ後段御見込ノ通

○

二五六　靜岡縣質議　明治二十年四月十八日

菓子製造兼小賣營業ニシテ雇四人ヲ有スルモノ納稅後ソノ製造ヲ廢シ單ニ雇一人ノ小賣トナリシカ其半期中再ヒ雇一人ヲ增シ製造兼小賣トナリシモノアリ曩ノ製造ハ一旦廢業シタルモノニ付更ニ製造ニ對シ貳圓五拾錢ノ營業稅ヲ徵收シ然ルヘキモノト思考スルモ明治十八年六月二十六日栃木縣ヨリノ照會並ニ回答書（栃木縣照會ニ云フ小賣營業者（雇四人アルモノ）半期中（納稅後ヲ云フ）該營業ヲ廢シ卸賣一方ニ轉シタルトキハ稅額ニ三圓ノ差額ヲ生スルモ追徵ノ限リニアラスヤ（回答）卸賣ニ轉業スルモノハ其差額ヲ追徵ス）ノ精神ニ據レハソノ半期中既ニ納稅シアルヲ以テ更ニ營業稅徵收セサルモ可ナルモノヽ如シ又玆ニ一ノ論點ヲ掲クレハ曩ニ製[illegible]造兼小賣タリシトキ雇三人以上アル者ノ稅金半期五圓ヲ納メタルハ單リ製造ノミナラス併セテ小賣稅ヲモ納メ[illegible]クルノ資格ヲ有スルカ故製造營業ヲ廢シタル後ハ雇一人アル小賣營業ト認メサルヲ得ス然ラハ雇一人ヲ增シ再ヒ製造營業ヲ[illegible]フ者ハ其營業稅ノ差額即チ壹圓ヲ徵收シ可然ヤ

大藏省主稅局回答　明治二十年四月廿三日

菓子税則第八條ノ精神タル他ノ諸税則ノ營業税ト大ニ其趣ヲ異ニシ即チ一旦甲種ノ業ニ就テソノ免許ヲ受ケタル者ハ他日乙種又ハ丙種ヲ兼ヌルトモ若クハ乙丙兩種ヲ兼ヌルトモソノ營業税ハ當初甲種ノ納税金額ニ照シテ不足ナキモノハ別ニ加徴スルヲ要セス若シ不足アルモノハ其差金タケヲ追徴スルニ止ムルヲ當然トス今般質議ノ場合ノ如キハ再營ノ税金ヲ複徴スルニ及ハサルハ無論トス

○判決例

二五七　明治廿年乙第百六十三號

兵庫縣平民　太田甚三郎

抑モ菓子小賣營業トハ其家宅内ニ設ケタル一定ノ營業場ニ於テ菓子ヲ需用人ニ販賣スル者ヲ指示シタルモノナルハ菓子税則第一條第二條ノ律意ニ因リ明カナリ而テ該小賣營業中ニ一定ノ場所ヲ設ケスシテ露店又ハ呼賣ヲ業ト為スモノアルハ又同則第八條末項ニ明許スル所ナリ今本按被告カ所為ノ事實ニ於ケル原判官ノ認ムル所ニ依レハ雑菓子ヲ自宅軒外ノ涼臺ニ陳列シ需用人ニ販賣シタルモノニテ其涼臺ノ如キハ自由ニ運搬スルヲ得ルモノニ付固ヨリ家宅ニアラサレハ即チ露店營業ノ行為タルヤ分明ナリ然リ而メ公判始末書及原檢察官カ上告答辯書ニ徴スルニ被告ハ露店菓子小賣營業鑑札ヲ受ケ居ルモノヽ如シ若シ果メ該鑑札ヲ受ケ居ルモノトセハ菓子税則違犯トシテ處斷スルヲ得サルハ前説明ノ如キ理由ナリト雖𪜈原判文上此事實ヲ審究詳明シアラサルカ故ニ未タ擬律ノ當否ヲ鑑別スル能ハス是レ治罪法第三百四條ノ規定ニ違背シタル不法ノ裁判ニシテ破毀ノ原由アルモノト判定ス

明治廿年二月廿四日

○

二五八　明治廿年乙第三百三十八號

三重縣平民　宮野金三郎

菓子税則第一條ニハ菓子營業者ノ種類ヲ掲ケ同第二條ハ營業鑑札ヲ受クルノ手續ヲ定メ同第三條ハ仕入又ハ出賣

鑑札ヲ携帶スヘキ旨ヲ規定シアリ同第八條末項ニ至リ始メテ露店又ハ呼賣ヲ業ト爲スモノ云々ト揭記シ仍ホ同第十一條第十三條第十四條等ニ露店營業者ニ付テハ營業税ヲ免シ且製造賣上高ノ屆出製造原品ノ賣買ヲ帳簿ニ記載スヘキ義務ナキ旨ヲ規定シアルモ他ニ税則中ニ菓子露店製造及小賣營業ヲ特別ニ設ケラレタル項目アラサレハ即チ前第一條ノ製造又ハ小賣營業鑑札ヲ申受ケ且出賣鑑札ヲ携帶スルモノニ在テハ露店ヲ設ケ其製造ニ係ル菓子ヲ販賣セルモ無鑑札菓子製造小賣營業ヲ爲シタルモノト論斷スルヲ得ス何トナレハ露店ノ如キハ固ヨリ一定ノ場所ナク自由ニ移轉シ得ヘキモノニシテ所謂二箇所以上ノ營業場ヲ設クル中ニ包含セサルハ勿論菓子税則中ニ製造營業人ニシテ露店ニ於テ製造セシ場合ヲ制裁スルノ法律ナケレハナリ然ルニ原裁判所カ此所爲ニ對シ税則第二條第十七條ヲ適用シ被告ヲ罰金ニ處シタルハ上告旨趣ノ如ク擬律ニ錯誤アル不法ノ裁判ナリトス因テ治罪法第四百廿九條ニ則リ之ヲ破毀シ本院於テ直チニ判決ヲ爲ス左ノ如シ

宮野金三郎

右被告カ所爲ノ事實ハ原判官ノ認ムル所ニ據レハ其所爲ニ對シ法律ニ於テ罰スヘキ正條ナキモノニ付治罪法第三百五十八條ニ照シ無罪ノ旨ヲ言渡シ仍ホ同第三百八條ニ依リ現在ノ菓子四十三個小鍋附屬品ハ之ヲ還付スルモノナリ

明治廿年四月九日

○

二五九 明治二十年乙第五百六十五號

靜岡縣平民 大瀧清太郎

上告ニ因リ原判文ヲ閱スルニ被告大瀧清太郎妻「ウタ」ニ於テ明治廿年三月廿三日坊間稱スル處ノ鹽煎餅ト同樣ノ製法ヲ以テ米粉ヲ捏リ餅子ヲ作リ之ヲ糖汁ニ浸漬シ延展シテ薄葉ト爲シ之ヲ圓形又ハ梅花形ノ小片ニ切リ乾燥セシメ燒テ所謂鹽煎餅ノ如キモノヲ造リ之ヲ店頭ニ陳列シ置キタルヿハ云々菓子製造人カ作ル處ノ煎餅ト同カラス只鹽煎餅ノ鹽ニ代ルニ砂糖ヲ以テシタルト異ナルノミニテ之ヲ鹽煎餅ニ類スト云フモ尋常ノ煎餅ニ似タル處ナキ

ヲ以テ之ヲ菓子ト認ムルヲ得サルニ付云々無罪トアリ抑モ菓子ハ米ノ粉其他ノモノニ砂糖餡ヲ包ミ又砂糖ヲ混和シ製造シタルモノヲ指稱スルヤ勿論ニシテ其米ノ粉等ヘ鹽ノミヲ加ヘタルト砂糖ヲ混和シタルト同視スヘカラサルハ亦論ヲ竢タサルナリ而シテ其砂糖ヲ混和スルニ方リ其儘用ユルモ糖汁ト爲シ用ユルニ砂糖ヲ用ヒタルニ差異アルヿナケレハ其用方ニ因テ區別スヘキモノニアラス故ニ糖汁ヲ用ヒ製造シタル事實ヲ認メタル以上ハ菓子稅則違犯ノ責メハ免カレ得ヘカラサルモノナリ然レ圧營業鑑札ヲ受ケスシテ菓子營業ヲ爲シタル者ハ製造器械ヲモ沒收スヘキモノナルニ付如何ナル器械ヲ用ヒ製造シタルヤ之ヲ審究明示スヘキハ緊要ノ點ナルニ原判文上之ヲ明示セサルハ治罪法第三百四條ニ違背シタル不法ノ裁判ナルニ因リ破毀ノ原由アルモノトス

明治二十年六月二十日

○

二六〇 明治二十年乙第七百五十八號

兵庫縣平民　奥田米吉
外一名

菓子稅則ニ所謂露店呼賣營業トハ菓子ヲ販賣營業スル業体上ノ稱呼ニシテ其露店呼賣營業者カ菓子ヲ製造スルニ付キ法律上敢テ自宅內外ノ區別ヲ爲サヽルヲ以テ該營業ニ於テ假令ヒ自宅ニ在テ菓子ヲ製造セルモ其店頭ニテ之ヲ販賣セサレハ直ニ稅則第一第二條ノ違犯者ナリトハ斷定スルヲ得ス今本案上告事件ニ付被告人等ニ對スル原判文ヲ閲スルニ被告兩名ハ各呼賣菓子製造兼呼賣小賣者ニシテ相共ニ米吉宅ニテ菓子製造營業鑑札ヲ所轄廳ヨリ受ケス擅ニ其共用ニ係ル鍋三個摺鉢五個製造器械數點ヲ以テ煎餅其他ノ菓子數種ヲ製造シ之ヲ呼賣小賣業ニテ賣却シ現在自家製造ニ係ル煎餅其他ノ菓子ヲ箱五個ニ入レ所持云々トアリ夫レ此文詞タルヤ自宅ニ於テ製造セシ菓子ヲ呼賣小賣業ニテ賣却シ仍ホ其殘餘ノ菓子ヲ單ニ自宅ニ在テ所持シタリトノ理由ナリセハ無鑑札菓子製造營業ヲ爲シタルモノト論斷スルヲ得スト雖圧其菓子製造營業鑑札ヲ受ケス云々ノ文詞ト自宅製造ニ係ル煎餅其他ノ菓子ヲ箱五個ニ入レ所持云々ノ文詞ヲ照應スレハ其自家ニ在テ製造セシ菓子ヲ店頭ニ於テ販賣スルノ目的ヲ以テ所持

シ居タルモノト看做セシカ如キノ理由ニシテ事實ノ理由其明確ヲ缺キタルカ故ニ何レノ理由カ果シテ眞實ナル乎ヲ視ルニ由ナケレハ隨テ法律適用ノ當否ヲ鑑査スル能ハス是レ治罪法第三百四條ノ規定ニ違背セル不法ノ裁判ニシテ上告論旨ノ如何ニ對シ別ニ説明ヲ要セス即チ破毀ノ原由アルモノト判定ス

明治二十年九月二十九日

○

二六一　明治二十年乙第七百三十五號

千葉縣平民　大德文藏

菓子税則第二條菓子營業ヲ爲サントスル者ハ云々但一人ニテ云々又ハ二種以上ノ營業ヲ兼ヌル者ハ各別ニ營業鑑札ヲ受クヘシトアル該末段ノ規則タル單ニ製造營業者ノミニ對スル者ニ非スシテ苟クモ菓子營業ヲ爲サントスル者ハ總テ一々其營業種類ノ鑑札ヲ受クルニ非サレハ營業スル丁能ハサルハ勿論ナルヲ以テ若シ該條ニ違ヒ無鑑札ニテ二種以上ノ營業ヲ爲シタル者ハ全則第二十一條ニ照シ全第十七條ニ據リ各別ニ刑ヲ科セサル可カラス然ルニ被告カ無鑑札ニテ小賣營業ヲモ兼犯シタル事實ヲ認メナカラ右第二條ノ法意ヲ誤解シ前記ノ理由ヲ以テ小賣ノ所爲ヲ無罪トシ製造ノ所爲ノミヲ罰シタルハ上告論旨ノ如ク擬律ノ錯誤ナルニ依リ破毀スヘキノ原由アルモノトス因テ治罪法第四百廿九條ノ成法ニ從ヒ原裁判ヲ破毀シ本院ニ於テ直チニ裁判ヲ爲ス左ノ如シ

大德文藏

右ノ理由ナルヲ以テ被告カ犯則ノ事實ハ原判官ノ認ムル所ニ據リ刑法第五條ニ基キ菓子税則ニ照シ其第二條ヲ犯シタル者ナレハ其第二十一條ニ從ヒ數罪倶發ノ例ヲ用ヒス同則第十七條ヲ適用シ無鑑札菓子製造營業ノ所爲ニ對シテハ罰金五圓同小賣營業ノ所爲ニ對シテハ罰金五圓ヲ併科シ差押ニ係ル輕目糖三個及ヒ其製造器械鍋爐爐棒ヲ没収シ賣得金七錢五厘ヲ追徴スル者也

明治二十年九月一日

○

【二六二】明治二十年乙第八百十六號

高知縣平民　吉村治三郎

菓子税則第七條ニ鑑札ハ貸借賣買云々トアルハ之ヲ貸借賣買シ即チ免許ヲ得サル者ニ於テ他人名義ノ鑑札ヲ代用シテ營業ヲ爲シタル場合ヲ規定セシモノナルヤ論ヲ俟タス何トナレハ鑑札ヲ借受ケ若クハ買受ケ營業スルモノハ仍ホ無鑑札營業ヲ以テ論斷スヘキノ明條ナキ限リハ他人ノ鑑札名義ヲ代用シ營業スルハ該鑑札ヲ借受ケ又ハ買受クルモノヽ固ヨリ希圖スル所ノ結果ナレハナリ今本案原裁判所カ認ムル所ノ被告カ所爲ノ事實タルヤ被告治三郎ハ入交源七ニ於テ申受ケシ菓子製造及小賣出賣鑑札等ヲ借受ケ其名義ニテ税金ヲ納メ營業上ノ諸帳簿等モ悉皆右源七名義ヲ代用シ以テ自店ニ在テ營業ヲ爲シタルモノナレハ之ヲ無鑑札ニテ營業セシトハ云フヘカラス個ハ即チ鑑札貸借上ヨリ生出シタル結果ニ外ナラサルニ因リ單ニ鑑札貸借ノ一所爲ノミニ對シ科罰スヘキハ當然ニシテ仍ホ無鑑札菓子製造若クハ小賣營業ノ所爲アリトシテ論斷スルヲ得サルモノトス故ニ本院檢事附帶上告論旨ノ其理由ナキハ勿論原裁判ノ二所爲トナシ税則第二條第十七條ヲ適用處斷シタルハ不法ヲ免カレサルモノニ付原檢察官カ擬律ニ錯誤アリトノ上告旨趣ニ基キ治罪法第四百三十一條ニ則リ本院於テ擬律ノ一部ヲ破毀シ直ニ判決更正スル左ノ如シ

吉村治三郎

右被告カ所爲ノ事實ハ原裁判所カ認ムル所ニ據リ其所爲ニ對シ適用シタル法條ノ内菓子税則第二條第十七條ヲ適用シ罰金七圓ニ處シ現在ノ菓子及製造器械ヲ沒收シ賣拂代價ヲ追徵スト言渡シタル一部ハ之ヲ取消スモノナリ

明治二十年十一月十日

○

【二六三】明治十九年乙第百六十九號

千葉縣平民　齊藤仙藏

上告ノ旨趣ハ揭ケテ前顯ノ如シト雖モ抑菓子税則中菓子ト稱呼スルハ砂糖ニ他物ヲ混入スルト否トヲ問ハス砂糖

ヲ溶解シ一種ノ有形物ヲ調製スルモノヲ總稱シタルモノニシテ被告カ調製セシ如ク砂糖ヲ煎シ其液ヲ白鉄盤ニ流シ之ヲ凝結セシムルハ即チ砂糖ニアラスシテ菓子タルヤ論ヲ竢スシテ明カナレハ之ヲ菓子ニ非スト云フヲ得ス又菓子小賣人ハ自己ニ菓子ヲ製造スルヲ得サルモノニシテ自己ニ製造シ之ヲ需用者ニ販賣セント欲セハ製造及ヒ小賣ノ兩鑑札ヲ願受ケサレハ營業スルヿ能ハサルハ菓子税則第一第二條ニ依リ明白ニシテ若シ之ニ違犯スル者ハ二罪ヲ構成スル勿論ナルヲ以テ二罰ヲ併科スルハ當然ナリ故ニ被告カ所爲ノ如キハ即チ二罪ニシテ小賣業違犯ノ一罪ナリト爲スヲ得ス將又犯罪ノ場所ヲ判文ニ記載スルハ專ラ裁判管轄ヲ定ムルニ必要ナルモノナレハ本件ノ如ク其管轄ニ始終故障ナクシテ裁判言渡ヲ了ヘ且ツ裁判官ノ心証ニ資リシ証憑中ニ犯罪ノ場所ハ判然トシテ別ニ管轄ニ違異アルニアラサレハ之ヲ以テ破毀ノ原由ト爲スニ足ラサルモノトス故ニ上告ノ旨趣ハ總テ相立サルモノト判定ス因テ治罪法第四百二十七條ニ則リ該上告ハ之ヲ棄却スルモノ也

明治十九年十一月廿日

○

二六四　明治十九年乙第百三十二號

長野縣士族　丹羽省吾

本案上告ノ旨趣ハ前掲ノ如ク出賣鑑札ヲ受ケ居ルモ一時失念シテ携帶セシメサリシ迄ニテ此所爲ハ法律明文ナキヲ以テ無罪者ナリト云フト雖モ菓子税則第三條ニ明記シアル如ク菓子營業者於テ自己又ハ家族雇人ヲ以テ仕入又ハ出賣ヲ爲スニハ管廳ニ願出各鑑札ヲ受ケサルヘカラサルハ勿論其仕入出賣ノ時々該鑑札ヲ携帶セサルヘカラサルモノナレハ假令ヒ鑑札ヲ受ケ居ルト雖𪜈之ヲ携帶セシメスシテ出賣ヲ爲シタル時ハ同税則第十九條ノ罰ヲ科セラルヽハ當然ニシテ到底上告旨趣ハ治罪法第四百十條各項中ニ適合スルノ原由ナキモノトス因テ治罪法第四百二十七條ニ則リ之ヲ棄却スルモノ也

明治十九年十一月二十日

○

二六五 明治十九年千四百三十三號

山梨縣平民　渡邊市重郎

菓子稅則第二十一條ニ此規則ヲ犯シタル者ニハ刑法ノ云々數罪俱發ノ例ヲ用ヒストアリ今上告ニ付原判文ヲ閲スルニ（被告ハ明治十九年二月十八日菓子仕入又ハ出賣鑑札ヲ携帶セスシテ甲府ニ於テ菓子仕入ヲ爲シ之ヲ各所ニ出賣シタル云々）トアリテ此事實ニ據レハ被告ハ仕入鑑札ヲ携帶セスシテ菓子ヲ仕入又ハ出賣鑑札ヲ携帶セスシテ菓子ヲ出賣シタルモノナルヤ明カナリ然レハ之ヲ菓子稅則第三條ニ違犯シタルモノトナシ同則第十九條ヲ適用シテ處斷スルニハ其二個ノ罪ニ對シ各別ニ刑ヲ科セサルヘカラス然ルニ原裁判茲ニ出テス本案ノ如ク處斷シタルハ原檢察官ノ論告セシ如ク擬律ノ錯誤タルヲ免カレスシテ即チ治罪法第四百十條第十ノ塲合ニ該當スル破毀ノ原由アルモノトス

右ノ理由ナルヲ以テ治罪法第四百二十九條ニ依リ原裁判言渡ヲ破毀シ本院ニ於テ直チニ裁判言渡ヲ爲スコト左ノ如シ

渡邊市重郎

原裁判所カ認メシ事實ニ據リ之ヲ法律ニ照スニ被告カ仕入鑑札ヲ携帶セスシテ菓子ヲ仕入及ヒ出賣鑑札ヲ携帶セスシテ菓子ヲ出賣シタルハ共ニ菓子稅則第三條ニ違背スルモノナルヲ以テ同則第二十一條ヲ適用シ同第十九條ニ依リ各二圓以上二十圓以下ノ罰金ニ處スヘキモノトス因テ其範圍內ニ於テ其仕入鑑札ヲ携帶セスシテ菓子ヲ仕入タルハ罰金三圓ニ處シ出賣鑑札ヲ携帶セスシテ菓子ヲ出賣シタルハ罰金二圓ニ處スル者也

明治十九年十一月二十日

○

二六六 明治二十一年乙第一九二號

島根縣平民　渡邊友市

原判文ヲ案スルニ被告友市ハ菓子營業者ニ無之又相被告タリシ土岡儀助ノ雇人ニモアラサルニ右儀助ノ依頼ニ應

シ砂糖其他ノ原品ヲ儀助ヨリ請取リ數次ニ菓子ヲ製造シ砂糖壹斤ニ付金四錢ノ割ヲ以テ賃錢ヲ受ケタリトテ菓子税則第二條ノ違犯者トシ之ヲ處斷シタルモノナリ依テ菓子税則ヲ閲スルニ同則第二條ハ菓子營業ヲ爲サントスル者ハ管廳ニ願出營業鑑札ヲ受クヘシ云々トアリ其菓子營業者トハ同則第一條ニ所謂三種ノ者ニ外ナラス而テ其第一種即チ菓子製造人トハ其下割書ニ菓子ヲ製造シテ之ヲ菓子營業者ニ賣渡ス者ヲ云フトアルヲ以テ見レハ菓子ヲ製造シテ之ヲ第二種第三種ノ營業者即チ卸賣人小賣人ニ賣渡ス者ニシテ本案被告友市カ所爲ハ原裁判官カ認メタル如ク其製造原品ヲ相被告儀助ヨリ請取リ砂糖壹斤ニ付四錢ノ割ヲ以テ賃錢ヲ受ケ儀助カ爲メニ之ヲ製造シタル者ナリ然ラハ則チ被告友市ハ一時儀助ニ雇使勞役ヲ受ケタルモノニシテ税則第一條ノ菓子ヲ製造シ之ヲ菓子營業者ニ賣渡ス製造人ト云フヲ得サルモノトス然ルニ原裁判官ニ於テ被告友市ヲ菓子税則第二條ノ違犯者トシテ處斷シタルハ要スルニ原檢察官上告論旨ノ如ク不法ノ裁判ナリトス

右ノ理由ナルヲ以テ治罪法第四百二十九條ニ依リ原裁判ヲ破毀シ本院ニ於テ直チニ裁判スルヿ左ノ如シ

渡邉友市

原裁判官カ認メタル事實ニ依リ被告カ所爲ハ法律上罪トシ罰スヘキモノニ非サルヲ以テ治罪法第三百五十八條ニ則リ無罪ヲ言渡スモノ也

明治二十一年四月十四日

◎ヤノ部

（四八）藥用阿片賣買幷製造規則　明治十一年八月第二十一號布告

明治三年八月布告阿片取扱規則ヲ廢シ藥用阿片賣買並製造規則左ノ通相定候條此旨布告候事

但施行ノ時日ハ追テ內務省ヨリ可相達事

(ホ)四八ノ一二條參看

(卅)二六七、(ホ)四八ノ三、四、五、六、七、八、九、一〇、一一、一二、一三、一四、一五條參看

(ホ)四八ノ二條參看

(ホ)四八ノ二、五、一六條參看

(ホ)四八ノ二、四條參看

(ホ)四八ノ二、一六條參看

藥用阿片賣買並製造規則

第一條　阿片ノ賣買及ヒ製造ハ藥用品ニ限リ此規則ニ依テ之ヲ許可ス

第二條　藥用阿片ハ其內國產若クハ外國產ヲ論セス總テ內務省ニ於テ其品位ヲ定メテ之ヲ買上ケ地方廳ヲシテ阿片卸賣特許藥舗ニ之ヲ拂下ケシムヘシ（二十年勅令第五十二號ヲ以テ改正但書削除）

〔第二條　藥用阿片ハ其內國產若クハ外國產ヲ論セス總テ內務省ニ於テ其品位ヲ定メテ之ヲ買上ケ然ル後チ各司藥場ヨリ阿片卸シ賣特許藥舗ニ拂下ケ之ヲ賣捌カシムヘシ

但司藥場ヲ置カサル地方ニ於テハ該地方廳ヨリ之ヲ拂下クヘシ〕

第三條　地方廳ヨリ拂下クル阿片ハ量目一匁ヲ以テ一器トシ毎器衞生試驗所ノ印紙ヲ貼付スルモノトス（二十年勅令第五十二號ヲ以テ改正）

〔第三條　各司藥場ヨリ拂下クル所ノ阿片ハ量目壹匁ヲ以テ一器トシ毎器司藥場ノ印紙ヲ貼附スヘシ〕

第四條　地方廳ハ土地ノ廣狹位置ヲ量リ一管內相當ノ人員ヲ限リ藥舗ノ身元人物ヲ選ミテ內務省ニ稟議シ鑑札ヲ受ケテ之ヲ本人ニ交付スヘシ

但廢業ノ者アル節ハ其鑑札ヲ內務省ニ返納ス可シ

第五條　特許鑑札ヲ受ケタル藥舗ノ住所姓名ハ該管轄廳ヨリ管內ノ公私病院醫師藥舗一般ニ報告ス可シ

但廢業ノ者アル節モ本文ニ準シ速カニ報告スヘシ

第六條　特許鑑札ヲ受ケタル藥舗ハ其店頭ニ特許藥用阿片賣捌所ト大書シタル看板ヲ掲ケ

置ク可シ

㊟四八ノ二、三條參看

第七條　特許ヲ受ケタル藥舖ハ半年分賣捌ノ高ヲ豫算シ毎年兩度該地方廳ニ申立テ其拂下ヲ請フヘシ但缺乏ノ節ハ臨時拂下ケヲ請フコトヲ得（二十年勅令第五十二號ヲ以テ改正）

〔第七條　特許ヲ受ケタル藥舖ハ半年分賣捌ノ高ヲ豫算シ毎年兩度最寄司藥場司藥場ナキ地方ハ該地方廳ニ申立テ其拂下ケヲ請フヘシ但缺乏ノ節ハ臨時拂下ケヲ請フコトヲ得〕

㊟四八ノ二、七、一〇二、一二六條參看

第八條　凡ソ醫師病院及ヒ一般藥舖等ニ於テ藥用阿片ヲ要スルトキハ其量目幷ニ其住所姓名及ヒ年月日（病院ハ其名稱及ヒ院長若クハ副長ノ姓名）ヲ記シ調印シタル證書ヲ以テ特許藥舖ニ就キ之ヲ購求スヘシ特許藥舖ニ於テハ之ヲ賣渡スニ其量目一度ニ四十匁ヲ超ユヘカラス

但シ病院及ヒ醫師等ニ於テ便宜ニ依リ一般藥舖ニ就キ之ヲ購求スルト一般藥舖相互ニ賣買スルトハ妨ケストモ必ス本條ノ證書ヲ以テスヘシ且其量目一度ニ八匁ヲ超ユヘカラス

㊟四八ノ二、二一六條參看

第九條　凡テ内外國人共醫師ノ處方箋ヲ持參シタル者ノ外ハ特許藥舖幷一般藥舖ニ於テ一切之ヲ賣渡スヘカラス

㊟四八ノ二、八、九、二一六條參看

第十條　特許藥舖ハ毎半年分阿片拂受並ニ一匁以上賣捌ノ高及ヒ買人ノ住所姓名並ニ一匁以下賣捌ノ總高等明細表正副二通ヲ造リ其管轄廳ニ差出スヘシ尤モ一匁以下ノ分ハ平常其明細ヲ簿記シ置キ臨時取調ノ用ニ供ス可シ

但シ管轄廳ハ其一通ヲ内務省ニ進達スヘシ

(示)四八ノ二、八、一六條參看

(關)二六七、(示)四八ノ一二、三、一六條參看

(示)四八ノ二、二二四、二五、一六條參看

(示)四八ノ二、一五條參看

(示)四八ノ二、一三、二四條參看

(示)一ノ三、五條、(四)八ノ四、六、八、

第十一條　醫師病院一般藥舖ニ於テハ毎半年必スシモ前條明細表ヲ差出スヲ要セスト雖モ平常其明細ヲ簿記シ置キ臨時取調ノ用ニ供スヘシ

第十二條　藥用阿片ヲ製造セント欲スル者ハ罌粟ノ種類及ヒ培養採收製造ノ方法ヲ記シ管轄廳ヲ經由シテ内務省ノ免許鑑札ヲ受クヘシ

第十三條　阿片製造人ハ其製造シタル阿片ノ量目ヲ記シ署名調印シタル願書ヲ以テ地方廳ヲ經由シ内務省ノ買上ケヲ願フヘシ右買上ケヲ受クルノ外決シテ内外人民ニ販賣スルコヲ許サス

但内務省ニ於テ其品位藥用ニ適セサルモノトスル片ハ地方廳ヨリ其旨ヲ製造人ニ通知シ其阿片ハ其廳ニ預リ置クヘシ（二十年勅令第五十二號ヲ以テ但書追加）

第十四條　阿片買上ケ及ヒ拂下ケノ代價ハ歳ノ豐凶及ヒ外國一般ノ相場等ニ因テ高低アルヘシト雖モ其品位ニ應シテ價格ヲ定ムルハ該藥主用ノ性分即チ「モルヒネ」ノ多少ニ因ルヘシ

第十五條　内務省ニ於テ買上ケ及ヒ拂下クル阿片ノ「モルヒネ」含量ハ買上ケ品ハ百分中ニ九分以上拂下ケ品ハ百分中ニ十分以上ヲ含有スルモノトス（二十年勅令第五十二號ヲ以テ改正本條ハ二十一年一月一日ヨリ施行ス）

〔第十五條　内務省ニ買上ケ及ヒ拂下クル所ノ阿片ハ百分中ニ「モルヒネ」六分以上十一分ニ至ルマテヲ含有スル者ニ限ルヘシ〕

第十六條　此規則ニ違犯スル者ハ其犯情ニ從ヒ阿片賣買若クハ製造ヲ禁シ其所有ノ阿片ヲ

九、一一、一二、一三條參看

沒收シ百五拾圓ヨリ五百圓以下ノ罰金ヲ科スヘシ

●參照

〇伺指令

二六七　三重縣伺　明治十六年七月十二日

明治十一年八月公布藥用阿片賣買並製造規則頒行相成候處縣廳又ハ郡役所等ノ勸業事務上其栽培場或ハ試驗場ノ類ノ箇所ニ於テ阿片製造ノ爲メ罌粟ヲ培養シ且藥用阿片ヲ製造セントスル片ハ該規則第十二條ノ例ニ比準シ其旨ヲ詳記シ縣廳勸業事務ニ關スル分ハ御省ヘ御屆及ヒ郡役所勸業事務ノ分縣廳ニ爲屆出候ニ止リ御省ノ免許鑑札ヲ受クルニ及ハサル儀ト心得可然哉尤其製造ノ阿片取扱方ハ該規則第二條ニ照シ御省ヘ御買上相願候ハ勿論ノ事ト存候處其製造稟准ノ手續官衙勸業事務ニ屬スル分ハ該規則中明文無之ニ付如何取計可然哉

內務農商務兩省指令　明治十六年八月十七日

伺之通但郡役所ノ分モ內務省ヘ屆出ツヘキ事

（四九）藥品取扱規則　明治十三年一月第一號布告

藥品取扱規則左ノ通相定來ル二月十五日ヨリ施行シ明治十年二月第二十號布告毒藥劇藥取扱規則ハ右同日限相廢候條此旨布告候事

藥品取扱規則

第一條　凡ソ藥品中最モ注意シテ精撰スヘキモノヲ第一類（注意藥）トシ其性効峻烈ニシテ僅少ノ分量ト雖モ直チニ生命ヲ傷害スルニ足ル可キモノヲ第二類（毒藥）トシ其性効第二類ノ如ク峻烈ナラサルモ用量ニ因テ容易ニ危害ヲ來スヘキモノヲ第三類（劇藥）トス其類

[illegible]二六八、布四九ノ二、四條參看

㋭四九ノ一、三、六條參看

目別表ノ如シ

但新タニ發見及ヒ舶齎シタル藥品ハ先ツ最寄司藥場ニ出シテ試驗ヲ受ケ其告示スル所ニ從フヘシ

第二條　第一類藥品ハ其性効ノ緩劇ニ拘ハラス若シ精良ナラサルトキハ醫師ノ目的ヲ誤リ以テ人命ヲ危フスルカ故ニ其粗製品（故意ニ他物ヲ混シタルニアラス全ク化學製造上或ハ採收ノ際其法疎漏ニシテ純精ナラサルモノヽ類ヲ云フ）ハ之ヲ藥用トシテ販賣スヘカラス

但藥舗ニ於テ自ラ其良否ヲ鑑別シ能ハサルトキハ最寄司藥場ニ請ヒ試驗ヲ受クルコトヲ得（十七年第二十五號布告ヲ以テ請ヒノ下「無費ニテ其」ノ五字ヲ削除ス）

㋭四九ノ一、二條參看

第三條　第一類中ノ粗製品ト雖モ仍ホ學術上工職上等ノ用ニ供スルニ足ルモノハ粗製ノ字ヲ其器ニ明記シ之ヲ販賣スルコトヲ得

【刑】二六九、二七〇、二七一、㋭四九ノ一、五、六條參看

第四條　第二類第三類ノ藥品ハ醫師ノ處方書ニ據テ調合スルノ外醫師藥舗化學者製藥者工職者等ヨリ品名量數需用ノ目的年月日及ヒ住所姓名ヲ詳記シタル證書ヲ以テスルニアラサレハ決シテ販賣或ハ授與スヘカラス

但證書處方書ハ之ヲ保存シ臨時ノ點撿ニ供ス可シ且本條ノ手續ニ依ルモノト雖モ幼稚ノモノ其他不安心ト認ムルモノニハ一切交付スヘカラス

㋭四九ノ四條參看

第五條　第二類第三類ノ藥品ヲ販賣スルトキハ其器若クハ包紙ヘ必ス普通ノ名稱ヲ記シ且第二類ハ毒ノ字第三類ハ劇ノ字ヲ明書スヘシ

法二七〇、二七一、(ホ)一ノ一、三、五、六條、四九ノ七條、刑法第二五四條參看

(ホ)一ノ九條參看

但醫師ノ處方書ニ據ラスシテ封緘ヲ開キタル第二類第三類ノ藥品ヲ小賣若クハ授與スルトキハ本文ノ外更ニ適應ノ器ニ入レ密閉封印ス可シ

第六條　第二條第四條本文ニ背戻シ又ハ贋品（故意ニ他ノ物品ヲ本品ニ混合シテ其容量重量ヲ増スモノ若クハ他ノ物品ヲ以テ本品ニ擬シ或ハ名簽ヲ變換スルモノヽ類ヲ云フ）敗品（總テ酸敗、風化、或ハ潮解シ若クハ黴醭ヲ生シ陳敗ニ傾ク等ニ因リ其藥品本性ノ効力ヲ變シ或ハ其効力ヲ失スルモノヽ類ヲ云フ）ヲ販賣スルモノハ其贋敗品ヲ沒入シ三拾圓以上五百圓以下ノ罰金若クハ一月以上一年半以下ノ懲役第一條但書第四條但書及第三條第五條ニ背戻スルモノハ一圓以上二拾五圓以下ノ罰金若クハ一日以上二十五日以下ノ懲役ヲ科シ又ハ罰金懲役ヲ併セ科スヘシ

第七條　右ノ罰則ヲ再犯スルモノハ其本罰ノ最多限ニ二倍以下ノ罰ヲ科シ三犯スルモノハ本罰ノ最多限ニ三倍以下ノ罰ヲ科スヘシ

第一類注意藥表

印度大麻葉及其製劑

莨菪葉並根及其製劑

麥奴及其製劑

番木鼈子及其製劑

乳酸鐵

ペプシネ

吐根
吐酒石
硇砂精（アンモニア水）
ヂキタリス葉及其製劑
カラバル豆及其製劑
肝油
ヨジウム
沃土加里
沃土鐵舍利別
第一沃土汞（黄色沃汞）
第一コロール汞（甘汞 カロメル）
第二コロール汞（昇汞 猛汞 ソピルマート）
炭酸アンモニヤ（硇砂華）
老利爾結兒私水並苦扁桃水
蔓陀羅華及其製劑
葯刺巴脂並球根及其製劑
芫菁（斑猫）
コロヽフォルム

コロラルヒドラート
格魯失屈謨實及其製劑
格魯董篤實及其製劑
アトロヒネ鹽類
阿片製劑
サントニーネ
醋酸アンモニヤ水（ミンデレリ精）
薩爾撒根
サリシール酸及鹽類
機那皮
規尼涅鹽類
綿馬及其製劑
硝酸銀
失鳩荅草及其製劑
蓚酸セリウム
臭素加里（ブロームカリウム 臭素剝篤亞私）
エーテル（アーテル）
鹽基性硝酸蒼鉛

ヒヨス葉及其製劑
蓖麻子油
莫爾比涅鹽類
水素還元鐵

第二類毒藥表

燐
カンタリヂーネ
クラーレ（矢毒ウラヽ）
亞砒酸（異名白砒石、礜石、アルセニツキ）其製劑及砒抱合物（鷄冠雄黃、雌黃ノ類）
揮發苦扁桃油
有毒性アルカロイド並其鹽類
ニコチネ。ヂキタリネ。ナルセーネ。ヴェラトリネ。ブルシネ。コニーネ。コデーネ。アトロヒネ。アコニチネ。エメチネ。ヒヨシアミネ。モルヒネ。ストリキニーネ等
猛劇汞劑
白降汞。第一沃汞。第二沃汞。昇汞。赤降汞。硝酸亞酸化汞。青酸汞。生々乳
青酸及其製劑

第三類劇藥表

印度大麻葉及其製劑

莨菪葉並根及其製剤
番木鼈及其製剤
巴豆及巴豆油
麥奴及其製剤
ポドヒリーン
ヘルレボル根及其製剤
吐根及其製剤
吐酒石其他安質莫尼製剤
毒萵苣及其製剤
藤黄
ヂキタリス葉及其製剤
硫酸
カラバル豆及其製剤
苛性加里(腐蝕加里)
苛性曹達(腐蝕曹達)
芥子油及芥子精
甘汞及輕粉、汞灰散、藍丸
ヨヂウム及其製剤

沃土加里
ヨヂウム鐵
ヨードホルミウム
雙鸞菊球根(烏頭附子)及其製劑
老利爾結兒私水並苦扁桃水
ヴエラトリ根
過酸滿俺酸加里及曹達
葯剌巴脂並球根及其製劑
蔓陀羅華葉及其製劑
芫菁(斑猫)及其製劑
ケレヲソート
ブロミウム(ブローム臭素)
コローム酸
コルシクム實並根及其製劑
コロシント實及其製劑
コロヽフオルム(迷朦水)
コロトンコロラルヒドラート
コロラルヒドラート

コロダイン
コロームム酸加里及重コロームム酸加里
阿片及其製劑
亞鉛華其他亞鉛製劑
サビナ葉及其製劑
醋酸鉛(鉛糖)其他鉛製劑
サントニーネ
次醋酸銅其他銅製劑(酸化銅丹礬ノ類)
硝酸(硝石精)
硝酸銀
失鳩答葉其製劑
臭素加里
鹽酸(海鹽精鹽化水素酸)
鹽化金ナトリウム
鹽酸重土其他重土製劑
鹽基性硝酸蒼鉛其他蒼鉛製劑
ヱウホルビウム及其製劑
ヒヨス葉及其製劑

石炭酸
瑞香皮及其製劑
ヌカンモニー脂

參照

○關係法令

一二六八 内務省乙第十號達 明治十三年三月

本年一月太政官第壹號ヲ以テ藥品取扱規則公布相成候ニ付テハ繪具染料等モ第二類並第三類表中ニ揭載有之モノハ該規則ニ照シ賣買可致筈ニ候條心得違ノ者無之樣可取計此旨相達候事

○

一二六九 太政官第貳拾三號布告 明治十三年五月

石炭酸其他劇藥ハ本年一月第壹號布告藥品取扱規則第四條ニ照シ可取扱ノ處傳染病流行ノ際ハ内務省布達ニ從ヒ消毒藥ニ調製候分ニ限リ藥舖ニ於テ販賣差許候條販賣望ノ者ハ其管轄廳ニ可願出此旨布告候事

○判決例

一二七〇 明治二十年乙第五百七十一號

廣島縣平民　中川是平

藥品取扱規則第四條ニ違背シテ毒藥劇藥ヲ販賣シタルモノハ刑法第二百五十四條ニ依リ處罰スヘキモノナリ抑刑法ニ依リ處罰スヘキモノニ在テハ犯者其人ヲ罰スヘキモノナリトス而メ原裁判所カ判定ノ事實ニ據ルニ規則ニ違背シテ劇藥ヲ賣渡シタルハ被告ノ雇人島成爲吉ノ所爲ニシテ被告中川是平カ之ヲ指揮シタルノ事實ニアラス然レハ罪ヲ犯シタル其人ハ島成爲吉ナルヤ明カナルニ被告ヲ處罰シタルハ擬律錯誤ノ裁判ナリトス又硝酸ハ之ヲ賣渡シタルニ依リ其罪ノ組成シタルモノタレハ其硝酸ハ買受人島成築次郎ノ所有ニ歸シ被告ヘ對シ沒收ノ言渡ヲ爲スヘキモノニアラサルノミナラス刑法第四十三條ノ第一二三項ニ當ル物品ニアラサルニ之ヲ沒收シタルハ亦擬律ノ錯誤ナリトス右ノ理由ナルヲ以テ上告及附帶上告論旨ハ共ニ其原由アルモノトス依テ治罪法第四百二十九條ニ依リ原裁判擬律ノ全部ヲ破毀シ本院ニ於テ直チニ裁判スル左ノ如シ

中川是平

原裁判所ノ認定シタル事實ニ依リ治罪法第三百五十八條ニ照シ無罪ヲ言渡スモノナリ

但シ押收シアル硝酸壹瓶ハ治罪法第三百八條ニ依リ其所有者ニ還附ス

明治二十年六月十六日

○

二七一　明治二十年乙第六百四十號

大坂府平民　池田藤太郎

被告カ所爲ハ原判文ニ認ムル事實ニ依レハ毒藥タル鷄冠石半斤ヲ賣渡ス當時相當ノ證書ヲ買取人ヨリ領收セサル者ナリ今藥品取扱規則ヲ案スルニ鷄冠石ハ同則第七條第二類中ニアル毒藥ナルヲ以テ同則第四條ノ違犯者タレハ同則ニ於テハ其第六條ニ依ル可キモノナルモ明治十四年第七十二號布告第六條ノ規定ニ基キ刑法第二百五十四條ニ依リ處斷ス可キモノナリトス然ルニ原裁判官於テ已ニ廢止ニ屬スル藥品取扱規則第六條ヲ當行處斷シタルハ擬律錯誤ノ裁判ナリトス因テ治罪法第四百二十九條ニ則リ原裁判ヲ破毀シ本院ニ於テ直ニ裁判スル丆左ノ如シ

池田藤太郎

㊟五〇ノ二、三、四、五、六、七、八、九、一〇、一一條五九參看

㊟五〇ノ一、四條、五四參看

㊟五〇ノ一條參看

原裁判所カ認メタル事實ニ依リ之ヲ法律ニ照スニ藥品取扱規則第四條ノ違犯ナルヲ以テ明治十四年第七十二號布告第六條ニ基キ刑法第二百五十四條ニ依リ十圓以上百圓以下ノ罰金範圍內ニ於テ罰金十圓ニ處スル者也

明治二十年七月九日

◎ケノ部

（五〇）撿疫停船規則　明治十二年七月第二十九號布告

明治十二年七月第二十八號布告海港虎列剌病傳染豫防規則別冊ノ通更正シ撿疫停船規則ト改稱候條此旨布告候事

（別冊）

撿疫停船規則

第一條　日本政府ハ虎列剌病ノ蔓延ヲ防カンカ爲メ茲ニ左ニ揭クル規則ヲ開港場ニ施行スルコトヲ布告ス而シテ更ニ其施行ノ停止ヲ令スル迄ハ之ヲ實施スルモノトス

第二條　中央衞生會ニテ決スル處ノ開港場ニ官吏及ヒ至當ノ教育ヲ受ケ能ク職任ニ堪ユヘキ日本又ハ外國醫士化學士及ヒ相當ノ助役ヲ以テ地方撿疫局ヲ設置スヘシ而シテ其局員ノ數ハ其港入船ノ多寡ニ應シテ增減アルヘシト雖モ撿疫一切ノ事務ヲ速ニ整理スルニ差支ナキヲ以テ足レリトスヘシ

都テ此地方撿疫局ハ中央衞生會ノ管轄ニ屬スヘシ

第三條　政府ハ撿疫停船規則ヲ施行スル各開港場ニ於テ停船場ヲ定メ且虎列剌患者ヲ容ル

㋭五〇ノ一、二、五、六、七、八、一〇、二三條、五四參看

㋭五〇ノ一、四、七、一一、二、三、二六、二三條參看

㋭五〇ノ一、四、七、一〇、一一、一二、

ヘキ病院並ニ該病ノ疑アル患者ヲ容ルヘキ病院ヲ建設シ且遺骸ヲ處置スヘキ地消毒法ヲ施行スヘキ場所並ニ停留セラレタル人ノ為メ都テ必需ノ具ヲ備ヘタル屋舎ヲ設置スヘシ

第四條　撿疫信號旗ヲ揭ケタル番船ヲ各港口ノ近傍ニ置キ各船入港ノ前撿査ノ為メ之ヲ停止シ地方撿疫局ノ人員少ナクモ二名ヲ派出シテ之ヲ撿査スヘシ但シ右局員ノ内一名ハ必ス醫士タルヘシ而シテ船長醫士或ハ船內ノ人ハ誰ニテモ撿疫官吏ノ尋問ニ對シ都テ之ニ應答シ又所定ノ式紙ニ事項ヲ記入シ其氏名ヲ記シタル明告書ニ調印シテ差出スヘシ船長ハ撿疫官吏ノ求ニ應シ船內ノ各部ヲ開キ撿査ヲ受クヘシ但シ艙ハ航海中船客又ハ乘組人ニテ占居シタル𪜈又ハ他ノ事故ニ依テ病毒ニ感染シタル恐アル𪜈ハ其撿査ヲ受クヘシ

撿疫官吏ハ該船ノ航海日記ヲ査閲シ乘組人及ヒ船客ノ人名錄ヲ船內現在ノ人員ト引合ハスヿヲ得ヘシ

第五條　虎列剌病流行セサル港又ハ其疑ナキ港ヨリ來航スル船ノ船長ハ明告書及ヒ其他ノ手續ヲ以テ該船有病ノ港又ハ其疑アル港ニ立寄ラス又有病ノ船舶若クハ其疑アルモノト直チニ交通セス且航海中眞性虎列剌病又ハ疑似症ヲモ船內ニ發セシモノ無キ旨ヲ證明シテ撿疫官吏ヲ滿足セシムル𪜈ハ該船ハ直チニ入港スルヿヲ得ヘシ

軍艦ハ其艦長及ヒ醫官ニテ調印セル書面ヲ以テ前條ノ趣ヲ明告スル迄ニテ足レリトスヘシ而シテ該艦ハ撿査ヲ經ス入港スルヲ得ヘシト雖モ若シ右ノ書面ヲ差出サヽル𪜈ハ撿疫停船規則ニ從フヘシ

第六條　船內ニ眞性虎列剌病若クハ疑似症ニ罹リタル者ナシト雖モ有病ノ港又ハ其疑アル

三一四、二五、一六、一七、二〇、二一、二二、二三條、五四參看

㋭五〇ノ一、四、五、六、一〇、一六、一七、二三條、五四參看

㋭五〇ノ一、三、四、六、九、一四、一五、一七、一八、二參看

港ヨリ來ルカ又ハ其航海中直ニ有病ノ船若クハ其疑アルモノト交通シタル船舶及ヒ船內ノ人員ハ其港ヨリ出帆ノ日又ハ有病若クハ其疑アル船ト交通ノ日ヨリ起算シテ七日ノ期滿ツル迄ハ停留セシムヘシ但地方檢疫局ニ於テ右ノ時間ヲ短縮スルトモ差支ナキヲ認ムルトキハ此限ニアラス

右七日ノ期該船來着ノ上又ハ其前既ニ過キ去ルトキハ消毒法ヲ行ヒシ上速カニ船客ノ上陸ヲ許スヘシ

一般ノ積荷ハ消毒法ヲ施スニ及ハス自餘ノ物品ハ檢疫官吏ノ見込ヲ以テ消毒法ヲ行ヒ或ハ行ハサルヘシト雖モ爛布古衣夜具ハ勿論其他檢疫官吏ニ於テ殊ニ危險ナリト見込ムモノハ消毒法ヲ行フヘシ

消毒法ヲ行ヒタル物品ハ速カニ陸揚スルコトヲ得ヘシト雖モ消毒法ヲ行ハサル物品ハ停船ノ定期滿ル迄陸揚スヘカラス若シ停船中眞性虎列刺及ヒ疑似症ヲ發スルトキハ其船及ヒ人員物品ハ都テ第八條第九條ニ從ヒ處置スヘシ

第七條　有病ノ港又ハ其疑アル港ヨリ來ル軍艦ハ其艦長及ヒ醫官ヨリ書面ヲ以テ該艦來港前七日以內艦內ノ者有病ノ港或ハ其疑アル港ニ上陸セシコトナク又ハ病毒感染ノ恐レナク且航海中艦內ニ眞性虎列刺病又ハ疑似症ヲ發セシコトナキ旨ヲ明告スルトキハ直ニ入港スルヲ得ヘシ右ノ書面ヲ差出サヽルトキハ該艦ハ檢疫停船規則ニ從ハシムヘシ

第八條　船舶來港ノ上其船內ニ眞性虎列刺病若クハ疑似症ヲ發スル者アルトキハ檢疫官吏ニテ指示シタル停船場ニ移シテ要用ノ消毒法ヲ行ヒシ日ヨリ起算シテ七日ノ間停船セシム

〇、二一、二二、二三條、五四ノ三條參看

㊟五〇ノ一、六、八、一二、一五、一七、一八、二〇、二三條、五四ノ三條參看

㊟五〇ノ一、四、六、七、二三條、五四參看

㊟五〇ノ一、四、五、六條參看

ヘシ
船舶來港前病毒消滅シ而シテ撿疫官吏ノ滿足スヘキ方法ヲ以テ消毒法ヲ施行セル上ハ地方撿疫局ニ於テ可トスル程停船ノ時間ヲ短縮シ得ヘシ
消毒法施行後停船中眞性虎列剌病若クハ疑似症ヲ發スル者アルトキハ地方撿疫局ノ必要ト考斷スル程消毒法ヲ反復施行シ其施行ノ時ヨリ起算シテ尙三日間停船セシムヘシ但最初定メタル時限猶三日以上アルトキハ最初定メタル時限ニ達スル迄停船セシムヘシ
患者及ヒ死者ノ遺骸ハ第九條ニ從ヒ處置スヘシ

第九條　前條ニ記スルカ如キ船舶ノ來着スルニ方リ其乘組ノ患者未タ癒エサレハ其容體ニ依リ之ヲ避病院ニ移シ若シ已ニ死シテ遺骸ノ處置未タ濟マサルトキハ其爲メニ設ケタル場所ニ於テ火葬スルカ又ハ其關係アル者ノ望ミニ任セテ十分消毒法ヲ行ヒシ後埋葬スヘシ
患者及ヒ遺骸ヲ船中ヨリ他ニ移シタル後夜具衣類其他ノ物品及ヒ船内何レノ部分ニテモ病毒感染ノ恐アル者ハ地方撿疫局ニ於テ指示セル如ク十分ニ消毒法ヲ施スヘシ而シテ消毒法ヲ施ス爲メ要用ノ人ト船中ヲ取締ル可キ人トノ外都テ船内ノ人員ハ其人ノ爲メ特ニ設クル所ノ家屋ニ移シ消毒法ヲ行フヘシ船内ニ殘リタル人員ハ船内ニテ消毒法ヲ受クルカ又ハ交代シテ陸上ニアル適當ノ家屋ニ於テ之ヲ受クヘシ

第十條　有病ノ港或ハ其疑アル港ヨリ出帆シ途中ノ港ヲ經ルト雖モ其港ニ於テ撿疫處置ヲ受ケサル船舶ハ直チニ有病ノ港又ハ其疑アル港ヨリ來ルモノト認メ處置スヘシ

第十一條　定期郵便ヲ運搬スル諸船ハ着港ノ上速ニ其郵便物ヲ運送スルヿヲ得ヘシ而シテ

政府ハ右ノ郵便物ヲ運送配達ノ爲メ至當ノ方法ヲ設クヘシ

(ホ)五〇ノ一、二一、二三條參看

第十二條　病院ニ入ル患者ハ治療及ヒ必要品ヲ受クルヲ得ヘシ

病院或ハ停泊ノ船內ニ在ル患者ヲ尋訪セントスル人ハ地方撿疫局ニ於テ定メタル方法ニ從フヘシ

避病院ニ關係ナキモ醫業ニ達シタル醫士ハ患者又ハ其代理人ノ請ニ由テ診察協議スルヿヲ得ヘシ

患者ハ醫士ヨリ退院ヲ許ス迄ハ病院ヲ退去スルヿヲ得ス

(ホ)五〇ノ四、六、八、二三條參看

第十三條　船中ニ於テ眞性虎列刺病若クハ疑似症ヲ發スルヿナキトキハ停留セラレタル人ヲ船中ニ停メ置クヿヲ得ヘシ又ハ地方撿疫局ニ於テ衞生上ノ見込ニ從ヒ特ニ陸地ニ設ケアル避病ノ塲所ニ移サルヽヿアルヘシ

(ホ)五〇ノ四、六、八、一六、二三條參看

第十四條　撿疫停船規則施行ノ港ニ來着スル船舶ニ於テ撿疫官吏之ヲ虎列刺ノ源因ナラント思考スル疑似ノ病徵ヲ發スル者アルトキハ其患者ハ病院ノ別室ニ移シ船ハ醫士ニ於テ其病症ヲ診斷スルニ充分ノ時間ヲ終ル迄停留セシムヘシ但其時間ハ四拾八時ニ過クヘカラス而シテ地方撿疫局ハ醫士ノ報告ニ依リテ該規則ノ內其塲合ニ適スル條款ヲ實施スヘシ

(ホ)五〇ノ四、六、一六、二三條、五四參看

第十五條　有病ノ港又ハ其疑アル港ヲ發シ船用品或ハ荷物積込ノ爲メニ途中ニ撿疫所ノ設ケアル無病ノ一港ニ立寄タル船舶ハ豫メ撿疫官吏ノ撿査ヲ經且ツ必要ト認メタル消毒法ヲ行ヒ船用品或ハ貨物ヲ積入ルヽ每ニ地方撿疫局ヨリ指示スル方法ニ從フ可シ

又該船內ニ眞性虎列刺病若クハ疑似症ヲ發シタルトキハ該船又ハ其乘込人及ヒ物品ヲ處置

(示)五〇ノ四、五、六、七、一四、一五、二三條參看

(示)五〇ノ六、七、八、九、二三條參看

(示)五〇ノ二三條參看

(示)五〇ノ四、二三條參看

(示)五〇ノ二三條參看

スルハ第八條第九條ニ準スヘシ但シ該船內ヨリ上陸スル者アルトキハ他船ニテ到着シタル人ニ行フヘキ同一ノ處置ヲ爲スヘシ

第十六條　船舶ノ撿査ハ其來着後成ルヘク速カニ施行スヘシ若シ來着後十二時間ヲ過キテ撿査ヲ爲サヽルトキハ入港スルヲ得ヘシ但シ其遲延天氣惡キカ爲メカ又ハ避ケ難キ事情アルカ爲メカ又ハ船長若クハ該船ニ關係アル人ノ所行或ハ詐僞ニ出ツルカノトキハ此限ニ在ラス其場合ニ於テハ其遲延シタルノ事故終リタルトキ撿査ヲ爲スヘシ

第十七條　地方撿疫局ヨリ指圖シタル消毒法ハ撿疫官吏之ヲ施行シ其船ノ士官及ヒ船員之ヲ補助スヘシ但消毒法ハ之ヲ命シタル時ヨリ成ルヘク二十四時間ニ完了シ而シテ其入費ハ船主又ハ其責アル者ヨリ辨償スヘシ

第十八條　撿疫停船規則ヲ施行スル港內ニ碇泊中船內ニ眞性虎列剌病又ハ疑似症ヲ發シタル船舶ハ直ニ第八條第九條ノ規則ニ從フヘシ

然リト雖モ若シ其船既ニ本港ニ於テ停留ヲ經タルトキハ撿疫官ハ地方撿疫局ニテ必要ト考斷スル丈ケノミノ消毒及ヒ撿査ノ方法ヲ反復施行スヘシ

第十九條　虎列剌病既ニ流行スル港內ニ來着スル船舶撿査消毒法患者及ヒ死者ノ處置ヲ爲スハ前記ノ規則ニ從ハシムヘシ右ヲ施行スル爲メノ豫備ハ政府ニ於テ爲スヘシト雖モ船及ヒ人員停留ノ規則ハ休止スヘシ

第二十條　第六條第八條及ヒ第九條ニ記スル船舶ノ景狀地方撿疫局ニ於テ特ニ公衆ノ健康ニ危險ナリト思慮シ非常ノ處置ヲ必要トスルトキハ此規則外ニ豫防ノ嚴制ヲ施スコトヲ得ヘ

(示)五〇ノ一、四、一二、二三條參看

(示)五〇ノ二三條二項參看

(示)一ノ三、五條、五〇ノ四、五、六、七、八、九、一〇、一一、一二、一三、一四、一五、一六、一七、一八、一九、二〇、二一條、一五四、刑法第二四六條以下參看

補二七二參看

(示)五一ノ二、三、五、六條刑法二

シ其場合ニ當リテ地方檢疫局ハ直ニ中央衞生會ニ臨時ノ報告書ヲ差出スヘシ而シテ右報告書ノ寫ハ請求ニ依リテ地方檢疫局ヨリ之ヲ該船ノ船長船主又ハ其用達ニ付與スヘシ

第二十一條　檢査中又ハ停留中ノ船舶又ハ停留人ノ寓所ニハ凡ソ何人ヲ問ハス地方檢疫局ノ許可ナクシテ往クヿヲ許サス

第二十二條　前條ノ規則ヲ施行スルニ就テ其人ニ係ル所ノ食料醫藥其他欠クヘカラサル費用ハ其本人又ハ代理人ヨリ辨償スヘシ

第二十三條　此規則ニ背キ或ハ從フヿヲ拒ム者ハ犯ス每ニ貳百圓以內ノ罰金ヲ科スヘシ若シ其船長船主若クハ其船ノ用達又ハ其各人若クハ一人ノ命令又ハ利益ノ爲メ此規則ニ背キ或ハ從フヿヲ拒ムトキハ每犯罰金五百圓ニ至ルマテ增加スルヿアルヘシ

此規則ニ就テ拂フヘキ費用ヲ辨償セサルモノアルトキハ民事ノ訴訟ヲ以テ之ヲ要求スヘシ

但シ罰金ハ科セサルヘシ

此規則ヲ犯シ停留場ヲ脫去スル者ハ(船又ハ人)罰金ヲ科シ且即時停留場ニ返ラシムヘシ

◎フノ部

(五一)富籤賣買者等處分 明治十五年五月第二十五號布告

明治元年十二月二十三日ノ布告ニ原ツキ富籤賣買ノ牙保幇助ヲ爲シ及ヒ富籤ヲ購買シタル者處分方左ノ通制定ス

第一條　凡富籤賣買ノ牙保若クハ幇助ヲ爲シタル者ハ一月以上六月以下ノ重禁錮ニ處シ五

六二條參看

圓以上五拾圓以下ノ罰金ヲ附加ス

㊅五一ノ一、三、五、六條刑法二六二條參看

第二條　凡富籤ヲ購買シタル者ハ其價ヲ拂ヒタルト未タ拂ハサルトヲ問ハス二十日以上四月以下ノ重禁錮ニ處シ四圓以上四十圓以下ノ罰金ヲ附加ス他人ノ名ヲ借リテ購買シタル者及他人ヨリ讓リ受ケタル者亦同シ

㊅五一ノ一、三條刑法九二條參看

第三條　第一條第二條ノ罪ヲ再犯シタル者ハ同條ニ定メタル刑期金額ノ二倍ニ處ス但初犯ニ科シタル刑期金額ニ下ルヿヲ得ス

第四條　富籤ニ關スル犯罪ヲ告發シタル者ニハ其徵スル所ノ罰金ノ半額ヲ給與ス

㊅五一ノ一、三條刑法八五條參看

第五條　富籤ニ關スル罪ヲ犯シ事未タ發覺セサル前ニ於テ官ニ自首シタル者ハ其罪ヲ免ス再犯ニ係ル者ハ自首スト雖モ其罪ヲ免セス

㊅五一ノ一、三條刑法四三條參看

第六條　富籤ニ關スル犯罪ニ因テ得タル財物ハ之ヲ沒收ス自首ニ因テ罪ヲ免シタル者ト雖モ財物沒收ハ仍ホ前項ニ依ル

●參照

○關係法令

㊅五一參看

二七二　太政官布告　明治元年十二月

富興行ノ儀ハ兼テ御禁制ニ有之處近年諸國ニ於テ金錢融通ヲ名トシ或ハ社寺再建等ニ託シ興行致候向モ有之趣元來澆季ノ弊風僥倖ノ利ヲ以テ民心ヲ誘惑スルヨリ自然農工商共其職業ヲ惰リ往々是カ爲メニ家產ヲ破候者モ不少哉ニ相聞以ノ外ノ事ニ候

㊟七六ノ一三條參看

斯御一新ノ折柄右樣ノ所業殊ニ御趣意ニ相戻リ候儀ニ付更ニ嚴禁被仰出候事

（五二）府縣會議員聯合集會ヲ禁ス　明治十五年十二月第七十號布告

府縣會議員會議ニ關スル事項ヲ以テ他ノ府縣會議員ト聯合集會シ又ハ往復通信スルコトヲ許サス

其集會スル者何等ノ名義ヲ以テスルモ府知事縣令ニ於テ此禁令ヲ犯ス者ト認ムルトキハ直ニ解散ヲ命スヘシ

前項ノ塲合ニ於テ解散ノ命ニ從ハサルモノハ集會條例第十三條ニ依テ處分ス

◎コノ部

（五三）國立銀行條例　明治九年八月第百六號布告

明治五年十一月第三百四十九號布告國立銀行條例ノ儀詮議ノ次第有之別冊ノ通改正致シ舊條例ハ自今相廢シ候條新ニ國立銀行ヲ創立セントスル者ハ勿論從來舊條例ヲ遵奉シテ創立シタル者ト雖モ右改定條例ニ準據シ大藏省ヘ願出ノ上其免許ヲ受候樣可致此旨布告候事

（別冊）

國立銀行條例目次

第一章　第一條ヨリ第十六條ニ至ル　銀行創立ノ方法、創立證書銀行定欵ノ差出方及ヒ開業免狀ノ下附並ニ諸役員撰任方法等ノ事ヲ明カニス

第二章　第十七條ヨリ第二十七條ニ至ル　銀行資本金ノ制限、公債證書銀行紙幣交收ノ割合並ニ其手續

及ヒ引換準備金等ノ事ヲ明カニス

第三章　第二十八條ヨリ第四十四條ニ至ル　株式ノ分割、資本金入金ノ割合、株式沒入株主牒ノ記入、株式ノ賣買及ヒ資本金增減等ノ事ヲ明カニス

第四章　第四十五條ヨリ第五十一條ニ至ル　銀行紙幣ノ製造及ヒ種類、其通用ノ能力、引換場所及燒捨等ノ事ヲ明カニス

第五章　第五十二條ヨリ第六十一條ニ至ル　銀行營業ノ本務、公債證書其他ノ賣買並ニ貸附金ノ制限、利息ノ制限、銀行紙幣幷ニ株式抵當ノ制禁及預リ金準備等ノ事ヲ明カニス

第六章　第六十二條ヨリ第六十六條ニ至ル　銀行名號ノ掲牌、社印ノ書體、諸手形ニ於ケル銀行ノ負責、所有物ノ明細帳及ヒ營業時間等ノ事ヲ明カニス

第七章　第六十七條ヨリ第七十八條ニ至ル　株主總會ノ定規並ニ格段決議ノ順序、諸簿冊ノ點撿及ヒ撿査ノ手續諸報告差出方等ノ事ヲ明カニス

第八章　第七十九條ヨリ第八十條ニ至ル　利益金分配ノ方法ヲ明カニス

第九章　第八十一條ヨリ第八十二條ニ至ル　銀行ハ官廳ノ爲換方ニ從事スル事並ニ外國銀行ト聯合スヘカラサル事ヲ明カニス

第十章　第八十三條ヨリ第八十七條ニ至ル　銀行役員職務上一般ノ制禁及ヒ其負責ノ事ヲ明カニス

第十一章　第八十八條ヨリ第九十一條ニ至ル　紙幣及ヒ諸手形類ノ發行並ニ銀行紙幣ノ贋造描改及ヒ其版板ノ彫刻等禁止ノ事ヲ明カニス

第十二章　第九十二條ヨリ第百三條ニ至ル　官命鎖店ノ場合特例監督役跡引受人等ノ取扱方並ニ公債證書

〔法〕二七三ノ一、三、五、六條㋭五三ノ二、五、七、八、一二條參看

㋭五三ノ一、三、四、五、七條〔施〕二

目次畢

國立銀行條例

國立銀行ハ政府ヨリ發行スル公債證書ヲ抵當トシテ之ヲ大藏省ニ預ケ紙幣寮ヨリ銀行紙幣ヲ受取リ引換ノ準備金ヲ設ケ之ヲ發行シ以テ其業ヲ營ムモノナリ今之ヲ創立スルニ付大日本政府ニ於テ制定シタル條々左ノ如シ

第一章　銀行創立ノ方法、創立證書、銀行定款ノ差出方及ヒ開業免狀ノ下付並ニ諸役員撰任方法等ノ事ヲ明カニス

第一條　此條例ヲ遵奉シ國立銀行ヲ創立セントスル者ハ何人ヲ論セス（外國人ヲ除クノ外）五人以上結合シタル人々成規第一條ニ揭クル所ノ手續ヲ以テ其創立願書ヲ大藏省ノ紙幣寮ニ差出スヘシ紙幣頭之ヲ檢按シ相當ト思慮スルニ於テハ之ヲ大藏卿ニ稟議シテ其銀行創立證書及ヒ銀行定款ノ差出方ヲ命スヘシ

第二條　右紙幣頭ノ命ヲ受ケタル人々ハ各其姓名ヲ創立證書ニ記入シ諸般ノ手續ヲ經テ其

七三ノ一、二、五條參看

ホ五三ノ二、四、二九、三四、三五條參看

ホ五三ノ二、三、六、六八、七一條參看

創立證書ニ紙幣頭ノ承認許可ヲ受クルニ於テハ此條例ニ規定セル箇條ヲ遵奉シ以テ國立銀行ヲ創立スルヲ得ヘシ而シテ其創立證書ニ掲載スヘキ件々ハ左ノ如シ

第一　銀行ノ名號

但此名號ハ紙幣頭ノ承認許可ヲ得テ之ヲ公稱スヘシ

第二　銀行ノ本店及ヒ支店(若シ之アラハ)ヲ置クヘキ場所

第三　銀行資本金額及ヒ株數

第四　銀行營業ノ年限

第五　株主ノ姓名、住所、屬族、職業(若シ之アラハ)及ヒ其引受タル株式ノ番號、箇數

第六　此創立證書ハ此條例ヲ遵奉シ銀行ノ事業ヲ營ナミ株主一同ノ利益ヲ謀ル爲メ取極メタル旨

第三條　右創立證書ハ其株主等各記名調印シ之ニ壹錢ノ印紙ヲ貼用シ其管轄地方長官ノ奥書撿印ヲ受タルモノタルヘシ斯ク從事シタル創立證書ハ當人ハ勿論其相續人後見人タル者ニ於テモ右創立證書ノ箇條ヲ確守シ此條例成規ノ旨趣ヲ遵奉スル者トスヘシ

第四條　右創立證書ノ箇條ヲ更正スルニハ其社中ノ格段決議ヲ經テ紙幣頭ノ承認許可ヲ得ルニ於テハ之ニ從事スルコトヲ得ヘシ但シ其事件ハ即チ資本金ノ增減及ヒ本店轉移或ハ支店開設等ノ如キ是ナリ而シテ右ノ如ク更正シタル箇條ハ最初右創立證書中ニ記載セシ箇條ト同シク確守スヘシ且右ノ箇條ハ其創立證書ノ本紙正寫ノ別ナク之ヲ綴込ミ又ハ添附シ置ヘシ

(ホ)五三ノ一、二、六、七條參看

(ホ)五三ノ四、五、六、八、七〇、七一條參看

(施)二七三ノ五、六條(ホ)五三ノ一、三、五、八條參看

(破)二七三ノ七、八條(ホ)五三ノ一、七、九、一〇、一一、一二、一三、一四、一五、六〇條參看

(ホ)五三ノ八、五二、六二條參看

但シ右ノ外創立證書中ノ箇條ヲ更正スルヿヲ得サルヘシ

第五條　此條例ヲ遵奉スル國立銀行ハ右創立證書ニ必ス銀行定欵ヲ添フヘシ而シテ此定欵ハ即チ成規第六條ニ掲クル所ノ雛形ニ準據シ其箇條ヲ悉皆(又ハ若干)記載シ創立證書ト同樣株主一同之ニ記名調印シ壹錢ノ印紙ヲ貼用シタルモノタルヘシ

但シ此定欵ハ唯紙幣頭ノ承認ヲ得紙幣寮ノ官印ヲ受クルノミニシテ其管轄地方長官ノ奥書鈐印ヲ乞フニ及ハサルヘシ

第六條　此條例ヲ遵奉スル國立銀行ハ社中ノ格段決議ヲ經テ紙幣頭ノ承認ヲ得ルニ於テハ銀行定欵中ニ掲ケタル諸欵ヲ更正增補シ及ヒ之ヲ廢止スルヿヲ得ヘシ而シテ右ノ如ク更正增補シタル箇條ハ最初右定欵中ニ掲載セシ箇條ト同ク確守スヘシ且右ノ箇條ハ其定欵ノ本紙正寫ノ別ナク之ヲ綴込ミ又ハ添附シ置クヘシ

第七條　創立證書並ニ銀行定欵ハ本紙壹通正寫二通都合三通宛ヲ製シ而シテ創立證書ヘ其管轄地方長官ノ奥書鈐印ヲ受ケ銀行定欵ト共ニ之ヲ紙幣頭ヘ差出スヘシ

第八條　紙幣頭ハ右創立證書及ヒ銀行定欵ヲ領受シ其銀行株主等此條例第三十條ニ規定スル所ノ割合ヲ以テ資本金ノ入金ヲナセシヤ否ヤノ狀實ヲ撿査シ且株主等ノ正不正其他百般ノ事務ヲ視察シ不都合アルニ非サレハ之ヲ大藏卿ヘ稟議シ開業免狀ヲ下付スヘシ

但シ創立證書銀行定欵共本紙ハ記錄寮ニ納メ正寫一通ハ紙幣寮ノ簿冊ニ綴込ミ一通ハ紙幣寮ノ官印ヲ鈐シテ開業免狀ト共ニ之ヲ其銀行ヘ下付スヘシ

第九條　銀行ハ右ノ開業免狀ヲ得テ初テ一圓ノ會社トナリ何々國立銀行ト公稱シ此條例成

(ホ)五三ノ一、八條參看

(ホ)五三ノ一一條參看

(ホ)五三ノ一、八、三三條參看

(ホ)五三ノ八、六二條參看

[商法]二七三ノ四、四八條以下(ホ)五三ノ八、一一五、一六條參看

規ニ規定シタル箇條ヲ履行シテ國立銀行ノ事業ヲ經營スルヲ得ヘシ

第十條　此條例ニ從ヒ紙幣頭ノ記名調印シタル開業免狀、創立證書、銀行定欵ハ何レノ裁判所何レノ官廳ニ於テモ之ヲ正確ナル證據トシテ採用セラルヽヲ得ヘシ

第十一條　創立證書、銀行定欵ノ寫又ハ版本等（用意分配ノ手續アルノ後）各株主ヨリノ要需アルニ於テハ銀行ニ於テ定ムル所ノ代價ヲ以テ之ヲ付與スヘシ若シ銀行右付與ノ事ヲ怠慢スルニ於テハ銀行ハ其怠慢時間一日ニ付五圓ニ踰エサル罰金ヲ納ムヘシ

第十二條　此條例ヲ遵奉シテ創立スル銀行ハ鎖店其他ノ事故アルニ非サレハ開業免狀ヲ受ケシ日ヨリ二十ケ年ノ間其營業ヲ繼續スルコトヲ得ヘシ右期限後ハ更ニ私立銀行ノ資格ヲ以テ大藏卿ノ許可ヲ受ケ其營業ヲ繼續スルコトヲ得ヘシ然レトモ紙幣發行ノ特許ヲ有シ國立銀行ノ資格ヲ以テ營業ヲ繼續スルコトヲ許サス（明治十六年第十四號布告ヲ以テ改正）

第十三條　此條例ヲ遵奉スル銀行ノ頭取取締役等ハ開業免狀ヲ得ルノ日ヨリ社印ヲ刻シ諸役員ノ印信ト共ニ大藏省ノ紙幣寮國債寮出納寮ノ三寮ヘ差出スヘシ而シテ銀行ノ諸出願ヲ始メ訴訟、約定、保證及ヒ報告、往復其他一切ノ文書ニ至ル迄都テ其社號ヲ用井社印ヲ鈐スヘシ

但シ報告、約定、保證等ノ如キ文書ニハ頭取取締役及ヒ支配人ノ名印ヲモ加用スヘシ

第十四條　此條例ヲ遵奉スル銀行ハ頭取取締役ヲ始メ支配人、書記方、出納方、計算方、簿記方、其他適宜ノ役員ヲ撰任シ其職制權限進退及ヒ頭取、取締役交代ノ手續等諸般ノ規約ヲ取極メ之ヲ銀行定欵中ニ掲載スヘシ

明二七三ノ五一條㋭五三ノ八、一四條參看

明二七三ノ五六、五七條、㋭五三ノ一四條參看

㋭五三ノ八、一八、二〇、二一、二八、三〇、三三、四〇、四二、五六條參看

明二七三ノ一六、二七條㋭五三ノ一七、一九、二〇、二一、二三、二五、二六、二七、四一、四五、四七、五一、九六、九八、一〇五條參看

第十五條　此條例ヲ遵奉スル銀行ノ取締役ハ必ス自力ヲ以テ成規第五十一條ニ規定スル所ノ株數ヲ所持シタル者ニシテ其總員ハ五人以上(内一人ハ頭取)タルヘシ而シテ其四分ノ三ハ其銀行創立ノ地ニ於テ上任前一箇年以上在住シタル者ニ限ルヘシ

第十六條　此條例ヲ遵奉スル銀行ノ頭取取締役ハ上任ノ節ニ其地方長官ノ面前ニ於テ誓詞ヲ爲シ其事務ヲ施行スルニ忠實公平ヲ以テシ且此條例中ノ要旨ニ決シテ背戻セサル旨ヲ認メ其管轄地方長官ノ奥書鈐印ヲ受ケ之ヲ紙幣頭ヘ差出スヘシ紙幣頭ハ之ヲ領受シテ寮中ノ簿冊ニ綴込ムヘシ

第二章　銀行資本金ノ制限、公債證書銀行紙幣交收ノ割合並ニ其手續及ヒ引換準備金等ノ事ヲ明カニス

第十七條　此條例ヲ遵奉スル國立銀行ノ資本金ハ拾萬圓ヨリ下ル可カラス尤人口拾萬人以上ノ地ニ於テハ貳拾萬圓未滿ノ資本金ヲ以テ創立スルヲ許サス

但時宜ニ依リ紙幣頭差支ナシト思考シテ大藏卿ヘノ稟議ヲ經ルニ於テハ五萬圓以上拾萬圓未滿ノ資本金ニテモ創立ヲ許スヿアルヘシ

第十八條　此條例ヲ遵奉スル國立銀行ヨリ發行スル紙幣ハ資本金十分ノ八タルヘシ然レ𪜈大藏卿ハ全國ニ發行スヘキ銀行紙幣ノ惣額ヲ制限スルヿアルヘシ故ニ新タニ創立ヲ願フ者アルトキ其資本金額ヲ節減シ或ハ其創立ヲ許可セサルヿアルヘシ尤モ發起人ノ請願ニ依テハ特ニ其發行紙幣ノ割合ヲ節減シテ其創立ヲ許可スルヿアルヘシ而シテ各銀行ハ其發行紙幣ノ高ニ應シ四朱以上利付ノ公債證書ヲ時價(時相場ヲ斟酌シ大藏省ニ於テ定ムル

(新)五三ノ一八條參看

(新)五三ノ一七、一八、二一、四〇、四九、六〇、六一條參看

(新)五三ノ一七、一八、二〇、六〇條參看

明治二七三ノ二〇條(新)五三ノ一

所ノ價格)ヲ以テ右紙幣ノ抵當トシ之ヲ出納局ニ預クヘシ

但公債證書ノ時價低下スルトキハ其銀行ニ命シテ更ニ他ノ公債證書ヲ納メシメ其發行紙幣ノ額ニ充タシムヘシ(明治十一年第五號布告ヲ以テ本條但書トモ改正シ併テ明治十年第八十二號布告追加ヲ取消ス)

第十九條　右公債證書ハ此條例ヲ遵奉スル銀行ヨリ發行スル紙幣ノ抵當ナルヲ以テ出納頭ハ其銀行永續中ハ正ニ之ヲ預リ置クヘシ而シテ若シ此公債證書ノ內國債寮ニ於テ施行スル所ノ公債支消ノ抽籤ニ當ル者アレハ銀行ハ他ノ公債證書ヲ納メテ之ヲ引換フヘシ

第二十條　此條例ヲ遵奉スル銀行ハ其資本金額十分ノ二ヲ通貨ヲ以テ銀行ニ積置キ前條ニ揭クル所ノ公債證書ノ代リトシテ紙幣寮ヨリ受取ル銀行紙幣ノ引換準備ニ充ツヘシ故ニ其銀行紙幣發行ノ際ニ於テハ常ニ其流通高ノ四分一ノ割合ヲ以テ準備金ヲ現存スルヲ定度トス尤銀行紙幣發行ノ增減ニ隨ヒ其準備通貨モ亦タ便宜之ヲ增減シ之ヲ資用スルヲ得ヘシ

但右紙幣ノ引換多クシテ四分一ノ準備ニテ引換方差支フルコトアレハ別ニ通貨ヲ加ヘテ之ヲ引換ヘ決シテ之ヲ拒ミ又ハ之ヲ怠ルヘカラス

第二十一條　此條例第四十條四十二條ニ揭クル所ノ手續ヲ以テ資本金額ヲ增減スルコトアルニ於テハ前條ニ揭クル所ノ公債證書並ニ銀行紙幣引換ノ準備金モ亦其割合ニ從テ之ヲ增減スヘシ

第二十二條　(明治十六年第十四號布告ヲ以テ削除ス)

第二十三條　此條例ヲ遵奉スル銀行ノ頭取支配人ハ公債證書ヲ出納寮ヘ納メ其受取證書ヲ

八ノ二四條參看
ホ五三ノ二三條參看
ホ五三ノ二六條參看
ホ五三ノ一八條參看
ホ五三ノ一八條參看
ホ五三ノ一七條參看

領受シタル後同額ノ銀行紙幣ヲ各種ノ種類ニテ紙幣寮ヨリ受取リ之ニ頭取支配人等ノ名印ヲ加用シ以テ銀行營業ノ資本トナスヘシ

第二十四條　右公債證書ノ請取證書ハ紙幣頭出納頭ノ連署調印シタル者タルヘシ尤此公債證書ノ勘査ニ付テハ該兩寮頭互ニ其簿冊ヲ開キ須ラク注意ヲ盡シ詳明ニ之ヲ記入シ又互ニ之ヲ點撿スルヲ得ヘシ

第二十五條　此條例第十八條ニ掲クル所ノ出納頭ニ預ケタル公債證書ハ毎年一度（又ハ數度）銀行ノ役員出納寮ニ至リテ之ヲ點撿シ其銀行ノ元帳ニ照シテ其種類員數等相違ナキニ於テハ改人ハ改濟ノ旨ヲ書面ニ認メ之ヲ出納頭ヘ差出スヘシ

但右改人出納寮ヘ出ル時ハ其銀行頭取ノ委任狀ヲ持參スヘシ

第二十六條　右公債證書ハ銀行ノ都合ニ依リ四朱以上利付ノ他ノ公債證書ヲ以テ之カ引換ヲ申請シ紙幣頭ノ考案ニ於テ差支ナシトセハ其趣ヲ出納頭ヘ通知シ之ヲ交換下附スヘシ

但其引換タル趣並ニ其公債證書ノ種類金額等ハ紙幣出納兩寮ノ簿冊ニ詳記スヘシ

第二十七條　右公債證書ヨリ生スル年々ノ利息ハ其銀行之ヲ受取リ毎年銀行ノ利益精勘定ノ內ニ加ヘテ之ヲ株主一同ヘ分配スヘシ（明治十六年第十四號布告ヲ以テ但書削除）

第三章　株式ノ分割、資本金入金ノ割合、株式沒入、株主牒ノ記入、株式ノ賣買及ヒ資本金增減等ノ事ヲ明カニス

第二十八條　此條例ヲ遵奉スル銀行ノ資本金ハ之ヲ株式ニ分割シ百圓又ハ五十圓又ハ二十五圓ヲ以テ一株ト定ムヘシ尤一株百圓ニ分配シタル銀行ノ株式ハ悉皆百圓ノ金高タルヘ

(ホ)五三ノ三、三〇、三八、三九、六一、一〇一條參看

[illegible]二七三ノ一〇、一一、一二、二五、二六條(ホ)五三ノ八、一七、二九、三一條參看

[illegible]二七三ノ一三條(ホ)五三ノ三〇、三二條參看

[illegible]二七三ノ三一條(ホ)五三ノ三一、三三條參看

[illegible]二七三ノ一〇、三一條(ホ)五

シ五十圓貳拾五圓ノ株式モ亦之ニ準スヘシ

但拾萬圓以上ノ資本金ヲ以テ創立スル銀行ナレハ百圓又ハ五十圓ヲ以テ一株ト定ムヘシ又拾萬圓未滿五萬圓マテノ資本金ヲ以テ創立スル者ナレハ五拾圓又ハ貳拾五圓ヲ以テ一株ト定ムヘシ

第二十九條　此條例ヲ遵奉スル銀行ノ株主タル者ハ各自ノ望ミニ任セ幾株ニテモ之ヲ所持スルヲ得ヘシ而シテ其株主ハ何レノ屬族何レノ職務アルニ拘ハラス總テ其所持株高相當ノ權利ヲ有シ其銀行營業ニ付テノ損益ハ株高ニ應シテ之ヲ負擔スヘシ

但大藏省ノ官員其他ノ官員トモ此銀行ノ事務ニ關係アル者ハ株主トナルヲ許サス

第三十條　此條例ヲ遵奉スル銀行ノ株主等ハ開業免狀ヲ得其業ヲ始ル前ニ於テ少ナクトモ資本金總額十分ノ五ハ必ス之ヲ銀行ニ入金スヘシ而シテ他ノ十分ノ五ハ資本金總額ノ十分一ヲ以テ月賦ト定メ開業免狀ヲ得タル月ノ翌月ヨリ入金スヘシ

第三十一條　右資本金ノ月賦入金每ニ其銀行ノ頭取支配人ハ成規第十三條ニ準據シ資本金集合高屆書ヲ紙幣頭ヘ差出スヘシ

第三十二條　此條例ヲ遵奉スル銀行ノ株主等株金ノ月賦入金ヲ怠ル時ハ頭取取締役等ニ於テ其株ヲ沒入シ競賣其他ノ手續ヲ以テ三十日以內ニ之ヲ賣拂ヒ而シテ其入用ヲ差引キ尙ホ過金アレハ之ヲ元株主ヘ返還スヘシ尤此競賣ニ於テ右株式ヲ買取リタル株主モ亦他ノ株主同樣ノ權利ヲ有スヘシ

第三十三條　右競賣ニ於テ其株ヲ買フ者アラサル時ハ是迄入金シタル金高ハ銀行ニ沒入シ

三ノ一二、三二條參看

㋭五三ノ三、三五、三六、三七條參看

㋭五三ノ三、三四條參看

㋭五三ノ三四條參看

テ其株ヲ消スヘシ尤此消株ニヨリ資本金額此條例第十七條ニ規定スル所ノ制限ヨリ減少スルトキハ頭取取締役等ハ三十日間ニ之ヲ補ヒ定限ノ高ニ滿タシムヘシ若シ頭取取締役等之ヲ怠ルトキハ紙幣頭ハ其銀行ニ鎖店ヲ申渡シ更ニ跡引受人ヲ命スヘシ

第三十四條　此條例ヲ遵奉スル銀行ハ株主牒ヲ製シ左ノ要件ヲ記載スヘシ

第一　各株主ノ姓名、住所、屬族、職業（若シ之アラハ）

第二　各株主ノ所持セル株式ノ番號、箇數

第三　入社ノ年月日

第四　退社ノ年月日

第三十五條　此條例ヲ遵奉スル銀行ノ創立證書ニ記名スル者ハ即チ其銀行ノ株主タルカ故ニ前條ニ規定セル株主牒ニ各其姓名ヲ登記スヘシ且其他何人ニテモ（外國人ヲ除クノ外）爾後其銀行ノ株主タランコヲ同意シ隨テ其姓名ヲ株主牒ニ登記シタルモノハ又同シク其銀行ノ株主タルノ權利アルヘシ

第三十六條　右株主牒ハ銀行其開業免狀ヲ領受スルノ即日ヨリ之ヲ其本店ニ備置クヘシ而シテ此株主牒ハ營業時間ナレハ何時ニテモ株主等之ヲ撿閲スルヲ得ヘシ若シ銀行其撿閲ヲ拒ミタルトキハ株主ハ其趣ヲ書面ニ認メ之ヲ其管轄地方官廳ヘ差出シ紙幣頭ヘノ照會ヲ乞フヘシ其照會ヲ得ルニ於テハ紙幣頭ハ直チニ官吏ヲ派遣シ其本店ヲ撿査セシムルコアルヘシ

但銀行ハ新聞紙又ハ其他ノ手續ヲ以テ其旨ヲ報知スルニ於テハ一ケ年中日數三十日ニ

(米)五三ノ三四條參看

[illegible]二七三ノ二七、二八、二九、三三〇條、(米)五三ノ二九、九五條參看

[illegible]二七三ノ二七、三〇條(米)五三ノ二九條參看

[illegible]二七三ノ一四條(米)五三ノ一七、二〇、二一、四一、四二條參看

(米)五三ノ一八、四〇條參看

過キサレハ何時ニテモ右檢閲ヲ停止スルヿヲ得ヘシ

第三十七條　右株主牒ニ何人カ故ナク姓名ヲ記入セラレ又ハ妄リニ除名セラレ又或ハ退社セシ所以ノ記載ヲ故ナク遷延セラレタル等ノ事アリテ其人之カ爲メ妨碍ヲ受クルニ於テハ其事由ヲ書面ニ認メテ之ヲ其管轄地方官廳ヘ差出シ紙幣頭ヘノ照會ヲ乞フヘシ其照會ヲ得ルニ於テハ紙幣頭ハ直チニ銀行ニ命シテ之ヲ修正セシムヘシ

第三十八條　此條例ヲ遵奉スル銀行ノ株式ハ成規第二十七條三十條ニ規定スル所ノ手續ヲ以テ之ヲ賣買讓與スルヿヲ得ヘシ

但銀行ハ新聞紙又ハ其他ノ手續ヲ以テ其旨ヲ報知スルニ於テハ一ケ年中日數三十日ニ過キサレハ何時ニテモ其株式ノ賣買讓與ヲ停止スルヿヲ得ヘシ

第三十九條　此條例ヲ遵奉スル銀行ノ株主死去スルノ際名代人ヲ以テ株式ヲ賣却讓與スル等ノ事アル片ハ假令此名代人ハ其銀行ノ株主ニ非スト雖モ記名調印等ノ事ニ至リテハ猶ホ株主同樣ノ權利ヲ有スヘシ

第四十條　此條例ヲ遵奉スル銀行ハ社中ノ格段決議ヲ經テ紙幣頭ノ承認ヲ得ルニ於テハ其資本金額ヲ增加スルヿヲ得ヘシ而シテ右增加スヘキ資本金額ノ制限ハ大藏卿ヘノ稟議ヲ經テ紙幣頭之ヲ定ムヘシ故ニ其資本金額ヲ增加スルニハ紙幣頭ニ申請シ其承認ヲ得テ之ニ從事スヘシ尤全ク入金濟ノ上ハ成規第十四條ニ準據シテ其增加證書ヲ差出スヘシ

第四十一條　此條例ヲ遵奉スル銀行前條ニ揭クル如ク資本金ヲ增加セシニヨリ公債證書ヲ納メ銀行紙幣ヲ請取ルノ手續ハ現ニ其株主タル者ヨリ增加ノ總額ヲ全ク入金シタル後ニ

(商)二七三ノ一五條(銀)五三ノ二一、四〇、四三、四四條參看

(銀)五三ノ四二、四四條參看

非サレハ之ヲ施行スルヲ許サス

第四十二條　此條例ヲ遵奉スル銀行若シ其資本金額ヲ減少セントスル時ハ社中ノ格段決議ヲ經テ紙幣頭ノ承認ヲ得ルニ於テハ之ニ從事スルヲ得ヘシ尤其減少ノ高ハ此條例第十七條ニ於テ規定スル所ノ員額ヨリ下ルヲ許サス但シ紙幣頭ノ承認ヲ得テ此決議ヲ施行セントスルニ於テハ其施行ノ日限ヨリ少ナクヒ三ケ月以前ニ於テ資本金ノ減少員額ト其殘リ資本金額トヲ記載シタル報告ヲ製シ適宜ノ手續ヲ以テ之ヲ其預リ金アル得意先ヘ送達スヘシ且右減少セントスルノ趣ハ其銀行所在ノ地ニ行ハルヽ三種以上ノ新聞紙ヲ以テ三ケ月以上毎日之ヲ公告スヘシ

第四十三條　此條例ヲ遵奉スル銀行若シ前條ノ如ク其資本金額ヲ減少セントスルニ際シ其銀行ヘ貸金、預ケ金等アル者ハ未タ其仕拂期日ニ至ラスト雖モ右減少ヲ施行スヘキ日限前一ケ月ノ間ナレハ何時ニテモ左ノ定則ニ準據シテ之カ償却ヲ乞フノ權利アルヘシ

第一　凡ソ定期預ケ金アル者ハ其元金幷ニ當日迄ノ利息ヲ受取ルノ權利アリトス

第二　其他期限未滿タリヒ凡ソ銀行ヨリ受取ルヘキ勘定アル者ハ時ノ相場ヲ以テ其仕拂期日迄ノ利息ヲ引去リ殘金高ノミヲ受取ルノ權利アリトス

第四十四條　此條例ヲ遵奉スル銀行ハ此條例第四十二條四十三條ニ揭クル所ノ諸般ノ手續ヲ了ルニ於テハ成規第十五條ニ準據シ其減少證書ヲ紙幣頭ヘ差出スヘシ若シ右第四十二條四十三條ノ規定ニ背戾シ資本金減少ノ報告又ハ公告ヲ怠リ及ヒ期限未滿ノ勘定仕拂ヲ拒ムコアル片ハ紙幣頭ハ右資本金減少證書ニ許可ヲ與ヘサルヘシ

(米)五三ノ一八、四六、四七、四八、四九、八五、八九、九一條參看

【現】二七三ノ一八、二九、二〇條二七五、二七六、(米)五三ノ四五、四七條參看

【現】二七三ノ一八條(米)五三ノ一八、四五條參看

(出)五三ノ四五、五〇條參看

(米)五三ノ二〇、四五、五一條參看

第四章　銀行紙幣ノ製造及ヒ種類、其通用ノ能力、引換場所及ヒ燒捨等ノ事ヲ明カニス

第四十五條　此條例ヲ遵奉シテ發行スル所ノ銀行紙幣ハ大藏卿ノ命ヲ奉シ紙幣頭其製造ノ事務ヲ董括シ極メテ其紙質ノ堅牢ト彩紋ノ精緻ヲ要シ深ク贋摸ノ弊ヲ豫防スルノ術ヲ盡シテ以テ之ニ從事スヘシ

但右銀行紙幣製造ノ入費ハ其銀行ヨリ現費ヲ以テ紙幣寮ヘ納ムヘシ

第四十六條　右銀行紙幣ノ種類ハ壹圓、貳圓、五圓、拾圓、貳拾圓、五拾圓、百圓、五百圓、ノ八種ト定メ銀行ノ望ニ應シテ製造下付スヘシ

但五圓以下ノ銀行紙幣ハ其銀行發行總額十分ノ五ヨリ多カラサルヘシ

第四十七條　右銀行紙幣ノ表裏面ニハ政府ノ公債證書ヲ抵當トシテ發行スルノ旨趣及ヒ其他ノ要件ヲ摘載シ大藏卿幷ニ出納頭記錄頭ノ印ヲ鈐シ且大藏省並ニ銀行ノ記號、番號ヲ押捺シテ紙幣頭之ヲ其銀行ヘ下付スヘシ而シテ銀行ニ於テハ之ニ其頭取支配人ノ名印ヲ加用スヘシ

第四十八條　此條例ヲ遵奉シテ創立シタル國立銀行ヨリ發行スル所ノ銀行紙幣ハ諸官廳又ハ銀行、會社其他ヲ論セス日本全國何レノ地ニ於テモ租稅、運上、貸借ノ取引、俸給其他一切公私ノ取引ニ於テ都テ政府發行ノ貨幣同樣通用スヘシ

但公債證書ノ利息ト海關稅ニハ之ヲ用ウルヲ許サス

第四十九條　此條例ヲ遵奉シテ創立シタル銀行ヨリ發行スル所ノ銀行紙幣ヲ通貨ト引換ヘンコトヲ請求スルモノアルトキハ日本銀行ニ於テ之ヲ引換フヘシ（明治十六年第十四號布告ヲ以テ改正ス）

(ホ)五三ノ四八條參看

第五十條　此條例ヲ遵奉スル銀行ヨリ發行スル所ノ銀行紙幣通用ノ際其授受ヲ拒ミ或ハ之ヲ妨ケ其他不正ノ所爲ヲナス者アルニ於テハ皆國法ニ從テ之ヲ罰スヘシ

(獨)二七三ノ二一二二、二二三、二二四條(西)五三ノ一八、四九條參看

第五十一條　此條例ヲ遵奉スル銀行ヨリ發行スル所ノ銀行紙幣通用中敗裂汚染等ニテ通用シ難キモノアルニ於テハ其所持人ハ銀行ニ持參シテ之ヲ引換フヘシ而シテ銀行ハ之ヲ紙幣頭ヘ差出シ其代リ銀行紙幣ヲ受取ルヘシ○尤右引換銀行紙幣ノ種類、記號、番號、金額等ハ之ヲ紙幣寮ノ公書及ヒ銀行ノ簿冊ニ詳明ニ記入シ其廢紙幣ハ大藏卿ヨリノ立會ヲ得テ紙幣頭ハ其主任ノ官員ヲシテ銀行役員ノ立會ヲ要シ之ヲ燒捨ニ付スヘシ而シテ其趣ハ尙ホ右簿冊ニ登記シ各記名調印スヘシ

但右燒捨ノ後ハ新聞紙又ハ其他ノ手續ヲ以テ其趣ヲ世上ニ公告スヘシ

第五章　銀行營業ノ本務、公債證書其他ノ賣買並ニ貸附金ノ制限、利息ノ制限、銀行紙幣並ニ株式抵當ノ制禁及ヒ預リ金準備等ノ事ヲ明カニス

(ホ)五三ノ九、五三、五四、五六、五七、五八、五九、六一、六五、八二、八五、八八、九一、九五條參看

第五十二條　此條例ヲ遵奉スル銀行ハ金銀ヲ（引受貸シ抵當貸シノ別ナク）貸付ケ又ハ當座並ニ定期預リ金ヲ爲シ又ハ爲換ヲ取組ミ又ハ爲換手形、約束手形、代金取立手形其他ノ證書ヲ割引シ又ハ公債證書、外國貨幣並ニ金、銀、銅ノ地金ヲ賣買シ及ヒ保護預リ又ハ兩替等ノ事ヲ以テ營業ノ本務トナスヘシ

(ホ)五三ノ五二條參看

第五十三條　此條例ヲ遵奉スル銀行ノ本務タルヤ前條ニ揭クル所ノ種類ナルヲ以テ公債證書ノ賣買ヲナスヲ得ルト雖モ貸附金、預リ金、爲換等ノ如キハ殊ニ銀行ノ主トシテ爲スヘキ營業ノ目的タルニヨリ此等ノ事業ヲ經營セスシテ唯公債證書ノ賣買ヲ專ラニスルヲ許

朱五三ノ五二、五五、六五條參看

サス

第五十四條　此條例ヲ遵奉スル銀行ハ前第五十二條ニ掲クル所ノ營業本務ノ外地所家屋其他物件ノ賣買ヲナスヘカラス又職工作業ノ功ヲ興シ及ヒ此等ノ功ヲ興ス會社ノ株主トナルヲ許サス尤左ニ掲載スル所ノ條件ニ付テハ地所又ハ家屋物件等ヲ賣買シ又ハ之ヲ引取リ又ハ之ヲ所持スル等ノ事ハ此條例ニ於テ之ヲ宥恕スヘシ但シ銀行所有ノ地所ハ勿論一般ノ地税法ニ從フヘシ

第一　銀行ノ業ヲ營ムヘキ爲メ緊要ナル地所家屋ハ之ヲ買取リ之ヲ所持シ之ヲ賣拂フヲ得ヘシ

第二　滯貸金ノ抵當トシテ質物ニ取リタル地所物件ハ之ヲ引取リ之ヲ所持シ之ヲ賣拂フヲ得ヘシ

第三　貸金返濟ノ約定日切トナリテ借主ヨリ返金ノ代リトシテ引渡サレタル地所物件ハ之ヲ引取リ之ヲ所持シ之ヲ賣拂フヲ得ヘシ

第四　銀行ヨリ貸金ノ抵當又ハ質物トナリシモノニシテ官廳ノ裁判ヲ經テ賣拂ヒトナリタルモノカ又ハ之ヲ引取リタルモノ又ハ右質入ノ流込ミトナリタルモノ又ハ銀行ヨリノ貸金ヲ返濟スル爲メニ賣物ニ出シタル地所物件ハ之ヲ買取リ之ヲ引取リ之ヲ所持シ之ヲ賣拂フヲ得ヘシ

朱五三ノ五四條參看

第五十五條　前條ニ掲クル所ノ款項中銀行營業ノ爲メ緊要ナル地所家屋ヲ除クノ外銀行ニ於テ引取リ又ハ買取リタル地所物件ハ遲クモ十ケ月以內ニ於テ之ヲ賣拂フヘシ

（ホ）五三ノ一七、五二條參看

第五十六條　此條例ヲ遵奉スル銀行ヨリ貸附クル所ノ金額ノ制限ハ一口ニ付資本金總額ノ十分一ヲ限リトナスヘシ

（ホ）五三ノ五二條參看

第五十七條　此條例ヲ遵奉スル銀行ノ貸付金利息ハ政府ニ於テ定メタル一般ノ利息制限法ニ準據スヘシ若シ其制限ニ超過スルモノアル時ハ大藏卿ハ其銀行ヲ督責シテ之ヲ其制限ノ割合ニ引直サシムヘシ（明治十一年第三十一號布告ヲ以テ改正ス）

（ホ）五三ノ五二條參看

第五十八條　此條例ヲ遵奉スル銀行ハ其銀行紙幣ヲ抵當又ハ質物トシテ借金ヲナスヘカラス又其銀行ノ株式ヲ抵當ニ取リテ貸付金ヲナスヘカラス又其株ノ買主トナリ又ハ其株主トナルヘカラス然レトモ貸付金ノ滯リニテ銀行ノ損失トナルヿアレハ止ムヲ得ス其株ヲ引當ニ取リ又ハ買取ルヿヲ得ヘシ尤其株ハ遲クトモ六ケ月以內ニ於テ之ヲ賣拂フヘシ

（ホ）五三ノ五二條參看

第五十九條　此條例ヲ遵奉スル銀行ハ諸方ヨリノ預リ金ヲ他ヘ運轉流用スルニハ須ラク之カ制限ヲ立テ其預リ金總額ノ內少ナクトモ十分ノ二、五（即チ四分ノ一）ヲ引殘シ之ヲ返却ノ準備トシテ銀行ノ金庫中ニ積立置クヘシ尤內十分一ノ員額ハ政府ノ公債證書ヲ實價ヲ以テ積立ルヲ得ヘシ

但此準備金ハ銀行紙幣引換ノ準備金ト混同スヘカラス

（ホ）五三ノ八、一八、二二、四五條參看

第六十條　此條例ヲ遵奉スル銀行ハ其營業ノ爲メ銀行紙幣ヲ發行スルニハ此條例第二十條ニ規定シタル準備金ノ割合ヲ超過スヘカラス若シ此割合ヲ超過シテ發行スルトキハ紙幣頭ハ之ヲ督責シテ速カニ其準備金ヲ增加シ規定ノ割合ニ滿タシムヘキ旨ヲ命スヘシ若シ銀行ニ於テ此命ヲ受ケシ日ヨリ三十日ヲ過キテ尙ホ增加スルヿヲ怠ル時ハ紙幣頭ハ其銀行

㋭五三ノ二〇、二九、五二條參看

㋭五三ノ九、一三、六三條參看

㋭一ノ三、五條、五三ノ六二、六四條參看

ノ開業免狀ヲ取上ケ跡引受人ヲ命スヘシ

第六十一條　此條例ヲ遵奉スル銀行ニ於テ預リ金ノ返濟又ハ爲換手形約束手形等ノ仕拂ヲナスニ當リ兼テ積置タル準備金ヲ以テ之ヲ償フコト能ハサルトキハ其銀行ノ株主等ハ各其所持ノ株數ニ應シ別ニ出金シテ一時之ヲ償辨スルノ責ニ任スヘシ但シ此出金ハ全ク一時償辨ノ爲メニシテ其株金ト異ナルヲ以テ其銀行ハ速カニ之ヲ各株主ヘ返辨スヘシ（明治十六年第十四號布告ヲ以テ改正ス）

第六章　銀行名號ノ揭牌、社印ノ書體並ニ諸手形ニ於ケル銀行ノ負責、所有物ノ明細帳及ヒ營業時間等ノ事ヲ明カニス

第六十二條　此條例ヲ遵奉スル銀行ハ讀易キ書體ヲ以テ其名號ヲ揭牌ニ記載シ之ヲ其銀行ノ店前最モ見易キ所ニ揭クヘシ而シテ其社印ノ彫刻ヨリ諸報告並ニ諸公告、諸證書、諸手形、諸切手ノ類ニ至ル迄凡ソ其名號ヲ用ウル所ノ者ハ亦同シク讀易キ書體ヲ用ウヘシ

第六十三條　此條例ヲ遵奉スル銀行若シ前條ノ如ク其社號ヲ揭ケサルトキハ銀行ハ其時間一日ニ付五圓ヨリ多カラサル罰金ヲ納ムヘシ且其頭取取締役及ヒ支配人タルモノ知テ之ヲ爲サシメ或ハ故サラニ見逃スニ於テハ是亦右同額ノ罰金ヲ納ムヘシ若シ又銀行ノ頭取取締役支配人其他ノ役員又ハ何人ニテモ前條ノ如ク彫刻セサル社印ヲ用ヰ或ハ人ヲシテ之ヲ用ヰシメ又ハ前條ノ規定ニ悖リタル社號ヲ以テ報告書ヲ出シ或ハ之ヲ出サシメ又ハ爲換手形、約束手形、切手、證書、注文書、受取證書、受合狀等ニ至ル迄凡ソ其名號ヲ用ウル者前條ノ規定ニ悖リテ記名調印シ又ハ記名調印セシムルトキハ拾圓ヨリ少ナカラス五拾圓ヨリ

㊥五三ノ六三條参看

㊥一ノ三、五條、五三ノ五二、五四、七二、八五條参看

㊥五三ノ七二、七四條参看

多カラサル罰金ヲ納シメ且右等爲換手形、約束手形、切手、注文書等ニ記載スル所ノ金額ヲ銀行ヨリ拂渡サヽルトキハ其規定ニ悖リタル役員等ハ自費ヲ以テ右持主ヘ辨償スルノ責ニ任スヘシ

第六十四條　此條例ヲ遵奉スル銀行其名號ヲ以テ爲換手形、約束手形ヲ振出シ又ハ之ヲ引受ケ又或ハ之ニ裏書シタルモノヽ如キハ假令ヒ右等ノ取扱ヒ何人ノ手ニ出ルト雖モ此人苟モ其銀行ノ命任ヲ受ケタルモノニ相違ナキニ於テハ一切之ヲ其銀行ノ爲メニ取扱シモノト見做スヘシ

第六十五條　此條例ヲ遵奉スル銀行ハ其所有財産（動産、不動産ノ別ナク）ノ種類員數ハ勿論其授受賣買及ヒ質入書入委托其他ニ於ケル一切ノ事件ヲ記載セル簿冊ヲ製シ右等ノ擧アル毎ニ其事由並ニ其種類員數及ヒ質預リ人又ハ受托人等ヲ遺漏ナク記載シ其時々頭取取締役等之ニ撿印シ常ニ其銀行ニ備置キ以テ償主及ヒ株主等ノ撿閲ニ供スヘシ○若シ前段ノ記載ナクシテ銀行其所有財産ヲ質入書入シ又ハ之ヲ委托スル等ノ事アルニ當テ其銀行ノ頭取取締役支配人等知テ之ヲ捨置キ又ハ故サラニ之ヲ見逃スニ於テハ右役員ハ五拾圓ヲ踰エサル罰金ヲ納ムヘシ

但右所有財産ノ簿冊ハ即チ其事件ノ正確ナル證據トシテ何レノ裁判所何レノ官廳ニ於テモ採用セラルヽヲ得ヘシ

第六十六條　此條例ヲ遵奉スル銀行ノ營業時間ハ其本店支店共定式（又ハ臨時）休暇日ヲ除クノ外毎日午前第九時ヨリ午後第三時マテタルヘシ尤銀行ノ都合ニ依リ紙幣頭ノ承認ヲ

〔西〕二七三ノ三二以下四四、六一條參看

〔英〕二七三ノ三五條（米）五三ノ四、六、六七條參看

（米）五三ノ六八、七〇條參看

（米）一ノ三、五條、五三ノ六、六九、七一條參看

得ルニ於テハ其營業時間ヲ變更スルヲ得ヘシ而シテ其趣ハ新聞紙其他ノ手續ヲ以テ之ヲ世上ニ公告スヘシ

但爲換並ニ預リ金等ノ仕拂期日若シ定式(又ハ臨時)休暇日ニ當ルモノハ其翌日之ヲ仕拂フヘシ

第七章　株主總會ノ定規並ニ格段決議ノ順序、諸簿册ノ點撿及ヒ撿査ノ手續、諸報告差出方等ノ事ヲ明カニス

第六十七條　此條例ヲ遵奉スル銀行ノ總會ハ毎年少クトモ兩度宛之ヲ執行スヘシ尤モ臨時ノ事件ヲ評決センカ爲メ執行スル所ノ臨時總會ハ此限ニアラス

第六十八條　此條例ヲ遵奉スル銀行ハ社中ノ總會ニ於テ次條ニ掲載セル方法ヲ以テ執行セシ格段決議ニ於テハ其銀行定欵中ニ記載シタル事件箇條ヲ變更訂正スルヿヲ得ヘシ

第六十九條　凡ソ社中評決スヘキ事件アリテ其議案ヲ出シ其銀行株主臨席ノ總員(本人代人ヲ論セス)四分ノ三以上ノ同意ヲ以テ一旦其大體ヲ決定シ隨テ其旨趣ヲ詳述シテ之カ報告ヲナシ後チ十四日以外一ヶ月以內ノ時日ニ於テ更ニ執行スル所ノ總會ニ於テ其臨席シタル株主總員ノ同意セル發言投票ノ多數ヲ以テ其事件ヲ確定スル者之ヲ格段決議ト稱スヘシ

第七十條　凡ソ格段決議ニ於テ確定シタル事件ハ其旨趣顚末ヲ記載シタル書附ヲ刊行シ又ハ謄寫シテ右確定ノ日ヨリ日數十五日(郵便遞送日數ヲ除ク)ノ內ニ之ヲ紙幣頭ヘ差出シテ其承認ヲ受クヘシ〇若シ銀行前段ノ書附ヲ右期日內ニ差出スヿヲ怠ルニ於テハ右ノ日

㊟一ノ三、五條五三ノ七〇條參看

數以後(即チ十六日目ヨリ)ハ怠慢時間一日ニ付十圓ヲ越エサル罰金ヲ納ムヘシ且頭取取締役等故サラニ之ヲナサシメ又ハ知テ之ヲ見逃セシ片ハ是亦右同額ノ罰金ヲ納ムヘシ

第七十一條　凡ソ格段決議ニ於テ確定シタル事件ニシテ(此條例第四條六條ニ準據シ)現ニ之ヲ施行スルモノハ右ノ事件ヲ正シク記載シタル寫ヲ各株主ヘ分賦スヘシ○若シ銀行此箇條ヲ遵守セスシテ詐僞ヲ記載スルカ又ハ寫ヲ分賦セサルニ於テハ右寫一通ニ付五圓ヲ越エサル罰金ヲ納ムヘシ且頭取取締役等故サラニ之ヲナサシメ又ハ知テ之ヲ見逃セシ片ハ是亦右同額ノ罰金ヲ納ムヘシ

㊟一ノ三、五條五三ノ六五、六六條參看

第七十二條　此條例ヲ遵奉スル銀行ノ株主タル者ハ其銀行ノ營業時間中ナレハ何時ニテモ其銀行實際記入スル所ノ諸簿冊及ヒ報告計表ヲ點撿スルヲ得ヘシ○若シ銀行此箇條ヲ遵守セスシテ株主ノ點撿ヲ拒ム片ハ五圓ニ越エサル罰金ヲ納ムヘシ且頭取取締役支配人等故サラニ之ヲナスカ又ハ知テ之ヲ見逃セシ時ハ右同額ノ罰金ヲ納ムヘシ

㊟五三ノ七四、七五、七六條參看

第七十三條　此條例ヲ遵奉スル銀行ノ營業實際ヲ詳知監督スル爲メ紙幣頭ハ大藏卿ヘノ稟議ヲ經テ定例臨時ノ別ナク官員ヲ命遣シテ銀行一切ノ業体ヲ撿査セシムヘシ

但紙幣頭ハ時宜ニヨリ大藏卿ヘノ稟議ヲ經テ其銀行管轄地方官ニ依托シ其銀行實際ノ營業ヲ(定例臨時ノ別ナク)撿査セシムルヿアルヘシ尤右撿査ニ從事シタル地方官ハ其撿査シタル旨趣ヲ詳記シ速カニ之ヲ紙幣頭ヘ報知スヘシ

㊟五三ノ六六、七三條參看

第七十四條　右撿査ノ官員ハ各銀行ノ本店又ハ支店トモ其營業時間中ナレハ何時ニテモ其用所ニ至リ詳密ニ其諸簿冊計表其他銀行一般ノ業體ヲ撿査シ其銀行役員ノ處務此條例成

規ニ規定スル所ノ箇條ヲ遵守スルヤ否ヤヲ視察シ而シテ其撿査ノ實況ト考按ノ旨趣ヲ書面ニ詳記シ之ヲ紙幣頭ヘ差出スヘシ

(ホ)五三ノ七三、七六條參看

第七十五條　此條例ヲ遵奉スル銀行ノ總株五分一以上ヲ所持スル株主等ヨリノ請願アルニ於テハ紙幣頭ハ官員ヲ命遣シ或ハ其管轄地方官ヘ委托シテ其銀行一切ノ業體ヲ撿査セシムルヿアルヘシ但シ其撿査ノ實況ト考按ノ旨趣ハ之ヲ書面ニ認メ之ヲ紙幣頭ヘ差出スヘシ而シテ紙幣頭ハ其寫ヲ其銀行ノ本店並ニ此撿査ヲ請願セシ株主等ヘ下附スヘシ

第七十六條　此條例ヲ遵奉スル銀行此條例第七十三條七十五條ニ規定スル所ノ撿査官員ノ撿査ヲ除クノ外他ノ撿査ハ一切之ヲ受ケサルヘシ尤諸官廳ノ職掌上ニ於テ國法ヲ以テ撿査スルカ如キハ此限ニアラス

[商]二七三ノ六六條(ホ)五三ノ七八條參看

第七十七條　此條例ヲ遵奉スル銀行ハ半季及ヒ毎月其事務計算等ノ實際詳明ナル考課狀並ニ報告計表(成規第六十六條ニ規定スル所ノ種類)ヲ製シ本店ハ頭取支配人支店ハ支配人並ニ計算方之ニ記名調印シテ之ヲ紙幣頭ヘ差出スヘシ尤其書式ハ紙幣頭ノ指圖ニ從フヘシ

但右半季報告計表ハ銀行ヨリ新聞紙其他ノ手續ヲ以テ之ヲ世上ニ公告スヘシ

[商]二七三ノ六五條(ホ)一ノ三、五條、五三ノ七七條參看

第七十八條　右定例報告計表ノ外紙幣頭尙ホ要用ト思考スルヿアレハ銀行ニ命シテ臨時ノ報告計表ヲ差出サシムルヿアルヘシ○若シ銀行ノ頭取取締役支配人等右定例或ハ臨時ノ報告ヲ怠リ紙幣頭ノ命スル日ヨリ(郵便遞送日數ヲ除ク)十日以内ニ差出サヽルトキハ十日以外(即チ十一日目ヨリ)ハ一日ニ付五十圓ヨリ少ナカラス百圓ヨリ多カラサル罰金ヲ納

〔商〕二七三ノ六二條參看

五三ノ五二八二條參看

五三ノ八一條參看

ムヘシ

第八章　利益金分配ノ方法ヲ明カニス（明治十六年第十四號布告ヲ以テ改正）

第七十九條　此條例ヲ遵奉スル銀行ノ頭取取締役等ハ毎半季其銀行ノ總勘定ヲナシ其總益金ノ内ヨリ諸雜費並ニ損失補償ノ金額及ヒ滯貸金ノ準備ヲ引去リ其餘ヲ以テ純益金トナシ之ヲ總株主ヘ分配スヘシ尤右利益ノ計算ハ株主ニ分配セサル前十日以内ニ（郵便遞送日數ヲ除ク）大藏卿ヘ差出シ其承認ヲ得テ後之ヲ株主一同ヘ通知シ且新聞紙ヲ以テ世上ニ公告シ而シテ之ヲ株主一同ヘ分配スヘシ

但慥カナル抵當物或ハ確實ナル引受人アル貸付金ヲ除クノ外其返濟期限ヲ過クルコト六ケ月以上ニ及フモノハ都テ之ヲ滯貸金ト看做スヘシ（明治十六年第十四號布告ヲ以テ但書トモ改正ス）

第八十條（明治十六年第十四號布告ヲ以テ削除ス）

第九章　銀行ハ官廳ノ爲換方ニ從事スルコ及ヒ外國銀行ト聯合スヘカラサル事ヲ明ラカニス

第八十一條　此條例ヲ遵奉スル銀行ハ其通常營業事務ノ外大藏卿ノ命令ニ依リ大藏省又ハ各地方官廳其他ノ爲換方ヲ勤ムルコヲ得ヘシ尤其勤方ノ手續ハ爾後大藏卿ノ考按ニヨリ其筋ヨリ命スル所ノ規定ヲ奉シ以テ之ニ從事スヘシ

第八十二條　此條例ヲ遵奉スル銀行ハ大藏卿ノ命令ヲ奉スルカ或ハ其免許ヲ得ルカニ非サレハ内外地ニ設置スル所ノ外國ノ銀行ハ勿論本邦ノ銀行（又ハ交換所等）ト雖モ凡ソ海外ニアルモノト相共ニ聯合シ以テ爲換ヲ取組ミ又ハ其他ノ營業ニ從事スルコヲ得サルヘシ

五三ノ八四條参看

五三ノ八三、八六、八七條参看

五三ノ四五、五二、六五條参看

一ノ三、五條、五三ノ八四條参看

第十章　銀行役員職務上一般ノ制禁及ヒ其負責ノ事ヲ明カニス

第八十三條　國立銀行ノ役員タル者諸相場ニ關シ投機ノ商業ニ從事スルトキハ大藏卿ハ銀行ニ命シ其役員ヲ退職セシムルコトアルヘシ（明治十六年第十四號布告ヲ以テ改正）

第八十四條　此條例ヲ遵奉スル銀行ノ頭取取締役等若シ此條例ニ背戻スルヿアリテ夫レカ爲メ株主又ハ其他ノ人ヘ損失ヲ受ケシムルトキハ其損失ハ頭取取締役等之ヲ辨償スルノ責ニ任スヘシ

第八十五條　此條例ヲ遵奉スル銀行ノ頭取取締役支配人其他ノ役員タル者ハ銀行所有ノ金銀及ヒ諸證書預リ品等ヲ私用シ又ハ竊掠シ又ハ之ヲ妄用スヘカラス又頭取取締役ノ承認ヲ得スシテ銀行紙幣及ヒ預リ證書ヲ發行シ又ハ諸貸付ヲナシ爲換手形ヲ振出シ又ハ證書及ヒ切手ノ引受ケヲナシ約束手形、爲換手形、諸證書、質物及ヒ公裁ニテ引取リタルモノヲ賣渡スヘカラス又銀行ノ諸簿冊、計表、報告書其他ノ要書ニ詐僞ヲ記載スヘカラス○若シ右ノ箇條ヲ犯シテ其銀行又ハ他ノ銀行、會社其他ノ者ヲ損害欺騙シ又ハ其銀行ノ役員或ハ撿査官員ヲ欺カントスル者ハ皆ナ國法ニ從ヒテ之ヲ罰スヘシ

第八十六條　此條例ヲ遵奉スル銀行ノ頭取取締役支配人其他ノ役員ハ社中申合規則ノ規定ニ從ヒ尋常借リ得ヘキ金額ノ外ハ自身又ハ仲人等ヲ以テ一切銀行ヨリ借受クヘカラス又其銀行ヨリ借財ヲナス者ノ爲メ其證人又ハ受人トナルヘカラス若シ右等ノ役員右ノ規定ニ背戻シテ借財ヲナシ又ハ證人受人トナリ又ハ人ヲシテ之ヲ爲サシメ又ハ之ヲ承諾スル等ノ事アルトキハ此等ノ役員ハ拾圓ヨリ少ナカラス五拾圓ヨリ多カラサル罰金ヲ納ムヘシ

(刑)五三ノ八四條參看

(刑)五三ノ五二、九一條參看

(刑)五三ノ四五、九〇、九一條參看

(刑)五三ノ八九條參看

且其借財ノ金額ハ其規定ニ背戻セシ者ヨリ速カニ銀行ヘ返濟スヘシ

第八十七條　此條例ヲ遵奉スル銀行ノ頭取取締役支配人其他ノ役員タル者ハ其銀行ノ名ヲ假リ以テ自己ノ利益ヲ謀ルハ勿論總テ私用ヲ辨スヘカラス若シ此等ノ役員之ヲ犯シ又ハ人ヲシテ犯サシメ又ハ知テ之ヲ見逃ス者ハ皆ナ國法ニ從ヒ之ヲ罰スヘシ

第十一章　紙幣及ヒ諸手形類ノ發行並ニ銀行紙幣ノ贋造描改及ヒ其版板彫刻等禁止ノ事ヲ明カニス

第八十八條　此條例ヲ遵奉シテ創立シタル國立銀行ヲ除クノ外何人又ハ何會社ヲ論セス凡テ紙幣又ハ望次第持參人ヘ仕拂フヘキ約束手形又ハ右類似ノ證書其他政府發行ノ貨幣同樣ニ通用スヘキ諸手形又ハ切手ヲ振出シ其引受ヲナシ之ヲ製シ之ヲ發行スルヲ禁ス若シ此等ノ數件ヲ犯ス者アルニ於テハ何人ヲ論セス皆ナ國法ニ從テ之ヲ罰スヘシ

第八十九條　此條例ヲ遵奉スル國立銀行ヨリ發行スル銀行紙幣ハ何人ヲ論セス之ヲ贋造スヘカラス贋造セシムヘカラス贋造スルヲ助ケ又ハ之ヲ勸ムヘカラス贋造ト知リテ之ヲ通用スヘカラス又ハ之ヲ通用セシムヘカラス又其文字繪圖ヲ描改スヘカラス描改セシムヘカラス描改スルヲ助ケ又ハ之ヲ勸ムヘカラス描改セシ紙幣ト知リテ之ヲ通用スヘカラス又ハ之ヲ通用セシムヘカラス

第九十條　右銀行紙幣ヲ印刷スルニ用ウル所ノ版板又ハ之ニ類似スル者ハ之ヲ私ニ彫刻スヘカラス又ハ私ニ彫刻ヲ命スヘカラス又右銀行紙幣ニ用ウル所ノ紙品又ハ之ニ類似スル紙品ハ之ヲ私ニ製スヘカラス又ハ人ヲシテ之ヲ製セシムヘカラス又ハ之ヲ私ニ所持スヘ

刑五三ノ四五、五二、八八、八九條參看

求五三ノ一二、九四、九六、一〇三條參看

求五三ノ九三條參看

カラス若シ前第八十九條及ヒ本條ノ數件ヲ犯ス者アルニ於テハ皆ナ國法ニ從テ之ヲ罰スヘシ

第九十一條　此條例ヲ遵奉スル銀行ヨリ發行シタル銀行紙幣又ハ爲換手形、約束手形其他證書ノ類ハ何人ニ限ラス之ヲ切拔キ又ハ切裂キ又ハ剝取リ又ハ塗抹シ又ハ孔ヲ穿チ又ハ糊付ニスル等ノヿヲナスヘカラス又人ヲシテ此等ノ事ヲナサシムヘカラス若シ此等ノ數件ヲ犯ス者アルトキハ其裁判所（又ハ府縣ノ聽斷主任官員）ニ於テ之ヲ裁判シ其金高十倍ノ償金ヲ銀行ヘ拂ハシムヘシ

第十二章　官命鎖店ノ場合特例監督役跡引受人等ノ取扱方並ニ公債證書ノ沒入及ヒ紙幣引換等ノ手續ヲ明カニス（明治十六年第十四號布告ヲ以テ改正ス）

第九十二條（明治十六年第十四號布告ヲ以テ削除ス）

第九十三條　國立銀行ニ於テ左ニ掲クル事實アルトキハ大藏卿ハ鎖店ヲ命スルコトアルヘシ

第一　國立銀行條例ノ旨趣又ハ箇條ニ背戾シ大藏卿其銀行ヲ鎖店セシムルヲ相當ナリト思考スルトキ

第二　國立銀行ニ於テ負債辨償ノ義務ヲ盡ス能ハサル證據アルトキ

第三　國立銀行ニ於テ其資本金總額十分ノ五以上ノ損失ヲ生スルトキ（明治十六年第十四號布告ヲ以テ本條總テ改正）

第九十四條　前條ニ記載スル事實アリト認ムルトキハ大藏卿ハ檢查ノ官員ヲ派遣シ其事實

ヲ推糺セシメ若シ相違ナキニ於テハ都テ其銀行ノ營業ヲ差止メ金銭其他ノ出納ヲ禁スヘシ（明治十六年第十四號布告ヲ以テ改正ス）

㊟五三ノ三八、五二條參看

第九十五條　前條ノ如ク營業ヲ差止メラレタル銀行ノ頭取取締役支配人其他ノ役員ハ諸手形、諸證書類又ハ抵當物、地所等ヲ他人ヘ讓リ渡シ又ハ賣渡スヘカラス又他人ヨリ金銀其他ノ物件ヲ預ルヘカラス若シ頭取取締役支配人其他ノ役員等此箇條ニ背キ或ハ讓渡シ又ハ賣渡シ又ハ預リ又ハ拂方ノ引受ヲナスヿアルニ於テハ紙幣頭ハ督促シテ其金額ヲ償ハシメ之ヲ其元ニ復セシムヘシ

㊟五三ノ一八、九三、九八、九九、一〇二條參看

第九十六條　紙幣頭ハ更ニ大藏卿ヘ稟議シ特例ノ監督役ヲ命遣シ其銀行ノ實際諸般ノ取扱ヲ推究シテ其事實ヲ詳明ニ報知セシムヘシ而シテ其背戻ノ事實相違ナキニ於テハ紙幣頭ハ其銀行ヨリ出納寮ニ預ケ置タル公債證書ヲ沒入スヘキ旨ヲ（右報知ヲ得タル日ヨリ三十日以内ニ）申渡シ其公債證書ヲ取上クヘシ

㊟五三ノ九八條參看

第九十七條　右諸般ノ手續了リシ後チ紙幣頭ハ大藏卿ヘノ稟議ヲ經テ凡ソ此銀行ノ紙幣ヲ所持スル者ハ都テ之ヲ大藏省ニ出シテ其引換ヲ乞フヘキ旨ヲ公告シ相當ノ時日ヲ以テ之ヲ引換遣ハスヘシ而シテ其引換タル紙幣ハ總テ此條例第五十一條ノ手續ニ從ヒ之ヲ燒捨テ其趣ヲ新聞紙其他ノ手續ヲ以テ世上ニ公告スヘシ

㊟五三ノ九七條參看

第九十八條　此條例第九十六條ニ據リ其銀行ヨリ沒入シタル公債證書ハ大藏省ノ便宜ニ從ヒ之ヲ公賣若クハ私賣シ以テ其銀行ノ發行紙幣引換ノ資ニ充ルモノトス但右公債證書ノ賣却代價紙幣下付高ニ對シ不足アルトキハ大藏卿ハ他ノ債主ニ先タチ之ヲ其銀行ノ資產

ヨリ徴收シ若シ下付高ニ對シ過剩アル𪜈ハ之ヲ其銀行ニ下付スヘシ（明治十六年第十四號布告ヲ以テ改正）

(ホ)五三ノ一〇〇、一〇一條參看

第九十九條　此條例第九十六條ニ揭クル所ノ特例監督役ノ報知ヲ得之カ處分ヲナスニ於テハ紙幣頭ハ即チ右銀行ノ跡引受人ヲ命シ其銀行ノ諸簿冊及ヒ各種ノ資産等ヲ取押ヘ諸貸付金、立替金ヲ取立タル上ニテ其裁判所（又ハ府縣ノ聽斷主任官員）ニ謀リテ貸金類及ヒ銀行ノ所有物ヲ賣拂ヒ其集合金ヲ以テ其銀行ノ諸借財又ハ預リ金其外ヲ償却シ過金アレハ株高ニ應シテ之ヲ株主ヘ割返シ不足アレハ都テ銀行ノ株高及ヒ其所有物ヲ限リテ相當ノ分散ヲナサシムヘシ

(ホ)五三ノ九九條參看

第百條　右借財又ハ預リ金等ヲ償却スルニハ紙幣頭ヨリ新聞紙其他ノ手續ヲ以テ三ケ月間世上ニ公告シ其銀行ニ貸金預ケ金等アル者ハ右時限中ニ申出テシメ其事由ト證據類トヲ撿按シ紙幣頭ハ厚ク之ニ注意シ適正ノ處分ヲ以テ貸方ニ賦當償却スヘシ

(ホ)五三ノ二九、九九條參看

第百一條　此條例ヲ遵奉スル國立銀行ノ株主等ハ假令其銀行ニ損失又ハ其他ノ事故アリテ其銀行鎖店分散スルヿアル𪜈其株主等ハ其創立證書ニ於テ揭載シタル株式金額ノミヲ損失スルノ外其鎖店分散ニ付テ別ニ賦當出金ヲ受クルノ責メ勿カルヘシ

第百二條　紙幣頭ハ此條例第九十六條ニ揭クル所ノ處分ヲナスニ際シ其銀行ヨリ尙ホ請願スルヿアリテ其狀實ヲ具陳スル時ハ監督役ヲ出セシ日ヨリ三十日以内（郵便遞送日數ヲ除ク）ナラハ其地方官廳ニ謀リ更ニ其實况ヲ詳悉シテ全ク其背戾セサルノ實證アルニ於テハ紙幣頭ハ之ヲ大藏卿ヘ稟議シ而シテ之ヲ宥恕スヘシ尤右ノ請願書ハ必ス其地方官廳ヲ經テ之ヲ紙幣頭ヘ差出スヘシ

(新)五三ノ九三條參看

(改)二七七(新)五三ノ一〇五、一〇六條參看

(新)五三ノ一〇八、一〇四條參看

(新)五三ノ一〇四、一〇七條參看

但此宥恕ヲナス時ハ紙幣頭ハ速カニ其趣ヲ出張ノ監督役ニ達シテ暫ラク其處置ニ取掛ルヿヲ見合セシムヘシ

第百三條　此條例ヲ遵奉スル銀行鎖店ノ場合ニ於テ跡引受人ノ入費等ハ總テ相當ノ處分ヲ以テ大藏卿之ヲ取極メ他ノ債主ニ先チ其銀行ノ資産ヨリ之ヲ辨償セシムヘシ

第十三章　銀行平穩鎖店ノ手續及其紙幣引換方ノ事ヲ明カニス

第百四條　此條例ヲ遵奉スル銀行三分二以上ノ株主等ノ協議ニ從テ平穩ニ分散又ハ鎖店セントスルニハ其銀行ノ頭取支配人ヨリ其銀行ノ名印ヲ以テ其決議ノ旨趣ヲ紙幣頭ニ申牒シ其承認ヲ得テ後チ三ケ月間新聞紙其他ノ手續ヲ以テ世上ニ公告シ發行紙幣ノ引換方其他銀行ニ屬スル取引ノ精算ヲ詳載シタル報告ヲ製シテ之ヲ世上ニ公告スヘシ

第百五條　右ノ公告ヲナシタル日ヨリ其銀行ハ其引換ヘタル銀行紙幣ヲ以テ豫テ出納寮ニ預ケ置キタル公債證書ノ内ヲ取戻スヿヲ得ヘシ尤其公告ノ日ヨリ半ケ年ヲ過キ其銀行ノ簿冊上ニ於テ尙ホ世上ニ殘在スル銀行紙幣アルニ於テハ其員額丈ケノ通貨ヲ出納寮ニ差出シ右預ケ置キタル公債證書ノ全額ヲ取戻スヿヲ得ヘシ然ル上ハ其銀行紙幣ノ世上ニ殘在スル分ハ大藏省ニ於テ之ヲ引換ヘ銀行ノ株主等ハ一切其引換ノ責ニ任セサルヘシ

第百六條　右鎖店シタル銀行ヨリ其殘在銀行紙幣引換ノタメ通貨ヲ差出スニ於テハ出納頭ハ之ヲ領受シ其趣ヲ詳記シタル受取證書ヲ製シ之ヲ其銀行ヘ下付スヘシ

但出納頭ハ右受取證書ノ外ニ預リ證書ヲ製シテ之ヲ紙幣頭ヘ回附シ置キ其殘在銀行紙幣引換ノ爲メ右通貨ノ受取方ヲ要スルニ於テハ何時ニテモ之ヲ紙幣頭ヘ渡スヘシ

(朱)五三ノ一〇六條參看

(朱)一ノ三五條參看

[坿]二七四參看

第百七條　右預リ證書ヲ領受スルニ於テハ紙幣頭ハ大藏卿ノ稟議ヲ經テ相當ノ期限ヲ定メ新聞紙其他ノ手續ヲ以テ之ヲ世上ニ公告シ其殘在銀行紙幣ノ引換方ニ從事スヘシ

第百八條　右ノ手續ヲ以テ引換タル銀行紙幣ハ此條例第五十一條ノ規定ニ從テ之ヲ燒捨シ其趣ヲ世上ニ公告スヘシ尤右ニ屬スル諸計算其外トモ紙幣頭國債頭出納頭ハ各其簿冊ニ詳記シ置クヘシ

第十四章　銀行訴訟ノ取扱及ヒ罰金處分ノ事ヲ明カニス

第百九條　此條例ヲ遵奉シテ創立シタル銀行若シ他ノ會社又ハ一般ノ人民ヲ相手取リ訴訟スルカ又ハ他ヨリ此銀行ヲ相手取リ訴訟セラルヽカノトキハ都テ一般ノ訴訟法ニ從ヒ其裁判所(又ハ府縣ノ聽斷主任官員)之ヲ裁判處分スヘシ

第百十條　此條例ニ於テ規定セル罰金ヲ以テ處置スヘキ罪科ニ付テハ裁判所(又ハ府縣ノ聽斷主任官員)之ヲ裁判處分スヘシ但シ此條例中現ニ罰金ノ明文無キ箇條ヲ犯スコトアルトキハ其時ニ當リ其裁判所(又ハ府縣ノ聽斷主任官員)ニ於テ相當ト思考スル罰金(三圓ヨリ少ナカラス五拾圓ヨリ多カラサル額數)ヲ右犯罪ノ銀行又ハ頭取取締役其他ノ役員ニ命スヘシ

第十五章　銀行納稅ノ事ヲ明カニス

第百十一條　此條例ヲ遵奉シテ創立シタル銀行ハ追テ政府ニ於テ制定施行スル所ノ收稅規則ニ從ヒ相當ノ稅金ヲ納ムヘシ

第十六章　銀行紙幣消却ノ方法ヲ明カニス

第百十二條　此條例ヲ遵奉スル國立銀行ヨリ發行シタル紙幣ハ左ニ掲クル方法ヲ以テ其營業年限內ニ悉皆消却スヘキモノトス但其取扱手續ハ大藏卿之ヲ定メ日本銀行ヲシテ之ニ從事セシムヘシ

一　各國立銀行ノ紙幣引換準備金ハ大藏卿ノ指定スル期限迄ニ日本銀行ニ納付シ營業年限內之ヲ定期預ケトナシ以テ紙幣消却ノ元資ニ充ツヘシ

一　各國立銀行ハ每半季利益金ノ多少ニ拘ハラス其銀行紙幣下付高ニ對シ年二分五厘(即チ半季一分二厘五毛)ニ當ル金額ヲ引去リ之ヲ日本銀行ニ預ケテ紙幣消却ノ元資ニ充ツヘシ

一　日本銀行ハ前二項ニ掲クル金額ヲ預リ各國立銀行ト別段ノ約定ヲ結ヒ之カ發行紙幣ヲ消却シテ大藏省ニ上納スルモノトス但其約定書ハ大藏卿ニ呈シテ之カ奧書證印ヲ受クヘシ

一　日本銀行ヨリ右消却紙幣ヲ上納シタルトキハ大藏省ニ於テ此條例第五十一條ノ手續ニ從ヒ之ヲ燒捨テ其都度之ヲ公告スヘシ

一　日本銀行ヨリ右消却紙幣ヲ大藏省ニ上納シタルトキハ豫テ出納局ニ差出シ置キタル紙幣抵當公債證書ノ內右消却高ニ相當スル員額ヲ大藏省ヨリ直チニ其銀行ニ還付スヘシ(明治十六年第十四號布告ヲ以テ本章本條トモ追加ス)

第十七章　條例ノ更正及ヒ廢止ノ事ヲ明カニス(明治十六年第十四號布告ヲ以テ第十六章ヲ第十七章ト改正ス)

第百十三條　此國立銀行條例ハ政府ノ都合ニ依リ要用ノ事アレハ何時ニテモ之ヲ增補シ又

ハ之ヲ更正シ又或ハ之ヲ廢止スルコトアルヘシ、若シ右增補其他ノ節ハ直チニ其由ヲ世上ニ公告スヘシ（明治十六年第十四號布告ヲ以テ第百十二條ヲ第百十三條ト改正ス）

國立銀行條例 畢

◎參照

二七三 國立銀行成規目次

○關係法令

○

國立銀行成規

銀行創立手續ノ事

第一條　此條例ヲ遵奉シテ國立銀行ヲ創立セントスルニハ先ツ五人以上ノ人員申合セ國立銀行創立致度趣ヲ願書ニ認メ之ヲ大藏省ノ紙幣寮ヘ差出スヘシ此願書ニハ其銀行ノ營業場所資本金額等ヲ簡明ニ記載シ願請人一同之ニ記名調印スヘシ而シテ其之ヲ差出スニハ願請人直チニ之ヲ紙幣寮ニ持參スルカ又ハ(遠隔ノ地方ナレ

ハ)郵便ヲ以テ之ヲ送達スルモ苦シカラス

但此資本金高ノ五分一ハ首トシテ其發起人等ヨリ之ヲ出金シ若シ不足アラハ自餘加入ノ者ヨリ其引請ケントスル株式金額ノ若干ヲ出金セシムルヲ以テ常則トス

第二條　右五人以上ノ人員ハ即チ發起人ニシテ株金ノ募方(若シ之アラハ)並ニ取締役ノ撰擧等相濟ム迄ハ都テ銀行ノ事務ヲ擔當辨理スルモノトスヘシ

第三條　紙幣頭ハ右願書ヲ受取ラハ其發起人等ノ身分其外トモ隱密ノ探索ヲ遂ケ且其管轄地方官廳ヘ其者共ノ身分營業ノ模様其外トモ公然諮問ヲナシ銀行創立ヲ許可スルニ相當ナリト思考スルニ於テハ右發起人等ニ創立證書並ニ銀行定欵ノ差出方ヲ命スヘシ

第四條　右紙幣頭ノ命ヲ受クルニ於テハ其發起人等ハ株金ノ募方(若シ募ルヘキアラハ)ニ取掛ルヘシ而シテ株主一定ノ後ハ直チニ集會ヲ催シ首メニ(入札公撰ヲ以テ)取締役五人以上ヲ撰擧シ此内ヨリ(前同斷ノ方法ヲ以テ)頭取タルヘキ人ヲ定メ然ル後チ創立證書並ニ銀行定欵ヲ遲クトモ三ケ月以内ニ(郵便遞送日數ヲ除ク)之ヲ紙幣頭ヘ差出スヘシ若シ右期月内ニ此差出方ヲ怠ルトキハ前段ノ許可ハ取消タルヘシ

第五條　右創立證書ノ雛形ハ左ノ如シ

(雛形畧ス)

第六條　右銀行定欵ノ雛形ハ左ノ如シ

（雛形畧ス）

但シ此定欵ハ株主等ノ協議ニヨリテ之ヲ草定シ追テ頭取支配人等定リシ上本紙正寫ノ二通ヘ左ノ奥書ヲ加ヘ紙幣頭ヘ指出スヘシ

（奥書雛形畧ス）

銀行ヘ藏メ置クヘキ正寫ノ奥書ハ左ノ如シ

（奥書雛形畧ス）

但創立證書ハ國立銀行ヲ創立スルニ於テ政府ト其銀行トノ約定書ニ比シキ緊要ノ書面ニシテ自ラ銀行定欵ト異ナル者ナリ銀行定欵ハ全ク銀行株主等ノ取定メタル社中ノ規則ニシテ政府ニ關係アル者ニ非ス故ニ銀行ノ役員ヨリ株主等ニ至ルマテ苟モ此別ヲ誤ルヘカラス

第七條　紙幣頭ハ右創立證書並ニ銀行定欵ヲ相當ト思考スルニ於テハ其開業免狀ヲ其銀行ヘ下ケ渡スヘシ然ル後其銀行ハ始テ名號ヲ公稱シ其業ヲ始ルヿヲ得ヘシ

但紙幣頭ヨリ開業免狀ヲ下ケ渡サヽル内ハ創立ニ付テ差起ル事故及ヒ開業前緊要ナル件々ノ外決シテ銀行營業ノ事務ヲ取扱フヘカラス

第八條　右開業免狀ノ雛形ハ左ノ如シ

（雛形畧ス）

但右開業免狀ヲ得タル上ハ直チニ其事業ヲ經營スルヲ得ヘキニ付キ火盜ノ難ヲ

防カンカ爲メ堅固ナル金庫ヲ建築スヘシ

株金募方ノ事

第九條　株金ヲ募ルノ法ハ新聞紙其他ノ手續ヲ以テ之ヲ世上ニ公告スヘシ即チ何府縣管下第何大區何小區何町村何番地ニ於テ何々ノ方法ヲ以テ國立銀行ヲ創立スルニ付其組合ニ加入セント欲スル人々ハ何月何日ニ何街何屋ニ來ルヘシ發起人何ノ誰々等ト記載スヘシ

第十條　當日ニ至ツテ右何街何屋ニ於テ發起人等簿冊ヲ開キ其銀行ノ組合ニ加入セント申込ミタル人々ノ姓名並ニ入金スヘキ金額ヲ其簿冊ニ書込ミ何月何日迄ニ入金スヘキ旨ヲ取定ムヘシ

第十一條　入金ノ當日ニ至テ入金者ハ各其簿冊ニ書込ミタル金額ヲ其發起人方ヘ持參スヘシ而シテ其發起人等ハ其金子引換ニ左ニ掲載セル入金受取證書ヲ其入金者ヘ渡スヘシ

但此書込ミニテ集金ノ員額發起人等ノ見込員額ヨリ多キトキハ割引ヲ以テ入金者ノ出金員額ヲ減少スルカ又ハ銀行ノ資本金額ヲ最初ノ見込ヨリ增加スルトモ其發起人等ノ存意ニ任スヘシ

（受取證書雛形畧ス）

資本金月賦入金ノ事

第十二條　國立銀行ノ資本金ハ開業前必ス其半高ヲ株主等ヨリ銀行ヘ入金シ殘リ半

高ハ五ケ月ニ割合ヒ之ヲ入金スヘシ
例ヘハ資本金拾萬圓ノ銀行ナレハ

一月十五日開業迄ニ入金高	五萬圓
二月十五日迄ニ入金高	壹萬圓
三月十五日迄ニ入金高	壹萬圓
四月十五日迄ニ入金高	壹萬圓
五月十五日迄ニ入金高	壹萬圓
六月十五日迄ニ入金高	壹萬圓
合計拾萬圓	

右ノ如ク開業ノ日ヨリ算シテ毎月入金スヘシ尤六ケ月前ニ悉ク入金シ又ハ開業前ニ資本金總額ヲ入金スルハ其銀行ノ適宜タルヘシ但シ銀行ニ於テ右月賦入金ヲ請取ルトキハ左ノ請取證書ヲ株主ヘ渡スヘシ

（請取證書雛形略ス）

資本金集合高申牒ノ事

第十三條　株主等ヨリ月賦金ヲ其割合ニ從ヒ入金スルトキハ其月賦總入金濟ミ迄ハ毎月其銀行ヨリ資本金集合高屆書ヲ紙幣頭ヘ差出スヘシ其文例ハ左ノ如シ

（屆書文例畧ス）

資本金增減ノ事

第十四條　國立銀行ハ條例第四十條ニ準據シ其資本金額ヲ增加スル𬼀ハ速カニ資本金增加證書ヲ紙幣頭ヘ差出スヘシ其文例ハ左ノ如シ

（證書文例畧ス）

但右ノ書面ヲ差出サハ紙幣頭ハ奥書幷ニ鈐印シテ之ヲ其銀行ヘ下付スヘシ銀行ハ此奥書ヲ得タル上ニテ公債證書ヲ預ケ銀行紙幣ヲ請取ルノ手續ニ取掛ルヘシ

第十五條　國立銀行ハ條例第四十二條ニ準據シ其資本金ヲ減少スル𬼀ハ諸般ノ手續ヲ經テ後チ紙幣頭ヘ其資本金減少證書ヲ差出スヘシ其文例ハ左ノ如シ

但減少ノ手續ハ其銀行紙幣ヲ紙幣寮ニ返上シテ燒捨ノ手續ヲナシ其同額ノ公債證書ヲ紙幣頭ノ手ヲ經テ出納頭ヨリ取戾スヘシ而シテ其準備金モ亦之ニ準シテ減少スヘシ

（證書文例畧ス）

右增減證書ハ各二通ヲ紙幣寮ニ出シ其一通ヘハ前ノ文例ノ如ク紙幣頭奥書鈐印シテ其銀行ヘ下付スヘシ

公債證書預方ノ事

第十六條　國立銀行ニテ其業ヲ始ムヘキ前ニ四朱以上利付ノ公債證書ヲ買入レ之ヲ出納頭ニ預クヘシ右ハ其銀行ヨリ發行スヘキ紙幣ノ抵當ナレハ其銀行ノ資本金額十分八ノ割合ニシテ即チ銀行ニ受取ルヘキ銀行紙幣ト同額タルヘシ（條例第十八條二十二條ヲ參考スヘシ）

第十七條　出納頭ハ右公債證書ヲ領受シ直チニ假請取書ヲ其銀行ヘ下付シ追テ紙幣頭連名ノ本請取證書ヲ製シ其假請取書ト引換フヘシ

銀行紙幣注文ノ事

第十八條　國立銀行ハ右公債證書ノ受取書ヲ領受セハ其銀行ヨリ發行スヘキ銀行紙幣ノ受取方ヲ頭取支配人ヨリ注文書ヲ以テ紙幣頭ヘ申立ツヘシ其文例ハ左ノ如シ

但條例第四十六條ニ準據シ此注文書ヲ差出スヘシ

（注文書文例畧ス）

第十九條　右銀行紙幣ノ注文書ヲ領受スルニ於テハ紙幣頭ハ條例第四十七條ニ準據シ銀行紙幣ヲ製造シテ之ヲ其銀行ヘ下付スヘシ而シテ其銀行ハ之ヲ受取リテ後チ受取證書ヲ差出スヘシ其文例ハ左ノ如シ

（證書文例畧ス）

銀行紙幣發行ノ事

第二十條　國立銀行ニテ右銀行紙幣ヲ領受スルニ於テハ頭取支配人ノ兩人一々其紙幣ノ表面ニ其役名及ヒ姓名ヲ記入シ其役印ヲ押捺シテ後チ之ヲ世上ニ發行スヘシ若シ其記入押捺ノ際損傷等ノモノアルニ於テハ更ニ其趣ヲ紙幣頭ニ申立テ其損傷紙幣ヲ納メテ引替ヲ乞フヘシ

但頭取支配人ハ其印影ヲ紙幣頭ヘ差出シ其紙幣押印ノ用肉ヲ紙幣寮ヨリ受取ルヘシ

損壞銀行紙幣引換方ノ事

第二十一條　國立銀行ヨリ發行シタル銀行紙幣取裂汚染等ニテ通用シ難キモノアルトキハ條例第五十一條ニ準據シ頭取支配人ヨリ書面ヲ添ヘテ之ヲ紙幣頭ニ差出シテ其引換ヲ請フヘシ其文例ハ左ノ如シ

但記名押印ノ際損傷シタル銀行紙幣ノ引換モ亦此例ヲ以テ申立ヘシ

（文例畧ス）

紙幣頭ハ右敗裂或ハ汚染ノ銀行紙幣ヲ受取ラハ其代リ新銀行紙幣ヲ以テ之ヲ其銀行ニ下付スヘシ

第二十二條　紙幣寮ニ於テ右銀行紙幣ヲ燒捨ノ節ハ其趣ヲ銀行ヘ通達アルヘキニ付銀行ハ立合人ヲ紙幣寮ニ差出シ燒捨所ニ於テ立會實驗ノ上燒捨證書ニ記名調印スヘシ尤此燒捨證書ハ二通ニ認メ一通ハ紙幣寮ニ納メ一通ハ之ヲ其銀行ニ下付スヘシ右ノ立合ニハ大藏省ニ關係ナキ人ヲ撰テ銀行ヨリ差出スヘシ

但遠隔ノ地方ニ創立シタル銀行ハ東京ニ於テ豫テ燒捨ノ立會人ヲ賴置キ其姓名住所ハ之ヲ紙幣寮ニ屆ケ置クヘシ

第二十三條　國立銀行ヨリ引換ノ爲メニ紙幣寮ニ差出スヘキ敗裂或ハ汚染ノ銀行紙幣ハ五百圓以上ノ高タルヘシ其銀行紙幣ハ消印ヲ押シ種類ヲ分チ其封套ニ其金額ヲ記載シ前第二十一條ニ揭クル所ノ書面ヲ添ヘ之ヲ紙幣寮ヘ差出スヘシ尤此紙幣引替ニ付往復運送ノ諸費用ハ銀行之ヲ辨スヘシ

但數片ニ細裂シタル銀行紙幣アラハ銀行ノ役員之ヲ連接シテ差出スヘシ

第二十四條　敗裂銀行紙幣ヲ其銀行ニ持參シ引換ヲ請フ者アルトキハ其役員之ヲ精密ニ撿査シ金額ハ勿論店名（又ハ役員姓名）明瞭ニシテ番號記號全存スル者及番號記號一モ存セサル者ニテモ缺失セシ部分ニ金額及店名（又ハ役員姓名）番號記號（各其一）ノ連續シテ倶ニ存スヘキ餘地ナキ者ハ全額ヲ以テ交換スヘシ又番號記號各其一ヲ存シ且金額及店名（又ハ役員姓名）明瞭ナルモ缺失セシ部分ニ猶金額及店名（又ハ役員姓名）番號記號（各其一）ノ連續シテ倶ニ存スヘキ餘地アル者ハ總テ半額ヲ以テ交換スヘシ若又細裂シテ其紙片ノ全備セサル者ト雖モ之ヲ集合シテ彩紋字體等ノ連續スル者ハ前文ノ例ニ照準シ全額或ハ半額ヲ以テ交換スヘシ

但汚染ノ紙幣ニシテ金額及其店名等ヲ認メ得ヘキ者ハ全額ヲ以テ交換スヘシ（明治十二年第三號布告ヲ以テ本條改正）

株式ノ事

第二十五條　國立銀行ノ株主タル者ハ其所持スル所ノ株金總入金濟ミトナリタル時ハ社印ヲ鈐シタル株式劵狀ヲ一株ニ付一通宛領受スルノ權利アルヘシ其株式劵狀ノ雛形ハ左ノ如シ

（雛形畧ス）

第二十六條　若シ右株式劵狀磨滅敗裂等ノヿアル片ハ其趣ヲ書面ニ認メ之カ書替ヲ乞フヘシ若シ又燒亡紛失スルヿアレハ其事實ヲ明瞭ニ認メ二人以上ノ證人ヲ立テ

各之ニ記名調印シ更ニ新株式劵狀ノ受取方ヲ乞フヘシ
但株式劵狀ヲ書替フル等ノ時ハ銀行ヨリ差圖スル所ノ手數料ヲ拂フヘシ
株式賣買ノ事
第二十七條　株式ヲ賣買スルニハ之カ證書ヲ製シ賣渡人買受人ノ雙方相當ナル證人ノ眼前ニ於テ之ニ連印シ株式劵狀ト共ニ之ヲ銀行ヘ差出スヘシ而シテ頭取支配人ハ兼テ備置キタル株式賣買ノ簿冊ヘ其顚末ヲ登記シ其株式劵狀ノ裏面ヘ記名調印シ併セテ右證書株式劵狀ノ間ニ割印ヲ押捺シ再ヒ其株式劵狀ヲ其人々ヘ渡スヘシ
但シ右ノ手數相濟ム迄ハ賣渡人ヲ以テ右株式ノ持主ト定ムヘシ
第二十八條　右株式賣買證書ノ文例ハ左ノ如シ
（賣買證書文例畧ス）
第二十九條　右株式賣買ノ簿冊ハ每半季定式總會以前日數十五日ノ間ハ之ヲ閉鎖シ新聞紙其他ノ手續ヲ以テ其趣ヲ世上ニ公告シテ一切其事ノ取扱ニ從事セサルヿヲ得ヘシ
株式讓與ノ事
第三十條　銀行株主ノ內死去スル者アリテ其相續人若クハ後見人ノ右株式ヲ讓受クヘキモノハ銀行ノ要求セル然ルヘキ證據ヲ差出シタル上ニテ其銀行ノ株主トシテ株主牒ノ記載ニ入ルヿヲ得ヘシ
株式沒入ノ事

第三十一條　銀行ノ株主等若シ株金ノ月賦入金ヲ怠ル時ハ頭取取締役等ハ條例第三十二條三十三條ニ準據シテ之カ處分ヲナスヘシ

總會ノ事

第三十二條　第一次ノ總會ハ銀行其開業免狀ヲ受ケシヨリ以後三ケ月以內ニ於テ其頭取取締役ノ取極メタル時日場所ニ於テ之ヲ執行フヘシ

第三十三條　第二次以後ノ總會ハ每年第一月第七月(何レモ然ルヘキ日ニ於テ)頭取取締役ノ取極ムル所ノ時日場所ニ於テ之ヲ執行フヘシ

第三十四條　凡ソ總會ハ定式臨時ノ二樣ニ分チ前條ニ揭載シタル總會ヲ定式總會ト稱シ此總會ニ於テハ總勘定ニ於ケル正算指示ノ事並ニ利益金分配ノ事及ヒ頭取支配人ヨリ差出ス所ノ平常處務ノ顚末ヲ記載シタル書類ヲ稽査審按スル等ノ事ヲ施行スヘシ其他ノ總會ヲ臨時總會ト稱シ臨時ニ起ル所ノ事件ヲ評議處分スヘシ

第三十五條　凡ソ總會ヲ執行ハントスルニ當ツテハ其取極メタル時日場所ヲ報告書ニ記載シ(若シ格段決議ニ付スヘキ事件アレハ其大旨ヲモ加載シ)少ナクトモ日數七日以前ニ於テ之ヲ總株主ヘ通知スヘシ而シテ右ノ如ク手數ヲナセシ上ハ假令ヒ株主ノ內右報告書ヲ受承セサルモノアルトモ此總會ノ手順ニ於テハ既ニ盡セシモノト爲スヘシ

但銀行ヨリ株主ヘ報告スルノ書類ハ之ヲ直達スルカ又ハ郵便其他ノ手續ヲ以テスルモ都テ銀行ノ便宜ニ任スヘシ

第三十六條　銀行ノ頭取取締役ニ於テ適當ナリト思考スルカ又ハ株主ノ人員十名ニ下ラスシテ其所持ノ株數總株ノ五分一以上ニ及フモノヨリ之ヲ請求スルカニ於テハ何時ニテモ臨時總會ヲ執行フコヲ得ヘシ
第三十七條　右株主等ノ請求ハ之ヲ書面ニ認メ此總會ヲ請求スル所以ノ目的事件ヲ詳載シ郵便其他ノ手續ヲ以テ之ヲ頭取取締役へ送達スヘシ
第三十八條　頭取取締役ハ右請求書ヲ領受セハ直チニ其總會招集ノ事ニ取掛ルヘシ若シ取締役右請求ヲ承知セシ日ヨリ日數七日ノ內ニ招集ノ手續ヲナサヽルトキハ右請求人等自身ニ之ヲ招集スルカ又ハ其他ノ株主等ト相謀テ之ヲ招集スルヲ得ヘシ
第三十九條　凡ソ總會ニ於テ事務ヲ評議處分スルニ當ツテハ必ス株主ノ總員（本人又ハ代人共）十分ノ五以上之ニ出席スルニ非サレハ（利益金分配ノ報告一件ヲ除クノ外）何事ヲモ評議處分スヘカラス
第四十條　凡ソ總會ノ議長ハ頭取（又ハ副頭取）之ニ任スヘシ
第四十一條　右議長若シ會集スヘキ刻限ヨリ十五分時間ヲ過キ猶ホ臨席セサリシトキハ出席株主等ノ內ヨリ一人ヲ公撰シ以テ議長ニナスコヲ得ヘシ
第四十二條　凡ソ總會ニ於テ事ヲ議定スルニハ（可否又ハ同意不同意ノ發言若クハ投票ニテモ）其說ノ多數ニ因リ以テ之ヲ決定シ其次第ヲ簿冊ニ登錄シ併セテ其決議濟ノ旨ヲ加載シ其節ノ議長之ニ捺印シ以テ後日參觀證據ニ備へ置クヘシ
第四十三條　凡ソ總會ニ於テ事ヲ議定スルニ若シ發言投票ノ數相半ハスルトキハ議長

ノ助説若クハ決票ヲ以テ之ヲ裁決スヘシ

株主發言投票ノ事

第四十四條　銀行ノ株主等ハ各其所持セル株數十箇迄ハ一株毎ニ一箇宛ノ發言投票ヲナスヘシ又十一株以上百株迄ハ五株毎ニ一箇宛ヲ增加シ百一株以上ハ十株毎ニ一箇宛ヲ增加スルヿト定ムヘシ

第四十五條　凡ソ銀行ノ役員タル者ハ他人ノ代人トナリテ發言投票スルノ權利ヲ有スルヿヲ得ス又株式劵狀ヲ借財ノ爲メ其銀行ヘ質入シタル者ハ總會ニ於テ自身又ハ他人ノ名代ニテモ一切發言投票ノ權利ナカルヘシ

第四十六條　發言投票ハ本人又ハ（本人幼弱又ハ狂癲其他ノ事故アルニ於テハ）代人何レモ勝手タルヘシ尤代人ハ其銀行ノ株主中ノ者ニ限リ之ニ委任狀ヲ與ヘ以テ之ヲ差出スヘシ若シ其代人ヲ差出サスシテ決議ノ後如何ナル異議アルトモ一切之ヲ申立ツルヿヲ得サルヘシ

第四十七條　右代人委任狀ノ雛形ハ左ノ如シ

（委任狀雛形略ス）

諸役員ノ事

第四十八條　國立銀行ノ役員ト稱スルモノハ左ノ如シ

取締役　何人

内

頭取　　一人　　副頭取　　何人(若シ之アラハ)
支配人　　何人　　書記方　　何人
出納方　　何人　　計算方　　何人
簿記方　　何人
但右ノ如ク制定スト雖モ銀行ノ便宜ニ依リ之ヲ廢置兼攝シ若クハ其他ノ役員ヲ設置スルヲ得ヘシ尤取締役ノ人員ヲ頭取副頭取ヲ加ヘ都合五名ヨリ減少スヘカラス故ニ若シ右ノ定員ヨリ缺クル時ハ株主一同ノ協議ヲ以テ速カニ其缺ヲ補フヘシ
第四十九條　國立銀行ノ頭取取締役タル者ハ其銀行營業ノ全體ニ注意シ實際ノ事務ヲ處分シ總テ其責ニ任スヘシ然レ𪜈新ニ一事ヲ興シ又ハ之ヲ更正シ又ハ之ヲ廢止シ及ヒ定例ナキ出納其他ノ事ヲ處スル等ノ如キハ株主總會ノ決議ヲ經ルニ非サレハ之ヲ施行スルヲ得ス
第五十條　取締役ハ同僚中ヨリ(入札公撰ヲ以テ)其人ヲ撰擧シテ頭取(又ハ副頭取)ト爲スヘシ此頭取ハ銀行ノ事務ヲ總判シ及ヒ會議ノ席ニ於テ議長ノ職ニ任スヘシ
但副頭取ハ頭取缺席スルトキハ其事務ヲ代理スル迄ニシテ平日ハ取締役ト同樣ノ職任タルヘシ
第五十一條　左ニ掲ケシ人々ハ取締役タルヲ得ヘカラス
第一　銀行ニ於テ三十株又ハ六十株以上ヲ所持セサル株主

但資本金拾萬圓以上ニシテ一株百圓ノ銀行ナレハ三十株一株五十圓ノ銀行ナレハ六十株又資本金拾萬圓未滿五萬圓以上ニシテ一株五十圓ノ銀行ナレハ三十株一株二十五圓ノ銀行ナレハ六十株ノ割合タルヘシ

第二　一旦破產ニ過ヒシ株主

第五十二條　取締役ノ人員三分二ハ本店設立ノ地方ニ於テ少ナクトモ一箇年間住居セシモノタルヘシ

第五十三條　各取締役ハ其所持ノ株式劵狀三十箇又ハ六十箇（前第五十一條中第一項ニ揭クル所ノ割合）ヲ其銀行ニ預ケ其代リトシテ禁授受ノ三字ヲ附シタル保護預リ證書ヲ請取リ置キ右取締役ノ奉職中ハ決シテ之ヲ引出スコヲ得サルヘシ

第五十四條　頭取取締役タリトモ株主一同ノ協議ニテ取極メタル給料旅費及ヒ賞與金手當幷ニ株主ノ場ニテ受取ルヘキ分配利益金ノ外自餘ノ所得ヲ受クルコヲ得サルヘシ

第五十五條　取締役ノ撰擧ハ定式總會ニ於テ株主一同ノ投票ヲ以テ之ヲ撰擧スヘシ尤不時ニ缺員アルキハ臨時總會ニ於テ之ヲ撰擧スヘシ

第五十六條　右ノ總會ニ於テ撰擧セラルヽ所ノ取締役ハ直チニ誓詞二通ヲ認メ其地方長官ノ面前ニ於テ調印シ本紙ハ紙幣頭ニ差出シ寫一通ハ其銀行ニ藏メ置クヘシ其文例ハ左ノ如シ

（誓詞文例略ス）

但此誓詞ハ取締役等各通タルヘシ
第五十七條　銀行ノ頭取支配人ノ撰擧サレタル時ハ新任ノ印影ヲ添ヘ上任ノ報告ヲ紙幣頭ニ差出スヘシ其文例ハ左ノ如シ
但最初撰擧ノ時差出ス所ノ上任報告ニハ文例中元役ヲ除クハ勿論タルヘシ
（報告文例略ス）
第五十八條　頭取取締役ハ其職務ヲ擧ル爲メ少ナクモ毎月三度以上同僚中ノ集會ヲ爲シ以テ其事務ヲ評議處分スルコヲ得而シテ此集會ノ體裁方法ハ總會ノ手續ニ準據シ銀行ニ於テ然ルヘキ規程ヲ立テ以テ之ニ從事スベシ
第五十九條　頭取取締役在職ノ年限ハ一期必ス滿一ケ年タルヘシ而シテ退役放免等ノ外ハ奉職ノ年限中必ス勤任スルモノト爲スヘシ
但頭取取締役ノ在職年限ハ本條掲クル所ノ如シト雖モ其滿期ニ至リ更ニ入札公撰ヲ以テ重年上任スルヲ得ヘシ尤重年上任シタル片ハ第五十六條第五十七條ニ準據シ更ニ誓詞并ニ上任報告ヲ紙幣頭ヘ差出スヘシ
第六十條　支配人以下ノ撰擧並ニ給料等ハ頭取取締役ノ意見ニ因リ之ヲ取極ムヘシ尤支配人ハ銀行ノ事業ヲ處分スル重任ナレハ株主ニ非サル者ニテモ須ラク熟練ノ人ヲ撰フヘシ且其他ノ役員モ亦他人ヲ雇入ルヽハ其銀行ノ便宜ニ任スヘシ
社中申合規則ノ事
第六十一條　頭取取締役ハ其同僚ノ衆議ヲ盡シ利益金分配ノ手續、諸役員ノ權限分課、給料旅費ノ定則及ヒ其褒貶進退其他一切緊要ナル事件ヲ適宜掲載シタル社中申合規則ヲ議定スヘシ尤右申合規則ハ條例成規ノ旨趣ニ背戻セサルハ勿論タリト雖モ其社中ノ申合セニ止ルヲ以テ更ニ紙幣頭ヘ差出スニ及ハサルヘシ

利益金分配ノ事

第六十二條　頭取取締役ハ（株主ノ總會ヲ經テ）銀行ノ利益金ヲ株主銘々所持ノ株高ニ應シテ割渡スヘキ旨ヲ總株主ヘ報知スヘシ

諸計算ノ事

第六十三條　銀行ノ出納其他一切ノ計算ニ關スル諸簿冊ハ紙幣頭差圖スル所ノ書式ニ從ヒ明細嚴肅ニ記入スヘシ

第六十四條　頭取取締役ハ毎半季考課狀及ヒ出納ノ明細書ヲ製シ總會ニ於テ之ヲ株主一同ヘ明示スヘシ

諸願伺屆等差出方ノ事

第六十五條　銀行ノ諸願、伺、屆、報告其他凡ソ諸官廳ヘ差出スヘキ一切ノ文書ハ必ス本紙一通正寫一通都合二通宛タルヘシ

國立銀行報告ノ事

第六十六條　國立銀行ハ銀行條例第七十七條ニ準據シ紙幣頭差圖スル處ノ書式ニ從ヒ半季及ヒ毎月其銀行營業ノ實際報告ヲ製シ之ヲ紙幣頭ヘ差出スヘシ其報告ノ種類ハ左ノ如シ

但報告用紙ハ相當ノ代價ヲ以テ紙幣寮ヨリ拂下クヘシ

第一　銀行半季考課狀

第二　銀行半季實際報告

第三　銀行半季利益金割合報告

第四　銀行半季平均高報告

第五　半季中平均高報告

第六　株主姓名表

右六種ノ報告ハ第一月十日第七月十日マテニ紙幣頭ヘ差出スヘシ尤遠隔ノ地方ニ於テ本店又ハ支店ヲ設置シタル銀行ハ其郵便日數ヲ宥恕スヘシ

第七　銀行本店每月實際報告

第八　銀行支店每月實際報告

右二種ノ報告ハ每月五日マテニ紙幣頭ヘ差出スヘシ尤遠隔ノ地方ニ設置シタル銀行ハ其郵便日數ヲ宥恕スヘシ但シ支店每月報告ハ其本店ヲ經ルニ及ハス其支店ヨリ直チニ紙幣頭ヘ差出スヘシ右ノ外紙幣頭ノ考按ニヨリ臨時實際ノ報告ヲ差出サシムルコトアルヘシ尤右臨時報告ノ差出方ハ其時ニ紙幣頭ヨリ命スヘシ

右之通相定候事

○

二七四　太政官第二十九號布告　明治十一年九月

明治九年八月第百六號布告國立銀行條例第十五章税額ノ儀ハ銀行紙幣下付高ノ千分ノ七ト相定メ本年七月ヨリ年々徴收候條此旨布告候事

但納期ノ儀ハ一個年兩度ニ割合前半年分ハ七月三十一日限リ後半年分ハ一月三十一日限リ其管轄廳へ可相納事

○

二七五 太政官第九十號布告 明治十年十二月

今般新ニ銀行紙幣壹圓札ヲ製造シ從前ノ銀行紙幣ト取交セ國立銀行へ交付令發行候條公債證書ノ利足ト海關税ヲ除クノ外租税其他一切公私ノ取引上總テ無疑念授受可致尤モ新立ノ銀行ヨリ令發行候節ハ其時々大藏卿ヨリ可及布達此旨布告候事

但見本札ノ儀ハ其管轄廳ヨリ可相達事

○

二七六 太政官第十六號布告 明治十一年七月

今般新ニ銀行紙幣五圓札ヲ製造シ從前ノ銀行紙幣ト取交セ各國立銀行へ交付令發行候條公債證書ノ利足ト海關税ヲ除クノ外租税其他一切公私ノ取引上總テ無疑念授受可致此旨布告候事

但見本札ハ其管轄廳ヨリ可相達事

○

二七七 大藏省第百四十號告示 明治十七年十二月

㊟五〇ノ一、四、六、七、二〇、二一、二五條、五四ノ二、三、四條參看

㊟五〇ノ六條五四ノ一、三條參看

㊟五〇ノ六、八、九條、五四ノ一、二、四條參看

鎖店國立銀行ノ貸金其他ノ證書中跡引受人ヲシテ左ノ書式ノ裏書又ハ繼書ヲナシ處分爲致候モノハ爾後裏書又ハ繼書ノ記名主之カ償主タルヘシ依テ右證書ニ對スル負債ハ該負債者ヨリ右記名主ニ向ヒ濟方可致者トス

（裏書繼書々式畧之）

○

（五四）虎列剌病流行地方ヨリ來ル船舶檢査規則　明治十五年六月第三十一號布告

虎列剌病流行地方ヨリ來ル船舶檢査左ノ通制定ス

　虎列剌病流行地方ヨリ來ル船舶檢査規則

第一條　凡ソ虎列剌病流行地方ヨリ來ル船舶ハ檢疫官ノ檢査ヲ受ケ其記名セル許可ノ證書ヲ得タル後ニ非サレハ他港ニ進航シ陸地又ハ他船ト交通シ及ヒ乘組人船客ノ上陸並ニ積荷ノ陸揚ヲ爲スヘカラス

第二條　其船中該病患者又ハ該病死者ナキトキハ檢疫官直チニ其船舶ノ他港ニ進航シ陸地又ハ他船ト交通シ及ヒ乘組人船客ノ上陸並積荷ノ陸揚ヲ爲スノ許可ヲ與フヘシ

但檢疫官ニ於テ必要ト認ムルトキハ其船舶ヲ四十八時間以內其指定スル場所ニ碇泊セシメ十分ノ消毒法ヲ施スコトヲ得（十八年第二十九號布告ヲ以テ但書追加ス）

第三條　若シ其船中ニ該病患者又ハ該病死者アルトキハ檢疫官其船舶ヲ陸地及ヒ他船ニ傳染ノ虞ナシト認ムル距離ニ於テ其指定スル場所ニ碇泊セシムヘシ

該病患者ハ之ヲ避病院若クハ其住居若クハ其他檢疫官ノ適當ト認ムル場所ニ送致スヘシ

㊍五〇ノ二三條、五四ノ一、三條、刑法第二四六條以下參看

附二八二、二八七、二九〇、二九一、二九二、二九三、二九五、㊍五ノ二條參看

附二八二、二八三、二八七、二八八、二九一、二九四、二九五、㊍五ノ一條參看

其死者ハ若シ縁故人ノ望アルトキハ其望ニ隨ヒ地方官所定ノ場所ニ火葬シ若クハ十分ノ消毒法ヲ施シタル後之ヲ埋葬スヘシ

前項ノ手續ヲ終リ撿疫官ハ其乘組人船客ニハ十分ナル消毒法ヲ施シタル後上陸ノ許可ヲ與ヘ其船舶及傳染ノ虞アリト認ムル積荷ニハ十分ナル消毒法ヲ施シタル後其船舶ノ他港ニ進航シ陸地又ハ他船ト交通シ及積荷ヲ陸揚スルノ許可ヲ與フ可シ

第四條　此規則ニ違背シタル者若クハ此規則ノ執行ヲ妨害シタル者ハ刑法ニ依テ之ヲ處分スヘシ

第五條　此規則施行始終ノ期日並ニ場所ハ其都度內務卿ヨリ之ヲ指定スヘシ

○

（五五）古物商取締條例　明治十六年十二月第五十號布告

古物商取締條例別冊ノ通制定シ明治十七年二月一日ヨリ施行ス

（別冊）

古物商取締條例

第一條　古物商トハ古道具、古本、古書畫、古着、古銅鐵、潰金銀ヲ賣買スル營業者ヲ云フ袋物屋小間物屋鼈甲屋時計屋飾屋箔打屋烟管屋ニシテ其營業ニ屬スル古物ヲ賣買交換スル者及ヒ刀劍商ハ此條例ニ準據スヘシ

第二條　古物商ハ管轄廳（東京府ハ警視廳）ノ免許ヲ受クヘシ

第三條　古物商物品ヲ賣買シ又ハ交換シタル時ハ警察官ニ於テ其ノ物品及ヒ賣主讓主ヲ調

[illegible]二八〇、二八一、二八六、二八九、二九二、[illegible]五五ノ一條參看

[illegible]二七九、二八五、二九三、[illegible]五五ノ五條參看

[illegible]五五ノ四條參看

[illegible]二七九、二九二參看

[illegible]二九四參看

[illegible]二八四參看

査スルニ差支ナキ樣簿冊ニ記載シ且買主讓受主ヲ詳ニスルヿヲ得タル時ハ之ヲ記載スヘシ

第四條　身元詳ナラサル者ヨリ物品ヲ買取リ又ハ交換スルコトヲ得ス但身元詳ナル者其證人タルトキ又ハ警察官若クハ巡査ノ認可ヲ受ケタル時ハ此限ニアラス

第五條　十五年未滿ノ者白痴風癲者及ヒ雇人（雇主ノ家ニアル者）ヨリ物品ヲ買取リ又ハ交換スルヿヲ得ス但父母後見人雇主又ハ身元詳ナル者其證人タル時ハ此限ニアラス官廳、町村、學校、病院、社寺、會社ノ印章記號アル物品ハ其賣却シ得ヘキヿヲ證明スル證人二名以上アルニ非ラサレハ之ヲ買取リ又ハ交換スルヿヲ得ス前二項ニ違背シタル者ハ警察官ノ命ニ依リ無代價ニテ物品ヲ取戻サルヽヿアルヘシ

第六條　古物商ハ營業者タルト否トヲ問ハス盜罪詐欺取財ノ罪又ハ刑法第三百九十九條第四百一條ノ處斷ヲ受ケタル者ヨリ物品ヲ買取リ又ハ交換シ及ヒ寄藏スルトキハ警察官ノ許可ヲ受クヘシ違フ者ハ一月以上三年以下ノ重禁錮又ハ三十圓以上三百圓以下ノ罰金ニ處ス

第七條　古物商ハ自宅又ハ許可ヲ受ケタル市場及ヒ賣主讓主ノ居宅ノ外ニ於テ物品ヲ買取リ又ハ交換スルヿヲ得ス

第八條　刀劔又ハ之ヲ仕込タル器具ハ身元詳ナラサル者及ヒ盜罪賭博ノ處斷ヲ受ケタル者ニ賣渡讓渡シ又ハ露店及ヒ路傍ニ於テ賣渡讓渡スヿヲ得ス

第九條　古物商物品ヲ他府縣ニ運送セントスルトキ又ハ他府縣ヨリ受取リタルトキハ其物

刑二八、二二八五、二九一、二九二、二九五參看

品ノ目錄ヲ所轄警察署ニ屆出ツヘシ
警察官ハ時宜ニ依リ荷作ヲ解キ物品ヲ撿査シ之ヲ差押フルヿアルヘシ但費用ハ屆人之ヲ擔當スヘシ

第十條　贓物ノ品觸アルトキハ到達シタル年月日時ヲ其品觸寫書ニ附記スヘシ

第十一條　品觸到達以後一年內ニ類似ノ物品ヲ買取リ又ハ交換シ及ヒ寄藏シタルトキ若クハ其以前ニ之ヲ得タルマヽ所持シタル時ハ直ニ所轄警察署ニ屆出ツヘシ若シ屆出スシテ其理由ヲ辨解スルヿ能ハサル者ハ第六條ノ刑ニ同シ

第十二條　物品ノ賣買交換ヲ記載シタル簿冊及ヒ品觸寫書ハ十年間保存スヘシ若シ亡失シタルトキハ直ニ所轄警察署ニ屆出ツヘシ

第十三條　警察官ハ何時タリトモ古物商ノ店舖ニ臨ミ物品及ヒ簿冊ノ撿査ヲ爲シ時宜ニ依リ其物品ヲ差押ヘ又ハ時々簿冊ヲ差出サシメ之ヲ撿査スルヿアルヘシ古物商ハ之ヲ拒ムヿヲ得ス

第十四條　第二條第三條第四條第五條第七條第八條第九條第十條第十二條第十三條ニ違背シ又ハ詐僞ノ屆出ヲ爲シタル者ハ二圓以上二百圓以下ノ罰金ニ處ス

第十五條　第六條第十一條第十四條及ヒ刑法第三百九十九條第四百一條ノ處斷ヲ受ケタル古物商ハ管轄廳（東京府ハ警視廳）ニ於テ三月以上三年以下ノ特別取締ニ付スルヿヲ得

第十六條　特別取締ニ付セラレタル者ハ尙ホ左ノ項目ニ從フヘシ
一物品ヲ買取リ又ハ交換シタルトキハ其賣主讓主ノ住所氏名年齡及ヒ物品ノ形狀（徵章

番號縞柄摸樣損所ノ類ヲ云フ）價額年月日時ヲ簿冊ニ記載スヘシ
二日出前日沒後ハ物品ヲ買取リ又ハ交換シ及ヒ寄藏スルヿヲ得ス
三營業者ニアラサル者ヨリ物品ヲ買取リ又ハ交換シタルトキハ其物品ヲ原狀ノ儘五日間保存スヘシ
四物品ヲ賣渡シ又ハ交換シタルトキハ其物品ノ形狀價額年月日時ヲ簿冊ニ記載シ且買主讓受主ノ住所氏名年齡ヲ知リ得タルトキハ之ヲ記載スヘシ
五毎月一度物品賣買交換ノ簿冊ヲ所轄警察署ニ差出シ其撿査ヲ受クヘシ
六住所ヲ移轉シ又ハ旅行シ又ハ他人ヲ宿泊同居セシメントスルトキハ所轄警察署ノ認可ヲ受クヘシ

第十七條　前條ニ違背シタル者ハ三圓以上三百圓以下ノ罰金ニ處ス

第十八條　特別取締ニ付セラレタル者第六條第十一條第十四條第十七條ニ依リ罰金ニ處セラレタルトキハ直ニ之ヲ完納セシム若シ納完セサル者ハ留置セラルヽヿアルヘシ

刑法二七八參看

第十九條　古物商一年内ニ此條例ヲ再犯シタルトキハ行政ノ處分ヲ以テ其營業ヲ禁止シ又ハ停止スルヿヲ得

第二十條　此條例ヲ犯シタル者ニハ刑法ノ數罪倶發ノ例ヲ用ヒス

刑法二九二、二九四參看

第二十一條　此條例ヲ犯シテ買取リ又ハ交換シタル物品贓物ニ係ルモノハ營業者ニ依ルト否トヲ問ハス警察署ニ於テ之ヲ追徵シテ被害者ニ還付スヘシ若シ被害者知レサルトキハ之ヲ領置シテ一年ノ後官沒ス

第二十二條　商業上ニ付テハ家族又ハ雇人ノ所爲ト雖モ營業者其責ニ任スヘシ

第二十三條　此條例ヲ施行スルノ方法細則ハ警視總監府知事（東京府ヲ除ク）縣令ニ於テ便宜取設ケ内務卿ニ屆出ツヘシ

●參照

○伺指令

二七八　前橋始審裁判所檢事伺　明治十七年一月十一日

明治十六年第五十號公布古物商取締條例第十八條特別取締ニ付セラレタル者第六條第十一條第十四條第十七條ニ依リ罰金ニ處セラレタル𪜈ハ直ニ之ヲ納完セシムトアリ若シ納完セサル者ハ裁判確定ノ後ハ直ニ刑法第二十七條ニ照シ換刑ノ處分ニ及ヒ可然哉又若シ納完セサル者ハ犯情ニ依リ其換刑ノ處分ニ及フ迄ノ時間檢察官ニ於テ留置スルヲ得ヘキ儀ト心得可然哉此段相伺候也

司法省指令　明治十七年三月十四日

伺之趣留置處分ハ行政上ノ處分ニ屬スルヲ以テ裁判確定ノ後納完セサルモノハ司法警察官ヘ交付スヘキ儀ト心得ヘシ

○

二七九　新潟縣伺　明治十七年十二月廿三日

第一條　古物商取締條例第四條但書ニ身元詳カナル者其證人タルトキ又ハ警察官若シクハ巡査ノ認可云々トアリ爰ニ鹿兒島縣或ハ宮崎縣等ノ身元詳ナラサル者新潟港ヘ來リ或ル古物者ニ就キ物品ヲ賣ラントス其商者ハ近隣ノ某ヲ連來リ賣主トハ曾テ面識ナキ者ヲ證人ニ立テ買取タルトキハ其證人ノ効力ナキ者ト心得可然哉

第二條　同條例第六條前略ス單ニ警察官ノ許可ヲ受クヘシトアリテ證人等ノ文字ナキヲ以テ視ルトキハ四條ト

六條ハ其精神ヲ異ニスル勿論ノ處警察官ノ許可ヲ受ケスシテ前條ノ如ク賣主ト面識ナキ者ヲ證人ニ立テ物品ヲ買取リ又ハ交換シ及寄藏シタル後チ其者盜罪詐欺取財ノ罪及刑法第三百九十九條第四百一條ノ處斷ヲ受タルヿノ判然シタルトキハ違犯者ト心得可然哉

右ハ古物商取締條例ヲ御頒布相成タル御旨意ノアル處ハ不正品ヲ天下ニ自由ナラサラシメサルニ據ルモノナルヘシ然ルニ同例第四條ト第六條ノ解釋ニ付種々ノ論有之何分疑義ヲ生シ候條仰御內訓候也

司法省指令　明治十八年二月十二日

請訓之趣左ノ通心得ヘシ

第一條　見解ノ通タルヲ以テ古物商取締條例第四條ノ違犯者トシテ處斷スヘキモノトス

第二條　物品ヲ取受タル時ニ當リ全ク同條例第六條ニ列記シタル犯人タルヿヲ知ラサルトキハ單ニ第四條ノ違犯者トシテ處斷スヘキモノトス

右及內訓候也

○判決例

二八〇　明治二十年乙第二一二三號

兵庫縣平民　津田廣治

古物商取締條例第三條ニ（古物商ハ物品ヲ賣買シ又ハ交換シタル時ハ警察官ニ於テ其物品及ヒ賣主讓主ヲ調査スルニ差支ナキ樣簿冊ニ記載シ云々）トアル其律意タル凡ソ古物商ナル者物品ヲ賣買シ又ハ交換シタルニ於テハ其物品ノ出所ト賣主讓主トノ誰タルヿヲ調査スルニ差支ナキ樣記載スヘシトノヿナレハ其物品ノ出所ヲ調査スルニハ隨テ其賣買交換シタル年月日ノ記載ナキ時ハ現ニ調査上差支ヲ生スルハ勿論ナレハ年月日モ亦記載スヘシトノ法意ナルヿ明瞭タリトス本案被告人カ所爲ニ對スル事實ノ判定ヲ原判文ニ徵スルニ被告ハ明治十九年六月中橋本熊藏ヨリ潰シ二分金又ハ壹朱銀數個ヲ買受ケナカラ其買受ケタル年月日ヲ三月十二日ト記載シ又其買受ケタル物件ヲ同年八月五日ニ國府寺楠男ニ賣拂ヒナカラ六月十五日ニ賣却シタル体ニ記載シ現ニ警察官ノ調査ニ差支ヲ生

セシメタルヿ判然タリ然ラハ則チ其事實ニ對シ古物商取締條例第三條同第十四條ヲ適用處斷シタルハ相當ノ擬律ニシテ錯誤ナリト云フヲ得ス其他上告ノ論旨トスル所ハ要スルニ原裁判官カ爲シタル事實ノ判定ヲ非難スルニ過キスシテ適法ノ原由タラサレハ其論旨相立タサルモノトス

明治二十年二月廿八日

○

二八一　明治二十年乙第五百六十九號

滋賀縣平民　伊藤利平

檢察官上告論旨ハ要スルニ被告カ買受ケタル衣類ノ所有主カ異ナルヿヲ後日ニ聞知シナカラ其異リタル事ヲ記載シ置カサルヲ以テ古物商取締條例第三條ノ違犯ナルニ無罪ヲ言渡シタルハ擬律錯誤ナリト云ニアレ𪜈該條例第三條ハ古物商カ物品ヲ賣買又ハ交換シタルトキ其買主讓受主ノ詳ナリタル𪜈ハ之レヲモ記載セシメ置カシムルモノニシテ其賣買交換ヲ爲シタル𪜈制規ニ從ヒ其賣主讓主ヲ記載シタル後チニ至リ其物品所有主ノ異リタルヲ聞知セシヿヲモ記載シ置カシムル明文ナキヲ以テ必シモ之ヲ記載シ置カサリシ迚テ右第三條ノ違犯ナリトハ云フヲ得サルモノトス原判文ヲ査スルニ被告人ノ妻「ツル」ニ於テ明治二十年一月廿三日磯崎「チヨウ」ノ所有物ナリト信シ双子縞男袷壹枚ヲ仝人ヨリ代金五十錢ニ買得シ制規ニ從ヒ古着買入明細帳ニ登記シ置キタルニ其後仝年二月五日頃ヨリ仝月十五日頃迄ノ間ニ該衣類ノ「チヨウ」所有品ニアラスシテ水谷「シユン」ノ所有品ナルヿヲ聞知セシモ其事ヲ明細帳ニ記入セサリシ迄ノモノニシテ既ニ買受ケノ當時ニ在テハ其賣主ヲ正當ニ登記シ置キタルモノナレハ毫モ條例第三條ノ規定ニ違ヿタルモノニアラス而シテ買取後ニ至リテ其物品ノ所有主ノ異リタルヲ知リ之ヲ記セサリシトテ其責任アルニアラサレハ該第三條ノ違犯ニアラサルハ勿論斯ノ如キ塲合ニハ之ヲ記載シ置カシムルノ規定ナキヲ以テ被告ノ所爲ハ該條例ノ支配スヘキ限リニアラサレハ原裁判官カ被告ニ對シ無罪ヲ言渡シタルハ擬律錯誤ノ裁判ニハアラサルモノトス因テ檢察官上告旨趣ハ相立タス

明治二十年六月十三日

二八二 〇明治二十年乙第二百三十八號

岩手縣平民 津田德兵衛

古物商取締條例ハ其名ノ如ク取締法ニシテ販賣スルノ目的ニ出テ古物ヲ買入ルヽニ於テハ未タ販賣セサルモ其所爲該條例ノ範圍內ニ在ル者トス何トナレハ販賣營業ノ目的ニ出ルモノハ管轄廳ノ免許ヲ受ケ然ル上ニアラサレハ買取ル事ヲ得サルモノナルヲ以テナリ而シテ原裁判所ノ判定ニ據ルニ商賣ノ爲メ古着類ヲ買入レ原告商會ニ託シ之ヲ賣拂ハシメタルト云フニアレハ買入タルノミヲ以テモ無免許營業ト云ハサルヲ得ス然ルニ尙ホ他ノ手ヲ假リ賣拂ヒタルモノナレハ其所爲賣買ヲ兼子行ヒタルモノニテ該條例ノ所謂古物商ト云フヘキモノナリ然ルニ無免許ニテ該商賣ヲ爲タル者即チ該條例第十四條ノ制裁ヲ免カレサルモノニシテ原裁判ハ不法ナラサルモノトス

明治二十年三月十二日

二八三 〇明治二十年乙第二百七十六號

福井縣平民 井上幸太郎

古物商トハ古物商取締條例第一條ノ如ク古道具古着等ヲ賣買スル營業者ヲ云フニアレハ其商店ハ乃チ賣買營業ヲ爲スノ所ニシテ支店ハ亦同一ノ營業ヲナスヘキ所ト云ハサルヲ得ス抑該營業ニ付テハ特別取締法ノ設ケアルモノニシテ管轄廳ハ人ト場所トニ據リ免許鑑札ヲ付與シ以テ該取締法ヲ施行スヘキモノナレハ被告カ住所ニ對シ受ケタル鑑札ハ他所ニ設ケシ支店ニ効力ノ及フヘキニアラス然レハ支店ヲ擅ニ設立スル者乃チ古物商取締條例第二條ノ違犯者ニシテ第十四條ノ制裁ヲ免カレサル者ナリ然ルニ原裁判所ハ支店ヲ設立シタルノ事實ヲ認メ之ヲ無罪トシタルハ擬律ノ錯誤ニシテ上告ノ旨趣ハ治罪法第四百十條第十項ニ當ル原由アリトス

右ノ理由ナルヲ以テ治罪法第四百三十一條ニ依リ原裁判第一ノ點ニ對スル擬律ヲ破毀シ直ニ裁判ヲ爲ス左ノ如シ

井上幸太郎

原裁判所カ認定シタル被告カ第一ノ所爲ニ對シ刑法第五條ニ基キ古物商取締條例第二條ニ違犯シタル者同第十四條ニ照シ貳圓以上貳百圓以下ノ範圍内ニ於テ罰金貳圓ニ處スル者ナリ

明治二十年三月廿八日

○

一二八四 明治二十年乙第七百九十三號

兵庫縣平民 橋本文兵衛

古物商取締條例第九條ノ後段ニ古物商物品ヲ他府縣ヨリ受取リタル片ハ其物品ノ目録ヲ所轄警察署ニ届出ツヘシトアリ然レハ古物商人古物ヲ他管轄地ヨリ運送シ來リ之ヲ受取タル片ハ所轄警察署ヘ届出サルヘカラスト雖モ本件上告ニ關スル原裁判第二乃至第十二乃チ十一ヶ度ノ事實タル該判文ニ「物品ノ目録ヲ所轄警察署ニ届出ス左ニ列記スル第二乃至第十二ノ物品ヲ買入レ毎ニ他管轄ノ地ヨリ運送シタリ」トアリテ其文旨タル他府縣下ニテ買入レ之ヲ自府縣下ニ運送スル際其買入地ノ所轄警察署ニ届出サリシト云フモノヽ如シ抑古物商取締條例第九條ノ前段ニハ古物商物品ヲ他府縣ニ運送セントスル片云々其物品ノ目録ヲ所轄警察署ニ届出ヘシトノ明文アルヲ以テ他府縣下ニテ買入レ自府縣下ニ運送スル片ハ其他府縣所轄ノ警察署ヘ届出サルヲ得ス之レニ違フ者乃チ同條例第九條ノ違犯ニシテ同條例第十四條ノ制裁ヲ免カレサルモノナリト雖モ此場合ニ在テハ裁判所ノ管轄如何ニ關スルヲ以テ被告カ物品目録ヲ届出スヘキ警察署ハ何府縣何地ノ警察署ナルヤ判文上明示セサルヘカラス要スルニ原裁判ハ事實ノ理由不備ニシテ被告ノ所爲ハ他ノ府縣下ヨリ運送ニ係ル物品ヲ受取自己住所所轄ノ警察署ヘ其物品目録ヲ届出サリシト云フニアル乎又ハ他府縣下ニテ買取自府縣下ヘ運送スル際其運送セントスル所ノ警察署ヘ届出サリシト云フニ在ル乎知ルニ由ナク從テ裁判管轄ノ如何幷ニ擬律ノ當否ヲ覈査スルヲ得ス又第二乃至第十二ノ所爲ノ如キ同一ノ事ヲ數次連續シテ犯ス者乃チ連續犯ナルヲ以テ其十一ヶ度ノ所爲ハ一所爲トシ一罰ヲ科スヘキモノナルニ之ヲ各別ニ處罰シタルハ擬律ノ錯誤ナリ因テ上告ノ旨趣ハ其當ヲ得サルモ原裁判ハ擬律ノ當否ヲ覈査シ得サルヿ前文ノ如クナルヲ以テ治罪法第四百三十一條ニ照シ原裁判中上告ニ係ル第二乃至第十二ノ點ニ對スル裁判

ノ全部ヲ破毀シ該件ヲ京都輕罪裁判所宮津支廳ヘ移シ更ニ審判セシムル者也

明治二十年十月二十七日

○

二八五 明治二十年乙第八百號

鹿児島縣平民 山下平次郎

古物商取締條例第四條所謂身元詳カナラサルモノヨリ物品買取リ云々トハ假令ヒ買主カ曾テ賣主ト面識アルモ其氏名住所及品行等ノ如何ハ之ヲ知了セサル場合ニ其詳カナルモノヲ証人ト爲スカ又ハ警察官吏ノ許可ヲ得スシテ該賣主ヨリ物品ヲ買入レシ時ハ固ヨリ之ヲ罰スルノ律意ナレハ本案被告於テ前顯上告旨趣ノ如ク原裁判ノ不法ヲ喋々論訴スト雖モ其賣買ニ際シ故意ヲ以テ買入レシト否トニ拘ハラス氏名住所及品行等ノ如何ヲ詳知セサルモノヨリ証人又ハ其筋ノ許可ヲモ得スシテ物品ヲ買入レタル上ハ條例第四條第十四條ノ制裁ヲ免カレサルモノトス況ンヤ公判始末書ヲ閲スルニ本案被告カ買入レタル勲章ハ所管警察署雇員ヨリ其賣却者アル時ハ届出ヘキ旨ノ口達ヲ受ケタル以後ニ於テ買入シモノナレハ注意ヲ要スヘキハ勿論ナルニ於ケルヲヤ到底上告趣旨ハ原判官カ職權ヲ以テ爲シタル採證幷事實判定ニ對スル非難ニ止マリ治罪法第四百十條項目中ニ適合スルノ原由ナキモノト判定ス因テ同第四百廿七條ニ則リ之ヲ棄却スルモノナリ

明治二十年十月二十七日

○

二八六 明治二十年乙第七百八十四號

兵庫縣平民 藤原芳藏

抑古物商ヲ以テ營業ト爲ス者ハ古物商取締條例第三條ニ從ヒ賣買交換等一々之ヲ記載スヘキハ勿論ナレトモ其買入賣渡ヲ記載セサル迄之ヲ數罪トシ一々罰スヘキモノニアラサルナリ何ントナレハ原ト其買入ヲ記載セサリシ以上ハ既ニ犯則タルヲ以テ誰カ其犯罪發覺ニ便ナル賣渡ノミヲ記載スルノ理アランヤ如斯買入ノ事蹟ヲ記載セサリシ

物品ヲ賣渡シテ後タ之ヲ記載セサルハ犯人ノ常状ナルノミナラス買受賣渡ヲ共ニ帳簿ニ記載セサルノ所爲即チ記載ニ間斷アルモ其意思ニ至テハ終始繼續スルモノナルヲ以テ所謂連續犯ト稱スヘキモノナレハナリ故ニ原裁判官カ被告カ所爲ヲ一罪トシ論斷シタルハ適當ニシテ毫モ擬律ヲ錯誤シタル者ニ非ス因テ賣買ノ二事ヲ帳記セサル所爲ヲ二罪トシ論決スヘキモノナリトノ上告論旨ハ到底相立タサルモノトス

明治二十年十月十五日

○

【二八七】明治二十年乙第七百四十四號

德島縣平民　中村元三郎

古物商取締條例第四條ヲ閲スルニ身元詳ナラサル者ヨリ物品ヲ買取リ又ハ交換スルヿヲ得ス但云々ト在ルヲ以テ古物商業ヲ爲ス者ハ物ノ新古ニ論ナク身元詳カナル證人アルカ又ハ警察官巡査等ノ認可アルニ非サレハ身元不詳ノ者ヨリハ自用ト否トヲ問ハス買取交換スルヿヲ得サル者ナリ然ルニ被告カ所爲タル原判文掲ル所ニ依レハ被告人元三郎ハ明治廿年七月廿七日身元詳ナラサル中村「マサ」ナル者ヨリ云々ノ唐縮緬ノ切レ壹丈四尺外十一點ヲ買入レ云々其事實ハ被告人ノ供述谷貞藏カ被盜品發顯届押收セル買入帳等ニ徵シ明確ナリトストアリ然ラハ原判官ニ於テハ被告ノ右條例第四條ニ背キタル事實ヲ認メタル明白ニシテ又聊カ擬律ニ錯誤ナキノミナラス斷罪ノ證憑ト爲セシ者ヲモ一切明掲セシヿハ右ニ掲ル如クニシテ毫モ欠遺アルニ非サレハ之ヲ以テ理由ヲ付セス證憑ヲ明示セサル者トハ云フヲ得ス又被告カ陳述スル所或ハ證據トスル者ニ對シ一々其採否如何ノ理由ヲ付シテ裁判ヲ爲スヘキ者ニ非サレハ之等ヲ擧テ論告スルハ畢竟採證及ヒ事實ノ判定ヲ非難スルニ過キサルヲ以テ上告ノ原由トハ爲スヲ得ス以上ノ理由ナルニ依リ結局徒ニ無罪ヲ主張スルニ止リ一モ其原由ナキモノト判定ス

明治二十年九月十日

○

【二八八】明治二十年乙第八百四十六號

德島縣平民　岸一勝

古物商取締條例第四條ニ所謂身元詳ナラサル者トハ身分及其産地任所等ヲ詳知セサル者ヲ指稱シタル者トス故ニ右等ノ者ト賣買スルニ方リ條例ノ定規ニ從ハサル時ハ右第四條ノ違犯ナリト雖モ若當時ノ任所ヲ詳知セスト雖モ素ヨリ舊識ノ者ニ係リ其詐言ノ任所ヲ信シ古物買取帳ニ記載スル如キハ第四條ニ所謂身元詳ナラサル者ト云フ可カラス今原判文ヲ閲スルニ其賣買ノ當時龜吉カ詐言ヲ信シ云々トノミ記載シ其龜吉トハ舊識ノモノニシテ當時任所ノミヲ詐言シタルカ又ハ素ヨリ一面識ナキ者ナリヤノ事實ヲ詳記セサレハ果テ第四條ノ違犯ナリヤ否ヲ識別スルニ由ナク從テ擬律ノ當否ヲ鑑査スル能ハス畢竟事實ノ理由不備ニシテ破毀ノ原由アリトス因テ治罪法第四百二十八條ニ從ヒ原裁判ヲ破毀シ更ニ相當ノ裁判ヲ受ケシムル爲メ神戸輕罪裁判所ニ移ス者也

明治二十年十一月廿八日

○

一二八九　明治二十年乙第九百七號

千葉縣平民　西廣大吉

本件ヲ審按スルニ古物商取締條例第廿三條質屋取締條例第十八條ニ此條例ヲ施行スルノ方法細則ハ警視總監府知事東京府ヲ除ク縣令ニ於テ便宜取設ケ云々トアルニ據リ此命令法規ニ從ヒ明治十七年甲第八號同第廿八號ヲ以テ千葉縣廳ハ各取締條例ノ細則ヲ布達シタルモノナリ而メ古物商取締條例第三條ニ古物商物品ヲ賣買シ又ハ交換シタル時ハ警察官ニ於テ物品及賣主讓主ヲ調査スルニ差支ヘサル樣云々又質屋取締條例第三條ニハ質物貸金質入主及質受戻入換ノ年月日ヲ調査スルニ差支ヘナキ樣云々トノミアリテ其居任町村番地及品物性質ノ摸樣ヲ登記スルカ如キハ各地方ノ情況ニ因リ一定セサルモノニ付地方長官ニ委任シ便宜其調査ノ方法ヲ設定セシメタルモノナリ今原判官ノ認ムル所ニ據レハ被告ハ即チ前掲千葉縣廳ノ布達ニ基キ制規ノ簿冊ヲ調製シタルモ唯タ其物品ノ性質摸樣及任所番地等ヲ登記セサリシ行爲ニ過スシテ即チ單ニ條例細則ニ違犯セシモノト判定シ以テ相當ノ法律ヲ適用處斷シタルニアレハ之ヲ不法ノ裁判ナリト云フヲ得サルハ勿論千葉縣甲第八號同第廿八號布達古物商及質屋取締條例

細則ハ本條例第三條ヲ表明セシモノトスルモ其細則ニ違犯セシモノハ該則中違警罪ヲ以テ處罰スル明條ナレハ之レニ違ヒタリトテ本則第三條ノ違犯トナシ同第十四條等ヲ適用處斷スヘキモノナリトノ上告論旨ハ到底相立タサルモノト判定ス

明治二十年十二月二十四日

○

二九〇 明治十八年第二千七百四號

島根縣平民 吉田長兵衛

明治十六年第五十號公布古物商取締條例ヲ按スルニ其第一條ニ古物商トハ古道具古本古書畫古著古銅鐵潰金銀ヲ賣買スル營業者ヲ云フトアリ而シテ原裁判官カ認定ヲ下ス事實ニ依レハ第一ハ附木ヲ買入第二ハ階子茶釜等ヲ買入タルニアリ其茶釜等ハ古道具古銅ノ類ナルヲ以テ同條例第六條ニ違背スルモノトシ處罰スル當然ナリト雖附木ノ如キハ右第一條ニ示サヽルモノナルヲ以之ヲ買受クルモ古物商取締條例ノ總管スヘキモノナラサルニ原裁判官ニ於テ之ヲ處罰シタルハ上告論旨及ヒ本院檢事附帶上告論旨ノ如ク不法ノ裁判ニシテ破毀ノ原由アルモノトス因テ治罪法第四百二十九條ニ基キ原裁判擬律ノ部ヲ破毀シ本院ニ於テ直ニ判決スルヿ左ノ如シ

吉田長兵衛

原裁判官カ認メタル第一ノ事實即チ附木ヲ買受ケタルハ古物商取締條例ノ制裁外ニ渉ルヲ以テ治罪法第三百五十八條ニ依リ無罪ヲ言渡シ第二ノ事實即チ階子茶釜等ヲ買受ケタルハ古物商取締條例第六條ニ依リ三十圓以上三百圓以下ノ範圍内ニ於テ罰金ニ處スヘキ處原裁判官ニ於テ憫諒スヘキ情狀アリト認メシモノナルヲ以テ刑法第八十九條第九十條ニ照ラシ本刑ニ二等ヲ減シ其範圍内ニ於テ罰金拾五圓ニ處スル者ナリ

明治十九年八月九日

○

二九一 明治十九年第四百四十五號

埼玉縣平民　澁川和助

古物商取締條例第一條ニ古物商トハ古道具古本云々トアリテ古物商トハ古道具以下賣買營業スルモノヲ總稱シタルモノナリ同條例第二條ニ古物商ハ管轄廳ノ免許ヲ受クヘシトアリ同條例第十四條第二條云々ニ違背シタル者云々トハ其古物商ト總稱シタル者ニ對シ之レカ制裁ヲ設ケアレハ古着古道具ニ個ノ營業ヲ無免許ニテ爲スモ等シク古物商ヲ無鑑札ニテ爲シタルニ過キサレハ之ヲ二罪トシテ論スルノ限ニアラス所謂意思ノ繼續ニ係ル同一ノ罪ヲ二次犯ス者ト異ナルナキヲ以原裁判所カ之ヲ一罪トシ處斷シタルハ擬律ノ錯誤ニ之レ無キモノトス

明治十九年十月廿五日

○

二九二一　明治十九年第三一八號

茨城縣平民　中澤喜三郎

古物商取締條例ニ所謂古物商トハ其第一條ニ示ス所ノ賣買ヲ營業トスルモノヽ總稱タレハ同第六條ニ謂フ古物商ノ如キモ亦其一種類ノミヲ營業トナス者ヲ指シタルニ非サルナリ然ラハ則チ被告人ハ古着商ヲ一途ニ賣買スルニモセヨ古物商ノ資格ヲ有シナカラ盜罪等ノ罪ニ依リ處斷ヲ受ケタル者ヨリ警察官ノ許可ヲ得ス懐中時計壹個ヲ買受ケタル以上ハ該第六條ノ制裁ハ免ルヽヿヲ得ス因テ上告第二點モ亦相立タサルモノトス又原檢察官カ附帶上告論旨ニ依リ原一件書類ニ就キ公判始末書ヲ閲スルニ本案被告喜三郞カ事故アリ山田新平ナル者ヲ代人トナシ出廷セシメタルニ付テハ別ニ檢察官ニ於テモ異議ナク互ニ辨論シアルヤ明ナリ然ラハ則チ當時代人ヲ許可シタルニ付テハ異議アルヿナク辨論終結シタルノミナラス之ヲ許可シタルニ付テハ無効ノ記載アルニモ非サレハ旁其論旨相立タサルモノトス又所爲ハ繼續セス一次毎ニ成立スルニモセヨ意思ノ繼續ニ因テ同性質ノ罪一次毎ニ成立スルモノハ數罪トナサス連續犯ト爲シ一罪トシテ處斷スヘキモノトス今原裁判官カ認定シタル事實ニ依ルニ被告ハ古物商ノ資格ヲ有シナカラ竊盜ノ罪ニ依リ處刑ヲ受ケタル尾崎與吉ヨリ再度物品ヲ買受クルニ當リ警察官ノ許可ヲ得サリシハ即チ其所爲ニ次ナルモ意思ノ繼續スルモノナルヲ以テ一罪ト爲シ論擬スヘキモノトス然ルニ原裁判官於

テ之ヲ二罪トシ一次犯ニ罰金ヲ科シタルハ本院検事附帶上告論旨ノ如ク擬律ニ錯誤アル裁判ナリトス又古物商取締條例第三條ニ於テ古物商カ物品ヲ賣買シ又ハ交換シタル時ハ帳簿ニ記載スヘシト命シタルハ正當ニ賣買交換シタル場合ニ之ヲ記載スヘシトノヿニシテ警察官ノ許可ヲ得タル上ニ非サレハ買取リ又ハ交換スルヿヲ得サル場合ニ其許可ヲ得ス密ニ買取交換シタルヿ迄ヲモ記載スヘシト云フノ精神ニハ非サルナリ如何トナレハ法律ハ實際爲シ得ヘキヿヲ命スルト雖モ斯ノ如ク不正ニ賣買交換等ナシタルヿ迄ヲモ記載スヘシト命スルノ理ナキノミナラスハ賣買交換等ナス者ニ於テモ之カ實際ノ事實タル情理上記載シ得ヘカラサルモノナレハナリ故ニ原裁判官於テ被告喜三郎カ窃盜罪ニ依リ處刑ヲ受ケタル尾崎與吉ヨリ物品ヲ買取リタルヲ帳簿ニ登記セサル事實ヲ認メタルモ之ヲ罪トシ論セサリシハ相當ナルニ付此點ニ對シ本院検事カ二罪トナスヘキモノナリトノ附帶上告ハ其効ナシトス」

以上ノ理由ナルヲ以テ治罪法第四百二十七條ニ法リ被告人カ上告幷原検察官カ附帶上告及本院検事附帶上告ノ後段ハ之ヲ棄却シ其前段ニ對シ說明シタル理由ニヨリ同第四百二十九條ニ照シ原裁判言渡ヲ破毀シ本院ニ於テ直ニ裁判スルヿ左ノ如シ

中澤喜三郎

原裁判官カ認定シタル事實ニ依リ之ヲ法律ニ照スニ

古物商取締條例第六條ニ古物商ハ營業者タルト否トヲ問ハス盜罪云々ノ處斷ヲ受ケタル者ヨリ物品ヲ買取リ云々警察官ノ許可ヲ受クヘシ違フ者ハ一月以上三年以下ノ重禁錮又ハ三十圓以上三百圓以下ノ罰金ニ處ストアルニ該ル

因テ被告喜三郎ヲ罰金五十圓ニ處スルモノ也

明治十九年十一月廿七日

○

二九三二 明治十九年乙第二百五十六號

岐阜縣平民 山田惣七

古物商取締條例第四條ヲ閲スルニ身元詳カナラサル者ヨリ物品ヲ買取リ又ハ交換スルヿヲ得ス云々トアルヲ以テ苟クモ古物商ヲ以テ營業トスルモノハ物ノ新古ニ論ナク身元詳カナラサル者ヨリ買取交換等ハ爲スヲ得サルヤ論ヲ竢タサルナリ故ニ原判官カ被告ノ當時姓名知ラサル某ヨリ木綿反物ヲ買取リタル所爲ヲ認メテ古物商取締條例第四條ノ違犯ト爲シ仝第十四條ヲ適用シ罰金ノ刑ニ處シタル最モ至當ニシテ毫モ擬律ヲ誤リタル者ニ非ス其他ハ事實判定ノ非難ニ止リ治罪法第四百十條各項ニ適合スル理由ナキニ依リ訴旨一モ採用スルニ由ナキモノトス因テ治罪法第四百廿七條ニ則リ該上告ハ棄却スル者也

明治十九年十一月廿九日

○

二九四 明治十九年乙第七百六十一號

兵庫縣平民　三宅勝藏

右勝藏ニ對スル被告事件明治十九年八月二十六日神戸輕罪裁判所ニ於テ審理ノ末被告ハ無鑑札ニテ明治十九年七月中日不詳神戸港碇泊ノ獨逸船乘組ノ任所姓名知レサル外國人ヘ刀劔九本代金六圓ニ又其後日不詳同船乘組ノ任所姓名知レサル清國人ヘ同シク八本代金三圓ニ尚ホ同月廿三日ノ頃同港碇泊獨逸帆走船乘組ノ任所姓名知レサル清國人ヘ同シク八本代金三圓ニ賣渡シタル事實アリト認メ無鑑札ニテ賣渡シタル三次ノ所爲ハ共ニ古物商取締條例第二條任所姓名知レサル者ヘ賣渡シタル三回ノ所爲ハ同第八條ニ背キタル者ナルヲ以テ何レモ同第十四條及ヒ同第二十條ヲ參照シ二圓以上二百圓以下ノ罰金ニ處スヘキ者トス依テ無鑑札ニテ賣渡シタル三次ノ所爲ニ對シテハ各罰金五圓宛任所姓名知レサル者ヘ賣渡シタル三回ノ所爲ハ各罰金七圓宛ニ處スト言渡シタルニ之ヲ不法ナリトシ檢事鶴丈一郎ハ上告ヲ爲シタリ其要領ハ古物商取締條例第二條ニ違背シタル所爲ニ對スル處斷ハ其當ヲ得タリト雖モ任所姓名不知者ニ賣渡シタルヲ同例第八條ニ背キタルモノトシ同第十四條ニ依リ處分シタルハ不當ノ裁判ト認ム抑モ任所姓名不知者ニ賣渡シタルモノヲ罰スルハ已ニ鑑札ヲ受ケタル營業者ヲ取締ルノ法意ニシテ決シテ無鑑札者ヲ罰スルカ爲メニアラス依テ該裁判ノ破毀ヲ需ムト云ニ在リ對手人三宅勝藏ハ之レニ答辨セス

大審院ニ於テ治罪法第四百二十五條ノ定式ヲ履行スルニ立會檢事川目亨一ハ意見ヲ陳ヘ且附帶上告ヲ爲シテ曰ク被告カ無免許ニテ刀劒ヲ販賣シタルノ所爲三次ニ及フモ畢竟意思ノ繼續スルモノナレハ之ヲ一罪トシテ罰スヘキモノナルニ各自ニ其所爲ヲ問フタルハ擬律錯誤ナリ依テ破毀ヲ求ムト因テ茲ニ之ヲ審按スルニ古物商取締條例第八條ノ賣渡シ又ハ讓渡シトハ管轄廳ニ出願シ免許ヲ受ケテ營業スルモノヽ該條ニ背キ賣渡又ハ讓渡シヲ爲シタル場合ヲ指シタルモノトス何ントナレハ無免許者カ賣渡シ若クハ讓渡シタル所爲ヲ營業ト認メ得ラルヘキ片ハ同例第二條ノ違犯者トナルヲ以テ已ニ其條ニ於テ制裁スヘキモノナレハナリ故ニ第八條ノ制裁ハ免許營業者ノミニ止マリ無免許人ニ及ホスヘキモノニアラス又無免許販賣ノ所爲數次ニ及フト雖モ其所爲タルヤ意思ノ繼續シタルモノナレハ其販賣一次毎ト二一罪トシ罰スヘキモノニ非ラスシテ無免許ニテ賣渡シタル所爲ニ對シ一罪ノ刑ヲ科スルニ止マルモノトス然ルニ原裁判茲ニ出テス前掲ノ如ク處分シタルハ共ニ擬律ニ錯誤アル失當ノ裁判ニシテ原檢察官上告論旨及ヒ本院檢事附帶上告論旨ノ如ク破毀ノ原由アルモノトス因テ治罪法第四百二十九條ニ法リ原裁判言渡ヲ破毀シ本院ニ於テ直チニ裁判スル左ノ如シ

三宅勝藏

原裁判官カ認メタル事實ニ因リ之ヲ法律ニ照スニ被告カ無鑑札ニテ三次賣渡セシ所爲ハ古物商取締條例第二條ニ違犯スルヲ以テ同第十四條ニ依リ二圓以上二百圓以下ノ罰金範圍內ニ於テ被告ヲ罰金三十圓ニ處スル者也

明治十九年十二月廿五日

○

二九五　明治十九年乙第五百九〇號

長野縣平民　古村福太郎

凡ソ古物商ト稱スル者ハ古物商取締條例第一條ニ明示セル古道具等ヲ賣買スルヲ以テ營業トナス者ヲ云ヒ不用品ヲ他人ニ讓與又ハ販賣スルカ如キモノヲ謂フニ非サルナリ而シテ原判文ヲ閲スルニ前略太田元次郎ヨリ衣類三十二品ヲ代金十六圓ニテ買受ケ右衣類ノ內五點ヲ芳野芳太郎外三名ヘ賣却シ云々ト而已アリテ素ヨリ營利ノ目的ヲ以

テ買入レ之ヲ販賣シタルモノナル乎或ハ自用ノ爲メ買入レタルモ其物品ノ不用ニ屬シタルカ爲メ賣却シタルモノナル乎是等ノ事實ヲ審明判示スルニ非サレハ擬律ノ當否ヲ鑑査スルニ由ナキ不法ノ裁判ナリトス何トナレハ當初ヨリ利益ヲ圖リ之ヲ買入レ之ヲ賣却シタランニハ古物商取締條例ノ支配ニ歸ス可キ當然ナルモ若シ然ラスシテ自用ノ爲メ買入レ爾後不用ニ屬シ賣拂タランニハ別ニ犯罪ヲ組成スルモノニ非サレハナリ之ヲ要スルニ本院擬事附帶上告論旨ノ如ク破毀ノ原由アルモノトス此點ニ於テ已ニ破毀ス可キモノト認メタル上ハ他ノ上告點ニ對シテハ別ニ辨明ヲ與フルヲ要セサルモノトス

右ノ理由ナルニ依リ治罪法第四百二十八條ニ依リ原裁判言渡ノ全部ヲ破毀シ更ニ適法ノ審判ヲ受ケシムル爲メ被告事件ヲ前橋輕罪裁判所ニ移ス者ナリ

明治十九年十二月廿五日

(五六)戸籍法 明治十九年九月内務省令第十九號

明治四年四月四日布告戸籍法第五則出生死去出入等屆出方及明治五年正月第四號布告第八項寄留者屆出方左ノ通相定メ來ル十二月一日ヨリ施行ス

戸籍法

(未)五六ノ五、九條參看
第一條 出産アリタルトキハ十日以内ニ屆出ヘシ

(未)五六ノ五、九條參看
第二條 死者アリタルトキハ埋葬以前ニ屆出ヘシ

(未)五六ノ五、九條參看
第三條 失踪者復歸シ又ハ其行方知レタルトキハ十日以内ニ屆出ヘシ

(未)五六ノ五、九條參看
第四條 廢戸主廢嫡改名往復身分變換其他願濟ノ上戸籍ニ登記スヘキ事項ハ其許可ノ指令ヲ受領シタル日ヨリ十日以内ニ屆出ヘシ

[illegible]二九六ノ一以下八乃至一九
第五條 前數條ニ記載シタル事項ハ戸主ヨリ屆出ヘシ戸主未定又ハ不在ナルトキハ親族ニ

條、二九七、二九九、(未)五六ノ九九條參看

[illegible]二九六ノ一以下、八、二〇、二一、二三條、二九八、(未)五六ノ七、八、九條參看

[illegible]二九六ノ一以下、八、二二條、二九八、[illegible]五六ノ八、九條參看

[illegible]二九六ノ一以下、八、二四條、[illegible]五六ノ六、七、九條參看

人以上又ハ其事ニ關係アル者ヨリ本籍地戸長ニ屆出ヘシ但本籍地外ニアルトキハ現在地戸長ニ屆出且同時ニ本籍地戸長ヘ屆書ヲ發送スヘシ

第六條　他府縣又ハ他郡區ニ寄留シタルトキ自己ノ所有地ニ於テハ寄留者ヨリ他人ノ所有地若クハ自己又ハ他人ノ借地借家ニ於テハ寄留者及地主又ハ家主又ハ其地所其家ヲ管理スル者ヨリ十日以內ニ其地戸長ニ屆出且同時ニ本籍地戸長ヘ屆書ヲ發送スヘシ

第七條　寄留地ヲ去ルトキ自己ノ所有地ニ於テハ寄留者ヨリ其他ニ於テハ地主又ハ家主又ハ其地所其家ヲ管理スル者ヨリ十日以內ニ其地戸長ニ屆出ヘシ

第八條　寄留者本籍地ニ歸リタルトキハ戸主又ハ本人ヨリ十日以內ニ屆出ヘシ

第九條　正當ノ理由ナクシテ前數條ニ違背シタル者ハ貳拾錢以上壹圓貳拾五錢以下ノ科料ニ處ス

參照

○關係法令

【一一九六】內務省令第二十二號　明治十九年十月

戸籍取扱手續左ノ通相定ム

戸籍取扱手續

戸籍

第一條　戸籍ハ戸籍用紙ヲ以テ之ヲ造リ各戸ヲ別葉ニ登記シ一町村每ニ帳簿ニ編製

スヘシ但便宜ニ因リ一町村ヲ數冊ニ分綴シ又ハ數町村ヲ一冊ニ合綴スルコトヲ得
第二條　戸籍簿ハ副本ヲ造リ郡役所ニ納メ置クヘシ區長ニ於テ戸籍ヲ取扱フトキハ之ヲ管轄廳ニ納メ置クヘシ
第三條　若シ登記ノ事項多クシテ欄內ニ餘白ナキトキハ用紙ヲ以テ其欄上ニ掛紙シ之ニ登記スヘシ但本紙ト掛紙トノ續目ニハ官印ヲ捺スヘシ
第四條　戸籍ハ字畫ヲ明瞭ニ記載シ濫ニ添削スルコトヲ得ス若シ錯誤脫漏ニ依リ添削スルトキハ之ニ認印ヲ捺シ且其刪ルヘキモノハ朱線ヲ畫シ原文ヲ存スヘシ
第五條　戸籍簿ノ改製ヲ要スルトキハ管轄廳ノ許可ヲ受ケテ之ヲ爲スヘシ
第六條　戸籍簿燒亡紛失シタルトキハ郡役所又ハ管轄廳ニ納メ置キタル副本ニ據リ編製スヘシ
第七條　戸籍簿ノ改製又ハ編製ヲナシタルトキハ郡長又ハ管轄廳ニ差出シ其檢査ヲ受クヘシ但改製ニ係ル原戸籍簿ハ少クモ五十年間之ヲ保存スヘシ

登記

第八條　戸籍ニ關スル屆書ヲ受領シタルトキハ先ツ屆出ノ事項及屆出期限アルモノハ其事項ノ年月日並屆出ノ年月日屆出期限ナキモノハ其屆出ノ年月日ヲ登記目錄ニ記入スヘシ但本籍地外ニ在ル者ニ係ル事項ニシテ屆出期限アルモノハ屆出發送及受領ノ年月日ヲモ之ニ記入スヘシ
第九條　登記目錄ハ左ノ三種ニ分チ毎年一種毎ニ之ヲ編製スヘシ但一種中ニ部門ヲ

設ケ之ヲ分綴スルモ妨ナシ

一　加籍目録

一　除籍目録

一　異動目録

第十條　第八條ノ手續ヲ了リタルトキハ直ニ戸籍ニ届出ノ事項及届出期限アルモノハ其事項ノ年月日届出期限ナキモノハ届出ノ年月日ヲ登記シ届書ニハ受領ノ年月日及登記濟ノ旨ヲ記入スヘシ

第十一條　戸籍ニ入ル者アルトキハ其戸籍ノ末ニ登記スヘシ戸籍ヲ除ク者アルトキハ其事項ヲ朱ニテ登記シ且其氏名ニ朱線ヲ畫スヘシ

第十二條　全戸入籍スル者アルトキハ直ニ戸籍簿ニ編入スヘシ

第十三條　全戸除籍スル者アルトキハ朱ニテ登記シ其戸籍ニ朱線ヲ畫シ便宜之ヲ除籍簿ニ移スヘシ

第十四條　戸主ニ代替アルトキ家族ハ總テ新戸主ノ續柄ヲ以テ戸籍ヲ改寫スヘシ但舊紙ハ官印ヲ以テ新紙ト割印シタル上除籍簿ニ移シ綴ツヘシ

第十五條　戸籍ニ登記シ諸届ニ記入シタルトキハ總テ之ニ認印ヲ捺スヘシ又諸届ハ一ヶ月分ヲ類集分綴シ翌月中ニ郡役所區役所管轄廳ハニ送付スヘシ但郡役所又ハ管轄廳ニ於テハ戸籍簿ヲ改製スル時マテ之ヲ保存スヘシ

送籍入籍

第十六條　送籍ヲ請求スル者アルトキハ戸籍用紙ヲ以テ送籍狀ヲ作リ直ニ入籍地ノ戸長區長ヘ發送シ且其送籍ノ事項及發送ノ年月日ヲ登記目錄ニ記入スヘシ

第十七條　人別ノ送籍狀ニハ其人別ニ關シ戸籍ニ登記シタル事項及戸主ノ氏名身分住所ヲ記載スヘシ

第十八條　全戸ノ送籍狀ニハ戸籍ニ登記シタル事項ヲ遺漏ナク記載スヘシ

第十九條　入籍ヲ届出ルトキハ原籍地戸長區長ヨリ送達シタル送籍狀ト照査シ入籍ノ手續ヲ爲シ五日以内ニ入籍報知書ヲ原籍地戸長ヘ發送スヘシ原籍地戸長ニ於テ之ヲ受領シタルトキハ其受領ノ年月日ヲ登記目錄送籍狀發送年月日ノ下ニ記入シ直ニ右入籍ノ日ヲ以テ除籍スヘシ

寄留

第二十條　他府縣又ハ他郡區ヨリ寄留シタルノ届出アルトキハ入寄留簿ニ登記スヘシ其登記ハ總テ戸籍ノ例ニ依ル

第二十一條　入寄留簿ハ左ノ二種ニ分チ一種每ニ之ヲ編製シ且一種中ニ一世帶ヲ爲ス者ト然ラサル者トヲ區別編製スヘシ但一世帶ヲ爲サヽル者ハ一帳簿ニ列記スルモ妨ケナシ

一　他府縣人入寄留簿

一　他郡區人入寄留簿

第二十二條　寄留地ヲ去リタルノ届出アルトキハ朱ニテ記入シ其入寄留人名ニ朱線

ヲ畫シ其別葉ヲ爲スモノハ便宜之ヲ除帳簿ニ移スヘシ

第二十三條　他府縣又ハ他郡區ヘ寄留シタルノ届書到達シタルトキハ出寄留簿ニ列記スヘシ

第二十四條　出寄留者復歸シタルノ届出アルトキハ朱ニテ記入シ其人名ニ朱線ヲ畫スヘシ

（戸籍用紙雛形畧之）

○【二二九七】内務省令第二十五號　明治十九年十一月

内務省令第十九號第一條第二條第三條第四條ニ記載シタル事項ニシテ同令施行以前ノ届洩ニ係ルモノ及同令施行以前ヨリ現ニ寄留シテ其届出ヲ爲サヽル者ハ同令ニ依リ本年十二月一日ヨリ十日マテニ届出ヘシ違背シタル者ハ同令第九條ニ據リ處分ス

○【二二九八】内務省訓令第二十三號　明治十九年十一月

内務省令第十九號施行以前ニ於テ出入寄留ノ届出ヲ爲シ現ニ出入寄留ノ記載アル者ハ本籍地ニ於テハ出寄留者ノ留守引受人又ハ其戸主入寄留地ニ於テハ地主又ハ家主又ハ其地所其家ヲ管理スル者ヲ取調タル上出入寄留簿ヲ整頓スヘシ

○伺指令

照三〇〇ノ三一
條三〇七ノ一

二九九 山口縣伺 明治十七年二月六日

家督相續其他戸籍ニ關スル異動ハ其都度速ニ屆出ツヘキ成規ニ有之候處去ル明治十年第十九號公布控訴上告手續第四條第五條ニ據レハ凡ソ始審裁判所ノ判決ニ服セサルモノハ裁判言渡ノ第七日ヨリ二ケ月間ハ何時ニテモ控訴スルヿヲ得且此場合ニ於テハ始審裁判言渡ノ執行ヲ停止セラル然ルニ此ニ家督相續ニ關シ訴訟ヲ起シ始審裁判所ノ判決ヲ得タル旨ヲ以テ立主戸ノ屆ヲナスモノアランニ戸長ニ於テ其屆ニ依リ直ニ戸籍ヲ更正スル𪜈ハ其者即日ヨリ戸主ノ權ヲ有スルハ勿論ニテ財産ヲ賣却スル等モ亦戸主ノ自由ナレハ他日始審裁判言渡ノ第七日ヨリ二ケ月間他ノ一方敗訴者ヨリ控訴シ控訴裁判所ニ於テ原裁判ヲ破毀スル場合モ有之不都合ヲ生候樣被相考候處右ハ如何相心得可然哉

内務司法兩省指令 明治十七年三月廿一日

伺之趣控訴期限内ハ勿論控訴ヲ爲シタル𪜈ハ其終審ノ判決アル迄ハ始審直者ノ屆書ノミニ依リ戸籍ヲ更正スヘカラサルモノトス

但他ノ一方ノ者ニ於テ控訴セサル旨申立ルカ若クハ裁判所ノ命令書ヲ證トシテ更正ヲ求ムル𪜈ハ格別ナリトス

◎エノ部

(五七)烟草稅則 明治二十一年四月勅令第二十號

朕烟草稅則改正ノ件ヲ裁可シ玆ニ之ヲ公布セシム

烟草稅則

第一條　烟草營業者ヲ分テ左ノ三種トス

舊令参照 罰則全書 〔第一分冊〕
日本立法資料全集 別巻 1175

平成29年12月20日 復刻版第1刷発行

編纂者 笹 本 榮 藏
発行者 今 井 貴
渡 辺 左 近
発行所 信 山 社 出 版
〒113-0033 東京都文京区本郷6-2-9-102
モンテベルデ第2東大正門前
電 話 03（3818）1019
F A X 03（3818）0344
郵便振替 00140-2-367777（信山社販売）
Printed in Japan.

制作／(株)信山社，印刷・製本／松澤印刷・日進堂

ISBN 978-4-7972-7288-8 C3332

巻数	書　名	編・著者	ISBN	本体価格
950	実地応用町村制質疑録	野田藤吉郎、國吉拓郎	ISBN978-4-7972-6656-6	22,000円
951	市町村議員必携	川瀬周次、田中迪三	ISBN978-4-7972-6657-3	40,000円
952	増補 町村制執務備考 全	増澤鐵、飯島篤雄	ISBN978-4-7972-6658-0	46,000円
953	郡区町村編制法 府県会規則 地方税規則 三法綱論	小笠原美治	ISBN978-4-7972-6659-7	28,000円
954	郡区町村編制 府県会規則 地方税規則 新法例纂 追加地方諸要則	柳澤武運三	ISBN978-4-7972-6660-3	21,000円
955	地方革新講話	西内天行	ISBN978-4-7972-6921-5	40,000円
956	市町村名辞典	杉野耕三郎	ISBN978-4-7972-6922-2	38,000円
957	市町村吏員提要〔第三版〕	田邊好一	ISBN978-4-7972-6923-9	60,000円
958	帝国市町村便覧	大西林五郎	ISBN978-4-7972-6924-6	57,000円
959	最近検定 市町村名鑑 附 官国幣社 及 諸学校所在地一覧	藤澤衛彦、伊東順彦、増田穆、関惣右衛門	ISBN978-4-7972-6925-3	64,000円
960	鼇頭対照 市町村制解釈 附 理由書 及 参考諸布達	伊藤寿	ISBN978-4-7972-6926-0	40,000円
961	市町村制釈義 完　附 市町村制理由	水越成章	ISBN978-4-7972-6927-7	36,000円
962	府県郡市町村 模範治績　附 耕地整理法 産業組合法 附属法令	荻野千之助	ISBN978-4-7972-6928-4	74,000円
963	市町村大字読方名彙〔大正十四年度版〕	小川琢治	ISBN978-4-7972-6929-1	60,000円
964	町村会議員選挙要覧	津田東璋	ISBN978-4-7972-6930-7	34,000円
965	市制町村制 及 府県制　附 普通選挙法	法律研究会	ISBN978-4-7972-6931-4	30,000円
966	市制町村制註釈 完　附 市制町村制理由〔明治21年初版〕	角田真平、山田正賢	ISBN978-4-7972-6932-1	46,000円
967	市町村制詳解 全　附 市町村制理由	元田肇、加藤政之助、日鼻豊作	ISBN978-4-7972-6933-8	47,000円
968	区町村会議要覧 全	阪田辨之助	ISBN978-4-7972-6934-5	28,000円
969	実用 町村制市制事務提要	河邨貞山、島村文耕	ISBN978-4-7972-6935-2	46,000円
970	新旧対照 市制町村制正文〔第三版〕	自治館編輯局	ISBN978-4-7972-6936-9	28,000円
971	細密調査 市町村便覧(三府 四十三県 北海道 樺太 台湾 朝鮮 関東州)　附 分類官公衙公私学校銀行所在地一覧表	白山榮一郎、森田公美	ISBN978-4-7972-6937-6	88,000円
972	正文 市制町村制 並 附属法規	法曹閣	ISBN978-4-7972-6938-3	21,000円
973	台湾朝鮮関東州 全国市町村便覧 各学校所在地〔第一分冊〕	長谷川好太郎	ISBN978-4-7972-6939-0	58,000円
974	台湾朝鮮関東州 全国市町村便覧 各学校所在地〔第二分冊〕	長谷川好太郎	ISBN978-4-7972-6940-6	58,000円
975	合巻 佛蘭西邑法・和蘭邑法・皇国郡区町村編成法	箕作麟祥、大井憲太郎、神田孝平	ISBN978-4-7972-6941-3	28,000円
976	自治之模範	江木翼	ISBN978-4-7972-6942-0	60,000円
977	地方制度実例総覧〔明治36年初版〕	金田謙	ISBN978-4-7972-6943-7	48,000円
978	市町村民 自治読本	武藤榮治郎	ISBN978-4-7972-6944-4	22,000円
979	町村制詳解　附 市制及町村制理由	相澤富蔵	ISBN978-4-7972-6945-1	28,000円
980	改正 市町村制 並 附属法規	楠綾雄	ISBN978-4-7972-6946-8	28,000円
981	改正 市制 及 町村制〔訂正10版〕	山野金蔵	ISBN978-4-7972-6947-5	28,000円

別巻　巻数順一覧【915～949巻】

巻数	書　名	編・著者	ISBN	本体価格
915	改正 新旧対照市町村一覧	鍾美堂	ISBN978-4-7972-6621-4	78,000円
916	東京市会先例彙輯	後藤新平、桐島像一、八田五三	ISBN978-4-7972-6622-1	65,000円
917	改正 地方制度解説〔第六版〕	狭間茂	ISBN978-4-7972-6623-8	67,000円
918	改正 地方制度通義	荒川五郎	ISBN978-4-7972-6624-5	75,000円
919	町村制市制全書 完	中嶋廣蔵	ISBN978-4-7972-6625-2	80,000円
920	自治新制 市町村会法要談 全	田中重策	ISBN978-4-7972-6626-9	22,000円
921	郡市町村吏員 収税実務要書	荻野千之助	ISBN978-4-7972-6627-6	21,000円
922	町村至宝	桂虎次郎	ISBN978-4-7972-6628-3	36,000円
923	地方制度通 全	上山満之進	ISBN978-4-7972-6629-0	60,000円
924	帝国議会府県会郡会市町村会議員必携 附関係法規 第1分冊	太田峯三郎、林田亀太郎、小原新三	ISBN978-4-7972-6630-6	46,000円
925	帝国議会府県会郡会市町村会議員必携 附関係法規 第2分冊	太田峯三郎、林田亀太郎、小原新三	ISBN978-4-7972-6631-3	62,000円
926	市町村是	野田千太郎	ISBN978-4-7972-6632-0	21,000円
927	市町村執務要覧 全 第1分冊	大成館編輯局	ISBN978-4-7972-6633-7	60,000円
928	市町村執務要覧 全 第2分冊	大成館編輯局	ISBN978-4-7972-6634-4	58,000円
929	府県会規則大全 附 裁定録	朝倉達三、若林友之	ISBN978-4-7972-6635-1	28,000円
930	地方自治の手引	前田宇治郎	ISBN978-4-7972-6636-8	28,000円
931	改正 市制町村制と衆議院議員選挙法	服部喜太郎	ISBN978-4-7972-6637-5	28,000円
932	市町村国税事務取扱手続	広島財務研究会	ISBN978-4-7972-6638-2	34,000円
933	地方自治制要義 全	末松偕一郎	ISBN978-4-7972-6639-9	57,000円
934	市町村特別税之栞	三邊長治、水谷平吉	ISBN978-4-7972-6640-5	24,000円
935	英国地方制度 及 税法	良保両氏、水野遵	ISBN978-4-7972-6641-2	34,000円
936	英国地方制度 及 税法	髙橋達	ISBN978-4-7972-6642-9	20,000円
937	日本法典全書 第一編 府県制郡制註釈	上條慎蔵、坪谷善四郎	ISBN978-4-7972-6643-6	58,000円
938	判例挿入 自治法規全集 全	池田繁太郎	ISBN978-4-7972-6644-3	82,000円
939	比較研究 自治之精髄	水野錬太郎	ISBN978-4-7972-6645-0	22,000円
940	傍訓註釈 市制町村制 並ニ 理由書〔第三版〕	筒井時治	ISBN978-4-7972-6646-7	46,000円
941	以呂波引町村便覧	田山宗尭	ISBN978-4-7972-6647-4	37,000円
942	町村制執務要録 全	鷹巣清二郎	ISBN978-4-7972-6648-1	46,000円
943	地方自治 及 振興策	床次竹二郎	ISBN978-4-7972-6649-8	30,000円
944	地方自治講話	田中四郎左衛門	ISBN978-4-7972-6650-4	36,000円
945	地方施設改良 訓諭演説集〔第六版〕	鹽川玉江	ISBN978-4-7972-6651-1	40,000円
946	帝国地方自治団体発達史〔第三版〕	佐藤亀齢	ISBN978-4-7972-6652-8	48,000円
947	農村自治	小橋一太	ISBN978-4-7972-6653-5	34,000円
948	国税 地方税 市町村税 滞納処分法問答	竹尾高堅	ISBN978-4-7972-6654-2	28,000円
949	市町村役場実用 完	福井淳	ISBN978-4-7972-6655-9	40,000円

別巻　巻数順一覧【878～914巻】

巻数	書名	編・著者	ISBN	本体価格
878	明治史第六編 政黨史	博文館編輯局	ISBN978-4-7972-7180-5	42,000円
879	日本政黨發達史 全〔第一分冊〕	上野熊藏	ISBN978-4-7972-7181-2	50,000円
880	日本政黨發達史 全〔第二分冊〕	上野熊藏	ISBN978-4-7972-7182-9	50,000円
881	政党論	梶原保人	ISBN978-4-7972-7184-3	30,000円
882	獨逸新民法商法正文	古川五郎、山口弘一	ISBN978-4-7972-7185-0	90,000円
883	日本民法鼇頭對比獨逸民法	荒波正隆	ISBN978-4-7972-7186-7	40,000円
884	泰西立憲國政治攬要	荒井泰治	ISBN978-4-7972-7187-4	30,000円
885	改正衆議院議員選擧法釋義 全	福岡伯、横田左仲	ISBN978-4-7972-7188-1	42,000円
886	改正衆議院議員選擧法釋義 附 改正貴族院令,治安維持法	犀川長作、犀川久平	ISBN978-4-7972-7189-8	33,000円
887	公民必携 選擧法規ト判決例	大浦兼武、平沼騏一郎、木下友三郎、清水澄、三浦數平	ISBN978-4-7972-7190-4	96,000円
888	衆議院議員選擧法輯覽	司法省刑事局	ISBN978-4-7972-7191-1	53,000円
889	行政司法選擧判例總覽―行政救濟と其手續―	澤田竹治郎・川崎秀男	ISBN978-4-7972-7192-8	72,000円
890	日本親族相續法義解 全	髙橋捨六・堀田馬三	ISBN978-4-7972-7193-5	45,000円
891	普通選擧文書集成	山中秀男・岩本溫良	ISBN978-4-7972-7194-2	85,000円
892	普選の勝者 代議士月旦	大石末吉	ISBN978-4-7972-7195-9	60,000円
893	刑法註釋 卷一～卷四(上卷)	村田保	ISBN978-4-7972-7196-6	58,000円
894	刑法註釋 卷五～卷八(下卷)	村田保	ISBN978-4-7972-7197-3	50,000円
895	治罪法註釋 卷一～卷四(上卷)	村田保	ISBN978-4-7972-7198-0	50,000円
896	治罪法註釋 卷五～卷八(下卷)	村田保	ISBN978-4-7972-7198-0	50,000円
897	議會選擧法	カール・ブラウニアス、國政研究科會	ISBN978-4-7972-7201-7	42,000円
901	鼇頭註釈 町村制 附 理由 全	八乙女盛次、片野続	ISBN978-4-7972-6607-8	28,000円
902	改正 市制町村制 附 改正要義	田山宗堯	ISBN978-4-7972-6608-5	28,000円
903	増補訂正 町村制詳解〔第十五版〕	長峰安三郎、三浦通太、野田千太郎	ISBN978-4-7972-6609-2	52,000円
904	市制町村制 並 理由書 附 直接間接税類別及実施手続	高崎修助	ISBN978-4-7972-6610-8	20,000円
905	町村制要義	河野正義	ISBN978-4-7972-6611-5	28,000円
906	改正 市制町村制義解〔帝國地方行政学会〕	川村芳次	ISBN978-4-7972-6612-2	60,000円
907	市制町村制 及 関係法令〔第三版〕	野田千太郎	ISBN978-4-7972-6613-9	35,000円
908	市町村新旧対照一覧	中村芳松	ISBN978-4-7972-6614-6	38,000円
909	改正 府県郡制問答講義	木内英雄	ISBN978-4-7972-6615-3	28,000円
910	地方自治提要 全 附 諸届願書式 日用規則抄録	木村時義、吉武則久	ISBN978-4-7972-6616-0	56,000円
911	訂正増補 市町村制問答詳解 附 理由及追輯	福井淳	ISBN978-4-7972-6617-7	70,000円
912	改正 府県制郡制註釈〔第三版〕	福井淳	ISBN978-4-7972-6618-4	34,000円
913	地方制度実例総覧〔第七版〕	自治館編輯局	ISBN978-4-7972-6619-1	78,000円
914	英国地方政治論	ジョージ・チャールズ・ブロドリック、久米金彌	ISBN978-4-7972-6620-7	30,000円

別巻　巻数順一覧【843～877巻】

巻数	書　名	編・著者	ISBN	本体価格
843	法律汎論	熊谷直太	ISBN978-4-7972-7141-6	40,000円
844	英國國會選擧訴願判決例 全	オマリー、ハードカッスル、サンタース	ISBN978-4-7972-7142-3	80,000円
845	衆議院議員選擧法改正理由書 完	内務省	ISBN978-4-7972-7143-0	40,000円
846	戇齋法律論文集	森作太郎	ISBN978-4-7972-7144-7	45,000円
847	雨山遺稾	渡邉輝之助	ISBN978-4-7972-7145-4	70,000円
848	法曹紙屑籠	鷺城逸史	ISBN978-4-7972-7146-1	54,000円
849	法例彙纂 民法之部 第一篇	史官	ISBN978-4-7972-7147-8	66,000円
850	法例彙纂 民法之部 第二篇〔第一分冊〕	史官	ISBN978-4-7972-7148-5	55,000円
851	法例彙纂 民法之部 第二篇〔第二分冊〕	史官	ISBN978-4-7972-7149-2	75,000円
852	法例彙纂 商法之部〔第一分冊〕	史官	ISBN978-4-7972-7150-8	70,000円
853	法例彙纂 商法之部〔第二分冊〕	史官	ISBN978-4-7972-7151-5	75,000円
854	法例彙纂 訴訟法之部〔第一分冊〕	史官	ISBN978-4-7972-7152-2	60,000円
855	法例彙纂 訴訟法之部〔第二分冊〕	史官	ISBN978-4-7972-7153-9	48,000円
856	法例彙纂 懲罰則之部	史官	ISBN978-4-7972-7154-6	58,000円
857	法例彙纂 第二版 民法之部〔第一分冊〕	史官	ISBN978-4-7972-7155-3	70,000円
858	法例彙纂 第二版 民法之部〔第二分冊〕	史官	ISBN978-4-7972-7156-0	70,000円
859	法例彙纂 第二版 商法之部・訴訟法之部〔第一分冊〕	太政官記録掛	ISBN978-4-7972-7157-7	72,000円
860	法例彙纂 第二版 商法之部・訴訟法之部〔第二分冊〕	太政官記録掛	ISBN978-4-7972-7158-4	40,000円
861	法令彙纂 第三版 民法之部〔第一分冊〕	太政官記録掛	ISBN978-4-7972-7159-1	54,000円
862	法令彙纂 第三版 民法之部〔第ニ分冊〕	太政官記録掛	ISBN978-4-7972-7160-7	54,000円
863	現行法律規則全書（上）	小笠原美治、井田鐘次郎	ISBN978-4-7972-7162-1	50,000円
864	現行法律規則全書（下）	小笠原美治、井田鐘次郎	ISBN978-4-7972-7163-8	53,000円
865	國民法制通論 上卷・下卷	仁保龜松	ISBN978-4-7972-7165-2	56,000円
866	刑法註釋	磯部四郎、小笠原美治	ISBN978-4-7972-7166-9	85,000円
867	治罪法註釋	磯部四郎、小笠原美治	ISBN978-4-7972-7167-6	70,000円
868	政法哲學 前編	ハーバート・スペンサー、濱野定四郎、渡邊治	ISBN978-4-7972-7168-3	45,000円
869	政法哲學 後編	ハーバート・スペンサー、濱野定四郎、渡邊治	ISBN978-4-7972-7169-0	45,000円
870	佛國商法復説 第壹篇自第壹卷至第七卷	リウヒエール、商法編纂局	ISBN978-4-7972-7171-3	75,000円
871	佛國商法復説 第壹篇第八卷	リウヒエール、商法編纂局	ISBN978-4-7972-7172-0	45,000円
872	佛國商法復説 自第二篇至第四篇	リウヒエール、商法編纂局	ISBN978-4-7972-7173-7	70,000円
873	佛國商法復説 書式之部	リウヒエール、商法編纂局	ISBN978-4-7972-7174-4	40,000円
874	代言試驗問題擬判録 全 附録明治法律學校民刑問題及答案	熊野敏三、宮城浩蔵 河野和三郎、岡義男	ISBN978-4-7972-7176-8	35,000円
875	各國官吏試驗法類集 上・下	内閣	ISBN978-4-7972-7177-5	54,000円
876	商業規篇	矢野亨	ISBN978-4-7972-7178-2	53,000円
877	民法実用法典 全	福田一覺	ISBN978-4-7972-7179-9	45,000円

別巻　巻数順一覧【810～842巻】

巻数	書　名	編・著者	ISBN	本体価格
810	訓點法國律例 民律 上卷	鄭永寧	ISBN978-4-7972-7105-8	50,000円
811	訓點法國律例 民律 中卷	鄭永寧	ISBN978-4-7972-7106-5	50,000円
812	訓點法國律例 民律 下卷	鄭永寧	ISBN978-4-7972-7107-2	60,000円
813	訓點法國律例 民律指掌	鄭永寧	ISBN978-4-7972-7108-9	58,000円
814	訓點法國律例 貿易定律・園林則律	鄭永寧	ISBN978-4-7972-7109-6	60,000円
815	民事訴訟法 完	本多康直	ISBN978-4-7972-7111-9	65,000円
816	物権法(第一部)完	西川一男	ISBN978-4-7972-7112-6	45,000円
817	物権法(第二部)完	馬場愿治	ISBN978-4-7972-7113-3	35,000円
818	商法五十課 全	アーサー・B・クラーク、本多孫四郎	ISBN978-4-7972-7115-7	38,000円
819	英米商法律原論 契約之部及流通劵之部	岡山兼吉、淺井勝	ISBN978-4-7972-7116-4	38,000円
820	英國組合法 完	サー・フレデリック・ポロック、榊原幾久若	ISBN978-4-7972-7117-1	30,000円
821	自治論 一名人民ノ自由 巻之上・巻之下	リーバー、林董	ISBN978-4-7972-7118-8	55,000円
822	自治論纂 全一册	獨逸學協會	ISBN978-4-7972-7119-5	50,000円
823	憲法彙纂	古屋宗作、鹿島秀麿	ISBN978-4-7972-7120-1	35,000円
824	國會汎論	ブルンチュリー、石津可輔、讃井逸三	ISBN978-4-7972-7121-8	30,000円
825	威氏法學通論	エスクバック、渡邊輝之助、神山亨太郎	ISBN978-4-7972-7122-5	35,000円
826	萬國憲法 全	高田早苗、坪谷善四郎	ISBN978-4-7972-7123-2	50,000円
827	綱目代議政體	J・S・ミル、上田充	ISBN978-4-7972-7124-9	40,000円
828	法學通論	山田喜之助	ISBN978-4-7972-7125-6	30,000円
829	法學通論 完	島田俊雄、溝上與三郎	ISBN978-4-7972-7126-3	35,000円
830	自由之權利 一名自由之理 全	J・S・ミル、高橋正次郎	ISBN978-4-7972-7127-0	38,000円
831	歐洲代議政體起原史 第一册・第二册／代議政體原論 完	ギゾー、漆間眞學、藤田四郎、アンドリー、山口松五郎	ISBN978-4-7972-7128-7	100,000円
832	代議政體 全	J・S・ミル、前橋孝義	ISBN978-4-7972-7129-4	55,000円
833	民約論	J・J・ルソー、田中弘義、服部徳	ISBN978-4-7972-7130-0	40,000円
834	歐米政黨沿革史總論	藤田四郎	ISBN978-4-7972-7131-7	30,000円
835	内外政黨事情・日本政黨事情 完	中村義三、大久保常吉	ISBN978-4-7972-7132-4	35,000円
836	議會及政黨論	菊池學而	ISBN978-4-7972-7133-1	35,000円
837	各國之政黨 全〔第1分冊〕	外務省政務局	ISBN978-4-7972-7134-8	70,000円
838	各國之政黨 全〔第2分冊〕	外務省政務局	ISBN978-4-7972-7135-5	60,000円
839	大日本政黨史 全	若林清、尾崎行雄、箕浦勝人、加藤恒忠	ISBN978-4-7972-7137-9	63,000円
840	民約論	ルソー、藤田浪人	ISBN978-4-7972-7138-6	30,000円
841	人權宣告辯妄・政治眞論一名主權辯妄	ベンサム、草野宣隆、藤田四郎	ISBN978-4-7972-7139-3	40,000円
842	法制講義 全	赤司鷹一郎	ISBN978-4-7972-7140-9	30,000円